Numerical Analysis Based on
Python and Matlab

파이썬 및 매트랩 기반

수치해석

권순학 지음

도서출판 홍릉

저자소개

권순학 영남대학교 전기공학과 교수

서울대학교 제어계측공학과 (학사)
서울대학교 제어계측공학과 (석사)
일본 동경공업대학 시스템과학 전공(박사)
삼성전자 연구원
한국과학기술연구원 연구원

파이썬 및 매트랩 기반

수치해석

인 쇄 : 2023년 4월 10일 초판 1쇄
발 행 : 2023년 4월 20일 초판 1쇄

저 자 : 권순학
발행인 : 송 준
발행처 : 도서출판 홍릉
주 소 : 01093 서울시 강북구 인수봉로 50길 10
등 록 : 1976년 10월 21일 제5-66호

전 화 : 02-999-2274~5
팩 스 : 02-905-6729
e-mail : hongpub@hongpub.co.kr
http://www.hongpub.co.kr
ISBN : 979-11-5600-098-3(93410)

정 가 : 35,000원

이 책의 학습을 위한 부록 파일은 도서출판 홍릉 홈페이지(www.hongpub.co.kr)에서 내려받을 수 있습니다.
홈페이지에서 도서명 검색 후 보조자료를 다운로드하시기 바랍니다. (Chrome 웹브라우저 사용 권장)

PREFACE

수치해석에 관하여 본인이 저술한 책 '수치해석 기초 – MATLAB 활용'(영남대학교 출판부 PEGASUS, 2016. 참고문헌 [15])이 출간된 지 어언 6년이 지났다. 그동안 자연 과학, 공학, 인문 사회 과학 및 의학 등등을 포함한 다양한 분야에서 심층학습(deep learning)에 기반한 인공지능 기술이 수없이 개발되어 활용되고 있고 그 수요 및 활용 영역이 더욱 넓어지고 있다. 이러한 추세는 인공지능을 포함한 사회 전반에 있어서 수치해석뿐만 아니라 인공지능 분야에서 널리 사용되고 있는 프로그래밍 언어인 파이썬(Python)에 관한 수요를 폭발적으로 증대시키고 있다. 본서는 이러한 시대적 요구에 발맞추어 기존에 저술한 '수치해석 기초 – MATLAB 활용'을 기초로 기존 버전에서 미비 되었던 점은 보완하고 오류가 있던 부분은 수정하였으며 거의 모든 예제 풀이에 매트랩(Matlab)과 파이썬을 사용하여 작성한 것을 바탕으로 저술된 것이다. 즉, 기존의 매트랩 코드는 수정 보완하고 파이썬 코드를 추가하여 독자로 하여금 매트랩 혹은 파이썬 중에서 어느 하나 혹은 둘을 택하여 사용할 수 있도록 구성하였다.

우리가 접하는 시스템 대부분은 일반적으로 매우 복잡하고 대형이면서도 때로는 확률적인 비선형 방정식으로 표현된다. 이러한 시스템을 해석하기 위하여 다양한 산술적 혹은 해석적 방법이 활용되고 있지만 모든 해를 외형적 형태로 구할 수 있는 것은 아니다. 이처럼 수학적인 형태로 표현될 수 있는 문제들을 해석할 때 산술적 혹은 해석적 방법보다는 컴퓨터를 이용하여 해결하고자 하는 수학의 실질적인 응용 분야가 수치해석(Numerical Analysis or Numerical Methods)이다.

최근 디지털 컴퓨터의 발달 및 이를 활용하는 다양한 알고리즘이 개발되면서 수치해석 및 프로그래밍에 대한 관심이 점점 고조되고 있으나 학생 측면에서 살펴보면, 수치해석을 알고리즘 혹은 수학적 접근도 힘든 일인데 다양한 프로그램 언어에 기반한 알고리즘의 구현은 더욱 힘들게 하는 것이 현실이다. 이에 본서에서는 최근 다양한 분야에서 널리 사용되고 있는 매트랩(Matlab) 및 파이썬(Python)을 기반으로 하는 수치해석 방법을 제공하고자 한다. 특히, 불필요한 이론적 증명 혹은 유도는 많이 생략하고 쉽게 활용할 수 있도록 간단한 이론 소개와 더불어 가능한 많은 예제와 연습 문제를 제공하며 이를 위한 매트랩 및 파이썬 프로그램을 함께 제공하도록 구성하였다.

이 책을 공부하는 데 필요한 기초 지식 혹은 선수 과목으로는 대학교 저학년에서 수강하는 미분 적분을 포함한 기초 수학, 행렬을 포함한 선형대수에 관한 기초 개념 그리고 마지막으로 컴퓨터 프로그램의 이해 및 활용을 위한 알고리즘에 관한 기초 지식 정도라 할 수 있다. 특히, 미적분에 관한 많은 식들이나 행렬에 관한 복잡한 식들은 표 혹은 부록에 삽입하여 참고할 수 있도록 해 두었다.

이 책에서 다루는 내용은 다음과 같이 크게 8개 분야로 나누어지며 그 구체적 내용은 다음과 같다. 먼저 시작으로 제1장에서는 수치해석이란 무엇인가를 알아본 후 컴퓨터를 이용한 수치해석을 위해 필요한 컴퓨터 프로그램인 매트랩 및 파이썬에 관한 기초 활용 능력을 배양하기 위한 소개를 한다. 다음으로는 수치해석에서 필요한 오차 및 테일러급수를 포함한 몇 가지 기초 수학에 대하여 제2장 수학적 기초에서 알아보고 이를 바탕으로 제3장 방정식의 해와 제4장 선형 연립방정식의 해를 구한다. 다음으로는 점과 점 사이에 어떤 곡선으로 근사화시킬 것인가를 제5장 곡선 접합에서 다루고 이러한 곡선 접합을 사용하여 주어진 자료들에 대하여 구해진 접합 함수를 바탕으로 한 최적화 문제를 제6장 최적화에서 다룬다. 제7장에서는 수치적 미분과 적분을 다루고 마지막으로 제8장에서는 앞에서 다룬 전반적 내용을 바탕으로 자연계의 시스템을 표현하기 위한 수학적 도구로 주로 활용되는 상미분방정식 및 편미분방정식의 해를 구하는 문제를 다룬다.

본서 전체를 꼼꼼히 살펴보면, 특히 매트랩과 파이썬 코드의 최적성 문제를 살펴보면, 여러 가지 분야에서 미흡한 점이 많이 있을 것으로 생각되지만 이는 차후 수정 보완토록 할 것이다.

끝으로 본서가 완성될 수 있도록 특히 매트랩 및 파이썬 프로그램 작성 및 검토에 있어서 지원과 협조를 아끼지 않은 아들 준우와 본서가 세상 밖으로 나올 수 있도록 도움을 준 도서출판 홍릉에 감사를 표한다.

2023년 봄

저자 씀

knowkwon@gmail.com

CONTENTS

CHAPTER 01

서론: 매트랩 및 파이썬 기초

1.1 수치해석이란

최근 지식정보 산업의 발달로 인한 사회와 사회 그리고 개인과 개인 간의 정보 및 물자의 교역을 뒷받침하기 위한 특정 분야의 비대화와 이를 이끌고 있는 인터넷과 SNS의 발달로 인하여 처리해야 하는 데이터의 양이 방대한 빅 데이터 관련 문제가 종종 화두가 되고 있다. 이뿐만 아니라 과거에는 상상하기조차 어려울 정도로 복잡하거나 불확실한 문제 및 해를 구하는 데 있어서 지불해야 할 비용이 매우 컸기에 시도하기 어려웠던 문제들에 대한 수요와 관심이 점점 증대되고 있다. 이와 같이 우리가 접할 수 있는 사회 및 자연 과학이나 공학 분야의 많은 문제 중에는 수학적 방법 혹은 실험을 통하여 해를 구할 수 있는 것들은 수학적, 경제적 등등의 여러 가지 이유로 인하여 극히 제한되어 있다. 그리고 이러한 문제에 대한 해석적인 해는 무한급수, 특수 혹은 초월 함수 등을 포함하고 있어 명시적 해(explicit solution)를 구하는 데 있어서 상당한 어려움이 있다. 이와 같이 명시적 해를 구하기가 불가능하거나 어렵다고 하여 이러한 문제의 해가 필요하지 않은 것은 아니기에 다른 방법을 통하여 해를 구하고자 하는 시도가 옛날부터 진행되어 왔다. 그 중 하나가 수치해석(numerical analysis)법으로 그 기원은 그림 1.1에 나타낸 미국 예일 대학에 소장된 기원전 18~16세기 유물로 추정되는 바빌로니아 점토판 YBC 7289다. 이 점토판에 새겨진 설형문자를 해석하여 재구성 하면 그림 1.2와 같다. 즉, 정사각형의 대각선의 길이를 나타내는 것으로 $\sqrt{2}$ 를 60진법 숫자 1, 24, 51, 10로 나타내고 있으며 대각선 아래 숫자 42, 25, 35는 한 변의 길이가 30인 정사각형의 대각선의 길이를 나타내고 있다. 이러한 60진법 값들을 다시 정렬하여 계산하면 다음과 같다.

$$1+\frac{24}{60}+\frac{51}{60^2}+\frac{10}{60^3}=1.41421296\cdots\approx\sqrt{2}$$

그리고 한 변의 길이가 30인 정사각형의 대각선 길이는 $30\sqrt{2}\approx 42.42639$인데 점토판에 새겨진 숫자로 계산하면 $42+\frac{25}{60}+\frac{35}{60^2}=42.42639$ 가 되어 수천 년 전에 구한 값들이 얼마나 정확한지 알 수 있다.

| 그림 1.1 | 바빌로니아 점토판 YBC 7289

(출처 https://www.math.ubc.ca/~cass/Euclid/ybc/ybc.html)

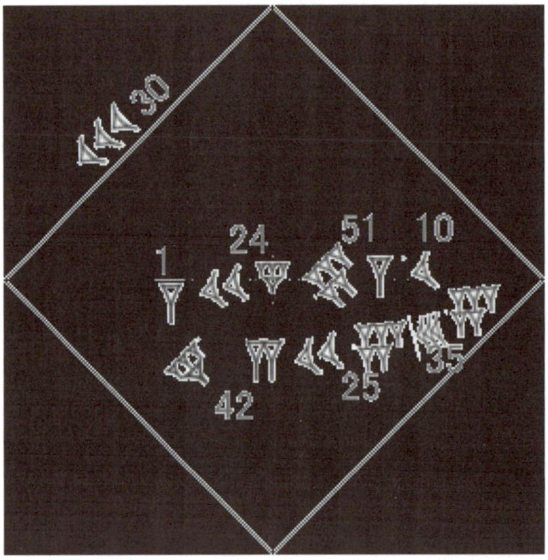

| 그림 1.2 | 바빌로니아 점토판 YBC 7289에 새겨진 설형문자 의미

(출처 http://www.mikeo410.5com.info/cms/~shapenumeral)

아주 오랜 고대 시대로부터 사용된 이와 같은 근사법은 최근 들어 디지털 컴퓨터와 그에 맞는 다양한 알고리즘 및 소프트웨어의 발달로 전기 전자 기계 건축 토목 화공 환경 등 모든 공학과 자연 및 사회 과학 등등의 다양한 분야에서 더욱 더 많은 주목을 받고 있으며 또한 널리 사용되고 있다. 즉, 그 동안의 사회가 다루지 못하던 복잡하거나 불확실하면서도 비선형적인 시스템에 대하여 보다 많은 관심이 집중되면서 이러한 시스템의 해를 해석적 방법이 아닌 다른 어떤 방법을 이용하여 보다 더 적은 비용으로 참값에 보다 더 근사한 값을 어떻게 구할 것인가가 큰 화두가 되어 왔으며 그 중 하나가 컴퓨터를 이용한 수치해석법이다.

이와 같은 수치해석에 대한 개념을 보다 구체적으로 살펴보기 전에 수치해석이란 무엇인가에 대하여 살펴보기로 한다. 수치해석(Numerical analysis)이란 말 그대로 주어진 문제의 해를 정확하게 혹은 근사적으로 구하기 위한 계산 알고리즘을 연구하는 학문으로 반복적 수치 계산 시에 발생하는 오차의 해석과 구하는 해의 수렴성 혹은 발산 문제 해석 및 수렴 속도 개선 등등에 관한 문제를 연구하는 학문이다. 이에 대한 이해를 돕기 위하여 다음과 같은 예제를 따라가 보기로 한다.

예제 1.1 방정식의 해 구하기

초월함수를 포함하는 비선형 방정식 $f(x) = x^4 + 5x + 3 + 0.2\sin x - e^{3x} = 0$의 해를 구해보기로 한다. 잘 알다시피 주어진 방정식 $f(x) = 0$의 해를 해석적으로 구하는 것은 매우 어려운 문제이다. 그러나 이 문제의 해를 컴퓨터를 이용한 알고리즘을 바탕으로 하는 수치해석을 이용하여 어떻게 구할 수 있는지를 여기서 보임으로써 수치해석에 대한 필요성 및 유용성을 보이기로 한다. 비록 여기서 나타내는 알고리즘이 3장에서 다루는 '뉴튼-랩슨법' 이라는 방정식의 해를 구하는 방식이지만 여기서는 단지 이 방법이 몇 개의 주어진 단계로 구성되어 있다고 가정하고 그 단계에 따라 해를 구해보기로 한다.

풀이

[단계 1] $f(x) = 0$의 해를 반복적 방법, 즉 $(i+1)$번째 해 x_{i+1}는 i번째 해 x_i에 적당한 양의 증분 $k \cdot \Delta x_i$을 더해 다음 $x_{i+1} = x_i + k_i \cdot \Delta x_i = x_i - \dfrac{f(x_i)}{f'(x_i)}$ $(i = 0, 1, 2, \cdots)$과 같이 구한다고 가정한다. 여기서, $k_i = -\dfrac{1}{f'(x_i)}$이고 $\Delta x_i = f(x_i)$이다. 그리고 초기값 x_0은 임의로 설정할 수 있지만 여기서는 계산상의 편의를 위해 $x_0 = 0$으로 둔다.

[단계 2] 함수 $f(x)$의 1차 도함수 $f'(x) = 4x^3 + 5 + 0.2\cos x - 3e^{3x}$를 구한다.

[단계 3] $(i+1)$번째 해 x_{i+1}를 $x_{i+1} = x_i - \dfrac{f(x_i)}{f'(x_i)} = x_i - \dfrac{x^4 + 5x + 3 + 0.2\sin x - e^{3x}}{4x^3 + 5 + 0.2\cos x - 3e^{3x}}$를 이용하여 다음과 같이 구한다.

〈x_1 구하기〉

$x_1 = x_o - \dfrac{f(x_o)}{f'(x_o)}$이다. 그런데 $x_o = 0$이므로

$x_1 = 0 - \dfrac{2}{2.2} = -0.9091$이다

[단계 4] 오차 $e_{i+1} = |x_{i+1} - x_i|$를 구하고 이 값이 허용 오차 한계 ϵ보다 작거나 같으면, 즉, $e_{i+1} = |x_{i+1} - x_i| \le \epsilon$ 를 만족하면 [단계 5]로 가서 종료하고, 그렇지 않으면 [단계 3]으로 가서 반복 수행한다. 허용 오차 한계 ϵ는 임의로 설정할 수 있지만 여기서는 계산 편의를 위해 허용 오차 한계 $\epsilon = 10^{-6}$으로 설정한다.

[단계 5] $(i+1)$번째 해 x_{i+1}를 출력하고 종료한다.

참고로 x_2와 x_3를 구하기 위한 과정을 아래에 나타내었으며,

⟨x_2구하기⟩

$x_2 = x_1 - \dfrac{f(x_1)}{f'(x_1)}$이다. 식에 $x_1 = -0.9091$ 넣으면

$x_2 = -0.9091 - \dfrac{(-1.0856)}{1.9214} = -0.9091 + 0.5650 = 0.3441$임.

⟨x_3구하기⟩

$x_3 = x_2 - \dfrac{f(x_2)}{f'(x_2)}$이다. 식에 $x_2 = 0.3441$ 넣으면

$x_3 = -0.3441 - \dfrac{0.8699}{(-3.9567)} = -0.3441 - 0.2199 = -0.5639$이다.

이를 수치해석에서 흔히 사용되는 컴퓨터 프로그램인 매트랩(Matlab)과 인공지능, 영상처리 및 수치해석 등등의 영역에서 활발히 사용되고 있는 파이썬(Python)으로 이를 매트랩 및 파이썬을 이용하여 구현하면 [ex1_1] 코드와 같고 실행 결과는 다음과 같으며, 매트랩 및 파이썬에 대하여는 다음 절에서 다루기로 한다.

% [ex1_1] 매트랩 코드 실행 결과

* [예제 1.1] 방정식의 해 구하기 : 뉴튼-랩슨법

n	x(n-1)	x(n)	f(x(n))	x(n)-x(n-1)
1	0.0000	-0.9091	2.0000	-0.9091
2	-0.9091	-0.3441	-1.0856	0.5650
3	-0.3441	-0.5639	0.8699	-0.2199
4	-0.5639	-0.5615	-0.0097	0.0025
5	-0.5615	-0.5615	0.0000	-0.0000
6	-0.5615	-0.5615	0.0000	-0.0000

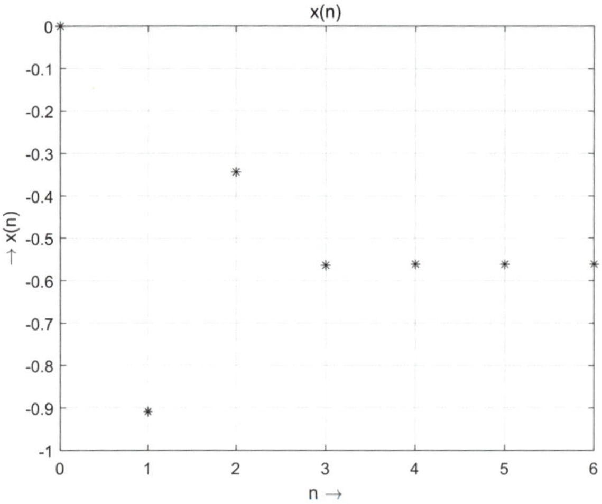

[ex1_1] 파이썬 코드 실행 결과

* [예제 1.1] 방정식의 해 : f(x) = x**4 + 5*x − exp(3*x) + 0.2*sin(x) + 3 = 0

n	x(n−1)	x(n)	f(x(n))	x(n)−x(n−1)
1	0.000000	−0.909091	−1.085628	−0.909091
2	−0.909091	−0.344084	0.869926	0.565007
3	563945	−0.561466	0.000007	0.002479
5	−0.561466	−0.561468	0.000000	−0.000002
6	−0.561468	−0.561468	−0.000000	−0.000000

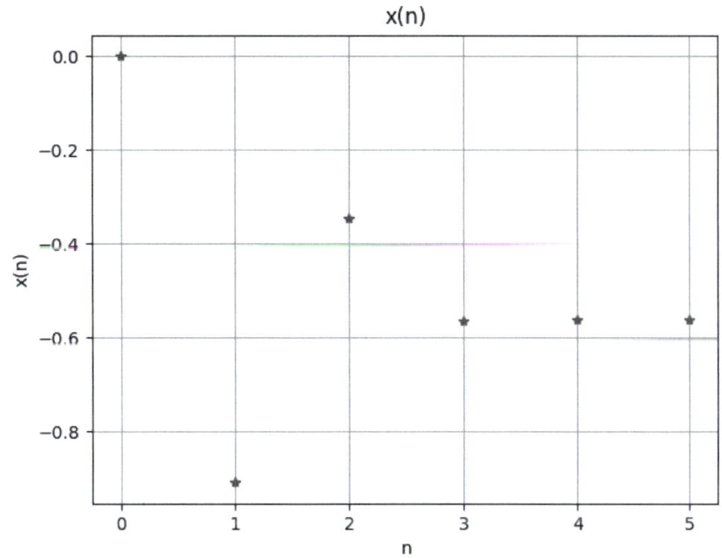

위에 보인 바와 같이 매트랩 및 파이썬 코드 실행 결과를 보게 되면 $e_6 = |x_6 - x_5| < 10^{-6}$이 되어 계산이 멈춤을 알 수 있다. 이 예제에서도 볼 수 있듯이 매우 복잡하거나 비선형 혹은 불확실한 문제의 해를 구할 때 수학 혹은 실험적 방법이나 근사화를 바탕으로 한 방법을 도입하여 구하지 않고 정해진 알고리즘에 따라 몇 번의 반복 실행을 하여 참값에 근사한 해를 구할 수 있음을 알 수 있다. 이를 바탕으로 수치해석이 왜 필요한가를 다시 한번 강조하기 위하여 정리하면 크게 다음 두 가지로 요약될 수 있다. 첫 번째 이유는 앞에서 보인 예제와 같이 주어진 문제에 대해 해석적인 방법 혹은 근사화에 근거한 방법으로 정확한 해를 구할 수 없는 경우 수치해석은 문제의 해를 구할 수 있는 또 다른 길을 제시하여 주기 때문이다. 두 번째 이유는 수치해석에 의한 해의 계산은 실험적 방법에 비하여 비용과 시간을 상당히 절약시킬 수 있다는 장점이 있다.

이와 같이 컴퓨터를 이용한 수치해석이 가능하게 된 것은 1940년대에 등장하여 급격한 발전을 거듭하고 있는 컴퓨터의 아래와 같은 특징의 영향이라 할 수 있다.

- 인식 가능 자릿수의 증가에 따른 정확도 증가
- 연산속도의 증가에 따른 계산 시간 및 비용 감소
- 하드웨어 및 소프트웨어 가격 격감
- 기억용량의 대형화와 입출력 장치의 다양화에 따른 활용 범위 확대
- 다양한 응용 소프트웨어의 등장

이처럼 수치해석이라는 것이 컴퓨터를 이용하여 주어진 수학적 문제에 대한 답을 어떻게 효율적으로 얻을 수 있는가에 초점을 맞추고 있다고 한다면 어떤 주어진 문제를 수치해석으로 풀고자 할 때 어떤 과정을 거쳐야 하는 것일까? 이에 대한 답으로 수치해석을 위해 일반적으로 행해지는 과정을 요약하면 다음과 같은 다섯 단계로 요약할 수 있다

[단계 1] 문제 제시와 수학적 모형화

[단계 2] 해법 및 계산 공식 발견에 기초한 알고리즘 선택 또는 개발

[단계 3] 계산 순서도 및 프로그램 작성

[단계 4] 계산 실행

[단계 5] 결과 분석 및 검토

[단계 1]의 문제의 모형화에서는 주어진 문제에 대하여 자연 과학 혹은 사회 과학적 기본 가설이나 법칙을 이용하여 수힉적 모형, 즉, 대수 방정식이나 미분방정식과 같은 식을 세우고 각종 수학 이론을 적용하여 해의 존재성, 유일성 및 정칙성 등등 해의 정성적 성질을 분석하는 과정을 의미하며 이는 알고리즘 개발의 기초이론이 된다. 예를 들어 그림 1.3과 같은 RC 미분회로 및 그림 1.4의 RC 적분회로가 주어졌나고 하였을 때 주어진 입력 전입 $v_i(t)$의 주파수에 따라 어떤 출력 진압 $v_o(t)$가 출력될 것인지에 대한 미분방정식을 식(1.1) 및 (1.2)와 같이 세우고 이에 대한 해를 구하기 위한 초기 조건을 가정한다.

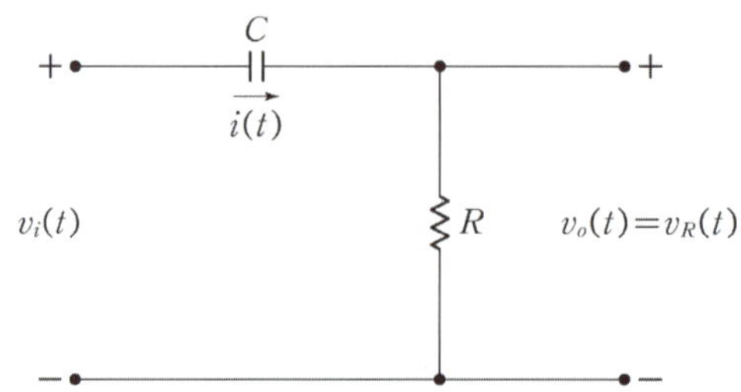

| 그림 1.3 | 미분회로

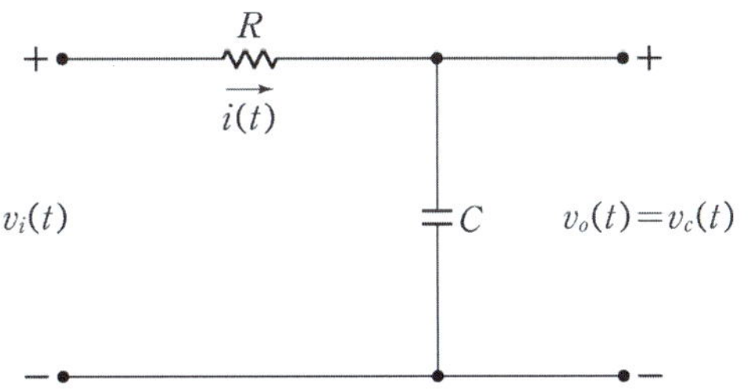

| 그림 1.4 | 적분회로

$$v_O(t) = v_R(t) = Ri(t) = RC\frac{dv_c(t)}{dt}, v_c(0) = v_{c0} \tag{1.1}$$

$$v_o(t) = v_c(t) = \frac{1}{C}\int_0^t i(\tau)d\tau + v_c(0), v_c(0) = v_{c0} \tag{1.2}$$

[단계 2]에서는 계산량, 오차, 계산 속도 및 수렴성 등등을 고려하여 적당한 알고리즘을 선택 혹은 개발하는 단계이다. [단계 3]에서는 [단계 2]에서 결정된 알고리즘을 최적으로 구현하기 위한 순서도(flowchart) 작성, 프로그램(예를 들면, FORTRAN, C-언어, 매트랩, 파이썬 등등)의 선정 및 이를 이용한 프로그램 작성이라 하겠다. 계산 순서 즉 흐름을 하나의 그림으로 나타낸 것을 순서도 또는 흐름선도라고 부른다. 순서도는 그림 1.5와 같이 미리 정해 놓은 몇 개의 기호를 조합하여 계산의 순서 혹은 흐름을 나타낸다. 이때 기호와 기호 사이는 화살표로 연결하여 흐름의 방향을 나타냄으로써 계산 과정을 누구나 쉽게 파악할 수 있도록 상세히 작성하는 것이 필요하다.

기호	명칭	용도
	단자 (terminal)	순서도의 시작과 끝 표시
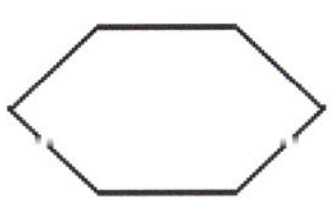	준비(preparation)	변수 선언, 초기값 설정 및 배열 선언과 같은 다음 동작에 영향을 주기 위한 명령 표시
	흐름선(flow line)	기호를 연결하여 데이터 혹은 제어의 흐름을 표현
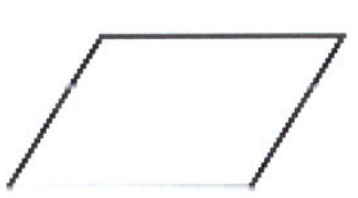	입출력(Input/output)	데이터의 입출력 표시
	처리(process)	각종 연산 및 자료 처리 기호

기호	명칭	용도
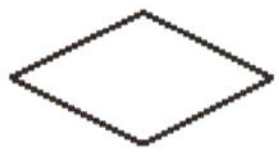	판단(decision)	참과 거짓을 판단하거나 조건에 맞는 경로로 분기
	미리 정의된 처리 (predefined process)	서브루틴이나 모듈 등등과 같이 미리 정의된 연산 또는 명령군의 처리 표시
	연결자 (connector)	다른 부분으로의 연결을 표시
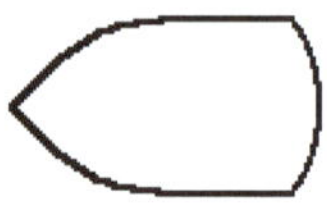	표시 (display)	결과를 모니터로 표시

| 그림 1.5 | 순서도의 기호

[단계 4]에서는 [단계 3]에서 구현된 코드의 실행으로 결과값을 얻는 과정이다. [단계 5]에서는 [단계 4]에서 얻어진 결과가 예상한 결과와 부합하는지를 검토하고 부합 여부에 따라 수식 모형, 알고리즘, 혹은 코드를 포함한 전반적인 부분에 대해 점검하는 단계이다.

예제 1.2 다음 식으로 정의된 도함수의 정의

$$f^{'}(x) = \lim_{h\to 0}\frac{\triangle f(x)}{h} = \lim_{h\to 0}\frac{f(x+h)-f(x)}{h} \tag{1.3}$$

를 이용하여 함수 $f(x)=x^2$의 $x=0.5$에서의 도함수 $f^{'}(x)=2x$ 값을 미소 구간 $h=\frac{1}{2^k}$, $k=0,1,2,\cdots,11$에 대하여 소수점 4자리까지 구하고 참값과 비교하라.

풀이 함수 $f(x)=x^2$의 $x=0.5$에서의 도함수 $f^{'}(x)=2x$의 참값은 잘 알다시피 1임을 알 수 있다. 이 값을 식(1.3)으로 나타낸 도함수의 정의를 이용하여 구하고자 할 때 h값이 충분히 작은 경우에 $f^{'}(x)\approx\frac{f(x+h)-f(x)}{h}$ 식이 성립하게 된다. 여기서, 충분히 작은 h값이란 참값과 식(1.3)을 이용하여 구한 근사값과의 오차가 다음 식

$$e_{h_i} = \left| f^{'}(x) - \frac{f(x+h_i)-f(x)}{h_i} \right| < \epsilon \tag{1.4}$$

을 만족하는 것, 즉 주어진 허용오차 ϵ 범위 내에 들어오게 되는 h_i값을 말한다. 그러나 이와는 달리 일반적으로는 $f^{'}(x)$의 참값을 알지 못하는 경우를 가정하여 도함수 $f^{'}(x)=2x$의 참값을 위

식(1.4)에서 h_i 값을 줄인 h_{i+1} 값에 대한 도함수 값 즉,

$$f'(x) \approx \frac{f(x+h_{i+1})-f(x)}{h_{i+1}}$$

이라 가정하고, 식(1.4)를 만족하는 h_{i+1}값에 대한 도함수 값을 구하고 계산을 종료하면 된다. 다시 말하면, h의 초기값 h_0으로부터 시작하여 점점 그 값을 줄인 h값을 h_i, $i=1,2,\cdots$라고 한다면 h_i 는 단조 감소(monotonically decreasing)하므로 $h_0 > h_1 > h_2 > \cdots$ 의 관계가 성립한다. 이를 이용하여 h_{i+1}에 대한 도함수 값과 h_i에 대한 도함수 값의 오차를 식(1.5)와 같이 정의하면

$$e_{h_{i+1}} = \left| \frac{f(x+h_{i+1})-f(x)}{h_{i+1}} - \frac{f(x+h_i)-f(x)}{h_i} \right| \tag{1.5}$$

$e_{h_{i+1}} < \epsilon$을 만족하는 h_{i+1}를 찾아 이를 이용하여 도함수 값을 계산하면 된다. 이러한 계산 결과를 주어진 함수 $f(x)=x^2$에 대하여 보이면 아래 표와 같다.

i	$h=1/2^i$	근사값	참값
0	1.0000	2.0000	1.0000
1	0.5000	1.5000	1.0000
2	0.2500	1.2500	1.0000
3	0.1250	1.1250	1.0000
4	0.0625	1.0625	1.0000
5	0.0313	1.0313	1.0000
6	0.0156	1.0156	1.0000
7	0.0078	1.0078	1.0000
8	0.0039	1.0039	1.0000
9	0.0020	1.0020	1.0000
10	0.0010	1.0010	1.0000
11	0.0005	1.0005	1.0000

즉, $h=1/2048$일 때 이와 같은 방법으로 계산하여 얻어진 도함수의 값은 1.0005이고, 참값은 1.0000이기에 $e_{h_{i+1}}$가 10^{-3} 보다 작게 되어 참값과 큰 차이가 나지 않음을 알 수 있다.

이를 매트랩 및 파이썬을 이용하여 구현하면 [ex1_2] 코드와 같고 실행 결과는 다음과 같다.

% [ex1_2] 매트랩 코드 실행 결과

```
*** 도함수값 근사적으로 구하기 ***

  미소 구간h        근사값        참값
    1.0000       2.0000       1.0000
    0.5000       1.5000       1.0000
    0.2500       1.2500       1.0000
    0.1250       1.1250       1.0000

    0.0625       1.0625       1.0000
    0.0312       1.0312       1.0000
    0.0156       1.0156       1.0000
    0.0078       1.0078       1.0000
    0.0039       1.0039       1.0000
    0.0020       1.0020       1.0000
    0.0010       1.0010       1.0000
    0.0005       1.0005       1.0000
```

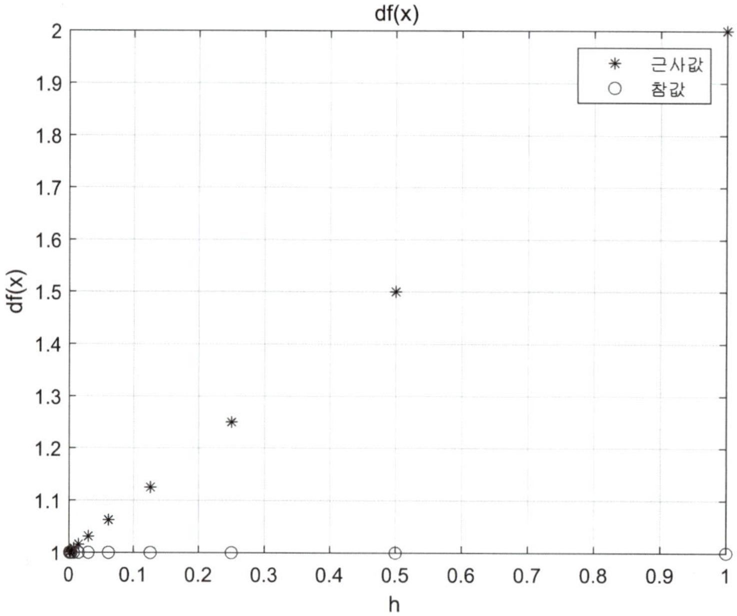

이를 파이썬을 이용하여 구하면 다음과 같다.

[ex1_2] 파이썬 코드 실행 결과

* [예제 1.2] 도함수값 근사적으로 구하기

미소구간h	근사값	참값
1.0000	2.0000	1.0000
0.5000	1.5000	1.0000
0.2500	1.2500	1.0000
0.1250	1.1250	1.0000
0.0625	1.0625	1.0000
0.0312	1.0312	1.0000
0.0156	1.0156	1.0000
0.0078	1.0078	1.0000
0.0039	1.0039	1.0000
0.0020	1.0020	1.0000
0.0010	1.0010	1.0000
0.0005	1.0005	1.0000

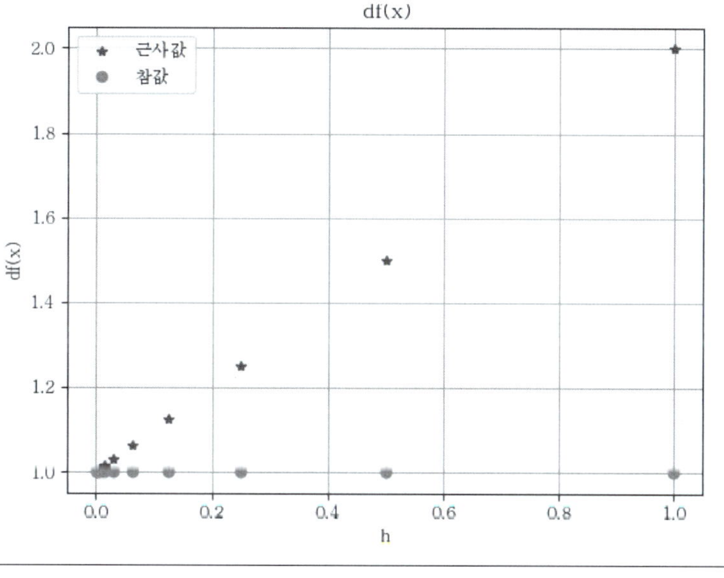

1.2 매트랩 기초

이 절에서 다룰 매트랩(Matlab)이나 다음 절에서 다룰 파이썬(Python) 프로그램 사용이 가능한 사람은 1.2 절 및 1.3절을 건너뛰어도 된다.

행렬 연습(Matrix Laboratory)이라는 이름에서 유래한 매트랩은 과학과 공학 분야의 행렬 계산을 손쉽게 하기 위하여 다양한 수치 계산과 시각화 방법을 제공하는 대화식 소프트웨어 패키지이다. 1984년 설립된 미국 MathWorks라는 회사에서 발표한 이 매트랩은 입력된 명령을 하나씩 수행하여 대화식으로 결과를 나타내는 특징을 갖고 있으며 이를 위하여 기본 명령어뿐만 아니라 이들의 결합으로 이루어진 내장함수 및 계산 결과를 2차원 혹은 3차원으로 시각화시키는 다양한 기능을 갖고 있다. 또한, 데이터의 입출력이 용이하며 계산 속도가 매우 우수하여 대학뿐만 아니라 산업계에서도 다양하게 활용되고 있다. 또한 매트랩에는 여러 개발자들이 만든 특수 목적의 도구상자(Toolbox)가 있다. 이 도구상자는 예를 들면 신호처리, 제어시스템, 영상처리, 통계처리 및 퍼지 논리 도구상자 등등 특정 분야에서의 원활한 활용을 위하여 작성된 함수들의 집합체라 할 수 있다. 이러한 매트랩을 배우기 위한 좋은 방법으로는 다른 프로그램 언어의 공부법과 같이 알고리즘을 구현하기 위하여 실제로 프로그램을 작성하고 이를 실행해 가며 나타나는 결과를 피드백하는 방법이 가장 좋다 하겠다. 여기서는 매트랩 사용을 위한 기본적인 안내를 제공하고 보다 자세한 내용은 매트랩의 사용자 설명서나 기타 참고 문헌을 활용하기 바란다.

매트랩을 컴퓨터에 설치한 후 실행은 화면상의 매트랩 아이콘 을 더블 클릭하여 이루어진다. 더블 클릭으로 매트랩이 실행되면 그림 1.6과 같은 네 개의 창으로 구성된 창이 열리게 되는데 가운데 있는 창이 명령 창으로 사용자가 명령 창(command window)의 명령 프롬프트(prompt) 〉〉 다음에 명령어를 입력하고 엔터키를 누르면 실행 결과가 명령 창에 나타나게 된다.

| 그림 1.6 | 매트랩 실행 화면

매트랩은 입력된 산술문(expression)을 해석하여 계산을 수행하는 컴퓨터 언어로 매트랩 산술문은 다음과 같은 형식을 지닌다.

$$변수 = 수식 \tag{1.6}$$

또는

$$수식 \tag{1.7}$$

모든 변수는 대소문자 구분되며 수식은 숫자, 연산자, 변수 및 함수 등으로 구성될 수 있으며 계산 결과는 스칼라 및 벡터를 포함한 행렬로 생성된다. 그리고 수식 뒤에 기호 세미콜론 ';'을 붙이지 않으면 식의 결과가 변수에 할당되면서 화면에 그 결과를 표시한다. 위의 식(1.7)에서와 같이 변수를 지정하지 않은 경우는 수식의 출력 결과가 변수 이름 'ans'에 자동 할당되어 나타난다. 그리고 모든 주석문(comment)은 주석문 앞에 기호 '%'를 붙여 나타내고 주석문은 실행되지 않음에 주목한다.

| 표 1.1 | 매트랩 산술문 형식

산술문
% 산술문 명령어 활용 a = 1;   % 변수 = 수식 형태로 변수 a에 값 '1'을 할당 a = 1   % 변수 = 수식 형태로 변수 a에 값 '1'을 할당하고 화면에 결과 표시 pi   % 수식 형태로 화면에 ans = 3.1416 표시 b = cos(pi) % 변수 = 수식 형태로 수식이 함수인 경우 sin(pi/2)   % 수식 형태로 수식이 함수인 경우 c = 1 + 2 *3 - 5/10 % 수의 사칙연산 d = a + b * c + 1   % 수와 변수의 사칙연산
실행 결과

a =
    1
ans =
   3.1416
b =
   -1
ans =
    1
c =
   6.5000
d =
  -5.5000

표 1.1의 예에서와 같이 매트랩에서 기호 '*'는 곱셈 기호로 'x'를 의미하고 '/'는 나눗셈 기호를 나타내며 계산 결과는 디폴트(default) 값으로 소수점 이하 4자리로 나타낸다. 그리고 변수에는 등호 표시에 의하여 값이 할당되며 변수들의 이름은 대문자와 소문자가 구별되니 주의하여 사용하여야 한다. 위의 첫 번째 예와 같이 계산에 아무런 변수 지정을 하지 않은 경우에는 디폴트로 'ans'가 계산 결과값을 나타내는 변수로 사용된다.

그런데 이와 같이 명령창에서 명령을 수행하게 되면 명령을 수행하는 매번 명령어를 반복하여 입력하는 불편함이 있다. 이러한 문제를 해결하기 위하여 일련의 명령어를 하나의 파일로 작성하여 저장하고 이를 다시 열어 사용할 수 있는 메뉴가 그림 1.6과 같이 매트랩 실행 창의 상단부에 메뉴로 제공되고 있으니 이를 적절히 활용할 필요가 있다. 예를 들어 실행 창의 '새로 만들기' 메뉴를 드래그하면 그림 1.7과 같은 메뉴가 나타나는데 그중에서 필요한 기능을 선택하면 된다. 여기서는 앞에서 제시한 명령어를 파일로 저장하여 실행하기 위하여 스크립트 메뉴를 선택하기로 한다. 그러면 그림

1.8과 같은 편집기 창이 뜨게 되는데 여기에 자신이 작성하고자 하는 매트랩 명령어들을 알고리즘에 따라 작성하여 저장한 후 사용하게 된다.

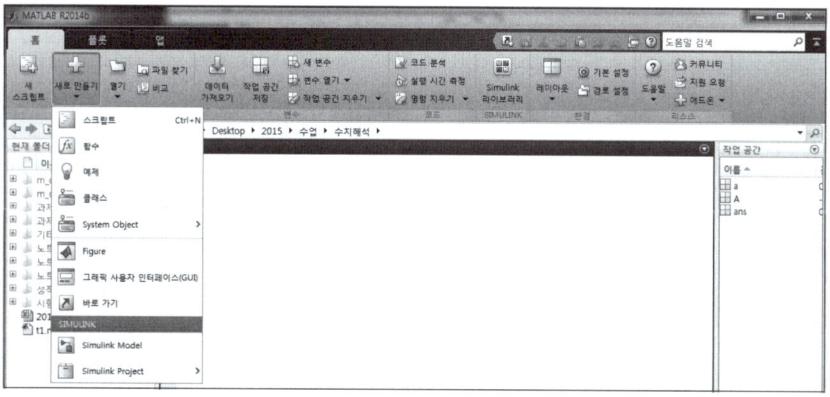

| 그림 1.7 | 새로 만들기 메뉴

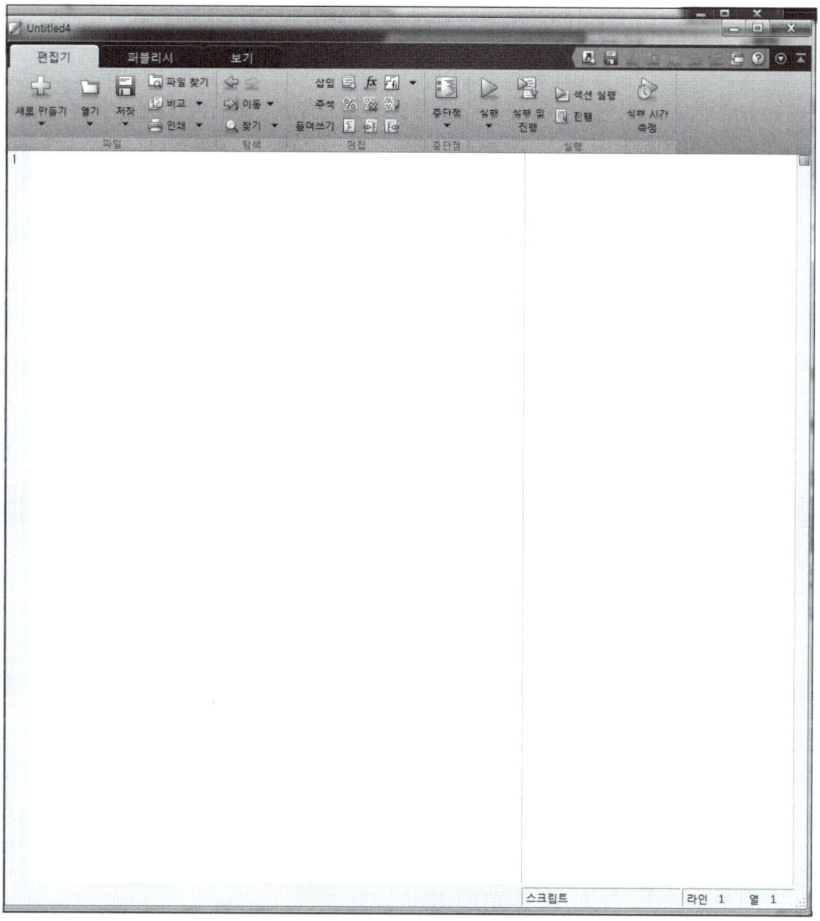

| 그림 1.8 | 편집기 창

그림 1.8처럼 열린 편집기 창에 앞에서 실행한 명령어를 입력한 후 자신이 지정한 m-파일 이름과 폴더에 '저장'한 후, 이를 다시 '열기'하여 사용한다. 다음은 이 파일을 실행하는 순서가 되는데 실행은 아주 간단하다. 편집기 창의 가운데 부분을 보면 

메뉴가 있는데 이를 클릭하는 것만으로 실행이 가능하다. 그림 1.9의 't1.m' 파일의 녹색으로 표시된 첫 번째 및 두 번째 줄처럼 기호 '%' 다음에 있는 문장은 실행되는 명령어가 아니고 '주석문'으로 사용되는 것이니, 이를 잘 활용하여 작성한 파일이 어떤 목적으로 언제 작성되었는지 등등의 정보를 삽입할 수 있으니 잘 활용하길 바란다.

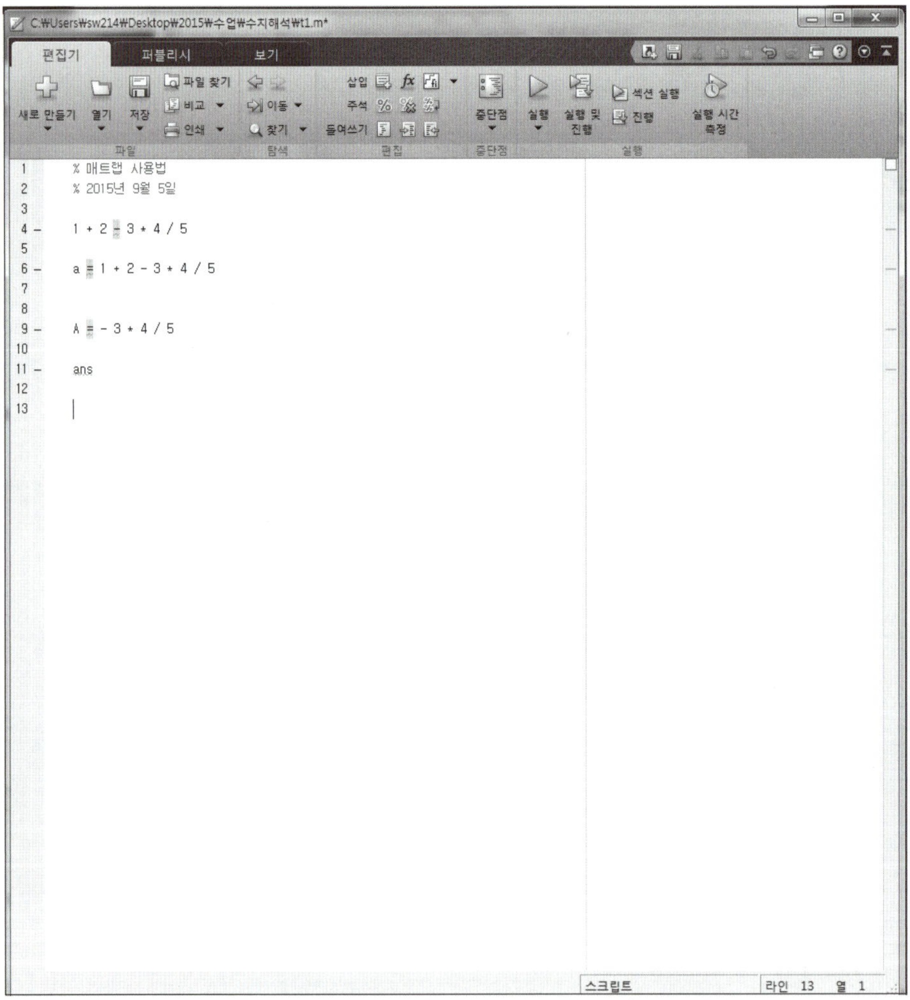

| 그림 1.9 | 매트랩 명령어 실행 위한 m-파일 예

그림 1.10은 앞에서 작성한 파일의 실행 결과를 나타낸다.

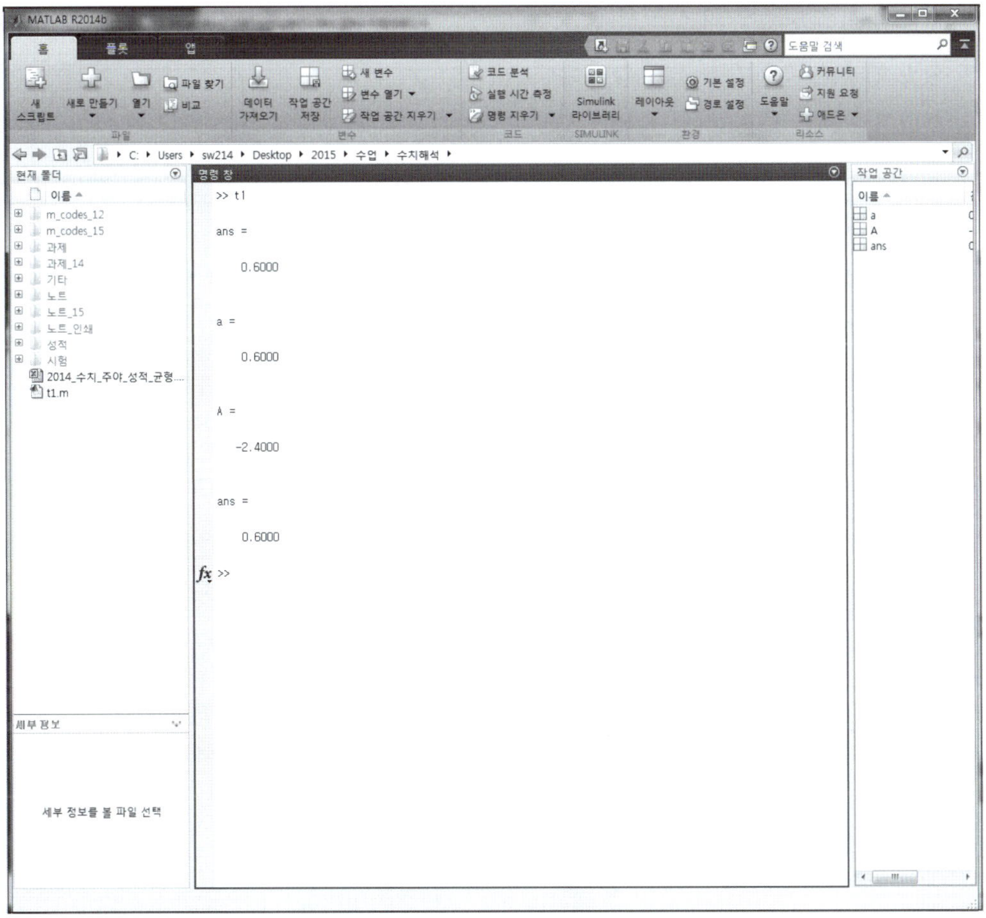

| 그림 1.10 | 매트랩 m-파일 실행 예

1.2.1 행렬과 다항식

매트랩에서는 모든 변수를 행렬(matrix)로 처리하기 때문에 행렬을 어떻게 생성하고 처리하는가는 매트랩 사용에 있어서 매우 중요하다고 할 수 있다. 대문자와 소문자가 구분되어 사용되는 행렬 변수는 등호 표시로 값이 할당되고 행렬의 요소는 실수, 복소수, 문자, 혹은 수의 셈이 될 수 있으며 기호 '['와 ']' 사이에 입력한다. 행렬의 크기는 행(row)의 수 m과 열(column)의 수 n를 곱한 형태 $m \times n$으로 나타내며, 1×1인 스칼라(scalar)와 $1 \times n$인 행 벡터(row vector) 및 $m \times 1$인 열 벡터(column vector)를 포함한다. 그리고 행렬의 구성 요소는 행으로 입력하며 각각의 행은 '엔터' 혹은 세미콜론 ';'으로 구분하고 열은 스페이스 혹은 기호 ','로 구분한다. 행렬의 전치는 기호 ' ' '로 이루어진다. 또한 행렬의 요소를 모두 열거하지 않고 [시작점 : 증감값 : 끝점] 과 같은 형식으로 지정할 수 있다. 정리하면 다음과 같다.

- 행렬 형식은 산술문 구조를 따름
- 행렬 이름은 대소문자 구분
- 행렬의 요소는 대괄호 [ ] 속에 입력
- 행렬의 요소는 행으로 입력
- 행렬의 요소는 실수, 복소수, 문자 혹은 수식으로 입력
- 행렬의 요소는 모두 열거하거나 [시작점 : 증감값 : 끝점] 형식으로 입력
- 같은 행의 요소는 공백(blank) 혹은 기호 쉼표 ','로 구분
- 행과 행의 구분은 기호 세미콜론 ';' 혹은 'Enter'로 구분

그리고 행렬 a, b, c 내의 임의의 요소를 지정하고자 할 때에는 a(n), b(m, n), c(p, q, r) 등과 같이 행렬 내에 차원에 해당하는 숫자만큼 1부터 시작되는 첨자(index)를 기호 ','로 구분하여 사용한다. 다음 표1.2에 보이는 매트랩 명령어는 행렬의 입력 방법을 종합하여 나타낸 것이다.

| 표 1.2 | 행렬 생성

<table>
<tr><th>명령어</th><th>설명</th></tr>
<tr><td><pre>a = [1 2 3; 2^2, 2+3, pi
        0:0.5:1]

% 실행 결과
a =
        1.0000   2.0000   3.0000
        4.0000   5.0000   3.1416
             0   0.5000   1.0000</pre></td><td>행렬 형식은 산술문 구조를 따름 a = [ ]
행렬 이름은 대소문자 구분 a, A
행렬의 요소는 대괄호 [ ] 속에 입력
행렬의 요소는 행으로 입력 a = [; ;]
행렬의 요소는 실수, 복소수, 문자 혹은 수식으로 입력 가능하므로 pi = 3.1416
행렬의 요소는 모두 열거하거나 [시작점 : 증감값 : 끝점] 형식으로 입력되므로
0, 0.5, 1
같은 행의 요소는 공백(blank) 혹은 기호 쉼표 ','로 구분
행과 행의 구분은 기호 콜론 ';' 혹은 'Enter'로 구분</td></tr>
<tr><td><pre>A = a’

% 실행 결과
A =
        1.0000   4.0000   0
        2.0000   5.0000   0.5000
        3.0000   3.141   1.0000</pre></td><td>행렬 이름은 대소문자 구분
행렬의 전치는 기호 ' ' '로 이루어짐</td></tr>
</table>

명령어	설명

`b = [1 : 3 : 7]'`
`% 실행 결과`
`b =`
`     1`
`     4`
`     7`
	행렬 요소의 표현 및 전치

`B = 10 : -3 : 0`
`% 실행 결과`
`B =`
`  10     7     4     1`
	행렬 요소의 표현

`c = a(2, 3)`
`d = B(3)`
`% 실행 결과`
`c =`
`    3.1416`
`d =`
`     4`
	행렬 요소의 지정

이렇게 사용자가 지정하여 행렬을 만들 수도 있지만 매트랩에서는 특별한 목적으로 자주 사용되는 행렬을 함수로 제공하고 있으며 그 중 주목할 만한 것은 표 1.3과 같다.

| 표 1.3 | 특수 행렬 생성 함수

함수	설명
zeros(n)	모든 요소가 0인 $n \times n$ 크기 영행렬을 만든다
zeros(m, n)	모든 요소가 0인 $m \times n$ 크기 영행렬을 만든다
zeros(size(A))	행렬 A와 차원이 같은 영행렬을 만든다
ones(n)	모든 요소가 1인 $n \times n$ 크기 행렬을 만든다
ones(m, n)	모든 요소가 1인 $m \times n$ 크기 행렬을 만든다
ones(size(A))	행렬 A와 차원이 같은 크기이고 모든 요소가 1인 행렬을 만든다
eye(n)	대각선 요소만 1이고 나머지 요소는 0인 $n \times n$ 크기 단위행렬을 만든다
eye(m, n)	$m \times n$ 크기 단위행렬을 만든다
eye(size(A))	행렬 A와 차원이 같은 단위행렬을 만든다

함수	설명
rand(m, n)	균일분포(uniform distribution)를 갖는 0부터 1사이의 난수 값으로 $m \times n$ 크기 행렬을 만든다
randn(m, n)	정규분포(normal distribution)를 갖는 난수 값으로 $m \times n$ 크기 행렬을 만든다
linspace(x, y, n)	x값부터 y값까지 균일한 간격으로 n개의 요소를 갖는 행벡터를 만든다

```
% 특수 행렬 생성 명령어 활용
clc, close all, clear all
zro = zeros(2,3)
on = ones(3,2)
I = eye(3)
rm = rand(2,3)
rd = randn(2,3)
lin = linspace(0, 10, 3)

% 실행 결과
zro =
        0      0      0
        0      0      0
on =
        1      1
        1      1
        1      1
I =
        1      0      0
        0      1      0
        0      0      1
rm =
       0.9572    0.8003    0.4218
       0.4854    0.1419    0.9157
rd =
       1.4090    0.6715    0.7172
       1.4172   -1.2075    1.6302
lin =
        0      5     10
```

다음으로는 행렬의 연산에 대하여 알아보기 전에 행렬의 합성 및 부행렬(submatrix)의 구성에 대하여 알아보기로 한다. 주어진 행렬 A에 새로운 행을 추가하고 싶으면 기호 ';' 붙이고 뒤에 추가하고자 하는 요소를 추가하면 된다. 그리고 A와 같은 행의 수를 갖는 열 b을 추가하고자 할 때에는 추가하고자 하는 위치에 행렬 A와 함께 적어주면 된다.

| 표 1.4 | 행렬의 합성

명령어	결과	설명
`A = [1 2; 3 4]` `c = [ 7 8]'`	A = 1 2 3 4 c = 7 8	% 행렬 생성
`B = [A; [5 6]]`	B = 1 2 3 4 5 6	% 행 추가
`D = [A c]`	D = 1 2 7 3 4 8	% 행렬과 벡터 합성

다음은 주어진 행렬의 일부 요소를 선택하여 부행렬(submatrix)을 생성하는 방법에 대하여 알아보기로 한다. 부행렬 생성 명령어를 표로 정리하면 표 1.5와 같고 실행 결과는 표 1.6과 같다.

| 표 1.5 | 부행렬 생성

명령어	설명
`A(i,j)`	% 행렬 A의 i번째 행 j번째 열 요소 $a_{i,j}$ 선택
`A(:,j)`	% 행렬 A의 j번째 열의 요소 전부 선택
`A(i,:)`	% 행렬 A의 i번째 행의 요소 전부 선택
`A(:,j:k)`	% 행렬 A의 j번째 열부터 k번째 열의 요소 전부 선택
`A(i:j,:)`	% 행렬 A의 i번째 행부터 j번째 행의 요소 전부 선택
`A(i:j,k:m)`	% 행렬 A의 i번째 행부터 j번째 행 그리고 k번째 열부터 m번째 열의 요소 전부 선택

| 표 1.6 | 부행렬 생성 예제

명령어	결과	명령어	결과
A = [1 2 3 ;4 5 6; 7 8 9]	A = 1 2 3 4 5 6 7 8 9	y4 = A(:,2:3)	y4 = 2 3 5 6 8 9
y1 = A(1,3)	y1 = 3	y5 = A(1:2,:)	y5 = 1 2 3 4 5 6
y2 = A(:,2)	y2 = 2 5 8	y6 = A(1:2,2:3)	y6 = 2 3 5 6
y3 = A(3,:)	y3 = 7 8 9		

다음은 행렬의 연산은 어떻게 할 것인가에 대하여 알아보기로 한다. 매트랩에서는 수학에서 정의된 행렬의 사칙 연산 기능 이외에 표 1.7과 같이 요소와 요소 간 연산(element-by-element operation) 기능을 제공하고 있는데 이들 사이에는 큰 차이가 있으므로 사용에 주의하지 않으면 안된다.

| 표 1.7 | 행렬의 연산

기호	연산	형식	예
+	더하기	k + A A + B	1 + [2, 3] = [3, 4] [1 2] + [3, 4] = [4, 6]
−	빼기	k − A A − B	1 − [2, 3] = [−1, −2] [1 2] − [3, 4] = [−2, −2]
*	곱하기	k * A A * B	2 * [2, 3] = [4, 6] [1 2] * [3, 4]′ = 11
/	좌측 나누기	A / B	4 / 2 = 2
\	우측 나누기	A \ B	4 \ 2 = 0.5
^	지수승	A^n	
.*	요소별 곱하기	A .* B	
./	요소별 좌측 나누기	A ./ B	
.\	요소별 우측 나누기	A .\ B	
.^	요소별 지수승	k .^ A A .^ B	

위의 표에 담지 못한 일부 연산에 대한 예를 아래 표 1.8에 보이기로 한다.

| 표 1.8 | 행렬의 연산 예제

명령어	결과	명령어	결과
`A = [1 2; 3 4]`	A = 1 2 3 4	`B = inv(A)`	B = −2 1 1.5 −0.5
`ad = A + B`	ad = −1 3 4.5 3.5	`mpwr = A .^ 2`	mpwr = 1 4 9 16
`mul = A * B`	mul = 1 0 0 1	`epwr = 2.^A`	epwr = 2 4 8 16
`div = A / B`	div = 7 10 15 22	`emul = A .* B`	emul = −2 2 4.5 −2
`bdiv = A\B`	bdiv = 5.5 −2.5 −3.75 1.75	`ediv = A ./ B`	ediv = −0.5 2 2 −8
`pwr = A^2`	pwr = 7 10 15 22	`ebdiv =A .\ B`	ebdiv = −2 0.5 0.5 −0.125

같은 크기를 갖는 두 행렬 A와 B에 대하여 서로 대응하는 요소의 크기를 비교하기 위하여 사용되는 관계 연산자(relational operator)로는 표 1.9와 같은 것들이 있으며 비교 결과가 참이면 비교한 요소의 위치에 1을 거짓이면 0을 할당한다. 그리고 논리 연산을 수행하는 논리 연산자(logical operator)로는 논리곱(logical and), 논리합(logical or) 및 논리부정(not 또는 complement)이 있으며 그 결과가 참이면 1을 거짓이면 0을 할당한다.

| 표 1.9 | 관계 및 논리 연산자

<table>
<tr><th>명령어</th><th>설명</th></tr>
<tr><td>$A < B$</td><td>% A가 B보다 작다</td></tr>
<tr><td>$A < = B$</td><td>% A가 B보다 작거나 같다</td></tr>
<tr><td>$A > = B$</td><td>% A가 B보다 크거나 같다</td></tr>
<tr><td>$A > B$</td><td>% A가 B보다 크다</td></tr>
<tr><td>$A = = B$</td><td>% A와 B가 같다</td></tr>
<tr><td>$A \sim = B$</td><td>% A와 B가 같지 않다</td></tr>
<tr><td>$A \& B$</td><td>% 논리곱(and)</td></tr>
<tr><td>$A | B$</td><td>%논리합(or)</td></tr>
<tr><td>$\tilde{} A$</td><td>%논리부정(not)</td></tr>
</table>

| 표 1.10 | 관계 및 논리 연산자 예제

<table>
<tr><th>명령어</th><th>결과</th><th>명령어</th><th>결과</th></tr>
<tr><td>A = [1 2 3 4 5]

B = [5 4 3 2 1]</td><td>A =
1 2 3 4 5
B =
5 4 3 2 1</td><td>y5 = A == B</td><td>y5 =
0 0 1 0 0</td></tr>
<tr><td>y1 = A < B</td><td>y1 =
1 1 0 0 0</td><td>y6 = A ~= B</td><td>y6 =
1 1 0 1 1</td></tr>
<tr><td>y2 = A <= B</td><td>y2 =
1 1 1 0 0</td><td>y7=(A>=3) & (A>4)</td><td>y7 =
0 0 0 0 1</td></tr>
<tr><td>y3 = A >= B</td><td>y3 =
0 0 1 1 1</td><td>y8=(A>=3) | (B>4)</td><td>y8 =
1 0 1 1 1</td></tr>
<tr><td>y4 = A > B</td><td>y4 =
0 0 0 1 1</td><td>y8 = ~(A>=3)</td><td>y8 =
1 1 0 0 0</td></tr>
</table>

그 밖에 행렬에 관련된 내장 함수를 정리하면 표 1.11과 같다.

| 표 1.11 | 행렬 관련 내장 함수

함수	설명
length(A)	행렬 A의 가장 큰 차원을 리턴한다
size(A)	m x n 행렬 A의 크기 m과 n을 리턴한다
rot90(A)	행렬 A를 반시계 방향으로 90도 회전시킨다
reshape(A, m, n)	행렬 A를 m x n 행렬로 변환시킨다

각각의 예를 살펴보면 아래와 같다.

```
% 'length' 명령어 활용
clc, close all, clear all
format short
A = [1 2 3; 4 5 6]
lenn_A = length(A)
sz_A = size(A)
r90_A = rot90(A)
res_A = reshape(A, 3, 2)

% 실행 결과
A =
        1       2       3
        4       5       6
lenn_A =
        3
sz_A =
        2       3
r90_A =
        3       6
        2       5
        1       4
res_A =
        1       5
        4       3
        2       6
```

여기서 주어진 어떤 함수가 어떤 기능을 하고 어떤 문법으로 사용하여야 하는지 궁금하면 매트랩에서 제공하는 명령어 'help'를 사용하면 그 내용을 상세히 알 수 있다. 예를 들어 표 1.11에 나타난 명령어 'rot90'에 대하여 궁금하다고 하면 프롬프트 뒤에 명령어로 'help rot90'치고 엔터키를 누르면 다음과 같은 상세한 정보가 나타나므로 명령어 'help'의 활용 여부가 매트랩 코딩에 있어서 큰 도움이 됨을 알 수 있다.

```
% 'help' 명령어 활용
clc, close all, clear all
help rot90

% 실행 결과
rot90 - Rotate array 90 degrees
    This MATLAB function rotates array A counterclockwise by 90 degrees.
    B = rot90(A)
    B = rot90(A,k)
    rot90에 대한 함수 도움말 문서 페이지
    참고 항목 flip, fliplr, flipud
```

매트랩에서는 행렬을 이용하여 다항식을 표현하고 또한 다항식의 특성근을 구하거나 방정식의 근을 구하는 등등의 기능을 갖는 내장함수가 있다. 매트랩에서는 다항식을 나타내고자 할 때 변수를 포함하는 식 전체를 나타내지 않고 다항식이 갖는 계수만을 벡터로 나타내게 된다. 예를 들어 $p(x)=x^3+4x^2+x-6$과 같은 다항식은 그 계수만을 추출하여 p = [1 4 1 −6]과 같이 나타낸다. 그 중 빈번히 이용되는 몇 개의 내장 함수를 표 1.12에 나타내고 있다.

| 표 1.12 | 다항식 관련 내장 함수

함수	설명
poly(A)	A가 정방 행렬이면 A의 특성 다항식의 계수를 반환하고 A가 다항식의 근을 나타내는 벡터이면 다항식의 계수 벡터 p를 반환한다
polyval(p, c)	다항식 p에 대하여 c에서의 값을 반환한다
roots(p)	다항식 p의 근을 반환한다

각각에 대한 예를 살펴보면 다음과 같다.

```
% 'poly' 명령어 활용
clc, close all, clear all
A = [1 2 3;4 5 6;7 8 9]
p = poly(A)
R = roots(p)
p = poly(R)
y = polyval(p, 0)
```

```
% 실행 결과
A =

        1.00    2.00    3.00
        4.00    5.00    6.00
        7.00    8.00    9.00

p =

        1.00 -15.00 -18.00   -0.00

R =

       16.12
       -1.12
       -0.00

p =

        1.00 -15.00 -18.00   -0.00

y =

       -0.00
```

1.2.2 입출력

매트랩에서는 표준 입출력 및 파일 입출력에 관련된 내장 명령어로 아래 표 1.13과 같이 다양하게 제공되고 있다. 여기서 표준 입출력이란 키보드를 통해 입력을 하고 디스플레이를 통해 결과를 출력하는 것을 말하며, 파일 입출력이란 파일로부터 데이터를 읽거나 파일에 데이터를 쓰는 것을 말한다. 아래에서는 몇 개의 입출력 명령어에 대하여 개략적으로 살펴보기로 하고 기타 명령어 및 각각에 대한 자세한 사항은 사용자 가이드를 참고하기 바란다.

| 표 1.13 | 입출력 명령어

명령어	설명
input	사용자로부터의 입력을 요구한다
format	출력되는 양식을 지정한다
disp	텍스트나 배열을 변수 이름을 쓰지 않고 내용만을 표시한다
fprintf	데이터를 텍스트 파일로 씀
int2str	정수를 스트링으로 변환
num2str	숫자를 스트링으로 변환
sprintf	데이터를 스트링으로 포맷함

데이터의 입력을 위한 기본 명령어로 'input'이 있다. 이는 화면상에 특정 메시지를 표시하고 사용자가 입력할 때까지 기다렸다가 입력하는 값을 지정된 변수에 저장하는 기능을 수행한다. 그 예를 살펴보면 다음과 같다.

```
% 'input' 명령어 활용
clc, close all, clear all
result = input('What is the original value? x = ')
A = input('3 * 3 행렬 A를 [ ; ;]로 입력하라. A = ')

% 실행 결과
What is the original value? x = 1
result =
        1.00
3 * 3 행렬 A를 [ ; ;]로 입력하라. A = [1 2 3;4 5 6;7 8 9]
A =
        1.00    2.00    3.00
        4.00    5.00    6.00
        7.00    8.00    9.00
```

출력값을 나타내는 포맷에는 명령어 'help format'을 프롬프트 창에 치면 알 수 있듯이 매우 많은 포맷이 있으며 그 중 대표적인 것을 표 1.14에 나타내었다. 그리고 한번 지정된 포맷은 변경될 때까지 유효하다.

| 표 1.14 | 출력 포맷

명령어	설명	예
short (디폴트)	소수점 아래 4 자리를 갖는 표기법	3.1416
long	소수점 아래 15 자리를 갖는 표기법	3.141592653589793
shortE	소수점 아래 4 자리를 갖는 과학적표기법	3.1416e+00
longE	소수점 아래 15 자리를 갖는 과학적표기법	3.141592653589793e+00
bank	소수점 아래 2 자리를 갖는 표기법	3.14
rat	정수의 비로 표기	355/113

```
% 'format' 명령어 활용
clc, close all, clear all
format long
long_pi = pi
format longE
longE_pi = pi
format short
short_pi = pi
format shortE
shortE_pi = pi
format rat
rat_pi = pi
format bank
bank_pi = pi

% 실행 결과
long_pi =
   3.141592653589793
longE_pi =
   3.141592653589793e+00
short_pi =
   3.1416
shortE_pi =
   3.1416e+00
rat_pi =
   355/113
bank_pi =
   3.14
```

다음으로는 텍스트나 배열을 변수 이름을 쓰지 않고 내용만을 나타내라는 명령어 'disp'에 대한 예를 나타낸다. 아래 두 번째 예에서와 같이 원하는 텍스트가 있는 경우 인용부호 ' ' 안에 쓰면 그것을 그대로 나타내는 기능을 수행한다. 이때 원하는 숫자가 있으면 이를 다음과 같이 하여 나타낼 수 있다.

```
% 'disp' 명령어 활용
clc, close all, clear all
format short
A1 = [1 2;3 4];
```

```
A2 = eye(3);
disp('The matrix A1 = ')
disp(A1)
disp('The matrix A2 = ')
disp(A2)

% 실행 결과
The matrix A1 =
     1     2
     3     4
The matrix A2 =
     1     0     0
     0     1     0
     0     0     1
```

다음은 데이터를 텍스트 파일로 쓰거나 데이터를 특정한 형태로 명령 창에 출력할 때 사용하는 명령어인 'fprintf'로 그 기본적인 형식은 다음과 같다.

```
fprintf('format', 인자1, 인자2, ...)
```

이 명령어는 인자 1, 인자2, 등등을 지정된 포맷으로 출력하는데 format은 '%'로 시작하는 형식 변환 문자로 표 1.15에 형식 변환 문자를 보이고 있다.

| 표 1.15 | fprintf에서 사용되는 형식 변환 문자

변환 문자	설명
%d	부호 있는 10진수 출력
%f	부동 소수점 출력
%e	소문자 e를 사용한 지수형태 출력
%c	캐릭터, 즉, 단일 문자 형태로 출력
%s	스트링, 즉, 문자의 열 형태로 출력
%o	8진수로 출력
%u	부호 없는 10진수롤 출력
%x	16진수로 출력

그리고 fprintf의 예를 보면 다음과 같다.

```
% 'fprintf' 명령어 활용
clc, close all, clear all
format short

A1 = [9.9, 9900]
A2 = [8.8,  7.7 ; 8800, 7700]
formatSpec = 'X is %4.2f meters or %8.3f mm\n'
fprintf(formatSpec,A1,A2)

% 실행 결과
A1 =
    1.0e+03 *
      0.0099     9.9000
A2 =
    1.0e+03 *
      0.0088     0.0077
      8.8000     7.7000
formatSpec =
X is %4.2f meters or %8.3f mm\n
X is 9.90 meters or 9900.000 mm
X is 8.80 meters or 8800.000 mm
X is 7.70 meters or 7700.000 mm
```

정수를 스트링으로 변환하는 명령어 'int2str' 그리고 숫자를 스트링으로 변화하는 명령어 'num2str'에 대한 예는 다음과 같다.

```
% 'int2str' 명령어 활용
clc, close all, clear all
format short

str = int2str(7)
str = num2str(pi)

% 실행 결과
str =
7
str =
3.1416
```

마지막으로 데이터를 스트링으로 변환하는 명령어 'sprintf'에 대한 예는 다음과 같다.

```
% 'sprintf' 명령어 활용
clc, close all, clear all
format short

A = 1/eps
str_e = sprintf('%0.5e',A)
str_f = sprintf('%0.5f',A)
str_g = sprintf('%0.5g',A)

% 실행 결과
A =
   4.5036e+15
str_e =
4.50360e+15
str_f =
4503599627370496.00000
str_g =
4.5036e+15
```

1.2.3 제어문

매트랩에서도 다른 프로그래밍 언어들처럼 명령의 흐름을 제어하기 위한 네 가지 제어문이 있으며 이를 표 1.16에 나타낸다.

| 표 1.16 | 제어문

명령어	설명
for	지정된 회수만큼 주어진 명령어 그룹을 반복 수행하는 제어문
if elseif else	'if'로 지정된 조건이 참이면 지정된 명령어 그룹을 수행하고 거짓이면 'else'가 지정한 명령어 그룹을 수행하는 제어문
while	'for'와 유사하나 특정 조건을 만족하는 한 주어지 명령어 그룹을 반복 수행하는 제어문
switch	여럿 중에서 하나를 택하는 경우 사용되는 제어문

명령어 'for'의 일반적인 형태는 다음과 같다.

```
for 첨자  = 초기값 : 증감값 : 최종값
        명령어 그룹
end
```

for 제어문은 첨자의 초기값에서 시작하여 일련의 명령어 그룹을 실행한 후, 첨자값을 증감값만큼 증감시켜 최종값보다 작거나 같을 때까지 계속 반복 수행한다. 여기서 증감값이 지정되지 않으면 증감값으로 1을 갖는다. 다음은 1부터 3까지의 자연수의 합을 구하는 예이다. 즉 처음에 sum = 0으로 주어지고, i값을 1부터 시작하여 2만큼씩 증가시켜 4보다 작거나 같은 동안 반복 시행한 결과를 나타내고 있다.

```
% 'for' 명령어 활용
clc, close all, clear all
format short

sum = 0
for i = 1:2:4
    i
    sum = sum + i
end

% 실행 결과
sum =
     0
i =
     1
sum =
     1
i =
     3
sum =
     4
```

조건문의 참 또는 거짓을 판단하여 지정된 명령어 그룹을 실행하는 if elseif end 명령어의 기본 구조는 다음과 같다.

```
if 조건 1
        명령어 그룹 1
elseif 조건 2
  명령어 그룹 2
else
  명령어 그룹 3
end
```

주어진 자연수를 3으로 나누었을 때의 나머지를 구하는 문제를 푸는 프로그램을 for 문과 if-elseif-else문을 사용하여 작성한 예를 아래에 나타낸다.

```
% 'if' 명령어 활용
clc, close all, clear all
format short

for i = 1:3
    r = mod(i, 3);
    if r == 0
      disp([num2str(i),'를 3으로 나눈 나머지는 0 이다.'])
    elseif r == 1
      disp([num2str(i),'를 3으로 나눈 나머지는 1 이다.'])
    else
      disp([num2str(i),'를 3으로 나눈 나머지는 2 이다.'])
    end
end

% 실행 결과
1를 3으로 나눈 나머지는 1 이다.
2를 3으로 나눈 나머지는 2 이다.
3를 3으로 나눈 나머지는 0 이다.
```

다음으로는 'for'와 유사하나 특정 조건을 만족하는 한 주어진 명령어 그룹을 반복 수행하는 제어문 'while'에 대하여 살펴보면 그 기본 양식은 다음과 같다.

```
while 조건
  명령어 그룹
end
```

위의 for 문에서 보여준 예를 while 문을 사용하여 재구성한 예를 아래에 나타낸다.

```
% 'while' 명령어 활용
clc, close all, clear all
format short

sum = 0;
n = 1;
fprintf(' n      합(sum)    \n');
while n <= 4
    sum = sum + n;
    fprintf('%2.0f  %10.4f \n', n, sum);
    n = n + 2;
end

% 실행 결과
 n       합(sum)
 1        1.0000
 3        4.0000
```

마지막으로 여럿 중에서 하나를 택하는 경우 사용되는 'switch' 제어문의 기본 양식은 다음과 같다.

```
switch 변수 혹은 식
  case 값1
       명령어 그룹 1
  case 값2
       명령어 그룹 2
  otherwise
       명령어 그룹 3
end
```

위에서 보인 예를 활용하여 특정 수를 3으로 나누었을 경우 나머지가 0, 1 아니면 2인가를 판단하는 프로그램을 'switch' 명령어를 사용하여 작성한 예를 아래에 나타낸다.

```
% 'switch' 명령어 활용
clc, close all, clear all
format short

for i = 1:3
    r = mod(i, 3)
    switch r
        case 0
            disp([num2str(i),'를 3으로 나눈 나머지는 0 이다.'])
        case  1
            disp([num2str(i),'를 3으로 나눈 나머지는 1 이다.'])
        otherwise
            disp([num2str(i),'를 3으로 나눈 나머지는 2 이다.'])
    end
end

% 실행 결과
r =
     1
1를 3으로 나눈 나머지는 1 이다.
r =
     2
2를 3으로 나눈 나머지는 2 이다.
r =
     0
3를 3으로 나눈 나머지는 0 이다.
```

1.2.4 그래프

매트랩에서는 2차원 혹은 3차원 그래프를 그리기 위한 함수를 제공하고 있고 사용자가 원하는 함수를 선택한 후 그 함수에서 필요로 하는 적절한 입력값을 입력함으로써 아주 쉽게 계산 결과를 그래프로 나타내는 것이 가능하다. 매트랩에서 제공하는 그래프 관련 함수를 정리하면 표 1.17과 같다.

| 표 1.17 | 그래프 관련 함수

명령어	설명
plot	2차원 선 그래프 도시
contour	3차원 윤곽선 그래프 도시
mesh	3차원 면 그래프 도시
surf	3차원 그림자 진 면 그래프 도시
meshc	윤곽선 그리기가 포함된 3차원 면 그래프 도시
surfc	윤곽선 그리기가 포함된 3차원 그림자 진 면 그래프 도시

먼저 2차원 선 그림 도시 명령어인 'plot'의 기본 형식은 아래와 같다

```
plot(x, y, 'linespec')
```

주어진 2차원 데이터 x와 y를 선에 관련된 사양을 적은 'linespec'에 따라 2차원으로 그래프를 출력하게 된다. 'linespec'에는 선의 색상과 종류 및 마커(여기서 마커란 그래프를 그릴 때 사용된 각 좌표값을 표시하는 기호를 의미함)를 나타내는 하나의 문자열이며 표 1.18에 이들에 대하여 정리해 두었다.

| 표 1.18 | 선의 색상 종류 및 마커

색상	종류	마커
r(red)	-(실선 solid line) (디폴트)	+ 덧셈 기호
g(green)	--(쇄선 dotted line)	o 원
b(blue)	: (점선 dotted line)	* 별표
c(cyan)	-.(일점쇄선 dash-dot line)	-뺄셈 기호
m(magenta)		x 곱하기 기호
y(yellow)		s 사각형
k(black)		d 다이아몬드
w(white)		

이 plot 명령어를 사용한 예를 들면 다음과 같다.

```
% plot 함수를 이용한 그래프 그리기
clc, close all, clear all
format short
```

```
x = 0:0.1:2*pi;
y1 = cos(x);
y2 = sin(x);
plot(x, y1, 'r-s', x, y2, 'b--');
```

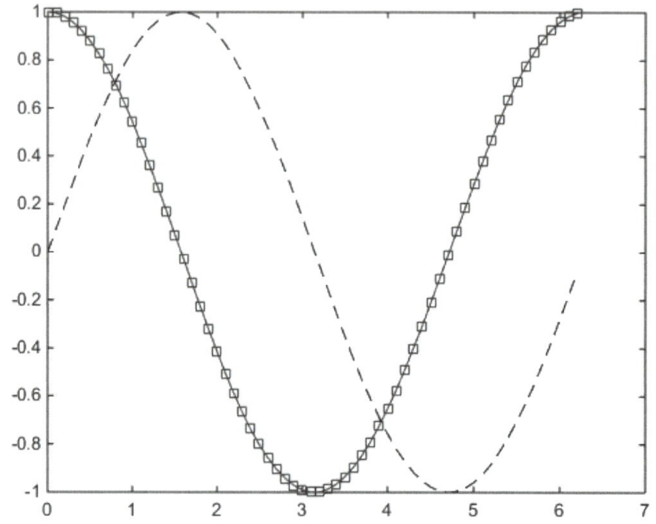

| 그림 1.11 | plot 함수를 사용한 그래프의 예

다음으로 plot을 사용하여 여러 개의 그래프를 하나의 창에 그릴 수 있는데 위에서와 같이 이미 두 개의 그래프를 그린 후에 추가로 하나를 더 그리고자 할 때는 다음과 같이 명령어 'hold on'과 'hold off'를 사용하면 된다. 앞의 그림 1.11을 그린 후에

```
% 'hold on'을 사용하여 추가로 그리는 그래프
clc, close all, clear all
format short

x = 0:0.1:2*pi;
y1 = cos(x);
y2 = sin(x);
plot(x, y1, 'r-s', x, y2, 'b--');
hold on
y3 = cos(x) + sin(x);
plot(x, y3, 'k-')
hold off
```

를 실행하면 그림 1.12에 나타낸 바와 같이 그래프 창이 지워지지 않고 그 위에 y3의 그래프를 그려지게 된다.

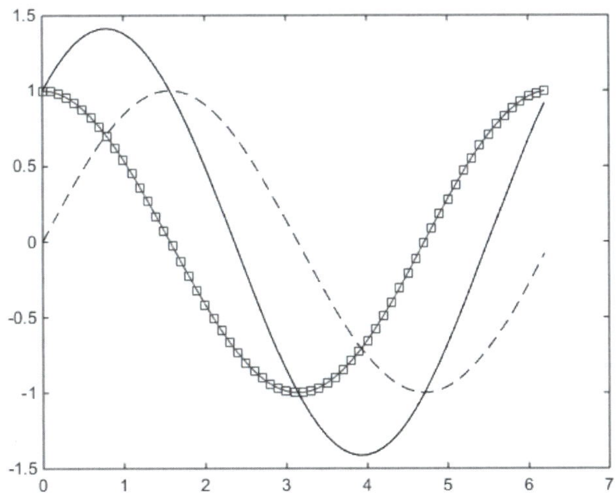

| 그림 1.12 | 'hold on'을 사용하여 추가로 그린 그래프의 예

여기서 축의 범위를 변경하고자 할 때에는 명령어 'axis'를 사용하여 할 수 있다. 그 기본 양식은 다음과 같으며 괄호 안에 주어지는 입력값 z는 축의 하한과 상한을 나타내는 벡터이다.

```
axis(z)
```

다음은 그 예를 보여준다.

```
% 'axis' 명령어 활용
clc, close all, clear all
format short

x = 0:0.1:2*pi;
y1 = cos(x);
y2 = sin(x);
plot(x, y1, 'r-s', x, y2, 'b--');

hold on
y3 = cos(x) + sin(x);
axis([0, 2*pi, -2, 2]);
plot(x, y3, 'k-')
hold off
```

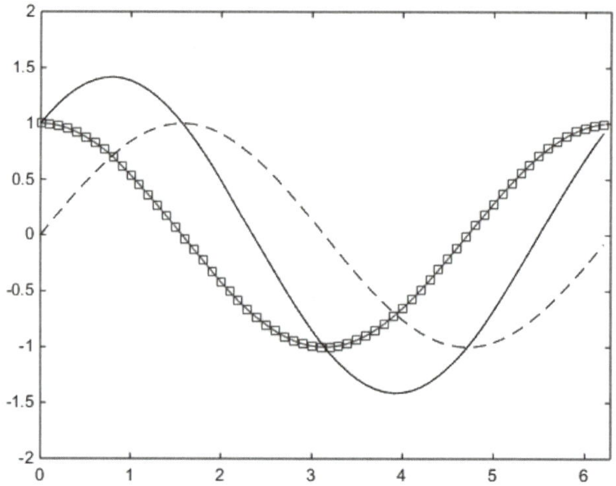

| 그림 1.13 | 'axis'를 사용하여 그린 그래프의 예

그 이외에 하나의 그림 창에 여러 개의 그래프를 그리고자 할 때에는 다음과 같은 형식을 갖는 함수 'subplot'을 사용한다.

```
subplot(m, n, k)
```

이 명령어는 하나의 그림 창을 $m \times n$개 부분 창으로 나누고 왼쪽상단 부분 창을 1로 하고 오른쪽 끝 부분 창을 n으로 한 후 다음 줄 왼쪽 첫 번째 부분 창을 $(n+1)$로 지정하는 형식을 갖는다. 예를 들면 아래와 같다.

```
% 'subplot' 명령어 활용
clc, close all, clear all
format short

x = 0:0.1:2*pi;
y1 = cos(x);
y2 = sin(x);
y3 = cos(x) + sin(x);
subplot(2,2,1)
plot(x, y1, 'r-s');
subplot(2,2,2)
plot(x, y2, 'b--');
subplot(2,2,3)
plot(x, y3, 'k-')
```

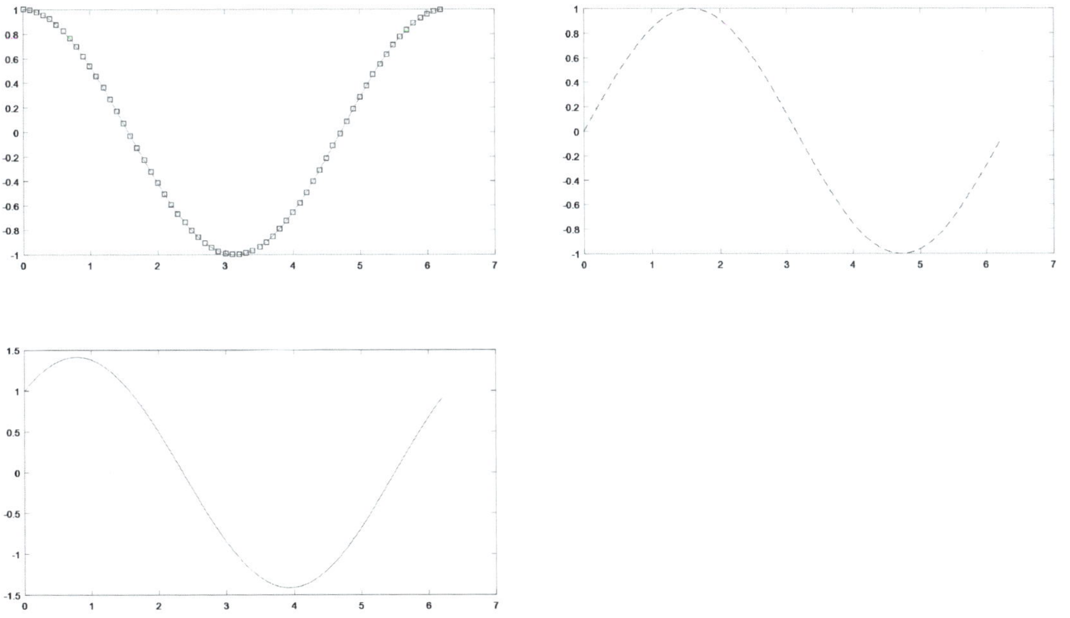

| 그림 1.14 | 'subplot'을 사용하여 그린 그래프의 예

그래프의 이름이나 축의 이름을 넣고자 할 때, 혹은 그래프 내에 범례를 넣고자 할 때는 아래와 같은 함수를 사용한다.

| 표 1.19 | plot 관련 명령어

명령어	설명
title	그래프 제목 붙임
xlabel	x축 이름 붙이기
ylabel	y축 이름 붙이기
text	지정된 위치에 글 표시
grid	눈금 격자를 그래프에 표시
legend	그래프에 범례 설명문 붙이기

예를 들면 다음과 같다.

```
% 'title, legend, label' 명령어 활용
clc, close all, clear all
format short
```

```
x = 0:0.1:2*pi;
y1 = cos(x);
y2 = sin(x);
y3 = cos(x) + sin(x);
axis([0, 2*pi, -2, 2]);
plot(x, y1, 'r-s', x, y2, 'b--', x, y3, 'k-');
title('그래프 그리기')
xlabel('t(sec)'), ylabel('y(volts)')
legend('y1', 'y2', 'y3')
```

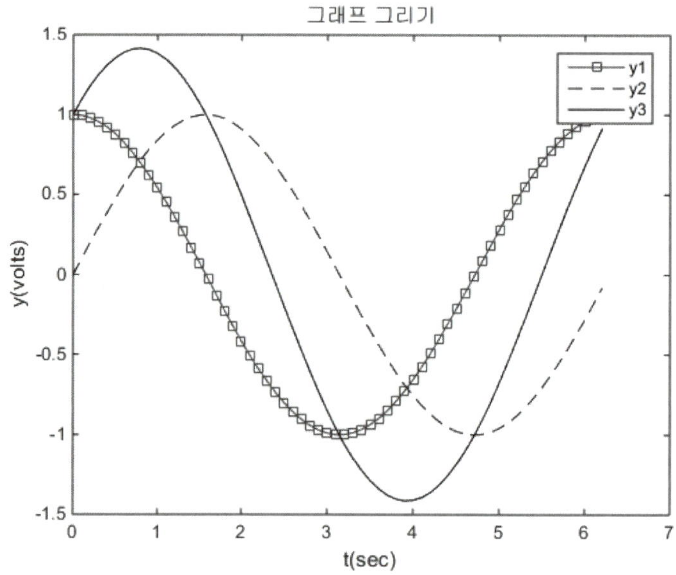

| 그림 1.15 | 그래프 이름, 축 및 기타 정보 넣기

다음으로 3차원 그래프의 하나로 면 그리기에 가장 널리 사용되는 함수인 'mesh'에 대하여 알아보기로 한다. 명령어 'mesh'는 다음과 같은 형식으로 사용한다.

```
mesh(x, y, z, C)
```

여기서 x, y, z는 3차원 좌표값들을 나타내며 C는 z 값에 따라 변하는 색을 의미한다. 만약 C가 생략된 경우에는 z값에 따라 색이 자동적으로 변하게 된다. 여기서 주의해야 할 것은 명령어 'mesh'에 입력하는 데이터 형식을 매트랩이 요구하는 규칙에 따라 다음과 같이 'meshgrid' 명령어로 모든 그리드에 대한 좌표 데이터를 생성하여 입력을 해야 한다는 것이다.

```
[X,Y] = meshgrid(x,y)
```

이에 대한 예를 보면 다음과 같다.

```
% 'meshgrid' 명령어 활용
clc, close all, clear all
format short

x = -pi:0.1:pi;
y = -pi:0.1:pi;
[X, Y] = meshgrid(x, y);
Z = cos(X) .* sin(Y);
mesh(X, Y, Z)
title('3-D 그래프 그리기')
xlabel('x'), ylabel('y'), zlabel('z')
```

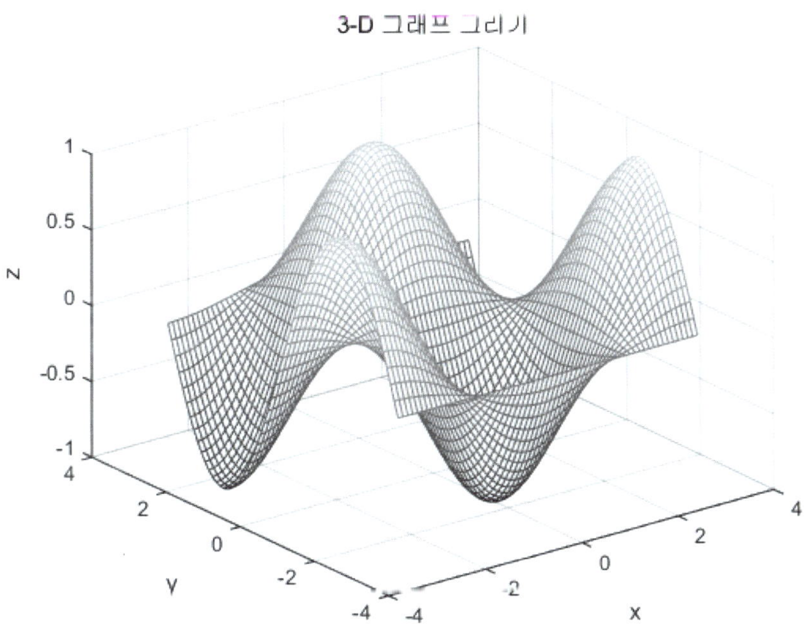

| 그림 1.16 | 3차원 그래프 그리기

1.2.5 함수

일반적으로 매트랩은 명령창에 명령어를 입력하여 실행하면 바로 그 결과를 화면에 표시하는 명령 구동 방식(command-driven mode)으로 일종의 상호 대화식 프로그램이라 할 수 있다. 그러나 이러한 명령어가 늘어나는 경우 매번 반복하여 명령어를 입력하는 것은 매우 비효율적이라 할 수 있다.

이에 이러한 명령어들을 하나의 텍스트로 모아 파일로 저장하였다가 필요에 따라 언제든지 한꺼번에 실행할 수 있도록 명령어들을 모아 놓은 텍스트를 m-파일(m-file) 이라 한다. m-파일은 외부로부터 입력값을 받는지 아니면 받지 않는지에 따라 스크립트 파일(script file)과 함수(function)로 구분되며 그 목적에 따라 선택하여 파일을 작성하면 된다. 스크립트로서의 m-파일 작성은 매우 간단하며 실행하고자 하는 명령어들을 편집기를 사용하여 일련의 명령어 그룹으로 작성한 후 이를 파일로 저장하면 된다.

함수로서의 m-파일은 외부로부터 값을 받아 계산을 수행한 후 외부로 다시 값을 반환하거나 반환하지 않는 경우가 있다. 함수는 사용자라면 누구나 만들 수 있지만 만들고자 하는 함수의 첫 번째 줄은 반드시 다음과 같은 형식을 지녀야 한다.

```
function [출력1, 출력2, ...출력m] = 함수이름(입력1, 입력2, ...입력n)
```

여기서 주어진 함수 $f_test(x) = x^2 + 2*x - 1$의 값을 계산하기 위한 m-파일을 편집기의 '새로 만들기' 메뉴중의 '함수'를 이용하여 작성하여 저장하면 저장되는 파일의 이름은 함수의 이름을 따라 'f_test.m'으로 저장되며 이를 명령 창에서 다음과 실행하면 원하는 결과를 얻게 된다.

```
% 'function' 명령어 활용
function y = f_test(x)
    f_test = x^2 +2*x+1
end

% 명령창에서 하수 불러 쓰기
for i=0 : 3
      f_test(i)
end

% 실행 결과
f_test =
      1
f_test =
      4
f_test =
      9
f_test =
    16
```

이렇게 자기 자신만의 특수 함수를 직접 작성하기도 하지만 매트랩에서 기본적으로 제공하는 함수 특히, 수학 관련 함수들이 많이 있으니 이를 잘 활용하는 것도 매우 중요하다 하겠다. 이들 수학 관련 함수들을 표 1.20에 나타낸다.

| 표 1.20 | 수학 관련 매트랩 함수

명령어	설명
cos(x)	x의 코사인
sin(x)	x의 사인
tan(x)	x의 탄젠트
abs(x)	x의 절대값
exp(x)	x의 지수
log(x)	x의 자연로그
log10(x)	x의 상용로그
sqrt(x)	x의 제곱근

예제 1.3 방정식의 해 구하기

1부터 임의의 n까지 자연수 중에서 소수(prime number)를 찾아 그 합을 구하는 과정을 Matlab을 사용하여 구현하라.

풀이 문제에 해당하는 코드 작성을 위해 알고리즘을 흐름선도로 작성하면 그림 1.17과 같다.

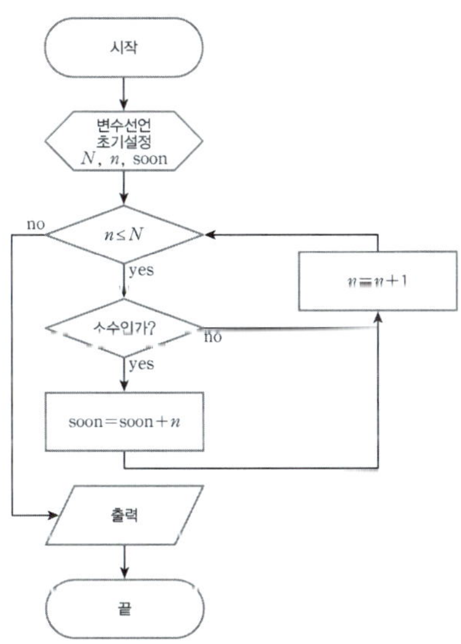

| 그림 1.17 | 소수를 찾아 합을 구하는 알고리즘 흐름선도

그림 1.17의 흐름선도를 매트랩 코드를 사용하여 구현하면 [ex1_3] 코드와 같다.

1.3 파이썬 기초

오픈 소스인 파이썬 프로그램은 대부분의 플랫폼에 적용 가능한 고급 프로그래밍 언어로 1991년 네덜란드 출신의 컴퓨터 프로그래머 귀도 반 로섬(Guido van Rossum)이 발표하였다. 누구나 소스 혹은 이진 형태의 파이썬 인터프리터와 확장형 표준 라이브러리를 파이썬 웹 사이트 https://www.python.org/로부터 다운로드 받아 사용할 수 있다. '파이썬'이라는 이름은 프로그램 개발자 귀도가 좋아하는 코미디 'Monty Python's Flying Circus'에서 따온 것으로 알려져 있다. 이러한 파이썬의 큰 특징을 요약하면 다음과 같은 것들이 있다[참고: https://docs.python.org/ko/3/tutorial]:

- 파이썬은 인터프리터 언어로 컴파일과 링크 단계가 필요 없으므로 개발 시간을 상당히 단축해 준다.
- 고수준의 자료형으로 인하여 복잡한 연산을 한 문장으로 표현할 수 있다.
- 문장의 묶음은 괄호 대신에 들여쓰기를 통해 이루어진다.
- 대문자와 소문자의 구분은 필요하지만, 변수나 인자의 선언은 필요 없다.
- 다양한 확장이 가능하다.

여기서는 파이썬 언어와 시스템의 기본 개념과 기능들을 간략하게 요약하여 소개하기로 한다.

1.3.1 파이썬 설치 및 실행

2022년 8월 현재, 파이썬의 가장 최신 버전은 Python 3.10.5로 웹 사이트 Python Release Python 3.10.5 | Python.org(https://www.python.org/downloads/release/python-3105/)에서 다운로드 받아 쉽게 설치할 수 있다. 즉, 위 웹 사이트에서 제공하는 여러 가지 파일 중에서 자신의 시스템에 맞는 설치 파일(Installer)을 클릭하여 체크 박스 및 물음에 답하면서 설치하면 된다.

파이썬 설치가 끝났다면 컴퓨터 시작 메뉴의 새로 설치된 프로그램 목록에서 파이썬 관련 프로그램들을 확인할 수 있으며, 실행은 시작 메뉴의 Python 3.10을 클릭하면 아래와 같은 실행창이 뜨며, 앞으로 이 창을 이용하여 프로그래밍해도 되지만 일반적으로는 훨씬 더 편한 아나콘다(Anaconda)를 설치하여 사용하게 된다.

파일 작성 및 편집은 대화식 모드(interactive mode)를 제공하는 편집기 IDLE을 열어 프롬프트 〉〉〉 다음에 파이썬 명령문을 입력하고 엔터(enter)키를 누르면 바로 실행이 이루어진다. 만약 일련의 명령문을 모아 한꺼번에 처리하고자 할 때는 IDLE 편집기를 사용하여 프로그램을 작성할 수도 있고 기존의 다른 텍스트 편집기를 사용하여 편집한 후, 확장자를 '.py'로 저장하면 실행할 수 있는 파이썬 프로그램이 작성된다.

작성된 파이썬 프로그램 이름이 'my_python.py'라고 했을 때 이 프로그램의 실행은 Windows 상에서는 파일을 두 번 클릭하거나 파일이 열린 상태에서는 IDLE 메뉴 중의 'Run'을 클릭함으로써 이루어지지만, 실행 후 실행 결과를 읽을 시간을 주지 않고 사라지는 특징을 갖기 때문에 이를 방지하기 위하여 프로그램의 맨 마지막에 input('Press enter to exit')을 넣어주기를 권장한다.

새로 설치한 파이썬은 패키지 관리자인 'pip'를 제외한 어떤 추가 패키지도 설치되어 있지 않기 때문에 필요한 패키지, 모듈 및 라이브러리가 있다면 모두 직접 수동으로 설치해야 한다. 예를 들어, 시스템에 Python 3.10 버전을 설치했는데 3.9 버전으로 프로젝트를 진행하고자 한다면 파이썬 3.9 버전을 새로 설치하는 것 이외에는 이 문제를 해결할 수 없다. 그러나 파이썬 기반의 오픈 소스를 모아 놓은 개발 플랫폼으로 가상환경 관리자와 패키지 관리자를 제공한다는 장점을 지닌 아나콘다(anaconda)의 conda는 아나콘다 배포판의 파이썬이 3.10 버전이라고 하더라도 3.9 버전으로 가상환경을 만들어 가상환경 아래에서 3.9 버전으로 작업을 할 수 있게 한다. 아나콘다는 파이썬 기본 패키지에 'numpy', 'scipy', 'pandas', 'matplotlib' 등등 각종 수학 과학용 라이브러리를 같이 포함하여 배포하는 버전이다. 파이썬과 아나콘다의 가장 큰 차이는 패키지의 종속성 관리 방법이라 할 수 있다. 파이썬의 경우 설치 시에 한 패키지를 설치하기 위해 수십여 개 패키지들의 종속성을 하나하나 확인하며 설치해야 한다. 이때 파이썬 패키지 관리자인 'pip'는 패키지 설치 시 충돌이 발생하면 이

부분을 무시해 버리지만, 아나콘다의 패키지 관리자인 'conda'는 현재 환경과 충돌 여부를 확인하며 설치하여 파이썬에 비해 수월하게 설치되는 경우가 종종 있다.

아나콘다의 설치는 먼저 아나콘다 홈페이지 https://www.anaconda.com/download/에 접속하여 아나콘다 설치 파일을 다운로드 받아 설치할 수 있다. 아나콘다 설치 후, 독립적인 작업환경에서 패키지 및 버전관리를 하기 위하여, 즉, 다른 환경(컴퓨터, 서버 등)에서 동일한 작업을 하려면 가상환경(virtual environment)을 만들어 주어야 한다. 조금 더 풀어 이야기하면 프로젝트를 진행하다 보면 여러 패키지나 라이브러리를 다운로드 하여 사용하게 되는데, 그러다 보면 각 패키지나 라이브러리끼리 충돌을 일으키거나 특정 버전과 호환하지 않는 경우가 생겨 버전 중 하나를 선택해야 하는 상황이 발생 된다. 이러한 문제가 발생된 경우에 있어서 잘못하면 전부 삭제하고 다시 설치해야 하는 경우가 많은데, 이를 방지하기 위해서 프로젝트 단위로 가상환경을 구성해서 필요한 라이브러리를 설치해서 작업을 진행하면 훨씬 작업이 편리하게 된다. 그리고 다른 컴퓨터 혹은 환경에서 동일 프로그램을 실행시킬 때 작업환경을 고정시켰기 때문에 해당 환경에 맞게 구성하면 작업환경과 버전 문제로 실행되지 않는 문제를 방지할 수 있게 된다. conda를 이용한 가상환경은 아나콘다 설치 디렉토리 내에 새로운 디렉토리가 생성되게 된다.

아나콘다 설치 후에는 가장 먼저 다음과 같이 가상환경을 만들어 주어야 한다.

```
conda create -n <가상환경명> python=<버전(3.9나 3.10 등)>
```

가상환경이 잘 만들어졌는지 확인하려면

```
conda env list
```

로 가능하다. 그러고 나서는 가상환경을 활성화할 필요가 있다. 이는 다음

```
conda activate <가상환경명>
```

과 같이 실행하여 활성화할 수 있으며 활성화된 것은 콘솔 맨 앞에 (가상환경명)이 나타나 있음을 확인할 수 있다. 만약 다른 환경에서 작업하고 싶으면 환경을 종료해야 한다.

```
conda deactivate
```

아나콘다 사용법은 아나콘다 실행 후 뜨는 콘솔 창에서

```
> conda search python
```

을 입력하면 설치되어 있는 파이썬이나 라이브러리들의 버전을 확인할 수 있다. 다음은 아나콘다의 파이썬 기본 버전을 설정하는 명령어이다.

```
> conda install python=3.10.4
```

가상환경 삭제는

```
> conda env remove -n 가상환경이름
```

로 할 수 있다. 가상환경을 구축한 다음에는 필요한 패키지나 라이브러리를 다음과 같이 설치해야 한다.

```
> pip install numpy scipy pandas matplotlib
```

이미 설치된 경우는 콘솔 창에 메시지가 보이므로 무시하고 넘어가면 된다.

다음으로는 실행할 파일이 있는 곳으로 디렉토리를 변경해야 하는데 이는

```
> cd <원하는 디렉토리>
```

로 가능하다.

이제 아나콘다 내의 가상환경에서 실행할 준비가 되어 있으니

```
python 파일명.py
```

를 실행하여 원하는 파이썬 작업을 수행한다.

그리고 'pip' 및 'conda'의 기본 명령어들은 다음과 같다.

| 표 1.21 | pip의 기본 명령어

명령어	내용
pip --version	pip 버전 확인
pip list	설치된 패키지 목록 확인
python -m pip install --upgrade pip	pip 업그레이드
pip install --upgrade pip	pip 업그레이드
pip install 패키지이름==1.21.5	패키지 1.21.5 버전 설치
pip uninstall 패키지이름	패키지 삭제
pip search 패키지이름	패키지 검색
pip install --upgrade 패키지이름	패키지 업그레이드
python --version	파이썬 버전 확인
python 실행 후 exit()	파이썬 버전 확인, 32/64비트 확인

| 표 1.22 | conda의 기본 명령어

명령어	내용
conda --version	아나콘다 버전확인
conda install numpy scipy pandas matplotlib	numpy, scipy, pandas, matplotlib 동시 설치
conda install numpy=1.21.5	numpy 버전1.21.5 설치
conda remove numpy	numpy 제거
conda update conda	conda 업데이트
conda update -all	모든 패키지 업데이트
conda list	설치된 패키지 목록 보여주기
conda list numpy	numpy 설치유무, 버전확인
conda search numpy	numpy 검색
conda create -n py310 python=3.10.4	python3.10.4 버전의 파이썬 가상환경 생성
conda create -n py310 python=3.7 anaconda	python3.10.4 가상환경 생성 + 마지막 anacodna는 아나콘다의 기본패키지 설치
conda env list	가상환경 목록 확인
conda info	현재 conda에 대한 정보
conda remove --name py310 --all	py310 가상환경 삭제

끝으로 파이썬의 권장 코드 스타일을 소개하면 다음과 같으니 참고하여 코딩하면 된다. [참고: https://namu.wiki/w/Python]

블록 처리 규칙으로는 다음과 같은 것이 있다. 첫째는 보통 다른 언어에서는 중괄호를 블록 단위로 사용하지만 파이썬에서는 들여쓰기를 사용하고 들여쓰기로 탭(tab) 대신 공백(space) 4문자 넣기를 권장한다. 다음은 파이썬에서 사용하는 변수, 상수, 함수, 모듈, 클래스 및 패키지 등등에서 사용하는 작명 규칙은 인터넷이나 전문 서적을 참고하기 바란다.

문법 규칙으로는

- 한 줄은 79글자로 제한하기
- import는 파일의 맨 위에 적고 표준 모듈 그리고 외부 모듈 순서로 불러들이기
- 인스턴스 메서드의 첫 인자는 self로 쓰고, 클래스 메서드의 첫 인자는 cls로 쓰기
- 할당 연산자(=)의 앞뒤로 공백 넣기

과 같은 것이 있다.

1.3.2 파이썬 프로그래밍

이 절에서는 파이썬으로 프로그래밍하기 위한 기초 명령어 및 사용법에 대하여 요약하여 살펴보기로 한다. 파이썬에 대한 보다 자세한 사항은 인터넷 혹은 파이썬 전문 서적을 참고하기 바란다.

변수

파이썬에서 사용하는 변수란 객체, 즉 자료형을 가리키는 것이라고도 말할 수 있다. 만약

```
>>> a = 2                              # a는 정수형
```

와 같이 변수를 선언하면 a=2라는 할당은 변수 a와 정수 2 사이의 관계, 즉 정수 2가 저장된 메모리의 주소를 가리키게 된다. 우리가 선언한 변수가 잘 되었는지 확인은 print() 함수

```
print(a)
```

를 사용하여 확인할 수 있다. 또한, 여러 개의 변수를 선언할 때는 다음과 같이 할 수 있다.

```
a = 2
a,b = (2, 10)                          # 튜플(tuple)을 이용한 할당
[a,b] = [2, 10]                        # 리스트(list)를 이용한 할당
a = b = 2                              # a와 b에 같은 값 할당
a = none                               # 빈 변수 선언
```

변수의 이름은 임의로 지정할 수 있지만, 다음과 같이 지켜야 할 몇 가지 규칙이 있다:

- 변수명의 시작은 _ 혹은 영문자로 한다.
- 숫자로 시작할 수 없다.
- 특수문자(+, − ,^, %, & 등등) 사용 불가능하다.
- 변수명에 공백이 있으면 안된다
- 파이썬의 명령어(for, while, elif 등등)를 사용할 수 없다.

자료형

파이썬의 자료형은 크게 숫자(numbers), 시퀀스(sequence), 매핑(mapping), 불(boole), 세트(set) 등으로 나눌 수 있고 이들 자료형의 파악은 type() 함수를 사용하면 다음과 같이

```
>>> type(7)                            # 정수
<type 'int'>
```

```
>>> type('P')                    # 문자열
<type 'str'>
```

쉽게 파악할 수 있는데, 여기서는 숫자와 시퀀스에 대해서만 알아보기로 한다.

먼저, 숫자를 나타내는 자료형으로는 정수(int), 부동소수점수(float), 복소수(complex)가 있다.

```
>>> type(1234)                   # 정수
<class 'int'>
>>> type(3.14)                   # 부동소수점수
<type 'float'>
>>> type(1+2j)                   # 복소수
<type 'complex'>
```

다음으로는 시퀀스 자료형에 대하여 알아보기로 한다. 시퀀스 자료형에는 문자열(str), 리스트(list), 튜플(tuple), 사용자 정의 클래스가 속한다.

```
>>> type("My pretty women!")
<class 'str'>
>>> type(['My', 'pretty', 'women'])
<class 'list'>
>>> type(('My', 'pretty', 'women'))
<class 'tuple'>
```

문자열 [참고 https://rebro.kr/123]

파이썬에서 문자열은 작은 따옴표(')나 큰 따옴표(""), 작은 따옴표 3개(''' ''') 그리고 큰 따옴표 3개(""" """)로 묶인 일련의 문자들을 말하는 것으로 이렇게 다양한 방법을 제공하는 이유는 문자열 내에 따옴표가 포함될 수 있기 때문이다. 예는 다음과 같다.

```
a = "Hi, Leo"
a = 'Hi, Leo'
a = "I'm Leo"
a = '''He said "I'm Leo"'''
a = '"Do python"'
a = '''He said
"do
python"'"
```

```
a = "He said\n"do\npython""
```

위의 예시에서와 같이 '₩n'과 같은 백슬래시를 조합한 코드를 '이스케이프 코드(escape code)'라 하며, 주로 사용되는 이스케이프 코드들은 다음과 같다.

```
\n  # 문자열 안에서 줄 바꿀 때 사용
\t  # 문자열 사이에 탭 간격 줄 때 사용
\\  # 백슬래시 \ 표시
\'  # 작은 따옴표(') 표시
\"  # 큰 따옴표(") 표시
```

파이썬에서는 문자열을 정수처럼 더하거나 곱할 수 있는데 더한다는 의미는 두 문자열을 이어 붙인다는 것이고, 문자열을 곱한다는 것은 문자열을 숫자로 나타내어 해당 숫자만큼 문자열을 이어 붙인다는 의미이다. 예를 들면,

```
a = "do"
b = "python"
print(a*2) # ans : dodo
print(a+b) # ans : dopython
print(b+a) # ans : pythondo
a = a*3
print(a)   # ans : dododo
a = a+b
print(b+a) # ans : pythondododopython
print('!'*5) # ans : !!!!!
```

문자열에는 각각의 문자마다 위치를 나타내는 인덱스(index)가 존재하며 매트랩과 달리 시작 인덱스로 0을 갖는다. 예를 들면, 어떤 문자열을 STR이라고 했을 때, 'STR[3]'은 STR의 4번째 문자열을 나타낸다. 인덱스에 음수를 쓰게 되면, 문자열을 뒤에서부터 읽게 된다. 여기서 주의해야 할 점은 앞에서부터 읽는 경우에는 0부터 시작하지만, 뒤에서부터 읽는 경우에는 1부터 시작한다는 것이다. 다음 코드를 살펴보면 이를 잘 알 수 있다.

```
STR = 'Do python'
print(STR[0]) # 'D'
print(STR[2]) # ' '
print(STR[8]) # 'n'
```

```
print(STR[-1]) # 'n'
print(STR[-2]) # 'o'
```

다음은 문자열 슬라이싱(slicing)에 대하여 살펴보기로 한다. 예를 들어, "Do python"에서 4번째 문자부터 9번째 문자까지 즉, python을 뽑아낸다고 가정하자. 이를 위해서는 단순하게 STR[3] + STR[4] + STR[5] + STR[6] + STR[7] + STR[8]로 할 수 있다. 그러나 파이썬의 슬라이싱 기법을 이용하면 더 간단하게 즉, STR[3:9]로 이 기능을 수행하며, 형식은 '변수명[시작지점 : 끝나는지점+1]'이 된다. STR[:b]로 사용하면 문자열의 처음부터 b−1번째 문자까지를 의미하며, STR[a:]로 사용하면 a번째 문자부터 문자열의 끝까지를 의미한다. 슬라이싱에서도 인덱싱과 마찬가지로 마이너스(−) 기호를 사용할 수 있으며 STR[3:−2]이 뜻하는 것은 STR[3]부터 STR[−3]까지를 의미한다.

문자열 포매팅(Formatting)은 문자열 내의 특정한 값을 바꿔야 할 경우가 있을 때 이용하는 방법으로 서식 지정자를 이용하거나, format 메소드를 이용하는 방법이 있다. 서식 지정자에는 아래와 같은 것들이 있다.

```
%s     # 문자열(String)
%c     # 문자 1개(Character)
%d     # 정수(Integer)
%f     # 부동 소수(floating-point)
%o     # 8진수
%x     # 16진수
%%     #  '%' 자체
```

'%10d', '%10s',와 같이 서식 지정자의 % 와 문자 사이에 양의 숫자를 넣게 되면 해당 숫자만큼의 길이를 가지면서 빈 공간은 공백으로 두고 오른쪽 정렬을 하여 출력한다. 이와는 달리 %−10d'와 같이 음의 숫자를 넣은 경우는 왼쪽 정렬을 하여 출력한다.

```
print('숫자 출력%10d' %10000)       # ans : 숫자 출력    100000
print('숫자 출력%-10d' %10000)      # ans : 숫자 출력         10000
print('문자열 출력%10s'%'string')   # ans : 문자열 출력  string
```

실수를 출력할 때 '%.자릿수f'를 사용하면 소수점 이하 자릿수를 지정할 수도 있으며, 이때 소수점도 하나의 문자로 취급된다.

```
print('%10.f' %3.14)                # ans :    3.140
```

format 메소드를 이용하면 조금 더 쉽게 문자열을 포매팅할 수 있는데 방법은 중괄호 {} 안에 인덱스를 지정하고 format 메소드로 값을 넣어주면 된다. 이때 format 메소드 안의 원소들이 인덱스에 맞게 문자열에 대입되며, 여러 개의 값을 넣거나 같은 값을 여러 개 넣을 수도 있다. 인덱스를 지정하지 않으면 format 메소드에 입력한 순서대로 대입된다. 아래 예를 통해 확인해본다.

```
print('Hi {0}. Do {1}'.format('Leo!', 'python'))    # ans : Hi Leo! Do python
print('{1} {0} {2}'.format('am', 'I', 'Leo'))       # ans : I am Leo
```

리스트

리스트(list)는 순서를 정해 관리하는 자료 형태의 하나로 대괄호([])에 의해서 생성된다. 리스트는 다음에 설명할 튜플(tuple)과 비슷하지만 리스트 요소(element)와 길이(length)를 변경할 수 있다는 것이 다른 점이다.

```
a = [0, 4, 5]
b = ['Do', 2, 3, 'python']
c = []                              # 요소가 없는 비어있는 리스트
d = list()                          # list() 함수를 이용한 빈 리스트 생성
```

리스트는 덧셈 연산자 + 를 이용해서 리스트끼리 이어 붙이기로 연결된 하나의 리스트를 생성할 수 있다. 위의 a, b, c, 및 d를 이용하여 예를 들면,

```
print(a+b)                          # [0, 4, 5, 'Do', 2, 3, 'python']
```

를 수행하면 주석에 달린 결과가 출력된다.

곱셈 연산자 * 를 이용해서 리스트를 곱할 수도 있다. n을 곱하게 되면 n번만큼 리스트를 반복해서 만들어 준다. 2번 곱하면 리스트가 2번 반복이 되고, 0을 곱하게 되면 빈 리스트가 된다.

예를 들면,

```
a3 = a*3                            # [0, 4, 5, 0, 4, 5, 0, 4, 5]
c0 = a*0                            # []
```

을 수행하면 주석의 결과를 얻게 된다.

리스트는 시퀀스 자료형이기 때문에 인덱스(index)를 이용해서 접근을 할 수 있으며 리스트의 인덱스는 매트랩과 달리 0부터 시작하게 됨에 주의해야 한다. 그리고 리스트는 음의 인덱스를 사용하여 리스트 요소의 마지막부터 접근이 가능하다. 예를 들어, 전체 길이가 N인 리스트를 인덱스 할 수 있는 범위는 양수로는 0부터 N−1까지 이고, 음수로는 -N부터 -1까지가 된다. 즉, −N부터 N−1까지 인덱싱이 가능함을 알 수 있다.

```
a3[0]                    # 0
a3[2]                    # 5
a3[-2]                   # 4
a3[-1]                   # 5
```

그리고 리스트 내 특정 요소의 값을 변경하고자 할 때는 다음 예와 같이 리스트의 인덱스를 사용하여 변경할 수 있다.

```
a3[0] = 7                # 리스트 내 첫 번째 요소값이 0에서 7로 변경
a3[-1] = 9               # 리스트 내 마지막 요소값이 5에서 9로 변경
```

파이썬에서 리스트 내의 요소 중 일부를 잘라내어 다른 리스트로 반환해주는 것을 리스트 슬라이싱이라고 하며 형식은

```
리스트[시작 index : 끝 index + 1]
```

과 같다. 예를 살펴보면

```
a3 = a* 3                # [7, 4, 5, 0, 4, 5, 0, 4, 9]
a3[3:5]                  # [0, 4]
```

와 같은 결과를 얻게 된다.

튜플(tuple)

튜플(tuple)이란 용어는 값의 유한한 순서의 배열을 설명하기 위해 사용되는 수학적인 용어로 튜플 속 요소에는 순서가 지정되어 있다. 예를 들면, (1, 2, 3)과 같은 튜플이 있을 때, 첫 번째 요소는 1이고 두 번째 요소는 2 그리고 마지막 요소는 3이다. 파이썬에서는 수학적 개념인 튜플의 이름과 작성법을 빌려 리스트(list)처럼 여러 개의 데이터를 담아두는 데 사용한다. 튜플과 리스트의 차이점은 두 가지가 있는데, 첫 번째는 리스트는 선언을 할 때 '대괄호([])'를 사용하지만, 튜플은 '소괄호(())'를 사용한다는 것이다. 튜플과 리스트의 가장 큰 차이점은 값의 변화 가능 여부로 값을 변화시키고 싶다면 리스트를 사용해야 하고 값을 변화시키고 싶지 않다면 튜플을 사용해야 한다. 튜플의 생성은 다음

```
my_tuple = (1, 2, 3)
```

과 같이 하면 된다. 빈 튜플은

```
empty_tuple = ()
```

으로 오직 하나의 값을 갖는 튜플은

```
my_tuple = (1,)
```

와 같이 값 다음에 쉼표를 넣어야 튜플로 해석됨을 주의하기 바란다. 그리고 내장 함수인 tuple()을 사용할 때는 괄호 안에 오직 하나의 매개변수만을 사용하여 다음과 같이

```
>>> tuple("Python")
('P', 'y', 't', 'h', 'o', 'n')
```

튜플을 만들 수 있으니 참고 바란다.

연산자

파이썬에서 제공하는 산술 연산자는 다음과 같다.

기호	기능
+	덧셈
-	뺄셈
*	곱셈
/	나눗셈
**	지수승
%	모듈라 나눗셈

예를 들면

```
>>> a = 'Good'
>>> b = 'morning'
>>> c = [1, 2, 3]
>>> print(2*a)
Good Good
>>> print(a+b)
Good morning
>>> print(3*c)
>>> [1, 2, 3, 1, 2, 3, 1, 2, 3]
>>> print(c+[4, 5])
[1, 2, 3, 4, 5]
>>>
```

와 같은 결과를 얻는다. 파이썬에는 다른 언어에서 제공하는 += 등과 같은 대입 연산자를 갖고 있으며 대입 연산자와 산술식은 다음과 같다.

기호	기능
a += b	a = a + b
a -= b	a = a − b
a *= b	a = a * b
a /= b	a = a / b
a **= b	a = a ** b
a %= b	a = a % b

파이썬에서 제공하는 비교(관계) 연산자는 다음과 같으며 True 혹은 False를 반환한다.

기호	기능
<	~ 보다 작다
>	~ 보다 크다
<=	~ 보다 작거나 같다
>=	~ 보다 크거나 같다
==	같다
!=	같지 않다

예를 들면

```
>>> a = 1
>>> b = 2
>>> c = '1'
>>> print(a>b)
False
>>> print(a<b)
True
>>> print(a==c)
False
```

그 외에 논리 연산자는 다음과 같으며 매트랩과는 전혀 다르므로 주의가 필요하다.

기호	기능
and	논리적 곱
or	논리적 합
not	논리적 부정

if-elif-else 조건문

if-elif-else 조건문은 분기(branch)를 위한 문법으로 'elif'는 'else if'의 줄임말이다. 기본 구문 형식은 다음과 같다.

```
if 조건식:
        <문장1>
        <문장2>
         ...
        <문장n>
elif 조건식:
        <문장1>
        <문장2>
         ...
        <문장m>
else:
        <문장1>
        <문장2>
        ...
        <문장k>
```

예를 들면 다음과 같다.

```
money = 10000
if money >= 10000:
        print("삼선짬뽕")
elif money < 10000 and money <=5000:
        print("짜장면")
else:    print("라면")
```

즉 money가 1만원 이상이면 삼선짬뽕을 5천원 이상 1만원 미만이면 짜장면 그렇지 않으면 라면을 프린트하는 예이다.

while 반복문

반복하여 어떤 명령을 수행해야 할 때는 while 이나 for 구문을 사용하는데 둘 사이에는 약간의 차이가 있어 그 차이를 잘 이해하고 사용해야 한다. 먼저, while 구문의 기본 구조는 아래와 같다.

```
while <조건문>:
        <문장1>
        <문장2>
        ...
        <문장n>
        else:
               <문장1>
               <문장2>
                 ...
               <문장m>
```

여기서 〈조건문〉이 참인 동안은 〈문장1〉부터 〈문장n〉이 반복 수행되고 거짓인 경우는 〈문장1〉부터 〈문장m〉이 수행된다. 아래 예제에서는 무한 루프를 구성하는 예이며, 모든 반복은 명령어 'break'에 의하여 종료된다.

```
doll = 100
while True:
    money = int(input("돈을 넣어 주세요: "))
    if money == 5000:
        print("인형을 줍니다.")
        doll -= 1
    elif money > 5000:
        print("거스름돈 %d를 주고 인형을 줍니다." %(money -5000))
        doll -= 1
    else:
        print("돈을 다시 돌려주고 인형을 주지 않습니다.")
        print("남은 인형의 수는 %d개 입니다." %doll)
    if doll == 0:
```

```
        print("인형이 떨어져 판매를 중지합니다!")
        break
```

for 반복문

반복문인 for문의 기본 구조는 다음과 같다.

```
for 변수 in 리스트(또는 튜플, 문자열):
        <문장1>
        <문장2>
         ...
        <문장n>
```

리스트나 튜플, 문자열의 첫 번째 요소부터 마지막 요소까지 차례로 변수에 대입되어 〈문장1〉부터 〈문장n〉 까지를 수행된다. for문은 숫자 리스트를 자동으로 만들어 주는 range 함수와 함께 사용하는 경우가 많은데 그 형식은 range(시작 숫자, 끝 숫자) 형태를 사용하는데 이때 끝 숫자는 포함되지 않는다는 점에 주의해야 한다. 그리고 'continue' 문을 사용하면 반복문의 일부를 건너뛸 수 있다. 예를 들면,

```
n_max = 4
for i in range(1, n_max):
        if i%2 != 0: continue # 만약 2의 배수가 아니면 나머지 for 루프를 건너뛰고 for 문의
                                처음으로 돌아간다.
        print(i)
```

```
2
```

의 결과를 얻게 된다.

함수

파이썬에서 정의하는 함수의 구조는 다음과 같다.

```
def 함수명(매개변수):
        <문장1>
        <문장2>
        ...
        <문장n>
        return a, b, c
```

위에서 'def'는 함수를 정의할 때 사용하는 예약어이며 '함수명'은 함수를 만드는 사람이 임의로 정할 수 있으며, 일반적으로는 함수의 기능과 관련된 것을 많이 사용한다. 그리고 함수 이름 뒤 괄호 안의 '매개변수'는 이 함수에 전달되는 값을 받는 상수, 변수 혹은 함수이다. 간단한 예를 들면, 두 값 a, b를 더하는 함수를 만들고자 할 때 다음과 같이 하면 된다.

```
def add(a, b):
        return a+b
```

여기서 'return'은 결과값을 돌려주는 명령어다. 이 함수를 불러 사용하는 예는 다음과 같고 결과값은 '3'이다.

```
a = 1
b = 2
c = add(a,b)
print('c =',c)
```

한 가지 덧붙인다면 매개변수(parameter)는 함수에 입력으로 전달된 값을 받는 변수를 의미하고, 인수(arguments)는 함수를 호출할 때 전달하는 입력값을 의미한다. 함수에 대한 기타 자세한 사항은 인터넷이나 파이썬 관련 전문 서적을 참고하기 바란다.

모듈

파이썬에서 모듈(module)은 여러 변수와 함수를 가지고 있는 하나의 파이썬 소스 코드 파일이라 할 수 있다. 즉 함수, 상수, 변수, 클래스, 객체 등등 여러 파일에서 공유하여 사용하면 프로그램을 보다 효율적으로 구현할 수 있는 기능들을 묶어서 모듈로 제공해 주고 있다. 이러한 모듈은 크게 표준 모듈과 외부 모듈로 나뉜다. 표준 모듈은 파이썬에 기본적으로 내장된 모듈이고 외부 모듈은 다른 개발자들이 개발하여 제공하는 모듈을 말한다. 표준 모듈은 파이썬을 설치할 때 기본으로 제공되는 것으로 math, random, sys, os 등등이 있으며 가져오기(import) 형식을 사용하여 모듈을 불러와 사용한다.

```
import math
math.cos(0)
```

이와는 달리 외부 모듈은 실행창에서

```
pip install 외부모듈명
```

명령어를 통해 설치가 가능하다.

경험상, 파이썬으로 코딩할 때 어떤 모듈이 필요한지 정확히 아는 것은 전문가가 아니면 쉽지 않기 때문에 모듈 전체에 대한 지식을 갖고 있지 않는 한 코딩할 때마다 인터넷을 비롯한 참고 자료들을 참고하기를 적극 권장한다.

모듈 가져오기(import)

파이썬에서 모듈을 가져오는(import) 방법에는 두 가지가 있다. 첫 번째는

```
import 모듈
import 모듈 as 모듈 약자
```

처럼 모듈 전체를 가져오거나 모듈을 모듈 약자로 지정해 사용할 수 있다. 그리고 아래 명령어와 같이

```
from 모듈 import 이름
from 모듈 import *
```

모듈 내의 특정 이름만 가져오거나 모든 것을 가져올 수 있다.

matplotlib.pyplot으로 그래프 그리기

matplotlib는 그래프를 그릴 때 많이 쓰이는 파이썬 라이브러리로 matplotlib 프로젝트의 홈페이지 주소는 다음과 같다: [참고 : http://sourceforge.net/projects/matplotlib/]

파이썬 IDLE 셸에서 다음 명령을 실행해보았을 때

```
from pylab import *
ModuleNotFoundError: No module named 'pylab'
```

이라는 오류 메시지가 나온다면 파이썬 셸에서 빠져나와서 pip install matplotlib 명령(아나콘다 환경에서는 conda install matplotlib)으로 matplotlib를 설치해야 한다. matplotlib.pyplot 모듈은 매트랩과 비슷하게 명령어 스타일로 동작하는 함수의 모음으로 matplotlib.pyplot 모듈 내 각각의 함수를 사용해서 간편하게 그래프를 그리고 꾸미는 일을 할 수 있다. 먼저, plot 함수를 이용하여 한글 타이틀을 갖는 기본적인 그래프를 그려보기로 한다.

```
from matplotlib import pylab
import matplotlib.pyplot as plt
from numpy import arange, sin, cos
import matplotlib.font_manager as fm
```

```
x = arange(0, 2*3.14, 0.2)
plt.rc("font", family='batang')
plt.title("사인 함수, 코사인 함수")
plt.plot(x, sin(x), 'x-', x, cos(x), 'o-')
plt.xlabel('x')
plt.ylabel('f(x)')
plt.legend(('sine', 'cosine'), loc = 0)
plt.grid(True)
plt.savefig('Fig1.png', format = 'png')
plt.show()
input('Press enter to exit')
```

위의 코드 실행 결과는 다음과 같다. 선의 색상, 종류 및 마커를 아래 표에 정리해 두었다.

| 표 1.23 | 선의 색상, 종류 및 마커

색상	종류	마커
r(red)	−(실선 solid line)	+ 덧셈 기호
g(green)	−−(쇄선 dotted line)	o 원
b(blue)	: (점선 dotted line)	^ 삼각형
c(cyan)	−.(일점쇄선 dash−dot line)	* 별표
m(magenta)		x 곱하기 기호
y(yellow)		s 사각형
k(black)		h 육각형
w(white)		

그래프의 이름이나 축의 이름을 넣고자 할 때, 혹은 그래프 내에 범례를 넣고자 할 때는 아래와 같은 함수를 사용한다.

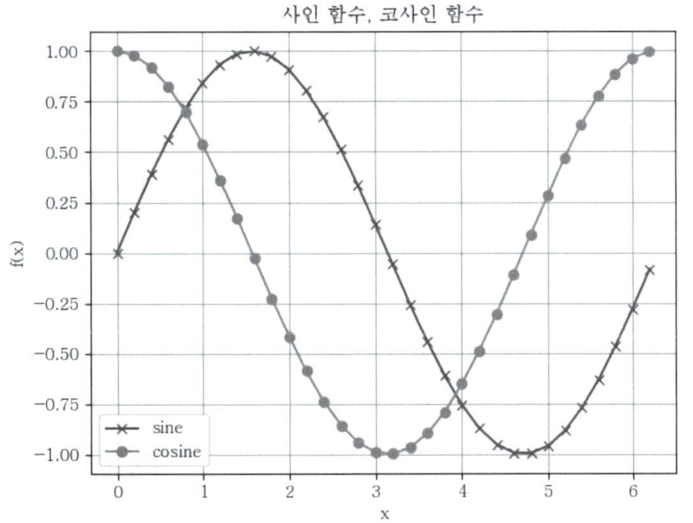

| 표 1.24 | plot 관련 명령어

명령어	설명
title	그래프 제목 붙임
xlabel	x축 이름 붙이기
ylabel	y축 이름 붙이기
text	텍스트 추가
grid	눈금 격자를 그래프에 표시
legend	그래프에 범례 설명문 붙이기

범례(legend) 배치를 위한 위치(loc) 값은 다음과 같다.

값	설명
0	최고 위치
1	우측 상단
2	좌측 상단
3	좌측 하단
4	우측 하단

여러 개의 그림 창을 하나의 그림으로 그리고자 할 때는 subplot(행 수, 열 수, 그림 순번) 명령을 사용한다. 다음 코드를 살펴보자.

```
from matplotlib import pylab
import matplotlib.pyplot as plt
```

```
from numpy import arange, sin, cos
import matplotlib.font_manager as fm
from numpy import *
import numpy as np

x = arange(0, 2*np.pi, 0.2)

plt.rc("font", family='batang')

plt.subplot(1,3,1);    plt.title("sin(x)");    plt.xlabel('x')
plt.plot(x, sin(x), 'b-');    plt.grid(True)

plt.subplot(1,3,2);    plt.plot(x, cos(x), 'r-');    plt.title("cos(x)")
plt.xlabel('x');    plt.grid(True)

plt.subplot(1,3,3);    plt.plot(x, sin(x)-cos(x), 'g-');    plt.title("sin(x)-cos(x)")
plt.xlabel('x');    plt.show();
```

실행 결과는 아래 그림과 같다. 위의 코드에서 원주율(π)을 np.pi.로 사용할 수 있음을 보여주고 매트랩과 같이 한 줄에 여러 명령어를 쓰고자 할 때는 위와 같이 각각의 명령어 마지막에 세미 콜론 ';'을 붙여주면 된다.

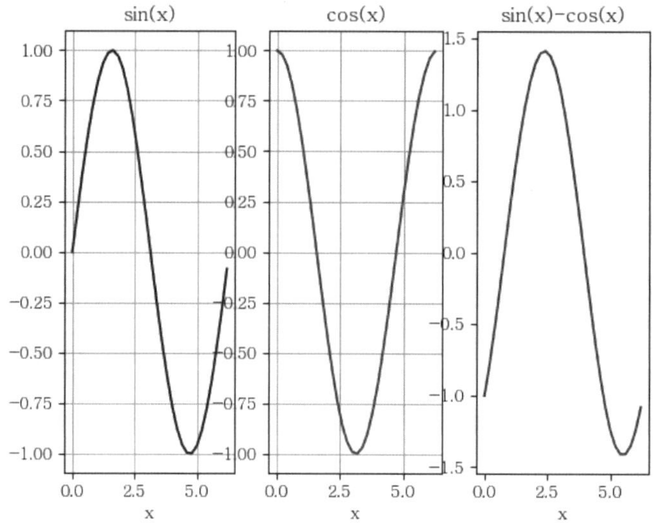

마지막으로 3차원 평면 그리기에 대하여 알아보기로 한다. 파이썬에서 3차원 그래프를 그리기 위해서는 Axes3D라는 모듈을 가져오기(import) 해주어야 한다.

```
import matplotlib.pyplot as plt
from mpl_toolkits.mplot3d import Axes3D
```

다만 plt.plot 처럼 단순히 그리는 방법으로는 3D plot이 제대로 그려지지 않고 다음과 같이 sub-plot에서 projection을 3d로 선언해주는 방식으로 그릴 수 있다.

```
fig = plt.figure(figsize=(9, 6))
ax = fig.add_subplot(1,1,1, projection='3d')
```

여기서, 그래프의 사이즈를 설정할 때는 plt.figure 메소드에 figsize 옵션을 설정하며 아래와 같은 형식으로 입력하고

```
figsize(가로길이,세로길이)
```

단위는 inch 다.

이제 이 3D 공간에 plt를 이용하여 간단히 plot, scatter 및 평면을 차례대로 그려보도록 한다.

```
import numpy as np
import matplotlib.pyplot as plt
from mpl_toolkits.mplot3d import Axes3D

fig = plt.figure(figsize=(9, 6))
ax = fig.add_subplot(1,1,1, projection='3d')

plt.rc("font", family='batang')
x = np.arange(0, 10, 0.1);      y = np.sin(x);     z = np.cos(x)
ax.plot(x, y, z);     plt.show()
```

물론, plot 함수 내에서 마커 모양, 선의 색, 및 굵기 등등 다양한 옵션을 지정할 수 있다. 실행 결과는 다음과 같다.

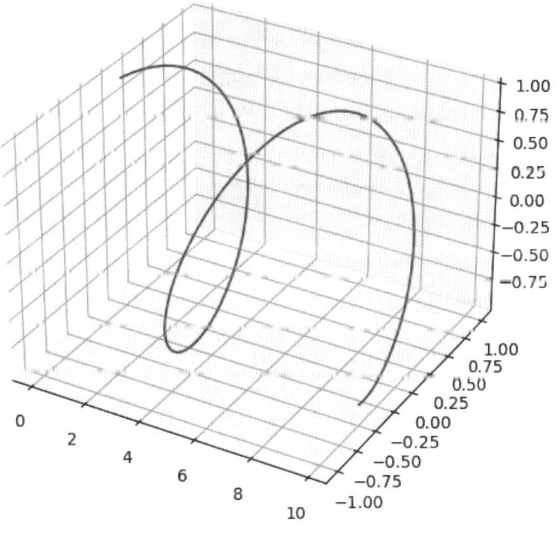

이번에는 위에서 그린 그래프를 대상으로 산점도를 그려보도록 한다. 다음처럼 ax.plot을 ax.scatter로 바꿔주면 간단히 해결된다.

```
import numpy as np
import matplotlib.pyplot as plt
from mpl_toolkits.mplot3d import Axes3D

fig = plt.figure(figsize=(9, 6))
ax = fig.add_subplot(1,1,1, projection='3d')

plt.rc("font", family='batang')
x = np.arange(0, 10, 0.1)
y = np.sin(x)
z = np.cos(x)
ax.scatter(x, y, z, color = 'r', alpha = 0.5)
plt.show()
```

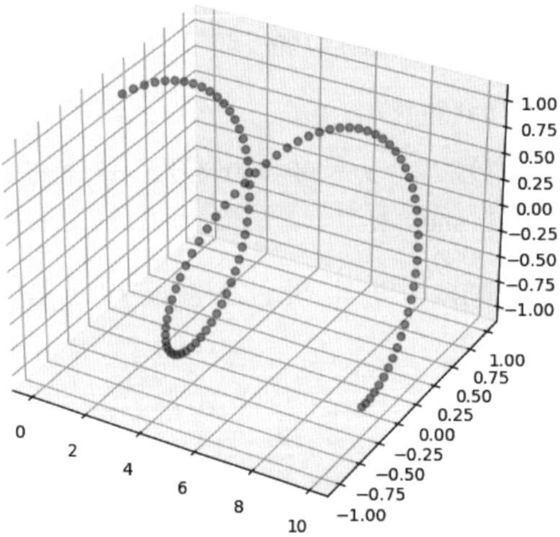

2개 이상의 그래프를 하나의 창에 그리고자 할 때는

```
import numpy as np
import matplotlib.pyplot as plt
from mpl_toolkits.mplot3d import Axes3D

fig = plt.figure(figsize=(9, 6))
ax = fig.add_subplot(1,1,1, projection='3d')
```

```
plt.rc("font", family='batang')
x = np.arange(0, 10, 0.1)
y = np.sin(x)
z = np.cos(x)
ax.scatter(x, y, z, color = 'r', alpha = 0.5)
ax.scatter(x, z, y, color = 'b', alpha = 0.5)
plt.show()
```

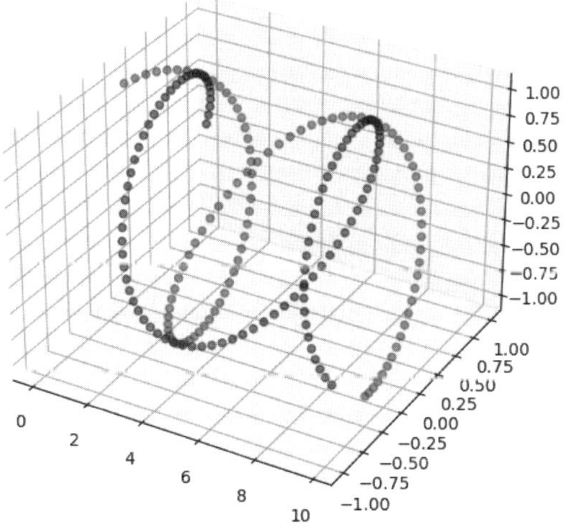

마지막으로 3차원 평면을 파이썬 matplotlib로 그려보도록 한다. 평면은 ax.plot_surface라는 평면을 그리는 함수를 이용하면 된다. 그리고 z에 선언하는 변수는 2차원의 형태로 나타내져야 한다. 먼저 x와 y로 선언한 좌표를 np.meshgrid를 이용하여 격자를 생성 후, 다음과 같은 명령어로 간단한 평면을 그려보면

```
import matplotlib.pyplot as plt
from mpl_toolkits.mplot3d import Axes3D
import numpy as np
fig = plt.figure(figsize=(9, 6))
ax = fig.add_subplot(1,1,1, projection='3d')

plt.rc("font", family='batang')
x = np.arange(-np.pi, np.pi, 0.1)
y = np.arange(-np.pi, np.pi, 0.1)
x_m, y_m = np.meshgrid(x, y)
```

```
z = np.cos(x_m)**2 + np.sin(y_m)**2
ax.plot_surface(x, y, z, cmap="brg_r")
ax.set_ylabel('y', fontsize=10, rotation=0)
ax.set_xlabel('x')
ax.set_zlabel('z', fontsize=10, rotation=90)
plt.show()
```

다음 그림과 같다. 여기서, 'cmap'은 컬러맵을 지정하는 것으로

```
import matplotlib.pyplot as plt
from matplotlib import cm

cmaps = plt.colormaps()
for i in cmaps:
    print(i)
```

을 통해 Matplotlib에서 제공하는 모든 컬러맵을 얻을 수 있다.

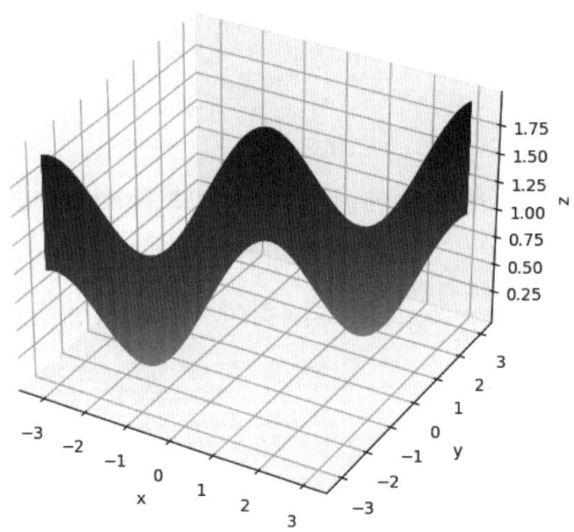

기타 파이썬에 관한 자세한 사항은 파이썬 전문서를 참고하기 바란다.

예제 1.4

[예제 1.3]의 1부터 임의의 n까지 자연수 중에서 소수(prime number)를 찾아 그 합을 구하는 과정을 파이썬을 사용하여 구현하라.

풀이

흐름선도는 그림 1.17과 같고, 그림 1.17의 흐름선도를 파이썬 코드를 사용하여 구현하면 [ex1_4] 코드와 같다.

```
# 실행 결과
 * [예제 1.4] 소수의 합

 * 1부터 임의의 수 N까지의 소수(Prime number)를 찾아 이들의 합을 구하시오.

 * 찾고자 하는 수의 범위 : 1 ~ 어디까지? 100

 * 1부터 100까지의 자연수 중 소수 = [2, 3, 5, 7, 11, 13, 17, 19, 23, 29, 31, 37, 41, 43, 47,
   53, 59, 61, 67, 71, 73, 79, 83, 89, 97]

 * 1부터 100까지의 자연수 중 소수의 합 = 1060
```

연습문제

수치해석이란

1.1 수치해석이란 무엇인가에 대하여 개념을 서술하고 수치해석에서 행해지는 과정을 예를 들어 서술하라.

1.2 주어진 두 자연수 M과 N의 최대공약수를 찾는 알고리즘의 흐름선도를 작성하라.

1.3 다음 식으로 정의된 도함수의 정의

$$f'(x) = \lim_{h \to 0} \frac{\Delta f(x)}{h} = \lim_{h \to 0} \frac{f(x+h) - f(x)}{h}$$

를 이용하여 함수 $f(x) = e^{-x}$의 $x = 0$에서의 도함수 $f'(x) = -e^{-x}$ 값을 미소 구간 $h = \frac{1}{2^k}$, $k = 1, \cdots, 5$에 대하여 소수점 4자리까지 구하라.

1.4 다음 식으로 정의된 도함수의 정의

$$f'(x) = \lim_{h \to 0} \frac{\Delta f(x)}{h} = \lim_{h \to 0} \frac{f(x+h) - f(x)}{h}$$

를 이용하여 함수 $f(x) = \cos x$의 $x = \pi/4$에서의 도함수 $f'(x) = -\sin x$ 값을 미소 구간 $h = \frac{1}{2^k}$, $k = 0, 1, 2, \cdots$ 값을 변화시켜 참값과의 오차 절대값이 $\frac{1}{2} \times 10^{-5}$ 보다 작게 되는 가장 큰 h값을 구하라.

1.5 요소로 0부터 시작하여 0.01씩 증가하여 마지막 요소로 1을 갖는 벡터 a를 매트랩 명령어로 나타내라.

1.6 $A = [1,2]$, $B = [3\ 4]$, $C = [5, 6\ 7\ 8]$일 때 다음 명령어를 실행한 결과를 구하라.

(1) A'

(2) $[A\ B]$

(3) $[A;\ B]$

(4) $[A\ B;\ C]$

1.7 행렬 A에 대하여 다음 명령어를 실행한 결과를 구하라.

$$A = \begin{bmatrix} 1 & 2 & 3 & 4 \\ 5 & 6 & 7 & 8 \\ 9 & 10 & 11 & 12 \\ 13 & 14 & 15 & 16 \end{bmatrix}$$

(1) $A(:,2)$

(2) $A(3,:)$

(3) $A(:,2:4)$

(4) $A(1:2,:)$

(5) $A(1:2,3:4)$

1.8 행렬 A, B가 다음과 같을 때 다음 명령어를 실행한 결과를 구하라.

$$A = \begin{bmatrix} -1 & 0 & 4 \\ 2 & 3 & -2 \\ 1 & 5 & -3 \end{bmatrix}, B = \begin{bmatrix} 5 & 1 & -4 \\ 0 & 2 & 3 \\ 4 & 7 & 9 \end{bmatrix}$$

(1) A'

(2) $A+B$

(3) $2A-3B$

(4) A^2

(5) $2A*3B$

(6) $A.*B$

(7) $A./B$

(8) $A.\backslash B$

(9) $2.^{\wedge}A$

(10) $B.^{\wedge}A$

매트랩 및 파이썬

1.9 0부터 100까지 3의 배수의 합을 구하는 매트랩 혹은 파이썬 코드를 작성하라.

1.10 다음과 같은 Hilbert 행렬 H_3와 삼중대각행렬 A를 생성하는 매트랩 혹은 파이썬 코드를 작성하라.

(1) $H_3 = \begin{bmatrix} 1 & 1/2 & 1/3 \\ 1/2 & 1/3 & 1/4 \\ 1/3 & 1/4 & 1/5 \end{bmatrix}$

(2) $A = \begin{bmatrix} 3 & 1 & 0 & 0 \\ 1 & 3 & 1 & 0 \\ 0 & 1 & 3 & 1 \\ 0 & 0 & 1 & 3 \end{bmatrix}$

1.11 $\frac{1}{n!}$ 값이 10^{-5}보다 작거나 같게 되는 최소의 n값을 구하는 매트랩 코드를 while 명령어를 사용하여 작성하라.

1.12 벡터 $A = [1\ 3\ 8\ 4\ \ -2\ \ 7\ 9]$에 대하여 다음을 구하는 매트랩 혹은 파이썬 코드를 작성하라.

(1) 오름차순으로 정렬

(2) 벡터 A의 가장 큰 요소의 위치 찾기

(3) 평균값 보다 큰 요소 개수 구하기

1.13 주어진 행렬 A의 행렬식(det)을 구해 $\det(A) \neq 0$이면 역행렬 A^{-1}을 구하고 $\det(A) = 0$이면 '역행렬이 존재하지 않음'을 출력하는 매트랩 혹은 파이썬 코드를 작성하라.

1.14 행렬 A가 다음과 같을 때 매트랩 혹은 파이썬으로 다음을 구하라.

$$A = \begin{bmatrix} -1 & 2 & 4 \\ 2 & 3 & -2 \\ 1 & 5 & -3 \end{bmatrix}$$

(1) 행렬 A의 특성다항식(characteristic polynomial) $p(x)$

(2) 특성다항식(characteristic polynomial) $p(x)$에 대하여 $x = 1$일 때의 값

(3) 특성다항식(characteristic polynomial) $p(x)$의 근

1.15 주어진 행렬 A의 고유값과 고유벡터를 구하는 매트랩 코드를 다음 명령어를 사용하여 작성하라.

(1) poly (2) eig

1.16 다섯 개의 점 $(1,1)$, $(1.5,3)$, $(2,7)$, $(2.5,10)$, $(3,15)$에 대하여 다음과 같은 그래프를 그리는 매트랩 혹은 파이썬 코드를 작성하라.

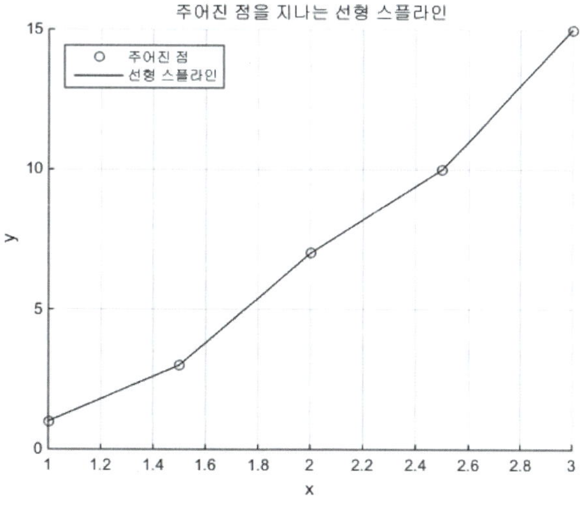

1.17 [예제 1.2]를 참고하여 다음 데이터를 아래 형식의 그래프로 나타내기 위한 매트랩 혹은 파이썬 코드를 작성하라.

i	$h = 1/2^i$	**근사값**	**참값**
0	1.0000	2.0000	1.0000
1	0.5000	1.5000	1.0000
2	0.2500	1.2500	1.0000
3	0.1250	1.1250	1.0000
4	0.0625	1.0625	1.0000

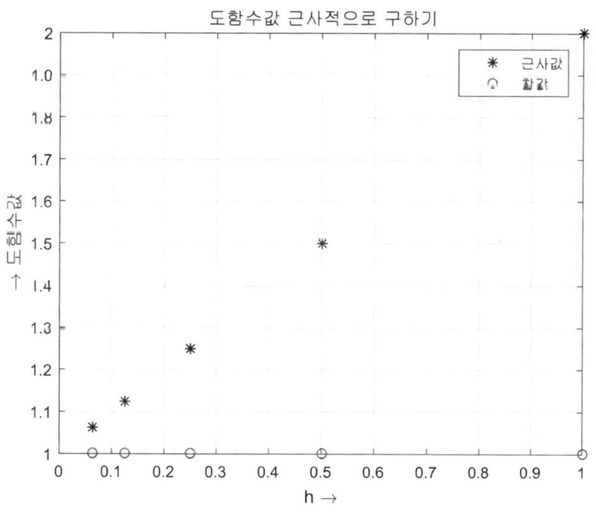

1.18 $-10 \le x, y \le 10$, $z = \dfrac{\sin\left(\sqrt{x^2+y^2}\right)}{\sqrt{x^2+y^2}}$에 대하여 다음과 같은 그래프를 그리는 매트랩 혹은 파이썬 코드를 작성하라.

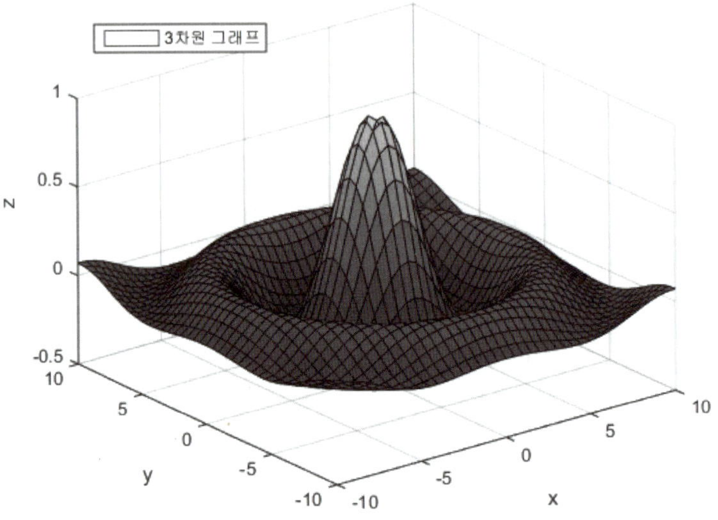

1.19 아래 그림과 같이 반지름 $r=1$인 구의 표면적 S을 구하기 위하여 1사분면의 각 $\frac{\pi}{2}$를 n등분 한 후 x축에서 반시계 방향으로 회전하며 x축과 이루는 각을 $\frac{\pi k}{2n}$라 하면 구의 표면적은 $S = \dfrac{2\pi^2 r^2}{n}\sum_{k=1}^{n}\cos\dfrac{\pi k}{2n}$가 된다. $n = 50, 100, 150, \cdots, 1000$에 대하여 구의 표면적을 계산하고 참값과 근사값을 하나의 그래프로 나타내는 매트랩 혹은 파이썬 코드를 작성하라. 단, 참값은 $4\pi r^2$이다.

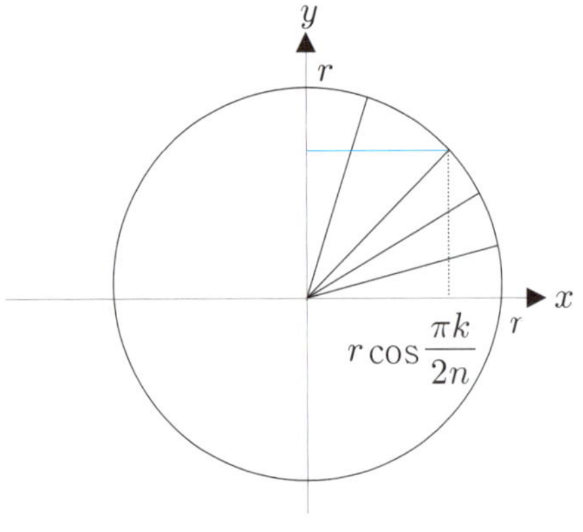

1.20 아래 그림과 같이 반지름 $r=1$인 원의 면적 S을 구하기 위하여 반지름 r을 n등분한 후 원에 외접하는 밑변이 $a_k=\sqrt{r^2-[(k-1)b_k]^2}$, 높이가 $b_k=\frac{r}{n}\,(k=1,2,\cdots,n)$인 직사각형 면적의 합으로 구하고자 한다. 원의 면적 참값을 구하고 $n=1,2,\cdots,100$에 대하여 원의 면적을 근사적으로 계산하고 참값과 근사값을 하나의 그래프로 나타내는 매트랩 혹은 파이썬 코드를 작성하고 실행하라. 단, 참값은 πr^2이다.

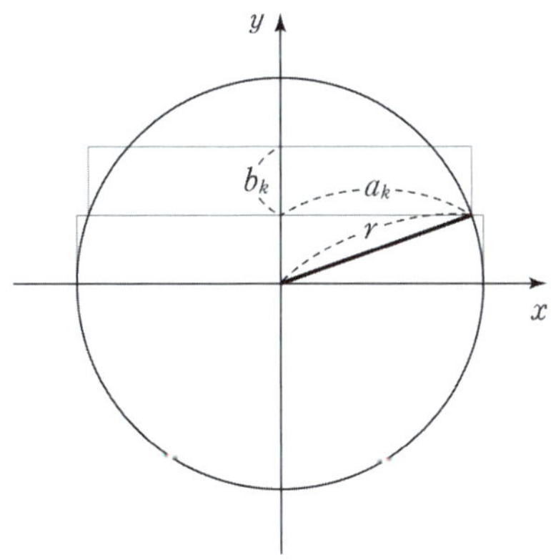

1.21 아래 그림과 같은 무한하게 연결된 병렬회로가 존재할 때 등가저항 Req 값을 이론적으로 구하고 매트랩 혹은 파이썬을 이용하여 검증하라.

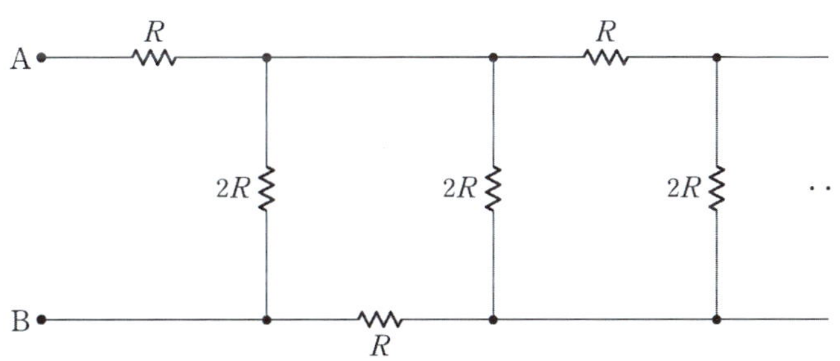

1.22 가로 a=2, 세로 b=1인 직사각형 모양의 종이를 반으로 자르는 것을 반복할 때, 넓이가 0.0001cm 보다 작아지려면 종이를 최소한 몇 번 잘라야 할까 결정하는 매트랩 혹은 파이썬 코드를 작성하라.

1.23 설산에서 반지름이 1cm인 눈덩이를 언덕 밑으로 굴린다고 하다. 눈덩이가 언덕 밑으로 1분 동안 굴러갈 동안 반지름의 크기가 0.82%만큼 계속 커진다. 이 눈덩이가 언덕 밑을 굴러갈 동안 반지름의 크기를 나열하고 눈덩이가 언덕 밑에 도착했을 때의 반지름 크기와 처음 눈덩이의 반지름 크기의 차를 매트랩 혹은 파이썬을 이용하여 구하라.

1.24 1부터 1000 이하의 자연수 중 임의의 수 N까지의 제곱수를 찾아 이들의 합을 구하는 매트랩 혹은 파이썬 코드를 작성하라.

1.25 직각 이등변 삼각형의 넓이를 내부 정사각형 넓이들의 합으로 구하는 매트랩 혹은 파이썬 코드를 작성하라.

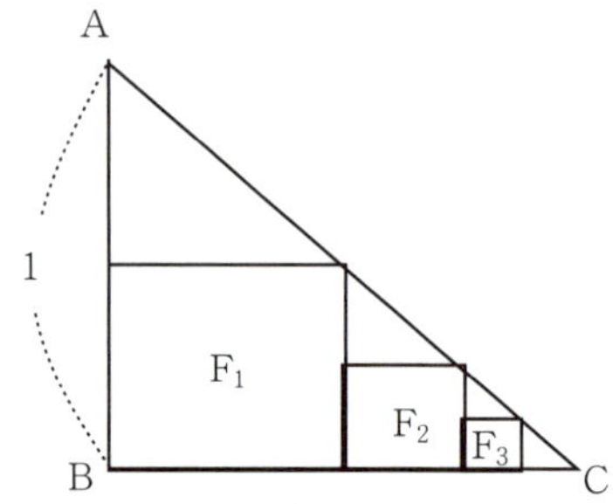

정사각형의 개수 : $2^{(n-1)}$

변의 길이 : $1/2^{(n)}$

정사각형의 넓이의 합 : $\sum_{1}^{n}$정사각형의 길이×넓이

1.26 수열 A_n이 있다. 이 수열은 $A_n = \sin\sin\sin\sin \sim \sin x$ 꼴로 n개의 sin을 가지는 수열이다. 이때 $(A_{n-3} - A_{n-2}) - (A_{n-1} - A_n) < 10^{-k}$을 만족하는 가장 작은 n을 구하고 조건을 만족하는 근삿값 $(A_{n-3} - A_{n-2}) - (A_{n-1} - A_n)$을 구하는 매트랩 혹은 파이썬 코드를 작성하라.

1.27 반지름이 r인 원이 있다. 이 원 안에 내접하는 정-n각형을 그려서 원 둘레와 정-n각형 둘레의 오차 e가 $e < 10^{-1}$을 만족하도록 하는 가장 작은 n 값을 구하는 매트랩 혹은 파이썬 코드를 작성하라.

1.28 다음과 같은 매트랩 코드의 계산 결과 sum2 값을 구하라.

```
sum1 = 0;
for a = 1:10:50
    m = 0;
    for b = 1:a
        if mod(a,b) == 0
            m = m + 1;
        end
    end
    if m == 2
        sum1 = sum1 + a
    end
end
sum2 = sum1;
for n = 51:10:100
    r = 0;
    if isprime(n)== 1
        sum2 = sum2 + n
    else
        r = r+1;
    end
end
```

CHAPTER 02

수학적 기초

주어진 복잡한 문제를 풀기 위하여 쉽게 접근할 수 있는 방법으로 첫째 주어진 복잡한 문제를 비교적 단순한 함수로 근사화하는 방법과 둘째로 유한개의 자릿수를 갖는 디지털 컴퓨터를 이용한 사칙연산을 통해 유한 자리의 해를 구하는 방법을 들 수 있다. 이와 같이 정확한 값을 근사값으로 나타내는 과정을 위해서 이를 뒷받침할 수학적 정리가 필요하게 되고 또한 유한 자릿수를 지닌 디지털 컴퓨터 연산을 위한 효율적 알고리즘과 발생할 오차에 대한 오차 해석이 필요하게 된다. 이 장에서는 디지털 컴퓨터에서의 숫자 시스템과 수치해석에서 필요한 몇 가지 중요한 정리와 오차에 대하여 살펴보기로 한다.

2.1 숫자 시스템

디지털 컴퓨터를 바탕으로 수치해석적 방법으로 반복적으로 구해진 해가 보다 정확하고 정밀하기 위해서는 우선 오차의 원인을 파악할 필요가 있다. 이러한 오차는 정확도와 정밀도에 의하여 규정될 수 있으므로 먼저 정확도와 정밀도에 대하여 알아보기로 한다. 정확도(accuracy)는 측정값 또는 계산값이 참값에 얼마나 근접하고 있는가를 나타내고 정밀도(precision)는 같은 양을 여러 번 측정 또는 계산하였을 때 이들 값들이 서로 얼마나 근접하고 있는가를 나타내는 측도(measure)이다. 그림 2.1은 정확도와 정밀도에 대한 개념을 나타내는 것으로 기호 •는 참값을 기호 X는 근사값을 나타낸다. 정확도와 정밀도는 데이터의 중심 위치를 나타내는 평균(mean)과 흩어진 정도를 나타내는 분산(variance) 개념을 이용하여 판단할 수 있다.

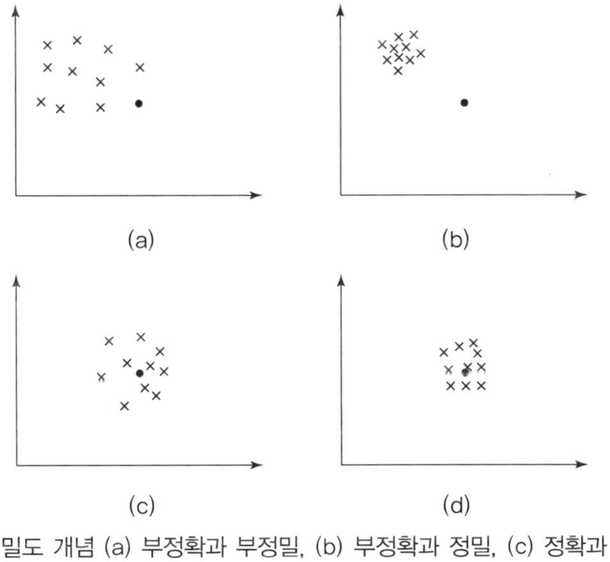

| 그림 2.1 | 정확도와 정밀도 개념 (a) 부정확과 부정밀, (b) 부정확과 정밀, (c) 정확과 부정밀, (d) 정확과 정밀

그림 2.1에서 볼 수 있듯이 그림 2.1(a)에 나타난 데이터들의 평균값은 참값과는 상당한 차이를 보이고 있고 그 분산 또한 매우 크므로 부정확하면서도 부정밀한 데이터를 나타낸다고 할 수 있다. 그림 2.1(b)의 데이터 평균값은 참값과는 상당한 차이를 보이고 있지만 분산은 매우 작으므로 부정확하지만 정밀한 데이터를 나타낸다. 그림 2.1(c)에 나타난 데이터 평균값은 참값과는 거의 일치하지만 분산이 매우 크므로 정확하지만 부정밀한 데이터를 나타내고 마지막으로 그림 2.1(d)의 데이터는 평균값이 참값과 거의 일치하고 분산 또한 매우 작으므로 정확하면서도 정밀한 데이터를 나타낸다고 할 수 있다. 이러한 수치 해에 포함된 오차의 주된 원인을 파악하기 위해서는 유한개의 자릿수를 갖고 숫자를 저장하고 연산하는 디지털 컴퓨터의 숫자 시스템을 살펴볼 필요가 있다. 디지털 컴퓨터에서는 유한개의 자릿수만을 사용하여 숫자를 나타내기 때문에 수를 표현함에 있어서 고정 소수점 표현법(fixed point representation)과 부동 소수점 표현법(floating point representation)을 사용한다. 고정 소수점 표현법은 수를 표현할 때 소수점 아래(때로는 위까지)의 자릿수를 고정시켜 표현하는 방식으로 2자리 고정 소수점 표현법을 예를 들면 다음과 같다.

```
3.14,   10.09,    0.12
```

이와 같이 소수점을 항상 일정한 위치에 고정시켜 수를 표현하는 고정 소수점 표현법은 프로그램할 때 소수점 위치에 늘 주목 해야 하므로 실수 계산보다는 소수점의 위치를 주어진 수의 가장 우측에 있다고 가정하여 정수 계산에서 많이 사용된다. 컴퓨터에서는 실수 연산에서 식(2.1)과 같이 나타내는 N진법 실수 x의 m 자리 부동 소수점 표현법을 사용한다.

$$x = b_1 b_2 \cdots b_m \times N^n \tag{2.1}$$

여기서 $b_1 b_2 \cdots b_m$을 가수(significant)라 부르고 N은 밑 그리고 정수 n을 지수(exponent)라 부르며 $N \geq 2$이고 $b_1, b_2, \cdots, b_m$ 은 $0 \leq b_1, b_2, \cdots, b_m \leq N-1$을 만족하는 정수다. 만약 가수 부분의 맨 앞자리인 b_1 이 0 이 아닌 수라면 식(2.1)로 표현된 실수 x는 정규화된 형태(normalized form)로 표현되었다고 한다.

유한 자릿수를 갖는 디지털 컴퓨터로 수를 표현한다는 것은 다음과 같은 두 가지 중요한 사실을 내포하고 있음에 주목해야 한다. 첫째는 특정한 어떤 수, 예를 들면 π나 자연 대수 e 그리고 0.1 등등은 유한 자릿수를 갖는 디지털 컴퓨터로 정확하게 표현될 수 없다는 것이다. 가수가 16비트로 할당되는 컴퓨터는 십진법으로 약 7자리의 정밀도를 갖고 가수가 32비트로 표현되는 컴퓨터에서는 십진법으로 약 15자리의 정밀도를 갖는다. 예를 들어 π는 가수가 16비트로 할당되는 컴퓨터에서는 3.141593으로 표현되고 가수가 32비트로 할당되는 컴퓨터에서는 3.14159265358979로 표현되며 이것을 배정밀도(double precision)라고 한다. 매트랩에서는 32비트 정밀도가 표준으로 되어 있다.

주목해야 할 다른 하나는 유한한 자릿수에 의하여 디지털 컴퓨터는 유한한 범위의 값만을 나타낼 수 있다는 것이다. 16 비트 컴퓨터에서는 정수로 $-2^{15}=-32,768$부터 $2^{15}-1=32,767$까지의 정수를 표현할 수 있으며 부동 소수점 표현으로는 10^{-39}부터 10^{39}까지의 수를 표현할 수 있다. 32 비트 컴퓨터는 정수로 $-2^{31}=-2,147,483,648$부터 $2^{31}-1=2,147,483,647$까지의 정수를 표현할 수 있고 부동 소수점 표현으로는 10^{-308}부터 10^{308}까지 수를 표현할 수 있다. 매트랩 함수 'realmax'와 'realmin'로 이를 확인해 보면 다음과 같다.

```
>> realmax
ans =
     1.797693134862316e+308
```

이 값은 매트랩이 설치된 디지털 컴퓨터가 표현할 수 있는 가장 큰 수를 나타내며 이보다 큰 수는 오버플로(overflow)를 발생시켜 오류 메시지가 나타난다. 반대로

```
>> realmin
ans =
     2.225073858507201e-308
```

이 값은 매트랩이 설치된 디지털 컴퓨터가 표현할 수 있는 가장 작은 수를 나타내며 이보다 작은 수는 언더플로(underflow)를 발생하게 하지만 일반적으로는 0(zero)으로 처리된다.

다음으로는 유효숫자에 대하여 알아보기로 한다. 유효숫자(significant figures)란 정확도를 잃지 않으면서 주어진 값을 과학적 표기법으로 나타내는데 필요한 최소한의 자릿수를 의미한다. 여기서 과학적 표기법(scientific notation)이란 어떤 수를 $x=\pm M\times N^n$ 형태로 표현하는 것을 말한다. 예를 들면 1500은 유효숫자가 네 개라고 할 때 $1500=1.500\times10^3$으로 표현된다. 유효숫자는 측정이나 연산 결과의 정밀도를 부여하기 위한 숫자로 신뢰할 수 있는 숫자를 의미하며 근사값을 나타내는 숫자 중에서 반올림하지 않은 부분의 숫자나 측정하여 얻은 믿을 수 있는 숫자를 말한다. 예를 들어 314.1이란 숫자는 3.141×10^2로 쓸 수 있으므로 유효숫자는 4개가 된다. 만약, 3.1410×10^2으로 쓰면 네 번째 숫자 '1' 뒤 자리의 값을 아는 것이므로 3.141과 3.1410은 다른 것을 의미하고 3.1410×10^2 는 5개의 유효숫자를 가진다. 유효숫자 판별법은 다음과 같다.

① 0이 아닌 정수는 모두 유효숫자이다. 예를 들어 숫자 '123'에서 숫자 1, 2 및 3은 유효숫자이다.

② 수의 표현에서 숫자 0은 두 가지 종류가 있는데 하나는 다른 숫자와 다른 0 임을 나타내기 위한 것이고 이것은 유효숫자이고 다른 하나는 단순히 자릿수를 맞추기 위한 0 으로 이는 유효숫자가 아니다. 예를 들어 숫자 0.00010200에서 소수점 다음의 숫자 '000'은 유효숫자가 아니지만 숫자 1과 2 사이의 0 은 유효숫자이고 숫자 2 다음의 두 개의 '00'도 유효숫자이다.

③ 소수점을 포함하지 않는 수 중에서 유효숫자의 뒤를 따르는 0은 유효숫자인지 아닌지 판별할 수 없다. 즉 유효숫자일 수도 있고 아닐 수도 있다. 예를 들어 1500은 정확히 1500인 경우에 네 개(1, 5, 0, 0)의 유효숫자를 갖고, 1510을 십의 자리에서 반올림한 결과인 경우 두 개(1, 5)의 유효숫자를 가진다고 볼 수 있다.

④ 0.000과 같이 모든 자리의 숫자가 0이면 유효숫자가 없는 것이다.

예제 2.1

다음 수를 지정한 개수의 유효숫자로 나타내라.

(1) 12.345, 3개의 유효숫자

(2) 12.345, 4개의 유효숫자

(3) 0.012345, 2개의 유효숫자

(4) 0.012345, 5개의 유효숫자

풀이 과학적 표기법을 사용하여 위의 숫자들을 지정된 유효숫자 자리수로 나타내면 다음과 같다.

(1) 1.23×10^{1}

(2) 1.234×10^{1}

(3) 1.2×10^{-2}

(4) 1.2345×10^{-2}

유효숫자 사이의 덧셈과 뺄셈을 할 때 덧셈과 뺄셈의 결과에서 소수점 아래 자릿수는 두 수의 유효숫자 주 소수점 아래 자릿수가 적은 것과 일치시킨다.

예제 2.2

유효숫자를 고려하여 다음을 계산하라.

(1) $2.362 \times 10^{3} + 8.111 \times 10^{3}$

(2) $2.016 + 12.9994$

풀이 (1) $2.362 \times 10^{3} + 8.111 \times 10^{3}$셈을 하는 경우 결과는 유효숫자 자릿수를 소수점 아래 세 자리로 일치시켜 10.473×10^{3}가 된다. 이와 같이 계산 결과의 유효숫자 수는 원래의 수보다 많거나 적어질 수 있다.

(2) $2.016 + 12.9994$ 셈을 한 결과는 소수점 아래 유효숫자 자릿수를 세 자리와 네 자리 중에서 적은 세 자리로 맞춰 15.0154 가 아닌 15.015를 답으로 한다.

곱셈과 나눗셈 결과의 자릿수는 두 수의 유효숫자 중 유효숫자 개수가 적은 것과 일치시킨다.

예제 2.3

유효숫자를 고려하여 다음을 계산하라.

(1) 101.10 × 1.234

(2) 2 × 3.14

(3) $\dfrac{123 \times 201.2}{3.1 \times 10^4}$

풀이

(1) 101.10 × 1.234 셈을 하는 경우 유효숫자를 다섯 자리가 아닌 네 자리로 일치시켜 답을 124.7로 한다.

(2) 2 × 3.14 셈을 하는 경우 숫자 2의 유효숫자 개수가 한 개이므로 계산 결과의 유효숫자를 하나로 하여 답을 6으로 한다.

(3) 분자의 유효숫자 자리수 중에서 가장 작은 것은 세 자리이고 분모의 유효숫자 자릿수는 두 자리이므로 계산 결과의 유효숫자 자릿수는 두 자리에 맞춰 $\dfrac{123 \times 201.2}{3.1 \times 10^4} = 0.79$가 된다.

계산함에 있어서 유효숫자를 맞추기 위한 반올림은 반올림에 의한 오차가 누적되는 것을 피하기 위하여 마지막 답만을 반올림한다.

2.2 오차

주어진 복잡한 문제를 비교적 단순한 함수로 근사화하거나 유한개의 자릿수를 갖는 디지털 컴퓨터를 이용하여 해를 구하는 과정에서 여러 종류의 오차가 발생하게 된다. 그 예로 위에서와 같이 복잡한 함수를 단순 함수로 근사화하는 과정에서는 일정 부분 이하를 절단하여 버리기 때문에 절단 오차(truncation error)가 발생하고 유한 자릿수의 디지털 컴퓨터로 수를 표현하고 연산하는 과정에서는 표현되는 자릿수의 제한으로 인하여 반올림이 이루어지므로 반올림 오차(rounding-off error)가 발생하게 된다. 여기서는 이러한 오차에는 어떤 종류가 있으며 오차를 지닌 어떤 변수의 사칙 연산을 통해 오차가 어떻게 전파되는지에 대하여 알아보기로 한다.

2.2.1 오차의 종류

오차는 참값(true value)과 근사값(approximate value)과의 차이를 말하며 식(2.2.a)로 정의된다.

$$\text{오차 } e = \text{참값}(x_T) - \text{근사값}(x_A) \tag{2.2.a}$$

그런데 이와 같은 오차는 오차의 절대량을 의미하는 것으로 문제 상황에 따라 같은 값이라도 다른 의미를 가질 수 있다. 예를 들어 참값이 1인 경우와 100인 경우 두 가지 모두 오차 0.1을 갖는다 하였을 때 참값이 1인 경우의 0.1은 참값의 10%에 해당하여 상당히 큰 오차를 의미하지만 참값이 100인 경우 오차 0.1은 참값의 0.1%에 해당되어 비교적 작은 값으로 인식되기 마련이다. 이와 같은 상황이 존재하게 되므로 절대 크기를 나타내는 절대 오차도 중요하지만 필요에 따라서는 상대적 크기를 나타내는 상대오차의 도입이 필요한 경우가 있다. 상대오차는 일반적으로 식(2.2.b)로 정의되어 진다.

$$\text{상대오차 } e = \frac{\text{참값}(x_T) - \text{근사값}(x_A)}{\text{참값}(x_T)} \tag{2.2.b}$$

이러한 절대 오차 혹은 상대오차를 발생시키는 원인에 따라 오차를 분류하면 크게 마무리 오차와 절단 오차로 구분된다. 마무리 오차는 연산 과정에서 반올림(rounding)이나 버림(chopping, truncating)에 의하여 발생하는 오차를 말한다. 예를 들어 π = 0.3141592653⋯x10을 정해진 자릿수 6으로 나타낸다고 하였을 때 소수점 아래 일곱번째 자리에서 버림 혹은 반올림 또는 올림을 하여 처리된 결과를 나타내면 다음과 같다.

버림 $\pi = 0.314159 \times 10$

반올림 $\pi = 0.314159 \times 10$

올림 $\pi = 0.314160 \times 10$

이와 같이 컴퓨터를 이용하여 혹은 계산상의 제약으로 참값을 일정 자리수의 수로 마무리하여 나타내게 되면 오차가 발생하게 되는데 이러한 오차를 줄이기 위해서는 숫자를 나타내는데 있어서 가수 부분 자리수를 늘려야만 하는데 이 또한 계산 시간과 비용 상승을 초래하여 무작정 늘릴 수 있는 것은 아니므로 마무리 오차를 줄일 수 있는 방법을 찾는 것이 중요하다 하겠다.

컴퓨터 연산과정에서 발생할 수 있는 다른 종류의 오차로 전환 오차(conversion error)가 있다. 이 오차는 컴퓨터가 입력된 수를 이진법 혹은 십육진법의 수로 변환한 후 연산을 수행하여 최종적으로 다시 십진법의 수로 환원하여 출력할 때 발생하는 오차다. 예를 들어 십진법의 수 0.1은 이진법 수 (0.1)10 = (0.00011001100110⋯)2이므로 이를 6째 자리 이하를 버리고 (0.00011)2로 나타낸다면 이 이진수는 십진수로 0.09375에 해당하므로 0.00625의 오차가 발생하게 된다. 이런 오차를 줄이기 위해서는 정밀도를 높여야 하기 때문에 그에 따른 비용 증가가 예상된다. 이 이외에 일반적인 함수를 무한급수 형태인 테일러급수로 나타내지 않고 유한 항을 갖는 테일러 다항식을 이용하여 근사적으로 나타내었을 발생하는 오차가 절단 오차이다. 따라서 유한항의 개수를 늘이면 오차가 줄어들겠지만 그에 따른 계산 비용이 증가됨을 잊어서는 안될 것이다.

정리 2.1 **유효숫자**

참값 x_T과 이에 대한 근사값 x_A의 상대오차에 대하여 식(2.3)을 만족하는 가장 큰 양의 정수가 n이라면 근사값 x_A는 n 자리의 유효숫자를 갖는다.

$$\left|\frac{x_T - x_A}{x_T}\right| \le 0.5 \times 10^{-n} \tag{2.3}$$

예제 2.4

다음 각각에 대하여 근사값의 유효숫자 자리수를 구하라.

(1) $x_T = \frac{1}{3},\ x_A = 0.3$

(2) $x_T = \frac{1}{3},\ x_A = 0.33$

(3) $x_T = \frac{1}{3},\ x_A = 0.333$

(4) $x_T = \frac{1}{3},\ x_A = 0.3333$

풀이

(1) 참값 x_T와 이에 대한 근사값 x_A의 상대오차를 구하면 다음과 같으므로 근사값 x_A는 0자리의 유효숫자를 갖는다.

$$\left|\frac{x_T - x_A}{x_T}\right| = \left|\frac{\frac{1}{3} - 0.3}{\frac{1}{3}}\right| = 0.1 \le 0.5 \times 10^{0}$$

(2) 위와 같은 방법으로 근사값 x_A는 1자리의 유효숫자를 갖는다.

$$\left|\frac{x_T - x_A}{x_T}\right| = \left|\frac{\frac{1}{3} - 0.33}{\frac{1}{3}}\right| = 0.01 \le 0.5 \times 10^{-1}$$

(3) 위와 같은 방법으로 근사값 x_A는 2자리의 유효숫자를 갖는다.

$$\left|\frac{x_T - x_A}{x_T}\right| = \left|\frac{\frac{1}{3} - 0.333}{\frac{1}{3}}\right| = 0.001 \le 0.5 \times 10^{-2}$$

(4) 위와 같은 방법으로 근사값 x_A 는 3자리의 유효숫자를 갖는다.

$$\left|\frac{x_T - x_A}{x_T}\right| = \left|\frac{\frac{1}{3} - 0.3333}{\frac{1}{3}}\right| = 0.0001 \le 0.5 \times 10^{-3}$$

연산 과정에서 발생하는 오차를 줄이기 위해서는 반올림 오차를 줄이거나 오차의 전파를 줄여야 한다. 먼저 반올림 오차는 컴퓨터의 비트 수를 높이는 방법이 있지만 비용 부담이 크다는 단점이 있다. 그리고 오차의 전파에 의한 오차를 줄이기 위하여 연산 횟수를 줄이는 것이 바람직하고 다음과 같은 연산은 가급적 피할 수 있도록 다른 식 혹은 순서로 바꾸어 계산하는 것이 좋다.

(1) 거의 같은 두 수끼리의 뺄셈

(2) 0에 충분히 근접하는 매우 작은 수로의 나눗셈

(3) 상당히 큰 수의 곱셈

이 이외에도 연산 도중 발생할 수 있는 유효숫자의 상실을 막기 위한 연산 방법으로 뺄셈의 경우, 비슷한 크기를 갖는 두 수의 뺄셈을 피해야 한다. 이 경우 거의 대부분의 유효숫자가 상실되므로 식을 재배열하거나 다른 식으로 변환하여 작은 수끼리부터 뺄셈 연산을 하도록 한다. 그리고 나눗셈의 경우도 마찬가지로 작은 수를 큰 수로 먼저 나누면 거의 대부분의 유효숫자 상실이 일어나므로 유효숫자의 상실을 막기 위하여 식의 재배열이나 변환을 통한 셈이 필요하다고 본다.

2.2.2 오차의 전파

여기서는 참값 대신에 근사값을 사용하여 사칙연산(+, −, *, /)을 하였을 경우 그 결과값에 오차가 어떻게 전달되는지 알아보기로 한다. 근사값을 사용하여 사칙 연산을 하였을 때 발생하는 오차는 아래 정리로 정리될 수 있다.

정리 2.2 오차의 전파

(1) 두 근사값의 덧셈과 뺄셈으로 얻어진 결과에 대한 오차는 각각의 근사값의 오차의 합과 차와 같다.

(2) 두 근사값의 곱셈과 나눗셈으로 얻어진 결과에 대한 상대오차는 각각의 근사값의 상대오차의 합과 차와 같다.

예제 2.5

위 정리[2.2]를 증명하시오.

증명 두 참값 x_T, y_T와 근사값 x_A, y_A의 오차를 각각 $e_x = x_T - x_A$, $e_y = y_T - y_A$라 하고 덧셈에 대하여 살펴보면 다음 관계가 성립한다.

$$\epsilon_x = x_T - x_A,\ \epsilon_y = y_T - y_A \Rightarrow x_A = x_T - \epsilon_x,\ y_A = y_T - \epsilon_y$$

$$x_A + y_A = x_T - \epsilon_x + y_T - \epsilon = x_T + y_T - \epsilon_x - \epsilon_y$$

$$\Rightarrow (x_T + y_T) - (x_A + y_A) = \epsilon_x + \epsilon_y$$

$$\therefore\ \epsilon_{x+y} = \epsilon_x + \epsilon_y \tag{2.4}$$

뺄셈에 대하여도 덧셈과 마찬가지로 다음이 성립한다.

$$\epsilon_x = x_T - x_A,\ \epsilon_y = y_T - y_A \Rightarrow x_A = x_T - \epsilon_x,\ y_A = y_T - \epsilon_y$$

$$x_A - y_A = x_T - \epsilon_x - (y_T - \epsilon_y) = x_T - y_T - (\epsilon_x - \epsilon_y)$$

$$\Rightarrow (x_T - y_T) - (x_A - y_A) = \epsilon_x - \epsilon_y$$

$$\therefore\ \epsilon_{x-y} = \epsilon_x - \epsilon_y \tag{2.5}$$

곱셈에 대하여는 곱셈 결과에 대한 상대오차 사이에 다음이 성립한다.

$$\epsilon_x = x_T - x_A,\ \epsilon_y = y_T - y_A \Rightarrow x_A = x_T - \epsilon_x,\ y_A = y_T - \epsilon_y$$

$$x_A \times y_A = (x_T - \epsilon_x) \times (y_T - \epsilon_y) = x_T y_T - y_T \epsilon_x - x_T \epsilon_y + \epsilon_x \epsilon_y$$

$$\Rightarrow (x_T y_T) - (x_A y_A) = y_T \epsilon_x + x_T \epsilon_y - \epsilon_x \epsilon_y$$

$$\Rightarrow \frac{x_T y_T - x_A y_A}{x_T y_T} = \frac{y_T \epsilon_x + x_T \epsilon_y - \epsilon_x \epsilon_y}{x_T y_T} = \frac{\epsilon_x}{x_T} + \frac{\epsilon_y}{y_T} - \frac{\epsilon_x}{x_T} \times \frac{\epsilon_y}{y_T}$$

$$\therefore \text{상대오차}(x_A y_A) \simeq \text{상대오차}(x_A) + \text{상대오차}(y_A) \tag{2.6}$$

나눗셈에 대하여는 나눗셈 결과에 대한 상대오차 사이에 다음이 성립한다.

$$\frac{x_A}{y_A} = \frac{x_T - \epsilon_x}{y_T - \epsilon_y} = \frac{(x_T - \epsilon_x) y_T}{(y_T - \epsilon_y) y_T} = \frac{x_T y_T - x_T \epsilon_y + x_T \epsilon_y - y_T \epsilon_x}{(y_T - \epsilon_y) y_T}$$

$$= \frac{x_T (y_T - \epsilon_y) + x_T \epsilon_y - y_T \epsilon_x}{(y_T - \epsilon_y) y_T} = \frac{x_T}{y_T} + \frac{x_T \epsilon_y - y_T \epsilon_x}{(y_T - \epsilon_y) y_T}$$

$$\Rightarrow \frac{x_T}{y_T} - \frac{x_A}{y_A} = \frac{-x_T \epsilon_y + y_T \epsilon_x}{(y_T - \epsilon_y) y_T}$$

$$\Rightarrow \frac{\dfrac{x_T}{y_T} \quad \dfrac{x_A}{y_A}}{\dfrac{x_T}{y}}$$

$$\Rightarrow \frac{\frac{x_T}{y_T} - \frac{x_A}{y_A}}{\frac{x_T}{y_T}} = \frac{\frac{\epsilon_x}{x_T} - \frac{\epsilon_y}{y_T}}{1 - \frac{\epsilon_y}{y_T}}$$

$If\ \frac{\epsilon_y}{y_T} \approx 0,\ then$

$$\frac{\frac{x_T}{y_T} - \frac{x_A}{y_A}}{\frac{x_T}{y_T}} = \frac{\epsilon_x}{x_T} - \frac{\epsilon_y}{y_T}$$

$$\therefore \text{상대오차}\left(\frac{x_A}{y_A}\right) = \text{상대오차}(x_A) - \text{상대오차}(y_A) \tag{2.7}$$

예제 2.6

두 참값 x_T, y_T와 근사값 x_A, y_A를 $x_T = \frac{1}{3}, x_A = 0.3$ 및 $y_T = \pi, y_A = 3.14$ 라 하였을 때 다음 각각에 대한 상대오차를 구하라.

(1) $x_A \times y_A$

(2) $\frac{x_A}{y_A}$

풀이

(1) $x_A \times y_A$에 대한 상대오차를 계산하면 다음과 같다.

$$\text{상대오차}(x_A \times y_A) = \frac{x_T \times y_T - x_A \times y_A}{x_T \times y_T} = \frac{\frac{1}{3}\pi - 0.3 \times 3.14}{\frac{1}{3}\pi} = 0.100456$$

이 계산을 [정리 2.2]를 이용하여 다시 계산하면

$$\text{상대오차}(x_A \times y_A) = \text{상대오차}(x_A) + \text{상대오차}(y_A)$$

$$= \frac{x_T - x_A}{x_T} + \frac{y_T - y_A}{y_T} = \frac{\frac{1}{3} - 0.3}{\frac{1}{3}} + \frac{\pi - 3.14}{\pi}$$

$$= 0.1 + 0.000507 = 0.100507$$

두 가지 방법으로 구한 오차의 절대값이 5×10^{-5} 정도로 매우 작음을 알 수 있다.

(2) $\frac{x_A}{y_A}$ 에 대한 상대오차를 계산하면 다음과 같다.

$$\text{상대오차}\left(\frac{x_A}{y_A}\right) = \frac{\frac{x_T}{y_T} - \frac{x_A}{y_A}}{\frac{x_T}{y_T}} = \frac{\frac{1}{3\pi} - \frac{0.3}{3.14}}{\frac{1}{3\pi}} = 0.099544$$

이 계산을 [정리 2.2]를 이용하여 다시 계산하면

$$\text{상대오차}\left(\frac{x_A}{y_A}\right) = \text{상대오차}(x_A) - \text{상대오차}(y_A)$$

$$= \frac{x_T - x_A}{x_T} - \frac{y_T - y_A}{y_T} = \frac{\frac{1}{3} - 0.3}{\frac{1}{3}} - \frac{\pi - 3.14}{\pi}$$

$$= 0.1 + 0.000507 = 0.099493$$

두 가지 방법으로 구한 오차의 절대값이 5×10^{-5} 정도로 매우 작음을 알 수 있다.

2.3 테일러급수

이 절에서는 수치해석에서 해의 존재에 대한 예측이나 오차의 추정 및 복잡한 수식을 원하는 차수로 근사화시키기 위한 수학적 도구로 자주 사용되는 중간값 정리(Intermediate value theorem), 롤의 정리(Rolle's theorem), 평균값 정리(Mean value theorem) 및 테일러 정리(Tayor theorem)에 대하여 알아본다.

정리 2.3 중간값 정리(intermediate value theorem)

사이값정리 또는 볼차노의 정리라 불리는 중간값 정리는 수학에서 함수 $f(x)$가 닫힌 구간 $[a, b]$에서 연속이고 $f(a) \neq f(b)$일 때, $f(a)$와 $f(b)$ 사이의 임의의 실수 μ에 대하여 $f(c) = \mu$인 c가 열린 구간 (a, b)에 적어도 하나 존재한다.

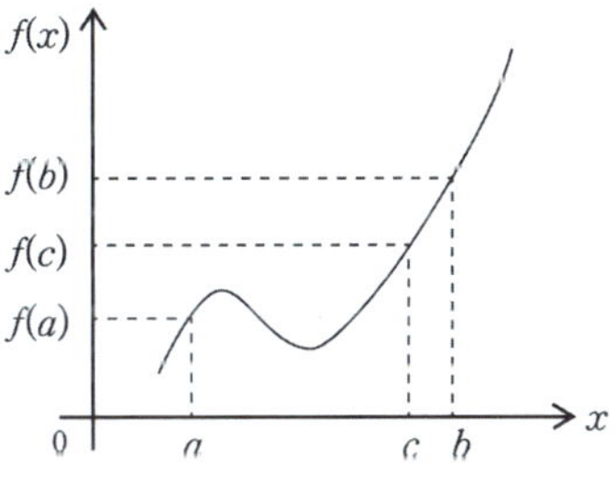

| 그림 2.2 | 중간값 정리

이 중간값 정리는 다음과 같이 다시 쓸 수 있으므로 방정식 해의 존재 여부를 보이는데 유용하게 활용된다.

- 만약 $f(a)f(b) < 0$ 이면 $f(x) = 0$을 만족하는 점 x 가 (a, b)상에 적어도 하나 존재한다.
- 만약 $f(a) < \gamma < f(b)$이거나 $f(b) < \gamma < f(a)$이면, $f(c) = \gamma$를 만족하는 점 c 가 (a, b)상에 적어도 하나 존재한다.

예제 2.7

함수 $f(x) = e^x - 1$가 구간 $[-1, 1]$에서 적어도 한 개의 근이 존재함을 증명하라.

증명 함수 $f(x) = e^x - 1$가 구간 $[-1, 1]$에서 연속이고 $f(-1) = e^{-1} - 1 < 0$, $f(1) = e^1 - 1 > 0$ 임을 알 수 있다. 결국 $f(-1) < 0 < f(1)$이므로 중간값 정리에 의하여 $f(x) = e^x - 1 = 0$을 만족하는 x가 적어도 하나 존재한다.

정리 2.4 롤의 정리(Rolle's theorem)

함수 $f(x)$가 닫힌 구간 $[a, b]$에서 연속이고 열린 구간 (a, b)에서 미분 가능하며 $f(a) = f(b)$이면 $f'(c) = 0$인 c가 열린 구간 (a, b)에 적어도 하나 존재한다.

롤의 정리를 그림 2.3을 바탕으로 기하학적으로 해석하면 두 점 $A(a, f(a))$와 $B(b, f(b))$를 연결하는 직선과 평행한 접선이 (a, b)에 적어도 하나 존재한다는 것이다. 이 롤의 정리는 평균값 정리의 특수한 경우라 할 수 있다.

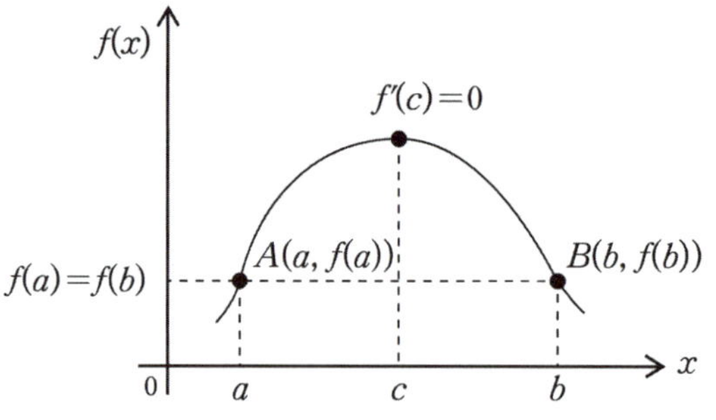

| 그림 2.3 | 롤의 정리

정리 2.5 **평균값 정리(Mean value theorem)**

함수 $f(x)$가 닫힌 구간 $[a, b]$에서 연속이고 열린 구간 (a, b)에서 미분 가능하면
$f(b)-f(a)=f'(c)(b-a)$, $c \in (a, b)$인 c가 열린 구간 (a, b)에 적어도 하나 존재한다.

평균값 정리를 그림 2.4를 바탕으로 기하학적으로 해석하면 두 점 $A(a, f(a))$와 $B(b, f(b))$를 연결하는 직선과 평행한 접선이 (a, b)에 적어도 하나 존재한다는 것이다. 여기서 만약 $f(a)=f(b)$이면 롤의 정리(Rolle's theorem)가 성립하므로 평균값 정리는 롤의 정리의 일반화라 할 수 있다. 이와 같이 실수값 함수에서의 미분 꼴에서 출발하는 평균값 정리는 미적분학에서 매우 중요한 정리로 미적분학과 해석학의 대부분의 주제에 활용되고 있으며 테일러 정리는 이 정리의 일반화된 형식 중 하나라고 볼 수도 있다.

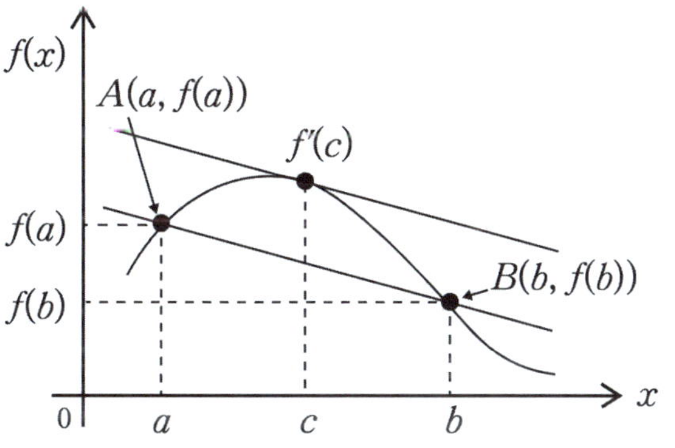

| 그림 2.4 | 평균값 정리

예제 2.8

다음 정적분 $\int_0^{1.01} \frac{t^2 e^{-t}}{1+t} dt - \int_0^{1} \frac{t^2 e^{-t}}{1+t} dt$ 값을 근사적으로 구하라.

풀이

$f(x)=\int_0^{x} \frac{t^2 e^{-t}}{1+t} dt$라 가정하고 $x_T=1.01$, $x_A=1$이라 하면 평균값 정리에 의하여 다음 관계식이 만족된다.

$$\left| \int_0^{1.01} \frac{t^2 e^{-t}}{1+t} dt - \int_0^{1} \frac{t^2 e^{-t}}{1+t} dt \right\}$$

$$= |f(x_T)-f(x_A)| = |f'(c)|\,|x_T-x_A| \approx |f'(x_A)|\,|x_T-x_A|$$

$$= \left| \frac{x_A^2 e^{-x_A}}{1+x_A} \right| |x_T - x_A|$$

$$= \frac{1 \cdot e^{-1}}{1+1}(1.01-1)$$

$$= 0.005e^{-1} = 0.0018$$

미분 가능한 어떤 함수를 어느 한 점에서의 미분값을 계수로 가지는 다항식 형태의 무한합 즉, 무한급수의 형태로 나타내는 방법인 테일러급수(Taylor series)의 개념은 스코틀랜드의 수학자 제임스 그레고리(James Gregory가 발견했지만, 1715년에 영국의 수학자 Brook Taylor(1685~1731)가 공식적으로 발표하였기에 그의 이름에서 유래하게 되었다. 특히 $c=0$인 점에서의 테일러급수를 매클로린급수(Maclaurin series)라 하는데 18세기에 테일러급수의 이 특별한 경우를 광범위하게 사용되도록 만든 콜린 매클로린(Colin Maclaurin)의 이름에서 유래되었다.

테일러 정리란 주어진 어느 구간에서 $(n+1)$차까지 연속적 미분이 가능한 함수를 유한개의 항으로 절단하여 나타낸 유한 테일러 다항식(Taylor polinomial)과 근접할수록 0에 가까워지는 오류항 즉, 나머지 또는 절단 오차의 합으로 표현할 수 있다는 정리로, 우리가 보통 테일러급수를 통해서 함수를 근사한다고 하는 것은 이 테일러 정리를 가리킨다.

정리 2.6 테일러 정리

함수 $f(x)$가 닫힌 구간 $[a, b]$에서 연속이고 열린 구간 (a, b)에서 $(n+1)$차까지 연속적인 미분이 가능하면 $x, c \in [a, b]$인 x와 c에 대하여 다음 식(2.8)을 만족한다.

$$f(x) = \sum_{k=0}^{\infty} \frac{f^{(k)}(c)}{k!}(x-c)^k \tag{2.8}$$

식(2.8)로 나타낸 테일러급수는 c와 x 사이의 임의의 ξ에 대하여 n차 테일러 다항식 $p_n(x)$와 나머지 $R_n(x)$로 식(2.9)와 같이 표현된다.

$$f(x) = \sum_{k=0}^{\infty} \frac{f^{(k)}(c)}{k!}(x-c)^k = p_n(x) + R_n(x) \tag{2.9}$$

여기서 $p_n(x) = \sum_{k=0}^{n} \frac{f^{(k)}(c)}{k!}(x-c)^k$

$$R_n(x) = \frac{f^{(n+1)}(\xi)}{(n+1)!}(x-c)^{n+1}$$

예제 2.9

$f(x)=e^x$일 때 $c=0$에서 n차 테일러 다항식을 구하라.

풀이 함수 $f(x)$의 k차 미분은 $f^{(k)}(x)=e^x$이므로 $c=0$에서 $f^{(k)}(0)=e^0=1$이므로 n차 테일러 다항식은

$$p_n(x)=\sum_{k=0}^{n}\frac{f^{(k)}(0)}{k!}(x)^k=\sum_{k=0}^{n}\frac{1}{k!}x^k$$

과 같다.

주요 함수의 테일러급수를 구해보면 표 2.1과 같다.

| 표 2.1 | 주요 함수의 테일러급수

함수	테일러급수
e^x	$\sum_{n=0}^{\infty}\frac{x^n}{n!}=1+x+\frac{x^2}{2!}+\frac{x^3}{3!}+\cdots$
$\sin x$	$\sum_{n=0}^{\infty}\frac{(-1)^n x^{2n+1}}{(2n+1)!}=x-\frac{x^3}{3!}+\frac{x^5}{5!}-\cdots$
$\cos x$	$\sum_{n=0}^{\infty}\frac{(-1)^n x^{2n}}{(2n)!}=1-\frac{x^2}{2!}+\frac{x^4}{4!}-\cdots$
$\ln(1+x)$	$\sum_{n=0}^{\infty}\frac{-(-1)^n x^n}{n}=x-\frac{x^2}{2}+\frac{x^3}{3}-\frac{x^4}{4}+\cdots$ for $-1\le x\le 1$
$(1+x)^\alpha$	$\sum_{n=0}^{\infty}\binom{\alpha}{n}x^n=1+\binom{\alpha}{1}x+\binom{\alpha}{2}x^2+\binom{\alpha}{3}x^3+\cdots$ 여기서 $\binom{\alpha}{k}$는 이항계수(binomial coefficient)로서 $\binom{\alpha}{k}=\frac{\alpha(\alpha-1)(\alpha-2)\cdots(\alpha-(k-1))}{k!}$, $k=1,2,\cdots$
$\frac{1}{1-x}$, $x\ne 1$	$\sum_{n=0}^{\infty}x^n=1+x+x^2+x^3+\cdots$, $\lvert x\rvert<1$

예제 2.10

$f(x) = e^x - 13\cos x + 13x^3 - 12x^2 + 13x$ 일 때 $c = 0$에서 4차 테일러 다항식으로 근사화하고 $x = 0$에서 근사값과 참값의 오차를 구하라.

풀이

함수 $f(x)$의 k차 미분은

$$f'(x) = e^x + 13\sin x + 39x^2 - 24x + 13$$
$$f''(x) = e^x + 13\cos x + 78x - 24$$
$$f^{(3)}(x) = e^x - 13\sin x + 78$$
$$f^{(4)}(x) = e^x - 13\cos x$$

이고 각각의 도함수에 $x = 0$를 대입하여 구한 미분값은

$$f(x) = e^x - 13\cos x + 13x^3 - 12x^2 + 13x$$
$$f(0) = 1 - 13 + 0 - 0 + 0 = -12$$
$$f'(0) = 1 + 0 + 0 - 0 + 13 = 14$$
$$f''(0) = 1 + 13 + 0 - 24 = -10$$
$$f^{(3)}(0) = 1 - 0 + 78 = 79$$
$$f^{(4)}(0) = 1 - 13 = -12$$

과 같으므로 4차 테일러 다항식은

$$p_4(x) = \sum_{n=0}^{4} \frac{f^{(n)}(0)}{n!} x^n$$
$$= \frac{f(0)}{0!}x^0 + \frac{f'(A0)}{1!}x + \frac{f''(0)}{2!}x^2 + \frac{f^{(3)}(0)}{3!}x^3 + \frac{f^{(4)}(0)}{4!}x^4$$
$$\therefore p_4(x) = -12 + 14x - 5x^2 + \frac{79}{6}x^3 - \frac{1}{2}x^4$$

참값과 4차 테일러 다항식으로 구한 값과의 오차를 계산하면

$$e = f(0) - p_4(0) = -12 - (-12) = 0$$

이 되며 이를 매트랩 및 파이썬을 이용하여 구현하면 [ex2_10] 코드와 같고 실행 결과는 다음과 같다.

% [ex2_10] 매트랩 코드 실행 결과

```
* [예제 2.10] 테일러 다항식

 * f(x)= @(x)exp(x)-13*cos(x)+13*x^3-12*x^2+13*x

 *  4 차로 근사화된 함수 : pn = - x^4/2 + (79*x^3)/6 - 5*x^2 + 14*x - 12

      x          참값        근사값       오차
   0.0000    -12.0000    -12.0000    0.0000
```

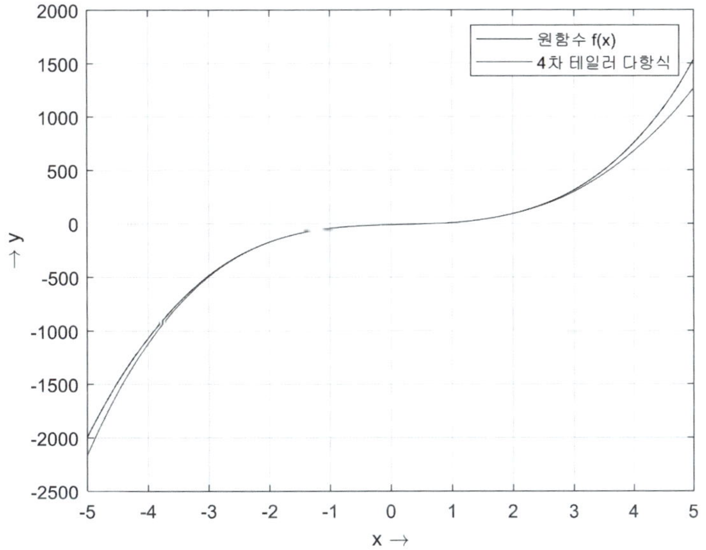

[ex2_10] 파이썬 코드 실행 결과

```
* [예제 2.10] 테일러 급수

 * f(x) =  13*x**3 - 12*x**2 + 13*x + exp(x) - 13*cos(x)

 * P 4 =  x**4/2 + 79*x**3/6 - 5*x**2 + 14*x - 12

      x          참값        근사값1      오차
   0.0000    -12.0000     12.0000    0.0000
```

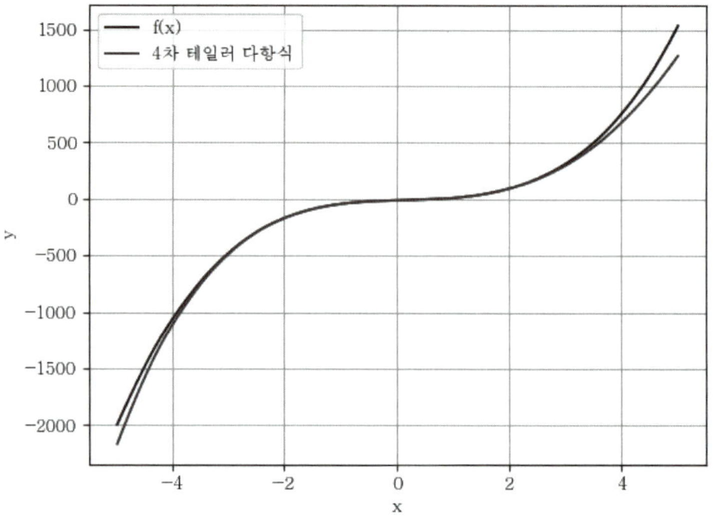

예제 2.11

$f(x) = e^x$일 때 $c = 0$에서 4차 테일러 다항식을 구하고 $x = 0$, $x = 0.1$ 및 $x = 1$일 때 참값과 근사값의 오차를 비교하라.

풀이

함수 $f(x)$의 k차 미분은 $f^{(k)}(x) = e^x$이므로 $c = 0$에서 $f^{(k)}(0) = e^0 = 1$이므로 4차 테일러 다항식은

$$p_n(x) = \sum_{n=0}^{4} \frac{1}{n!} x^n = 1 + x + \frac{1}{2!}x^2 + \frac{1}{3!}x^3 + \frac{1}{4!}x^4$$

과 같다. 따라서,

$$f(0) - p_4(0) = e^0 - (1 + x + \frac{1}{2!}x^2 + \frac{1}{3!}x^3 + \frac{1}{4!}x^4)_{x=0} = 1 - 1 = 0$$

$$f(0.1) - p_4(0.1) = e^{0.1} - (1 + x + \frac{1}{2!}x^2 + \frac{1}{3!}x^3 + \frac{1}{4!}x^4)_{x=0.1} = 0.0000$$

$$f(1) - p_4(1) = e^1 - (1 + x + \frac{1}{2!}x^2 + \frac{1}{3!}x^3 + \frac{1}{4!}x^4)_{x=1} = 0.0099$$

이를 매트랩 및 파이썬을 이용하여 구하면 [ex2_11] 코드와 같고 실행 결과는 다음과 같다.

% [ex2_11] 매트랩 코드 실행 결과

```
* [예제 2.11] 테일러 다항식
  * f(x)= @(x)exp(x)

  * 4 차로 근사화된 함수 : Pn = x^4/24 + x^3/6 + x^2/2 + x + 1

      x         참값        근사값        오차
    0.0000     1.0000      1.0000      0.0000
    0.1000     1.1052      1.1052      0.0000
    1.0000     2.7183      2.7083      0.0099
```

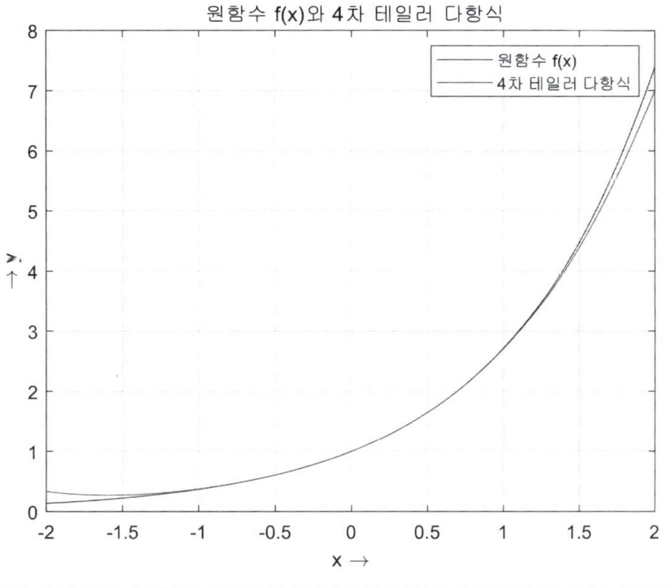

 # [ex2_11] 파이썬 코드 실행 결과

```
* [예제 2.11] 테일러급수
  * f(x) = exp(x)

  * P 4 =  x**4/24 + x**3/6 + x**2/2 + x + 1

      x         참값        근사값1       오차
    0.0000     1.0000      1.0000      0.0000
    0.1000     1.1052      1.1052      0.0000
    1.0000     2.7183      2.7083      0.0099
```

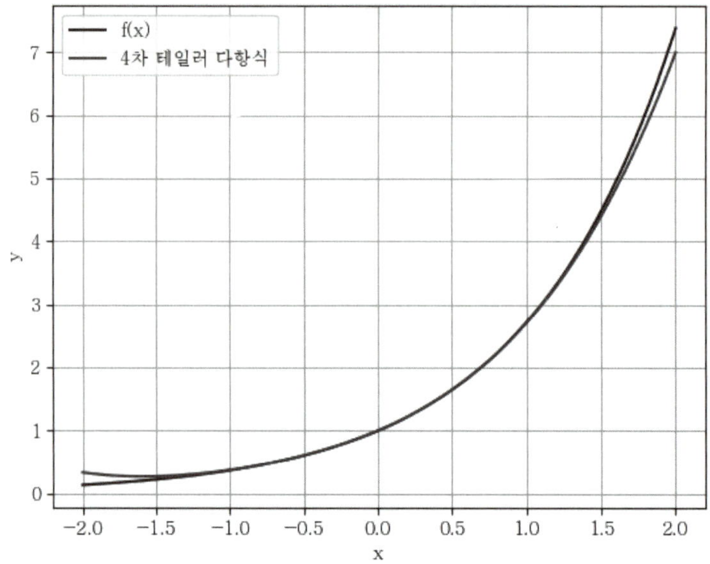

예제 2.12

$f(x)=e^x$일 때 $c=0$에서 4차 테일러 다항식을 구하고 $x=1$일 때 참값과 근사값의 오차를 구하고, $c=1$에서 4차 테일러 다항식을 구하고 $x=1$일 때 참값과 근사값의 오차를 구해 앞에서 구한 오차값과 비교하라.

풀이

함수 $f(x)$의 k차 미분은 $f^{(k)}(x)=e^x$이므로 $c=0$에서 $f^{(k)}(0)=e^0=1$이므로 4차 테일러 다항식은

$$p_n(x)=\sum_{n=0}^{4}\frac{1}{n!}x^n=1+x+\frac{1}{2!}x^2+\frac{1}{3!}x^3+\frac{1}{4!}x^4$$

과 같다. 따라서 오차 $\epsilon_{c=0}$는

$$\epsilon_{c=0}=f(1)-p_4(1)=e^1-(1+x+\frac{1}{2!}x^2+\frac{1}{3!}x^3+\frac{1}{4!}x^4)_{x=1}=0.0099$$

c=1에서 구한 4차 테일러 다항식은

$$p_n(x)=e\left(1+(x-1)+\frac{1}{2!}(x-1)^2+\frac{1}{3!}(x-1)^3+\frac{1}{4!}(x-1)^4\right)$$

따라서 오차 $\epsilon_{c=1}$은

$$\epsilon_{c=1}=f(1)-p_n(1)$$

$$= e - e\left(1 + (x-1) + \frac{1}{2!}(x-1)^2 + \frac{1}{3!}(x-1)^3 + \frac{1}{4!}(x-1)^4\right)_{x=1} = 0$$

가 된다. 이를 매트랩 및 파이썬을 이용하여 구하면 [ex2_12] 코드와 같고 실행 결과는 다음과 같다.

% [ex2_12] 매트랩 코드 실행 결과

```
* [예제 2.12] 테일러 다항식
 * f(x)= @(x)exp(x)

P4 = x^4/24 + x^3/6 + x^2/2 + x + 1

Z4 = exp(1) + exp(1)*(x - 1) + (exp(1)*(x - 1)^2)/2 + (exp(1)*(x - 1)^3)/6 + (exp(1)*(x -
    1)^4)/24
```

x	참값	근사값1	근사값2	오차1	오차2
1.0000	2.7183	2.7083	2.7183	0.0099	0.0000

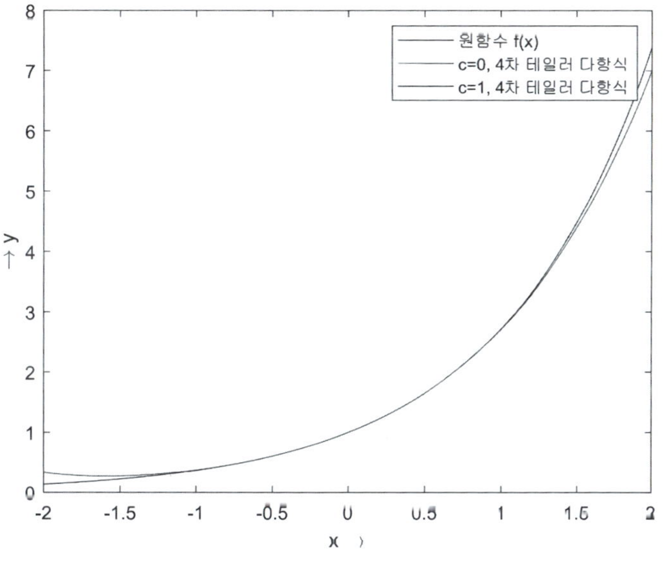

 # [ex2_12] 파이썬 코드 실행 결과

```
* [예제 2.12] 테일러급수

 * f(x) = exp(x)

 * 4 차 테일러 다항식(c=0) :  x**4/24 + x**3/6 + x**2/2 + x + 1

 * 4 차 테일러 다항식(c=1) :  E*(x - 1)**4/24 + E*(x - 1)**3/6 + E*(x - 1)**2/2 +
   E*(x - 1) + E

      x          참값       근사값1     근사값2      오차1      오차2
   1.0000      2.7183      2.7083      2.7183      0.0099      0.0000
```

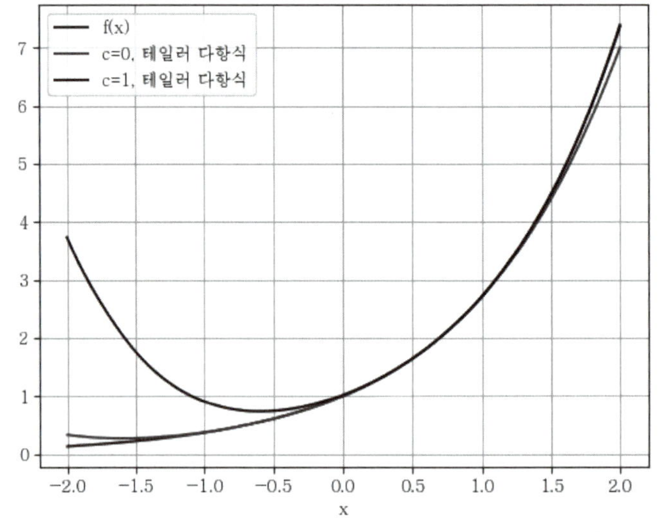

예제 2.13 다음 식으로 정의된 도함수의 정의

테일러 다항식을 이용하여 오차가 10^{-5}보다 작도록 자연 대수 e의 값을 구하려면 몇 차 테일러 다항식 $p_n(x)$을 사용해야 하는지 n값을 구하라.

풀이 $f(x)=e^x$라 하면 $f'(x)=e^x$ 이고 $e=f(1)$이 되므로 먼저 $f(x)=e^x$를 n차 테일러 다항식으로 나타내고 이를 이용하여 오차를 구하면 다음과 같다.

$$\text{오차} = e - p_n(1) = R_n(1) = \frac{f^{(n+1)}(\xi)}{(n+1)!}(x-c)^{n+1}, \quad c \le \xi \le x \tag{2.10}$$

여기서 이 문제를 다음 두 가지 관점으로 풀기로 한다. 첫 번째는 $c=0$ 인 경우 그리고 두 번째는 $c=1$인 경우 답이 어떻게 되는지 살펴보면 다음과 같다.

(1) $c=0$인 경우

$$\text{오차} = e - p_n(1) = R_n(1) = \frac{f^{(n+1)}(\xi)}{(n+1)!}(1)^{n+1},\ 0 \le \xi \le x \tag{2.11}$$

여기서 $0 \le \xi \le x = 1$ 이므로 식(2.11)은 식(2.12)로 쓸 수 있다.

$$\text{오차} = e - p_n(1) = R_n(1) \le \frac{f^{(n+1)}(1)}{(n+1)!} = \frac{e}{(n+1)!} \tag{2.12}$$

따라서 식(2.13)을 만족하는 가장 작은 n 값을 찾으면

$$\frac{e}{(n+1)!} < 10^{-5} \tag{2.13}$$

$n=8$이 되어 다음과 같은

$$p_8(x) = \sum_{n=0}^{8} \frac{1}{n!}x^n = 1 + x + \frac{1}{2!}x^2 + \frac{1}{3!}x^3 + \frac{1}{4!}x^4 + \frac{1}{5!}x^5 + \frac{1}{6!}x^6 + \frac{1}{7!}x^7 + \frac{1}{8!}x^8$$

8차 테일러 다항식으로 근사값을 구해야만 오차 조건을 만족하게 됨을 알 수 있다.

(2) $c=1$인 경우

식(2.11)으로부터 오차는 식(2.14)처럼 모든 n값에 대하여 0이 됨을 알 수 있으므로 가장 작은 n 값을 찾으면 $n=0$이 된다.

$$\text{오차} = e - p_n(1) = R_n(1) = \frac{f^{(n+1)}(\xi)}{(n+1)!}(1-1)^{n+1} = 0,\ 1 \le \xi \le x \tag{2.14}$$

이를 매트랩 및 파이썬으로 구하면 [ex2_13] 코드와 같고 실행 결과는 다음과 같다.

% [ex2_13] 매트랩 코드 실행 결과

```
* [예제 2.13] 테일러 다항식 오차
 * f(x)= @(x)exp(x)

답 오차_P8 = 3.058618E-06, 오차_R8 = 7.490856E-06
답 오차_P0 = 1.718282E+00, 오차_R0 = 2.718282E+00
답 오차_P1 = 7.182818E-01, 오차_R1 = 1.359141E+00
답 오차_P2 = 2.182818E-01, 오차_R2 = 4.530470E-01
답 오차_P3 = 5.161516E-02, 오차_R3 = 1.132617E-01
답 오차_P4 = 9.948495E-03, 오차_R4 = 2.265235E-02
답 오차_P5 = 1.615162E-03, 오차_R5 = 3.775391E-03
답 오차_P6 = 2.262729E-04, 오차_R6 = 5.393416E-04
답 오차_P7 = 2.786021E-05, 오차_R7 = 6.741770E-05
답 오차_P8 = 3.058618E-06, 오차_R8 = 7.490856E-06
```

[ex2_13] 파이썬 코드 실행 결과

```
* [예제 2.13] 테일러 다항식 오차
 * f(x) =  exp(x)

* 0 차로 근사화된 함수 :  1
* 1 차로 근사화된 함수 :  x + 1
* 2 차로 근사화된 함수 :  x**2/2 + x + 1
* 3 차로 근사화된 함수 :  x**3/6 + x**2/2 + x + 1
* 4 차로 근사화된 함수 :  x**4/24 + x**3/6 + x**2/2 + x + 1
* 5 차로 근사화된 함수 :  x**5/120 + x**4/24 + x**3/6 + x**2/2 + x + 1
* 6 차로 근사화된 함수 :  x**6/720 + x**5/120 + x**4/24 + x**3/6 + x**2/2 + x + 1
* 7 차로 근사화된 함수 :  x**7/5040 + x**6/720 + x**5/120 + x**4/24 + x**3/6 + x**2/2
  + x + 1
* 8 차로 근사화된 함수 :  x**8/40320 + x**7/5040 + x**6/720 + x**5/120 + x**4/24
  + x**3/6 + x**2/2 + x + 1

        x            참값          근사값          오차
  1.00000000    2.71828183    2.71827877    0.00000306
```

예제 2.14

함수 $f(x)=e^x$에 대하여 $c=1$로 하여 구한 n차 테일러 다항식을 이용하여 $x=0$ 에서의 값을 참값 1과의 오차의 절대값이 10^{-5}보다 작도록 하려면 몇 차의 테일러 다항식을 사용해야 하는지 나머지 R_n을 사용하여 구하라.

풀이 $f(x)=e^x$라 하면 $f'(x)=e^x$ 이고 $1=f(0)$이 되므로 먼저 $f(x)=e^x$를 n차 테일러 다항식으로 나타내고 이를 이용하여 오차를 구하면 다음과 같다.

$$\text{오차}=e^0-p_n(0)=R_n(0)=\frac{f^{(n+1)}(\xi)}{(n+1)!}(0-1)^{n+1},\ \ x\le\xi\le c=1 \tag{2.15}$$

여기서 $x\le\xi\le 1$ 이므로 식(2.15)은 식(2.16)으로 쓸 수 있다.

$$|\text{오차}|\le\left|\frac{f^{(n+1)}(1)}{(n+1)!}(-1)^{n+1}\right|=\frac{e}{(n+1)!} \tag{2.16}$$

따라서 식(2.17)을 만족하는 가장 작은 n 값을 찾으면

$$\frac{e}{(n+1)!}<10^{-5} \tag{2.17}$$

$n=8$이 되어 다음과 같은

$$p_8(x) = \sum_{n=0}^{8} \frac{e}{n!}(x-1)^n$$

8차 테일러 다항식으로 근사값을 구해야만 오차 조건을 만족하게 됨을 알 수 있다.
이를 매트랩 및 파이썬을 사용하여 구하면 [ex2_14] 코드와 같고 실행 결과는 다음과 같다.

% [ex2_14] 매트랩 코드 실행 결과

```
* [예제 2.14] 테일러 다항식 오차
 * f(x)= @(x)exp(x)

 답 n = 8 오차_R8 = 7.490856E-06
 * 오차_R0 = 2.718282E+00
 * 오차_R1 = 1.359141E+00
 * 오차_R2 = 4.530470E-01
 * 오차_R3 = 1.132617E-01
 * 오차_R4 = 2.265235E-02
 * 오차_R5 = 3.775391E-03
 * 오차_R6 = 5.393416E-04
 * 오차_R7 = 6.741770E-05
 * 오차_R8 = 7.490856E-06
```

 # [ex2_14] 파이썬 코드 실행 결과

```
* [예제 2.14] 테일러 다항식 오차
 * f(x) = exp(x)

 * 오차_R 0 = -2.71828182845905
 * 오차_R 1 = 1.35914091422952
 * 오차_R 2 = -0.453046971409841
 * 오차_R 3 = 0.113261742852460
 * 오차_R 4 = -0.0226523485704920
 * 오차_R 5 = 0.00377539142841534
 * 오차_R 6 = -0.000539341632630763
 * 오차_R 7 = 6.74177040788454e-5
 * 오차_R 8 = -7.49085600876060e-6
답 n = 8
```

예제 2.15

적분 참값이 0.3102683인 프레넬 적분(Fresnel integral) $\int_0^1 \sin x^2 dx$ 값을 테일러급수를 이용하여 오차가 10−3을 넘지 않도록 구하라.

풀이

$f(x) = \sin x$라 하면 $f(x)$의 $c = 0$에 대한 테일러급수는 다음과 같다.

$$f(x) = \sin x = x - \frac{1}{3!}x^3 + \frac{1}{5!}x^5 - \cdots + (-1)^n \frac{1}{(2n+1)!}x^{(2n+1)} + R_{(2n+1)}(x)$$

여기서 $R_{(2n+1)}(x) = \frac{\cos(\xi)}{(2n+3)!}x^{(2n+3)}$이다. $\int_0^1 \sin x^2 dx$의 값을 구하기 위하여 위의 테일러급수에 x 대신에 x^2를 대입하여 적분하면 다음과 같다.

$$\begin{aligned}
&\int_0^1 \sin x^2 dx \\
&= \int_0^1 \left((x^2) - \frac{1}{3!}(x^2)^3 + \frac{1}{5!}(x^2)^5 - \cdots + (-1)^n \frac{1}{(2n+1)!}(x^2)^{(2n+1)} \right) dx \\
&\quad + \int_0^1 R_{(2n+1)}(x^2) dx
\end{aligned}$$

가 되므로 다음 식이 성립한다.

$$\begin{aligned}
\left| \int_0^1 R_{(2n+1)}(x^2) dx \right| &= \left| \int_0^1 \frac{\cos(\xi)}{(2n+3)!} x^{4n+6} dx \right| \\
&\le \left| \frac{\cos(\xi)}{(2n+3)!} \right| \left| \int_0^1 x^{4n+6} dx \right| = \left| \frac{\cos(\xi)}{(2n+3)!} \right| \left| \left[\frac{x^{4n+7}}{(4n+7)} \right]_0^1 \right| \\
&= \left| \frac{\cos(\xi)}{(2n+3)!} \right| \frac{1}{(4n+7)} = \frac{|\cos(\xi)|}{(2n+3)!(4n+7)} \\
&\le \frac{1}{(2n+3)!(4n+7)} \quad (\because |\cos(\xi)| \le 1)
\end{aligned}$$

따라서

$$\frac{1}{(2n+3)!(4n+7)} \le 10^{-3}$$

을 만족하는 가장 작은 자연수 n을 구하면 $n = 1$이 되어, 근사화된 테일러 다항식은 6차 다항식이 되어 프레넬 적분 근사값은 0.3095238 이 된다. 여기서 오차를 구해보면 다음과 같음을 알 수 있다.

$$\begin{aligned}
\text{오차} &= \int_0^1 \sin x^2 dx - \int_0^1 \left(x^2 - \frac{1}{3!}x^6 \right) dx \\
&= 0.3102683 - \left[\frac{1}{3} - \frac{1}{3!7} \right] = 0.3102683 - 0.3095238 = 0.0007445 < 10^{-3}
\end{aligned}$$

이를 매트랩 및 파이썬을 사용하여 구하면 [ex2_15] 코드와 같고 실행 결과는 다음과 같다.

% [ex2_15] 매트랩 코드 실행 결과

```
* [예제 2.15] 프레넬 적분
f_Taylor =

- x^6/6 + x^2
```

답 참값 = 3.102683E-01, P6 = 3.095238E-01, 오차 = 참값 - P6 = 7.444922E-04, 오차R6 = 4.093199E-04

 # [ex2_15] 파이썬 코드 실행 결과

```
* [예제 2.15] 프레넬 적분
 * f(x) =  sin(x**2)

 * f_Taylor =  -x**6/6 + x**2
```

답 참값 = 0.31026830, P6 = 0.30952381, 오차 = 참값 - P6 = 0.00074449, 오차R6 = 0.00040932

2.4 행렬과 행렬 연산

행렬(matrix)이란 구성 요소(element)가 숫자나 문자들로 이루어진 사각형 형태의 배열(array)을 의미하며 행렬 이름은 일반적으로 대문자로 나타내며 행렬의 요소는 소문자로 나타낸다. m개의 행(row)과 n개의 열(column)로 이루어진 행렬 A는 다음과 같이 나타낸다.

$$A = \begin{bmatrix} a_{11} & a_{12} & \cdot & \cdot & \cdot & a_{1n} \\ a_{21} & a_{22} & \cdot & \cdot & \cdot & a_{2n} \\ \cdot & \cdot & & \cdot & & \cdot \\ a_{m1} & a_{m2} & \cdot & \cdot & \cdot & a_{mn} \end{bmatrix} = (a_{ij}) \ , i = 1, \cdots, m, \ j = 1, \cdots, n \tag{2.18}$$

여기서 a_{ij}는 i번째 행과 j번째 열에 위치한 요소를 의미하며 행렬의 크기는 행의 수와 열의 수를 곱한 형태 즉 $m \times n$으로 나타내며 $m \times n$ 행렬 A라 한다. 아래 행렬 A는 크기가 3×4인 행렬을 나타내고 B는 크기가 4×3인 행렬을 나타낸다.

$$A = \begin{bmatrix} 3 & -1 & 3 & 3 \\ 2 & 5 & -4 & 0 \\ 1 & -2 & 3 & 7 \end{bmatrix}, \quad B = \begin{bmatrix} 3 & -1 & 3 \\ 2 & 5 & -4 \\ 1 & 2 & -2 \\ 7 & 2 & 1 \end{bmatrix}$$

이러한 행렬은 행과 열의 수에 따라 다음과 같은 종류가 있다.

첫 번째로는 $m = 1$인 경우 위의 행렬 A는 $1 \times n$인 행렬 즉 하나의 행과 n개의 열로 구성된 행벡터(row vector)가 된다.

$$A = [a_{11}\, a_{12} \cdots a_{1n}] = [a_1\, a_2 \cdots a_n] \tag{2.19}$$

행벡터 $x = [x_1 \;\; x_2 \;\; x_3]$와 $y = [-1 \;\; 1 \;\; 3 \;\; -5]$는 각각 1×3 및 1×4 행벡터를 나타낸다.

두 번째로는 $n = 1$인 경우 위의 행렬 A는 $m \times 1$인 행렬 즉 m개의 행과 하나의 열로 구성된 열벡터(column vector)가 된다.

$$A = \begin{bmatrix} a_{11} \\ a_{21} \\ \vdots \\ a_{m1} \end{bmatrix} = \begin{bmatrix} a_1 \\ a_2 \\ \vdots \\ a_m \end{bmatrix} \tag{2.20}$$

아래 열벡터 b와 x는 각각 2×1 및 3×1 열벡터를 나타낸다.

$$b = \begin{bmatrix} 1 \\ 6 \end{bmatrix}, \quad x = \begin{bmatrix} x_1 \\ x_2 \\ x_3 \end{bmatrix}$$

마지막으로 $m = n$인 경우 위의 행렬 A는 $n \times n$인 행렬 즉 n개의 행과 n개의 열로 구성된 정방행렬(square matrix)이 된다.

$$\boldsymbol{A} = \begin{bmatrix} a_{11} & a_{12} & \cdots & a_{1n} \\ a_{21} & a_{22} & \cdots & a_{2n} \\ \vdots & \vdots & & \vdots \\ a_{n1} & a_{n2} & \cdots & a_{nn} \end{bmatrix} \equiv (a_{ij}) \;, i = 1, \cdots, n, \; j = 1, \cdots, n \tag{2.21}$$

아래 행렬 A와 B는 각각 2×2 및 3×3는 인 정방 행렬을 나타낸다.

$$A = \begin{bmatrix} 3 & -1 \\ 2 & 5 \end{bmatrix}, \quad B = \begin{bmatrix} 3 & 4 & 1 \\ 2 & 9 & -4 \\ 6 & 2 & -5 \end{bmatrix}$$

예제 2.16

다음과 같이 주어진 연립 1차 방정식

$$\begin{aligned} 3x_1 - x_2 + 3x_3 &= 1 \\ 2x_1 + 5x_2 - 4x_3 &= 6 \\ x_1 + 2x_2 - 2x_3 &= 4 \end{aligned}$$

을 행렬을 사용하여 나타내라.

풀이 주어진 연립방정식의 좌변의 계수를 행렬 A로 나타내고 미지수를 x_1, x_2와 x_3를 벡터 x로 나타내며 우변의 계수들을 열벡터 b로 나타내면 다음과 같다.

$$Ax = b$$

여기서

$$A = \begin{bmatrix} 3 & -1 & 3 \\ 2 & 5 & -4 \\ 1 & 2 & -2 \end{bmatrix}$$

$$x = \begin{bmatrix} x_1 \\ x_2 \\ x_3 \end{bmatrix}$$

$$b = \begin{bmatrix} 1 \\ 6 \\ 4 \end{bmatrix}$$

위의 정방 행렬에 있어서 대각선에 위치하는 요소 a_{11}, a_{22}, $\cdots$, a_{nn}들을 대각 요소(main diagonal)라고 한다. 이러한 대각 요소만 영이 아니고 나머지 모든 다른 요소가 영(zero)인 행렬을 대각 행렬(diagonal matrix)이라 한다. 즉 $i = j$일 때는 $a_{ii} \neq 0$이고 나머지 $i \neq j$인 경우는 $a_{ij} = 0$이므로 대각 행렬 A는

$$\boldsymbol{A} = \begin{bmatrix} a_{11} & 0 & \cdots & 0 \\ 0 & a_{22} & \cdots & 0 \\ \vdots & \vdots & & \vdots \\ 0 & 0 & \cdots & a_{nn} \end{bmatrix} \tag{2.22}$$

와 같이 된다. 아래 행렬 A와 B는 각각 2×2 및 3×3인 대각 행렬을 나타낸다.

$$A = \begin{bmatrix} 3 & 0 \\ 0 & 5 \end{bmatrix}, \quad B = \begin{bmatrix} 3 & 0 & 0 \\ 0 & 9 & 0 \\ 0 & 0 & -5 \end{bmatrix}$$

이러한 대각 행렬에 있어서 대각 요소 a_{ii}가 모두 1인 대각 행렬을 단위행렬(identity matrix)이라 하고 일반적으로 I로 표시한다.

$$\boldsymbol{A}=\begin{bmatrix} 1 & 0 & \cdots & 0 \\ 0 & 1 & \cdots & 0 \\ \vdots & \vdots & & \vdots \\ 0 & 0 & \cdots & 1 \end{bmatrix}=I \tag{2.23}$$

아래 행렬 A와 B는 각각 2×2 및 3×3인 단위행렬을 나타낸다.

$$A=\begin{bmatrix} 1 & 0 \\ 0 & 1 \end{bmatrix},\quad B=\begin{bmatrix} 1 & 0 & 0 \\ 0 & 1 & 0 \\ 0 & 0 & 1 \end{bmatrix}$$

어떤 행렬 A가 주어진 경우, 행렬의 행과 열의 위치를 바꾸어 놓은 행렬을 전치 행렬(transpose matrix)이라 하며 A^T 또는 A'로 나타낸다. 주어진 행렬 A가

$$A=\begin{bmatrix} 3 & -1 & 3 \\ 2 & 5 & -4 \\ 1 & 2 & -2 \end{bmatrix}$$

라면 A^T 또는 A'는

$$A^T=A'=\begin{bmatrix} 3 & 2 & 1 \\ -1 & 5 & 2 \\ 3 & -4 & -2 \end{bmatrix}$$

가 된다.

다음으로는 대칭행렬(symmetric matrix)에 대하여 알아본다. 대칭행렬은 $A=A^T$를 만족하는 행렬 A를 말한다. 예를 들면 다음과 같다. 주어진 행렬 A가

$$A=\begin{bmatrix} 1 & 2 & 3 \\ 2 & 5 & -4 \\ 3 & -4 & -2 \end{bmatrix}$$

라면 A^T 또는 A'는

$$A^T=A'=\begin{bmatrix} 1 & 2 & 3 \\ 2 & 5 & -4 \\ 3 & -4 & -2 \end{bmatrix}=A$$

가 된다. 위 예에서 알 수 있듯이 대칭행렬은 대각 요소를 기준으로 마주 보는 두 요소가 같음을 알 수 있다. 즉

$$a_{ij} = a_{ji}, i \neq j, i = 1, \cdots, n,\ j = 1, \cdots, n \tag{2.24}$$

이다.

정방 행렬 중에서 특수한 구조를 갖는 행렬이 있다. 그중 하나가 삼각 행렬(triangular matrix)로 아래의 행렬 L처럼 주대각 요소 윗부분의 요소가 모두 0인 행렬을 하삼각 행렬(lower triangular matrix)이라 하고 행렬 U처럼 주대각 요소 아랫부분의 요소가 모두 0인 행렬을 상삼각 행렬(upper triangular matrix)이라 한다. 아래 행렬

$$L = \begin{bmatrix} 2 & 0 & 0 \\ -1 & -0.5 & 0 \\ 3 & -3.5 & -28 \end{bmatrix},\ U = \begin{bmatrix} 1 & 1.5 & 0.5 \\ 0 & 1 & -9 \\ 0 & 0 & 1 \end{bmatrix}$$

는 각각 3×3인 하삼각 행렬과 상삼각 행렬을 나타낸다.

$n \times n$ 정방 행렬 A가

$$\mathbf{A} = \begin{bmatrix} a_{11} & a_{12} & \cdots & a_{1n} \\ a_{21} & a_{22} & \cdots & a_{2n} \\ \vdots & \vdots & & \vdots \\ a_{n1} & a_{n2} & \cdots & a_{nn} \end{bmatrix} \equiv (a_{ij}),\ i = 1, \cdots, n,\ j = 1, \cdots, n$$

와 같이 주어진 경우, 주대각 요소들의 합을 행렬 A의 대각합(trace)이라 하고

$$tr(A) = \sum_{i=1}^{n} a_{ii} = a_{11} + a_{22} + \cdots + a_{nn} \tag{2.25}$$

라 나타낸다. 행렬의 대각합은 행렬의 고유값들의 합과 같으며 다음과 같은 선형성(linearity)을 갖는다. 즉 두 개의 $n \times n$ 정방 행렬 A와 B 그리고 스칼라 λ에 대하여 다음 두가지 성질

가법성(additivity) : $tr(A+B) = tr(A) + tr(A)$ (2.26)

동치성(homogeneity) : $tr(\lambda A) = \lambda \cdot tr(A)$ (2.27)

을 만족한다.

이러한 대각합이 만족하는 성질들을 요약하면 다음과 같다. 첫 번째로는 임의의 행렬 A의 전치 행렬에서도 주대각 요소들은 변하지 않으므로

$$tr(A^T) = tr(A) \tag{2.28}$$

를 만족한다. 두 번째로는 행렬 A가 $m \times n$ 행렬이고 행렬 B가 $n \times m$ 행렬일 때 행렬 AB는 $m \times m$

행렬이고 행렬 BA는 $n \times n$ 행렬이 되지만 다음 등식

$$tr(AB) = tr(BA) \tag{2.29}$$

을 만족한다. 이는 행렬의 곱셈을 이용하면 다음과 같이 증명할 수 있다.

$$\begin{aligned} tr(AB) &= \sum_{i=1}^{m} (AB)_{ii} \\ &= \sum_{i=1}^{m}\sum_{j=1}^{n} A_{ij}B_{ji} = \sum_{j=1}^{n}\sum_{i=1}^{m} B_{ji}A_{ij} = \sum_{n=1}^{n} (BA)_{jj} \\ &= tr(BA) \end{aligned}$$

예제 2.17

다음과 같이 주어진 행렬 A와 B에 대하여

$$A = \begin{bmatrix} 3 & -1 & 3 \\ 2 & 5 & -4 \\ 1 & 2 & -2 \end{bmatrix},\ B = \begin{bmatrix} 3 & 4 & 1 \\ 2 & 9 & -4 \\ 6 & 2 & -5 \end{bmatrix}$$

에 대하여 다음을 구하라.

(1) $tr(A)$

(2) $tr(A+B)$

풀이

(1) 대각합의 정의를 이용하면

$$\boldsymbol{tr(A)} = \sum_{i=1}^{3} a_{ii} = 3 + 5 - 2 = 6$$

을 구할 수 있다.

(2) $$A + B = \begin{bmatrix} 3 & -1 & 3 \\ 2 & 5 & -4 \\ 1 & 2 & -2 \end{bmatrix} + \begin{bmatrix} 3 & 4 & 1 \\ 2 & 9 & -4 \\ 6 & 2 & -5 \end{bmatrix} = \begin{bmatrix} 6 & 3 & 4 \\ 4 & 14 & -8 \\ 7 & 4 & -7 \end{bmatrix}$$

이므로

$$tr(A+B) = 6 + 14 - 7 = 13$$

이 되며 이 결과는

$$tr(A) + tr(B) = (3+5-2) + (3+9-5) = 6 + 7 = 13 = tr(A+B)$$

로부터 얻을 수 있다. 이를 매트랩 및 파이썬을 사용하여 구하면 [ex2_17] 코드와 같고 실행 결과는 다음과 같다.

% [ex2_17] 매트랩 코드 실행 결과

```
* [예제 2.17] 대각합(trace)
A =
     3    -1     3
     2     5    -4
     1     2    -2
B =
     3     4     1
     2     9    -4
     6     2    -5
 * A + B =
     6     3     4
     4    14    -8
     7     4    -7
 * tr(A) = 6.000000
 * tr(A+B) = 13.000000
 * tr(A)+tr(B) = 13.000000
```

 # [ex2_17] 파이썬 코드 실행 결과

```
* [예제 2.17] 대각합(trace)
 * A + B =
[[ 6  3  4]
 [ 4 14 -8]
 [ 7  4 -7]]

 * tr(A) = 6

 * tr(A+B) = 13

 * tr(A)+tr(B) = 13
```

예제 2.18

다음과 같이 주어진 행렬 A와 B에 대하여

$$A=\begin{bmatrix}3 & -1 & 3\\ 2 & 5 & -4\end{bmatrix},\ B=\begin{bmatrix}3 & 4\\ 9 & -4\\ 2 & -5\end{bmatrix}$$

에 대하여 $tr(AB)$를 구하라.

(1) $tr(AB)$　　　　　　　　(2) $tr(BA)$

풀이

(1) $AB = \begin{bmatrix} 6 & 1 \\ 43 & 8 \end{bmatrix}$ 이므로

$tr(AB) = 6 + 8 = 14$

가 된다.

(2) $BA = \begin{bmatrix} 17 & 17 & -7 \\ 19 & -29 & 43 \\ -4 & -27 & 26 \end{bmatrix}$ 이므로

$tr(BA) = 17 - 29 + 26 = 14$

가 된다.

위의 (1) 및 (2) 결과로부터 $tr(AB) = tr(BA)$임을 알 수 있다. 이를 매트랩 및 파이썬을 사용하여 구하면 [ex2_18] 코드와 같고 실행 결과는 다음과 같다.

% [ex2_18] 매트랩 코드 실행 결과

```
* [예제 2.18]  대각합(trace)
A =
     3    -1     3
     2     5    -4
B =
     3     4
     9    -4
     2    -5
 * A * B =
     6     1
    43     8
 * B * A =
    17    17    -7
    19   -29    43
    -4   -27    26
 * tr(AB) = 14.000000
 * tr(BA) = 14.000000
```

 # [ex2_18] 파이썬 코드 실행 결과

```
* [예제 2.18] 대각합(trace)
 * A * B = [[ 6  1]
[43  8]]
 * B * A = [[ 17  17  -7]
[ 19 -29  43]
[ -4 -27  26]]
 * tr(AB) = 14
 * tr(BA) = 14
```

행렬에 대한 기본적인 연산 법칙을 정리하면 다음과 같다.

행렬의 합과 차

행렬 $A=(a_{ij})$와 $B=(b_{ij})$가 둘 다 $m \times n$ 행렬이라면 두 행렬의 합 $C=A+B=(c_{ij})$과 차 $D=A-B=(d_{ij})$는 $m \times n$ 크기를 가지며 각각의 요소는 다음과 같다.

$$c_{ij} = a_{ij} + b_{ij}$$
$$d_{ij} = a_{ij} - b_{ij}$$

예를 들어 위의 [예제 2.17]에서와 같이 행렬 A와 B가

$$A = \begin{bmatrix} 3 & -1 & 3 \\ 2 & 5 & -4 \\ 1 & 2 & -2 \end{bmatrix},\ B = \begin{bmatrix} 3 & 4 & 1 \\ 2 & 9 & -4 \\ 6 & 2 & -5 \end{bmatrix}$$

라면

$$A+B = \begin{bmatrix} 3 & -1 & 3 \\ 2 & 5 & -4 \\ 1 & 2 & -2 \end{bmatrix} + \begin{bmatrix} 3 & 4 & 1 \\ 2 & 9 & -4 \\ 6 & 2 & -5 \end{bmatrix} = \begin{bmatrix} 6 & 3 & 4 \\ 4 & 14 & -8 \\ 7 & 4 & -7 \end{bmatrix}$$

이고

$$A-B = \begin{bmatrix} 3 & -1 & 3 \\ 2 & 5 & -4 \\ 1 & 2 & -2 \end{bmatrix} - \begin{bmatrix} 3 & 4 & 1 \\ 2 & 9 & -4 \\ 6 & 2 & 5 \end{bmatrix} = \begin{bmatrix} 0 & -5 & 2 \\ 0 & -4 & 0 \\ -5 & 0 & 3 \end{bmatrix}$$

이다.

행렬의 스칼라 곱

행렬 $A=(a_{ij})$가 $m\times n$ 행렬이고 λ가 실수라면 스칼라 λ와 행렬 $A=(a_{ij})$의 곱 $C=\lambda A=(c_{ij})$는 $m\times n$ 크기를 가지며 각각의 요소는 다음과 같다.

$$c_{ij}=\lambda a_{ij} \tag{2.30}$$

예를 들어 위에서와 같이

$$A=\begin{bmatrix}3&-1&3\\2&5&-4\\1&2&-2\end{bmatrix} \text{이고}$$

$\lambda=-3$이라면 $C=\lambda A=(c_{ij})$는

$$C=-3\cdot A=-3\begin{bmatrix}3&-1&3\\2&5&-4\\1&2&-2\end{bmatrix}=\begin{bmatrix}-9&3&-9\\-6&-15&12\\-3&-6&6\end{bmatrix}$$

이 된다.

행렬의 곱

행렬 $A=(a_{ij})$와 $B=(b_{ij})$의 크기가 각각 $m\times p$ 그리고 $p\times n$ 행렬이라면 두 행렬의 곱 $C=AB=(c_{ij})$는 $m\times n$ 크기를 가지며 각각의 요소는 다음과 같다.

$$c_{ij}=\sum_{k=1}^{p}a_{ik}b_{kj} \tag{2.31}$$

행렬 A와 B가

$$A=\begin{bmatrix}3&-1&3\\2&5&-4\\1&2&-2\end{bmatrix},\ B=\begin{bmatrix}3&4&1\\2&9&-4\\6&2&-5\end{bmatrix}$$

라면

$$AB=\begin{bmatrix}3&-1&3\\2&5&-4\\1&2&-2\end{bmatrix}\begin{bmatrix}3&4&1\\2&9&-4\\6&2&-5\end{bmatrix}=\begin{bmatrix}25&9&-8\\-8&45&2\\-5&18&3\end{bmatrix}$$

이 된다.

정방 행렬의 거듭 제곱(power) 연산은 다음과 같다.

$$A^k = \underbrace{A \cdots A}_{k} \tag{2.32}$$

여기서

$$A^0 = I$$

이다. 예를 들어

$$A = \begin{bmatrix} 1 & 2 \\ 3 & 4 \end{bmatrix}$$

인 경우

$$A^2 = \begin{bmatrix} 1 & 2 \\ 3 & 4 \end{bmatrix}\begin{bmatrix} 1 & 2 \\ 3 & 4 \end{bmatrix} = \begin{bmatrix} 7 & 10 \\ 15 & 22 \end{bmatrix}$$

이고

$$A^3 = \begin{bmatrix} 1 & 2 \\ 3 & 4 \end{bmatrix}\begin{bmatrix} 1 & 2 \\ 3 & 4 \end{bmatrix}\begin{bmatrix} 1 & 2 \\ 3 & 4 \end{bmatrix} = \begin{bmatrix} 37 & 54 \\ 81 & 118 \end{bmatrix}$$

이다.

이와 같은 행렬의 곱을 연산에 있어서 주의해야 할 사항 세 가지에 대하여 언급하면 다음과 같다.

일반적으로 $AB \neq BA$이다.

예를 들어

$$A = \begin{bmatrix} 1 & 2 \\ 3 & 4 \end{bmatrix},\ B = \begin{bmatrix} 5 & 6 \\ 7 & 8 \end{bmatrix}$$

인 경우

$$AB = \begin{bmatrix} 1 & 2 \\ 3 & 4 \end{bmatrix}\begin{bmatrix} 5 & 6 \\ 7 & 8 \end{bmatrix} = \begin{bmatrix} 19 & 22 \\ 43 & 50 \end{bmatrix}$$

이고

$$BA = \begin{bmatrix} 5 & 6 \\ 7 & 8 \end{bmatrix}\begin{bmatrix} 1 & 2 \\ 3 & 4 \end{bmatrix} = \begin{bmatrix} 23 & 34 \\ 31 & 46 \end{bmatrix}$$

이므로 $AB \neq BA$임을 알 수 있다.

$AB = AC$라고 해서 $B = C$는 아니다.

예를 들어 서로 다른 두 행렬 B, C가

$$A = \begin{bmatrix} 1 & 0 \\ 0 & 0 \end{bmatrix},\ B = \begin{bmatrix} 5 & 6 \\ 7 & 8 \end{bmatrix},\ C = \begin{bmatrix} 5 & 6 \\ -7 & -8 \end{bmatrix}$$

인 경우

$$AB = \begin{bmatrix} 1 & 0 \\ 0 & 0 \end{bmatrix}\begin{bmatrix} 5 & 6 \\ 7 & 8 \end{bmatrix} = \begin{bmatrix} 5 & 6 \\ 0 & 0 \end{bmatrix}$$

이고

$$AC = \begin{bmatrix} 1 & 0 \\ 0 & 0 \end{bmatrix}\begin{bmatrix} 5 & 6 \\ -7 & -8 \end{bmatrix} = \begin{bmatrix} 5 & 6 \\ 0 & 0 \end{bmatrix}$$

이므로 $AB = AC$이지만 $B \neq C$이다.

$AB = 0$라고 해서 일반적으로 $A = 0$ 또는 $B = 0$이라고 할 수 없다.

예를 들어 영행렬(zero matrix)이 아닌 서로 다른 두 행렬 A, B가

$$A = \begin{bmatrix} 1 & 3 \\ 0 & 0 \end{bmatrix},\ B = \begin{bmatrix} -3 & 0 \\ 1 & 0 \end{bmatrix}$$

인 경우 AB는

$$AB = \begin{bmatrix} 1 & 3 \\ 0 & 0 \end{bmatrix}\begin{bmatrix} -3 & 0 \\ 1 & 0 \end{bmatrix} = \begin{bmatrix} 0 & 0 \\ 0 & 0 \end{bmatrix}$$

와 같이 영행렬이 되지만 행렬 A, B는 영행렬이 아니다.

위와 같은 행렬 연산의 성질을 정리하면 다음과 같다.

- $A + B = B + A$
- $A + 0 = 0 + A = A$, 여기서 0은 영행렬
- $AI = IA = A$, 여기서 I는 단위행렬
- $(A + B) + C = A + (B + C)$
- $A(BC) = (AB)C$
- $\alpha(\beta A) = (\alpha\beta)A$
- $\alpha(A + B) = \alpha A + \alpha B$

- $\alpha(AB) = (\alpha A)B = A(\alpha B)$
- $A(B+C) = AB + AC$
- $(B+C)A = BA + CA$

역행렬

크기가 $n\times n$인 행렬 $A=(a_{ij})$에 대하여 $AB=I$와 $BA=I$가 되는 $n\times n$ 행렬 B가 존재할 때 행렬 A를 가역행렬(invertible matrix) 혹은 정칙행렬(regular matrix)라 하고 행렬 B를 행렬 A의 역행렬(inverse matrix)이라 하고 $B=A^{-1}$로 나타낸다. 이와 달리 가역적이지 않은 행렬을 특이행렬(singular matrix)이라 한다.

$n\times n$정방 행렬 A에 대한 역행열 A^{-1}은

$$A^{-1} = \frac{adj(A)}{|A|} \tag{2.33}$$

로 구할 수 있다. 여기에서, $|A|$는 행렬 A의 행렬식(determinant)이고, $adj(A)$ (adjoint)는 행렬 A의 수반행렬(adjoint matrix)이다. 행렬 A의 수반행렬은 행렬 $adj(A)$는 $A=(a_{ij})$의 i행과 j열 성분 a_{ij}의 여인자(cofactor)를 c_{ij}라 하면 식(2.34)와 같이 나타내진다.

$$adj(A) = \begin{bmatrix} c_{11} & c_{21} & \cdots & c_{n1} \\ c_{12} & a_{22} & \cdots & c_{n2} \\ \vdots & \vdots & & \vdots \\ c_{1n} & a_{2n} & \cdots & c_{nn} \end{bmatrix} = \begin{bmatrix} c_{11} & c_{12} & \cdots & c_{1n} \\ c_{21} & a_{22} & \cdots & c_{2n} \\ \vdots & \vdots & & \vdots \\ c_{n1} & a_{n2} & \cdots & c_{nn} \end{bmatrix}^T = (c_{ij})^T \tag{2.34}$$

여기서 c_{ij}는 $(i,j)-$여인자라 하며

$$c_{ij} = (-1)^{i+j} m_{ij} \tag{2.35}$$

와 같다. m_{ij}는 행렬 $A=(a_{ij})$에서 i행과 j열을 지워 얻어진 나머지 부분 행렬을 $A_{(ij)}$라 하였을 때 행렬 $A_{(ij)}$의 행렬식 즉

$$m_{ij} = \det(A_{(ij)}) = |A_{(ij)}| \tag{2.36}$$

을 나타내며 소행렬식(minor)이라 한다.

행렬 A가 다음과 같은

$$A = \begin{bmatrix} a & b \\ c & d \end{bmatrix}$$

2×2 행렬일 때 $adj(A)$는 식(2.35)로부터

$$c_{11} = (-1)^{1+1}|d| = d$$
$$c_{12} = (-1)^{1+2}|c| = -c$$
$$c_{21} = (-1)^{2+1}|b| = -b$$
$$c_{22} = (-1)^{2+2}|a| = a$$

따라서 $adj(A)$는 식(2.34)로부터

$$adj(A) = \begin{bmatrix} d & -c \\ -b & a \end{bmatrix}^T = \begin{bmatrix} d & -b \\ -c & a \end{bmatrix}$$

가 된다. 따라서 역행렬 A^{-1}은 다음과 같다.

$$A^{-1} = \begin{bmatrix} a & b \\ c & d \end{bmatrix}^{-1} = \frac{1}{ad-bc}\begin{bmatrix} d & -b \\ -c & a \end{bmatrix}$$

여기서 $ad-bc$를 행렬 A의 행렬식(determinant)이라 하고 $\det(A)$ 또는 $|A|$로 나타낸다.

예제 2.19

다음과 같이 주어진 행렬 A의 수반행렬 $adj(A)$을 구하라.

$$A = \begin{bmatrix} 1 & 2 \\ 3 & 4 \end{bmatrix}$$

풀이

식(2.35)로부터

$$c_{11} = (-1)^{1+1}|4| = 4$$
$$c_{12} = (-1)^{1+2}|3| = -3$$
$$c_{21} = (-1)^{2+1}|2| = -2$$
$$c_{22} = (-1)^{2+2}|1| = 1$$

따라서 $adj(A)$는 식(2.34)로부터

$$adj(A) = \begin{bmatrix} 4 & -3 \\ -2 & 1 \end{bmatrix}^T = \begin{bmatrix} 4 & -2 \\ -3 & 1 \end{bmatrix}$$

가 된다.

이를 매트랩 및 파이썬을 사용하여 구하면 [ex2_19] 코드와 같고 실행 결과는 다음과 같다.

% [ex2_19] 매트랩 코드 실행 결과

```
* [예제 2.19] 수반행렬
A =
[ a, b]
[ c, d]
* adj(A) =
[  d, -b]
[ -c,  a]
A =
[ 1, 2]
[ 3, 4]
* adj(A) =
[  4, -2]
[ -3,  1]
```

 # [ex2_19] 파이썬 코드 실행 결과

```
* [예제 2.19] 수반행렬
 * A =[[1 2]
 [3 4]]
 * adj(A) =  [[ 4. -2.]
 [-3.  1.]]
```

행렬 A가 다음과 같은

$$A = \begin{bmatrix} a & b & c \\ d & e & f \\ g & h & i \end{bmatrix}$$

3×3 행렬일 때 $adj(A)$는 식(2.35)로부터

$$c_{11} = (-1)^{1+1} \begin{vmatrix} e & f \\ h & i \end{vmatrix} = ei - fh \qquad c_{12} = (-1)^{1+2} \begin{vmatrix} d & f \\ g & i \end{vmatrix} = fg - di$$

$$c_{13} = (-1)^{1+3} \begin{vmatrix} d & e \\ g & h \end{vmatrix} = dh - eg \qquad c_{21} = (-1)^{2+1} \begin{vmatrix} b & c \\ h & i \end{vmatrix} = ch - bi$$

$$c_{22} = (-1)^{2+2} \begin{vmatrix} a & c \\ g & i \end{vmatrix} = ai - cg \qquad c_{23} = (-1)^{2+3} \begin{vmatrix} a & b \\ g & h \end{vmatrix} = bg - ah$$

$$c_{31} = (-1)^{3+1}\begin{vmatrix} b & c \\ e & f \end{vmatrix} = bf - ce \qquad c_{32} = (-1)^{3+2}\begin{vmatrix} a & c \\ d & f \end{vmatrix} = cd - af$$

$$c_{33} = (-1)^{3+3}\begin{vmatrix} a & b \\ d & e \end{vmatrix} = ae - bd$$

따라서 $adj(A)$는 식(2.34)로부터

$$adj(A) = \begin{bmatrix} ei-fh & fg-di & dh-eg \\ ch-bi & ai-cg & bg-ah \\ bf-ce & cd-af & ae-bd \end{bmatrix}^T = \begin{bmatrix} ei-fh & ch-bi & bf-ce \\ fg-di & ai-cg & cd-af \\ dh-eg & bg-ah & ae-bd \end{bmatrix}$$

가 된다. 따라서 역행렬 A^{-1}는 다음과 같다.

$$A^{-1} = \frac{1}{\det(A)}\begin{bmatrix} ei-fh & ch-bi & bf-ce \\ fg-di & ai-cg & cd-af \\ dh-eg & bg-ah & ae-bd \end{bmatrix}$$

여기서 $\det(A) = a(ei-fh) - b(di-fg) + c(dh-eg)$이다.

예제 2.20

다음과 같이 주어진 행렬 A의 수반행렬 $adj(A)$을 구하라.

$$A = \begin{bmatrix} 3 & -2 & 1 \\ 5 & 6 & 2 \\ 1 & 0 & -3 \end{bmatrix}$$

풀이

수반 행렬 $adj(A)$는 식(2.35)로부터

$$c_{11} = (-1)^{1+1}\begin{vmatrix} 6 & 2 \\ 0 & -3 \end{vmatrix} = -18 \qquad c_{12} = (-1)^{1+2}\begin{vmatrix} 5 & 2 \\ 1 & -3 \end{vmatrix} = 17$$

$$c_{13} = (-1)^{1+3}\begin{vmatrix} 5 & 6 \\ 1 & 0 \end{vmatrix} = -6 \qquad c_{21} = (-1)^{2+1}\begin{vmatrix} -2 & 1 \\ 0 & -3 \end{vmatrix} = -6$$

$$c_{22} = (-1)^{2+2}\begin{vmatrix} 3 & 1 \\ 1 & -3 \end{vmatrix} = -10 \qquad c_{23} = (-1)^{2+3}\begin{vmatrix} 3 & -2 \\ 1 & 0 \end{vmatrix} = -2$$

$$c_{31} = (-1)^{3+1}\begin{vmatrix} -2 & 1 \\ 6 & 2 \end{vmatrix} = -10 \qquad c_{32} = (-1)^{3+2}\begin{vmatrix} 3 & 1 \\ 5 & 2 \end{vmatrix} = -1$$

$$c_{33} = (-1)^{3+3}\begin{vmatrix} 3 & -2 \\ 5 & 6 \end{vmatrix} = 28$$

따라서 $adj(A)$는 식(2.34)로부터

$$adj(A) = \begin{bmatrix} -18 & 17 & -6 \\ -6 & -10 & -2 \\ -10 & -1 & 28 \end{bmatrix}^T = \begin{bmatrix} -18 & -6 & -10 \\ 17 & -10 & -1 \\ -6 & -2 & 28 \end{bmatrix}$$

이 된다.

이를 매트랩 및 파이썬을 사용하여 구하면 [ex2_20] 코드와 같고 실행 결과는 다음과 같다.

% [ex2_20] 매트랩 코드 실행 결과

```
* [예제 2.20] 수반행렬
A =
[ a, b, c]
[ d, e, f]
[ g, h, I]

* adj(A) =
[ e*i  - f*h, c*h - b*i,  b*f - c*e]
[ f*g  - d*i,  a*i  - c*g, c*d - a*f]
[ d*h - e*g, b*g - a*h, a*e - b*d]

A =
[ 3, -2,   1]
[ 5,  6,   2]
[ 1,  0, -3]

* adj(A) =
[ -18,   -6, -10]
[   17, -10,   -1]
[  -6,   -2,   28]
```

 # [ex2_20] 파이썬 코드 실행 결과

```
* [예제 2.20] 수반행렬
* A =[[ 3 -2  1]
[ 5   0  2]
[ 1   0  -3]]
* adj(A) =  [[-18.  -6.  -10.]
[ 17.  -10.   -1.]
[   6.  -2.    28.]]
```

위와 같이 역행렬을 구함에 있어서 행렬 A의 행렬식(determinant) $\det(A)$ 값이 0이 되는 경우 즉 $\det(A)=0$이 되면 역행렬을 구할 수 없게 된다. 이와 같은 행렬 A를 특이행렬(singular matrix)이라 한다. 그리고 $\det(A) \neq 0$인 행렬 A는 비특이행렬(nonsingular matrix)이라 한다.

이와 같은 역행렬의 성질을 정리하면 다음과 같다.

■ $(A^{-1})^{-1} = A$

이에 대하여 살펴보면

$$A(A)^{-1} = AA^{-1} = I$$

이고

$$(A)^{-1}A = A^{-1}A = I$$

이다.

■ $(AB)^{-1} = B^{-1}A^{-1}$

이에 대하여 살펴보면

$$AB(AB)^{-1} = AB(B^{-1}A^{-1}) = A(BB^{-1})A^{-1} = AIA^{-1} = AA^{-1} = I$$

이고

$$(AB)^{-1}AB = (B^{-1}A^{-1})AB = B^{-1}(A^{-1}A)B = B^{-1}IB = B^{-1}B = I$$

이다.

■ $(A^T)^{-1} = (A^{-1})^T$

이에 대하여 살펴보면

$$A^T(A^T)^{-1} = A^T(A^{-1})^T = (AA^{-1})^T = I^T = I$$

이고

$$(A^T)^{-1}A^T = (A^{-1})^TA^T = (A^{-1}A)^T = I^T = I$$

이다.

예제 2.21

다음과 같이 주어진 행렬 A와 B에 대하여 다음을 구하라.

$$A=\begin{bmatrix}1 & 2\\ 3 & 4\end{bmatrix},\ B=\begin{bmatrix}3 & -1 & 3\\ 2 & 5 & -4\\ 1 & 2 & -2\end{bmatrix}$$

(1) A^{-1}

(2) B^{-1}

풀이

(1) $A^{-1}=\begin{bmatrix}a & b\\ c & d\end{bmatrix}^{-1}=\frac{1}{ad-bc}\begin{bmatrix}d & -b\\ -c & a\end{bmatrix}=\frac{1}{4-6}\begin{bmatrix}4 & -2\\ -3 & 1\end{bmatrix}=\begin{bmatrix}-2 & 1\\ 3/2 & -1/2\end{bmatrix}$

(2) $B^{-1}=\begin{bmatrix}3 & -1 & 3\\ 2 & 5 & -4\\ 1 & 2 & -2\end{bmatrix}^{-1}=\frac{1}{\det(B)}\begin{bmatrix}ei-fh & ch-bi & bf-ce\\ fg-di & ai-cg & cd-af\\ dh-eg & bg-ah & ae-bd\end{bmatrix}$

이므로

$$B^{-1}=\begin{bmatrix}3 & -1 & 3\\ 2 & 5 & -4\\ 1 & 2 & -2\end{bmatrix}^{-1}=\begin{bmatrix}2/9 & -4/9 & 11/9\\ 0 & 1 & -2\\ 1/9 & 7/9 & -17/9\end{bmatrix}$$

가 된다.

이를 매트랩 및 파이썬을 사용하여 구하면 [ex2_21] 코드와 같고 실행 결과는 다음과 같다.

% [ex2_21] 매트랩 코드 실행 결과

```
* [예제 2.21] 역행렬

A =
[1, 2]
[3, 4]

* A의 역행렬 =
[ -2,     1]
[3/2, -1/2]

A =
[3, -1,  3]
[2,  5, -4]
[1,  2, -2]
```

```
* A의 역행렬 =
[2/9, -4/9,  11/9]
[  0,    1,    -2]
[1/9,  7/9, -17/9]
```

 # [ex2_21] 파이썬 코드 실행 결과

```
* [예제 2.21] 역행렬
 * A=[[1 2]
 [3 4]]
 * B=[[ 3 -1  3]
 [ 2  5 -4]
 [ 1  2 -2]]
 * inv(A) =  [[-2.    1. ]
 [ 1.5 -0.5]]
 * inv(B) =  [[ 2.22222222e-01 -4.44444444e-01  1.22222222e+00]
   [ 5.87765131e-17  1.00000000e+00 -2.00000000e+00]
   [ 1.11111111e-01  7.77777778e-01 -1.88888889e+00]]
```

예제 2.22

다음과 같이 주어진 행렬 A와 B가 특이행렬인지 판별하라.

$$A=\begin{bmatrix} 1 & -1 \\ -1 & 1 \end{bmatrix},\ B=\begin{bmatrix} 1 & 4 & 6 \\ 2 & 10 & 17 \\ 4 & 22 & 42 \end{bmatrix}$$

풀이

(1) 행렬 A의 행렬식 $\det(A)=1-1=0$이 되므로 행렬 A는 특이행렬이다.

(2) 행렬 B의 행렬식 $\det(B)=6$이 되므로 행렬 B는 특이행렬이 아니다.

이를 매트랩 및 파이썬을 사용하여 구하면 [ex2_22] 코드와 같고 실행 결과는 다음과 같다.

% [ex2_22] 매트랩 코드 실행 결과

```
* [예제 2.22] 특이행렬

A =
     1    -1
    -1     1
* 행렬 A는 특이행렬!

B =
     1     4     6
     2    10    17
     4    22    42
* 행렬 B는 비특이행렬!
```

 # [ex2_22] 파이썬 코드 실행 결과

```
* [예제 2.22] 특이행렬 판별하기 *
A =  [[ 1 -1]
 [-1  1]]
B =  [[ 1  4  6]
 [ 2 10 17]
 [ 4 22 42]]

* 행렬 A는 특이행렬!

* 행렬 B는 비특이행렬!
```

슈어 보수행렬

행렬의 크기가 커지면 계산에 있어서 많은 문제가 발생하게 된다. 이와 같은 문제점을 해결하기 위하여 사용되는 방법 중 하나가 주어진 행렬을 몇 개의 작은 행렬 블록(matrix block)으로 나누어 계산하는 것이다. 이를 위하여 먼저 크기가 $(p+q)\times(p+q)$로 매우 큰 행렬 M이 다음

$$M=\begin{bmatrix} A & B \\ C & D \end{bmatrix}$$

과 같이 크기가 각각 $p\times p$, $p\times q$, $q\times p$, $q\times q$ 인 행렬 A, B, C, D로 구성되며 행렬 D는 역행렬이 존재한다고 가정한다. 그러면 행렬 M의 블록 D에 대한 슈어 보수행렬(Schur complements)은

$p \times p$ 행렬로 다음과 같이 주어진다.

$$M/D = A - BD^{-1}C$$

그리고 행렬 M의 블록 A에 대한 슈어 보수행렬은 $q \times q$ 행렬로 다음과 같이 주어진다.

$$M/A = D - CA^{-1}B$$

이와 같은 슈어 보수행렬은 독일인 수학자 이사이 슈어(Issai Schur)의 이름을 따서 붙인 것으로 이를 이용하여 역행렬을 계산하는 방법을 독일인 수학자 폴커 스트라센(Volker Strassen)이 발견하였으며 그 계산은 다음과 같다. 먼저 $M/D = A - BD^{-1}C$를 이용하는 식은

$$\begin{aligned} M^{-1} &= \begin{bmatrix} A & B \\ C & D \end{bmatrix}^{-1} \\ &= \begin{bmatrix} (A - BD^{-1}C)^{-1} & -(A - BD^{-1}C)^{-1}BD^{-1} \\ -D^{-1}C(A - BD^{-1}C)^{-1} & D^{-1} + D^{-1}C(A - BD^{-1}C)^{-1}BD^{-1} \end{bmatrix} \end{aligned}$$

과 같고 $M/A = D - CA^{-1}B$를 이용하는 식은

$$\begin{aligned} M^{-1} &= \begin{bmatrix} A & B \\ C & D \end{bmatrix}^{-1} \\ &= \begin{bmatrix} A^{-1} + A^{-1}B(D - CA^{-1}B)^{-1}CA^{-1} & -A^{-1}B(D - CA^{-1}B)^{-1} \\ -(D - CA^{-1}B)^{-1} & A^{-1}B(D - CA^{-1}B)^{-1} \end{bmatrix} \end{aligned}$$

과 같다.

연습문제

수의 표현과 오차

2.1 유효숫자를 고려하여 다음을 계산하라.

(1) 101.10 + 1.234

(2) 101.10 × 1.234

(3) $\dfrac{1237 \times 201.2}{3.14 \times 10^4}$

2.2 다음 참값 x_T과 근사값 x_A 각각에 대하여 근사값의 유효숫자 자리수를 구하라.

(1) $x_T = \pi, x_A = 3.14$

(2) $x_T = \pi, x_A = 3.142$

(3) $x_T = \pi, x_A = 3.1416$

(4) $x_T = \pi, x_A = 3.14159$

2.3 $x = \pi$에서 함수 $y = f(x) = \cos^2 x$의 값을 계산함에 있어서 $x = \pi$를 $x_1 = 3.14159$, $x_2 = 3.14$로 근사화하여 두 값 $y_1 = f(x_1) = 0.9999996$과 $y_2 = f(x_2) = 0.9999975$를 얻었다. 아래 계산 결과의 절대 오차를 구하라.

(1) $x_1 + x_2$

(2) $x_1 - x_2$

2.4 $x = \pi$에서 함수 $y = f(x) = e^{-x}\cos x$의 값을 계산함에 있어서 $x = \pi$를 $x_1 = 3.14159$, $x_2 = 3.14$로 근사화하여 두 값 $y_1 = f(x_1) = -0.0432395$과 $y_2 = f(x_2) = -0.0432827$를 얻었다. 아래 계산 결과의 상대오차를 구하라.

(1) $y_1 \times y_2$

(2) $\dfrac{y_2}{y_1}$

평균값 정리

2.5 $y = f(x) = e^{-x}$에 대하여 구간 $[a, b] = [0, 1]$에서 평균값 정리 $f(b) - f(a) = f'(c)(b - a)$, $c \in (a, b)$를 만족하는 모든 실수 c를 구하라.

2.5.1 $y=f(x)=\sqrt{x}$ 라 놓고 평균값 정리를 이용하여 다음 값을 근사적으로 구하고 오차를 구하라.

(1) $\sqrt{80}$ 　　답 근사값$=\dfrac{1}{(18-8\sqrt{5})^2}$

(2) $\sqrt{9.01}$ 　　답 근사값$=\dfrac{18.01}{6}$

2.5.2 다음 정적분 값을 근사적으로 구하라.

(1) $\displaystyle\int_0^{2.01}\frac{6}{\sqrt{4-t^2+2t}}dt-\int_0^{2}\frac{6}{\sqrt{4-t^2+2t}}dt$ 　　답 $\dfrac{6}{\sqrt{5}}$

(2) $\displaystyle\int_0^{1.005}\frac{t^3\cos(t-1)^2}{(1+t)^2}dt-\int_0^{1}\frac{t^3\cos(t-1)^2}{(1+t)^2}dt$ 　　답 0.00125

(3) $\displaystyle\int_{-1}^{0.01}\frac{\cos^2 te^{-6t}}{1+\sin t}dt-\int_{-1}^{0}\frac{\cos^2 te^{-6t}}{1+\sin t}dx$ 답 0.01

테일러급수

2.6 다음 함수의 매클로린급수를 구하라.

(1) $f(x)=x^2\sin x$ 　　(2) $f(x)=e^{-x}\cos x+x+1$

2.7 함수 $f(x)=e^x$의 매클로린급수를 구하고 이를 이용하여 자연 상수 e의 값을 소수 다섯째 자리까지 구하라.

2.8 $c=\pi$에서 함수 $y=f(x)=2\sin(12\pi x)$의 5차 테일러 다항식을 구하라.

2.9 $f(x)=\ln x$일 때 중점 $c=1$에서 테일러급수를 구하라.

2.10 함수 $f(x)=\sin x cos x$에 대하여 $c=\pi/2$로 하여 구한 n차 테일러 다항식을 이용하여 $x=0$ 에서의 값을 참값 1과의 오차의 절대값이 10^{-5}보다 작도록 하려면 몇 차의 테일러 다항식을 사용해야 하는지 구하라.

2.11 $\int_0^1 e^{-x}dx$ 값을 k차 테일러 다항식으로 근사화하여 구할 때 오차가 0.001 보다 작게 되는 가장 작은 k값을 구하라.

2.11.1 다음 함수를 c=1/8에서 4차의 Taylor 다항식으로 근사화하고 $x=x_0$에서 구한 값을 구하고 참값과의 차이, 즉, 오차를 구하시오. 그리고, 오차를 $R_n(x)$를 이용하여 구하고 앞의 결과와 비교하라.

(1) $f(x)=\cos x+2e^x+x^3-8x$, $x_0=1/8$

답 오차 = $R_n(\frac{1}{8})=\frac{f^{(5)}(\xi)}{5!}(\frac{1}{8}-\frac{1}{8})^5=0$

(2) $f(x)=\sin 2x+e^{2x}-x^2+3$, $x_0=0$

답 오차 = $f(0)-P_4(0)=0.000017$

(3) $f(x)=e^x+\sin x+64x^3+8x+2$, $x_0=1$

(4) $f(x)=e^{-2x}-x^3-5x$, $x_0=0$

답 $\therefore R_3(0)<f(0)-p_4(0)<R_4(0)$

(5) $f(x)=3e^x+\sin 2x+3x^3+x$, $x_0=1$

답 오차 = $f(1)-P_4(1)=0.130858$, $R_4(1)\leqq 0.147054)$

2.12 세 점 $c=-1,0,1$에서 함수 $f(x)=x^4+x^3+x^2+x-1$의 2차 테일러 다항식 $p(x),q(x),r(x)$를 각각 구하고 각각에 대한 $x=0$ 에서의 오차를 구해 중점 c의 역할에 대해 논하라.

2.13 자연 대수 e^{-1}의 값을 n차 테일러 다항식으로 근사화하여 구할 때 오차가 10^{-5} 보다 작게 되는 가장 작은 n값을 구하라.

2.14 테일러 정리의 나머지 R_n을 이용하여 $\int_0^{\pi/6}\sin x^2dx$ 값을 오차가 10^{-3} 보다 크지 않도록 적분값을 구하라. 참 적분값은 0.0476이다.

2.14.1 아래 함수에 대하여 $c=0$ 에서 n차 테일러 다항식 P_n으로 근사화하여 $x=x_0$ 에서의 값을 근사적으로 구할 때 오차의 절대값이 ϵ_0 보다 작거나 같게 되게 하는 가장 작은 n값을 테일러 정리의 나머지 R_n을 이용하여 구하라.

(1) $f(x)=e^x+2\sin x,\ x_0=1,\ \epsilon_0=10^{-6}$ 답 $n=9$

(2) $f(x)=e^{2x}+2\cos x,\ x_0=1,\ \epsilon_0=10^{-6}$ 답 $n=13$

(3) $f(x)=2e^x+\sin x,\ x_0=1,\ \epsilon_0=10^{-6}$ 답 $n=9$

(4) $f(x)=e^x+\sin 2x,\ x_0=0.1,\ \epsilon_0=10^{-7}$ 답 $n=5$

(5) $f(x)=e^x+\sin(x+2),\ x_0=1,\ \epsilon_0=10^{-7}$ 답 $n=10$

(6) $f(x)=e^{-2x}+\sin x,\ x_0=2,\ \epsilon_0=10^{-6}$ 답 $n=19$

(7) $f(x)=3e^{-2x}+\sin x+4x^3,\ x_0=1,\ \epsilon_0=10^{-9}$ 답 $n=16$

2.14.2 함수 $f(x)=x+\cos 2x$에 대하여 $c=0$ 에서 n차 테일러 다항식 P_n으로 근사화하여 $x=x_0$ 에서의 값을 근사적으로 구할 때 오차의 절대값이 $\epsilon_0=10^{-6}$ 보다 작거나 같게 되게 하는 가장 작은 n값을 테일러 정리의 나머지 R_n을 이용하여 구하라.

(1) $x_0=0.1$ 답 $n=4$

(2) $x_0=0.5$ 답 $n=8$

(3) $x_0=1$ 답 $n=12$

(4) $x_0=2$ 답 $n=18$

(5) $x_0=5$ 답 $n=36$

2.14.3 $\int_{0.5}^{1}\cos x^2\,dx$ 값을 오차의 절대값이 $\epsilon_0=10^{-6}$이하가 되도록 n차 테일러 다항식 P_n으로 근사화하여 구하라.

2.14.4 $\int_{0}^{1}(\sin x^2+x^5)\,dx$ 값을 오차의 절대값이 $\epsilon_0=10^{-6}$이하가 되도록 테일러 정리의 나머지 R_n을 이용하여 구하라.

행렬

2.15 다음과 같이 주어진 연립 1차 방정식

$$\begin{cases} 2x_1 + 3x_2 + \ \ x_3 & = -11 \\ -x_1 - 2x_2 + 4x_3 & = \ \ 11 \\ 3x_1 + \ \ x_2 + 5x_3 & = -6 \end{cases}$$

을 행렬을 사용하여 나타내라.

2.16 다음과 같이 주어진 행렬 A와 B에 대하여

$$A = \begin{bmatrix} 2 & 3 & 1 \\ -1 & -2 & 4 \\ 3 & 1 & 5 \end{bmatrix},\ B = \begin{bmatrix} 1 & 4 & 6 \\ 2 & 10 & 17 \\ 4 & 22 & 42 \end{bmatrix},\ C = \begin{bmatrix} -1 & 1 & -1 & 1 \\ 1 & 2 & -4 & -2 \\ 2 & 1 & 1 & 5 \\ -1 & 0 & -2 & 3 \end{bmatrix}$$

에 대하여 다음을 구하라.

(1) $tr(A)$ (2) $tr(A+B)$

(3) $tr(C)$

2.17 다음과 같이 주어진 행렬 A와 B에 대하여

$$A = \begin{bmatrix} 1 & -1 & 2 \\ 2 & 0 & 8 \end{bmatrix},\ B = \begin{bmatrix} 3 & -1 \\ 0 & -4 \\ 2 & -5 \end{bmatrix}$$

에 대하여 $tr(AB)$을 구하라.

(1) $tr(AB)$ (2) $tr(BA)$

2.18 다음과 같이 주어진 행렬 A와 B 그리고 $\alpha = 1,\ \beta = -1,\ \lambda = \pi$에 대하여

$$A = \begin{bmatrix} 2 & 3 & 1 \\ -1 & -2 & 4 \\ 3 & 1 & 5 \end{bmatrix},\ B = \begin{bmatrix} 1 & 4 & 6 \\ 2 & 10 & 17 \\ 4 & 22 & 42 \end{bmatrix}$$

다음을 구하라.

(1) $A+B$ (2) λA

(3) AB (4) $\alpha A + \beta B$

2.19 다음과 같이 주어진 행렬 A, B, C 및 D가 특이행렬인지 판별하라.

(1) $A=\begin{bmatrix} 1 & 3/2 \\ 2 & 3 \end{bmatrix}$ (2) $B=\begin{bmatrix} 1 & -4 & 6 \\ 2 & 10 & 17 \\ 4 & 12 & 2 \end{bmatrix}$

(3) $C=\begin{bmatrix} 1 & 0 & 0 \\ 0 & 1 & 0 \\ 0 & 0 & 1 \end{bmatrix}$ (4) $D=\begin{bmatrix} 1 & 1 & -1 & 1 \\ 1 & 2 & -4 & -2 \\ 2 & 1 & 1 & 5 \\ -1 & 0 & -2 & 3 \end{bmatrix}$

2.20 다음과 같이 주어진 행렬 A, B, C 의 수반행렬을 구하라.

(1) $A=\begin{bmatrix} 1 & 2 \\ 3 & 4 \end{bmatrix}$ (2) $B=\begin{bmatrix} 3 & 1 & -4 \\ 2 & 5 & 6 \\ 1 & 4 & 8 \end{bmatrix}$

(3) $C=\begin{bmatrix} -1 & 1 & -1 & 1 \\ 1 & 2 & -4 & -2 \\ 2 & 1 & 1 & 5 \\ -1 & 0 & -2 & 3 \end{bmatrix}$

2.21 다음과 같이 주어진 행렬 A, B, C 의 행렬식을 구하라.

(1) $A=\begin{bmatrix} 1 & 2 \\ 3 & 4 \end{bmatrix}$ (2) $B=\begin{bmatrix} 3 & 1 & -4 \\ 2 & 5 & 6 \\ 1 & 4 & 8 \end{bmatrix}$

(3) $C=\begin{bmatrix} -1 & 1 & -1 & 1 \\ 1 & 2 & -4 & -2 \\ 2 & 1 & 1 & 5 \\ -1 & 0 & -2 & 3 \end{bmatrix}$

2.22 다음과 같이 주어진 행렬 A, B, C 에 대하여 다음을 구하라.

$A=\begin{bmatrix} 1 & -1 \\ 2 & 1 \end{bmatrix}$, $B=\begin{bmatrix} 1 & 4 & 6 \\ 2 & 10 & 17 \\ 4 & 22 & 42 \end{bmatrix}$, $C=\begin{bmatrix} 1 & 0 & 0 \\ 0 & 1 & 0 \\ 0 & 0 & 1 \end{bmatrix}$

(1) A^{-1} (2) B^{-1}

(3) C^{-1}

2.23 주어진 $n\times n$ 행렬 A의 역행렬 A^{-1}을 구하는 매트랩 및 파이썬을 작성하고 매트랩에서 제공하는 함수 inv(A)를 사용하여 검증하라.

CHAPTER 03

방정식의 해

공학이나 과학의 가장 기본적인 문제 중의 하나는 주어진 문제에 대한 식을 세웠을 경우 이 방정식의 해를 구하는 것이다. 즉 주어진 방정식 $f(x)=0$를 만족하는 독립변수 x의 값(일반적으로 이 값은 근 또는 해로 불림)을 구하는 것이다. 여기서 주어진 함수가 아주 특수한 경우는 쉽게 해가 구해지지만 $f(x)=x^5-2x^2-3=0$과 같은 대수 방정식(algebraic equation)이나 $f(x)=e^{-x}\sin(3x+1)-x^2-1=0$과 같이 삼각 함수, 지수 함수 또는 로그 함수 같은 초월 함수를 포함한 초월 방정식(transcendental equation)의 해를 구하는 것은 쉬운 일이 아니다. 이 장에서는 이러한 방정식의 해를 해석적 방법이 아닌 수치적 방법으로 어떻게 해를 구할 것인지에 대하여 알아본다. 그 중 가장 원시적이지만 간단한 방법은 함수 $f(x)=0$인 경우 $y_1=f(x)$와 $y_2=0$ 이라는 두 곡선의 그래프를 그려 두 곡선이 만나는 점을 그래프를 확대해 가며 찾는 방법이 있을 수 있다. 그러나 이 방법은 그래프 그리기의 정확도에 따라 방정식의 근이 결정되므로 정확한 근을 구하기에는 적절하지 않은 방법이라 할 수 있다. 일반적으로 방정식의 근을 구하는 수치적 방법은 크게 다음 두 가지로 분류할 수 있다. 즉, 해가 존재하는 초기 구간을 설정한 후 정해진 알고리즘에 따라 주어진 구간의 폭을 줄여 해를 찾아가는 방법인 구간법(bracketing method)과 이와 달리 구간을 설정하지 않고 초기 해를 하나 혹은 그 이상의 개수만큼 가정 한 후 이를 이용하여 주어진 알고리즘에 따라 반복적으로 해를 찾아가는 개방법(open interval method)이 있다. 구간법은 2장에서 다룬 중간값 정리를 이용하여 해를 구하는 방법으로 구간 $[a,b]$에 대하여 $f(a)\cdot f(b)<0$인 경우, 구간 $[a,b]$에 해가 존재하게 되므로 이를 이용하여 반복적으로 구간폭을 좁혀 해가 존재하는 구간을 찾는 방법이다. 구간법에는 주어진 구간으로부터 다음 구간을 어떻게 찾을 것인가에 따라 이분법(bisection method)과 가상위치법(false position method)이 있고 개방법에는 다음 점을 찾는 방법에 따라 고정점 반복법(fixed point iteration method), 뉴튼-랩슨법(Newton-Rapson method) 및 할선법(secant method) 등이 있다. 아래에서는 이들 각각에 대하여 상세히 다루기로 한다.

3.1 이분법

구간 $[a, b]$ 위에서 연속인 함수 $f(x)$가 두 점 a와 b에서의 함수값 $f(a)$와 $f(b)$가 서로 다른 부호 즉, $f(a)f(b) < 0$인 경우 중간값 정리에 의하여 두 점 a와 b 사이에 $f(c) = 0$를 만족하는 점 c가 적어도 하나 이상 존재한다는 사실을 이용하여 그림 3.1과 같이 전체 구간을 이등분한 후 이등분 된 두 구간에 대하여 해가 존재하는 구간을 남기고 그렇지 않은 구간을 버려 해가 존재하는 구간을 찾아가는 방법이 이분법(bisection method)이다.

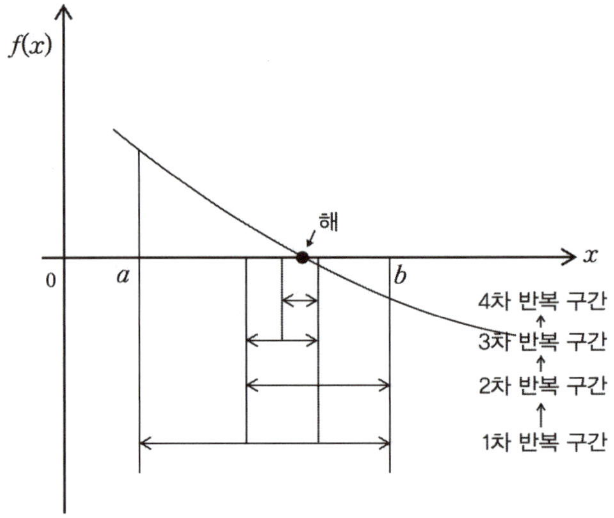

| 그림 3.1 | 이분법의 그래프적 이해

이것을 알고리즘으로 정리하면 다음과 같다.

알고리즘 3.1 이분법

[단계 1] 주어진 초기 구간 $[a, b]$에 대하여 $a_1 = a$, $b_1 = b$라 둔다.

[단계 2] $n = 1, 2, 3, \cdots$에 대하여 a_n과 b_n의 이등분점 c_n을 식(3.1)로 구한다.

$$c_n = \frac{a_n + b_n}{2} \tag{3.1}$$

[단계 3] 만약 $|b_n - c_n| \le \epsilon$ (여기서 ϵ은 허용 오차 한계)이면 계산을 멈추고 해를 c_n으로 출력하고 종료한다.

[단계 4] 만약 $|b_n - c_n| > \epsilon$ 이면 해가 존재할 수 있는 구간 경계값 a_{n+1}과 b_{n+1}을 다음과 같이 재설정한 후 **[단계 2]**로 간다.

(4-1) $f(a_n)f(c_n) \le 0$ 이면 이등분된 좌우 두 구간 중에서 우측 구간을 버리고 $a_{n+1} = a_n$ 그리고 $b_{n+1} = c_n$으로 설정한다.

(4-2) $f(a_n)f(c_n) > 0$ 이면 즉, $f(c_n)f(b_n) \le 0$이면 이등분된 좌우 두 구간 중에서 좌측 구간을 버리고 $a_{n+1} = c_n$ 그리고 $b_{n+1} = b_n$으로 설정한다.

예제 3.1

방정식 $f(x) = \cos 2x - e^{-x} + 6x - 2x^3 + 4 = 0$의 실근을 초기구간 $[0, 2]$에 대하여 이분법을 사용하여 구하라.

풀이 먼저 구간 $[0, 2]$ 위에 해가 존재하는지 확인하기 위하여 $f(0)f(2)$ 값을 계산해 보면 $f(0) = 4$과 $f(2) = -0.7890$이므로 $f(0)f(2) < 0$을 만족하여 해가 구간 $[0, 2]$ 사이에 존재함을 알 수 있다.

위에서 제시한 이분법 알고리즘을 이용하여 단계별로 반복한 결과를 나타내면 다음과 같다.

| 표 3.1 | 이분법을 이용한 방정식의 해 구하기

구간 및 중간값	경계값 및 판단 기준값
 0 1 2	중점 : $(0+2)/2 = 1$ $f(1) = 7.2160$ $f(2) = -0.7890$ $f(1)f(2) < 0$
 1 1.5 2	중점 : $(1+2)/2 = 1.5$ $f(1.5) = 5.0369$ $f(2) = -0.7890$ $f(1.5)f(2) < 0$
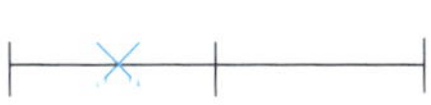 1.5 1.75 2	중점 : $(1.5+2)/2 = 1.75$ $f(1.75) = 2.6710$ $f(2) = -0.7890$ $f(1.75)f(2) < 0$

<table>
<tr><th>구간 및 중간값</th><th>경계값 및 판단 기준값</th></tr>
<tr><td>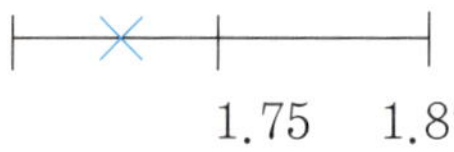
</td><td>중점 : $(1.75+2)/2=1.875$
$f(1.875)=1.0925$
$f(2)=-0.7890$
$f(1.875)f(2)<0$</td></tr>
<tr><td>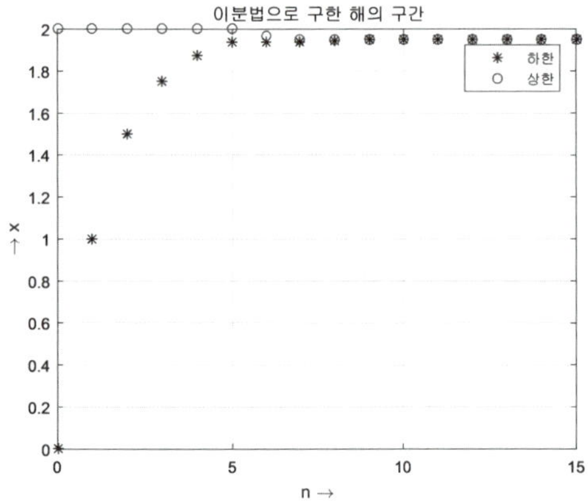
</td><td>좌측 그림에서 알 수 있듯이 이분법을 계속 진행할수록 $f(x)$ 값은 0에 가까워지고, 구한 해가 $x=1.9501$에 근접해 감을 알 수 있다.</td></tr>
</table>

이를 매트랩 및 파이썬을 사용하여 구하면 [ex3_1] 코드와 같고 실행 결과는 다음과 같다.

% [ex3_1] 매트랩 코드 실행 결과

```
* [예제 3.1] 이분법
 * f(x)= @(x)cos(2*x)-exp(-x)+6*x-2*x.^3+4
 반복회수    하한     중간     상한    f(하한)   f(중간)   f(상한)
    0     0.0000   1.0000   2.0000   4.0000    7.2160   -0.7890
    1     1.0000   1.5000   2.0000   7.2160    5.0369   -0.7890
    2     1.5000   1.7500   2.0000   5.0369    2.6710   -0.7890
    3     1.7500   1.8750   2.0000   2.6710    1.0925   -0.7890
    4     1.8750   1.9375   2.0000   1.0925    0.1917   -0.7890
    5     1.9375   1.9688   2.0000   0.1917   -0.2884   -0.7890
    6     1.9375   1.9531   1.9688   0.1917   -0.0459   -0.2884
    7     1.9375   1.9453   1.9531   0.1917    0.0735   -0.0459
    8     1.9453   1.9492   1.9531   0.0735    0.0140   -0.0459
    9     1.9492   1.9512   1.9531   0.0140   -0.0159   -0.0459
   10     1.9492   1.9502   1.9512   0.0140   -0.0009   -0.0159
```

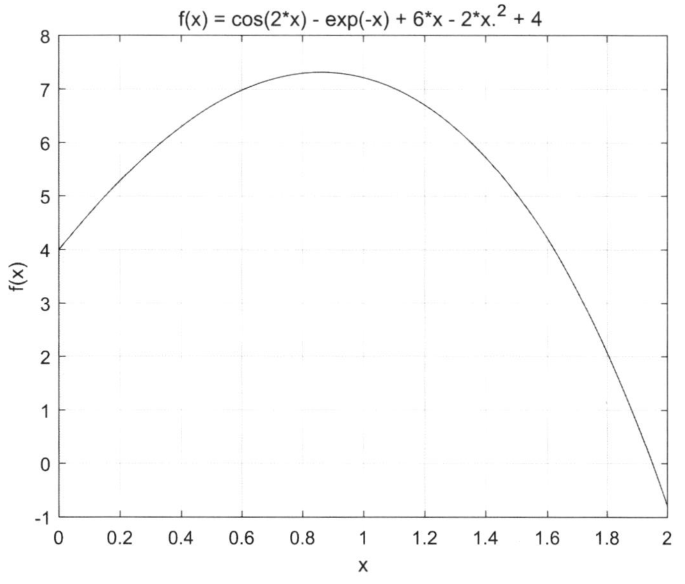

f(x) = cos(2*x) - exp(-x) + 6*x - 2*x.^2 + 4
f(x)
x

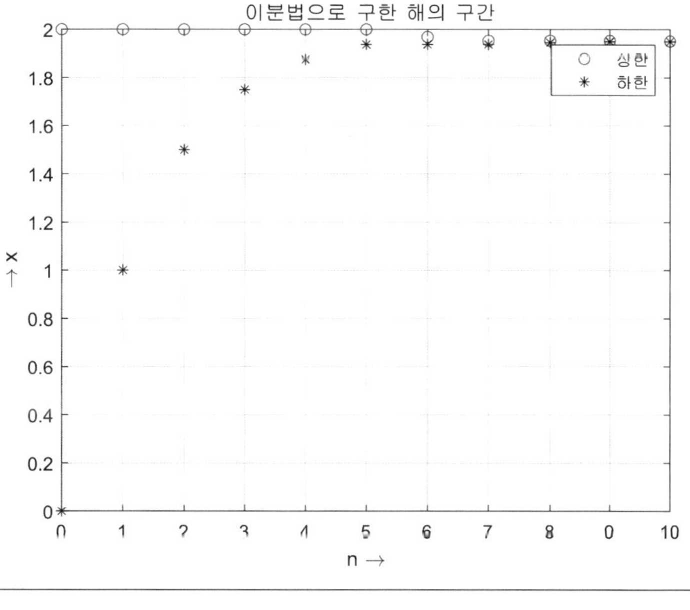

이분법으로 구한 해의 구간
상한
하한
x →
n →

[ex3_1] 파이썬 코드 실행 결과

* [예제 3.1] 이분법

반복회수	하한	상한
0	0.0000	2.0000
1	1.0000	2.0000
2	1.5000	2.0000
3	1.7500	2.0000
4	1.8750	2.0000
5	1.9375	2.0000
6	1.9375	1.9688
7	1.9375	1.9531
8	1.9453	1.9531
9	1.9492	1.9531
10	1.9492	1.9512

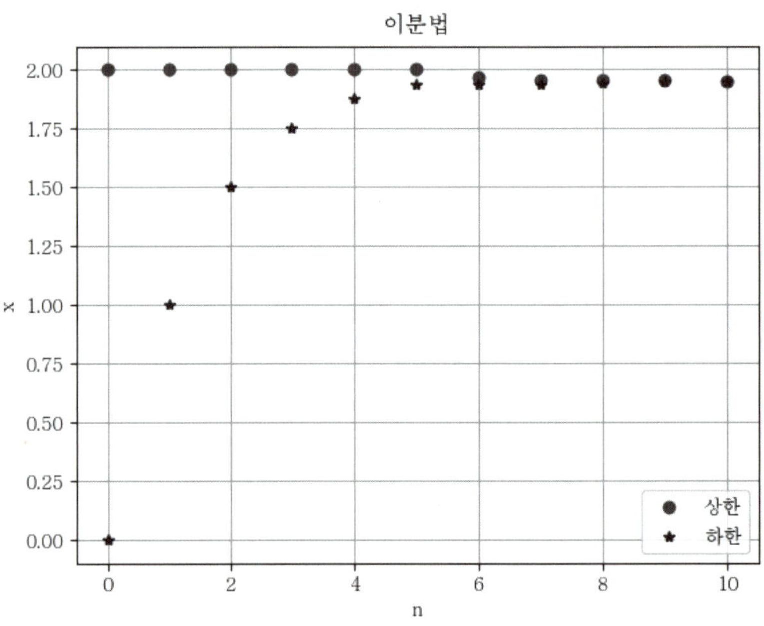

주어진 오차 한계에 대하여 이분법으로 해를 구하는 경우 반복 회수와 오차 사이에 떤 관계가 성립하는지 알아보기로 한다. n번 반복한 후의 구간 사이에는 다음과 같은 관계가 만족한다.

$$b_{n+1} - a_{n+1} = \frac{1}{2}(b_n - a_n) = \frac{1}{2^n}(b_1 - a_1),\ n \geq 1 \tag{3.2}$$

여기서 실근을 c라 하면 오차는 다음 식을 만족하게 된다.

$$|c-c_n| \le |a_n - c_n| = |b_n - c_n| = \frac{1}{2}(b_n - a_n) = \frac{1}{2^n}(b_1 - a_1),\ n \ge 1$$

즉, 허용 오차 한계 ϵ에 대하여

$$|c-c_n| \le \frac{1}{2^n}(b_1 - a_1) = \frac{1}{2^n}(b-a) \le \epsilon$$

를 만족하므로 이를 n에 대하여 다시 정리하면

$$\frac{\ln\left(\dfrac{b-a}{\epsilon}\right)}{\ln(2)} \le n \tag{3.3}$$

와 같다. 예를 들어 $b-a=1$이고 $\epsilon = 10^{-3}$이면 식(3.3)으로부터 $n \ge 9.9658$이므로 $n=10$을 얻게 된다.

3.2 가상 위치법

앞에서 살핀 이분법은 항상 수렴하지만 수렴 속도가 느린 단점이 있다. 이를 개선하기 위하여 주어진 구간 $[a, b]$에서 연속인 방정식 $f(x)=0$의 두 점 $(a, f(a))$와 $(b, f(b))$를 잇는 할선(secant line)을 그림 3.2와 같이 그리고 이 할선이 x축과 만나는 점 c를 가상의 해라고 가정하고 $f(a)f(c)<0$ 혹은 $f(c)f(b)<0$인지 판단하여 해가 존재하는 구간을 $[a, c]$ 혹은 $[c, b]$로 설정하여 찾아가는 방식이 가상 위치법(false position method)이다.

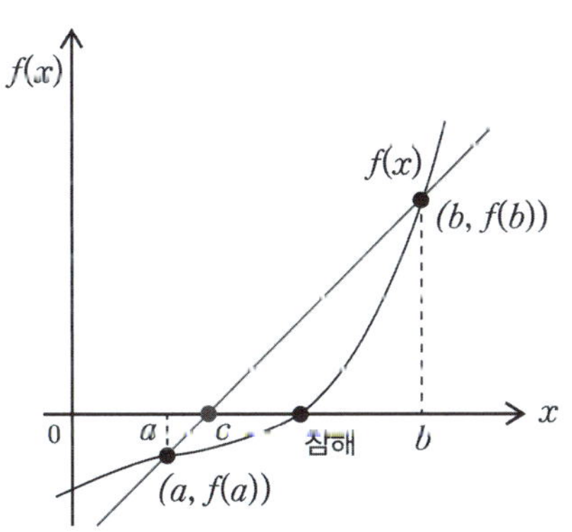

| 그림 3.2 | 가상 위치법의 그래프적 이해

이를 수학적으로 살펴보면 구간 $[a, b]$에서 연속인 주어진 방정식 $f(x)=0$의 두 점 $(a, f(a))$와 $(b, f(b))$를 잇는 할선(secant line)의 식은 식(3.4)와 같다.

$$y=f(a)+\frac{f(b)-f(a)}{b-a}(x-a) \tag{3.4}$$

식(3.4)를 x에 대하여 정리하면 식(3.5)와 같다.

$$x=a+\frac{b-a}{f(b)-f(a)}[y-f(a)] \tag{3.5}$$

따라서 식(3.5)가 x축과 교차하는 점을 구하기 위해 식(3.5)에 $y=0$라 놓고 이를 만족하는 x값을 c라 하여 c에 대하여 정리하면 다음과 같다.

$$c=a+\frac{b-a}{f(b)-f(a)}[0-f(a)]=\frac{af(b)-bf(a)}{f(b)-f(a)} \tag{3.6}$$

식(3.6)으로 구한 c값을 이용하여 $f(a)f(c)<0$ 혹은 $f(c)f(b)<0$인지에 따라 해가 존재하는 구간을 $[a, c]$ 혹은 $[c, b]$로 설정하여 해를 구하게 된다. 이를 알고리즘으로 정리하면 다음과 같다.

알고리즘 3.2 가상 위치법

[단계 1] 주어진 초기구간 $[a, b]$에 대하여 $a_1=a$, $b_1=b$라 둔다.

[단계 2] $n=1,2,3,\cdots$에 대하여 a_n과 b_n의 가상 위치 c_n을 식(3.7)로 구한다.

$$c_n=\frac{a_n f(b_n)-b_n f(a_n)}{f(b_n)-f(a_n)} \tag{3.7}$$

[단계 3] 만약 $|b_n-c_n| \le \epsilon$ (여기서 ϵ은 허용 오차 한계)이면 계산을 멈추고 해를 c_n으로 출력하고 종료한다.

[단계 4] 만약 $|b_n-c_n| > \epsilon$이면 해가 존재할 수 있는 구간 경계값 a_{n+1}과 b_{n+1}을 다음과 같이 재설정한 후 **[단계 2]**로 간다.

(4-1) $f(a_n)f(c_n) \le 0$이면 이분된 좌우 두 구간 중에서 우측 구간을 버리고 $a_{n+1}=a_n$ 그리고 $b_{n+1}=c_n$으로 설정한다.

(4-2) $f(a_n)f(c_n)>0$이면 즉, $f(c_n)f(b_n) \le 0$이면 이분된 좌우 두 구간 중에서 좌측 구간을 버리고 $a_{n+1}=c_n$ 그리고 $b_{n+1}=b_n$으로 설정한다.

예제 3.2

방정식 $f(x) = xe^x + 4x - x^2 - 3 = 0$의 실근을 초기구간 $[-1, 1]$에 대하여 가상 위치법을 사용하여 구하라.

풀이 위의 식(3.7)을 이용하여 가상 위치 c_n을 구하고 c_n으로 인하여 분할된 두 개의 구간에 대하여 해가 존재할 수 있는 구간을 찾아 정리하면 아래와 같다.

| 표 3.2 | 가상 위치법을 이용한 방정식의 해 구하기

$c_1 = \dfrac{-1f(1) - 1f(-1)}{f(1) - f(-1)} = 0.5096$ $f(c_1) = -0.3730$	$f(c_1)f(1) < 0$이므로 구간 $[c_1, 1]$에 해가 존재
$c_2 = \dfrac{c_1 f(1) - 1f(c_1)}{f(1) - f(c_1)} = 0.5688$ $f(c_2) = -0.0439$f	$f(c_2)f(1) < 0$이므로 구간 $[c_2, 1]$에 해가 존재
$c_3 = \dfrac{c_2 f(1) - 1f(c_2)}{f(1) - f(c_2)} = 0.5756$ $f(c_3) = -0.0052$	$f(c_3)f(1) < 0$이므로 구간 $[c_3, 1]$에 해가 존재
$c_4 = \dfrac{c_3 f(1) - 1f(c_3)}{f(1) - f(c_3)} = 0.5764$ $f(c_4) = -0.0006$	$f(c_4)f(1) < 0$이므로 구간 $[c_4, 1]$에 해가 존재

이를 매트랩 및 파이썬을 사용하여 구하면 [ex3_2] 코드와 같고 실행 결과는 다음과 같다.

% [ex3_2] 매트랩 코드 실행 결과

```
* [예제 3.2] 가상 위치법
 * f(x)= @(x)x.*exp(x)+4*x-x.^2-3
  반복 회수          하한          상한       (상한+하한)/2
     0            -1.0000        1.0000        0.0000
     1             0.5096        1.0000        0.7548
     2             0.5688        1.0000        0.7844
     3             0.5756        1.0000        0.7878
     4             0.5764        1.0000        0.7882
     5             0.5765        1.0000        0.7883
```

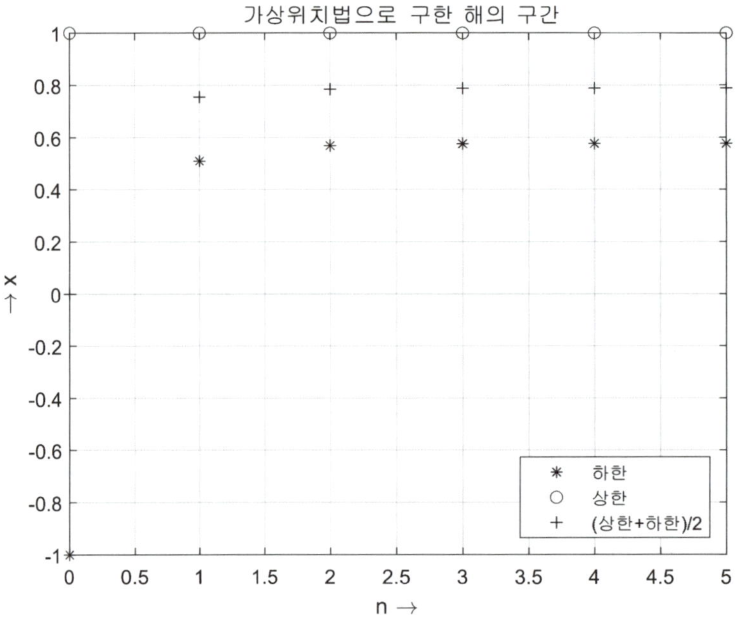

 # [ex3_2] 파이썬 코드 실행 결과

```
* [예제 3.2] 가상 위치법

  반복회수          하한          상한
     0            -1.0000        1.0000
     1             0.5096        1.0000
     2             0.5688        1.0000
     3             0.5756        1.0000
     4             0.5764        1.0000
     5             0.5765        1.0000
     5             0.7883
```

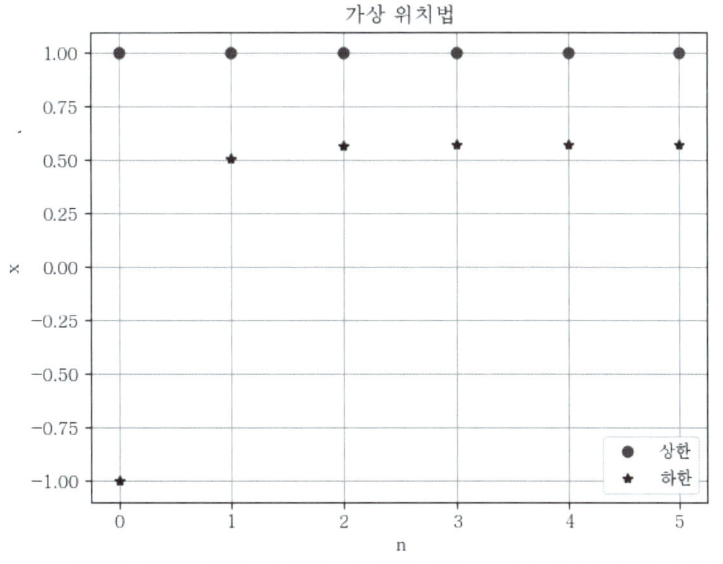

3.3 고정점 반복법

일반적으로 주어진 방정식 $f(x)=0$의 해를 구하는 문제를 그래프적으로 이해하면 주어진 방정식의 좌변에 해당하는 $y_1=f(x)$와 우변에 해당하는 $y_2=0$가 만나는 점을 구하는 것이라 할 수 있다. 고정점 반복법(fixed point iteration method)은 이러한 아이디어에 착안하여 주어진 방정식 $f(x)=0$의 함수 $f(x)$를 $f(x)=x-g(x)=0$가 되도록 변형한 후 식(3.8)과 같이 x를 방정식의 좌변으로 오도록 하여 좌변과 우변 두 개의 함수 $f_1(x)=x$ 및 $f_2(x)=g(x)$가 만나는 점을 구하여 해를 구하는 방법이다.

$$x=g(x) \tag{3.8}$$

여기서 $g(x)$는 반복함수(iteration function)라 하며 두 함수 $f_1(x)=x$ 및 $f_2(x)=g(x)$의 교점을 고정점(fixed point)이라 한다. 그림 3.3에서는 주어진 함수 $f(x)=e^{-x}-x=0$에 대하여 설정한 두 개의 함수 $f_1(x)=x$ 및 반복함수 $f_2(x)=g(x)=e^{-x}$의 고정점을 나타내고 있다. 식(3.8)을 반복식으로 나타내면 식(3.9)와 같다.

$$x_{n+1}=g(x_n),\ n=0,1,2,\cdots \tag{3.9}$$

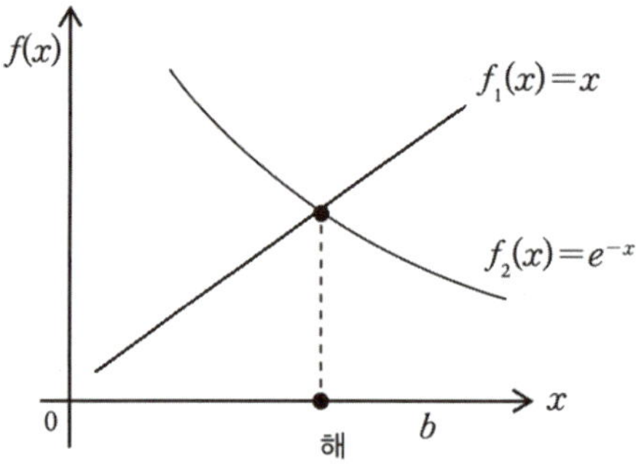

| 그림 3.3 | 고정점 반복법의 그래프적 이해

고정점 반복법을 위한 반복 함수 $g(x)$를 택하는 방법은 여러 가지가 있다. 예를 들어 $f(x) = x^2 - x - 1 = 0$인 경우, $f(x) = x - g(x) = 0$를 만족하는 반복 함수 $g(x)$는 다음과 같은 경우 외에도 무수히 많은 함수를 택할 수 있다.

- $g(x) = x^2 - 1$: $f(x) = 0$에서 x를 제외한 나머지 항을 우변으로 이항
- $g(x) = 1 + \dfrac{1}{x}$: $f(x) = 0$에서 양변을 x로 나눈 후 x에 대하여 정리
- $g(x) = \sqrt{x+1}$: x^2에 대하여 정리한 후 제곱근 취함

고정점 반복법은 위의 식(3.9)과 주어진 초기값을 이용하여 구한 반복 해의 오차, 즉 $\epsilon_n = |x_{n+1} - x_n|$, $n = 0, 1, 2, \cdots$이 주어진 허용 오차 범위 내로 수렴할 때까지 반복 계산하여 해를 구하는 방법이다. 여기서, 고정점 반복법의 수렴성은 식(3.8)로 주어지는 반복 함수의 특성에 따라 결정되며 이를 정리하면 아래와 같다.

정리 3.1 고정점 정리(fixed point theorem)

식(3.8)의 함수 $g(x)$가 닫힌 구간 $[a, b]$에서 연속이고 구간 내의 모든 x에 대하여 $a \le g(x) \le b$를 만족하면 $g(x)$는 구간 $[a, b]$에서 적어도 한 개의 고정점을 갖는다. 그리고 $g'(x)$가 열린 구간 (a, b)에서 연속이고

$$|g'(x)| \le L < 1 \tag{3.10}$$

를 만족하는 양의 상수 L이 존재한다면 구간 $[a, b]$ 내에 $g(x)$의 유일한 고정점 c가 존재하며 식(3.9)의 고정점 반복법에 의한 수열 x_{n+1}, $n = 0, 1, 2, \ldots$은 고정점 c에 수렴하고 오차 $e_n = c - x_n$은 다음 식(3.11)을 만족한다.

$$|e_n| \le \frac{L^n}{1-L}|x_1 - x_0| \tag{3.11}$$

증명 생략

[정리 3.1]에 보인 바와 같이 고정점에 수렴하는 고정점을 흡인 고정점(attractive fixed point)이라 하며 식(3.10)의 조건을 립시츠 연속(Lipschitz continuous) 조건이라 한다. 이와 달리 $|g'(x)| \ge 1$인 경우는 수렴하지 않으며 이때의 고정점을 반발 고정점(repelling fixed point)이라 부르며 $g(x)$는 발산하여 해를 구할 수 없다. 그림 3.4는 고정점 반복법이 수렴하는 경우 (그림 3.4(a)와 (b))와 수렴하지 않는 경우 (그림 3.4(c)와 (d))를 보여준다.

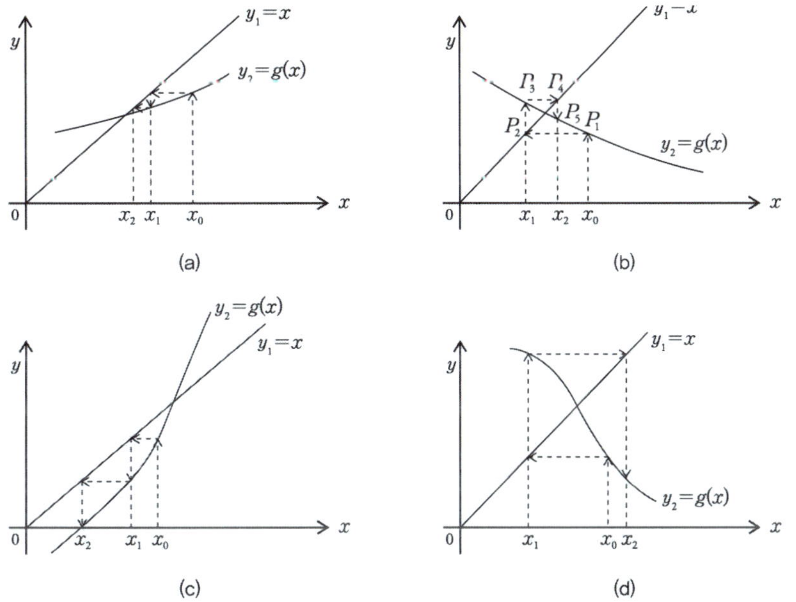

| 그림 3.4 | 고정점 반복법의 수렴((a)와 (b)) 및 발산((c)와 (d)) 예

위에서 살펴본 고정점 반복법을 식(3.9)와 그림 3.4(b)를 이용하여 설명하면 다음과 같다. 먼저 주어진 방정식 $f(x)=0$에 대한 두 함수 $y_1 = x$ 및 $y_2 = g(x)$가 그림 3.4(b)와 같다고 하고 방정식의 해에 대한 초기값으로 x_0가 주어졌다고 하자. 그러면 다음 반복 계산으로 구해지는 해 x_1은 식(3.9)에 의하여 $x_1 = g(x_0)$가 된다. 이것을 그래프로 이해하면 주어진 x_0에서 시작하여 먼저 $g(x_0)$ 값에 해당하는 함수 $y_2 = g(x)$ 그래프 위의 점 P_1을 찾은 후, $x_1 = g(x_0)$이므로 점 P_1에서 x축 방향으로 수평 이동하여 함수 $y_1 = x$ 그래프와 만나는 점 P_2를 찾으면 그 점의 x 좌표값이 x_1이 된다. 이 과정을 점 x_1에서 시작하여 반복하면 점 P_3를 찾은 후, 점 P_3에서 수평 이동하여 함수 $y_1 = x$ 그래프

와 만나는 점 P_4를 찾으면 그 점의 x 좌표값이 x_2가 된다. 이와 같은 과정을 원하는 수렴 조건을 만족할 때까지 반복하여 주어진 방정식의 해를 구할 수 있다. 여기서 주목할 사항은 이러한 반복 과정에서 반복 함수 $g(x)$가 $|g'(x)| < 1$를 만족하면 그림 3.4(a) 혹은 그림 3.4(b)와 같이 반복 계산에 의하여 궤적이 $P_1, P_2, P_3, P_4, P_5, \cdots$ 순서로 수축하여 수렴하게 되지만 반복함수 $g(x)$가 $|g'(x)| \geq 1$를 만족하면 그림 3.4(c)와 3.4(d)와 같이 해를 찾지 못하고 발산하게 되므로 매번 반복마다 반복 함수 $g(x)$의 수렴 혹은 발산에 대한 점검이 필요하다.

알고리즘 3.3 고정점 반복법

[단계 1] 초기값 x_0에 대하여 $|g'(x)| < 1$을 만족하도록 주어진 방정식 $f(x) = 0$를 $x = g(x)$형태로 변형한다.

[단계 2] $n = 1,2,3,\cdots$에 대하여 점 x_{n+1}을 다음 식으로 구한다.

$$x_{n+1} = g(x_n)$$

[단계 3] 만약 $|x_{n+1} - x_n| \leq \epsilon$ (여기서 ϵ은 허용 오차 한계)이면 계산을 멈추고 해를 x_{n+1}로 출력하고 종료한다.

[단계 4] 만약 $|x_{n+1} - x_n| > \epsilon$이면 [단계 2]로 간다.

예제 3.3

방정식 $f(x) = x^2 - 10x - 1 = 0$의 실근을 초기값 $x_0 = 0$에 대하여 반복 함수를

(1) $g_1(x) = \dfrac{1}{10}(x^2 - 1)$

(2) $g_2(x) = \sqrt{10x + 1}$

로 설정하고 고정점 반복법을 2회 사용하여 구한 해 x_2를 구하라.

풀이

(1) $g_1(x) = \dfrac{1}{10}(x^2 - 1)$인 경우

여기서 $g_1(x)$의 1차 도함수는 $g_1'(x) = \dfrac{1}{5}x$이므로 이를 이용하여 수렴 조건 $|g_1'(x)| < 1$을 만족하는지 판정하면서 다음 값을 계산한다.

$|g_1'(x_0)| = |\dfrac{0}{5}| = 0 < 1$이고 $x_1 = g_1(x_0) = -0.1$

$|g_1'(x_1)| = |\frac{-0.1}{5}| = \frac{1}{5} < 1$이고 $x_2 = g_1(x_1) = 0.09996$

(2) $g_2(x) = \sqrt{10x+1}$ 인 경우

여기서 $g_2(x)$의 1차 도함수는 $g_2'(x) = \frac{5}{\sqrt{10x+1}}$ 이므로 이를 이용하여

수렴 조건 $|g_2'(x)| < 1$을 만족하는지 판정하면서 다음 값을 계산한다.

$$|g_2'(x_0)| = \left|\frac{5}{\sqrt{10 \cdot 0 + 1}}\right| = 5 > 1 \text{이고 } x_1 = g_2(x_0) = 1$$

$$|g_2'(x_1)| = \left|\frac{5}{\sqrt{10 \cdot 1 + 1}}\right| = \frac{5}{\sqrt{11}} > 1 \text{이고 } x_2 = g_2(x_1) = \sqrt{11}$$

따라서 함수 $g_2(x)$로 설정하여 고정점 반복법을 적용하면 $|g_2'(x)| > 1$가 되어 발산하므로 $f(x) = x^2 - 10x - 1 = 0$의 해를 구할 수 없음을 알 수 있다. 이를 매트랩 및 파이썬을 사용하여 구하면 [ex3_3] 코드와 같고 실행 결과는 다음과 같다.

% [ex3_3] 매트랩 코드 실행 결과

```
* [예제 3.3] 고정점 반복법
 * g(x)= @(x)(x.^2-1)/10

  해                        | g`(x) |
 x 0 =    0.0000     | g`(x 0) |  = 0.0000
 x 1 =   -0.1000     | g`(x 0) |  = 0.0000
 x 2 =   -0.0990     | g`(x 1) |  = 0.0200
 x 3 =   -0.0990     | g`(x 2) |  = 0.0198
 x 4 =   -0.0990     | g`(x 3) |  = 0.0198
```

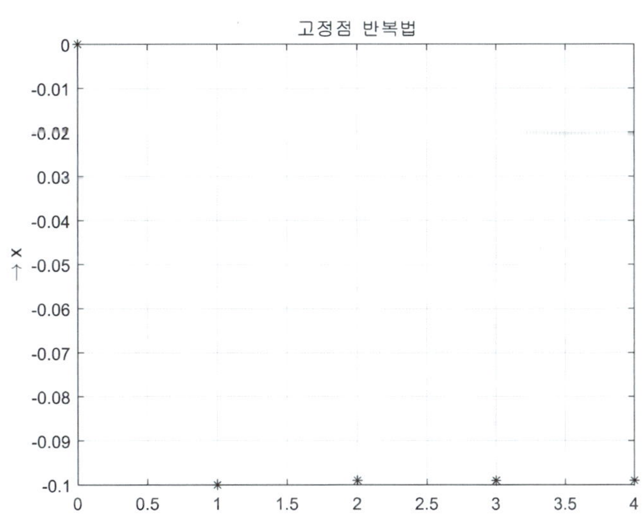

 # [ex3_3] 파이썬 코드 실행 결과

* [예제 3.3] 고정점 반복법

반복회수	해
1	0.0000
2	-0.1000
3	-0.0990
4	-0.0990
5	-0.0990

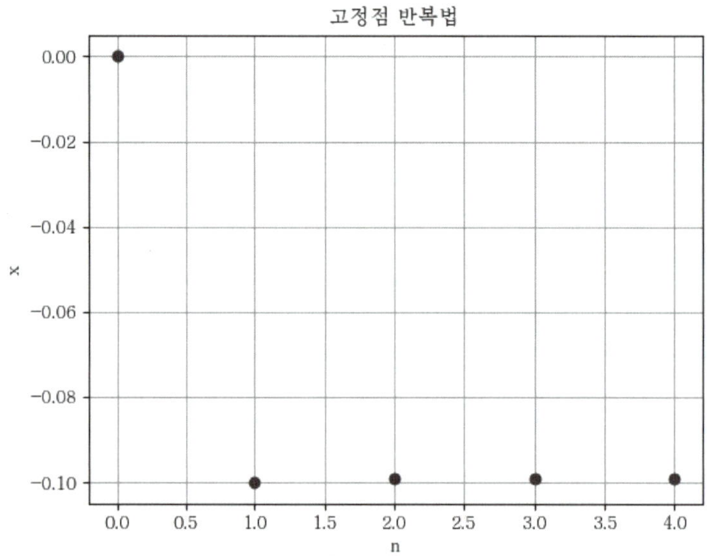

예제 3.4

방정식 $f(x) = \cos 2x - e^{-x} + 6x - 2x^3 + 4 = 0$의 실근을 초기값 $x_0 = 0$에 대하여 고정점 반복법을 2회 사용하여 구한 해 x_2를 구하라.

풀이 먼저 주어진 함수 $f(x)$를 식(3.8) $x = g(x)$ 형태로 변형하면 다음과 같다.

$$x = g(x) = -\frac{1}{6}cos2x + \frac{1}{6}e^{-x} + \frac{1}{3}x^3 - \frac{2}{3}$$

여기서 $g'(x) = \frac{1}{3}sin2x - \frac{1}{6}e^{-x} + x^2$이므로 이를 이용하여 수렴 조건 $|g'(x)| < 1$을 만족하는지 판정하면서 다음 값을 계산한다.

$$\left|g'(x_0)\right| = \left|-\frac{1}{6}\right| < 1\text{이고 } x_1 = g(x_0) = -\frac{2}{3}$$

$$\left|g'(x_1)\right| = \left|\frac{1}{3}sin\left(2 \cdot \left(-\frac{2}{3}\right)\right) - \frac{1}{6}e^{\frac{2}{3}} + \left(-\frac{2}{3}\right)^2\right| = 0.2042 < 1 \text{이고}$$

$$x_2 = g(x_1) = -0.4800 \text{ 그리고 } \left|g'(x_2)\right| = 0.3120 < 1$$

이를 매트랩 및 파이썬을 사용하여 구하면 [ex3_4] 코드와 같고 실행 결과는 다음과 같다.

% [ex3_4] 매트랩 코드 실행 결과

```
* [예제 3.4] 고정점 반복법 ***
 * g(x)= @(x)-cos(2*x)/6+exp(-x)/6+(x.^3)/3-2/3

  x 1 =      -0.6667    | g`(x 0) |  = 0.1667
  x 2 =      -0.4800    | g`(x 1) |  = 0.2042
  x 3 =      -0.5298    | g`(x 2) |  = 0.3120
  x 4 =      -0.5147    | g`(x 3) |  = 0.2931
  x 5 =      -0.5192    | g`(x 4) |  = 0.2996
```

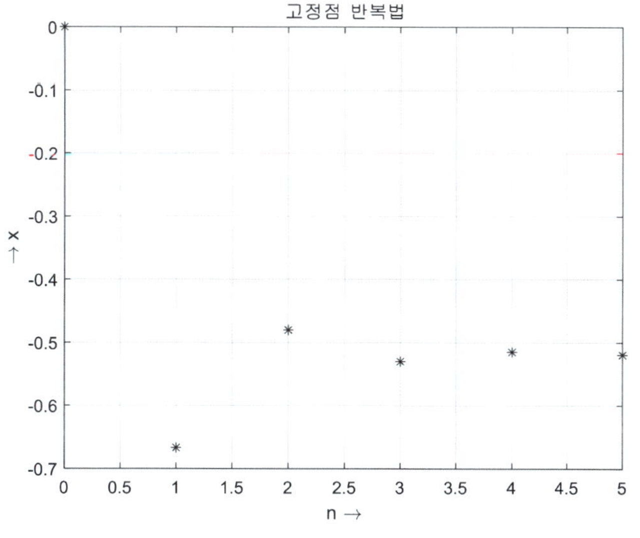

 # [ex3_4] 파이썬 코드 실행 결과

```
* [예제 3.4] 고정점 반복법

 반복회수        해
    1         0.0000
    2        -0.6667
    3        -0.4800
    4        -0.5298
    5        -0.5147
```

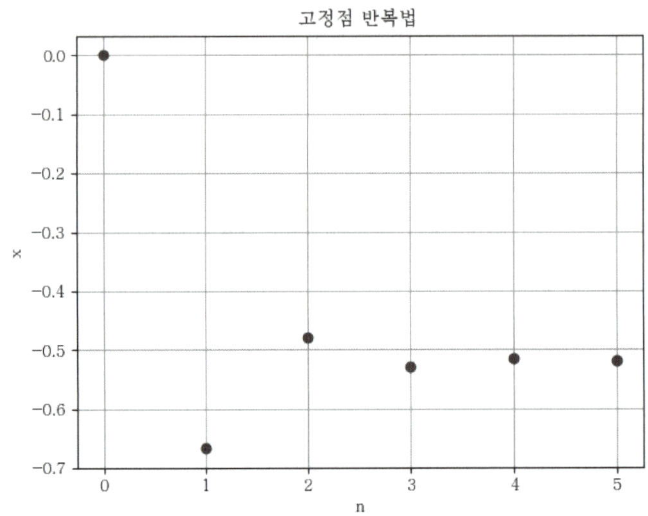

3.4 뉴튼-랩슨법

뉴튼-랩슨법(Newton-Rapson method)은 영국의 물리학자인 아이작 뉴튼 경(Sir Issac Newton, 1643~1727)과 수학자인 조셉 랩슨(Joseph Rapson, 1648 ~ 1715)의 이름에서 유래하고 보통 뉴튼법(Newton's method)이라고도 하며 실제 근에 충분히 가까운 초기값을 알고 있는 경우에 많이 사용된다. 이 뉴튼-랩슨법은 방정식의 해를 반복적으로 구하는 방법 중에서 가장 보편적으로 사용되는 방법이다. 뉴튼-랩슨법은 그림 3.5에서 보인 바와 같이 주어진 방정식 $f(x)=0$의 함수 $y=f(x)$에 대하여 초기점에서 접선을 그어 그 접선이 x축과 만나는 점을 방정식 $f(x)=0$의 다음 해로 설정하는 방법이다.

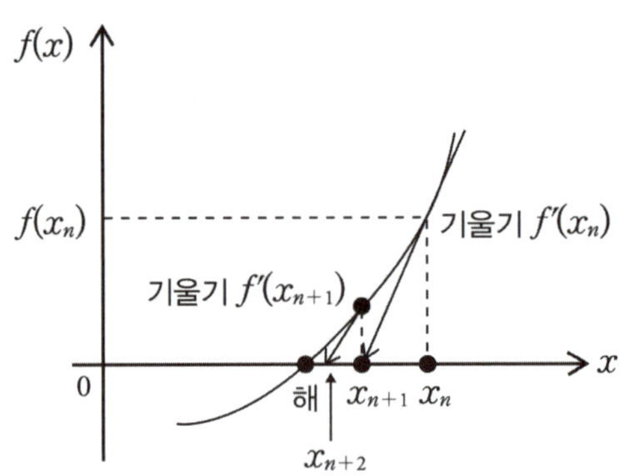

| 그림 3.5 | 뉴튼-랩슨법

접선의 기울기를 이용하여 수학적으로 나타내면 다음과 같다.

$$f'(x_0) = \frac{f(x_1) - f(x_0)}{x_1 - x_0}$$

여기서 $f(x_1) = 0$ 및 $f'(x_1) \neq 0$라고 가정하고 x_1에 대하여 정리하면

$$x_1 = x_0 - \frac{f(x_0)}{f'(x_0)}$$

가 된다. 이를 $n = 1,2,3,\cdots$ 에 대하여 반복한다고 가정하고 식을 다시 쓰면 식(3.12)

$$x_{n+1} = x_n - \frac{f(x_n)}{f'(x_n)},\ n = 1,2,3,\cdots \tag{3.12}$$

와 같이 표현할 수 있다. 뉴튼-랩슨 알고리즘을 정리하면 다음과 같다.

알고리즘 3.4 뉴튼-랩슨법

[단계 1] 주어진 방정식 $f(x) = 0$와 초기값 x_0에 대하여 점 x_{n+1}, $n = 1,2,3,\cdots$을 식(3.13)으로 구한다.

$$x_{n+1} = x_n - \frac{f(x_n)}{f'(x_n)} \tag{3.13}$$

[단계 2] 만약 $|x_{n+1} - x_n| \leq \epsilon$ (여기서 ϵ은 허용 오차 한계)이면 계산을 멈추고 해를 x_{n+1}로 출력하고 종료한다.

[단계 3] 만약 $|x_{n+1} - x_n| > \epsilon$이면 **[단계 1]**로 간다.

이와 같은 뉴튼-랩슨법은 간단하면서도 수렴 속도가 빠르다는 장점을 갖고 있으나 주어진 함수 $f(x)$의 1차 도함수 $f'(x)$를 구해야 하는 단점도 있다. 그리고 실제 근에서 멀리 떨어진 값을 초기값으로 설정한 경우, 수렴이 느리거나 발산하는 경우가 있을 수 있다. 이것을 방지하기 위하여 최대 반복 계산 횟수를 제한하기도 한다. 그리고 식(3.13)에서 알 수 있듯이 우변 마지막 항의 분무 $f'(x_n)$ 값이 0에 가까운 경우는 해에 잘 수렴하지 않는다는 단점도 있다. 그림 3.6은 이러한 경우를 나타내고 있다. 그림 3.6(a)는 근 주변에 변곡점이 존재하는 경우를 나타낸다. 이를 자세히 살펴보면 변곡점은 함수 $f(x)$의 2차 도함수 $f''(x) = 0$를 만족한다. 여기서 2차 도함수 $f''(x)$를 근사적으로 아래

와 같이 근사화하면

$$f''(x_{n+1}) \approx \frac{f'(x_{n+1}) - f'(x_n)}{x_{n+1} - x_n} = 0$$

이므로 결국 $f'(x_{n+1}) = f'(x_n)$가 되어 해를 찾지 못하게 됨을 알 수 있다. 그림 3.6(b)는 초기값이 해 근처에 주어졌음에도 기울기 $f'(x_n)$가 거의 0에 가까워 식(3.13)으로부터 알 수 있듯이 식(3.13)의 우변 두 번째 항의 분모가 0에 가까워짐에 따라 찾고자 하는 해를 찾지 못하고 전혀 다른 영역으로 이동하는 현상을 보여준다. 그림 3.6(c)도 위의 그림 3.6.(b)와 같은 이유로 기울기가 0에 가까워 국부 극대 극소점 주변에서 해를 찾지 못하고 진동하는 경우를 나타낸다. 그림 3.6(d)는 아주 특수한 경우지만 기울기가 0이 되어 해를 찾지 못하는 경우를 나타낸다.

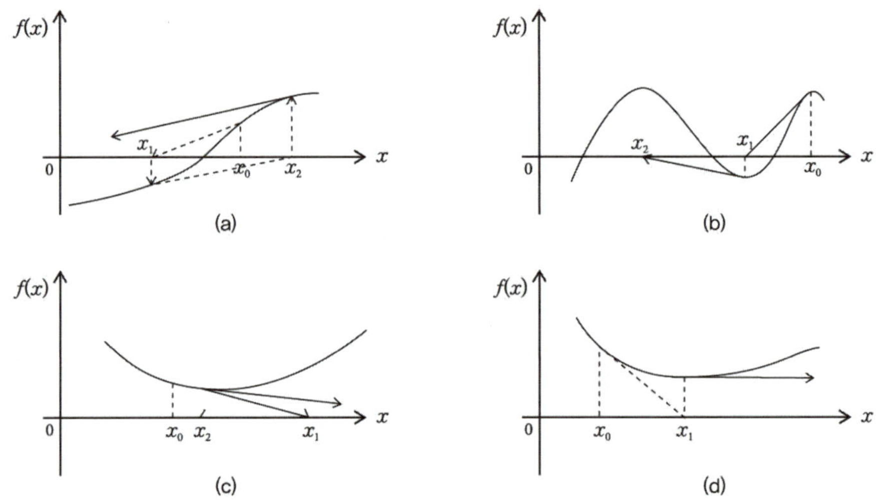

| 그림 3.6 | 뉴튼-랩슨법이 수렴하지 않는 경우 : (a) 근 주변에 변곡점이 있는 경우, (b) 국부 극소/극대값 주변에서의 진동, (c) 접선의 기울기가 거의 0인 경우, (d) 수평 접선의 경우

예제 3.5

방정식 $f(x) = x^3 - e^{-x} - \cos(\frac{x}{5}) + 1 = 0$의 실근을 초기값 $x_0 = 0$에 대하여 뉴튼-랩슨법을 사용하여 3회 반복한 값 x_3를 구하라.

풀이 주어진 방정식의 해를 구하기 전에 $f(x) = x^3 - e^{-x} - \cos(\frac{x}{5}) + 1$의 그래프와 이 함수를 $c = 0$에서 3차 테일러 다항식으로 근사화시킨 함수 $p_3(x) = \frac{7}{6}x^3 - \frac{12}{25}x^2 + x - 1$을 그려보면 그림

3.7과 같다. 3차 테일러 다항식의 실근을 매트랩 함수 'root'를 이용하여 다음 r = roots([7/6 -12/25 1 -1])와 같이 구하면 실근은 약 0.7622의 값을 갖는다. 이 결과를 바탕으로 뉴튼-랩슨법으로 해를 구하기로 한다. 주어진 함수 $f(x)$의 1차 도함수는 $f'(x) = 3x^2 + e^{-x} + \sin(x/5)/5$이므로 식 (3.13)과 초기값을 이용하여 계산하면 다음과 같다.

$$x_1 = x_0 - \frac{f(x_0)}{f'(x_0)} = 1$$

$$x_2 = x_1 - \frac{f(x_1)}{f'(x_1)} = 0.8086$$

$$x_3 = x_2 - \frac{f(x_2)}{f'(x_2)} = 0.7691$$

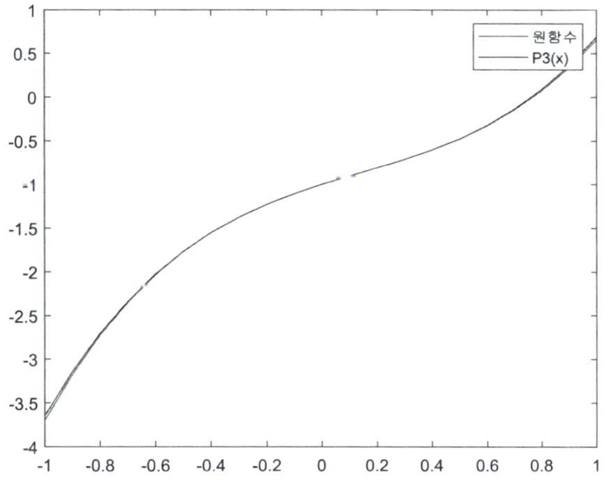

| 그림 3.7 | $f(x)$와 $p_3(x)$의 그래프

이를 매트랩 및 파이썬을 사용하여 구하면 [ex3_5] 코드와 같고 실행 결과는 다음과 같다.

% [ex3_5] 매트랩 코드 실행 결과

```
* [예제3.5] 뉴튼-랩슨법
 * f(x)=  @(x)x.^3-exp(-x)-cos(x/5)+1

  n      Xn         Xn+1       f(Xn)       오차
  0    0.0000     1.0000    -1.0000     1.0000
  1    1.0000     0.8086     0.6521    -0.1914
  2    0.8086     0.7691     0.0964    -0.0395
  3    0.7691     0.7676     0.0034    -0.0015
  4    0.7676     0.7676     0.0000    -0.0000
```

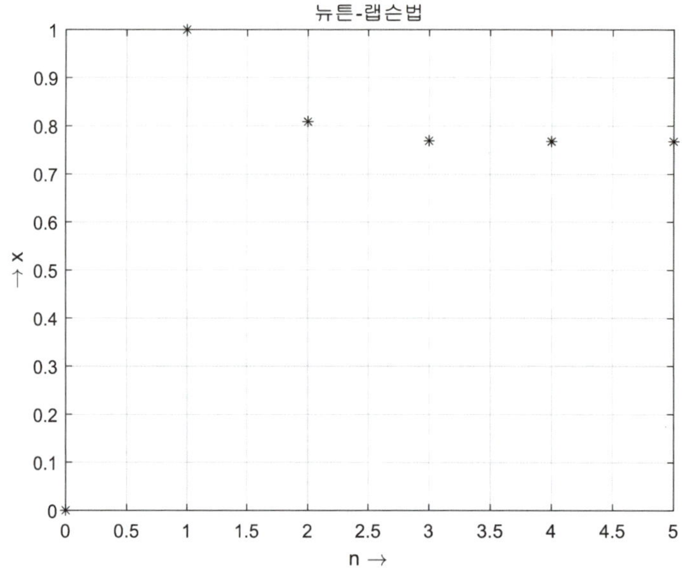

[ex3_5] 파이썬 코드 실행 결과

* [예제 3.5] 뉴튼-랩슨법

반복회수	해
1	0.0000
2	1.0000
3	0.8086
4	0.7691
5	0.7676

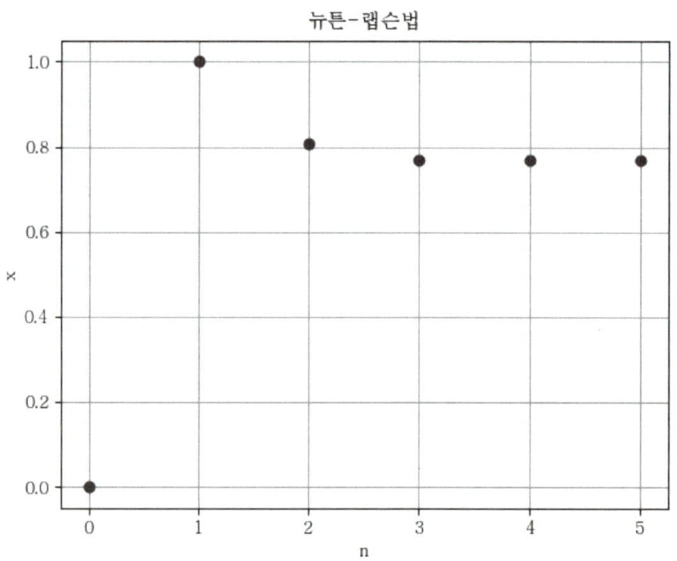

정리 3.2 **뉴튼 정리**

함수 $f(x)$가 적어도 2차까지의 연속 도함수를 갖고 1차 도함수 $f'(x)$와 2차 도함수 $f''(x)$가 방정식 $f(x)=0$의 실제 해 x^*에서 0이 아니면 충분히 큰 n 에 대하여 식(3.14)를 만족하는 ξ_n이 x^*와 x_n 사이에 존재한다.

$$x^* - x_{n+1} = -\frac{f''(\xi_n)}{2f'(x_n)}(x^* - x_n)^2 \tag{3.14}$$

증명 앞의 제2장 식(2.9)로 정리되는 테일러 정리로부터 다음 식(3.15)를 만족시키는 ξ_n이 x^*와 x_n 사이에 존재한다.

$$f(x^*) = f(x_n) + f'(x_n)(x^* - x_n) + \frac{f''(\xi_n)}{2}(x^* - x_n)^2 = 0 \tag{3.15}$$

$f'(x) \neq 0$이므로 식(3.15)의 양변을 $f'(x)$로 나누고 정리하면

$$x^* - \left(x_n - \frac{f(x_n)}{f'(x_n)}\right) + \frac{f''(\xi_n)}{2f'(x_n)}(x^* - x_n)^2 = 0 \tag{3.16}$$

이 되며 식(3.16)을 $x_{n+1} = x_n - \dfrac{f(x_n)}{f'(x_n)}$을 이용하여 다시 정리하면

$$x^* - x_{n+1} = -\frac{f''(\xi_n)}{2f'(x_n)}(x^* - x_n)^2$$

가 된다.

뉴튼 정리로부터 알 수 있듯이 n이 매우 클 때 반복식으로 구한 해 x_{n+1}의 오차는 바로 전 단계에서 구한 오차의 제곱에 비례한다. 이것은 이분법의 오차가 전단계의 반으로 줄어드는 것에 비하여 오차가 전 단계의 제곱에 비례하여 수렴하는 즉, 수렴 차수가 2 혹은 2차 수렴하므로 훨씬 더 빠르게 실제 해에 수렴하게 된다. 이 뉴튼 정리를 이용하여 뉴튼-랩슨법의 초기값을 어떻게 설정해야 하는지에 대하여 알아본다. x_n이 실제 해 x^*에 매우 근접하다면

$$f'(x_n) \approx f'(x^*),\ f''(\xi_n) \approx f''(x^*) \tag{3.17}$$

이므로

$$x^* - x_{n+1} = -\frac{f''(x^*)}{2f'(x^*)}(x^* - x_n)^2 = L(x^* - x_n)^2 \tag{3.18}$$

여기서 $L = -\dfrac{f''(x^*)}{2f'(x^*)}$

식(3.18)의 양변에 L을 곱하고 초기값을 이용하여 다시 정리하면

$$\begin{aligned} L(x^* - x_{n+1}) &= \left[L(x^* - x_n)\right]^2 \\ &= \left[L(x^* - x_{n-1})\right]^4 = \cdots = \left[L(x^* - x_0)\right]^{2^{n+1}} \end{aligned} \tag{3.19}$$

가 되므로 반복값 x_n이 수렴하기 위해서는 초기값이 다음 관계가 만족해야 한다.

$$\left|L(x^* - x_0)\right| < 1 \tag{3.20}$$

따라서 뉴튼-랩슨법이 수렴하기 위해서는 초기값 x_0을 식(3.21)을 만족하도록 선정해야 된다.

$$\left|x^* - x_0\right| < \frac{1}{|L|} = \left|\frac{2f'(x^*)}{f''(x^*)}\right| \tag{3.21}$$

위의 식(3.21)에서도 알 수 있듯이 $\left|\dfrac{2f'(x^*)}{f''(x^*)}\right|$ 값이 0에 가까우면 초기값은 실제 해에 가깝게 설정해야 하며 그렇지 않은 경우 수렴하지 않게 된다.

예제 3.6

방정식 $f(x) = x^3 - e^{-x} - \cos(\frac{x}{5}) + 1 = 0$의 실근을 뉴튼-랩슨법을 이용하여 구하고자 할 때 반복한 값 x_n이 수렴하기 위한 초기값 x_0 의 범위를 구하라. 단, 실근값은 0.767638522312929라 한다.

풀이

함수 $f(x)$의 1차 및 2차 도함수를 구하면 $f'(x) = 3x^2 + e^{-x} + \sin(x/5)/5$, $f''(x) = 6x - e^{-x} + \cos(x/5)/25$이므로 이를 위의 식(3.21)에 대입하여 정리하면

$$\left|0.767638522313 - x_0\right| < \left|\frac{2f'(0.767638522313}{f''(0.767638522313)}\right| < 1.082211278$$

이므로 $-0.3146 < x_0 < 1.8498$을 얻는다. 이를 매트랩 및 파이썬을 사용하여 구하면 [ex3_6] 코드와 같고 실행 결과는 다음과 같다.

% [ex3_6] 매트랩 코드 실행 결과

```
* [예제3.6] 뉴튼-랩슨법을 위한 초기값 구간
 * f(x)=  @(x)x^3-exp(-x)-cos(x/5)+1

   1/abs(L)       x0 하한       x0 상한
    1.0822       -0.3146       1.8498
```

 # [ex3_6] 파이썬 코드 실행 결과

```
* [예제 3.6] 뉴튼-랩슨법의 초기값 구간
            하한                        상한
  [-0.3145727554829527,    1.8498498001088106]
```

3.5 다중근

먼저 주어진 방정식 $f(x)=0$가 m 중근을 갖는다고 가정하고 뉴튼-랩슨법을 적용하였을 때 수렴 속도가 어떻게 되는지 살펴보기 위하여 방정식 $f(x)=0$을 중근을 갖는 형태로 변형하면 다음과 같다.

$$f(x)=(x-\alpha)^m q(x)=0 \tag{3.22}$$

여기서 $q(x)$는 $x=\alpha$에서 연속이고 $q(x)\neq 0$이며 m은 중복도(multiplicity)라 불리고 중근의 개수를 나타내며 $m=1$인 근 α를 단일근(simple root)이라 한다. 함수 $f(x)$가 $x=\alpha$에서 m번 연속 미분 가능하면 다음 식(3.23)과 같은 관계가 성립한다.

$$f(\alpha)=f'(\alpha)=\cdots=f^{(m-1)}(\alpha)-0,\ f^{(m)}(\alpha)\neq 0 \tag{3.23}$$

식(3.22)를 만족하는 함수 $f(x)$에 대하여 뉴튼-랩슨법을 적용하면

$$x_{n+1}=p(x_n),\quad p(x)=x-\frac{f(x)}{f'(x)} \tag{3.24}$$

가 되고 m 중근을 갖는 함수 $f(x)$

$$f(x)=(x-\alpha)^m q(x) \tag{3.25.a}$$

로 쓸 수 있으므로

$$f'(x) = m(x-\alpha)^{m-1}q(x) + (x-\alpha)^m q'(x) \tag{3.25.b}$$

가 된다. 식(3.25.a)와 (3.25.b)를 식(3.24)에 대입하여 정리하면 $p(x)$는

$$\begin{aligned} p(x) &= x - \frac{(x-\alpha)^m q(x)}{m(x-\alpha)^{m-1}q(x) + (x-\alpha)^m q'(x)} \\ &= x - \frac{(x-\alpha)q(x)}{mq(x) + (x-\alpha)q'(x)} \end{aligned} \tag{3.26}$$

이고

$$p'(x) = 1 - \frac{q(x)}{mq(x) + (x-\alpha)q'(x)} + \frac{d}{dx}\left[\frac{(x-\alpha)q(x)}{mq(x) + (x-\alpha)q'(x)}\right] \tag{3.27}$$

가 되므로

$$p'(\alpha) = 1 - \frac{1}{m} = \frac{m-1}{m} \neq 0, \ m > 1 \tag{3.28}$$

가 된다. 따라서 m 중근을 갖는 방정식 $f(x)=0$의 해를 구하기 위하여 뉴튼-랩슨법을 그대로 적용한 경우, 오차는 1차 수렴하며 수렴 비율은 $1-1/m$ 이 된다. 즉, 충분히 큰 n에 대하여 다음과 같은 관계가 성립한다.

$$|\alpha - x_{n+1}| \approx p'(\alpha)|\alpha - x_n| = (1 - \frac{1}{m})|\alpha - x_n| = \frac{m-1}{m}|\alpha - x_n| \tag{3.29}$$

이는 오차가 매번 단계마다 전 단계 오차의 $1-1/m$ 비율로 줄어드는 것을 나타내므로 수렴 속도가 그다지 빠른 편이 아니다. 여기서 수렴 속도를 향상시키는 방법을 알아보기로 한다. m 중근을 갖는 방정식 $f(x)=0$의 해를 구하기 위하여 적용한 뉴튼-랩슨법 2차 수렴을 하기 위해서는 $p'(\alpha)=0$이 되도록 $p(x)$를 설정해야 한다. 식(3.28)을 이용하여 $p(x)$를 다음과 같이 설정하면

$$x_{n+1} = p(x_n), \ p(x) = x - m\frac{f(x)}{f'(x)} \tag{3.30}$$

$f(x)=0$이므로 식(3.30)의 두 번째 항이 0 이 되어 $f(x)=0$의 해를 구하는 문제는 결국 $x = p(x)$의 해를 구하는 문제와 같게 된다. 따라서

$$\begin{aligned} p(x) &= x - m\frac{(x-\alpha)^m q(x)}{m(x-\alpha)^{m-1}q(x) + (x-\alpha)^m q'(x)} \\ &= x - m\frac{(x-\alpha)q(x)}{mq(x) + (x-\alpha)q'(x)} \end{aligned} \tag{3.31}$$

이고

$$p'(x) = 1 - m\frac{q(x)}{mq(x) + (x-\alpha)q'(x)} + m\frac{d}{dx}\left[\frac{(x-\alpha)q(x)}{mq(x) + (x-\alpha)q'(x)}\right] \tag{3.32}$$

가 되므로 $x = \alpha$에서

$$p'(\alpha) = 1 - \frac{m}{m} = 0 \tag{3.33}$$

이 된다. 함수 $p(x)$를 테일러 정리를 이용하여 1차 다항식과 나머지로 정리하면 다음 식(3.34)를 만족하는 ξ_n이 α와 x_n 사이에 존재한다.

$$p(\alpha) = p(x_n) + (\alpha - x_n)p'(\alpha) + \frac{1}{2}(\alpha - x_n)^2 p''(\xi_n) \tag{3.34}$$

식(3.30)과 식(3.33)으로부터

$$x_{n+1} = p(x_n),\ p(\alpha) = \alpha - m\frac{f(\alpha)}{f'(\alpha)} = \alpha,\ p'(\alpha) = 0 \tag{3.35}$$

이므로 식(3.34)를 정리하면 다음과 같다.

$$\alpha - x_{n+1} = \frac{p''(\xi_n)}{2}(\alpha - x_n)^2 \tag{3.36}$$

식(3.36)으로부터 식(3.37)

$$x_{n+1} = p(x_n) = x_n - m\frac{f(x_n)}{f'(x_n)} \tag{3.37}$$

로 설정된 반복법은 2차 수렴함을 알 수 있다.

이와 같이 근의 중복도 m을 미리 알고 있는 경우는 위의 방법을 적용할 수 있으나 일반적으로 근의 중복도가 알려지는 경우는 매우 드물다. 이런 경우 어떻게 근의 중복도를 추정하는지에 대하여 살펴보기로 한다. 식(3.24)와 같이 설정하여 반복법을 시행하는 경우 식(3.29)와 같이 식(3.38)

$$\alpha - x_{n+1} \approx p'(\alpha)(\alpha - x_n) \tag{3.38}$$

이 성립한다. 그리고 충분히 큰 n에 대하여 $\alpha \approx x_{n+1} \approx x_{n+2}$이므로 식(3.38)은 식(3.39)로 다시 쓸 수 있다.

$$p'(\alpha) \approx \frac{\alpha - x_{n+1}}{\alpha - x_n} \approx \frac{x_{n+2} - x_{n+1}}{x_{n+1} - x_n} \tag{3.39}$$

식(3.28)과 식(3.39)로부터

$$\frac{m-1}{m} \approx \frac{x_{n+2} - x_{n+1}}{x_{n+1} - x_n} \tag{3.40}$$

의 관계가 만족되므로

$$m \approx \frac{x_{n+1} - x_n}{2x_{n+1} - x_n - x_{n+2}} \tag{3.41}$$

식(3.41)을 사용하여 중복도 m을 추정할 수 있다. 단, m은 자연수이므로 식(3.41)에서 구한 값을 바탕으로 반올림한 값을 사용한다.

예제 3.7

방정식 $f(x) = x^2 - 2x + 1 = 0$의 실근 중복도 m을 뉴튼-랩슨법과 초기값 $x_0 = 0$을 이용하여 구하라.

풀이 주어진 방정식과 문제 조건으로 뉴튼-랩슨법을 시행하여 충분히 큰 n에 대한 값 x_{17}, x_{18}, x_{19}를 구하면 $x_{17} = 0.999996135$, $x_{18} = 0.999998093$, $x_{19} = 0.999999046$이 되므로 식(3.41)에 대입하여 정리하면

$$m \approx \frac{x_{18} - x_{17}}{2x_{18} - x_{17} - x_{19}} = \frac{0.999998093 - 0.999996185}{2*0.999998093 - 0.999996185 - 0.999999046} = 1.9979$$

가 되므로 $m = 2$를 선택하게 된다.

예제 3.8

방정식 $f(x) = x^4 - 6x^3 + 12x^2 - 10x + 3 = 0$의 실근 중복도 m을 뉴튼-랩슨법과 초기값 $x_0 = 0$을 이용하여 구하라.

풀이 주어진 방정식과 문제 조건으로 뉴튼-랩슨법을 시행하여 충분히 큰 n에 대한 값 x_{27}, x_{28}, x_{29}를 구하면 $x_{27} = 0.999978513$, $x_{28} = 0.999985566$, $x_{29} = 0.999990540$이 되므로 식(3.41)에 대입하여 정리하면

$$m \approx \frac{x_{28} - x_{27}}{2x_{28} - x_{27} - x_{29}} = \frac{0.999985566 - 0.999978513}{2*0.999985566 - 0.999978513 - 0.99999054} = 3.3925$$

가 되므로 $m = 3$을 선택하게 된다.

예제 3.9

이중근을 갖는 방정식 $f(x) = (x+1)(x-2)^2 = 0$의 실근을 초기값 $x_0 = 1$ 에 대하여 뉴튼-랩슨법을 사용하여 구할 때 수렴 조건 $|x_n - x_{n-1}| < 10^{-5}$을 만족하는 n값을 다음 세 가지 경우, 즉 중복도 $m = 1$, $m = 2$ 그리고 $m = 3$ 경우에 대하여 매트랩을 이용하여 구하라.

풀이 먼저 주어진 함수 $f(x) = (x+1)(x-2)^2$의 그래프를 그리면 그림 3.8과 같이 $x = 2$에서 이중근을 가짐을 알 수 있다.

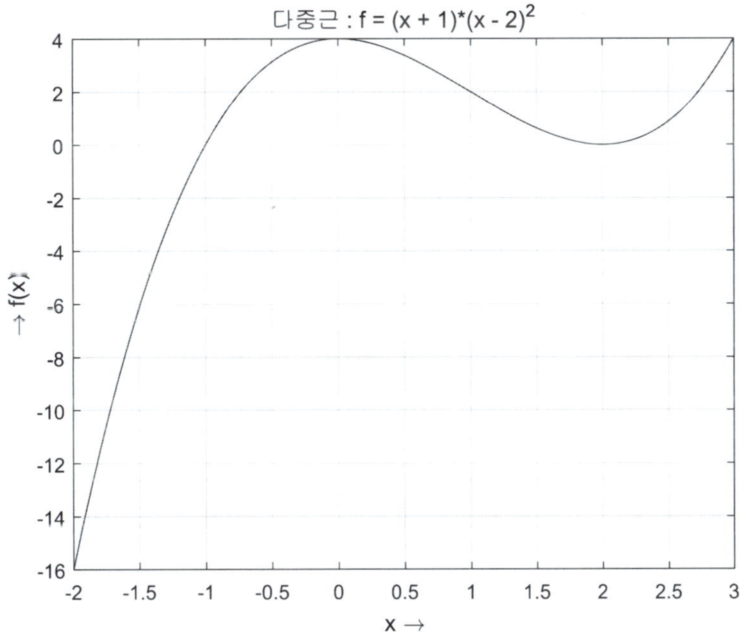

| 그림 3.8 | $f(x)$의 그래프

중복도 $m=1$, $m=2$ 그리고 $m=3$ 인 경우 각각에 대하여 뉴튼-랩슨법을 사용하여 해를 구하는 과정을 매트랩 및 파이썬을 사용하여 구하면 [ex3_9] 코드와 같고 실행 결과는 다음과 같다. 계산 결과로부터 중복도를 $m=2$로 설정한 경우가 수렴 속도가 가장 빠름을 알 수 있다.

% [ex3_9] 매트랩 코드 실행 결과

```
* [예제 3.9] 뉴튼-랩슨법 ***
 * f(x)=  @(x)(x+1).*(x-2).^2
 * m = 1
    n        Xn        Xn+1      f(Xn)       오차
    0      1.0000     1.6667     2.0000     0.6667
    1      1.6667     1.8444     0.2963     0.1778
    2      1.8444     1.9244     0.0688     0.0800
    3      1.9244     1.9627     0.0167     0.0383
    4      1.9627     1.9815     0.0041     0.0188
    5      1.9815     1.9908     0.0010     0.0093
    6      1.9908     1.9954     0.0003     0.0046
    7      1.9954     1.9977     0.0001     0.0023
    8      1.9977     1.9988     0.0000     0.0012
    9      1.9988     1.9994     0.0000     0.0006
   10      1.9994     1.9997     0.0000     0.0003
   11      1.9997     1.9999     0.0000     0.0001
   12      1.9999     1.9999     0.0000     0.0001
 * m = 2
    n        Xn        Xn+1      f(Xn)       오차
    0      1.0000     2.3333     2.0000     1.3333
    1      2.3333     2.0159     0.3704    -0.3175
    2      2.0159     2.0000     0.0008    -0.0158
    3      2.0000     2.0000     0.0000    -0.0000
 * m = 3
    n        Xn        Xn+1      f(Xn)       오차
    0      1.0000     3.0000     2.0000     2.0000
    1      3.0000     1.6667     4.0000    -1.3333
    2      1.6667     2.2000     0.2963     0.5333
    3      2.2000     1.9091     0.1280    -0.2909
    4      1.9091     2.0476     0.0240     0.1385
    5      2.0476     1.9767     0.0069    -0.0709
    6      1.9767     2.0118     0.0016     0.0350
    7      2.0118     1.9942     0.0004    -0.0176
    8      1.9942     2.0029     0.0001     0.0088
    9      2.0029     1.9985     0.0000    -0.0044
   10      1.9985     2.0007     0.0000     0.0022
   11      2.0007     1.9996     0.0000    -0.0011
   12      1.9996     2.0002     0.0000     0.0005
   13      2.0002     1.9999     0.0000    -0.0003
   14      1.9999     2.0000     0.0000     0.0001
```

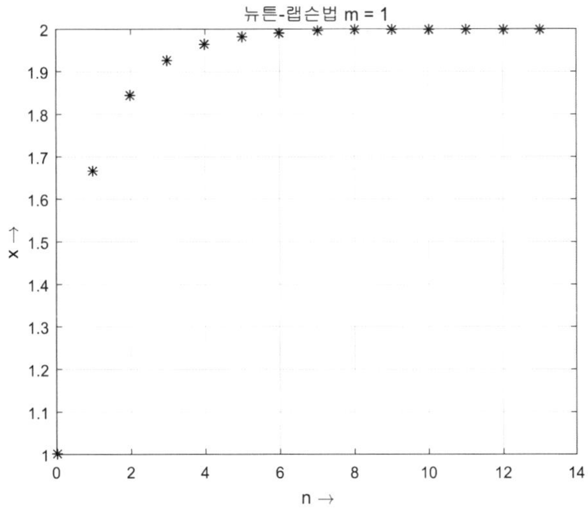
뉴튼-랩슨법 m = 1
x →
n →

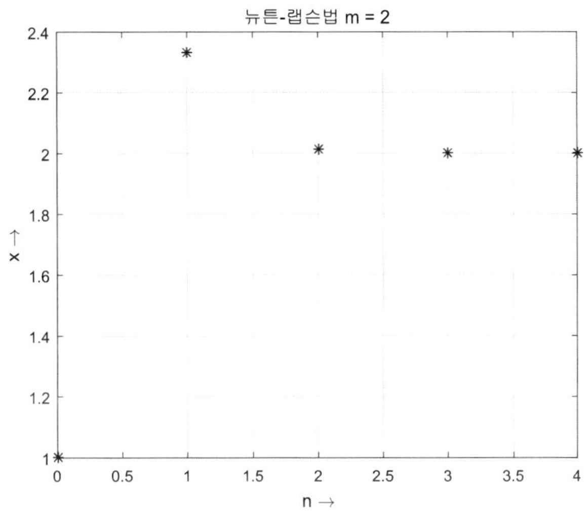
뉴튼-랩슨법 m = 2
x →
n →

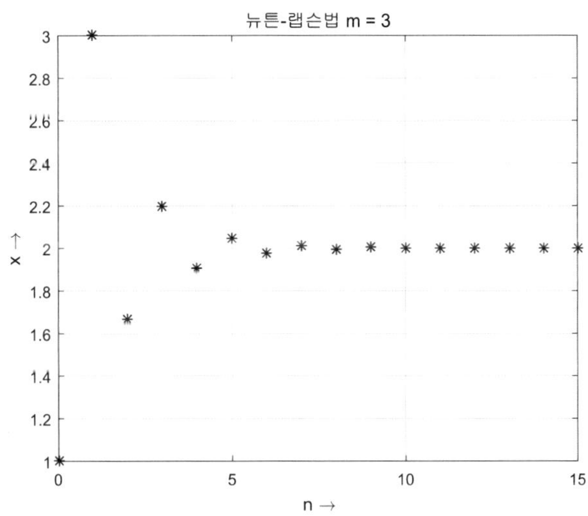
뉴튼-랩슨법 m = 3
x →
n →

[ex3_9] 파이썬 코드 실행 결과

```
* [예제 3.9] m-중근 구하기

  m          해
  1      1.00000000
  1      1.66666667
  1      1.84444444
  1      1.92440875
  1      1.96269925
  1      1.98146777
  1      1.99076277
  1      1.99538853
  1      1.99769604
  1      1.99884846
  1      1.99942434
  1      1.99971220
  m          해
  2      1.00000000
  2      2.33333333
  2      2.01587302
  2      2.00004166
  2      2.00000000
  m          해
  3      1.00000000
  3      3.00000000
  3      1.66666667
  3      2.20000000
  3      1.90909091
  3      2.04761905
  3      1.97674419
  3      2.01176471
  3      1.99415205
  3      2.00293255
  3      1.99853587
  3      2.00073260
```

3.6 할선법

앞에서 다룬 뉴튼-랩슨법은 주어진 방정식의 함수 $f(x)$의 1차 미분 $f'(x)$을 이용하여 주어진 점에서의 접선을 구하고 그 접선이 x축과 만나는 점을 반복적 수치해로 선정하는 방법이다. 이러한 뉴튼-랩슨법은 수렴 속도가 전 단계 오차의 제곱에 비례하기 때문에 매우 빠른 수렴 속도를 지니고 있어 방정식의 해를 구하는 방법 중에서 가장 널리 이용되고 있다. 그러나 함수 $f(x)$의 1차 미분이 존재하지 않거나 구하기 어려운 경우에는 뉴튼-랩슨법을 적용할 수 없는 단점이 있다. 이러한 문제를 해결하기 위하여 그림 3.9에서와 같이 주어진 함수의 1차 미분 $f'(x)$을 x_n과 x_{n-1} 사이의 평균변화율

$$f'(x_n) \approx \frac{f(x_n) - f(x_{n-1})}{x_n - x_{n-1}} \tag{3.42}$$

로 근사화시켜 뉴튼-랩슨법과 같은 방식으로 반복해를 구하는 방법을 할선법(secant method)이라 한다.

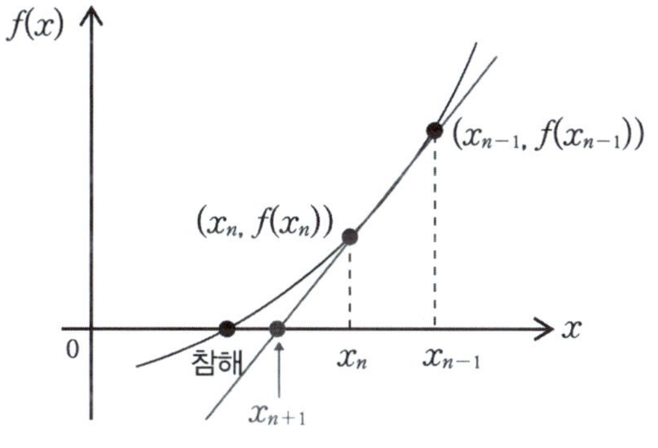

| 그림 3.9 | 할선법의 그래프적 이해

이를 조금 더 살펴보면 그림 3.9에서 주어진 두 점 x_{n-1}, x_n 으로부터 새로운 해가 될 점 x_{n+1} 을 구하고자 할 때 평균값 정리로부터 아래와 같은 관계가 만족된다.

$$\frac{f(x_n) - f(x_{n-1})}{x_n - x_{n-1}} = \frac{f(x_{n+1}) - f(x_n)}{x_{n+1} - x_n} \tag{3.43}$$

그런데 x_{n+1} 이 해라 가정하면 $f(x_{n+1}) = 0$가 되므로 식(3.43)은

$$\frac{f(x_n) - f(x_{n-1})}{x_n - x_{n-1}} = \frac{-f(x_n)}{x_{n+1} - x_n}$$

가 되고 이 식을 x_{n+1}에 대하여 정리하면

$$x_{n+1} = x_n - \frac{x_n - x_{n-1}}{f(x_n) - f(x_{n-1})} f(x_n), n = 1,2,3 \cdots \tag{3.44}$$

와 같이 표현할 수 있다.

식(3.44)을 보면 할선법과 3.2절에서 소개한 가상 위치법은 매우 유사함을 알 수 있다. 이러한 할선법은 뉴튼법을 수정한 방법이지만 할선법은 가상 위치법에서와 같이 해 근처에서 두 점 x_{n-1}과 x_n의 함수값 $f(x_{n-1})$과 $f(x_n)$의 부호가 서로 반대일 필요가 없이 주어진 두 점을 잇는 할선을 그어 이 할선이 x축과 만나는 점을 해로 취하는 방법이다. 이와 같이 두 개의 초기값을 필요로 하는 할선법은 가상 위치법과 유사하여 혼동할 수 있지만 처음 선택하는 두 점의 부호가 달라야 하는 가상 위치법과는 달리 할선법에서는 이와 같은 제약이 없는 점에서 두 방법은 다른 방법이다. 즉, 그림 3.10(a)에 나타낸 것처럼 두 개의 초기값 x_l, x_u로 구한 가상 위치법의 다음 해는x_r은 반드시 주어진 두 개의 초기값 사이에 존재해야 하지만 할선법으로 구한 다음 해는 그림 3.10(b)에 나타낸 것처럼 주어진 두 개의 초기값 사이뿐만 아니라 그림 3.10(c)에 보인 것처럼 그 범위를 벗어난 영역에도 존재할 수 있다.

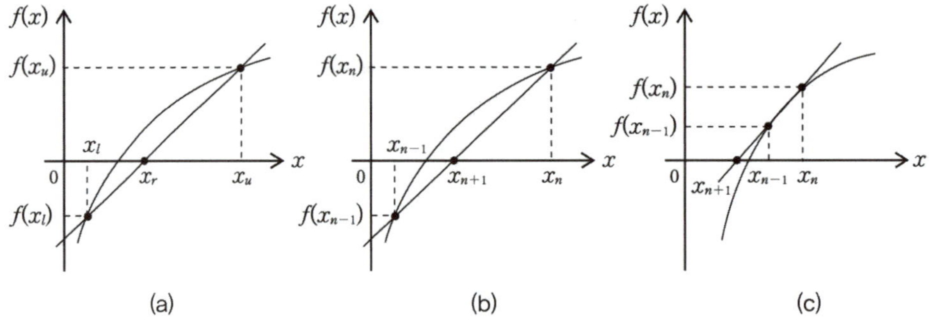

| 그림 3.10 | 가상 위치법과 할선법의 차이

일반적으로 할선법은 뉴튼-랩슨법에 비하여 수렴 속도가 느린 단점이 있다. 할선법 알고리즘을 정리하면 다음과 같다.

알고리즘 3.6 할선법

[단계 1] 주어진 방정식 $f(x) = 0$와 초기값 x_0, x_1에 대하여점 x_{n+1}, $n = 1,2,3,\cdots$을 식(3.44)로 구한다.

$$x_{n+1} = x_n - \frac{x_n - x_{n-1}}{f(x_n) - f(x_{n-1})} f(x_n), n = 1,2,3 \cdots$$

[단계 2] 만약 $|x_{n+1} - x_n| \le \epsilon$ (여기서 ϵ은 허용 오차 한계)이면 계산을 멈추고 해를 x_{n+1}로 출력한 후 종료하고 $|x_{n+1} - x_n| > \epsilon$ 이면 **[단계 1]**로 간다.

예제 3.10

방정식 $f(x) = \cos 2x - e^{-x} + 6x - 2x^3 + 4 = 0$의 실근을 초기값 $x_0 = -1, x_1 = 0$에 대하여 할선법을 사용하여 x_2와 x_3를 구하라.

풀이

$$x_2 = x_1 - \frac{x_1 - x_0}{f(x_1) - f(x_0)} f(x_1) = 0 - \frac{0-(-1)}{4-(-3.1344)}4 = -0.5607$$

$$x_3 = x_2 - \frac{x_2 - x_1}{f(x_2) - f(x_1)} f(x_2) = -0.5607 - \frac{-0.5607-0}{(-0.3185)-4}(-0.3185) = -0.5181$$

이를 매트랩 및 파이썬을 사용하여 구하면 [ex3_10] 코드와 같고 실행 결과는 다음과 같다.

% [ex3_10] 매트랩 코드 실행 결과

```
* [예제 3.10] 할선법
 * f(x)=  @(x)cos(2*x)-exp(-x)+6*x-2*x^3+4

  반복 회수          해
      0         -1.0000
      1          0.0000
      2         -0.5607
      3         -0.5181
      4         -0.5181
```

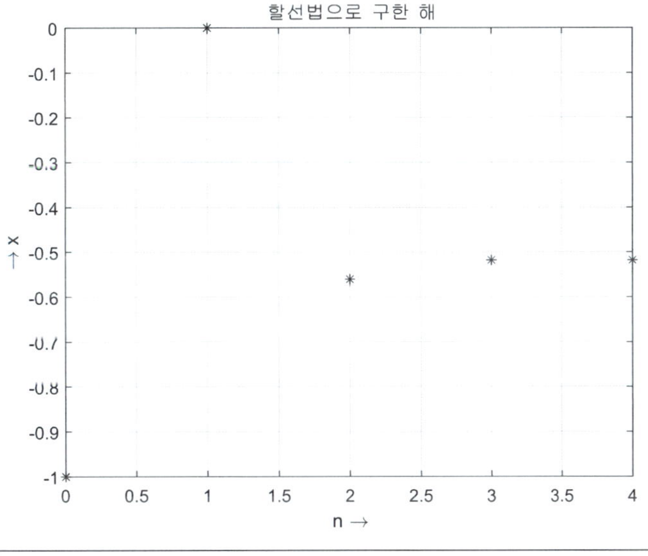

 # [ex3_10] 파이썬 코드 실행 결과

* [예제 3.10] 할선법

반복회수	해
0	−1.0000
1	0.0000
2	−0.5607
3	−0.5181
4	−0.5181

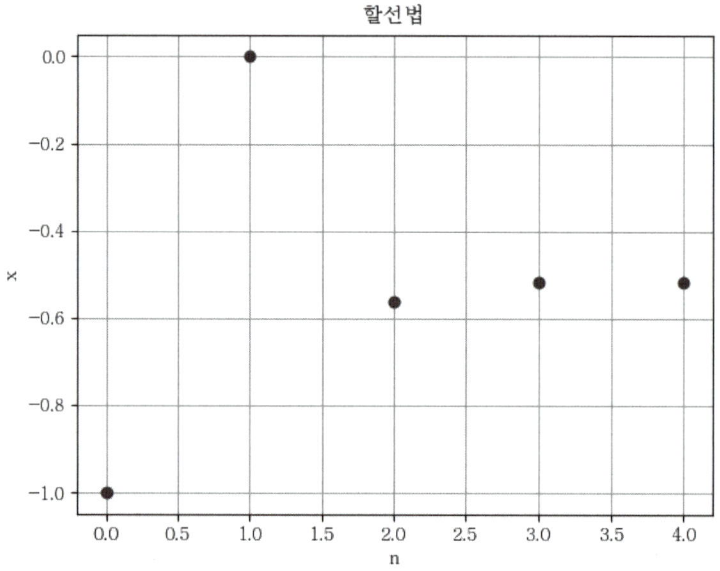

이와 같은 할선법은 할선을 구하기 위하여 반드시 두 점이 필요하다는 단점이 있다. 이러한 단점을 보완하기 위한 방법이 수정된 할선법(modified secant method)으로 주어진 함수 $f(x)$의 1차 도함수 $f'(x)$ 값을 두 점 대신에 한 점과 미리 정해진 δx를 이용하여 식(3.45)와 같이 계산하는 방식이다.

$$f'(x_n) = \frac{f(x_n + \delta x) - f(x_n)}{\delta x} \tag{3.45}$$

그림 3.11은 수정된 할선법을 이용하여 해를 구하는 과정에 대한 그래프적 이해를 나타낸다.

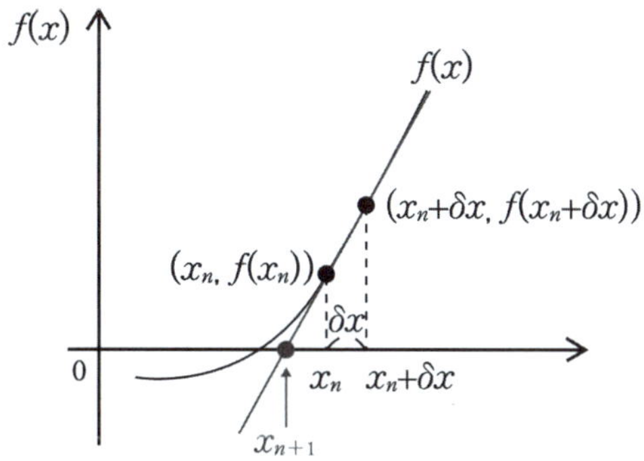

| 그림 3.11 | 수정된 할선법의 그래프적 이해

알고리즘 3.7 수정된 할선법

[단계 1] 주어진 방정식 $f(x)=0$와 초기값 x_0에 대하여 점 x_{n+1}, $n=0,1,2,\cdots$을 식(3.46)으로 구한다.

$$x_{n+1} = x_n - \frac{\delta x}{f(x_n+\delta x) - f(x_n)} f(x_n),\ n = 0,1,2,\cdots \tag{3.46}$$

[단계 2] 만약 $|x_{n+1} - x_n| \le \epsilon$ (여기서 ϵ은 허용 오차 한계)이면 계산을 멈추고 해를 x_{n+1}로 출력한 후 종료하고 $|x_{n+1} - x_n| > \epsilon$ 이면 **[단계 1]**로 간다.

예제 3.11

방정식 $f(x) = 3x^3 - 20x - 10 = 0$의 실근을 초기값 $x_0 = -1$에 대하여 수정된 할선법을 사용하여 x_1과 x_2를 구하라. 단, $\delta x = 10^{-4}$임.

풀이 식(3.46)으로부터

$$x_1 = x_0 - \frac{f(x_0)}{f'(x_0)} = x_0 - \frac{\delta x}{f(x_0+\delta x) - f(x_0)} f(x_0)$$

$$= -1 - \frac{0.0001}{(6.9989) - 7} 7 = -0.3637$$

$$x_2 = x_1 - \frac{f(x_1)}{f'(x_1)} = x_1 - \frac{\delta x}{f(x_1+\delta x) - f(x_1)} f(x_1)$$

$$= -0.3637 - \frac{0.0001}{(-2.8724) - (-2.8705)} (-2.8705) = -0.5163$$

이를 매트랩 및 파이썬을 사용하여 구하면 [ex3_11] 코드와 같고 실행 결과는 다음과 같다.

% [ex3_11] 매트랩 코드 실행 결과

```
* [예제 3.11] 수정된 할선법
 * f(x)= @(x)3*x^3-20*x-10

  반복 회수           해
       0          -1.000000000
       1          -0.363688424
       2          -0.516296643
       3          -0.521236174
       4          -0.521242783
       5          -0.521242784
```

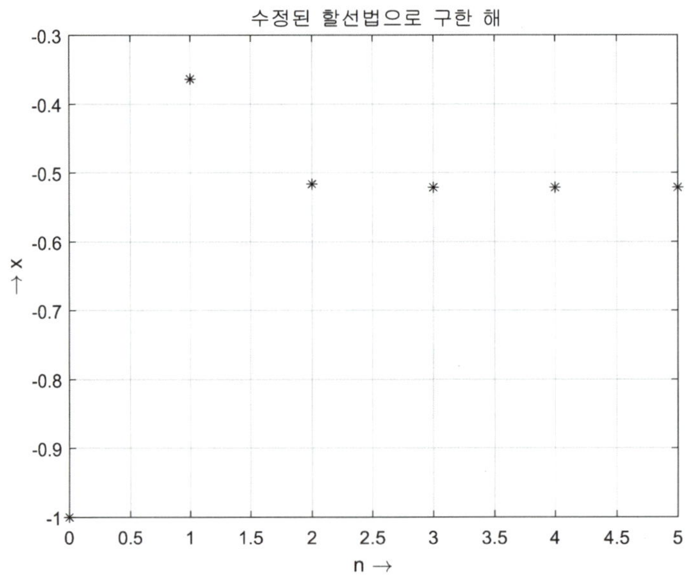

 # [ex3_11] 파이썬 코드 실행 결과

```
* [예제 3.11] 수정된 할선법

  반복회수         해
     0          -1.0000
     1          -0.3637
     2          -0.5163
     3          -0.5212
     4          -0.5212
     5          -0.5212
```

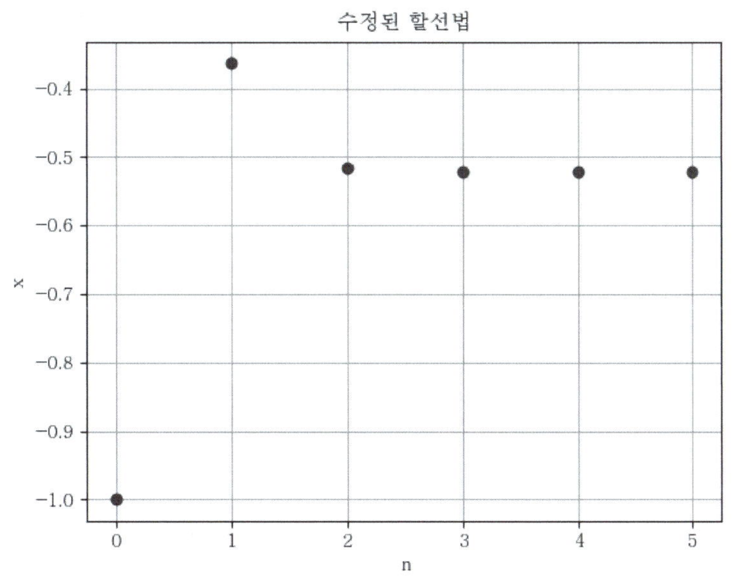

3.7 뮬러법

앞에서 설명한 방정식 $f(x)=0$의 근을 구하는 방법들은 모두 실근을 구하는 데 유용하지만 복소근을 구할 수 없는 단점이 있다. 뮬러(Muller)법은 이러한 문제를 해결할 수 있는 방법으로 실근뿐만 아니라 복소근까지 구할 수 있다. 뮬러법은 초기값으로 한 점 혹은 두 점이 주어지는 앞에서의 방법들과는 달리 주어지는 점들이 1차 직선이 아닌 2차 곡선 위의 점이라는 가정하에서 출발한다. 따라서 2차 곡선을 구하기 위해서는 그림 3.12에서와 같이 서로 다른 세 점 $(x_0, f(x_0))$, $(x_1, f(x_1))$ 및 $(x_2, f(x_2))$이 주어져야 한다. 뮬러법은 이들 세 점을 지나는 2차 곡선 $p(x)$를 구하고 방정식 $p(x)=0$을 만족하는 두 근 α, β를 근의 공식으로 구한 다음 함수 $f(x)$에 대입하여 절대값이 0에 가까운 근을 $f(x)=0$의 근사해로 추정하는 방법이다. 즉

$$|f(\alpha)| < |f(\beta)|$$

이면 $x_3 = \alpha$가 되고, 이와 반대로

$$|f(\alpha)| > |f(\beta)|$$

이면 $x_3 = \beta$가 되며 두 근이 같은 경우에는 α, β 중에서 어느 것을 선택하여도 된다. 그리고 반복

법을 통해서 보다 정확한 해에 근접해 가기 위해서는 다음 반복에서 주어지는 세 점으로 $(x_1, f(x_1))$, $(x_2, f(x_2))$ 및 $(x_3, f(x_3))$이라 놓고 위의 과정을 반복한다. 뮬러법의 수렴 속도는 이분법보다는 빠르지만 뉴튼-랩슨법보다 느리다.

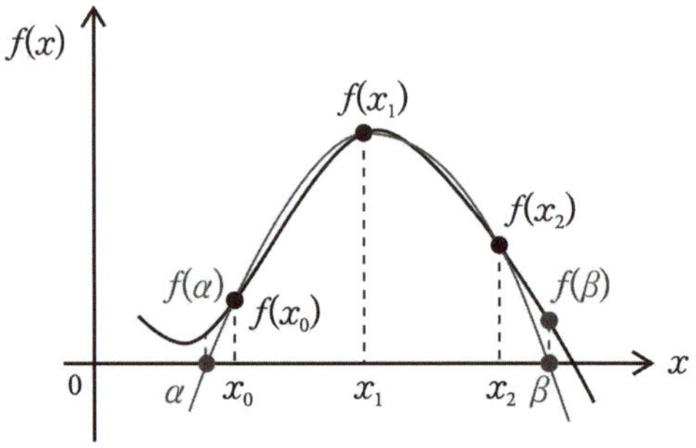

| 그림 3.12 | 뮬러법의 그래프적 이해

뮬러법은 세 점을 지나는 이차 함수를 어떤 형태로 놓느냐에 따라 계산량이 달라지며 일반적으로 아래 알고리즘 3.8과 같이 $p(x) = ax^2 + bx + c$로 놓는 방식과 알고리즘 3.9와 같이 $p(x) = a(x - x_2)^2 + b(x - x_2) + c$로 놓는 방식이 널리 사용되고 있다.
먼저 이차 함수를 $p(x) = ax^2 + bx + c$로 놓고 해를 구하는 뮬러법을 알고리즘으로 정리하면 다음과 같다.

알고리즘 3.8 뮬러법

[단계 1] 세 점 $(x_{n-2}, f(x_{n-2}))$, $(x_{n-1}, f(x_{n-1}))$ 및 $(x_n, f(x_n))$을 지나는 2차 곡선 $p(x)$을 $p(x) = ax^2 + bx + c$라 놓고 주어진 세 점을 대입하여 계수 a, b, c를 구한 후 $p(x) = 0$의 두 근 α와 β를 구한다.

[단계 2] 만약 $|f(\alpha)| < |f(\beta)|$ 이면 $x_{n+1} = \alpha$로 놓고 $|f(\alpha)| > |f(\beta)|$ 이면 $x_{n+1} = \beta$로 놓는다. 만약 $|x_{n+1} - x_n| \le \epsilon$이면 (여기서 ϵ은 허용 오차 한계)이면 계산을 멈추고 해를 x_{n+1}으로 출력한 후 종료하고 $|x_{n+1} - x_n| > \epsilon$이면 $x_{n-2} = x_{n-1}$, $x_{n-1} = x_n$, $x_n = x_{n+1}$으로 두고 [단계 1]로 간다.

예제 3.12 **다음 식으로 정의된 도함수의 정의**

방정식 $f(x)=\cos 2x-e^{-x}+6x-2x^3+4=0$의 근을 초기값 $x_0=-1$, $x_1=0$, $x_2=1$과 뮬러법을 사용하여 x_3과 x_4를 구하라.

풀이 먼저 주어진 함수 $f(x)$를 2차 다항식으로 근사화한 함수 $p(x)$를 계산하기 쉽게 하기 위하여 $x_1=0$을 이용하여

$$p(x)=a(x-x_1)^2+b(x-x_1)+c$$

라 놓는다. 주어진 세 점을 $p(x)$에 대입하면

$$\begin{aligned} p(-1)&=a-b+c=f(-1)=-3.1344 \\ p(0)&=c=4 \\ p(1)&=a+b+c=7.2160 \end{aligned}$$

이므로 방데르몽드 행렬(Vandermonde matrix) V가 되므로 VC = y의 형태로 쓸 수 있어 계수 벡터 C는 C=[a, b, c]=V ₩ y로 구할 수 있다. $a=-1.9592$, $b=5.1752$ 및 $c=4$ 가 되어 근사화한 2차 다항식은

$$p(x)=-1.9592x^2+5.1752x+4$$

가 되므로 $p(x)=0$과 근의 공식으로부터 두 근 $\alpha=-0.6250$, $\beta=3.2665$를 얻는다. 이 두 근 중에서 $f(\alpha)=-0.8146$, $f(\beta)=-45.1759$ 이고 $|f(\alpha)|<|f(\beta)|$ 이므로
결국 $x_3=\alpha=-0.6250$가 된다. 다음엔 위와 같은 과정을 반복하여 x_4를 구한다.
$x_1=0, x_2=1, x_3=-0.6250$ 이므로

$$\begin{aligned} p(0)&=c=4 \\ p(1)&=a+b+c=7.2160 \\ p(-0.6250)&=a(0.3907)-b(0.6250)+c=-0.8146 \end{aligned}$$

이므로, 이로부터 $a=-2.7615$, $b=5.9774, c=4$ 가 되므로 근사화한 2차 다항식은

$$p(x)=2.7615x^2+5.9774x+4$$

가 된다. $p(x)=0$과 근의 공식으로부터 두 근 $\alpha=-0.5363$, $\beta=2.7009$를 얻는다. 이 두 근 중에서 $f(\alpha)=-0.1411, f(\beta)=-18.6310$ 이고 $|f(\alpha)|<|f(\beta)|$이므로
결국 $x_4=\alpha=-0.5363$가 된다. 이를 매트랩 및 파이썬을 사용하여 구하면 [ex3_12] 코드와 같고 실행 결과는 다음과 같다.

% [ex3_12] 매트랩 코드 실행 결과

* [예제 3.12] 뮬러법

* f(x)= @(x)cos(2*x)-exp(-x)+6*x-2*x.^3+4

#	x1	x2	x3	|f(x3)|
1	0.0000+0.0000i	1.0000+0.0000i	-0.6250+0.0000i	0.8148
2	1.0000+0.0000i	-0.6250+0.0000i	-0.5363+0.0000i	0.1412
3	-0.6250+0.0000i	-0.5363+0.0000i	-0.5172+0.0000i	0.0069
4	-0.5363+0.0000i	-0.5172+0.0000i	-0.5181+0.0000i	0.0000
5	-0.5172+0.0000i	-0.5181+0.0000i	-0.5181+0.0000i	0.0000

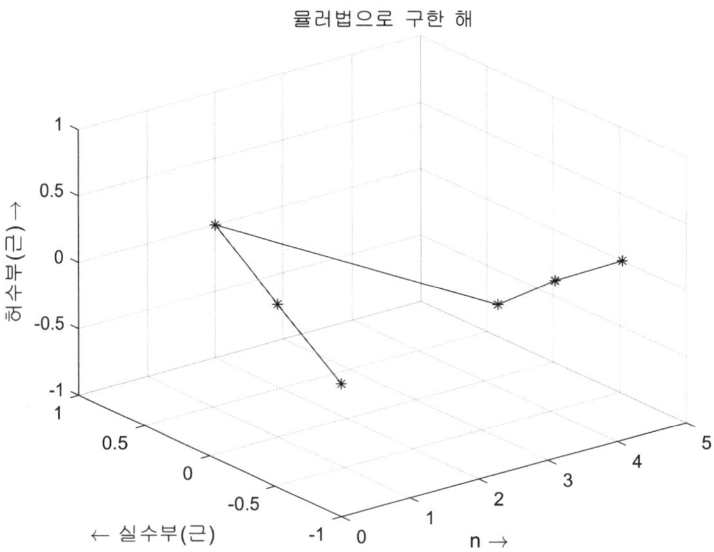

[ex3_12] 파이썬 코드 실행 결과

* [예제 3.12] 뮬러법

```
반복회수              해
 x 0 =    -1.0 + 0.0j
 x 1 =     0.0 + 0.0j
 x 2 =     1.0 + 0.0j
 x 3 =    -0.6250230871576086 + 0.0j
 x 4 =    -0.5363060181754069 + 0.0j
 x 5 =    -0.5172466150985616 + 0.0j
```

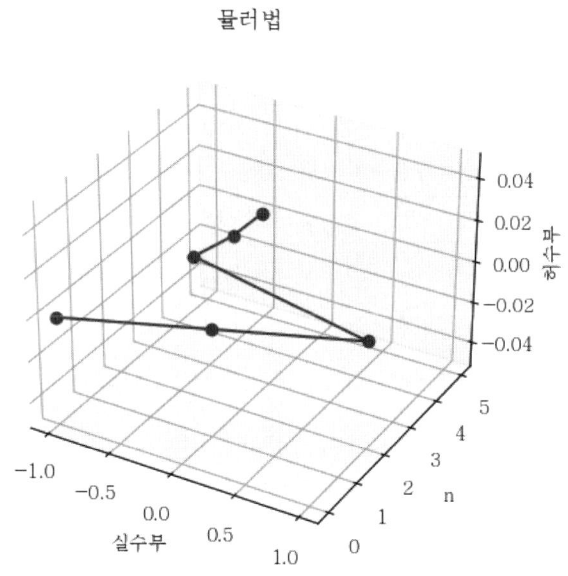

다음으로는 계산기를 사용할 때 유용한 풀이법을 소개하기로 한다. 이 방법은 매번 이차 방정식을 구하지 않아도 되는 장점이 있어 널리 이용되고 있다. 먼저 세 점 $(x_0, f(x_0))$, $(x_1, f(x_1))$ 및 $(x_2, f(x_2))$을 지나는 2차 곡선을 $p(x)$을 $p(x) = a(x-x_2)^2 + b(x-x_2) + c$ 라 놓으면 주어진 세 점 $(x_0, f(x_0))$, $(x_1, f(x_1))$ 및 $(x_2, f(x_2))$이 곡선 $p(x)$ 상에 있으므로 $p(x_0) = f(x_0)$, $p(x_1) = f(x_1)$ 그리고 $p(x_2) = f(x_2)$가 된다. 이 세 점을 $p(x)$에 대입하면

$$
\begin{aligned}
p(x_0) &= a(x_0 - x_2)^2 + b(x_0 - x_2) + c \\
p(x_1) &= a(x_1 - x_2)^2 + b(x_1 - x_2) + c \\
p(x_2) &= a(x_2 - x_2)^2 + b(x_2 - x_2) + c = c
\end{aligned}
$$

가 된다. 위의 세 식으로부터

$$p(x_0) - p(x_2) = a(x_0 - x_2)^2 + b(x_0 - x_2) \tag{3.47}$$

$$p(x_1) - p(x_2) = a(x_1 - x_2)^2 + b(x_1 - x_2) \tag{3.48}$$

을 얻을 수 있다. 여기서

$$
\begin{aligned}
h_0 &= x_1 - x_0 \\
h_1 &= x_2 - x_1
\end{aligned}
$$

라 놓고

$$\delta_0 = \frac{f(x_1)-f(x_0)}{x_1-x_0} = \frac{p(x_1)-p(x_0)}{x_1-x_0} = \frac{p(x_1)-p(x_0)}{h_0}$$
$$\delta_1 = \frac{f(x_2)-f(x_1)}{x_2-x_1} = \frac{p(x_2)-p(x_1)}{x_2-x_1} = \frac{p(x_2)-p(x_1)}{h_1}$$

라 놓으면

$$x_0 - x_2 = x_0 - x_1 + x_1 - x_2 = -(x_1 - x_0) - (x_2 - x_1) = -h_0 - h_1$$

$$p(x_0) - p(x_2) = p(x_0) - p(x_1) + p(x_1) - p(x_2) = -\delta_0 h_0 - \delta_1 h_1 \tag{3.49}$$

$$p(x_1) - p(x_2) = -\delta_1 h_1 \tag{3.50}$$

가 된다. 식(3.47)부터 식(3.50)을 정리하면

$$-a(h_0 + h_1)^2 + b(h_0 + h_1) = h_0\delta_0 + h_1\delta_1 \tag{3.51}$$

$$-ah_1^2 + bh_1 = h_1\delta_1 \tag{3.52}$$

이 되므로 이 두 식을 미지수 a와 b에 대하여 풀면

$$a = \frac{\delta_1 - \delta_0}{h_1 + h_0} \tag{3.53}$$

$$b = ah_1 + \delta_1 \tag{3.54}$$

$$c = f(x_2) \tag{3.55}$$

를 얻는다. 여기서 반올림 오차를 줄이기 위하여 근의 공식

$$x = \frac{-b \pm \sqrt{b^2 - 4ac}}{2a}$$

을 다음

$$x = \frac{-2c}{b \pm \sqrt{b^2 - 4ac}}$$

과 같이 변형하여 적용하면

$$x_3 - x_2 = -\frac{2c}{b \pm \sqrt{b^2 - 4ac}} \tag{3.56}$$

또는

$$x_3 = x_2 - \frac{2c}{b \pm \sqrt{b^2 - 4ac}} \tag{3.57}$$

를 얻는다. 식(3.56)과 식(3.57)에서 ± 부호는 분모가 가장 큰 절대값을 가질 수 있도록 b의 부호와 일치하도록 선택한다. 이것은 식(3.56)과 (3.57)에서 알 수 있듯이 x_2에 가장 가까운 해를 새로운 해 x_3로 선정하는 것이 됨을 알 수 있다. 이러한 뮬러법 알고리즘을 정리하면 다음과 같다.

알고리즘 3.9 뮬러법

[단계 1] 세 점 $(x_{n-2}, f(x_{n-2}))$, $(x_{n-1}, f(x_{n-1}))$ 및 $(x_n, f(x_n))$을 지나는 2차 곡선 $p(x)$을 $p(x) = a(x - x_n)^2 + b(x - x_n) + c$ 라 놓고 계수 a, b, c를 구한다.

$$a = \frac{\delta_1 - \delta_0}{h_1 + h_0}$$

$$b = ah_1 + \delta_1$$

$$c = f(x_2)$$

여기서 $h_0 = x_{n-1} - x_{n-2}$

$$h_1 = x_n - x_{n-1}$$

$$\delta_0 = \frac{f(x_{n-1}) - f(x_{n-2})}{x_{n-1} - x_{n-2}} = \frac{f(x_{n-1}) - f(x_{n-2})}{h_0}$$

$$\delta_1 = \frac{f(x_n) - f(x_{n-1})}{x_n - x_{n-1}} = \frac{f(x_n) - f(x_{n-1})}{h_1}$$

[단계 2] 방정식의 해 $x_{n+1} = x_n - \dfrac{2c}{b \pm \sqrt{b^2 - 4ac}}$ 를 구한다. 단, 우변 분모의 부호는 분모가 가장 큰 값을 가질 수 있도록 b의 부호와 일치하도록 선택한다. 그리고 $|x_{n+1} - x_n| \le \epsilon$ 이면 (여기서 ϵ은 허용 오차 한계)이면 계산을 멈추고 해를 x_{n+1}으로 출력한 후 종료하고 $|x_{n+1} - x_n| > \epsilon$ 이면 $x_{n-2} = x_{n-1}$, $x_{n-1} = x_n$, $x_n = x_{n+1}$으로 두고 **[단계 1]**로 간다.

예제 3.13

방정식 $f(x)=(x+1)(x+3)(x-4)=0$의 근을 초기값 $x_0 = 4.5$, $x_1 = 5.5$, $x_2 = 5$과 뮬러법을 사용하여 x_3을 구하라.

풀이

$f(4.5)=20.625$, $f(5.5)=82.875$ 그리고 $f(5)=48$이므로

$$h_0 = x_{n-1} - x_{n-2} = 5.5 - 4.5 = 1$$

$$h_1 = x_n - x_{n-1} = 5 - 5.5 = -0.5$$

$$\delta_0 = \frac{f(x_{n-1}) - f(x_{n-2})}{x_{n-1} - x_{n-2}} = \frac{82.875 - 20.625}{1} = 62.25$$

$$\delta_1 = \frac{f(x_n) - f(x_{n-1})}{x_n - x_{n-1}} = \frac{48 - 82.875}{-0.5} = 69.75$$

가 된다. 따라서

$$a = \frac{\delta_1 - \delta_0}{h_1 + h_0} = \frac{69.75 - 62.25}{-0.5+1} = 15$$

$$b = ah_1 + \delta_1 = 15(-0.5) + 69.75 = 62.25$$

$$c = f(x_2) = 48$$

미지수 b의 부호가 + 이므로 근은

$$x_3 = x_2 - \frac{2c}{b + \sqrt{b^2 - 4ac}} = 5 - \frac{2(48)}{62.25 + \sqrt{62.25^2 - 4(15)48}} = 3.9765$$

가 된다. 이를 매트랩 및 파이썬을 사용하여 구하면 [ex3_13] 코드와 같고 실행 결과는 다음과 같다.

% [ex3_13] 매트랩 코드 실행 결과

```
* [예제 3.13] 뮬러법
 * f(x)= @(x)(x+1)*(x+3)*(x-4)

 #          x0                x1                x2                x3          |f(x3)|
 4   4.5000+0.0000i   5.5000+0.0000i   5.0000+0.0000i   3.9765+0.0000i   0.8163
 5   5.5000+0.0000i   5.0000+0.0000i   3.9765+0.0000i   4.0011+0.0000i   0.0368
 실행 결과: x5 = 4.0011+0.0000i and |f(x5)| = 0.0368
```

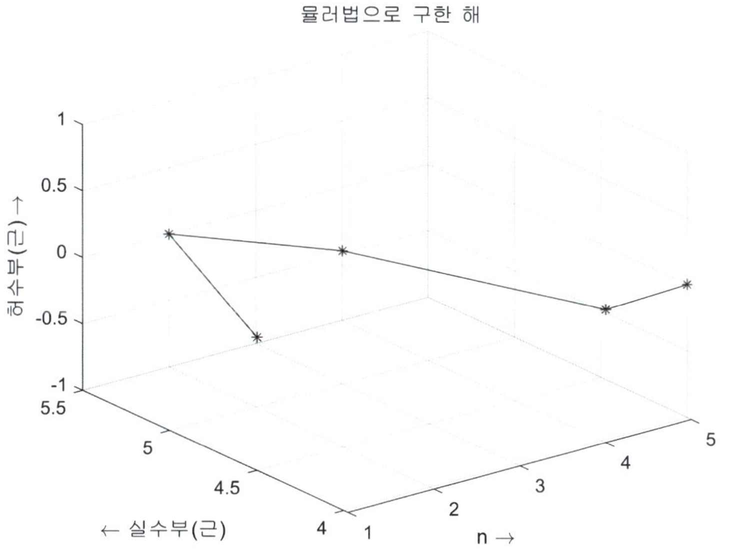

[ex3_13] 파이썬 코드 실행 결과

* [예제 3.13] 뮬러법

반복회수	해
x 0 =	4.5 + 0.0j
x 1 =	5.5 + 0.0j
x 2 =	5.0 + 0.0j
x 3 =	3.9764870422406546 + 0.0j
x 4 =	4.001050498815179 + 0.0j

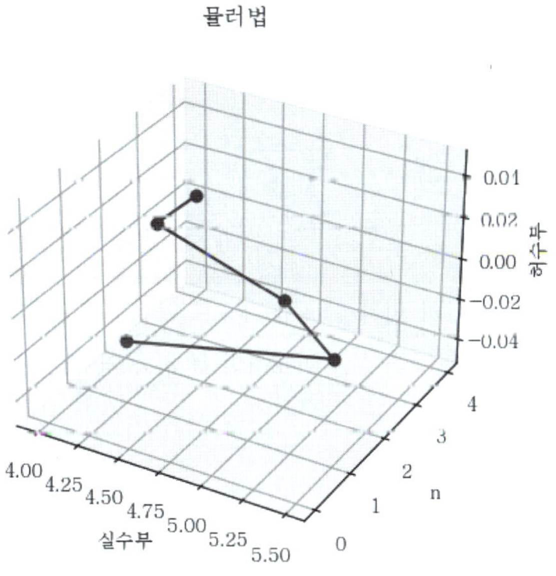

3.8 베어스토우법

다항식 $f(x)$의 근을 구하는 문제에 있어서 어려운 점 중의 하나는 근이 복소근이나 절대값이 같은 여러 개의 근이 있는 경우이다. 이러한 문제에 접근하는 방법 중의 하나로 다항식에 포함된 2차 인자 x^2+ux+v를 찾아 이를 다항식 $f(x)$에서 분리하여 고려함으로써 다항식의 근을 반복적으로 찾아가는 방법이라 하겠다. 1920년 레오나드 베어스토우(Leonard Bairstow)의 저서 「Applied Aerodynamics」의 부록에 처음 등장한 베어스토우법은 실계수를 갖는 다항식의 근을 찾는데 있어서 매우 유용한 방법으로 주어진 다항식 $f(x)$의 2차 인자(quadratic factor)를 찾아 2차 인자의 근이 다항식 $f(x)$의 근이 되도록 u와 v를 반복적 방법을 사용하여 찾는 방법이다. 먼저 편의를 위해 n개의 근을 갖는 n차 다항식 $f(x)$가

$$f(x)=a_0x^n+a_1x^{n-1}+\ \cdots\ +a_{n-1}x+a_n \tag{3.58}$$

과 같고 다항식 $f(x)$를 분해하는 2차 인자가 x^2+ux+v와 같이 주어졌다고 하자. 여기서 u와 v는 결정해야 할 상수이며 u와 v에 의하여 2차 인자 x^2+ux+v가 결정되면 근의 공식 혹은 다른 방법을 통하여 2차 인자의 근을 쉽게 구할 수 있다.

이와 같은 u와 v를 구하기 위하여 식(3.58)을 2차 인자 x^2+ux+v로 나누면 다음과 같이 쓸 수 있다.

$$f(x)=(x^2+ux+v)q(x)+r(x) \tag{3.59}$$

여기서 $q(x)$는 몫, $r(x)$는 나머지를 나타내며 다음과 같다.

$$q(x)=b_0x^{n-2}+b_1x^{n-3}+\ \cdots\ +b_{n-3}x+b_{n-2} \tag{3.60}$$

$$r(x)=(x+u)b_{n-1}+b_n \tag{3.61}$$

식(3.59)를 살펴보면 $f(x)$가 2차 인자 x^2+ux+v로 나뉘어 떨어지기 위해서는 $b_{n-1}=b_n=0$이 되어야 함을 알 수 있으며 양변의 계수를 비교하면 몫 $q(x)$의 계수는 다음과 같게 된다.

$$b_0=a_0 \tag{3.62}$$

$$b_1 = a_1 - b_0 u$$
$$b_2 = a_2 - b_1 u - b_0 v$$
$$\vdots$$
$$b_k = a_k - b_{k-1} u - b_{k-2} v$$

위의 b_k는 $b_{-1} = b_{-2} = 0$으로 놓으면 $k = 0, 1, \cdots, n$에 대하여 성립하므로 $k = n$일 때

$$b_n = a_n - b_{n-1} u - b_{n-2} v$$

가 된다. 식(3.62)로부터 b_{n-1}과 b_n은 u와 v의 함수이므로 $b_{n-1} = b_n = 0$은

$$b_{n-1}(u, v) = b_n(u, v) = 0 \tag{3.63}$$

과 같이 쓸 수 있다.

이상으로부터 다항식 $f(x)$의 근을 구하는 문제는 결국 식(3.63)을 만족하는 u와 v의 값을 구하여 2차 인자 $x^2 + ux + v$의 근을 구하는 문제를 $q(x)$에 대하여 반복적으로 적용하는 것과 같음을 알 수 있다.

식(3.63)을 만족하는 u와 v의 값을 구하기 위하여 u와 v에 작은 섭동이 있는 경우, 즉 $u + du$와 $v + dv$에 대한 b_{n-1}과 b_n을 테일러급수를 이용하여 전개하면

$$\begin{aligned} b_{n-1}(u+du, v+dv) &= b_{n-1}(u, v) + \frac{\partial b_{n-1}}{\partial u} du + \frac{\partial b_{n-1}}{\partial v} dv + \cdots = 0 \\ b_n(u+du, v+dv) &= b_n(u, v) + \frac{\partial b_n}{\partial u} du + \frac{\partial b_n}{\partial v} dv + \cdots = 0 \end{aligned} \tag{3.64}$$

식(3.64)에서 du와 dv에 대한 고차항을 무시하고 다시 정리하면

$$\begin{aligned} b_{n-1}(u+du, v+dv) &= b_{n-1}(u, v) + \frac{\partial b_{n-1}}{\partial u} du + \frac{\partial b_{n-1}}{\partial v} dv = 0 \\ b_n(u+du, v+dv) &= b_n(u, v) + \frac{\partial b_n}{\partial u} du + \frac{\partial b_n}{\partial v} dv = 0 \end{aligned} \tag{3.65}$$

가 된다. 이를 행렬루 나타내면

$$\begin{bmatrix} \dfrac{\partial b_{n-1}}{\partial u} & \dfrac{\partial b_{n-1}}{\partial v} \\ \dfrac{\partial b_n}{\partial u} & \dfrac{\partial b_n}{\partial v} \end{bmatrix} \begin{bmatrix} du \\ dv \end{bmatrix} = -\begin{bmatrix} b_{n-1} \\ b_n \end{bmatrix} \tag{3.66}$$

가 된다. 여기서

$$c_k \equiv \frac{\partial b_{k+1}}{\partial u}, \quad (0 \le k \le n-1) \tag{3.67}$$

로 정의하면

$$\frac{\partial b_0}{\partial u} = \frac{\partial a_0}{\partial u} = 0$$

이므로 식(3.62)로부터

$$c_0 = \frac{\partial b_1}{\partial u} = \frac{\partial}{\partial u}(a_1 - b_0 u) = -b_0 - u\frac{\partial b_0}{\partial u} = -b_0 \tag{3.68}$$

$$\begin{aligned}
c_1 &= \frac{\partial b_2}{\partial u} = \frac{\partial}{\partial u}(a_2 - b_1 u - b_0 v) = -b_1 - u\frac{\partial b_1}{\partial u} - v\frac{\partial b_0}{\partial u} = -b_1 - uc_0 \\
&\vdots \\
c_k &= \frac{\partial b_{k+1}}{\partial u} = \frac{\partial}{\partial u}(a_{k+1} - b_k u - b_{k-1} v) \\
&= -b_k - u\frac{\partial b_k}{\partial u} - v\frac{\partial b_{k-1}}{\partial u} = -b_k - uc_{k-1} - vc_{k-2} \\
&\vdots \\
c_{n-1} &= \frac{\partial b_n}{\partial u} = \frac{\partial}{\partial u}(a_n - b_{n-1} u - b_{n-2} v) \\
&= -b_{n-1} - u\frac{\partial b_{n-1}}{\partial u} - v\frac{\partial b_{n-2}}{\partial u} = -b_{n-1} - uc_{n-2} - vc_{n-3}
\end{aligned}$$

을 얻을 수 있다. 여기서 $c_{-1} = c_{-2} = 0$이라고 하면 위의 c_k는 $-2 \le k \le n-2$에 대하여 성립한다. 그리고 식(3.67)과 마찬가지로

$$d_k \equiv \frac{\partial b_{k+2}}{\partial v}, \quad (-2 \le k \le n-2) \tag{3.69}$$

로 정의하면 식(3.62)로부터

$$d_{-2} = \frac{\partial b_0}{\partial v} = 0 \tag{3.70}$$

$$d_{-1}=\frac{\partial b_1}{\partial v}=\frac{\partial}{\partial v}(a_1-b_0u)=\frac{\partial b_0}{\partial v}=0$$

$$d_0=\frac{\partial b_2}{\partial v}=\frac{\partial}{\partial v}(a_2-b_1u-b_0v)=-b_0-u\frac{\partial b_1}{\partial v}-v\frac{\partial b_0}{\partial v}=-b_0$$

$$d_1=\frac{\partial b_3}{\partial v}=\frac{\partial}{\partial v}(a_3-b_2u-b_1v)=-b_1-u\frac{\partial b_2}{\partial v}-v\frac{\partial b_1}{\partial v}=-b_1-ud_0$$

$$d_2=\frac{\partial b_4}{\partial v}=\frac{\partial}{\partial v}(a_4-b_3u-b_2v)=-b_2-u\frac{\partial b_3}{\partial v}-v\frac{\partial b_2}{\partial v}=-b_2-ud_1-vd_0$$

$$\vdots$$

$$\begin{aligned}d_k=\frac{\partial b_{k+2}}{\partial v}&=\frac{\partial}{\partial v}(a_{k+2}-b_{k+1}u-b_kv)\\&=-b_k-u\frac{\partial b_{k+1}}{\partial v}-v\frac{\partial b_k}{\partial v}=-b_k-ud_{k-1}-vd_{k-2}\end{aligned}$$

을 얻는다. 식(3.68)과 (3.70)으로부터

$$d_k=c_k,\quad (-2\le k\le n-2) \tag{3.71}$$

즉

$$\frac{\partial b_{k+2}}{\partial v}=\frac{\partial b_{k+1}}{\partial u}$$

가 된다. 따라서

$$\frac{\partial b_{n-1}}{\partial v}=\frac{\partial b_{n-2}}{\partial u}=c_{n-3}$$

$$\frac{\partial b_n}{\partial v}=\frac{\partial b_{n-1}}{\partial u}=c_{n-2}$$

가 되므로 식(3.66)은

$$\begin{bmatrix}c_{n-2} & c_{n-3}\\ c_{n-1} & c_{n-2}\end{bmatrix}\begin{bmatrix}du\\ dv\end{bmatrix}=-\begin{bmatrix}b_{n-1}\\ b_n\end{bmatrix} \tag{3.72}$$

와 같이 쓸 수 있다. 식(3.72)에서 좌변의 행렬에 대한 행렬식(determinant)이 0이 아니라면 즉

$$\det\left(\begin{bmatrix}c_{n-2} & c_{n-3}\\ c_{n-1} & c_{n-2}\end{bmatrix}\right)\neq 0 \tag{3.73}$$

즉

$$c_{n-2}^2 \neq c_{n-1}c_{n-3}$$

이라면 역행렬이 존재하여 du와 dv는

$$\begin{bmatrix} du \\ dv \end{bmatrix} = -\begin{bmatrix} c_{n-2} & c_{n-3} \\ c_{n-1} & c_{n-2} \end{bmatrix}^{-1} \begin{bmatrix} b_{n-1} \\ b_n \end{bmatrix} \tag{3.74}$$

와 같이 구할 수 있다. 따라서 식(3.73)과 같은 조건을 만족하도록 u와 v의 초기값을 설정하는 것이 중요하다. 여기서

$$\begin{aligned} du &= u_{k+1} - u_k \\ dv &= v_{k+1} - v_k \end{aligned} \tag{3.75}$$

라 하면

$$\begin{aligned} u_{k+1} &= u_k + du \\ v_{k+1} &= v_k + dv \end{aligned} \tag{3.76}$$

가 되므로 식(3.74)와 식(3.76)으로부터

$$\begin{bmatrix} u_{k+1} \\ v_{k+1} \end{bmatrix} = \begin{bmatrix} u_k \\ v_k \end{bmatrix} - \begin{bmatrix} c_{n-2} & c_{n-3} \\ c_{n-1} & c_{n-2} \end{bmatrix}^{-1} \begin{bmatrix} b_{n-1} \\ b_n \end{bmatrix} \tag{3.77}$$

또는

$$\begin{aligned} u_{k+1} &= u_k - \frac{b_{n-1}c_{n-2} - b_n c_{n-3}}{c_{n-2}^2 - c_{n-1}c_{n-3}} \\ v_{k+1} &= v_k - \frac{b_n c_{n-2} - b_{n-1}c_{n-1}}{c_{n-2}^2 - c_{n-1}c_{n-3}} \end{aligned} \tag{3.78}$$

을 얻을 수 있다. 따라서 식(3.77) 또는 식(3.78)과 주어진 초기값 u_0와 v_0 값으로부터 $\{u_{k+1}\}$와 $\{v_{k+1}\}$의 값을 구할 수 있다. 그리고 b_{n-1}, b_n, c_{n-1}, c_{n-2}과 c_{n-3}은 다음과 같이 구한다.

$$b_{n-1} = a_{n-1} - b_{n-2}u - b_{n-3}v$$

$$b_n = a_n - b_{n-1}u - b_{n-2}v$$

$$c_{n-3} = \frac{\partial b_{n-2}}{\partial u} = \frac{\partial b_{n-1}}{\partial v} = -b_{n-3} - uc_{n-4} - vc_{n-5}$$

$$c_{n-2} = \frac{\partial b_{n-1}}{\partial u} = -b_{n-2} - uc_{n-3} - vc_{n-4}$$

$$c_{n-1} = \frac{\partial b_n}{\partial u} = -b_{n-1} - uc_{n-2} - vc_{n-3}$$

이러한 베어스토우법 알고리즘을 정리하면 다음과 같다.

알고리즘 3.10 베어스토우법

[단계 1] u와 v에 대한 초기값 u_0와 v_0 값을 설정한다.

[단계 2] 식(3.62)를 이용하여 $\{b_k\}$를 계산한다.

$$b_0 = a_0$$

$$b_1 = a_1 - b_0 u$$

$$b_2 = a_2 - b_1 u - b_0 v$$

$$\vdots$$

$$b_k = a_k - b_{k-1} u - b_{k-2} v$$

[단계 3] 식(3.68)을 이용하여 $\{c_k\}$를 계산한다.

$$c_0 = \frac{\partial b_1}{\partial u} = \frac{\partial}{\partial u}(a_1 - b_0 u) = -b_0 - u\frac{\partial b_0}{\partial u} = -b_0$$

$$c_1 = \frac{\partial b_2}{\partial u} = \frac{\partial}{\partial u}(a_2 - b_1 u - b_0 v) = -b_1 - u\frac{\partial b_1}{\partial u} - v\frac{\partial b_0}{\partial u} = -b_1 - uc_0$$

$$\vdots$$

$$c_k = \frac{\partial b_{k+1}}{\partial u} = \frac{\partial}{\partial u}(a_{k+1} - b_k u - b_{k-1} v)$$
$$= -b_k - u\frac{\partial b_k}{\partial u} - v\frac{\partial b_{k-1}}{\partial u} = -b_k - uc_{k-1} - vc_{k-2}$$

$$\vdots$$

$$c_{n-1} = \frac{\partial b_n}{\partial u} = \frac{\partial}{\partial u}(a_n - b_{n-1} u - b_{n-2} v)$$
$$= -b_{n-1} - u\frac{\partial b_{n-1}}{\partial u} - v\frac{\partial b_{n-2}}{\partial u} = -b_{n-1} - uc_{n-2} - vc_{n-3}$$

[단계 4] 식(3.74)를 이용하여 du, dv를 계산한다.

$$\begin{bmatrix} du \\ dv \end{bmatrix} = -\begin{bmatrix} c_{n-2} & c_{n-3} \\ c_{n-1} & c_{n-2} \end{bmatrix}^{-1} \begin{bmatrix} b_{n-1} \\ b_n \end{bmatrix}$$

[단계 5] 미리 설정된 $\epsilon > 0$에 대하여 $\| [du\ dv] \| \le \epsilon$ 이면 그때의 u와 v값을 출력 후 반환하고 그렇지 않으면 계속한다.

[단계 6] 식(3.77) 또는 (3.78)을 이용하여 $\{u_{k+1}\}$와 $\{v_{k+1}\}$을 계산하여 업데이트하고 [단계 2]로 간다.

$$\begin{bmatrix} u_{k+1} \\ v_{k+1} \end{bmatrix} = \begin{bmatrix} u_k \\ v_k \end{bmatrix} - \begin{bmatrix} c_{n-2} & c_{n-3} \\ c_{n-1} & c_{n-2} \end{bmatrix}^{-1} \begin{bmatrix} b_{n-1} \\ b_n \end{bmatrix}$$

또는

$$u_{k+1} = u_k - \frac{b_{n-1}c_{n-2} - b_n c_{n-3}}{c_{n-2}^2 - c_{n-1}c_{n-3}}$$

$$v_{k+1} = v_k - \frac{b_n c_{n-2} - b_{n-1}c_{n-1}}{c_{n-2}^2 - c_{n-1}c_{n-3}}$$

베어스토우법을 적용하여 주어진 다항식의 해를 구할 때 매회 시행마다 차수가 2만큼 감소하므로 몇 회 반복하여 최종적으로 남는 것은 2차식 혹은 1차식이 남게 되어 이들의 해를 쉽게 구할 수 있게 된다. 이러한 베어스토우법을 적용함에 있어서 주의해야 할 사항으로 베어스토우법을 적용하려고 하는 다항식에는 최고차항 이하 모든 차수의 항이 모두 존재해야 한다는 것이다. 만약 그렇지 않으면 주어진 다항식을 변환하여 모든 차수가 다항식에 나타나게 변환한 후 베어스토우법을 적용해야 한다. 예를 들어 해를 구하고자 하는 다항식이

$$f(x) = x^3 + x - 1 = 0$$

로 주어졌다고 하면 다항식 $f(x)$에 2차항이 존재하지 않으므로 $f(x)$를 직접 베어스토우법에 적용할 수 없으므로 다음과 같이 변수 x를

$$x = z + 1$$

로 치환하면 $f(x)$는

$$f_z(z) = z^3 + 3z^2 + 4z + 1 = 0$$

와 같이 되어 베어스토우법을 적용할 수 있어 근 z_1, z_2, z_3를 구할 수 있다. 다음으로 근 x_1, x_2, x_3를 구하기 위하여 z_1, z_2, z_3를 다음과 같이 역변환하면

$$x_1 = z_1 + 1,\ x_2 = z_2 + 1,\ x_3 = z_3 + 1$$

를 얻는다.

예제 3.14

방정식 $f(x)=x^3-3x^2-x+3=0$의 근을 변수 u와 v의 초기값 $u_0 = -4$, $v_0 = 3$과 베어스토우법을 사용하여 구하라.

풀이

다항식 $f(x)$의 최고차항이 3차이므로 $n=3$으로 두고 문제를 풀어가기로 한다. 먼저 식(3.62)를 이용하여 $\{b_k\}$를 계산한다.

$$b_0 = a_0 = 1$$
$$b_1 = a_1 - b_0 u = -3-1(-4) = 1$$
$$b_2 = a_2 - b_1 u - b_0 v = -1-(1)(-4)-1(3) = 0$$
$$b_3 = a_3 - b_2 u - b_1 v = 3-0(-4)-1(3) = 0$$

다음으로는 식(3.68)을 이용하여 $\{c_k\}$를 계산한다.

$$c_0 = -b_0 = -1$$
$$c_1 = -b_1 - uc_0 = -1-(-4)(-1) = -5$$
$$c_2 = -b_2 - uc_1 - vc_0 = 0-(-4)(-5)-3(-1) = -17$$

다음으로는 위의 결과와 $n=3$에 대한 식(3.78)을 이용하여

$$u_1 = u_0 - \frac{b_2c_1 - b_3c_0}{c_1^2 - c_2c_0} = -4 - \frac{0(-5)-0(-1)}{(-5)^2-(-17)(-1)} = -4$$
$$v_1 = v_0 - \frac{b_3c_1 - b_2c_2}{c_1^2 - c_2c_0} = 3 - \frac{0(-5)-0(-17)}{(-5)^2-(-17)(-1)} = 3$$

을 얻는다. 위의 결과를 살펴보면 $b_2 = b_3 = 0$이므로 초기값 $u_0 = -4$, $v_0 = 3$가 정확하게 다항식 $f(x)$에 포함된 2차 인자 x^2-4x+3가 되도록 설정되었다는 것을 의미한다. 즉, $du = dv = 0$가 되므로 더 이상의 반복 계산은 필요 없게 되어 u과 v를 출력하고 계산을 종료한다. 만약 여기서 벡터 $[du\ dv]$의 노름(norm)이 $\epsilon > 0$ 에 대하여

$$\|[du\ dv]\| > \epsilon$$

이면

$$\|[du\ dv]\| \le \epsilon$$

가 될 때까지 위와 같은 과정을 반복 계산한다. 다음은 이렇게 찾아진 u와 v를 바탕으로 다항식 $f(x)=(x^2-4x+3)(x+1)$의 근을 구하면 $x_1=-1, x_2=1, x_3=3$이 된다. 이를 매트랩 및 파이썬을 사용하여 구하면 [ex3_14] 코드와 같고 실행 결과는 다음과 같다.

% [ex3_14] 매트랩 코드 실행 결과

```
* [예제 3.14] 베어스토우법
 * f(x)= @(x)poly2sym(p,x)

 * 베어스토우법에 의한 f(x)= 0 의 해
 x1 = 1.0000+0.0000i          x2 = 3.0000+0.0000i          x3 = -1.0000+0.0000i
```

 # [ex3_14] 파이썬 코드 실행 결과

```
* [예제 3.14] 베어스토우법
 f(x) =
     3      2
1 x - 3 x - 1 x + 3

* 베어스토우법으로 구한 근
x1 = (-1+0j)
x2 = (1+0j)
x3 = (3+0j)
```

연습문제

이분법

3.1 방정식 $f(x)=x^4-2x+e^x-2=0$의 실근을 초기구간 $[-1, 1]$에 대하여 이분법을 3회 반복 사용하여 구하라.

3.2 초기구간 $[a, b]$에 대하여 방정식 $f(x)=0$의 실근을 이분법을 사용하여 구하고자 할 때 오차가 $\epsilon \leq 10^{-3}$가 되도록 하는 반복 회수 n중에서 가장 작은 값을 구하라.

가상 위치법

3.3 방정식 $f(x)=x^3+3x^2-4x+\sin x+\dfrac{1}{4}$의 실근을 초기구간 $[-1, 1]$에 대하여 가상 위치법을 3회 반복 사용하여 구하라.

3.4 위 문제 3.3에 대하여 초기구간을 다음과 같이 설정한 경우에 대하여 가상 위치법을 3회 반복 사용하여 구하고 결과를 비교하라.

(1) $[-10, 10]$ (2) $[-0.1, 0.1]$

3.5 방정식 $f(x)=x^4-2x+e^x-2=0$의 실근을 초기구간 $[-1, 1]$에 대하여 이분법과 가상 위치법을 각각 5회 반복 사용하여 해를 구하고 수렴 속도를 비교하라.

고정점 반복법

3.6 방정식 $f(x)=-x^3-2x+2-e^{-x}=0$의 실근을 초기값 $x_0=0$에 대하여 고정점 반복법을 사용하여 구하고자 할 때 다음을 만족하는 $g(x)$를 구하라.

(1) 수렴하는 $g(x)$ (2) 발산하는 $g(x)$

3.7 방정식 $f(x)=2e^x-x^3+3x^2-3x-3=0$의 실근을 초기값 $x_0=0$에 대하여 고정점 반복법을 2회 사용하여 구한 해 x_2를 구하라.

뉴튼-랩슨법

3.8 방정식 $f(x) = e^x - \cos x + x^3 - 4x - 2 = 0$의 실근을 초기값 $x_0 = 0$ 에 대하여 뉴튼-랩슨법을 사용하여 3회 반복한 값 x_3를 구하라.

3.9 방정식 $f(x) = x^3 - 4x^2 + 8x - 50 = 0$의 실근을 뉴튼-랩슨법을 이용하여 구하고자 할 때 반복한 값 x_n 이 수렴하기 위한 초기값 x_0 의 범위를 구하라.

3.10 방정식 $f(x) = -e^{-x} - x^3 - \sin(x+1) - x + 1 = 0$의 실근 중복도 m을 뉴튼-랩슨법과 초기값 $x_0 = 0$을 이용하여 구하라.

3.11 방정식 $f(x) = -x - x^2 - x^3 + \frac{1}{3} cos x = 0$의 실근 중복도 m을 뉴튼-랩슨법과 초기값 $x_0 = 0$을 이용하여 구하라.

할선법 및 수정된 할선법

3.12 방정식 $f(x) = -\frac{1}{2}e^{2x} + \frac{1}{4}cos(\frac{1}{2}x) - \frac{1}{4}x^3 - x^2 - \frac{9}{10}x = 0$의 실근을 초기값 $x_0 = -1$, $x_1 = 0$에 대하여 할선법을 사용하여 x_2와 x_3를 구하라.

3.13 방정식 $f(x) = 3x^3 - 20x - 10 = 0$의 실근을 초기값 $x_0 = 0$ 에 대하여 수정된 할선법을 사용하여 x_1, x_2와 x_3를 구하라. 단, $\delta x = 0.0001$ 이다.

3.14 문제 3.13의 수정된 할선법을 사용하여 $f(x) = 3x^3 - 20x - 10 = 0$의 실근을 초기값 $x_0 = 0$ 에 대하여 $\delta x = 0.0001$로 하여 x_1, x_2와 x_3를 구하고 문제 3.13에서 구한 결과와 비교하라.

3.15 방정식 $f(x) = -x^3 - 2x + 2 - e^{-x} = 0$의 실근을 초기값 $x_0 = 0$에 대하여 뉴튼-랩슨법과 수정된 할선법(단, $\delta x = 0.0001$)으로 각각 구한 $x_i^{(NR)}, i = 1, 2, \cdots, n$과 $x_i^{(MS)}, i = 1, 2, \cdots, n$을 구하고 이 결과를 하나의 그래프로 나타내는 매트랩 코드를 작성하라.

뮬러법

3.16 방정식 $f(x) = 3x^3 + 4x + e^x - 2 = 0$의 근을 초기값 $x_0 = -1$, $x_1 = 0$, $x_2 = 1$과 뮬러법을 사용하여 x_3와 x_4를 구하라.

3.17 방정식 $f(x) = (x+1)(x^2+x+1) = 0$의 근을 초기값 $x_0 = 0$, $x_1 = 1$, $x_2 = 2$와 계산기 활용 뮬러법을 사용하여 x_3와 x_4를 구하라.

3.17.1 방정식 $f(x) = \cos x + x = 0$의 근을 초기값 $x_0 = 0$와 계산기 활용 뮬러법을 사용하여 다음을 구하라.

(1) x_0와 뉴튼-랩슨법으로 x_1을 구하라.

(2) x_1과 할선법으로 x_2을 구하라.

(3) x_2, $\delta x = 10^{-5}$와 수정된 할선법으로 x_3를 구하라.

(4) x_1, x_2, x_3와 뮬러법으로 x_4를 구하라 (답 x_4 =−0.739085)

3.17.2 방정식 $f(x) = 4\sin 2x + 1 = 0$의 근을 초기값 $x_0 = 0$와 계산기 활용 뮬러법을 사용하여 다음을 구하라.

(1) x_0와 뉴튼-랩슨법으로 x_1을 구하라.

(2) x_1과 할선법으로 x_2을 구하라.

(3) x_2, $\delta x = 10^{-5}$와 수정된 할선법으로 x_3를 구하라.

(4) x_1, x_2, x_3와 뮬러법으로 x_4를 구하라 (답 x_4 =−0.126340)

3.17.3 방정식 $f(x) = 2\sin x + x + 1 = 0$의 근을 초기값 $x_0 = 0$와 계산기 활용 뮬러법을 사용하여 다음을 구하라.

(1) x_0와 뉴튼-랩슨법으로 x_1을 구하라.

(2) x_1과 할선법으로 x_2을 구하라.

(3) x_2, $\delta x = 10^{-5}$와 수정된 할선법으로 x_3를 구하라.

(4) x_1, x_2, x_3와 뮬러법으로 x_4를 구하라 (답 x_4 =−0.337584)

베어스토우법

3.18 방정식 $f(x)=x^3+3x^2+5x-1=0$의 근을 변수 u와 v의 초기값 $u_0 = a_{n-1}/a_n =-5$, $v_0 = a_{n-2}/a_n =-3$와 베어스토우법을 사용하여 구하라.

3.19 방정식 $f(x)=x^3-6x^2+11x-6=0$의 근을 변수 u와 v의 초기값 $u_0 = a_{n-1}/a_n =-11/5$, $v_0 = a_{n-2}/a_n = 1$와 베어스토우법을 사용하여 구하라.

3.20 방정식 $f(x)=6x^5+11x^4-33x^3-33x^2+11x+6=0$의 변수 u와 v의 초기값 $u_0 = a_{n-1}/a_n = 11/6$ $v_0 = a_{n-2}/a_n =-11/2$와 베어스토우법을 사용하여 구하라.

CHAPTER 04

선형 연립방정식의 해

공학이나 자연 사회과학의 많은 문제는 변수 상호 간의 관계를 행렬식으로 나타낸 $Ax=b$ 형태의 연립방정식으로 표현될 수 있고 연립방정식이 선형인 경우, 방정식의 수와 미지수의 수가 같다면 유일해(exact solution) x를 구할 수 있다. 이러한 연립방정식에서 행렬 A의 차원 n이 작은 경우에는 역행렬이나 크래머 공식(Cramer's rule)을 사용하여 해를 구할 수 있으나 차원의 크기가 큰 경우에는 직접적으로 해를 구하기 쉽지 않다. 이러한 선형 연립방정식의 해를 구하는 방법으로 직접법과 반복법(iterative method)이 있다. 직접법은 미리 정해진 유한개의 계산 단계를 차례로 수행하여 해를 구하는 방법으로 가우스 소거법(Gauss elimination method)이나 LU 분해법(LU decomposition method)과 같은 것이 대표적 예이다. 그러나 이러한 직접법은 차원 n이 큰 경우 연산 횟수가 많아져 계산시간이 많이 걸리고 각각의 연산에서 발생하는 마무리 오차의 누적으로 인하여 정확한 해를 구하기 어렵다는 단점이 있다. 그리고 반복법은 해에 대한 초기값을 가정하고 초기값에서 출발하여 반복 계산을 통하여 해에 가까워지려고 하는 방법으로 야코비(Jacobi)법이나 가우스-자이델(Gauss-Siedel)법과 같은 방법들이 널리 사용되고 있다. 이들 반복법은 대각 요소 이외에는 0이 많은 행렬 즉 대각이 우월한 큰 행렬에 대한 해법으로 유용하다. 이 장에서는 이들 각각의 방법을 이용하여 n원 1차 연립방정식의 해를 구하는 방법에 대하여 서술한다.

4.1 크래머 공식(Cramer's rule)

n개의 변수 $x_1, x_2, \cdots, x_n$으로 이루어진 n원 1차 연립방정식

$$\begin{aligned} a_{11}x_1 + a_{12}x_2 + \cdots + a_{1n}x_n &= b_1 \\ a_{21}x_1 + a_{22}x_2 + \cdots + a_{2n}x_n &= b_2 \\ \cdots \\ a_{n1}x_1 + a_{n2}x_2 + \cdots + a_{nn}x_n &= b_n \end{aligned} \tag{4.1}$$

에 대하여 이 연립방정식을 행렬과 벡터를 이용하여 나타내면 식(4.2)와 같다.

$$\begin{bmatrix} a_{11} & a_{12} & \cdots & a_{1n} \\ u_{21} & u_{22} & \cdots & u_{2n} \\ \vdots & \vdots & & \vdots \\ a_{n1} & a_{n2} & \cdots & a_{nn} \end{bmatrix} \begin{bmatrix} x_1 \\ x_2 \\ \vdots \\ x_n \end{bmatrix} = \begin{bmatrix} b_1 \\ b_2 \\ \vdots \\ b_n \end{bmatrix}$$

또는

$$Ax = b \tag{4.2}$$

여기서,

$$A = \begin{bmatrix} a_{11} & a_{12} & \cdots & a_{1n} \\ a_{21} & a_{22} & \cdots & a_{2n} \\ \vdots & \vdots & & \vdots \\ a_{n1} & a_{n2} & \cdots & a_{nn} \end{bmatrix} = (a_{ij})$$

$$b = (b_1, b_2, \cdots, b_n)^T$$

$$x = (x_1, x_2, \cdots, x_n)^T$$

여기서 T는 전치(transpose)를 나타낸다. 식(4.2)에서 행렬 A의 역행열(inverse matrix) A^{-1}가 존재하면 식(4.2)의 유일한 해가 존재하고 그 해는 다음 행렬 연산

$$A^{-1}(Ax) = A^{-1}b$$

으로부터

$$x = A^{-1}b \tag{4.3}$$

로 얻어진다. 식(4.3)에서 역행열 A^{-1}은 주어진 $n \times n$ 정방 행렬 A에 대하여 다음 성질

$$AB = BA = I_n$$

을 만족하는 행렬 B를 말한다. 여기서 I_n은 $n \times n$ 단위행렬이다. 이러한 성질을 만족하는 행렬 B는 임의의 정방 행렬 A에 대하여 존재하지 않거나 단 하나만 존재하여 A^{-1}로 나타내며

$$A^{-1} = \frac{adj(A)}{|A|} \tag{4.4}$$

로 구할 수 있다. 여기서 $|A|$는 가역 행렬 A의 행렬식(determinant)이며 $\det A$로 나타내기도 한다. 즉 $|A| = \det A$이다. $adj(A)$ (adjoint)는 행렬 A의 수반 행렬(adjoint matrix)이며 행렬 A의 i행과 j열을 제거한 행렬에 대한 소행렬식(minor)

$$D_{ij} = \begin{vmatrix} a_{11} & \cdots & a_{1j-1} & a_{1j+1} & \cdots & a_{1n} \\ \vdots & & \vdots & \vdots & & \vdots \\ a_{i-11} & \cdots & a_{i-1j-1} & a_{i-1j+1} & \cdots & a_{i-1n} \\ a_{i+11} & \cdots & a_{i+1j-1} & a_{i+1j+1} & \cdots & a_{i+1n} \\ \vdots & & \vdots & \vdots & & \vdots \\ a_{n1} & \cdots & a_{nj-1} & a_{nj+1} & \cdots & a_{nn} \end{vmatrix}$$

를 구하고 이에 $(-1)^{i+j}$을 곱한 여인자(cofactor) $A_{ij}=(-1)^{i+j}D_{ij}$를 요소로 하는 여인자 행렬(cofactor matrix)을 전치(transpose)한 것이다. 즉

$$adjA=\begin{bmatrix} A_{11} & A_{21} & \cdots & A_{n1} \\ A_{12} & A_{22} & \cdots & A_{n2} \\ \vdots & \vdots & & \vdots \\ A_{1n} & A_{2n} & \cdots & A_{nn} \end{bmatrix}=(A_{ij})^T$$

이다.

다음 정리는 행렬식이 여인자로 표현됨을 나타낸다.

정리 4.1

행렬식 $|A|$는 제 i행에 대한 전개로는

$$|A|=a_{i1}A_{i1}+a_{i2}A_{i2}+\cdots+a_{in}A_{in}$$
$$\left(=a_{i1}(-1)^{i+1}D_{i1}+a_{i2}(-1)^{i+2}D_{i2}+\cdots+a_{in}(-1)^{i+n}D_{in}\right)$$

가 되고 제 j열에 대한 전개로는

$$|A|=a_{1j}A_{1j}+a_{2j}A_{2j}+\cdots+a_{nj}A_{nj}$$
$$\left(=a_{1j}(-1)^{1+j}D_{1j}+a_{2j}(-1)^{2+j}D_{2+j}+\cdots+a_{nj}(-1)^{n+j}D_{nj}\right)$$

이다.

증명 생략

다음 정리는 행렬식을 이용하여 역행렬을 구하는 방법을 나타낸다.

정리 4.2

행렬 A의 행렬식(determinant)이 0 이 아니면 즉 $|A|\neq 0$이면 역행열 A^{-1}은 다음 식으로 구할 수 있다.

$$A^{-1}=\frac{1}{|A|}\begin{bmatrix} A_{11} & A_{21} & \cdots & A_{n1} \\ A_{12} & A_{22} & \cdots & A_{n2} \\ \vdots & \vdots & & \vdots \\ A_{1n} & A_{2n} & \cdots & A_{nn} \end{bmatrix}=\frac{1}{|A|}(A_{ij})^T$$

증명 생략

이와 같이 연립방정식 $Ax=b$의 행렬 A에 대한 역행렬 A^{-1}을 구한 후 벡터 b와 곱하여 방정식의 해 x를 구할 수 있음을 알 수 있다. 그러나 풀고자 하는 문제 중 많은 문제는 역행렬 A^{-1}을 구하는 것이 행렬 A의 크기가 $n\times n$인 경우 곱셈(나눗셈) 연산이 n^3에 비례하기 때문에 계산 부담으로 인하여 이 보다 효율적인 방법으로 역행렬을 구하는 것이 일반적이다.

예제 4.1

다음 행렬의 역행렬을 구하라.

$$A=\begin{bmatrix}1 & 2\\ 3 & 5\end{bmatrix}$$

풀이 [정리 4.2]를 이용하면 행렬 A에 대한 역행렬 A^{-1}은 다음과 같이 구해진다.

$$A^{-1}=\frac{Adj(A)}{|A|}=\frac{\begin{bmatrix}5 & -2\\ -3 & 1\end{bmatrix}}{\det\begin{bmatrix}1 & 2\\ 3 & 5\end{bmatrix}}=\frac{\begin{bmatrix}5 & -2\\ -3 & 1\end{bmatrix}}{-1}=\begin{bmatrix}-5 & 2\\ 3 & -1\end{bmatrix}$$

이를 매트랩 및 파이썬을 사용하여 구하면 [ex4_1] 코드와 같고 실행 결과는 다음과 같다.

% [ex4_1] 매트랩 코드 실행 결과

```
* [예제 4.1]
A =
      1     2
      3     5

A_adj =
    5.0000   -2.0000
   -3.0000    1.0000

A_det =
   -1.0000

A_inv =
   -5.0000    2.0000
    3.0000   -1.0000
```

[ex4_1] 파이썬 코드 실행 결과

```
* [예제 4.1] 역행렬
 A =
 [[1 2]
 [3 5]]

 A_inv =
 [[-5.  2.]
 [ 3. -1.]]
```

다음으로는 선형 연립방정식의 해를 구하는 방법인 크래머 공식에 대하여 알아보기로 한다. 스위스 수학자 가브리엘 크래머(Gabriel Cramer, 1704년-1752년)에게서 유래하는 크래머 공식은 선형 연립방정식의 해를 행렬식으로 표현하는 정리로 다음과 같이 정의된다.

정의 4.1 크래머 공식(Cramer's rule)

연립 1차 방정식이 식(4.5)

$$Ax = b \tag{4.5}$$

와 같이 표현된다고 하자. 여기서, 행렬 A는 $n \times n$행렬이고 $\det A \neq 0$이며 벡터 x는 (x_i)를 벡터 b는 (b_i)를 요소로 갖는 열벡터이다. 이러한 연립 1차 방정식의 유일한 해는

$$x_i = \frac{\det A_i}{\det A}, \quad i = 1, 2, \cdots, n \tag{4.6}$$

이다. 여기서 A_i는 아래 식과 같이 A의 i열의 요소를 b의 요소로 바꾸어 놓은 행렬이다.

$$A_i = \begin{bmatrix} a_{11} & a_{12} & \cdots & a_{1i-1} & b_1 & a_{1i+1} & \cdots & a_{1n} \\ a_{21} & a_{22} & \cdots & a_{2i-1} & b_2 & a_{2i+1} & \cdots & a_{2n} \\ \vdots & \vdots & & & & & & \vdots \\ a_{n1} & a_{n2} & \cdots & a_{ni-1} & b_n & a_{ni+1} & \cdots & a_{nn} \end{bmatrix}$$

예제 4.2 연립 1차 방정식

$$\begin{aligned} 3x_1 - x_2 + 3x_3 &= 1 \\ 2x_1 + 5x_2 - 4x_3 &= 6 \\ x_1 + 2x_2 - 2x_3 &= 4 \end{aligned} \tag{4.7}$$

의 해 x_1, x_2와 x_3를 크래머 공식을 사용하여 구하라..

풀이 주어진 연립방정식을 행렬 형태 $Ax = b$로 나타내면

$$\begin{bmatrix} 3 & -1 & 3 \\ 2 & 5 & -4 \\ 1 & 2 & -2 \end{bmatrix} \begin{bmatrix} x_1 \\ x_2 \\ x_3 \end{bmatrix} = \begin{bmatrix} 1 \\ 6 \\ 4 \end{bmatrix}$$

가 되므로 이에 대하여 크래머 공식을 적용하면 연립방정식의 해 x_1, x_2와 x_3는 다음과 같이 구해진다.

$$\det A = \begin{vmatrix} 3 & -1 & 3 \\ 2 & 5 & -4 \\ 1 & 2 & -2 \end{vmatrix} = (-30) + 12 + 4 - 15 - (-24) - 4 = -9$$

$$x_1 = \frac{\begin{vmatrix} 1 & -1 & 3 \\ 6 & 5 & -4 \\ 4 & 2 & -2 \end{vmatrix}}{\det A} = \frac{-10 + 36 + 16 - 60 - (-8) - 12}{-9} = \frac{22}{9}$$

$$x_2 = \frac{\begin{vmatrix} 3 & 1 & 3 \\ 2 & 6 & -4 \\ 1 & 4 & -2 \end{vmatrix}}{\det A} = \frac{-36 + 24 - 4 - 18 - (-48) - (-4)}{-9} = -2$$

$$x_3 = \frac{\begin{vmatrix} 3 & -1 & 1 \\ 2 & 5 & 6 \\ 1 & 2 & 4 \end{vmatrix}}{\det A} = \frac{60 + 4 - 6 - 5 - 36 - (-8)}{-9} = -\frac{25}{9}$$

이를 매트랩 및 파이썬을 사용하여 구하면 [ex4_2] 코드와 같고 실행 결과는 다음과 같다.

% [ex4_2] 매트랩 코드 실행 결과

```
* [예제 4.2]
A =
     3    -1     3
     2     5    -4
     1     2    -2

b =
     1
     6
     4

x =
   2.4444   -2.0000   -2.7778
```

 # [ex4_2] 파이썬 코드 실행 결과

```
* [예제 4.2] 크래머 공식
 A =
[[ 3 -1  3]
[ 2  5 -4]
[ 1  2 -2]]

 b =
[[1]
[6]
[4]]

 해 x =
[2.4444444444444446, -2.0000000000000001, -2.7777777777777779]
```

예제 4.3 **연립 1차 방정식**

$$\begin{cases} 2x_1 + 3x_2 + x_3 = -11 \\ -1x_1 - 2x_2 + 4x_3 = 11 \\ 3x_1 + x_2 + 5x_3 = -6 \end{cases}$$

의 해 x_1, x_2와 x_3를 크래머 공식을 사용하여 구하라.

풀이 주어진 연립방정식을 행렬 형태 $Ax = b$로 나타내면

$$\begin{bmatrix} 2 & 3 & 1 \\ -1 & -2 & 4 \\ 3 & 1 & 5 \end{bmatrix} \begin{bmatrix} x_1 \\ x_2 \\ x_3 \end{bmatrix} = \begin{bmatrix} -11 \\ 11 \\ -6 \end{bmatrix}$$

가 되므로 이에 대하여 크래머 공식을 적용하면 연립방정식의 해 x_1, x_2와 x_3은 다음과 같이 구해진다.

$$\det A = \begin{vmatrix} 2 & 3 & 1 \\ -1 & -2 & 4 \\ 3 & 1 & 5 \end{vmatrix} = 2\begin{vmatrix} -2 & 4 \\ 1 & 5 \end{vmatrix} - 3\begin{vmatrix} -1 & 4 \\ 3 & 5 \end{vmatrix} + \begin{vmatrix} -1 & -2 \\ 3 & 1 \end{vmatrix}$$

$$= 2(-10-4) - 3(-5-12) + (-1+6) = 28$$

$$x_1 = \frac{D_1}{\det A} = \frac{\begin{vmatrix} -11 & 3 & 1 \\ 11 & -2 & 4 \\ -6 & 1 & 5 \end{vmatrix}}{28} = \frac{-11\begin{vmatrix} -2 & 4 \\ 1 & 5 \end{vmatrix} - 3\begin{vmatrix} 11 & 4 \\ -6 & 5 \end{vmatrix} + \begin{vmatrix} 11 & -2 \\ -6 & 1 \end{vmatrix}}{28}$$

$$= \frac{-11(-10-4) - 3(55+24) + (11-12)}{28} = -3$$

$$x_2 = \frac{D_2}{\det A} = \frac{\begin{vmatrix} 2 & -11 & 1 \\ -1 & 11 & 4 \\ 3 & -6 & 5 \end{vmatrix}}{28} = \frac{2\begin{vmatrix} 11 & 4 \\ -6 & 5 \end{vmatrix} + 11\begin{vmatrix} -1 & 4 \\ 3 & 5 \end{vmatrix} + \begin{vmatrix} -1 & 11 \\ 3 & -6 \end{vmatrix}}{28}$$

$$= \frac{2(55+24) + 11(-5-12) + (6-33)}{28} = -2$$

$$x_3 = \frac{D_3}{\det A} = \frac{\begin{vmatrix} 2 & 3 & -11 \\ -1 & -2 & 11 \\ 3 & 1 & -6 \end{vmatrix}}{28} = \frac{2\begin{vmatrix} -2 & 11 \\ 1 & -6 \end{vmatrix} - 3\begin{vmatrix} -1 & 11 \\ 3 & -6 \end{vmatrix} - 11\begin{vmatrix} -1 & -2 \\ 3 & 1 \end{vmatrix}}{28}$$

$$= \frac{2(12-11) - 3(6-33) - 11(-1+6)}{28} = 1$$

즉 해는 $x = [x_1, x_2, x_3]^T = [-3, -2, 1]^T$이 된다. 이를 매트랩 및 파이썬을 사용하여 구하면 [ex4_3] 코드와 같고 실행 결과는 다음과 같다.

% [ex4_3] 매트랩 코드 실행 결과

```
* [예제 4.3] 크래머 공식
A =
     2     3     1
    -1    -2     4
     3     1     5

b =
   -11
    11
    -6

x =
   -3.0000   -2.0000    1.0000
```

 # [ex4_3] 파이썬 코드 실행 결과

```
* [예제 4.3] 크래머 공식
 A =
[[ 2  3  1]
 [-1 -2  4]
 [ 3  1  5]]

 b =
[[-11]
 [ 11]
 [ -6]]

 해 x =
[-2.9999999999999982, -1.9999999999999982, 1.0]
```

4.2 가우스 소거법

4.2.1 단순 가우스 소거법

가우스 소거법(Gauss elimination method)은 선형대수학에서 n개의 미지수를 갖는 n원 1차 연립방정식의 해를 구하기 위한 알고리즘으로 첫 번째 방정식을 첫 번째 변수에 대하여 푼 결과를 나머지 $n-1$개의 다른 방정식의 첫 번째 변수에 대입하여 정리하면 첫 번째 식은 n개의 미지수를 갖고 나머지 $n-1$개의 식은 $n-1$개의 미지수를 갖는 연립방정식이 된다. 같은 과정을 두 번째 변수에 대하여 적용하여 두 번째 식으로부터 두 번째 변수를 구하고 이를 첫 번째 및 두 번째 식을 제외한 나머지 $n-2$개의 방정식의 두 번째 변수에 대입하여 정리하는 과정을 방정식이 오직 하나만 남을 때까지, 즉 하나의 방정식에 하나의 변수만 남을 때까지 반복한다.

마지막 식은 오직 하나의 변수만을 갖고 있으므로 이 식으로부터 마지막 변수값을 구하고 이를 그 전 식에 대입하여 마지막에서 두 번째 변수값을 구한다. 이러한 과정을 모든 변수값을 구할 때까지 반복하는 것이 가우스 소거법이다. 이러한 가우스 소거법의 이해를 돕기 위하여 다음과 같은 아주 간단한 2원 1차 연립방정식의 해를 구하는 법을 살펴보기로 한다.

$$\begin{aligned} G_1 &: 2x + y = 3 \\ G_2 &: 3x - y = 2 \end{aligned}$$

잘 알다시피 정답은 $x=1, y=1$이다. 이 해를 구하는 방법 중의 하나는 먼저 식 G_1을 이용하여 x를 다음

$$x = \frac{1}{2}(-y+3)$$

과 같이 구한 후 이 x를 식 G_2에 대입하여 미지수 x를 소거한 식으로 정리하면

$$\begin{aligned} G_1 &: 2x + y = 3 \\ G_2^{(1)} &: 3x - y = 3\times\frac{1}{2}(-y+3) - y = 2 \Rightarrow 5y = 5 \end{aligned}$$

가 된다. 여기서 $G_2^{(1)}$은 변형된 식 G_2를 나타낸다. 식 $G_2^{(1)}$을 보면 오직 하나의 미지수 y만을 가지므로 식 $G_2^{(1)}$으로부터 해 $y=1$을 구할 수 있고, 이 값을 거꾸로 돌아가 식 G_1에 대입하면 $x=1$ 을 구할 수 있다. 이와 같이 주어진 식의 차례대로 나아가며 미지수를 소거하는 것을 전진 소거(forward elimination)라 하며 거꾸로 후진하면서 미지수 값을 대입하는 것을 후진 대입(back substitution)이라 한다. 이와 같은 가우스 소거법은 행렬만을 사용하여 계산하여 모든 과정을 다음과 같이 매우 간단히 나타낼 수 있기 때문에 널리 사용되고 있다. 이를 위하여 주어진 두 행렬 A와 b

$$A = \begin{bmatrix} 2 & 1 \\ 3 & -1 \end{bmatrix}$$

$$b = (3 \ \ 2)^T$$

를 다음과 같이 하나의 행렬 형태로 합한 확장 행렬(augmented matrix)

$$A_b = \left[\begin{array}{cc|c} 2 & 1 & 3 \\ 3 & -1 & 2 \end{array}\right]$$

로 나타낸 후 위에서 설명한 가우스 소거법을 적용하면

$$A_b = \left[\begin{array}{cc|c} 2 & 1 & 3 \\ 0 & 5 & 5 \end{array}\right]$$

가 되어 행렬 A_b의 마지막 행으로부터 해 $y=1$을 구할 수 있고, 이 값을 거꾸로 돌아가 첫 번째 행에 대입하면 $x=1$을 구할 수 있다.

이번에는 차원을 3차원으로 늘려 3원 1차 연립방정식의 해를 구하는 다음과 같은 문제에 대하여 위의 과정을 따라가 보기로 한다.

$$\begin{aligned} G_1 &: \ \ 2x_1 + x_2 - x_3 = 1 \\ G_2 &: \ \ x_1 + 5x_2 + 4x_3 = -1 \\ G_3 &: -4x_1 + 3x_2 + 3x_3 = 1 \end{aligned} \tag{4.8}$$

식 G_1에서 미지수 x_1을 구해 식 G_2와 식 G_3에 대입하여 정리하는 것은 식 G_2와 식 G_3에서 미지수 x_1을 소거하는 것과 같은 것을 의미하므로 식 G_2에 대해서는 연산 $G_2 - \frac{1}{2}G_1$을 수행하고 식 G_3에 대해서는 $G_3 - \frac{(-4)}{2}G_1$을 수행하면

$$\begin{aligned} G_1 &: \ 2x_1 + x_2 - x_3 = 1 \\ G_2^{(1)} &: \ 9/2x_2 + 9/2x_3 = -3/2 \\ G_3^{(1)} &: \ 5x_2 + x_3 = 3 \end{aligned}$$

가 된다. 다음으로 두 번째 식 $G_2^{(1)}$에서 미지수 x_2를 구해 식 $G_3^{(1)}$에 대입하여 정리하는 것은 식 $G_3^{(1)}$에서 미지수 x_2을 소거하는 것과 같으므로 연산 $G_3^{(1)} - \frac{5}{9/2}G_2^{(1)}$를 수행하면

$$
\begin{aligned}
G_1 &: \quad 2x_1 + x_2 - x_3 = 1 \\
G_2^{(1)} &: \quad 9/2x_2 + 9/2x_3 = -3/2 \\
G_3^{(2)} &: \quad -4x_3 = 14/3
\end{aligned}
$$

가 된다. 식 $G_3^{(2)}$에서 미지수 x_3을 구하면

$$x_3 = -\frac{7}{6}$$

이므로 이 값을 식 $G_2^{(1)}$에 대입하여 미지수 x_2를 구하면

$$x_2 = \frac{5}{6}$$

가 되고 위에서 구한 x_2와 x_3 값을 G_1에 대입하여 미지수 x_1을 구하면

$$x_1 = -\frac{1}{2}$$

이 되어 모든 해를 구하게 된다.

위의 과정 중에서 식 G_1, G_2와 식 G_3로부터 식 G_1, $G_2^{(1)}$ 및 $G_3^{(2)}$를 구하는 과정을 전진 소거라 하고 오직 하나만의 미지수를 갖는 식 $G_3^{(2)}$로부터 미지수 x_3을 구하고 이 값을 바로 위 식 $G_2^{(1)}$에 대입하여 미지수 x_2를 구한 후 x_2와 x_3 값을 G_1에 대입하여 미지수 x_1을 구하는 과정을 후진 대입이라 한다. 이러한 가우스 소거 계산을 확장 행렬을 사용하여 계산하면

$$A_b = \begin{bmatrix} 2 & 1 & -1 & \vdots & 1 \\ 0 & 9/2 & 9/2 & \vdots & -3/2 \\ 0 & 0 & -4 & \vdots & 14/3 \end{bmatrix}$$

가 되어 $x_3 = -\frac{7}{6}$, $x_2 = \frac{5}{6}$ 그리고 $x_1 = -\frac{1}{2}$과 같은 결과를 얻을 수 있다.

예제 4.4

연립 1차 방정식의 해 x_1, x_2와 x_3를 단순 가우스 소거법으로 구하라.

$$\begin{cases} 2x_1 + 3x_2 + x_3 = -11 \\ -x_1 - 2x_2 + 4x_3 = 11 \\ 3x_1 + x_2 + 5x_3 = -6 \end{cases}$$

풀이 주어진 연립방정식을 편의를 위해 아래와 같이 다시 쓰기로 하자.

$$\begin{aligned} G_1 &: \ 2x_1 + 3x_2 + x_3 = -11 \\ G_2 &: -x_1 - 2x_2 + 4x_3 = 11 \\ G_3 &: \ 3x_1 + x_2 + 5x_3 = -6 \end{aligned} \quad \text{-->} \ A_b = \begin{bmatrix} 2 & 3 & 1 & \vdots & -11 \\ -1 & -2 & 4 & \vdots & 11 \\ 3 & 1 & 5 & \vdots & -6 \end{bmatrix}$$

식 G_1을 이용하여 식 G_2와 G_3에서 미지수 x_1을 소거하기 위하여 $G_2 - \frac{(-1)}{2}G_1$와 $G_3 - \frac{3}{2}G_1$을 계산하면 다음과 같은 결과를 얻을 수 있다.

$$\begin{aligned} G_1 &: \ 2x_1 + 3x_2 + x_3 = -11 \\ G_2^{(1)} &: \ -0.5x_2 + 4.5x_3 = 5.5 \\ G_3^{(1)} &: \ -3.5x_2 + 3.5x_3 = 10.5 \end{aligned} \quad \text{-->} \ A_b = \begin{bmatrix} 2 & 3 & 1 & \vdots & -11 \\ 0 & -0.5 & 4.5 & \vdots & 5.5 \\ 0 & -3.5 & 3.5 & \vdots & 10.5 \end{bmatrix}$$

가 되므로 $G_3^{(1)}$에서 미지수 x_2을 소거하기 위하여 $G_3^{(1)} - \frac{1}{(-0.5)}G_2^{(1)}$ 연산을 수행하면 다음과 같은 결과를 얻을 수 있다.

$$\begin{aligned} G_1 &: \ 2x_1 + 3x_2 + x_3 = -11 \\ G_2^{(1)} &: \ -0.5x_2 + 4.5x_3 = 5.5 \\ G_3^{(2)} &: \ -28x_3 = -28 \end{aligned} \quad \text{-->} \ A_b = \begin{bmatrix} 2 & 3 & 1 & \vdots & -11 \\ 0 & -0.5 & 4.5 & \vdots & 5.5 \\ 0 & 0 & -28 & \vdots & -28 \end{bmatrix}$$

위 식을 살펴보면 $G_3^{(2)}$로부터 $x_3 = 1$을 구할 수 있으며 이 값을 후진하여 $G_2^{(1)}$에 대입하여 정리하면 $x_2 = -2$을 얻으며 마지막으로 이들 두 변수 x_2와 x_3를 G_1에 대입하여 정리하면 $x_1 = -3$을 얻어 결국 해는 $x = [x_1, x_2, x_3]^T = [-3, -2, 1]^T$이 되므로 [예제 4.3]에서 크래머 공식을 사용하여 얻은 결과와 일치하게 된다. 이를 매트랩 및 파이썬을 이용하여 구성하면 [ex4_4] 코드와 같고 실행 결과는 다음과 같다.

% [ex4_4] 매트랩 코드 실행 결과

```
* [예제 4.4] 단순 가우스 소거법
A =
     2     3     1
    -1    -2     4
     3     1     5
b =
   -11
    11
    -6
```

```
Aug =
      2      3      1    -11
     -1     -2      4     11
      3      1      5     -6
x =
     -3
     -2
      1
```

[ex4_4] 파이썬 코드 실행 결과

* [예제 4.4] 단순 가우스 소거법

```
A =
[[ 2  3  1]
 [-1 -2  4]
 [ 3  1  5]]

b =
[[-11]
 [ 11]
 [ -6]]

A|b =
[[  2.   3.   1. -11.]
 [ -1.  -2.   4.  11.]
 [  3.   1.   5.  -6.]]

A|b =
[[  2.    3.    1.   -11. ]
 [  0.   -0.5   4.5    5.5]
 [  0.    0.  -28.   -28. ]]

해 x =
[-3. -2.  1.]
```

위 식을 행렬로 나타내면 다음과 같은

$$\begin{bmatrix} 2 & 3 & 1 \\ 0 & -1 & 9 \\ 0 & 0 & 8 \end{bmatrix}\begin{bmatrix} x_1 \\ x_2 \\ x_3 \end{bmatrix} = \begin{bmatrix} -11 \\ 11 \\ 8 \end{bmatrix}$$

상삼각행렬(upper triangular matrix)로 나타내진다. 여기서 상삼각행렬은 정방행렬 $A = a_{ij}$의 요소 a_{ij}에 대하여

$$a_{ij} = 0,\ i > j$$

를 만족하는 행렬을 말하며 하삼각행렬(lower triangular matrix)은

$$a_{ij} = 0,\ i < j$$

을 만족하는 행렬을 말한다.

이러한 가우스 소거법을 적용하여 연립방정식의 해를 구함에 있어서 중요한 가정은 주어진 방정식 또는 소거 과정에서 변형된 방정식 중 어느 하나를 정해 소거하고자 하는 미지수에 대하여 풀 때 그 미지수의 계수가 0(zero)이 아니어야 한다는 것이다. 만약 이 계수가 0인 경우에는 다른 방정식과 순서를 맞바꿔 가우스 소거법을 적용해야만 한다. 주어진 연립방정식의 기준 요소가 0이 되는 경우에 대하여 다음과 같은 예를 들어 설명하기로 한다.

$$\begin{aligned} G_1 &: \quad\quad\quad 3x_2 + \ x_3 = -2 \\ G_2 &: -x_1 - 2x_2 + 4x_3 = \ \ 5 \\ G_3 &: \ \ 3x_1 + \ x_2 + 5x_3 = \ \ 7 \end{aligned}$$

식 G_1을 살펴보면 미지수 x_1의 계수가 0(zero)이 되어 미지수 x_1에 대한 기준 방정식이 될 수 없으므로 미지수 x_1의 계수가 0 이 아닌 식 G_2와 G_3 중에서 하나를 선택하여 순서를 맞교환한다. 나머지 식 중에서 기준 방정식을 선택하는 기준에 대하여는 추후에 설명하기로 하고 여기서는 편의를 위해 기준 방정식으로 G_2를 선정하고 식 G_1과 G_2를 다음과 같이 맞교환한다.

$$\begin{aligned} G_2 &: -x_1 - 2x_2 + 4x_3 = \ \ 5 \\ G_1 &: \quad\quad\quad 3x_2 + \ x_3 = -2 \\ G_3 &: \ \ 3x_1 + \ x_2 + 5x_3 = \ \ 7 \end{aligned}$$

맞교환된 위의 연립방정식에 대하여 첫 번째 방정식의 미지수 x_1의 계수가 0이 아니므로 이 연립방정식에 대하여 가우스 소거법을 적용하여 해를 구한다.

다음으로는 소거 과정에서 기준 요소가 0이 되는 경우 어떻게 해야 하는지에 대하여 다음 예를 들어 설명하기로 한다.

$$\begin{aligned} G_1 &: \ \ \ x_1 + 2x_2 + \ x_3 = -11 \\ G_2 &: -x_1 - 2x_2 + 4x_3 = \ \ 12 \\ G_3 &: \ \ 3x_1 + \ x_2 + 5x_3 = -6 \end{aligned}$$

먼저 주어진 식 G_1을 기준 방정식으로 설정하고 연산 $G_2 - \frac{(-1)}{1}G_1$과 $G_3 - \frac{3}{1}G_1$를 통해 식 G_2와 G_3에서 미지수 x_1을 소거하면

$$\begin{aligned} G_1 \ &: \quad x_1 + 2x_2 + \ \ x_3 = -11 \\ G_2^{(1)} &: \qquad\qquad\quad 5x_3 = \ \ 1 \\ G_3^{(1)} &: \qquad -5x_2 + 2x_3 = \ \ 27 \end{aligned}$$

가 된다. 위 식 $G_2^{(1)}$와 $G_3^{(1)}$에서 미지수 x_2을 소거하기 위하여 식 $G_2^{(1)}$을 기준 방정식으로 설정하면 미지수 x_2의 기준 요소가 0이므로 소거가 되지 않는다. 이런 경우 나머지 식에서 기준 요소가 0이 되지 않는 다른 식, 여기서는 $G_3^{(1)}$을 기준 방정식으로 정해야만 한다. 따라서 식 $G_2^{(1)}$와 $G_3^{(1)}$의 순서를 맞바꾸어 다음과 같은 식

$$\begin{aligned} G_1 \ &: \quad x_1 + 2x_2 + \ \ x_3 = -11 \\ G_3^{(1)} &: \qquad -5x_2 + 2x_3 = \ \ 27 \\ G_2^{(1)} &: \qquad\qquad\quad 5x_3 = \ \ 1 \end{aligned}$$

을 구성한 후 가우스 소거법을 적용하여 해를 구한다.

이와 같은 가우스 소거법 모든 과정을 식(4.9)와 같은 n개의 미지수 $x_1, x_2, \cdots, x_n$를 갖는 n원 1차 연립방정식

$$\begin{aligned} G_1 &: a_{11}x_1 + a_{12}x_2 + a_{13}x_3 + \cdots + a_{1n}x_n = b_1 \\ G_2 &: a_{21}x_1 + a_{22}x_2 + a_{23}x_3 + \cdots + a_{2n}x_n = b_2 \\ &\quad\vdots \\ G_n &: a_{n1}x_1 + a_{n2}x_2 + a_{n3}x_3 + \cdots + a_{nn}x_n = b_n \end{aligned} \tag{4.9}$$

에 적용해 보기로 한다. 첫 번째 단계는 주어진 연립방정식 중 첫 번째 방정식 G_1을 첫 번째 미지수 x_1에 대하여 푸는 것이다. 이때 당연히 기준 요소가 되는 a_{11}은 0이 되어서는 안된다. 따라서 만약 $a_{11} = 0$인 경우에는 $a_{11} \neq 0$인 다른 행의 방정식과 순서를 바꿔 풀면 x_1은 다음과 같은 나머지 $n-1$개 미지수 $x_2, \cdots, x_n$의 함수로 나타내진다.

$$x_1 = \frac{1}{a_{11}}(-a_{12}x_2 - a_{13}x_3 - \cdots - a_{1n}x_n + b_1)$$

여기서 $a_{11} \neq 0$이다. 여기서 주목할 것은 x_1의 계수 a_{11}이 0 또는 0에 매우 가까운 수인 경우는 앞으로 살펴볼 것처럼 유효숫자 자릿수 등등의 원인으로 인하여 계산 결과에 많은 오차를 발생시키게

되어 기우스 소거법으로 구한 해가 정답과는 전혀 다른 오답을 보일 수 있다는 것이다. 이 x_1을 두 번째 식 G_2부터 마지막 식 G_n까지 대입하여 식 G_2부터 식 G_n까지 미지수 x_1을 소거하여 정리하면

$$\begin{aligned}
G_1 &: \; a_{11}x_1 + a_{12}x_2 + a_{13}x_3 + \cdots + a_{1n}x_n = b_1 \\
G_2^{(1)} &: \qquad a_{22}^{(1)}x_2 + a_{23}^{(1)}x_3 + \cdots + a_{2n}^{(1)}x_n = b_2^{(1)} \\
G_3^{(1)} &: \qquad a_{32}^{(1)}x_2 + a_{33}^{(1)}x_3 + \cdots + a_{3n}^{(1)}x_n = b_3^{(1)} \\
&\qquad \vdots \\
G_n^{(1)} &: \qquad a_{n2}^{(1)}x_2 + a_{n3}^{(1)}x_3 + \cdots + a_{nn}^{(1)}x_n = b_n^{(1)}
\end{aligned} \tag{4.10}$$

가 된다. 두 번째 단계로 위의 식 $G_2^{(1)}$으로부터 x_2를 구하면

$$x_2 = \frac{1}{a_{22}^{(1)}}\left(-a_{23}^{(1)}x_3 - \; \cdots \; - a_{2n}^{(1)}x_n + b_2^{(1)}\right)$$

로 나타내지며 여기서 $a_{22}^{(1)} \neq 0$이다. 위의 x_2를 식 $G_3^{(1)}$부터 마지막 식 $G_n^{(1)}$까지 대입하여 식 $G_3^{(1)}$부터 식 $G_n^{(1)}$까지 미지수 x_2를 소거하여 정리하면

$$\begin{aligned}
G_1 &: \; a_{11}x_1 + a_{12}x_2 + a_{13}x_3 + \cdots + a_{1n}x_n = b_1 \\
G_2^{(1)} &: \qquad a_{22}^{(1)}x_2 + a_{23}^{(1)}x_3 + \cdots + a_{2n}^{(1)}x_n = b_2^{(1)} \\
G_3^{(2)} &: \qquad\qquad a_{33}^{(2)}x_3 + \cdots + a_{3n}^{(2)}x_n = b_3^{(2)} \\
&\qquad \vdots \\
G_n^{(2)} &: \qquad\qquad a_{n3}^{(2)}x_3 + \cdots + a_{nn}^{(2)}x_n = b_n^{(2)}
\end{aligned} \tag{4.11}$$

가 된다.

이와 같은 과정을 나머지 변수 $x_3, \cdots, x_{n-1}$에 대하여 반복 적용하여 마지막 식에서 오직 하나의 미지수 x_n만을 갖는 식

$$\begin{aligned}
G_1 &: \; a_{11}x_1 + a_{12}x_2 + a_{13}x_3 + \cdots + a_{1n}x_n = b_1 \\
G_2^{(1)} &: \qquad a_{22}^{(1)}x_2 + a_{23}^{(1)}x_3 + \cdots + a_{2n}^{(1)}x_n = b_2^{(1)} \\
G_3^{(2)} &: \qquad\qquad a_{33}^{(2)}x_3 + \cdots + a_{3n}^{(2)}x_n = b_3^{(2)} \\
&\qquad \vdots \\
G_n^{(n-1)} &: \qquad\qquad\qquad a_{nn}^{(n-1)}x_n = b_n^{(n-1)}
\end{aligned} \tag{4.12}$$

이 되도록 한다.

이렇게 구해진 마지막 식 $G_n^{(n-1)}$에서 n번째 미지수 값

$$x_n = b_n^{(n-1)} / a_{nn}^{(n-1)}$$

을 구하고 이 값을 후진하며 $n-1$ 번째 식 $G_{n-1}^{(n-2)}$에 대입하면 식 $G_{n-1}^{(n-2)}$은 오직 하나의 미지수 x_{n-1}만을 가지므로 미지수 값 x_{n-1}을 구할 수 있다. 이와 같은 과정을 첫 번째 미지수 값 x_1을 구할 때까지 후진하며 반복하면 모든 해를 $x_n, x_{n-1}, \cdots, x_1$의 순서로 구할 수 있다. 이러한 일련의 과정을 알고리즘으로 정리한 것이 가우스 소거법(Gauss elimination method)이다.

이러한 과정을 행렬로 다시 정리하면 다음과 같다. 먼저 주어진 연립방정식 식(4.9)를 다음과 같이 행렬 형태로 나타낸다.

$$Ax = b \tag{4.13}$$

여기서

$$A = \begin{bmatrix} a_{11} \dots a_{1n} \\ \vdots \ \dots \ \vdots \\ a_{n1} \dots a_{nn} \end{bmatrix}, \ x = [x_1, \cdots, x_n]^T, \ b = [b_1, \ \cdots, b_n]^T$$

이다. 식(4.13)은 위에서 설명한 전진 소거 과정을 거쳐 상삼각행렬 U를 포함한 다음과 같은 형태

$$Ux = b^* \tag{4.14}$$

로 변형할 수 있다. 여기서 b^*는 전진 소거 과정에서 b가 변형된 $n \times 1$ 벡터이고 U는 A가 변형된 $n \times n$ 상삼각행렬로 식(4.15)와 같은 구조를 갖는다.

$$U = \begin{bmatrix} u_{11} & u_{12} & \cdots & u_{1n} \\ 0 & u_{22} & \cdots & u_{2n} \\ \vdots & \vdots & & \vdots \\ 0 & 0 & \cdots & u_{nn} \end{bmatrix} \tag{4.15}$$

이와 같은 가우스 소거법에서는 주어진 행렬 A에 대하여 다음과 같은 세 가지 기본 행 연산(elementary row operation)을 가할 수 있다.

- **(행의 치환)** A의 i번째 행과 j번째 행을 서로 교환한다.

$$A_i \leftrightarrow A_j$$

- **(행의 상수곱)** i번째 행을 0이 아닌 임의의 상수 α로 곱한다.

$$\alpha A_i \rightarrow A_i$$

- **(행의 합)** 임의의 상수 α에 대하여 i번째 행의 α배를 j번째 행에 더한다.

$$\alpha A_i + A_j \rightarrow A_j$$

여기서 행렬 A의 i번째 행벡터를 A_i로 나타낸다.

이와 같은 가우스 소거법에서는 해를 구하기 위하여 미지수를 소거하는 순서가 매우 중요하다. 왜 중요한지에 대하여는 아래에서 상세히 설명하기로 한다. 이러한 순서는 미지수를 소거할 때 기준이 되는 방정식인 기준 방정식(pivot equation)의 설정에 의하여 결정된다. 여기서 기준이 되는 방정식을 위의 식(4.8) 연립방정식을 예로 들어 설명하기로 한다.

$$\begin{aligned} G_1 &: \quad 2x_1 + x_2 - x_3 = 1 \\ G_2 &: \quad x_1 + 5x_2 + 4x_3 = -1 \\ G_3 &: -4x_1 + 3x_2 + 3x_3 = 1 \end{aligned}$$

위의 예에 보인 바와 같이 첫 번째 미지수 x_1을 구하기 위하여 식 G_1을 기준 방정식으로 설정하고 식 G_1으로부터 미지수 x_1을

$$x_1 = \frac{-x_2 + x_3 + 1}{2}$$

와 같이 구해 식 G_2와 식 G_3에 대입하여 미지수 x_1을 소거한다. 두 번째 단계로 첫 번째 미지수 x_1이 소거된 식 $G_2^{(1)}$와 식 $G_3^{(1)}$ 중에서 두 번째 미지수 x_2를 구하기 위하여 식 $G_2^{(1)}$을 기준이 되는 방정식으로 설정하고 $G_2^{(1)}$으로부터 미지수 x_2를

$$x_2 = \left(-\frac{9}{2}x_3 - \frac{3}{2}\right)/\left(\frac{9}{2}\right)$$

와 같이 구해 식 $G_3^{(1)}$에 대입하여 $G_3^{(1)}$에서 미지수 x_2를 소거한다.

이와 같이 각 단계에서 미지수 x_1과 x_2를 구함에 있어서 x_1에서는 2로 나누고 x_2에서는 9/2로 나누는 나눗셈이 필수로 요구되는데 이때 나누는 수의 크기가 0에 가까운 수일수록 계산의 정확도에 심각한 영향을 미친다. 즉 k 번째 소거 단계에서 미지수 x_k를 구할 때 기준 방정식이 되는 식의 미지수 x_k의 계수 $a_{kk}^{(k-1)}$를 기준 요소(pivot element)라 하며 기준 방정식을 정하는 전략을 기준화 전략(pivoting strategy)이라 한다. 가우스 소거법은 이러한 기준화 전략의 유무에 따라 단순 가우스 소

거법(naive Gauss elimination method)과 기준화 가우스 소거법(Gauss elimination method with pivoting)으로 구분된다.

이와 같은 가우스 소거법은 행렬만을 사용하여 계산하여 모든 과정을 다음과 같이 매우 간단히 나타낼 수 있기 때문에 널리 사용되고 있다. 이를 위하여 주어진 두 행렬 A와 b

$$A = \begin{bmatrix} a_{11} & a_{12} & \cdots & a_{1n} \\ a_{21} & a_{22} & \cdots & a_{2n} \\ \vdots & \vdots & & \vdots \\ a_{n1} & a_{n2} & \cdots & a_{nn} \end{bmatrix} = (a_{ij})$$

$$b = (b_1, b_2, \cdots, b_n)^T$$

를 다음과 같이 하나의 행렬 형태로 합한 확장 행렬(augmented matrix)

$$A_b = \begin{bmatrix} a_{11} & a_{12} & \cdots & a_{1n} & \vdots & b_1 \\ a_{21} & a_{22} & \cdots & a_{2n} & \vdots & b_2 \\ \vdots & \vdots & & \vdots & & \vdots \\ a_{n1} & a_{n2} & \cdots & a_{nn} & \vdots & b_n \end{bmatrix}$$

로 나타낸 후 위에서 설명한 가우스 소거법을 적용하여 사용한다. 이러한 확장 행렬을 이용하여 위에서 설명한 예 즉 식 G_1, G_2, G_3, b를 다시 쓰면 확장 행렬 $A_b^{(0)}$

$$A_b^{(0)} = \begin{bmatrix} 2 & 1 & -1 & \vdots & 1 \\ 1 & 5 & 4 & \vdots & -1 \\ -4 & 3 & 3 & \vdots & 1 \end{bmatrix}$$

가 되고, G_1, $G_2^{(1)}$, $G_3^{(1)}$, $b^{(1)}$를 다시 쓰면 $A_b^{(1)}$

$$A_b^{(1)} = \begin{bmatrix} 2 & 1 & -1 & \vdots & 1 \\ 0 & 9/2 & 9/2 & \vdots & -3/2 \\ 0 & 5 & 1 & \vdots & 3 \end{bmatrix}$$

이 되고 마지막으로 G_1, $G_2^{(1)}$, $G_3^{(2)}$, $b^{(2)}$를 다시 쓰면 $A_b^{(2)}$

$$A_b^{(2)} = \begin{bmatrix} 2 & 1 & -1 & \vdots & 1 \\ 0 & 9/2 & 9/2 & \vdots & -3/2 \\ 0 & 0 & -4 & \vdots & 14/3 \end{bmatrix}$$

가 되어 다음과 같은 3개의 확장 행렬 $A_b^{(0)}$, $A_b^{(1)}$, $A_b^{(2)}$ 형태로 간단하게 정리된다.

이와 같은 가우스 소거법을 전진 소거와 후진 대입이라는 단계로 나누어 정리하면 다음과 같다. 먼저 전진 소거 과정을 요약하기로 한다. 전진 소거 단계 1로 식(4.9)로 나타내지는 n원 1차 연립방정식

$$
\begin{aligned}
G_1 &: a_{11}x_1 + a_{12}x_2 + a_{13}x_3 + \cdots + a_{1n}x_n = b_1 \\
G_2 &: a_{21}x_1 + a_{22}x_2 + a_{23}x_3 + \cdots + a_{2n}x_n = b_2 \\
&\vdots \\
G_n &: a_{n1}x_1 + a_{n2}x_2 + a_{n3}x_3 + \cdots + a_{nn}x_n = b_n
\end{aligned}
$$

에서 첫 번째 식 G_1에서 미지수 x_1을 구해 나머지 식 G_2부터 G_n까지 대입하여 정리하는 것은 식 G_2부터 G_n까지 식에 포함된 미지수 x_1을 소거하는 것과 같은 것이라는 것을 앞에서 설명하였으므로 편의를 위해 여기서는 소거 방식을 채택하여 설명하기로 한다. 즉 식 G_1은 그대로 두고 기준 요소인 $a_{11} \neq 0$이라는 가정하에 식 G_2부터 식 G_n까지 미지수 x_1을 소거하기 위하여 기준 방정식 G_1의 기준 요소 a_{11}에 대한 나머지 방정식 G_2부터 식 G_n까지 계수의 비('곱수'라고도 함)를

$$
m_{i1} = \frac{a_{i1}}{a_{11}} \qquad (i = 2, 3, \cdots, n) \tag{4.16}
$$

라 정의한다. $i = 2, 3, \cdots, n$의 순서로 G_2부터 식 G_n까지 식에서 미지수 x_1을 소거하고 난 후 변형된 식 $G_2^{(1)}$부터 식 $G_n^{(1)}$까지 포함된 계수 $a_{ij}^{(1)}$와 $b_i^{(1)}$을 구하면 다음과 같다.

$$
\begin{aligned}
a_{ij}^{(1)} &= a_{ij} - m_{i1}a_{1j} \qquad (j = 2, 3, \cdots, n) \\
b_i^{(1)} &= b_i - m_{i1}b_1
\end{aligned} \tag{4.17}
$$

이를 식(4.9)에 대입하여 정리하면 앞에서 나타낸 식(4.18)과 같이 식 $G_2^{(1)}$부터 식 $G_n^{(1)}$까지 미지수 x_1이 소거된 형태를 보인다.

$$
\begin{aligned}
G_1 \;\; &: \;\; a_{11}x_1 + a_{12}x_2 + a_{13}x_3 + \cdots + a_{1n}x_n = b_1 \\
G_2^{(1)} &: \qquad\qquad a_{22}^{(1)}x_2 + a_{23}^{(1)}x_3 + \cdots + a_{2n}^{(1)}x_n = b_2^{(1)} \\
G_3^{(1)} &: \qquad\qquad a_{32}^{(1)}x_2 + a_{33}^{(1)}x_3 + \cdots + a_{3n}^{(1)}x_n = b_3^{(1)} \\
&\vdots \\
G_n^{(1)} &: \qquad\qquad a_{n2}^{(1)}x_2 + a_{n3}^{(1)}x_3 + \cdots + a_{nn}^{(1)}x_n = b_n^{(1)}
\end{aligned} \tag{4.18}
$$

전진 소거 단계 2로 식(4.18)의 $G_2^{(1)}$을 기준 방정식으로 설정하고 식 $G_3^{(1)}$부터 식 $G_n^{(1)}$까지 미지수 x_2를 소거한다. 여기서도 앞의 전진 소거 단계 1에서와 마찬가지로 미지수 x_2에 대한 기준 요소가 $a_{22}^{(1)} \neq 0$이라고 하여

$$m_{i2} = \frac{a_{i2}^{(1)}}{a_{22}^{(1)}} \qquad (i = 3, 4, \cdots, n)$$

라 두고 $i = 3, 4, \cdots, n$의 순서로 계수 $a_{ij}^{(2)}$와 $b_i^{(2)}$을 구하면 다음과 같다.

$$\begin{aligned} a_{ij}^{(2)} &= a_{ij}^{(1)} - m_{i2} a_{2j}^{(1)} \qquad (j = 3, 4, \cdots, n) \\ b_i^{(2)} &= b_i^{(1)} - m_{i2} b_2^{(1)} \end{aligned}$$

이를 식(4.18)에 대입하여 정리하면 식(4.19)와 같다.

$$\begin{aligned} &G_1 \ : \ a_{11}x_1 + a_{12}x_2 + a_{13}x_3 + \cdots + a_{1n}x_n = b_1 \\ &G_2^{(1)} : \qquad a_{22}^{(1)}x_2 + a_{23}^{(1)}x_3 + \cdots + a_{2n}^{(1)}x_n = b_2^{(1)} \\ &G_3^{(2)} : \qquad\qquad a_{33}^{(2)}x_3 + \cdots + a_{3n}^{(2)}x_n = b_3^{(2)} \\ &\qquad\qquad\qquad\qquad \vdots \\ &G_n^{(2)} : \qquad\qquad a_{n3}^{(2)}x_3 + \cdots + a_{nn}^{(2)}x_n = b_n^{(2)} \end{aligned} \tag{4.19}$$

이 과정을 전진 소거 단계 k에서 기준 요소가 $a_{kk}^{(k-1)} \neq 0$ $(k = 1, 2, \cdots, n)$이라고 하여 반복하면 최종적으로 전진 소거 단계 $n-1$에서 다음과 같은 식(4.20)을 얻을 수 있다.

$$\begin{aligned} &G_1 \ : \ a_{11}x_1 + a_{12}x_2 + a_{13}x_3 + \cdots + a_{1n}x_n = b_1 \\ &G_2^{(1)} : \qquad a_{22}^{(1)}x_2 + a_{23}^{(1)}x_3 + \cdots + a_{2n}^{(1)}x_n = b_2^{(1)} \\ &G_3^{(2)} : \qquad\qquad a_{33}^{(2)}x_3 + \cdots + a_{3n}^{(2)}x_n = b_3^{(2)} \\ &\vdots \\ &G_n^{(n-1)} : \qquad\qquad\qquad\qquad a_{nn}^{(n-1)}x_n = b_n^{(n-1)} \end{aligned} \tag{4.20}$$

식(4.20)은 상삼각행렬 형태의 n원 연립 1차 방정식이 되어 식(4.21)과 같이 쓸 수 있다.

$$Ux = b^* \tag{4.21}$$

여기서 U는 $n \times n$ 상삼각행렬, b^*는 $n \times 1$ 벡터로

$$U = \begin{bmatrix} a_{11} & a_{12} & \cdots & a_{1n} \\ 0 & a_{22}^{(1)} & \cdots & a_{2n}^{(1)} \\ \vdots & \vdots & \vdots & \vdots \\ 0 & 0 & \cdots & a_{nn}^{(n-1)} \end{bmatrix} \tag{4.22}$$

$$b^* = (b_1, b_2^{(1)}, \cdots, b_n^{(n-1)})^T$$

이다.

식(4.22)를 잘 살펴보면 마지막 식 $G_n^{(n-1)}$에는 오직 하나의 미지수 x_n만 존재하므로 $a_{nn}^{(n-1)} \neq 0$이라면 미지수 x_n을 구할 수 있음을 알 수 있다. 그리고 이 값을 오직 두 개의 미지수 x_n과 x_{n-1}을 갖는 바로 위 식 $G_{n-1}^{(n-2)}$에 대입하면 미지수는 오직 하나 x_{n-1}만 존재하는 식이 되므로 미지수 x_{n-1}을 구할 수 있다. 이와 같은 과정을 제일 위 식 G_1에서 미지수 x_1을 구할 때까지 반복하면 식(4.9)로 주어지는 n원 1차 연립방정식의 모든 해를 x_n, x_{n-1}, x_{n-2}, $\cdots$, x_1의 순서로 구할 수 있다.

이와 같이 하나의 미지수를 구한 후 이 값을 후진하며 바로 전 식에 대입하여 다음 미지수를 구하는 방법을 전진 소거에 대응하는 개념으로 후진 대입(back substitution)이라 한다. 아래에서는 이러한 후진 대입에 대하여 정리하기로 한다.

식(4.22)의 제 n번째 식 $G_n^{(n-1)}$로부터 기준 요소가 $a_{nn}^{(n-1)} \neq 0$이라면 미지수 x_n은 다음

$$x_n = \frac{b_n^{(n-1)}}{a_{nn}^{(n-1)}} \tag{4.23}$$

과 같다. 이것을 제 $(n-1)$번째 식 $G_{n-1}^{(n-2)}$에 대입하면 식 $G_{n-1}^{(n-2)}$에는 오직 하나의 미지수 x_{n-1}만 남게 되므로 x_{n-1}을 구하면 다음

$$x_{n-1} = \frac{1}{a_{n-1,n-1}^{(n-2)}}(b_{n-1}^{(n-2)} - a_{n-1,n}^{(n-2)}\ x_n) \tag{4.24}$$

과 같다. 이러한 과정을 미지수 x_{n-2}, $\cdots$, x_1을 구할 때까지 반복한다. 이때 식 $G_k^{(k-1)}$로부터 미지수 x_k는 다음 식(4.25)로 구할 수 있다.

$$x_k = \frac{1}{a_{kk}^{(k-1)}}(b_k^{(k-1)} - \sum_{j=k+1}^{n} a_{k,j}^{(k-1)} x_j) \tag{4.25}$$

이와 같이 전진 소거를 통하여 얻은 식(4.21) 및 (4.22)를 바탕으로 주어진 연립방정식의 해 (4.25)를 $x_n, x_{n-1}, \cdots, x_1$의 순서대로 구하는 것이 후진 대입이다.

위의 전진 소거 및 후진 대입 계산 과정을 살펴보면 방정식의 해 즉 미지수 값을 구하기 위하여 기준 요소가 0 이 아니면 주어진 방정식의 순서를 변경하지 않고 주어진 순서대로 기준 방정식으로 설정하고 차례로 미지수를 구하였다. 이러한 소거법을 단순 가우스 소거법이라 부르며 이러한 단순 가우스 소거법의 연산 횟수 즉 덧셈과 곱셈의 계산 횟수가 각각 약 $n^3/3$이며 기준 요소값이 0 혹은 0에

매우 가까운 경우에는 계산 불가능하거나 유효숫자 자리수 제한으로 인하여 계산 오차가 매우 크다는 단점이 있지만 계산이 비교적 간단하다는 장점도 있다.

예제 4.5

다음 연립방정식의 해를 단순 가우스 소거법으로 구하라.

$G_1 : 2x_1 + 4x_2 + 6x_3 = 28$

$G_2 : x_1 - x_2 + 5x_3 = 7$

$G_3 : 4x_1 + x_2 - 2x_3 = 21$

풀이

먼저 전진 소거를 수행한다. 식 G_1과 식 G_2에 대하여 $G_2 - \frac{1}{2}G_1$ 연산을 하면

$$G_2^{(1)} : 0x_1 - 3x_2 + 2x_3 = -7$$

식 G_1과 식 G_3에 대하여 $G_3 - \frac{4}{2}G_1$ 연산을 하면

$$G_3^{(1)} : 0x_1 - 7x_2 + 14x_3 = -35$$

식 $G_2^{(1)}$과 식 $G_3^{(1)}$에 대하여 $G_2^{(1)} - \frac{(-7)}{(-3)}G_3^{(1)}$ 연산을 하면

$$G_3^{(2)} : 0x_1 + 0x_2 - (56/3)x_3 = -(56/3)$$

위에서 얻은 결과를 바탕으로 후진 대입을 시행한다. 식 $G_3^{(2)}$로부터 x_3를 구하면

$$x_3 = 1$$

이것을 식 $G_3^{(1)}$에 대입하고 x_2를 구하면

$$x_2 = (-7-2)/(-3) = 3$$

이것을 식 G_1에 대입하여

$$x_1 = (28 - 4\times 3 - 6\times 1)/2 = 5$$

이상으로부터 해는 $x = [x_1, x_2, x_3]^T = [5, 3, 1]^T$해가 된다. 이러한 과정을 확장행렬을 사용하여 나타내면 다음과 같다.

$$A_b^{(0)} = \begin{bmatrix} 2 & 4 & 6 & \vdots & 28 \\ 1 & -1 & 5 & \vdots & 7 \\ 4 & 1 & -2 & \vdots & 21 \end{bmatrix}$$

$$A_b^{(1)} = \begin{bmatrix} 2 & 4 & 6 & \vdots & 28 \\ 0 & -3 & 2 & \vdots & -7 \\ 0 & -7 & 14 & \vdots & -35 \end{bmatrix}$$

$$A_b^{(2)} = \begin{bmatrix} 2 & 4 & 6 & \vdots & 28 \\ 0 & -3 & 2 & \vdots & -7 \\ 0 & 0 & -56/3 & \vdots & -56/3 \end{bmatrix}$$

매트랩 및 파이썬을 이용하여 해를 구하면 [ex4_5] 코드와 같고 실행 결과는 다음과 같다.

% [ex4_5] 매트랩 코드 실행 결과

```
* [예제 4.5] 단순 가우스 소거법
A =
     2     4     6
     1    -1     5
     4     1    -2

b =
    28
     7
    21

Aug =
     2     4     6    28
     1    -1     5     7
     4     1    -2    21

ans =
    5.0000    3.0000    1.0000
```

 # [ex4_5] 파이썬 코드 실행 결과

```
* [예제 4.5] 단순 가우스 소거법
 A =
 [[ 2  4  6]
 [ 1 -1  5]
 [ 4  1 -2]]

 b =
 [[28]
 [ 7]
 [21]]
```

```
A|b =
[[ 2.  4.  6. 28.]
 [ 1. -1.  5.  7.]
 [ 4.  1. -2. 21.]]

A|b =
[[  2.          4.          6.          28.        ]
 [  0.         -3.          2.          -7.        ]
 [  0.          0.        -18.66666667 -18.66666667]]

해 x =
[5. 3. 1.]
```

4.2.2 기준화 가우스 소거법

앞 절의 단순 가우스 소거법은 미지수 x_k $(k=1,2,\cdots,n-1)$를 소거하기 위하여 그 행의 기준 요소 $a_{kk}^{(k-1)}$ 가 0이 아니라고 가정하고 계산하는 알고리즘이다. 앞 절에서 설명한 바와 같이 기준 요소 $a_{kk}^{(k-1)}$ 가 0인 경우는 미리 0이 아닌 다른 행과 행을 맞교환한 후 교환된 행을 기준 방정식으로 바꾸어 계산해야만 하는 단점이 있다. 이와 같이 $a_{kk}^{(k-1)}$ $(k=1,2,\cdots,n)$가 0이 되어 계산 불능이 되거나 0에 매우 가까운 값을 가지면 유효숫자 수 등등에 의하여 계산 오차가 커지게 되므로 이를 방지하기 위한 계산법이 필요하게 된다. 이와 같은 문제점을 살펴보기 위해 다음과 같은 연립방정식의 해를 단순 가우스 소거법을 적용할 때 유효숫자를 네 자리로 제한하여 구해보기로 한다.

예제 4.6 **다음 식으로 정의된 도함수의 정의**

다음 2원 1차 연립방정식의 해를 단순 가우스 소거법으로 구하라.

$$G_1 : 0.0001x + y = 1 \tag{4.26}$$

$$G_2 : \quad x + y = 2 \tag{4.27}$$

풀이 위 식의 정해(exact solution)는 잘 알다시피 $x=1,\ y=1$ 이다. 위 식에 대하여 단순 가우스 소거법을 적용하여 연산 $G_2 - \dfrac{1}{0.0001} G_1$ 로 전진 소거를 하면

$$G_1 \quad : 0.0001x + y = 1 \tag{4.28}$$

$$G_2^{(1)} : \quad -9999\ \ y = -9998 \tag{4.29}$$

가 된다. 그런데 식 $G_2^{(1)}$ 으로부터 y값을 구하면 y의 참값은 $y=9998/9999=0.999\dot{9}$이지만 유효숫자를 네 자리로 제한하므로 다섯째 자리에서 반올림하면 $y=1$ 이 된다. $y=1$을 구한 후 식(4.28)에 대입하면 $x=0$ 이 되어 정해와는 완전히 다른 결과를 얻게 된다. 이와 같은 결과를 얻게 되는 원인을 추적해 보면 식(4.26)에서 알 수 있듯이 기준 요소로 다른 계수에 비하여 매우 작은 0.0001이 선택되어 다른 미지수 y 에서의 작은 반올림 오차가 미지수 x을 구함에 있어서 큰 영향을 주기 때문이다.

이러한 문제를 해결하기 위한 방법을 기준화 전략(pivot strategy)이라 하는데 대표적 방법으로 부분 기준화(partial pivoting)법, 축척 부분 기준화(scaled partial pivoting)법 그리고 완전 기준화(complete pivoting)법 등등이 있다.

부분 기준화법은 기준 요소가 속한 열에서 기준 요소 이후의 계수들 즉, 대각 요소(diagonal element) 아래에 있는 요소 중에서 절댓값이 가장 큰 요소를 포함하는 행을 찾아 이 행을 기준 방정식으로 설정하기 위하여 행 교환을 하는 방식이다. 이를 구체적으로 설명하면 k번째 미지수를 소거하기 위한 기준 방정식의 선정에 있어서 기준 요소 $a_{kk}^{(k-1)}$가

$$\left|a_{jk}^{(k-1)}\right| \equiv \max_{k \le i \le n}\left|a_{ik}^{(k-1)}\right| \tag{4.30}$$

를 만족하는 가장 작은 j를 선정하여 k번째 행과 j번째 행을 단순 맞교환하여 기준 방정식으로 정하고 단순 가우스 소거를 한다. 이때 다른 행들은 교환하지 않는다.

다음 예를 통하여 부분 기준화법에 대하여 살펴보기로 한다. 위의 예에서 단지 주어진 두 식의 행을 바꾸어

$$G_1 : \ x + y = 2 \tag{4.31}$$

$$G_2 : 0.0001x + y = 1 \tag{4.32}$$

로 놓고 단순 가우스 소거법을 적용하여 전진 소거를 수행하면

$$G_1 \ : \ x + y = 2 \tag{4.33}$$

$$G_2^{(1)} : 0.9999y = 0.9998 \tag{4.34}$$

가 된다. 식 $G_2^{(1)}$ 으로부터 y값을 구하면 y의 참값은 $y=9998/9999=0.999\dot{9}$이지만 유효숫자를 네 자리로 제한하므로 다섯째 자리에서 반올림하면 $y=1$ 이 된다. $y=1$을 구한 후 식(4.33)에 대입하면 $x=1$ 이 되어 정해와 같은 결과를 얻게 된다.

이를 일반화하면 다음과 같다. 즉, 단순 가우스 소거법의 전진 소거 k 단계가 다음 식

$$
\begin{aligned}
a_{11}x_1 + \cdots + a_{1k-1}x_{k-1} + a_{1k}x_k + \cdots + a_{1n}x_n &= b_1 \\
&\vdots \\
a_{k-1,k-1}^{(k-2)}x_{k-1} + a_{k-1,k}^{(k-2)}x_k + \cdots + a_{k-1n}^{(k-2)}x_n &= b_{k-1}^{(k-2)} \\
a_{kk}^{(k-1)}x_k + \cdots + a_{kn}^{(k-1)}x_n &= b_k^{(k-1)} \\
&\vdots \\
a_{nk}^{(k-1)}x_k + \cdots + a_{kn}^{(k-1)}x_n &= b_n^{(k-1)}
\end{aligned}
\tag{4.35}
$$

로 나타내진다고 하면 $|a_{ik}^{(k-1)}|$가 최대인 것 즉 $\left|a_{jk}^{(k-1)}\right| \equiv \max_{k \le i \le n}\left|a_{ik}^{(k-1)}\right|$을 만족하는 요소를 찾아 그 행의 행 번호를 m이라 하면 제 k 번째 행과 제 m 번째 행을 맞바꾼 후 제 k번째 위치에 있는 제 m번째 식의 계수 $a_{mk}^{(k-1)}$를 기준 요소로 설정하여 다음 단계로 넘어가면 된다. 이것을 부분 기준화(partial pivoting) 전략이라 한다.

예제 4.7

다음 연립방정식의 해를 부분 기준화 가우스 소거법으로 구하라.

$$
\begin{aligned}
G_1 &: 2x_1 + 4x_2 + 6x_3 = 28 \\
G_2 &: x_1 - \ \ x_2 + 5x_3 = 7 \\
G_3 &: 4x_1 + \ \ x_2 - 2x_3 = 21
\end{aligned}
$$

풀이

먼저 전진 소거를 수행한다. 부분 기준화 가우스 소거법 알고리즘에 따라 미지수 x_1의 계수 중에서 절댓값이 가장 큰 계수를 갖는 식을 찾으면 식 G_3가 되므로 식 G_3와 식 G_1을 행 교환을 다음과 같이 한다.

$$
\begin{aligned}
G_3 &: 4x_1 + \ \ x_2 - 2x_3 = 21 \\
G_2 &: x_1 - \ \ x_2 + 5x_3 = 7 \\
G_1 &: 2x_1 + 4x_2 + 6x_3 = 28
\end{aligned}
$$

식 G_2와 G_1에서 미지수 x_1을 소거하기 위하여 식 G_2를 $G_2 - \frac{1}{4}G_3$ 으로 대치하면

$$G_2^{(1)} : \ -\frac{5}{4}x_2 + \frac{11}{2}x_3 = \frac{7}{4}$$

가 된다. 마찬가지로 식 G_1을 $G_1 - \frac{1}{2}G_3$로 대치하면

$$G_1^{(1)} : \quad \frac{7}{2}x_2 + 7x_3 = \frac{35}{2}$$

가 된다. 다음으로 식 $G_2^{(1)}$과 $G_1^{(1)}$에서 미지수 x_2를 소거하기 위하여 미지수 x_2의 계수 중에서 절댓값이 가장 큰 계수를 갖는 식을 찾으면 식 $G_1^{(1)}$이 되므로 식 $G_2^{(1)}$과 식 $G_1^{(1)}$을 행 교환을 다음과 같이 한다.

$$G_3 : \ 4x_1 + \ x_2 - 2x_3 = 21$$
$$G_1^{(1)} : \qquad \frac{7}{2}x_2 + 7x_3 = \frac{35}{2}$$
$$G_2^{(1)} : \ -\frac{5}{4}x_2 + \frac{11}{2}x_3 = \frac{7}{4}$$

식 $G_2^{(1)}$을 $G_2^{(1)} + \frac{2}{7} \cdot \frac{5}{4} G_1^{(1)}$으로 대치하면

$$G_2^{(2)} : \qquad 8x_3 = 8$$

위에서 얻은 결과를 바탕으로 후진 대입을 시행한다. 식 $G_2^{(2)}$로부터 x_3를 구하면 $x_3 = 1$이 된다. 이것을 식 $G_1^{(1)}$에 대입하고 x_2를 구하면 $x_2 = 3$이 되며 이것을 식 G_3에 대입하여 $x_1 = 5$를 구하면 해는 $x = [x_1, x_2, x_3]^T = [5, 3, 1]^T$해가 된다. 매트랩 및 파이썬을 이용하여 해를 구하면 [ex4_7] 코드와 같고 실행 결과는 다음과 같다.

% [ex4_7] 매트랩 코드 실행 결과

```
* [예제 4.7] 부분 기준화 가우스 소거법
A =
      2     4     6
      1    -1     5
      4     1    -2

b =
     28
      7
     21

 * 행 교환!
 * 행 교환!
ans =
      5     3     1
```

[ex4_7] 파이썬 코드 실행 결과

```
* [예제 4,7] 부분 기준화 가우스 소거법

A =
[[ 2  4  6]
 [ 1 -1  5]
 [ 4  1 -2]]

b =
[[28]
 [ 7]
 [21]]

A|b =
[[ 2.  4.  6. 28.]
 [ 1. -1.  5.  7.]
 [ 4.  1. -2. 21.]]

A|b =
[[ 4.   1.  -2.  21. ]
 [ 0.   3.5  7.  17.5]
 [ 0.   0.   8.   8. ]]

해 x =
[5. 3. 1.]
```

위의 부분 기준화 방식 외에 기준 방정식의 선택에 있어서 행뿐만 아니라 열까지 고려하여 절댓값이 가장 큰 요소를 찾아 기준 요소 및 기준 방정식으로 선정할 수 있는데 이 방식을 완전 기준화(complete pivoting)라 한다. 그러나 이 방식은 계산 정밀도의 향상을 기대할 수 있지만, 기준 요소 선택에 있어서 최대의 기준을 찾는 범위가 넓어지므로 마무리 오차를 줄일 수 있으나 계산이 느려지는 단점을 지니고 있어 잘 사용되지 않는다.

다음은 축척 부분 기준화(scaled partial pivoting)법에 대하여 알아보기로 한다. 축척 부분 기준화법에 대하여 자세히 알아보기 전에 먼저 다음 연립방정식의 해를 앞서 설명한 부분 기준화법을 이용하여 구해보기로 한다.

$$G_1 : 2x + 100000y = 100000$$

$$G_2 : x + y = 2$$

부분 기준화법에 의하면 기준 요소는 식 G_1의 2가 되므로 기준 방정식은 G_1이 된다. $m_{11}=1/2$ 이므로 연산식 $G_2 - m_{11}G_1$으로부터

$$\begin{aligned} G_1 &: 2x \ + 100000y = 100000 \\ G_2^{(1)} &: \quad -49999y = -49998 \end{aligned}$$

가 된다. 식 $G_2^{(1)}$로부터 유효숫자를 4자리로 제한하여 y값을 구하면 $y=1$ 이 된다. $y=1$을 구한 후 식 G_1에 대입하면 $x=0$ 이 되어 정해와는 전혀 다른 결과를 얻게 된다.

이와 같은 결과를 초래한 이유는 기준 요소를 정할 때 식 G_1의 2 는 식 G_1의 다른 계수 100000 에 비하면 2/100000 = 1/50000에 해당하여 매우 작은 값을 나타내지만 식 G_2의 1은 다른 계수 1 에 비하여 1/1 = 1 이 되어 식 G_1의 2에 비하여 상대적으로 큼을 알 수 있다. 여기서 식 G_1의 양변을 100000으로 나누어 다시 쓰면

$$\begin{aligned} G_1 &: 0.00002x + y = 1 \\ G_2 &: \qquad x + y = 2 \end{aligned}$$

과 같다. 이 식에 대하여 부분 기준화법을 적용하면 기준 방정식이 G_2가 되므로 식 G_1과 G_2를 맞교환하여

$$\begin{aligned} G_2 &: \qquad x + y = 2 \\ G_1 &: 0.00002x + y = 1 \end{aligned}$$

를 얻는다. $m_{11}=0.00002$ 이므로 연산식 $G_2 - m_{11}G_1$ 로부터

$$\begin{aligned} G_2 &: \qquad x + y = 2 \\ G_1^{(1)} &: 0.99998\,y = 0.99996 \end{aligned}$$

가 된다. 식 $G_1^{(1)}$으로부터 유효숫자를 4자리로 제한하여 y값을 구하면 $y=1$ 이 된다. $y=1$을 구한 후 식 G_1에 대입하면 $x=1$ 이 되어 앞에서 부분 기준화 가우스 소거법으로 구한 해와는 전혀 다른 결과를 얻게 된다.

이와 같이 기준 요소를 정하는 단계에서 절댓값이 가장 큰 것을 기준 요소로 정하지 않고 각 방정식에서 미지수에 대한 계수 중 가장 큰 것을 찾아 이를 이용하여 각 계수를 축척(scaling)한 후 축척된 계수 중에서 가장 큰 값을 갖는 식을 기준 방정식으로 정하면 위와 같은 결과를 얻을 수 있음을 알 수

있다. 이를 정리하면 다음과 같다.

축척 부분 기준화 소거법은 기준 방정식을 정하는 절차에 있어서 대각 요소 이하에서 가장 큰 값을 갖는 요소를 갖는 방정식을 기준 방정식으로 설정하는 부분 기준화 소거법과는 달리

① 대각 이하 방정식 각각에 대하여 각 방정식의 미지수에 대한 계수 가운데 절댓값이 가장 큰 것을 찾는다. 이때 주의할 것은 가장 큰 절댓값은 미지수에 대한 계수 즉 행렬 A 중에서만 찾는 것이고 벡터 b에 해당하는 상수에 대하여는 고려하지 않는 것이다.

② 이 값으로 대각 이하 계수의 비 즉 축척을 구한 후

③ 이 비율 중에서 가장 큰 값을 갖는 방정식을 기준 방정식으로 설정하는 방법이다.

즉, 가우스 소거법의 k단계 소거에서 $l=k,k+1,\cdots,n$에 대하여 먼저 대각 이하 방정식 각각에 대하여 각 방정식의 미지수에 대한 계수 가운데 절댓값이 가장 큰 값

$$\left|c_l^{(k)}\right| \equiv \max_{k \le i \le n}\left|a_{li}^{(k)}\right| \tag{4.37}$$

을 구하여 이 값으로 대각 이하 계수의 축척 $\left|a_{li}^{(k)}\right|/\left|c_l^{(k)}\right|$를 구한 후 이 축척 값이 최대인 방정식을 기준 방정식으로 설정하는 방법이다. 다음 예제를 통하여 이와 같은 축척 부분 기준화법에 대하여 설명하기로 한다.

예제 4.8

다음 연립방정식의 해를 축척 부분 기준화법을 사용하여 구하라.

$$\begin{cases} G_1: \ \ 2x_1+3x_2+\ x_3 &= -11 \\ G_2: -1x_1-2x_2+4x_3 &= \ \ 11 \\ G_3: \ \ 3x_1+\ x_2+5x_3 &= -6 \end{cases}$$

풀이 위 연립방정식을 행렬 형태로 다시 쓰면

$$\begin{bmatrix} 2 & 3 & 1 \\ -1 & -2 & 4 \\ 3 & 1 & 5 \end{bmatrix}\begin{bmatrix} x_1 \\ x_2 \\ x_3 \end{bmatrix} = \begin{bmatrix} -11 \\ 11 \\ -6 \end{bmatrix} \quad \text{또는} \quad \begin{matrix} G_1: \\ G_2: \\ G_3: \end{matrix}\begin{bmatrix} 2 & 3 & 1 & : -11 \\ -1 & -2 & 4 & : \ \ 11 \\ 3 & 1 & 5 & : -6 \end{bmatrix}$$

가 된다. 먼저 첫 번째 단계로 식 G_1, G_2, G_3 각각에 있어서 미지수에 대한 계수 가운데 가장 큰 계수를 찾는다. 먼저 식 G_1의 계수 중에서 절댓값이 가장 큰 것은 3이므로 $c_1^{(1)}=3$이 된다. 앞에서도 설명하였듯이 식 G_1 에서 절댓값이 가장 큰 값은 '−11'이지만 벡터 b의 상수는 고려 대상이 아니므로 절댓값이 가장 큰 것은 3 이 되는 것이다. 식 G_2의 계수 중에서 절댓값이 가장 큰 것은 4이므로 $c_2^{(1)}=4$이고, 식 G_3의 계수 중에서 절댓값이 가장 큰 것은 5이므로 $c_3^{(1)}=5$가 된다. 두

번째 단계로 위에서 찾은 최대값을 이용하여 대각 이하 계수의 축척을 계산하면

$$\left|\frac{a_{11}^{(1)}}{c_1^{(1)}}\right| = \frac{2}{3},\ \left|\frac{a_{21}^{(1)}}{c_2^{(1)}}\right| = \frac{1}{4},\ \left|\frac{a_{31}^{(1)}}{c_3^{(1)}}\right| = \frac{3}{5}$$

가 된다. 이 중 가장 큰 것은 $\left|a_{11}^{(1)}\right|/c_1^{(1)} = 2/3$이므로 첫 번째 방정식 G_1을 기준 방정식으로 설정하여 식 G_2와 G_3에서 x_1을 소거하면 다음과 같은 결과

$$\begin{matrix} G_1 : \\ G_2^{(1)} : \\ G_3^{(1)} : \end{matrix} \begin{bmatrix} 2 & 3 & 1 : -11 \\ 0 & -0.5 & 4.5 : 5.5 \\ 0 & -3.5 & 3.5 : 10.5 \end{bmatrix}$$

를 얻는다. 두 번째 미지수 x_2를 $G_3^{(1)}$에서 소거하기 위하여 식 $G_2^{(1)}$과 $G_3^{(1)}$의 계수 중에서 절댓값이 가장 큰 것을 찾으면 $c_2^{(2)} = 4.5,\ c_3^{(2)} = 3.5$ 이므로 축척을 계산하면

$$\left|\frac{a_{21}^{(2)}}{c_2^{(2)}}\right| = \frac{0.5}{4.5} = \frac{1}{9},\ \left|\frac{a_{31}^{(2)}}{c_3^{(2)}}\right| = \frac{3.5}{3.5} = 1$$

이 된다. 따라서 세 번째 방정식 $G_3^{(1)}$을 기준 방정식으로 사용하여 식 $G_2^{(1)}$과 식 $G_3^{(1)}$을 서로 교환한 후 x_2를 소거하면

$$\begin{matrix} G_1 : \\ G_2^{(1)} : \\ G_3^{(2)} : \end{matrix} \begin{bmatrix} 2 & 3 & 1 : -11 \\ 0 & -3.5 & 3.5 : 10.5 \\ 0 & 0 & 4 : 4 \end{bmatrix}$$

를 얻는다. 위 연립방정식의 세 번째 방정식 $G_3^{(2)}$로부터 $x_3 = 4/4 = 1$을 구한 후 이를 후방 대입법을 적용하여 식 $G_2^{(1)}$과 식 G_1에 차례로 대입하여 나머지 해를 구하면 다음

$$x_2 = -\frac{10.5 - 3.5*1}{3.5} = -2$$
$$x_1 = \frac{-11 - 3*(-2) - 1}{2} = -3$$

과 같다. 이상으로부터 해는 $x = [x_1, x_2, x_3]^T = [-3, -2, 1]^T$가 된다.

위의 과정을 매트랩 및 파이썬을 사용하여 구현하면 [ex4_8] 코드와 같고 실행 결과는 다음과 같다.

% [ex4_8] 매트랩 코드 실행 결과

```
* [예제 4.8] 축척 부분 기준화 가우스 소거법
A =
     2     3     1
    -1    -2     4
     3     1     5

b =
   -11
    11
    -6

Ab =
     2     3     1   -11
    -1    -2     4    11
     3     1     5    -6

 * 행 교환!
 * 행 교환!
Ab =
     2      3      1     -11
     0   -7/2    7/2    21/2
     0      0      4       4

ans =
    -3    -2     1
```

[ex4_8] 파이썬 코드 실행 결과

```
* [예제 4.8] 축척 부분 기준화 가우스 소거법

A =
[[ 2  3  1]
[-1 -2  4]
[ 3  1  5]]

b =
[[-11]
[ 11]
[ -6]]

A|b =
[[  2.   3.   1. -11.]
[   1.  -2.   4.  11.]
[   3.   1.   5.  -6.]]

* 행 교환!

* 행 교환!

* 행 교환!

A|b =
[[  2.    3.    1.   -11. ]
[   0.   -3.5   3.5   10.5]
[   0.    0.    4.     4. ]]

해 x =
[-3. -2.  1.]
```

4.2.3 가우스-조단법

가우스 소거법은 $Ax=b$의 연립방정식을 전진 소거 방식으로 상삼각행렬 U를 갖는 $Ux=b^*$ 형태로 변형한 후 후진 대입을 통하여 방정식의 해를 차례대로 구하는 방식이다. 가우스-조단(Gauss-Jordan)법은 이러한 가우스 소거법의 변형으로 전진 소거로 얻어진 상삼각행렬에 대하여 대각 요소만 남기고 나머지 미지수를 모두 소거하여 대각 행렬로 변형하여 해를 구하는 방식이다. 다시 말하면 전진 소거된 상삼각행렬에 대하여 마지막 n번째 행에 남은 마지막 미지수 x_n에 대한 계수를 정규화(normalize)하여 1로 만들고 $n-1$번째 행부터 첫 번째 행까지 다른 모든 행에서 미지수 x_n을 소거하여 계수를 0으로 만든다. 다음은 $n-1$번째 행에 남은 미지수 x_{n-1}에 대한 계수를 정규화하여 1로 만들고 $n-2$번째 행부터 첫 번째 행까지 다른 모든 행에서 미지수 x_{n-1}을 소거하여 계수를 0으로 만든다. 이와 같은 과정을 반복하여 첫 번째 행에 x_1에 대한 계수를 정규화하여 1로 만들면 식 $Ux=b^*$는 단위행렬 I가 포함된

$$Ix=b^{**} \tag{4.38}$$

로 변형된다. 여기서 I는 단위행렬이므로 방정식의 해는 $x=b^{**}$가 됨을 알 수 있다. 이것을 [예제 4.9]로 살펴보기로 한다.

예제 4.9 **다음 식으로 정의된 도함수의 정의**

다음의 연립방정식의 해를 가우스-조단법으로 구하라.

$$G_1 : 3x_1 - 2x_2 + x_3 = 1 \tag{4.39}$$

$$G_2 : \ 12x_2 - 3x_3 = 18 \tag{4.40}$$

$$G_3 : \ 21x_3 = 6 \tag{4.41}$$

풀이 위 연립방정식을 행렬식으로 표현하면

$$\begin{matrix} G_1: \\ G_2: \\ G_3: \end{matrix}\begin{bmatrix} 3 & -2 & 1 \\ 0 & 12 & -3 \\ 0 & 0 & 21 \end{bmatrix}\begin{bmatrix} x_1 \\ x_2 \\ x_3 \end{bmatrix}=\begin{bmatrix} 1 \\ 18 \\ 6 \end{bmatrix} \text{ 또는 } \begin{matrix} G_1: \\ G_2: \\ G_3: \end{matrix}\left[\begin{matrix} 3 & -2 & 1 & : & 1 \\ 0 & 12 & -3 & : & 18 \\ 0 & 0 & 21 & : & 6 \end{matrix}\right]$$

가 된다. 가우스-조단법으로 해를 구하기 위한 첫 번째 단계는 전진 소거를 통하여 계수 행렬의 대각 요소만 1로 하고 나머지는 0으로 변형하는 것이다. 이를 위하여 $G_1/3$을 하면

$$\begin{matrix} G_1: \\ G_2: \\ G_3: \end{matrix}\begin{bmatrix} 1 & -2/3 & 1/3 \\ 0 & 12 & -3 \\ 0 & 0 & 21 \end{bmatrix}\begin{bmatrix} x_1 \\ x_2 \\ x_3 \end{bmatrix}=\begin{bmatrix} 1/3 \\ 18 \\ 6 \end{bmatrix}$$

가 된다.

두 번째 단계는 계수 행렬의 G_2의 대각 요소만 1로 하고 나머지는 0으로 변형하기 위하여 $G_2/12$을 하면

$$\begin{matrix} G_1: \\ G_2: \\ G_3: \end{matrix}\begin{bmatrix} 1 & -2/3 & 1/3 \\ 0 & 1 & -1/4 \\ 0 & 0 & 21 \end{bmatrix}\begin{bmatrix} x_1 \\ x_2 \\ x_3 \end{bmatrix}=\begin{bmatrix} 1/3 \\ 3/2 \\ 6 \end{bmatrix}$$

가 된다. 다음으로 연산 $2G_2/3 + G_1$을 하면

$$\begin{matrix} G_1: \\ G_2: \\ G_3: \end{matrix}\begin{bmatrix} 1 & 0 & 1/6 \\ 0 & 1 & -1/4 \\ 0 & 0 & 21 \end{bmatrix}\begin{bmatrix} x_1 \\ x_2 \\ x_3 \end{bmatrix} = \begin{bmatrix} 4/3 \\ 3/2 \\ 6 \end{bmatrix}$$

가 된다. 세번째 단계는 계수 행렬의 $G_3/21$을 하면

$$\begin{matrix} G_1: \\ G_2: \\ G_3: \end{matrix}\begin{bmatrix} 1 & 0 & 1/6 \\ 0 & 1 & -1/4 \\ 0 & 0 & 1 \end{bmatrix}\begin{bmatrix} x_1 \\ x_2 \\ x_3 \end{bmatrix} = \begin{bmatrix} 4/3 \\ 3/2 \\ 2/7 \end{bmatrix}$$

가 된다. 다음으로 연산 $G_3/4 + G_2$와 $G_3/6 + G_1$을 하면

$$\begin{matrix} G_1: \\ G_2: \\ G_3: \end{matrix}\begin{bmatrix} 1 & 0 & 0 \\ 0 & 1 & 0 \\ 0 & 0 & 1 \end{bmatrix}\begin{bmatrix} x_1 \\ x_2 \\ x_3 \end{bmatrix} = \begin{bmatrix} 9/7 \\ 11/7 \\ 2/7 \end{bmatrix}$$

가 되므로 이로부터 $x_1 = 9/7$, $x_2 = 11/7$, $x_3 = 2/7$의 해를 얻는다.

이를 매트랩 및 파이썬을 사용하여 구현하면 [ex4_9] 코드와 같고 실행 결과는 다음과 같다.

% [ex4_9] 매트랩 코드 실행 결과

```
* [예제 4.9] 가우스-조단법으로 Ax = b 풀기
A =
      3        -2        1
      0        12       -3
      0         0       21
b =
      1
     18
      6

가우스-조단 행렬과 해:
A =
      1         0        0        9/7
      0         1        0       11/7
      0         0        1        2/7
x =
      9/7
     11/7
      2/7
```

[ex4_9] 파이썬 코드 실행 결과

```
* [예제 4.9] 가우스-조단법으로 Ax = b 풀기

A =
[[ 3 -2  1]
 [ 0 12 -3]
 [ 0  0 21]]

b =
[[ 1]
 [18]
 [ 6]]

A|b =
[[ 3. -2.  1.  1.]
 [ 0. 12. -3. 18.]
 [ 0.  0. 21.  6.]]

A|b =
[[1.         0.         0.         1.28571429]
 [0.         1.         0.         1.57142857]
 [0.         0.         1.         0.28571429]]

해 :
x0 = 1.2857     x1 = 1.5714     x2 = 0.2857
```

4.3 LU 분해법

앞 절에서 소개한 가우스 소거법은 선형 연립방정식 $Ax=b$의 해 x를 구할 때 전진 소거와 후진 대입이라는 두 단계 과정을 거쳐 구하는 방법으로 전진 소거 단계에서 많은 계산 노력이 필요하다. 특히 이러한 계산 노력은 연립방정식의 차원이 크면 클수록 더욱 더 심각해진다. 그리고 동일한 계수 A를 갖는 방정식에 대하여 우변의 상수 b만 다른 방정식의 해를 구하는 경우 매우 비효율적이다. 예를 들어 동일한 계수 A를 갖는 m개의 연립방정식 $Ax=b_1$, $Ax=b_2$, $\cdots$, $Ax=b_m$의 해를 구하고자 할 때 매번 전진 소거와 후진 대입을 해야 하므로 매우 비효율적이다. 이와 같은 문제를 해결하기 위하여 연립방정식 $Ax=b$의 해 x를 구함에 있어서 계수 A의 변형을 우변 상수 b의 조작과 분리하여 일단 행렬 A를 상삼각행렬(upper triangular matrix) U과 하삼각행렬(lower triangular matrix) L 즉 $A=LU$로 분해한 후 우변 상수 b와 관련지어 해를 구하는 방식을 고려할 수 있다. 아래에서는 이에 대하여 구체적으로 살펴보기로 한다.

LU 분해법(LU decomposition method)에 의한 연립방정식 $Ax=b$의 해를 구하는 방법은 연립방정식 $Ax=b$의 계수 행렬인 $n\times n$ 정방행렬 A를 식(4.42.b)와 같은 $n\times n$ 하삼각행렬 L과 식(4.42.c)와 같은 $n\times n$ 상삼각행렬 U의 곱인

$$A=LU \tag{4.42}$$

로 분해하여 선형 연립방정식 $Ax=b$의 해 x를 구하는 방식이다.

$$A=\begin{bmatrix} a_{11} & a_{12} & \cdots & a_{1n} \\ a_{21} & a_{22} & \cdots & a_{2n} \\ \vdots & \vdots & & \vdots \\ a_{n1} & a_{n2} & \cdots & a_{nn} \end{bmatrix} \equiv (a_{ij}) \tag{4.42.a}$$

$$L=\begin{bmatrix} l_{11} & 0 & \cdots & 0 \\ l_{21} & l_{22} & \cdots & 0 \\ \vdots & \vdots & & \vdots \\ l_{n1} & l_{n2} & \cdots & l_{nn} \end{bmatrix} \tag{4.42.b}$$

$$U=\begin{bmatrix} u_{11} & u_{12} & \cdots & u_{1n} \\ 0 & u_{22} & \cdots & u_{2n} \\ \vdots & \vdots & & \vdots \\ 0 & 0 & \cdots & u_{nn} \end{bmatrix} \tag{4.42.c}$$

LU 분해를 이용하여 행렬 L과 행렬 U가 구해지면 선형 연립방정식 $Ax=b$는 다음 식(4.43)과 같이 표현될 수 있다.

$$Ax = LUx = b \tag{4.43}$$

이때

$$Ux = d \tag{4.43.a}$$

라 하면

$$Ld = b \tag{4.43.b}$$

가 되므로 선형 연립방정식 $Ax=b$의 해 x는 다음과 같은 절차로 구할 수 있다. 첫째 단계는 식(4.43.b)로부터 L과 b를 바탕으로 전진 대입을 통해 d를 구하고 다음으로는 이를 식(4.43.a)에 적용하여 U와 d를 바탕으로 후진 대입을 통하여 해 x를 구한다. 이러한 과정을 그림으로 나타내면 그림 4.1과 같으며, 이와 같이 주어진 선형 연립방정식 $Ax=b$의 정방행렬 A를 하삼각행렬 L과 상삼각행렬 U로 분해한 후 전진 대입과 후진 대입을 통해 해를 구하는 방법을 LU 분해(LU decomposition)법 또는 삼각 분해법이라고 한다.

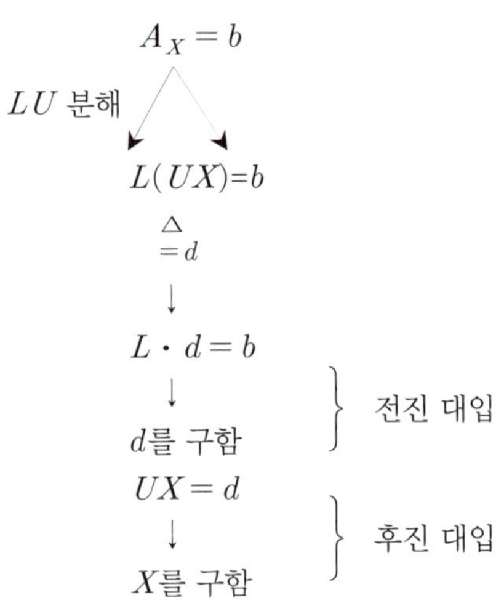

| 그림 4.1 | LU 분해법의 도식적 이해

위의 식(4.42)부터 식(4.42.c)까지 행렬 A와 L 및 U를 살펴보면 행렬 A에서 알 수 있는 요소의 개수는 n^2개이고 행렬 L 과 U의 미지의 요소 개수는 각각 대각선과 대각선 상부 요소 혹은 대각선 하부 요소 개수를 더한 $(n^2+n)/2$이므로 L 과 U 전체의 미지 요소 개수는 n^2+n이 된다. 따라서

식(4.42)를 만족하는 L 과 U의 유일한 해를 얻기 위해서는 n개의 조건이 더 필요하다. 이 조건을 설정하는 방법에 따라 크라우트(Crout)법, 두리틀(Doolittle)법 및 숄레스키(Cholesky)법 등이 있다. 크라우트법은 필요한 n개의 조건으로 아래 식(4.44.a)와 같이 상삼각행렬의 대각선 요소가 모두 1이라는 n개의 조건을 설정하는 방식이다. 두리틀법도 크라우트법과 마찬가지로 아래 식(4.44.b)와 같이 하삼각행렬의 대각선 요소가 모두 1이라는 n개의 조건을 설정한다. 그리고 숄레스키법은 식(4.44.c)와 같이 대칭행렬이 되기 위한 n개의 조건을 설정한다.

$$u_{11} = u_{22} = \cdots = u_{nn} = 1 \tag{4.44.a}$$

$$l_{11} = l_{22} = \cdots = l_{nn} = 1 \tag{4.44.b}$$

$$l_{11} = u_{11},\ l_{22} = u_{22},\ \cdots,\ l_{nn} = u_{nn} \tag{4.44.c}$$

아래에서는 이들 각각의 방법에 대하여 상세히 알아보기로 한다.

4.3.1 크라우트법

앞에서 설명한 바와 같이 선형 연립방정식 $Ax = b$의 해 x를 구하기 위하여 먼저 행렬 A를 하삼각행렬 L과 상삼각행렬 U로 분해해야 한다. 이때 행렬 A에서 알 수 있는 요소의 개수는 n^2개이고 행렬 L 과 U의 미지의 요소 개수는 각각 대각선과 대각선 상부 요소 혹은 대각선 하부 요소 개수를 더한 $(n^2+n)/2$이므로 L 과 U 전체의 미지의 요소 개수는 n^2+n이 된다. 따라서 식(4.42)를 만족하는 L 과 U의 유일한 해를 얻기 위해서는 n개의 조건이 더 필요하다. 크라우트법은 필요한 n개의 조건으로 위의 식(4.44.a)와 같이 대각선 요소가 모두 1이라는 n개의 조건 즉 $u_{kk} = 1 \quad (k = 1, \cdots, n)$의 조건을 설정하는 방식이다. 이러한 크라우트법의 알고리즘을 정리하면 다음과 같다.

알고리즘 4.1 크라우트법에 의한 LU 분해

[단계 1] 하삼각행렬 L의 제1열 계산

$$l_{i1} = a_{i1} \quad (i = 1, 2, \cdots, n) \tag{4.45.a}$$

[단계 2] 상삼각행렬 U의 대각선 요소를 1로 대치

$$u_{ii} = 1 \quad (i = 1, 2, \cdots, n) \tag{4.45.b}$$

[단계 3] 미리 계산된 u_{11}은 제외하고 행렬 U의 제1행 계산

$$u_{1j} = \frac{a_{1j}}{l_{11}} \qquad (j = 2,3,\cdots,n) \tag{4.45.c}$$

[단계 4] 행렬 L과 U의 나머지 요소 계산. 행렬 L의 요소가 행렬 U의 요소 계산에 필요하므로 $i = 2,\cdots,n$ 각각에 대하여 아래와 같이 L의 요소를 먼저 계산한 후에 U의 요소를 계산

$$l_{ij} = a_{ij} - \sum_{k=1}^{k=j-1} l_{ik}u_{kj} \quad (j = 2,3,\cdots,i) \tag{4.45.d}$$

$$u_{ij} = \frac{a_{ij} - \sum_{k=1}^{k=i-1} l_{ik}u_{kj}}{l_{ii}} \quad (j = (i+1),(i+2),\cdots,n) \tag{4.45.e}$$

크라우트법의 이해를 돕기 위하여 아래의 3×3 정방행렬 A에 대하여 위의 크라우트법 알고리즘을 적용해 보기로 한다. 즉

$$A = \begin{bmatrix} a_{11} & a_{12} & a_{13} \\ a_{21} & a_{22} & a_{23} \\ a_{31} & a_{32} & a_{33} \end{bmatrix} = \begin{bmatrix} l_{11} & 0 & 0 \\ l_{21} & l_{22} & 0 \\ l_{31} & l_{32} & l_{33} \end{bmatrix} \begin{bmatrix} u_{11} & u_{12} & u_{13} \\ 0 & u_{22} & u_{23} \\ 0 & 0 & u_{33} \end{bmatrix}$$

를 만족하는 두 개의 삼각행렬의 L과 U의 요소 l_{ij}, u_{kl}를 위의 알고리즘에 따라 계산하기로 한다.

[단계 1] 행렬 L의 제1열 계산

$l_{i1} = a_{i1} \quad (i = 1,2,3)$이므로

$$A = \begin{bmatrix} a_{11} & a_{12} & a_{13} \\ a_{21} & a_{22} & a_{23} \\ a_{31} & a_{32} & a_{33} \end{bmatrix} = LU = \begin{bmatrix} a_{11} & 0 & 0 \\ a_{21} & l_{22} & 0 \\ a_{31} & l_{32} & l_{33} \end{bmatrix} \begin{bmatrix} u_{11} & u_{12} & u_{13} \\ 0 & u_{22} & u_{23} \\ 0 & 0 & u_{33} \end{bmatrix}$$

가 된다.

[단계 2] 행렬 U의 대각선 요소를 1로 대치

$u_{ii} = 1 \quad (i = 1,2,3)$이므로

$$A = \begin{bmatrix} a_{11} & a_{12} & a_{13} \\ a_{21} & a_{22} & a_{23} \\ a_{31} & a_{32} & a_{33} \end{bmatrix} = \begin{bmatrix} a_{11} & 0 & 0 \\ a_{21} & l_{22} & 0 \\ a_{31} & l_{32} & l_{33} \end{bmatrix} \begin{bmatrix} 1 & u_{12} & u_{13} \\ 0 & 1 & u_{23} \\ 0 & 0 & 1 \end{bmatrix}$$

가 된다. 그러면 계산해야만 하는 요소는 여섯 개 l_{22}, l_{32}, l_{33} 그리고 u_{12}, u_{13}, u_{23}임을 알 수 있다. 이

것들을 아래 단계에서 차례로 구하기로 한다.

[단계 3] 미리 계산된 u_{11}은 제외하고 행렬 U의 제1행을 계산

$$u_{1j} = \frac{a_{1j}}{l_{11}} \qquad (j = 2,3)$$ 이므로

$$A = \begin{bmatrix} a_{11} & a_{12} & a_{13} \\ a_{21} & a_{22} & a_{23} \\ a_{31} & a_{32} & a_{33} \end{bmatrix} = \begin{bmatrix} a_{11} & 0 & 0 \\ a_{21} & l_{22} & 0 \\ a_{31} & l_{32} & l_{33} \end{bmatrix} \begin{bmatrix} 1 & a_{12}/a_{11} & a_{13}/a_{11} \\ 0 & 1 & u_{23} \\ 0 & 0 & 1 \end{bmatrix} \tag{4.45.f}$$

가 된다. 나머지 미지수 $l_{22}, l_{32}, l_{33}, u_{23}$를 [단계 4]에서 구한다.

[단계 4] 행렬 L과 U의 나머지 요소 계산. 행렬 L의 요소가 행렬 U의 요소 계산에 필요하므로 $i = 2, 3$ 각각에 대하여 아래와 같이 L의 요소를 먼저 계산한 후에 U의 요소를 계산한다.

$$l_{ij} = a_{ij} - \sum_{k=1}^{j-1} l_{ik} u_{kj} \quad (j = 2, i) \tag{4.45.g}$$

$$u_{ij} = \frac{a_{ij} - \sum_{k=1}^{i-1} l_{ik} u_{kj}}{l_{ii}} \quad (j = (i+1), (i+2), \cdots, 3) \tag{4.45.h}$$

이므로

$$l_{22} = a_{22} - \sum_{k=1}^{2-1} l_{2k} u_{k2} = a_{22} - l_{21} u_{12} \tag{4.45.i}$$

$$l_{32} = a_{32} - \sum_{k=1}^{2-1} l_{3k} u_{k2} = a_{32} - l_{31} u_{12} \tag{4.45.j}$$

$$l_{33} = a_{33} - \sum_{k=1}^{3-1} l_{3k} u_{k3} = a_{33} - l_{31} u_{13} - l_{32} u_{23} \tag{4.45.k}$$

$$u_{23} = \frac{a_{23} - \sum_{k=1}^{2-1} l_{2k} u_{k3}}{l_{22}} = \frac{a_{23} - l_{21} u_{13}}{l_{22}} \tag{4.45.l}$$

따라서 위의 [단계 1]부터 [단계 4]까지 구한 각각의 요소로부터 L과 U를 완성할 수 있다.

예제 4.10

다음 행렬 A를 크라우트법을 사용하여 LU 분해하라.

$$A=\begin{bmatrix}2&3&1\\-1&-2&4\\3&1&5\end{bmatrix}=\begin{bmatrix}l_{11}&0&0\\l_{21}&l_{22}&0\\l_{31}&l_{32}&l_{33}\end{bmatrix}\begin{bmatrix}1&u_{12}&u_{13}\\0&1&u_{23}\\0&0&1\end{bmatrix}=LU$$

풀이

위의 식(4.45.f)부터 식(4.45.l)까지를 이용하여 구하면

$l_{11}=a_{11}=2,\ l_{21}=a_{21}=-1,\ l_{31}=a_{31}=3$ 이고

$l_{22}=a_{22}-l_{21}\times u_{12}\ =(-2)-(-1)\times(1.5)=-0.5$

$l_{32}=a_{32}-l_{31}u_{12}=1-(3*1.5)=-3.5$

$u_{12}=\dfrac{a_{12}}{l_{11}}=1.5$

$l_{33}=a_{33}-l_{31}\times u_{13}-l_{32}\times u_{23}=5-(3\times 0.5)-(3.5\times 9)=-28$

$u_{13}=\dfrac{a_{13}}{l_{11}}=0.5$

$u_{23}=\dfrac{1}{l_{22}}(a_{23}-l_{21}u_{13})\ =(-2)\times(4-(-1)\times 0.5)=-9$이므로

$$L=\begin{bmatrix}2&0&0\\-1&-0.5&0\\3&-3.5&-28\end{bmatrix},\ U=\begin{bmatrix}1&1.5&0.5\\0&1&-9\\0&0&1\end{bmatrix}$$

가 된다. 이를 매트랩 및 파이썬으로 구해보면 [ex4_10] 코드와 같고 실행 결과는 다음과 같다.

% [ex4_10] 매트랩 코드 실행 결과

```
* [예제 4.10] 크라우트법으로 LU 분해
A =
     2     3     1
    -1    -2     4
     3     1     5
L =
    2.0000         0         0
   -1.0000   -0.5000         0
    3.0000   -3.5000  -28.0000
U =
    1.0000    1.5000    0.5000
         0    1.0000   -9.0000
         0         0    1.0000
```

[ex4_10] 파이썬 코드 실행 결과

```
* [예제 4.10] 크라우트법으로 LU 분해
 A =
  [[ 2   3   1]
 [ -1  -2   4]
 [  3   1   5]]

 L =
  [[ 2.     0.     0. ]
 [ -1.   -0.5    0. ]
 [  3.   -3.5  -28. ]]

 U =
  [[ 1.    1.5   0.5]
 [  0.    1.   -9. ]
 [  0.    0.    1. ]]
```

4.3.2 두리틀법

앞의 크라우트법에서 설명한 바와 같이 선형 연립방정식 $Ax=b$의 해 x를 구하기 위하여 먼저 행렬 A를 하삼각행렬 L과 상삼각행렬 U로 분해를 해야 한다. 이때 행렬 A에서 알 수 있는 요소의 개수는 n^2개이고 행렬 L 과 U의 미지의 요소 개수는 각각 대각선과 대각선 상부 요소 혹은 대각선 하부 요소 개수를 더한 $(n^2+n)/2$이므로 L 과 U 전체의 미지 요소 개수는 n^2+n이 된다. 따라서 식(4.42)를 만족하는 L 과 U의 유일한 해를 얻기 위해서는 n개의 조건이 더 필요하다. 두리틀법은 필요한 n개의 조건으로 위의 식(4.44.b)와 같이 하삼각행렬의 대각선 요소가 모두 1이라는 n개의 조건 즉 $l_{kk}=1(k=1,\cdots,n)$을 설정하여 삼각행렬 L과 U로 분해하는 방식이다. 이때 행렬 A의 임의의 요소 a_{kj}는

$$A=\begin{bmatrix} a_{11} & a_{12} & \cdots & a_{1n} \\ a_{21} & a_{22} & \cdots & a_{2n} \\ \vdots & \vdots & & \vdots \\ a_{n1} & a_{n2} & \cdots & a_{nn} \end{bmatrix} = LU = \begin{bmatrix} 1 & 0 & \cdots & 0 \\ l_{21} & 1 & \cdots & 0 \\ \vdots & \vdots & & \vdots \\ l_{n1} & l_{n2} & \cdots & 1 \end{bmatrix} \begin{bmatrix} u_{11} & u_{12} & \cdots & u_{1n} \\ 0 & u_{22} & \cdots & u_{2n} \\ \vdots & \vdots & & \vdots \\ 0 & 0 & \cdots & u_{nn} \end{bmatrix} \tag{4.46}$$

로부터

$$a_{kj}=l_{k1}u_{1j}+\ \cdots\ +l_{kk-1}u_{k-1j}+l_{kk}u_{kj}+l_{kk+1}u_{k+1j}+\ \cdots\ +l_{kn}u_{nj} \tag{4.47.a}$$

가 성립한다. 그런데 $l_{kk}=1$이고 $l_{ki}=0 \ (k<i)$이며 $u_{ij}=0 \ (i>j)$이므로 식(4.47.a)는 k와 j의 크기 관계에 의하여 다음 식

$$a_{kj}=l_{k1}u_{1j}+l_{k2}u_{2j}+\ \cdots\ +l_{kk-1}u_{k-1j}+u_{kj}\quad (k\leqq j) \tag{4.47.b}$$

$$a_{kj}=l_{k1}u_{1j}+l_{k2}u_{2j}+\ \cdots\ +l_{kj-1}u_{j-1j}+l_{kj}u_{jj}\quad (k>j) \tag{4.47.c}$$

과 같이 간략화된다. 따라서 행렬 U의 제1행은 식(4.47b)로부터

$$a_{1j}=u_{1j}\qquad (j=1,2,\cdots,n)$$

이므로

$$u_{1j}=a_{1j}\qquad (j=1,2,\cdots,n) \tag{4.48.a}$$

로 구할 수 있다.

그리고 행렬 L의 제1열은 $l_{11}=1$이므로 제외하고 식(4.47c)로부터

$$a_{j1}=l_{j1}u_{11}\qquad (j=2,\cdots,n)$$

이므로

$$l_{j1}=\frac{a_{j1}}{u_{11}}\qquad (j=2,\cdots,n) \tag{4.48.b}$$

으로 계산하여 구한다.

다음으로 행렬 U의 제2행은 식(4.47b)로부터

$$a_{2j}=l_{21}u_{1j}+u_{2j}\qquad (j=2,3,\cdots,n)$$

이므로

$$u_{2j}=a_{2j}-l_{21}u_{1j}\qquad (j=2,3,\cdots,n) \tag{4.48.c}$$

로 얻을 수 있다. 그리고 행렬 L의 제2열은 식(4.47c)로부터

$$a_{j2}=l_{j1}u_{12}+l_{j2}u_{22}\qquad (j=2,3,\cdots,n)$$

이므로

$$l_{j2} = \frac{a_{j2} - l_{j1}u_{12}}{u_{22}} \qquad (j = 2, 3, \cdots, n) \tag{4.48.d}$$

으로 계산하여 구한다.

여기서

$$a_{j2}^{(2)} = a_{j2} - l_{j1}u_{12} \qquad (j = 2, 3, \cdots, n) \tag{4.48.e}$$

라 하면

$$u_{22} = a_{22}^{(2)} \tag{4.48.f}$$

$$l_{j2} = \frac{a_{j2}^{(2)}}{u_{22}} \qquad (j = 2, 3, \cdots, n) \tag{4.48.g}$$

로 나타내진다. 위의 과정을 k번 반복하면 행렬 U의 제k행과 행렬 L의 제k열은

$$a_{jk}^{(k)} = a_{jk} - \sum_{i=1}^{k-1} l_{ji}u_{ik} \qquad (j = k, k+1, \cdots, n) \tag{4.48.h}$$

$$u_{kk} = a_{kk}^{(k)} \tag{4.48.i}$$

$$u_{kj} = a_{kj} - \sum_{i=1}^{k-1} l_{ki}u_{ij} \qquad (j = k+1, \cdots, n) \tag{4.48.j}$$

$$l_{jk} = \frac{a_{jk}^{(k)}}{u_{kk}} \qquad (j = k+1, \cdots, n) \tag{4.48.k}$$

로 구할 수 있으므로 k가 n이 될 때까지 반복하여 행렬 U와 L을 구한다. 이러한 두리틀법을 위한 계산 과정을 정리하여 알고리즘으로 나타내면 다음과 같다.

알고리즘 4.2 두리틀법에 의한 LU 분해

[단계 1] 행렬 U의 제1행 계산

$$u_{1j} = a_{1j} \qquad (j = 1, 2, \cdots, n) \tag{4.49.a}$$

[단계 2] 행렬 L의 대각선 요소를 1로 대치

$$l_{ii} = 1 \quad (i = 1, 2, \cdots, n) \tag{4.49.b}$$

[단계 3] 미리 계산된 l_{11}은 제외하고 행렬 L의 제1열 계산

$$l_{j1} = \frac{a_{j1}}{u_{11}} \qquad (j = 2, \cdots, n) \tag{4.49.c}$$

[단계 4] 행렬 L과 U의 나머지 요소 계산. 행렬 U의 요소가 행렬 L의 요소 계산에 필요하므로 $i = 2, \cdots, n$ 각각에 대하여 아래와 같이 U의 요소를 먼저 계산한 후에 L의 요소를 계산

$$u_{ij} = a_{ij} - \sum_{k=1}^{k=i-1} l_{ik} u_{kj} \quad (i = 2, 3, \cdots, n), \ (j = i, i+1, \cdots, n) \tag{4.49.d}$$

$$l_{ij} = \frac{a_{ij} - \sum_{k=1}^{k=j-1} l_{ik} u_{kj}}{u_{jj}} \quad (i = j+1, j+2, \cdots, n), \ (j = 2, 3, \cdots, n) \tag{4.49.e}$$

두리틀법의 이해를 돕기 위하여 아래 3×3 정방행렬 A에 대하여 위의 두리틀법 알고리즘을 적용해 보기로 한다. 즉

$$A = \begin{bmatrix} a_{11} & a_{12} & a_{13} \\ a_{21} & a_{22} & a_{23} \\ a_{31} & a_{32} & a_{33} \end{bmatrix} = LU = \begin{bmatrix} l_{11} & 0 & 0 \\ l_{21} & l_{22} & 0 \\ l_{31} & l_{32} & l_{33} \end{bmatrix} \begin{bmatrix} u_{11} & u_{12} & u_{13} \\ 0 & u_{22} & u_{23} \\ 0 & 0 & u_{33} \end{bmatrix}$$

를 만족하는 두 개의 삼각행렬의 L과 U의 요소 l_{ij}, u_{kl}를 위의 알고리즘에 따라 계산하기로 한다.

[단계 1] 행렬 U의 제1행 계산

$u_{1j} = a_{1j} \quad (j = 1, 2, 3)$이므로

$$A = \begin{bmatrix} a_{11} & a_{12} & a_{13} \\ a_{21} & a_{22} & a_{23} \\ a_{31} & a_{32} & a_{33} \end{bmatrix} = \begin{bmatrix} l_{11} & 0 & 0 \\ l_{21} & l_{22} & 0 \\ l_{31} & l_{32} & l_{33} \end{bmatrix} \begin{bmatrix} a_{11} & a_{12} & a_{13} \\ 0 & u_{22} & u_{23} \\ 0 & 0 & u_{33} \end{bmatrix}$$

가 된다.

[단계 2] 행렬 L의 대각선 요소를 1로 대치

$l_{ii} = 1 \quad (i = 1, 2, 3)$이므로

$$A = \begin{bmatrix} a_{11} & a_{12} & a_{13} \\ a_{21} & a_{22} & a_{23} \\ a_{31} & a_{32} & a_{33} \end{bmatrix} = \begin{bmatrix} 1 & 0 & 0 \\ l_{21} & 1 & 0 \\ l_{31} & l_{32} & 1 \end{bmatrix} \begin{bmatrix} a_{11} & a_{12} & a_{13} \\ 0 & u_{22} & u_{23} \\ 0 & 0 & u_{33} \end{bmatrix}$$

가 된다. 따라서 구해야 하는 요소는 여섯 개가 되고 이를 [단계 3]과 [단계 4]에서 구하기로 한다.

[단계 3] 미리 계산된 l_{11}은 제외하고 행렬 L의 제1열 계산

$$l_{j1} = \frac{a_{j1}}{u_{11}} \qquad (j = 2,3)$$이므로

$$A = \begin{bmatrix} a_{11} & a_{12} & a_{13} \\ a_{21} & a_{22} & a_{23} \\ a_{31} & a_{32} & a_{33} \end{bmatrix} = \begin{bmatrix} 1 & 0 & 0 \\ a_{21}/a_{11} & 1 & 0 \\ a_{31}/a_{11} & l_{32} & 1 \end{bmatrix} \begin{bmatrix} a_{11} & a_{12} & a_{13} \\ 0 & u_{22} & u_{23} \\ 0 & 0 & u_{33} \end{bmatrix}$$

가 된다. 나머지 미지수 $u_{22},, u_{23}\ l_{32}, u_{33}$를 [단계 4]에서 구한다.

[단계 4] 행렬 L과 U의 나머지 요소 계산. 행렬 U의 요소가 행렬 L의 요소 계산에 필요하므로 $i = 2,3$ 각각에 대하여 U의 요소를 먼저 계산하고 후에 L의 요소를 계산한다.

$$u_{ij} = a_{ij} - \sum_{k=1}^{i-1} l_{ik} u_{kj} \quad (i = 2,3), (j = i, i+1, \cdots, 3)$$

$$l_{ij} = \frac{a_{ij} - \sum_{k=1}^{j-1} l_{ik} u_{kj}}{u_{jj}} \quad (i = j+1, j+2, \cdots, 3), (j = 2,3)$$

이므로

$$u_{22} = a_{22} - \sum_{k=1}^{2-1} l_{2k} u_{k2} = a_{22} - l_{21} u_{12}$$

$$u_{23} = a_{23} - \sum_{k=1}^{2-1} l_{2k} u_{k3} = a_{23} - l_{21} u_{13}$$

$$u_{33} = a_{33} - \sum_{k=1}^{3-1} l_{3k} u_{k3} = a_{33} - l_{31} u_{13} - l_{32} u_{23}$$

$$l_{32} = \frac{a_{32} - \sum_{k=1}^{2-1} l_{3k} u_{k2}}{u_{22}} = \frac{a_{32} - l_{31} u_{12}}{u_{22}}$$

따라서 위의 [단계 1]부터 [단계 4]까지 구한 각각의 요소로부터 L과 U를 완성할 수 있다.

예제 4.11

다음 행렬을 두리틀법을 사용하여 LU 분해하라.

$$A=\begin{bmatrix}2 & 3 & 1\\ -1 & -2 & 4\\ 3 & 1 & 5\end{bmatrix}=\begin{bmatrix}1 & 0 & 0\\ l_{21} & 1 & 0\\ l_{31} & l_{32} & 1\end{bmatrix}\begin{bmatrix}u_{11} & u_{12} & u_{13}\\ 0 & u_{22} & u_{23}\\ 0 & 0 & u_{33}\end{bmatrix}=LU$$

풀이 위에서 정리한 알고리즘에 따라 행렬 L과 U의 요소를 차례로 구하면 다음과 같다.

$$u_{11}=a_{11}=2,\ u_{12}=a_{12}=3,\ u_{13}=a_{13}=1$$

$$l_{21}=\frac{a_{21}}{u_{11}}=-0.5$$

$$u_{22}=a_{22}-l_{21}u_{12}=-2-(-0.5)\times 3=-0.5$$

$$u_{23}=a_{23}-l_{21}u_{13}=4-(-0.5)=4.5$$

$$l_{31}=\frac{a_{31}}{u_{11}}=1.5$$

$$l_{32}=\frac{a_{32}-l_{31}u_{12}}{u_{22}}=\frac{1-(1.5\times 3)}{-0.5}=7$$

$$u_{33}=a_{33}-l_{31}u_{13}-l_{32}u_{23}=5-1.5-(7\times 4.5)=-28$$

이므로

$$L=\begin{bmatrix}1 & 0 & 0\\ -0.5 & 1 & 0\\ 1.5 & 7 & 1\end{bmatrix},\qquad U=\begin{bmatrix}2 & 3 & 1\\ 0 & -0.5 & 4.5\\ 0 & 0 & -28\end{bmatrix}$$

가 된다.

이를 매트랩 및 파이썬으로 구하면 [ex4_11] 코드와 같고 실행 결과는 다음과 같다.

% [ex4_11] 매트랩 코드 실행 결과

```
* [예제 4.11] 두리틀법으로 LU 분해
A =
       2       3       1
      -1      -2       4
       3       1       5

L =
     1.0000         0         0
    -0.5000    1.0000         0
     1.5000    7.0000    1.0000

U =
     2.0000    3.0000     1.0000
          0   -0.5000     4.5000
          0         0   -28.0000
```

 # [ex4_11] 파이썬 코드 실행 결과

```
* [예제 4.11] 두리틀법으로 LU 분해
A =
[[ 2  3  1]
 [-1 -2  4]
 [ 3  1  5]]

L =
 [[ 1.   0.   0. ]
 [-0.5  1.   0. ]
 [ 1.5  7.   1. ]]

U =
 [[  2.    3.    1. ]
 [  0.   -0.5   4.5]
 [  0.    0.  -28. ]]
```

예제 4.12

다음 연립방정식 해를 다음 LU 분해법을 사용하여 구하라.

(1) 크라우트법

(2) 두리틀법

$$\begin{cases} 2x_1 + 3x_2 + x_3 & = -11 \\ -1x_1 - 2x_2 + 4x_3 & = 11 \\ 3x_1 + x_2 + 5x_3 & = -6 \end{cases}$$

풀이

(1) 크라우트법

위의 [예제 4.10]에서 구한 결과를 이용하면 행렬 A를 크라우트법을 사용하여 LU 분해한 결과는 다음과 같다.

$$L = \begin{bmatrix} 2 & 0 & 0 \\ -1 & -0.5 & 0 \\ 3 & -3.5 & -28 \end{bmatrix}, U = \begin{bmatrix} 1 & 1.5 & 0.5 \\ 0 & 1 & -9 \\ 0 & 0 & 1 \end{bmatrix}$$

따라서 문제를 다시 정리하면

$$Ax = L(Ux) = Ld = b$$

가 되며 여기서

$$A = \begin{bmatrix} 2 & 3 & 1 \\ -1 & -2 & 4 \\ 3 & 1 & 5 \end{bmatrix}, b = \begin{bmatrix} -11 \\ 11 \\ -6 \end{bmatrix}, x = \begin{bmatrix} x_1 \\ x_2 \\ x_3 \end{bmatrix}, d = \begin{bmatrix} d_1 \\ d_2 \\ d_3 \end{bmatrix}$$

이다. 따라서 먼저 식 $Ld = b$로부터 벡터 d를 구하면

$$\begin{bmatrix} 2 & 0 & 0 \\ -1 & -0.5 & 0 \\ 3 & -3.5 & -28 \end{bmatrix} \begin{bmatrix} d_1 \\ d_2 \\ d_3 \end{bmatrix} = \begin{bmatrix} -11 \\ 11 \\ -6 \end{bmatrix}$$

에서

$$2d_1 = -11, d_1 = -\frac{11}{2}$$
$$-d_1 - 0.5d_2 = 11, d_2 = -11$$
$$3d_1 - 3.5d_2 - 28d_3 = -6, d_3 = 1$$

이를 바탕으로

$$Ux = d$$

즉

$$\begin{bmatrix} 1 & 1.5 & 0.5 \\ 0 & 1 & -9 \\ 0 & 0 & 1 \end{bmatrix}\begin{bmatrix} x_1 \\ x_2 \\ x_3 \end{bmatrix} = \begin{bmatrix} -\dfrac{11}{2} \\ -11 \\ 1 \end{bmatrix}$$

로부터

$$x_3 = 1$$
$$x_2 - 9x_3 = -11, x_2 = -11 + 9x_3 = -2$$
$$x_1 + 1.5x_2 + 0.5x_3 = -\frac{11}{2}, x_1 = -3$$
$$\therefore x_1 = -3, x_2 = -2, x_3 = 1$$

를 얻는다.

(2) 두리틀법

다음으로 두리틀법에 의한 LU 분해 결과는 다음과 같다.

$$L = \begin{bmatrix} 1 & 0 & 0 \\ -0.5 & 1 & 0 \\ 1.5 & 7 & 1 \end{bmatrix}, U - \begin{bmatrix} 2 & 3 & 1 \\ 0 & -0.5 & 4.5 \\ 0 & 0 & -28 \end{bmatrix}$$

따라서 문제를 다시 정리하면

$$Ax = L(Ux) = Ld = b$$

가 되며 여기서

$$A = \begin{bmatrix} 2 & 3 & 1 \\ -1 & -2 & 4 \\ 3 & 1 & 5 \end{bmatrix}, b = \begin{bmatrix} -11 \\ 11 \\ -6 \end{bmatrix}, x = \begin{bmatrix} x_1 \\ x_2 \\ x_3 \end{bmatrix}, d = \begin{bmatrix} d_1 \\ d_2 \\ d_3 \end{bmatrix}$$

이다. 따라서 먼저 식 $Ld = b$로부터 벡터 d를 구하면

$$\begin{bmatrix} 1 & 0 & 0 \\ -0.5 & 1 & 0 \\ 1.5 & 7 & 1 \end{bmatrix}\begin{bmatrix} d_1 \\ d_2 \\ d_3 \end{bmatrix} = \begin{bmatrix} -11 \\ 11 \\ -6 \end{bmatrix}$$

에서 $d_1 = -11$

$$-0.5d_1 + d_2 = 11, d_2 = 5.5$$
$$1.5d_1 + 7d_2 + d_3 = -6, d_3 = -28$$

이를 바탕으로

$$Ux = d$$

즉

$$\begin{bmatrix} 2 & 3 & 1 \\ 0 & -0.5 & 4.5 \\ 0 & 0 & -28 \end{bmatrix}\begin{bmatrix} x_1 \\ x_2 \\ x_3 \end{bmatrix} = \begin{bmatrix} -11 \\ 5.5 \\ -28 \end{bmatrix}$$

로부터

$x_3 = 1$
$-0.5x_2 + 4.5x_3 = 5.5, x_2 = -2$
$2x_1 + 3x_2 + x_3 = -11, x_1 = -3$

$\therefore x_1 = -3,\ x_2 = -2,\ x_3 = 1$

을 얻어 크라우트법을 사용하여 얻은 결과와 일치하게 된다.

이를 매트랩 및 파이썬으로 구하면 [ex4_12] 코드와 같고 실행 결과는 다음과 같다.

% [ex4_12] 매트랩 코드 실행 결과

```
* [예제 4.12] 크라우트법으로 LU 분해하여 Ax=b 해 구하기

A =
     2     3     1
    -1    -2     4
     3     1     5
b =
   -11
    11
    -6
L =
    2.0000         0         0
   -1.0000   -0.5000         0
    3.0000   -3.5000  -28.0000
U =
    1.0000    1.5000    0.5000
         0    1.0000   -9.0000
         0         0    1.0000
x =
    -3
    -2
     1

* [예제 4.12] 두리틀법으로 LU 분해하여 Ax=b 해 구하기

L =
    1.0000         0         0
   -0.5000    1.0000         0
    1.5000    7.0000    1.0000
```

```
U =
     2.0000    3.0000    1.0000
          0   -0.5000    4.5000
          0         0  -28.0000
x =
    -3
    -2
     1
```

[ex4_12] 파이썬 코드 실행 결과

* [예제 4.12] 크라우트법으로 LU 분해

```
A =
 [[ 2  3  1]
 [ -1 -2  4]
 [  3  1  5]]

L =
[[  2.    0.    0. ]
 [ -1.   -0.5   0. ]
 [  3.   -3.5 -28. ]]

U =
[[ 1.   1.5  0.5]
 [ 0.   1.  -9. ]
 [ 0.   0.   1. ]]

* x0 = -3.0000  * x1 = -2.0000  * x2 = 1.0000
```

* [예제 4.12] 두리틀법으로 LU 분해

```
L =
 [[ 1.   0.   0. ]
 [-0.5  1.   0. ]
 [ 1.5  7.   1. ]]

U -
 [[  2.    3     1. ]
 [  0.   -0.5   4.5]
 [  0.    0.  -28. ]]

* x0 = -3.0000  * x1 = -2.0000  * x2 = 1.0000
```

정리 4.3

선형 연립방정식 $Ax=b$에 대하여 기준화를 하지 않고 가우스 소거를 하였다면 행렬 A는 가우스 소거법에서 생성된 상삼각행렬 U와 하삼각행렬 L의 곱 $A=LU$로 표시되며 각각의 요소는 다음과 같다.

$$u_{ij}=\begin{cases} a_{ij}^{(i)} & 1\le i\le j \\ 0 & j+1\le i\le n \end{cases},\quad l_{ij}=\begin{cases} 0 & 1\le i\le j-1 \\ 1 & i=j \\ m_{ij} & j+1\le i\le n \end{cases} \tag{4.50}$$

여기서 $m_{ij}=\dfrac{a_{ij}^{(j)}}{a_{jj}^{(j)}}$

증명 생략

마지막으로 두리틀법으로 분해된 L_D, U_D 행렬과 단순 가우스 소거법으로 구한 상삼각행렬 U_G 사이의 관계에 대하여 간략히 정리하면 다음과 같다. 앞의 단순 가우스 소거법에서 식(4.16)으로 정의한 곱수 m_{ik}에 대하여 k 번째 단계에서의 곱수를 다음

$$m_{ik}=\frac{a_{ik}^{(k)}}{a_{kk}^{(k)}},\quad a_{kk}^{(k)}\neq 0 \tag{4.51.a}$$

과 같이 나타내고

$$L_G=\begin{bmatrix} 1 & 0 & \cdots & 0 & 0 \\ m_{21} & 1 & \cdots & & 0 \\ \vdots & \vdots & & 1 & \vdots \\ m_{n1} & m_{n2} & \cdots & m_{nn-1} & 1 \end{bmatrix} \tag{4.51.b}$$

라 두면 두리틀법으로 분해된 행렬 L_D, U_D 와 단순 가우스 소거법으로 구한 U_G 및 식(4.51.b)에 나타낸 행렬 L_G 사이에는 다음과 같은 관계가 존재한다.

$$L_D=L_G,\ U_D=U_G \tag{4.51.c}$$

LU 분해법의 계산 횟수는 가우스의 소거법과 거의 동일한 약 $n^3/3$이므로 연립방정식을 한 번에 풀 수 있다면 가우스 소거법으로 충분하다. 그러나 분해된 L과 U를 여러 번 이용하는 경우는 LU 분해법의 효율이 좋다.

정리 4.4

$n \times n$ 정방행렬 A의 LU 분해는 유일하지 않다.

증명 생략

예제 4.13

[예제 4.12]의 행렬 A를 단순 가우스 소거법을 이용하여 LU 분해하고 두리틀법으로 분해한 결과와 비교하라.

$$A = \begin{bmatrix} 2 & 3 & 1 \\ -1 & -2 & 4 \\ 3 & 1 & 5 \end{bmatrix} = L_G U_G$$

풀이

행렬 A를 단순 가우스 소거법으로 전진 소거하면

$$U_G = \begin{bmatrix} 2 & 3 & 1 \\ 0 & -0.5 & 4.5 \\ 0 & 0 & -28 \end{bmatrix}$$

이 된다. 그리고 식(4.51b)를 이용하여 L_G를 구하면 다음과 같다.

$$L_G = \begin{bmatrix} 1 & 0 & 0 \\ -0.5 & 1 & 0 \\ 1.5 & 7 & 1 \end{bmatrix}$$

이 결과는 [예제 4.12]에서 두리틀법으로 LU 분해한 결과와 일치함을 알 수 있다.

이를 매트랩 및 파이썬으로 구성하면 [ex4_13] 코드와 같고 실행 결과는 다음과 같다.

% [ex4_13] 매트랩 코드 실행 결과

```
* [예제 4.13] LU 분해 : 단순 가우스 소거법 vs 두리틀법

A =
     2     3     1
    -1    -2     4
     3     1     5
```

```
 * LU 분해 - 단순 가우스 소거법 :
UG =
    2.0000    3.0000    1.0000
         0   -0.5000    4.5000
         0         0  -28.0000

LG =
    1.0000         0    0.0000
   -0.5000    1.0000   -0.0000
    1.5000    7.0000    1.0000

 * LU 분해 - 두리틀법 :
L =
    1.0000         0         0
   -0.5000    1.0000         0
    1.5000    7.0000    1.0000

U =
    2.0000    3.0000    1.0000
         0   -0.5000    4.5000
         0         0  -28.0000
```

 # [ex4_13] 파이썬 코드 실행 결과

* [예제 4.13] 단순 가우스 소거법으로 LU 분해

```
A =
[[ 2.  3.  1.]
 [-1. -2.  4.]
 [ 3.  1.  5.]]

U =
[[  2.     3.     1. ]
 [  0.    -0.5    4.5]
 [  0.     0.   -28. ]]
```

```
* [예제 4.13] 두리틀법으로 LU 분해
U =
[[  2.     3.     1. ]
 [  0.    -0.5    4.5]
 [  0.     0.   -28. ]]
```

```
L =
[[ 1.   0.   0. ]
[-0.5  1.   0. ]
[ 1.5  7.   1. ]]
```

4.3.3 숄레스키법

다음으로는 식(4.44.c)로 주어지는 조건을 만족하는 숄레스키(Cholesky)법에 대하여 알아본다. 숄레스키법은 프랑스 수학자 앙드레 루이 숄레스키(André-Louis Cholesky)가 실수 행렬에 대하여 발견한 것으로 매우 효율적인 분해법이다. 먼저 숄레스키법에 필요한 양의 정부호행렬(positive definite matrix)을 정의하면, 식(4.52)의 조건을 만족하는 대칭행렬 $A=(a_{ij})$를 양의 정부호행렬이라 한다.

$$x^T Ax > 0,\ x \in R^n,\ x \neq 0 \tag{4.52}$$

예제 4.14

다음 행렬 $A=(a_{ij})$가 양의 정부호행렬 임을 보여라.

$$A = \begin{bmatrix} 1\,0\,0 \\ 0\,1\,0 \\ 0\,0\,1 \end{bmatrix}$$

풀이

식(4.52)로부터

$$x^T Ax = [x_1\ x_2\ x_3]\begin{bmatrix} 1\,0\,0 \\ 0\,1\,0 \\ 0\,0\,1 \end{bmatrix}\begin{bmatrix} x_1 \\ x_2 \\ x_3 \end{bmatrix} = x_1^2 + x_2^2 + x_3^2$$

이므로 $x = [x_1\ x_2\ x_3]^T \neq 0$ 이면 $x^T Ax > 0$이 되어 행렬 $A=(a_{ij})$가 양의 정부호행렬 임을 알 수 있다.

이를 매트랩 및 파이썬으로 구성하면 [ex4_14] 코드와 같고 실행 결과는 다음과 같다.

```
% [ex4_14] 매트랩 코드 실행 결과

* [예제 4.14] 양의 정부호 행렬 판단
A =
     1     0     0
     0     1     0
     0     0     1
* 행렬 A는 양의 정부호 행렬!
```

```
# [ex4_14] 파이썬 코드 실행 결과

* [예제 4.14] 정부호 행렬 판단
 A =
[[1. 0. 0.]
 [0. 1. 0.]
 [0. 0. 1.]]

 * 고유값 : [1. 1. 1.]

 * 행렬 A는 정부호 행렬!
```

하삼각행렬 $L=(l_{ij})$을 다음과 같이 정의하고

$$L=(l_{ij}),\quad l_{ij}=0,\ i<j \tag{4.53}$$

행렬 $A=(a_{ij})$가 양의 정부호행렬이면

$$A=LL^T \tag{4.54}$$

가 되는 하삼각행렬 L을 구할 수 있다. 여기서

$$A=\begin{bmatrix} a_{11} & a_{12} & \cdots & a_{1n} \\ a_{21} & a_{22} & \cdots & a_{2n} \\ \vdots & \vdots & & \vdots \\ a_{n1} & a_{n2} & \cdots & a_{nn} \end{bmatrix} \equiv (a_{ij}) \tag{4.54.a}$$

$$L=\begin{bmatrix} l_{11} & 0 & \cdots & 0 \\ l_{21} & l_{22} & \cdots & 0 \\ \vdots & \vdots & & \vdots \\ l_{n1} & l_{n2} & \cdots & l_{nn} \end{bmatrix} \tag{4.54.b}$$

$$L^T = \begin{bmatrix} l_{11} & l_{21} & \cdots & l_{n1} \\ 0 & l_{22} & \cdots & l_{n2} \\ \vdots & \vdots & & \vdots \\ 0 & 0 & \cdots & l_{nn} \end{bmatrix} \tag{4.54.c}$$

이와 같이 분해하는 LU 분해법을 숄레스키법이라 한다.

다음으로는 이러한 행렬 L을 구하는 방법에 대하여 알아보기로 한다. L의 제1행과 L^T의 제1열을 곱하여 행렬 $A = (a_{ij})$와 비교하면

$$l_{11}^2 = a_{11} \tag{4.55.a}$$

이고 행렬 $A = (a_{ij})$가 양의 정부호행렬이므로 $a_{11} > 0$이므로 $l_{11} = \sqrt{a_{11}}$가 된다. 계속해서 L의 제2행과 L^T의 제1열 및 제2열을 곱하여 행렬 $A = (a_{ij})$와 비교하면

$$l_{21} l_{11} = a_{21}, \quad l_{21}^2 + l_{22}^2 = a_{22} \tag{4.55.b}$$

이고 위 식을 풀어 l_{21}과 l_{22}를 구하면

$$l_{21} = \frac{a_{21}}{l_{11}}, \quad l_{22} = \sqrt{a_{22} - l_{21}^2}$$

가 되며 같은 방법으로 반복하여 구한 식을 정리하면 다음과 같다.

$$l_{ii} = \left[a_{ii} - \sum_{k=1}^{i-1} l_{ik}^2 \right]^{\frac{1}{2}}, \; i = 1, 2, \cdots n \tag{4.56.a}$$

$$l_{ij} = \frac{a_{ij} - \sum_{k=1}^{j-1} l_{ik} l_{jk}}{l_{jj}}, \; i = j+1, j+2, \cdots, n; \; j = 1, 2, \cdots, n \tag{4.56.b}$$

따라서 식(4.56.a)와 식(4.56.b)를 이용하여 구한 각 요소로부터 숄레스키 분해된 행렬 L과 L^T를 구할 수 있다.

예제 4.15

다음의 행렬을 숄레스키법을 이용하여 LU 분해하라.

$$A = \begin{bmatrix} 4 & 2 & 2 \\ 2 & 10 & 4 \\ 2 & 4 & 11 \end{bmatrix} = LL^T$$

풀이

식(4.56.a)와 (4.56.b)에 의하여

$$l_{11} = \left[a_{11} - \sum_{k=1}^{1-1} l_{1k}^2 \right]^{\frac{1}{2}} = \sqrt{a_{11}} = \sqrt{4} = 2$$

$$l_{21} = \frac{a_{21} - \sum_{k=1}^{1-1} l_{2k} l_{1k}}{l_{11}} = \frac{2}{2} = 1$$

$$l_{22} = \left[a_{22} - \sum_{k=1}^{2-1} l_{2k}^2 \right]^{\frac{1}{2}} = \sqrt{a_{22} - l_{21}^2} = \sqrt{10-1} = 3$$

$$l_{31} = \frac{a_{31} - \sum_{k=1}^{1-1} l_{3k} l_{1k}}{l_{11}} = \frac{2}{2} = 1$$

$$l_{32} = \frac{a_{32} - \sum_{k=1}^{2-1} l_{3k} l_{2k}}{l_{22}} = \frac{4-1}{3} = 1$$

$$l_{33} = \left[a_{33} - \sum_{k=1}^{3-1} l_{3k}^2 \right]^{\frac{1}{2}} = \sqrt{a_{33} - l_{31}^2 - l_{32}^2} = \sqrt{11-1-1} = 3$$

이므로

$$L = \begin{bmatrix} 2 & 0 & 0 \\ 1 & 3 & 0 \\ 1 & 1 & 3 \end{bmatrix} \quad \text{그리고} \quad U = L^T = \begin{bmatrix} 2 & 1 & 1 \\ 0 & 3 & 1 \\ 0 & 0 & 3 \end{bmatrix}$$

이 된다.

이를 매트랩 및 파이썬으로 구하면 [ex4_15] 코드와 같고 실행 결과는 다음과 같다.

% [ex4_15] 매트랩 코드 실행 결과

```
* [예제 4.15] 숄레스키 분해
A =
     4     2     2
     2    10     4
     2     4    11

* 행렬 A는 정부호 행렬!
L =
     2     0     0
     1     3     0
     1     1     3

U =
     2     1     1
     0     3     1
     0     0     3

* [예제 4.15] 숄레스키 분해
L =
     2     0     0
     1     3     0
     1     1     3

U =
     2     1     1
     0     3     1
     0     0     3
```

[ex4_15] 파이썬 코드 실행 결과

```
* [예제 4.15] 숄레스키법으로 LU 분해
A =
[[ 4  2  2]
 [ 2 10  4]
 [ 2  4 11]]

L =
[[2. 0. 0.]
 [1. 3. 0.]
 [1. 1. 3.]]

U =
[[2. 1. 1.]
 [0. 3. 1.]
 [0. 0. 3.]]

L =
[[2. 0. 0.]
 [1. 3. 0.]
 [1. 1. 3.]]

U =
[[2. 1. 1.]
 [0. 3. 1.]
 [0. 0. 3.]]
```

4.3.4 역행렬

앞 절에서 설명한 LU 분해법은 주어진 행렬의 역행렬을 구하는데 아주 유용하다. 즉, 주어진 행렬 A의 역행렬 A^{-1}을 다음

$$A^{-1} = [X_1 \; X_2 \; X_3] \tag{4.57.a}$$

여기서

$$X_1 = \begin{bmatrix} x_{11} \\ x_{21} \\ x_{31} \end{bmatrix}, X_2 = \begin{bmatrix} x_{12} \\ x_{22} \\ x_{32} \end{bmatrix}, X_3 = \begin{bmatrix} x_{13} \\ x_{23} \\ x_{33} \end{bmatrix}$$

과 같이 놓고 단위행렬 I를 다음과 같이 놓으면

$$I=\begin{bmatrix}1&0&0\\0&1&0\\0&0&1\end{bmatrix}=[b_1\ b_2\ b_3] \tag{4.57.b}$$

여기서

$$b_1=\begin{bmatrix}1\\0\\0\end{bmatrix}, b_2=\begin{bmatrix}0\\1\\0\end{bmatrix}, b_3=\begin{bmatrix}0\\0\\1\end{bmatrix}$$

이다.

행렬 A의 역행렬 A^{-1}을 구하는 문제는 위에서 살펴본 다음 세 개의 방정식

$$AX_1=b_1 \tag{4.58.a}$$

$$AX_2=b_2 \tag{4.58.b}$$

$$AX_3=b_3 \tag{4.58.c}$$

의 해 X_1, X_2, X_3를 구하는 문제와 같다.

예제 4.16 **다음 식으로 정의된 도함수의 정의**

다음 행렬 A를 크라우트법 또는 두리틀법을 사용하여 LU 분해하고 이를 이용하여 역행렬 A^{-1}를 구하라.

$$A=\begin{bmatrix}2&3&1\\-1&-2&4\\3&1&5\end{bmatrix}$$

풀이 주어진 행렬 A의 역행렬 A^{-1}을 다음과 같이 놓고

$$A^{-1}=[X_1\ X_2\ X_3], X_1=\begin{bmatrix}x_{11}\\x_{21}\\x_{31}\end{bmatrix}, X_2=\begin{bmatrix}x_{12}\\x_{22}\\x_{32}\end{bmatrix}, X_3=\begin{bmatrix}x_{13}\\x_{23}\\x_{33}\end{bmatrix}$$

단위행렬 I를 다음과 같이 놓는다.

$$I=\begin{bmatrix}1&0&0\\0&1&0\\0&0&1\end{bmatrix}=[b_1\ b_2\ b_3], b_1=\begin{bmatrix}1\\0\\0\end{bmatrix}, b_2=\begin{bmatrix}0\\1\\0\end{bmatrix}, b_3=\begin{bmatrix}0\\0\\1\end{bmatrix}$$

[예제 4.12]로부터 행렬 A를 크라우트법을 사용하여 LU 분해 결과는 다음과 같다.

$$L=\begin{bmatrix}2 & 0 & 0\\ -1 & -0.5 & 0\\ 3 & -3.5 & -28\end{bmatrix}, U=\begin{bmatrix}1 & 1.5 & 0.5\\ 0 & 1 & -9\\ 0 & 0 & 1\end{bmatrix}$$

그리고 두리틀법에 의한 LU 분해 결과는 다음과 같다.

$$L=\begin{bmatrix}1 & 0 & 0\\ -0.5 & 1 & 0\\ 1.5 & 7 & 1\end{bmatrix}, U=\begin{bmatrix}2 & 3 & 1\\ 0 & -0.5 & 4.5\\ 0 & 0 & -28\end{bmatrix}$$

크라우트법과 두리틀법을 사용하여 역행렬을 구하는 과정은 같으므로 여기서는 편의를 위해 두리틀법으로 구하기로 한다.

먼저 X_1을 구하기 위하여

$$Ld_1 = b_1$$

로부터

$$\begin{bmatrix}1 & 0 & 0\\ -0.5 & 1 & 0\\ 1.5 & 7 & 1\end{bmatrix}\begin{bmatrix}d_{11}\\ d_{21}\\ d_{31}\end{bmatrix}=\begin{bmatrix}1\\ 0\\ 0\end{bmatrix}$$

를 얻는다. 그리고 이로부터

$$\begin{aligned}&d_{11}=1\\ &-0.5d_{11}+d_{21}=0 \rightarrow d_{21}=0.5\\ &1.5d_{11}+7d_{21}+d_{31}=0 \rightarrow d_{31}=-5\end{aligned}$$

즉

$$d_1=\begin{bmatrix}1\\ 0.5\\ -5\end{bmatrix}$$

를 얻고 이를 이용하여

$$UX_1 = d_1$$

로부터

$$\begin{bmatrix}2 & 3 & 1\\ 0 & -0.5 & 4.5\\ 0 & 0 & -28\end{bmatrix}\begin{bmatrix}x_{11}\\ x_{21}\\ x_{31}\end{bmatrix}=\begin{bmatrix}1\\ 0.5\\ -5\end{bmatrix}$$

가 되고 이로부터

$$\begin{aligned}&x_{31}=\frac{5}{28}=0.1786\\ &-0.5x_{21}+4.5x_{31}=0.5 \rightarrow x_{21}=0.6071\\ &2x_{11}+3x_{21}+x_{31}=1 \rightarrow x_{11}=-0.5\end{aligned}$$

즉

$$X_1 = \begin{bmatrix} -0.5 \\ 0.6071 \\ 0.1786 \end{bmatrix}$$

를 얻는다. 다음으로 X_2를 구하기 위하여

$$Ld_2 = b_2$$

로부터

$$\begin{bmatrix} 1 & 0 & 0 \\ -0.5 & 1 & 0 \\ 1.5 & 7 & 1 \end{bmatrix} \begin{bmatrix} d_{12} \\ d_{22} \\ d_{32} \end{bmatrix} = \begin{bmatrix} 0 \\ 1 \\ 0 \end{bmatrix}$$

를 얻고 이로부터

$$\begin{aligned} & d_{12} = 0 \\ & -0.5d_{12} + d_{22} = 1 \rightarrow d_{22} = 1 \\ & d_{32} = -7 \end{aligned}$$

즉

$$d_2 = \begin{bmatrix} 0 \\ 1 \\ -7 \end{bmatrix}$$

를 얻으며 이를 이용하여

$$UX_2 = d_2$$

로부터

$$\begin{bmatrix} 2 & 3 & 1 \\ 0 & -0.5 & 4.5 \\ 0 & 0 & -28 \end{bmatrix} \begin{bmatrix} x_{12} \\ x_{22} \\ x_{32} \end{bmatrix} = \begin{bmatrix} 0 \\ 1 \\ -7 \end{bmatrix}$$

를 얻고 이로부터

$$\begin{aligned} & x_{32} = \frac{7}{28} = 0.25 \\ & -0.5x_{22} + 4.5x_{32} = 1 \rightarrow x_{22} = 0.25 \\ & 2x_{12} + 3x_{22} + x_{32} = 0 \rightarrow x_{12} = -0.5 \end{aligned}$$

즉

$$X_2 = \begin{bmatrix} -0.5 \\ 0.25 \\ 0.25 \end{bmatrix}$$

를 얻는다. 마지막으로 X_3를 구하기 위하여

$$Ld_3 = b_3$$

로부터

$$\begin{bmatrix} 1 & 0 & 0 \\ -0.5 & 1 & 0 \\ 1.5 & 7 & 1 \end{bmatrix} \begin{bmatrix} d_{13} \\ d_{23} \\ d_{33} \end{bmatrix} = \begin{bmatrix} 0 \\ 0 \\ 1 \end{bmatrix}$$

를 얻고 이로부터

$$\begin{aligned} & d_{13} = 0 \\ & -0.5d_{13} + d_{23} = 0 \rightarrow d_{23} = 0 \\ & 1.5d_{13} + 7d_{23} + d_{33} = 1 \rightarrow d_{33} = 1 \end{aligned}$$

즉

$$d_3 = \begin{bmatrix} 0 \\ 0 \\ 1 \end{bmatrix}$$

를 얻고 이를 이용하여

$$UX_3 = d_3$$

로부터

$$\begin{bmatrix} 2 & 3 & 1 \\ 0 & -0.5 & 4.5 \\ 0 & 0 & -28 \end{bmatrix} \begin{bmatrix} x_{13} \\ x_{23} \\ x_{33} \end{bmatrix} = \begin{bmatrix} 0 \\ 0 \\ 1 \end{bmatrix}$$

를 얻고 이로부터

$$\begin{aligned} & x_{33} = \frac{-1}{28} = -0.0357 \\ & -0.5x_{23} + 4.5x_{33} = 0 \rightarrow x_{23} = -0.3214 \\ & 2x_{13} + 3x_{23} + x_{33} = 0 \rightarrow x_{13} = 0.5 \end{aligned}$$

즉

$$X_3 = \begin{bmatrix} 0.5 \\ -0.3214 \\ -0.0357 \end{bmatrix}$$

를 얻는다. 위의 결과를 종합하면 행렬 A의 역행렬 A^{-1}은 다음과 같다.

$$A^{-1} = \begin{bmatrix} -0.5 & -0.5 & 0.5 \\ 0.6071 & 0.25 & -0.3214 \\ 0.1786 & 0.25 & -0.0357 \end{bmatrix}$$

이를 매트랩 및 파이썬을 이용하여 구하면 [ex4_16] 코드와 같고 실행 결과는 다음과 같다.

% [ex4_16] 매트랩 코드 실행 결과

```
A =
     2     3     1
    -1    -2     4
     3     1     5
```

* [예제 4.16] 두리틀법으로 LU 분해하여 역행렬 구하기

```
L =
    2.0000         0         0
   -1.0000   -0.5000         0
    3.0000   -3.5000  -28.0000
U =
    1.0000    1.5000    0.5000
         0    1.0000   -9.0000
         0         0    1.0000
d =
    0.5000         0         0
   -1.0000    2.0000         0
    0.1786    0.2500   -0.0357
A_i =
   -0.5000   -0.5000    0.5000
    0.6071    0.2500   -0.3214
    0.1786    0.2500   -0.0357
```

* Ex4.16 두리틀법으로 LU 분해하여 역행렬 구하기

```
L =
    1.0000         0         0
   -0.5000    1.0000         0
    1.5000    7.0000    1.0000
U =
    2.0000    3.0000    1.0000
         0   -0.5000    4.5000
         0         0  -28.0000
d =
    1.0000         0         0
    0.5000    1.0000         0
   -5.0000    7.0000    1.0000
A_i =
   -0.5000   -0.5000    0.5000
    0.6071    0.2500   -0.3214
    0.1786    0.2500   -0.0357
```

[ex4_16] 파이썬 코드 실행 결과

```
* [예제 4.16] 두리틀법으로 LU 분해

A =
[[ 2  3  1]
 [-1 -2  4]
 [ 3  1  5]]

L =
[[ 1.   0.   0. ]
 [-0.5  1.   0. ]
 [ 1.5  7.   1. ]]

U =
[[  2.    3.    1. ]
 [  0.   -0.5   4.5]
 [  0.    0.  -28. ]]

Ai =
[[-0.5         -0.5          0.5        ]
 [ 0.60714286  0.25        -0.32142857]
 [ 0.17857143  0.25        -0.03571429]]
```

4.4 반복법

4.4.1 야코비법 및 가우스-자이델법

앞에서 설명한 가우스 소거법이나 LU 분해를 이용하여 n원 연립 1차 방정식 $Ax=b$ 해를 구하는 방법을 직접적 방법(direct method)이라고 한다. 그런데 이와 같은 방법들은 해를 구하고자 하는 방정식의 차원이 클수록 연산 횟수가 많아지고 많은 메모리 공간이 필요하며 또한 각 연산에서 발생하는 오차가 누적되어 정확한 값을 구하기 어려운 경우가 많다. 반면에 정확한 해에 대한 후보로 적당한 초기값 벡터 $x^{(0)}=(x_1^{(0)},x_2^{(0)},\cdots,x_n^{(0)})^T$를 설정하고 이로부터 출발하여 적절한 반복 알고리즘을 사용하여 해 벡터 x에 수렴하는 벡터 열 $x^{(1)},x^{(2)},\cdots,x^{(k)}$을 만들고 $x^{(k)}$가 x에 충분히 접근하면 계산을 중단하여 $x^{(k)}$를 해 벡터 x의 근사값으로 구하는 반복법(iterative method)이 있다. 이러한 반복법은 행렬 A의 요소 중 0이 차지하는 부분이 많은 희소 행렬(sparse matrix)로 구성된 방정식, 예를 들면 상미분방정식이나 편미분방정식을 푸는데 아주 유용하다. 이와 같은 반복법으로 야코비(Jacobi)법과 가우스-자이델(Gauss-Seidel)법 외에 SOR(Successive Over Relaxation)법 등이 있다.

이러한 반복법은 주어진 연립방정식 $Ax = b$를 $x = Qx + r$ 형태로 변환하는 과정을 포함하며 이 과정은 정사각행렬 A를 임의의 가역 행렬 N을 포함한 다음과 같은 행렬로 분할하는 것으로부터 시작한다.

$$A = N - P$$

그러면 주어진 연립방정식 $Ax = b$는

$$Ax = (N - P)x = Nx - Px = b$$

이므로

$$Nx = Px + b$$

형태가 되며 행렬 N이 가역 행렬이므로

$$x = N^{-1}Px + N^{-1}b$$

로 쓸 수 있고 이를 다시 정리하면 다음과 같다.

$$x = Qx + r \tag{4.59}$$

여기서 $Q = N^{-1}P$, $r = N^{-1}b$

반복적 해는 주어진 초기값 $x^{(0)}$와 식(4.59)로부터 얻어지는

$$x^{(k)} = Qx^{(k-1)} + r, \quad k = 1, 2, 3, \cdots \tag{4.60}$$

를 반복 계산하여 얻어진다. 식(4.60) 형태로 나타내지는 연립방정식의 해를 구하는 반복법의 수렴성은 식(4.60)의 행렬 Q에 의하여 결정된다. 이러한 반복법의 수렴성은 아래와 같은 스펙트럼 반경에 관한 정의를 이용하여 정의된다.

정의 4.2 반복법의 수렴과 스펙트럼 반경

R^n 공간의 임의의 초기값 $x^{(0)}$에 대해 식(4.60) 수열은 스펙트럼 반경(spectral radius) $\rho(Q)$가 다음 식

$$\rho(Q) = \max_i |\lambda_i| < 1 \tag{4.61}$$

을 만족할 경우, 즉 행렬 Q의 최대 고유값 λ_i, $i = 1, 2, \cdots, n$의 크기가 1보다 작은 경우 $x = Qx + r$의 유일해에 수렴한다.

위의 정의를 바탕으로 반복법 알고리즘에 대하여 알아본다. [정의 4.2]에 나타낸 바와 같이 반복법의 수렴성은 가역 행렬 N에 의하여 결정된다. 이러한 가역 행렬 N의 선정에 관하여 잘 알려진 방법으로는 야코비(Jacobi)법과 가우스–자이델(Gauss–Seidel)법이 있다. 야코비법은 $A = (a_{ij})$가 정사각행렬이면 가역 행렬 N을 식(4.62)와 같이 대각행렬로 택하고

$$N = \begin{bmatrix} a_{11} & 0 & 0 & \cdots & 0 \\ 0 & a_{22} & 0 & \cdots & 0 \\ 0 & 0 & a_{33} & \cdots & 0 \\ \vdots & \vdots & \vdots & & \vdots \\ 0 & 0 & 0 & \cdots & a_{nn} \end{bmatrix} \tag{4.62}$$

가우스–자이델법은 식(4.63)

$$N = \begin{bmatrix} a_{11} & 0 & 0 & \cdots & 0 \\ a_{21} & a_{22} & 0 & \cdots & 0 \\ a_{31} & a_{32} & a_{33} & \cdots & 0 \\ \vdots & \vdots & \vdots & & \vdots \\ a_{n1} & a_{n2} & a_{n3} & \cdots & a_{nn} \end{bmatrix} \tag{4.63}$$

과 같이 택한다. 이때 야코비법이나 가우스–자이델법이나 둘 다 $P = N - A$이다. 식(4.59), (4.60), (4.62) 및 (4.63)을 바탕으로 구한 야코비법의 반복식은

$$x_i^{(k)} = \frac{1}{a_{ii}}\left[b_i - \sum_{j=1, j \neq i}^{n} a_{ij} x_j^{(k-1)}\right] \quad (i = 1, 2, \cdots, n) \tag{4.64}$$

와 같고 가우스–자이델법의 반복식은

$$x_i^{(k)} = \frac{1}{a_{ii}}\left[b_i - \sum_{j=1}^{i-1} a_{ij} x_j^{(k)} - \sum_{j=i+1}^{n} a_{ij} x_j^{(k-1)}\right] \quad (i = 1, 2, \cdots, n) \tag{4.65}$$

와 같다. 다음으로는 이와 같은 야코비법이나 가우스-자이델법의 반복식을 3×3 행렬에 대하여 구해보기로 한다. 먼저 주어진 행렬 A가

$$A = \begin{bmatrix} a_{11} & a_{12} & a_{13} \\ a_{21} & a_{22} & a_{23} \\ a_{31} & a_{32} & a_{33} \end{bmatrix}$$

와 같다고 하자. 야코비법을 위하여 행렬 N과 P를 다음

$$N = \begin{bmatrix} a_{11} & 0 & 0 \\ 0 & a_{22} & 0 \\ 0 & 0 & a_{33} \end{bmatrix}, \ P = \begin{bmatrix} 0 & -a_{12} & -a_{13} \\ -a_{21} & 0 & -a_{23} \\ -a_{31} & -a_{32} & 0 \end{bmatrix}$$

과 같이 택한다. 식(4.60)의 반복 알고리즘에 적용하면

$$\begin{aligned} x^{(k)} &= N^{-1}Px^{(k-1)} + N^{-1}b \\ &= \begin{bmatrix} a_{11} & 0 & 0 \\ 0 & a_{22} & 0 \\ 0 & 0 & a_{33} \end{bmatrix}^{-1} \begin{bmatrix} 0 & -a_{12} & -a_{13} \\ -a_{21} & 0 & -a_{23} \\ -a_{31} & -a_{32} & 0 \end{bmatrix} \begin{bmatrix} x_1^{(k-1)} \\ x_2^{(k-1)} \\ x_3^{(k-1)} \end{bmatrix} + \begin{bmatrix} a_{11} & 0 & 0 \\ 0 & a_{22} & 0 \\ 0 & 0 & a_{33} \end{bmatrix}^{-1} \begin{bmatrix} b_1 \\ b_2 \\ b_3 \end{bmatrix} \end{aligned}$$

과 같이 된다. 위 식을 $x_1^{(k)}, x_2^{(k)}, x_3^{(k)}$에 대하여 정리하면

$$\begin{aligned} x_1^{(k)} &= \frac{b_1 - a_{12}x_2^{(k-1)} - a_{13}x_3^{(k-1)}}{a_{11}} \\ x_2^{(k)} &= \frac{b_2 - a_{21}x_1^{(k-1)} - a_{23}x_3^{(k-1)}}{a_{22}} \\ x_3^{(k)} &= \frac{b_3 - a_{31}x_1^{(k-1)} - a_{32}x_2^{(k-1)}}{a_{33}} \end{aligned}$$

가 되어 식(4.64)의 결과와 일치하게 된다. 그리고 다음으로 가우스-자이델법을 위하여 행렬 N과 P를 다음

$$\boldsymbol{N} = \begin{bmatrix} a_{11} & 0 & 0 \\ a_{21} & a_{22} & 0 \\ a_{31} & a_{32} & a_{33} \end{bmatrix}, \ \boldsymbol{P} = \begin{bmatrix} 0 & -a_{12} & -a_{13} \\ 0 & 0 & -a_{23} \\ 0 & 0 & 0 \end{bmatrix}$$

과 같이 택한다. 이 행렬 N과 P를 가지고 (4.60)의 반복 알고리즘에 적용하면

$$x^{(k)} = N^{-1}Px^{(k-1)} + N^{-1}b$$
$$= \begin{bmatrix} a_{11} & 0 & 0 \\ a_{21} & a_{22} & 0 \\ a_{31} & a_{32} & a_{33} \end{bmatrix}^{-1} \begin{bmatrix} 0 & -a_{12} & -a_{13} \\ 0 & 0 & -a_{23} \\ 0 & 0 & 0 \end{bmatrix} \begin{bmatrix} x_1^{(k-1)} \\ x_2^{(k-1)} \\ x_3^{(k-1)} \end{bmatrix} + \begin{bmatrix} a_{11} & 0 & 0 \\ a_{21} & a_{22} & 0 \\ a_{31} & a_{32} & a_{33} \end{bmatrix}^{-1} \begin{bmatrix} b_1 \\ b_2 \\ b_3 \end{bmatrix}$$

과 같이 된다. 위 식을 $x_1^{(k)}, x_2^{(k)}, x_3^{(k)}$에 대하여 정리하면

$$x_1^{(k)} = \frac{b_1 - a_{12}x_2^{(k-1)} - a_{13}x_3^{(k-1)}}{a_{11}}$$
$$x_2^{(k)} = \frac{b_2 - a_{21}x_1^{(k)} - a_{23}x_3^{(k-1)}}{a_{22}}$$
$$x_3^{(k)} = \frac{b_3 - a_{31}x_1^{(k)} - a_{32}x_2^{(k)}}{a_{33}}$$

가 되어 식(4.65)의 결과와 일치하게 된다.

야코비법과 가우스-자이델법의 반복 계산 과정에서 수렴 판정은

$$|x_i^{(k)} - x_i^{(k-1)}| < \epsilon \qquad (i = 1, 2, \cdots, n) \tag{4.66}$$

또는

$$|x_i^{(k)} - x_i^{(k-1)}| < \epsilon |x_i^{(k-1)}| \qquad (i = 1, 2, \cdots, n) \tag{4.67}$$

을 이용하여 판단하며 여기서 ϵ은 충분히 작은 수이다. 이와 같은 야코비법과 가우스-자이델법의 가장 큰 차이는 수렴 속도에 있으며, 일반적으로 가우스-자이델법이 야코비법보다 더 빨리 수렴하게 된다. 이러한 두 반복법의 수렴성에 대하여 알아보기 전에 다음과 같은 대각 지배(diagonally dominant)에 관한 정의를 소개한다.

정의 4.3 대각 지배(diagonally dominant)

$n \times n$ 행렬 A가 다음 조건을 만족할 경우, 행렬 A는 대각 지배(diagonally dominant)다.

$$|a_{ii}| > \sum_{\substack{j=1 \\ j \neq i}}^{n} |a_{ij}|, \; i = 1, 2, \cdots, n \tag{4.68}$$

대각 지배는 야코비법과 가우스-자이델법이 수렴하기 위한 충분조건이다.

예제 4.17

다음 연립방정식을 행렬식 $Ax=b$로 나타낼 때 행렬 A가 대각 지배인지 판단하라.

$$\begin{aligned}9x_1+3x_2+4x_3&=11\\6x_1-12x_2+3x_3&=10\\3x_1+2x_2+8x_3&=5\end{aligned}$$

풀이 먼저 주어진 연립방정식을 행렬 형태로 나타내면

$$Ax=\begin{bmatrix}9&3&4\\6&-12&3\\3&2&8\end{bmatrix}\begin{bmatrix}x_1\\x_2\\x_3\end{bmatrix}=\begin{bmatrix}11\\10\\5\end{bmatrix}=b$$

과 같다. 이에 대하여 대각 지배 조건을 조사하면

$$\begin{aligned}|a_{11}|&>|a_{12}|+|a_{13}|\\|a_{22}|&>|a_{21}|+|a_{23}|\\|a_{33}|&>|a_{31}|+|a_{32}|\end{aligned}\quad\Rightarrow\quad\begin{aligned}|9|&>|3|+|4|\\|-12|&>|6|+|3|\\|8|&>|3|+|2|\end{aligned}$$

와 같이 되어 대각 지배임을 알 수 있다. 따라서 임의의 초기값에 대하여 야코비법과 가우스-자이델법을 적용해도 수렴함을 알 수 있다.

정의 4.5 야코비법과 가우스-자이델법의 수렴

$n\times n$ 행렬 A가 대각 지배라면 임의의 초기값 $x^{(0)}$에 대하여 야코비법과 가우스-자이델법은 수렴한다.

증명 생략

예제 4.18

다음 연립방정식의 해를 야코비법을 사용하여 2회 반복한 해를 구하라.

단 초기값 $x^{(0)}=[-1\ 0\ 1]^T$임.

$$\begin{aligned}9x_1+3x_2+4x_3&=11\\6x_1-12x_2+3x_3&=10\\3x_1+2x_2+8x_3&=5\end{aligned}$$

풀이 먼저 주어진 연립방정식을 행렬 형태로 나타내면

$$Ax=\begin{bmatrix}9&3&4\\6&-12&3\\3&2&8\end{bmatrix}\begin{bmatrix}x_1\\x_2\\x_3\end{bmatrix}=\begin{bmatrix}11\\10\\5\end{bmatrix}=b$$

와 같다. 야코비법을 위하여 행렬 N과 P를 다음

$$N = \begin{bmatrix} 9 & 0 & 0 \\ 0 & -12 & 0 \\ 0 & 0 & 8 \end{bmatrix}, P = \begin{bmatrix} 0 & -3 & -4 \\ -6 & 0 & -3 \\ -3 & -2 & 0 \end{bmatrix}$$

와 같이 택한다. 식(4.64)의 반복 알고리즘을 적용하면 첫 번째 반복은

$$x_1^1 = \frac{b_1 - a_{12}x_2^0 - a_{13}x_3^0}{a_{11}} = \frac{11 - (3 \times 0) - (4 \times 1)}{9} = 0.7778$$

$$x_2^1 = \frac{b_2 - a_{21}x_1^0 - a_{23}x_3^0}{a_{22}} = \frac{10 - (6 \times (-1)) - (3 \times 1)}{-12} = -1.0833$$

$$x_3^1 = \frac{b_3 - a_{31}x_1^0 - a_{32}x_2^0}{a_{33}} = \frac{5 - (3 \times (-1)) - (2 \times 0)}{8} = 1$$

두 번째 반복은

$$x_1^2 = \frac{b_1 - a_{12}x_2^1 - a_{13}x_3^1}{a_{11}} = \frac{11 - (3 \times (-1.0833)) - (4 \times 1)}{9} = 1.1389$$

$$x_2^1 = \frac{b_2 - a_{21}x_1^1 - a_{23}x_3^1}{a_{22}} = \frac{10 - (6 \times 0.7778) - (3 \times 1)}{-12} = -0.1944$$

$$x_3^2 = \frac{b_3 - a_{31}x_1^1 - a_{32}x_2^1}{a_{33}} = \frac{5 - (3 \times 0.7778) - (2 \times (-1.0833))}{8} = 0.6042$$

와 같다. 이를 매트랩 및 파이썬을 이용하여 구하면 [ex4_18] 코드와 같고 실행 결과는 다음과 같다.

% [ex4_18] 매트랩 코드 실행 결과

```
* [예제 4.18] Jacobi법으로 Ax = b의 해 x 구하기
A =
     9     3     4
     6   -12     3
     3     2     8
b =
    11
    10
     5
x0 =
    -1
     0
     1
```

```
Jacobi법 x1 =
     0.7778
    -1.0833
     1.0000
Jacobi법 x2 =
     1.1389
    -0.1944
     0.6042
```

 # [ex4_18] 파이썬 코드 실행 결과

```
* [예제 4.18] Jacobi법으로 Ax = b의 해 x

 A =
  [[  9   3   4]
 [  6 -12   3]
 [  3   2   8]]

 b =
  [[11]
 [10]
 [ 5]]

 x0 =
  [[-1]
 [ 0]
 [ 1]]

 * Jacobi법 : x 1  =
[[ 0.77777778]
 [-1.08333333]
 [ 1.        ]]

 * Jacobi법 : x 2  =
[[ 1.13888889]
 [-0.19444444]
 [ 0.60416667]]
```

예제 4.19

다음 연립방정식의 해를 가우스–자이델법을 사용하여 2회 반복한 해를 구하라.

단 초기값 $x^{(0)} = [-1\ 0\ 1]^T$임.

$$\begin{aligned}9x_1 + 3x_2 + 4x_3 &= 11\\ 6x_1 - 12x_2 + 3x_3 &= 10\\ 3x_1 + 2x_2 + 8x_3 &= 5\end{aligned}$$

풀이 먼저 주어진 연립방정식을 행렬 형태로 나타내면

$$Ax = \begin{bmatrix} 9 & 3 & 4 \\ 6 & -12 & 3 \\ 3 & 2 & 8 \end{bmatrix} \begin{bmatrix} x_1 \\ x_2 \\ x_3 \end{bmatrix} = \begin{bmatrix} 11 \\ 10 \\ 5 \end{bmatrix} = b$$

와 같다. 가우스–자이델법을 위하여 행렬 N과 P를 다음

$$N = \begin{bmatrix} 9 & 0 & 0 \\ 6 & -12 & 0 \\ 3 & 2 & 8 \end{bmatrix},\ P = \begin{bmatrix} 0 & -3 & -4 \\ 0 & 0 & -3 \\ 0 & 0 & 0 \end{bmatrix}$$

과 같이 택한다. 식(4.65)의 반복 알고리즘을 적용하면 첫 번째 반복은

$$x_1^1 = \frac{b_1 - a_{12}x_2^0 - a_{13}x_3^0}{a_{11}} = \frac{11-(3\times 0)-(4\times 1)}{9} = 0.7778$$

$$x_2^1 = \frac{b_2 - a_{21}x_1^1 - a_{23}x_3^0}{a_{22}} = \frac{10-(6\times 0.778)-(3\times 1)}{-12} = -0.1944$$

$$x_3^1 = \frac{b_3 - a_{31}x_1^1 - a_{32}x_2^1}{a_{33}} = \frac{3-(3\times 0.778)-(2\times(-0.194))}{8} = 0.3819$$

두 번째 반복은

$$x_1^2 = \frac{b_1 - a_{12}x_2^1 - a_{13}x_3^1}{a_{11}} = \frac{11-(3\times(-0.1944))-(4\times 0.3819)}{11} = 1.1173$$

$$x_2^2 = \frac{b_2 - a_{21}x_1^2 - a_{23}x_3^1}{a_{22}} = \frac{10-(6\times 1.1173)-(3\times 0.3819)}{-12} = -0.1792$$

$$x_3^2 = \frac{b_3 - a_{31}x_1^2 - a_{32}x_2^2}{a_{33}} = \frac{5-(3\times 1.1173)-(2\times(-0.1792))}{8} = 0.2508$$

과 같다.

이를 매트랩 및 파이썬을 이용하여 구하면 [ex4_19] 코드와 같고 실행 결과는 다음과 같다.

% [ex4_19] 매트랩 코드 실행 결과

* [예제 4.19] 가우스-자이델(Gauss-seidel) 법으로 Ax = b의 해 x 구하기

```
A =
      9     3     4
      6   -12     3
      3     2     8
b =
     11
     10
      5
x0 =
     -1
      0
      1
가우스-자이델(Gauss-seidel) 법 x1 =
     0.7778
    -0.1944
     0.3819
가우스-자이델(Gauss-seidel) 법 x2 =
     1.1173
    -0.1792
     0.2508
```

 # [ex4_19] 파이썬 코드 실행 결과

* [예제 4.19] 가우스-자이델(Gauss-seidel) 법으로 Ax = b의 해 x 구하기

```
 A =
  [[  9   3   4]
 [  6 -12   3]
 [  3   2   8]]

 b =
  [[11]
 [10]
 [ 5]]

 x0 =
  [[-1]
 [ 0]
 [ 1]]
```

```
* 가우스-자이델 법 : x 1 =
[[ 0.77777778]
[-0.19444444]
[ 0.38194444]]

* 가우스-자이델 법 : x 2 =
[[ 1.11728395]
[-0.17920525]
[ 0.25081983]]
```

예제 4.20

다음 연립방정식을 초기값 $x_1 = 0,\ x_2 = 0$에서 시작하여 야코비법과 가우스-자이델법으로 식(4.66)의 수렴 조건으로 $\epsilon = 10^{-3}$을 만족하는 반복 횟수를 각각 매트랩 및 파이썬을 이용하여 구하라.

$$3x_1 - x_2 = 2$$

$$x_1 + 3x_2 = 4$$

풀이 먼저 주어진 연립방정식을 행렬 형태로 나타내면

$$Ax = \begin{bmatrix} 3 & -1 \\ 1 & 3 \end{bmatrix} \begin{bmatrix} x_1 \\ x_2 \end{bmatrix} = \begin{bmatrix} 2 \\ 4 \end{bmatrix} = b$$

와 같다. 먼저 야코비법을 위하여 행렬 N과 P를 다음

$$N = \begin{bmatrix} 3 & 0 \\ 0 & 3 \end{bmatrix},\ P = \begin{bmatrix} 0 & 1 \\ -1 & 0 \end{bmatrix}$$

과 같이 선택한다. 식(4.64)의 반복 알고리즘을 적용하여 구한 결과는 아래 표와 같다. 다음으로 가우스-자이델법을 위하여 행렬 N과 P를 다음

$$N = \begin{bmatrix} 3 & 0 \\ 1 & 3 \end{bmatrix},\ P = \begin{bmatrix} 0 & 1 \\ 0 & 0 \end{bmatrix}$$

과 같이 선택한다. 식(4.65)의 반복 알고리즘을 적용하여 구한 결과는 아래 표와 같다. 계산 결과로부터 야코비법은 $|\, x_i^{(k)} - x_i^{(k-1)} \,| < \epsilon = 10^{-3} \quad (i = 1, 2, \cdots, n)$를 만족하는 해를 구하기 위하여 7회 반복을, 가우스-자이델법은 5회를 반복하여 얻어짐을 알 수 있으며 이 결과로부터 가우스-자이델법이 야코비법보다 더 빨리 수렴함을 알 수 있다.

| 표 4.1 | [예제 4.20]의 계산 결과

반복 횟수	야코비법		가우스-자이델법	
	x_1	x_2	x_1	x_2
0	0	0	0	0
1	0.6667	1.3333	0.6667	1.1111
2	1.1111	1.1111	1.0370	0.9877
3	1.0370	0.9630	0.9959	1.0014
4	0.9877	0.9877	1.0005	0.9998
5	0.9959	1.0041	0.9999	1.0000
6	1.0014	1.0014		
7	1.0005	0.9995		

이를 매트랩 및 파이썬을 이용하여 구하면 [ex4_20] 코드와 같고 실행 결과는 다음과 같다.

% [ex4_20] 매트랩 코드 실행 결과

```
* [예제 4.20] 야코비법과 가우스-자이델법으로 Ax = b의 해 x 구하기 실행결과
A =
     3    -1
     1     3
b =
     2
     4
x0 =
     0
     0
X_J =
         0         0
    0.6667    1.3333
    1.1111    1.1111
    1.0370    0.9630
    0.9877    0.9877
    0.9959    1.0041
    1.0014    1.0014
    1.0005    0.9995
```

```
* Jacobi법 반복횟수 : 7
X_G =

        0         0
   0.6667    1.1111
   1.0370    0.9877
   0.9959    1.0014
   1.0005    0.9998
   0.9999    1.0000

* 가우스-자이델법 반복횟수 : 5
```

 # [ex4_20] 파이썬 코드 실행 결과

* [예제 4.20] Jacobi법 및 가우스-자이델(Gauss-seidel) 법

```
 A =
  [[ 3 -1]
 [ 1  3]]

 b =
  [[2]
 [4]]

 x0 =
  [[0]
 [0]]

tol =  0.001
 * Jacobi법 : x 1  =  [[0.66666667 1.33333333]]
 * Jacobi법 : x 2  =  [[1.11111111 1.11111111]]
 * Jacobi법 : x 3  =  [[1.03703704 0.96296296]]
 * Jacobi법 : x 4  =  [[0.98765432 0.98765432]]
 * Jacobi법 : x 5  =  [[0.99588477 1.00411523]]
 * Jacobi법 : x 6  =  [[1.00137174 1.00137174]]
 * Jacobi법 : x 7  =  [[1.00045725 0.99954275]]
 * Jacobi법 : x 8  =  [[0.99984758 0.99984758]]
 * 가우스-자이델 법 : x 1  =  [[0.66666667 1.11111111]]
 * 가우스-자이델 법 : x 2  =  [[1.03703704 0.98765432]]
 * 가우스-자이델 법 : x 3  =  [[0.99588477 1.00137174]]
 * 가우스-자이델 법 : x 4  =  [[1.00045725 0.99984758]]
 * 가우스-자이델 법 : x 5  =  [[0.99994919 1.00001694]]
```

4.2.2 연속적 상이완법

연속적 상이완법(SOR: Successive Over Relaxation)이라고 하는 SOR법은 수렴 속도를 개선하기 위하여 가우스-자이델법을 개선한 방법으로 가우스-자이델법으로부터 얻어진 결과에 가중치(weighting factor)를 도입하여 식(4.69)와 같은 방식으로 반복적으로 해를 구하는 방법이다.

$$x_i^{(k)} = x_i^{(k-1)} + \omega(\widetilde{x}_i^{(k)} - x_i^{(k-1)}) = (1-\omega)x_i^{(k-1)} + \omega\widetilde{x}_i^{(k)} \tag{4.69}$$

여기서, $\widetilde{x}_i^{(k)}$는 k번째 반복 계산에서 가우스-자이델법으로 구한 값이고 ω는 완화 계수이다. 위의 식(4.69)에서 알 수 있듯이 연속적 상이완법으로 구한 해는 직전 단계인 $(k-1)$번째 반복 계산에서 구한 해 $x_i^{(k-1)}$와 k번째 반복 계산에서 가우스-자이델법으로 구한 해 $\widetilde{x}_i^{(k)}$에 각각 적절한 가중치 $(1-\omega)$와 ω를 주어 가중 평균값을 구한 것이다. 가중치 ω가 $0<\omega<1$의 경우는 하이완법(under relaxation method)이라 하며 가우스-자이델법으로 수렴하지 않는 방정식의 해를 구하거나 진동을 감쇄시켜 수렴을 빠르게 하는데 사용된다. $\omega=1$인 경우는 가우스-자이델법과 일치하며 $\omega>1$의 경우에는 상이완법(over relaxation method)이라 하며 가우스-자이델법으로 새롭게 얻어진 값에 더 큰 무게를 두어 수렴 속도를 빠르게 한다. 가중치 ω는 무조건 큰 것이 좋은 것은 아니고 최적값이 존재하지만, 이 값을 구하는 것은 쉽지 않으며 통상적으로 $0<\omega<2$ 범위 값을 사용한다. 특별한 경우이지만 연립방정식 $Ax=b$의 행렬 A가 삼중대각행렬이고 양의 정부호행렬이면 연속적 상이완법의 가장 빠른 수렴 속도를 갖는 가중치 ω는 다음과 같이 주어진다.

$$\omega = \frac{2}{1+\sqrt{1-\rho(Q)^2}} \tag{4.70}$$

여기서 $\rho(Q)$는 행렬 Q의 스펙트럼 반경을 나타내며 행렬 Q는 $Q=D^{-1}(L+U)$이고, 행렬 D는 행렬 A의 대각 요소로 구성된 대각 행렬이며 행렬 L과 U는 $A=L+D+U$를 만족하는 행렬 A의 하삼각행렬 및 상삼각행렬이다.

예제 4.21

다음 연립방정식에 적용하는 연속적 상이완법에 대하여 최적의 수렴 속도를 갖게 하는 가중치 ω를 구하라.

$$\begin{aligned} 3x_1 - 2x_2 \quad\quad &= 1 \\ -2x_1 + 3x_2 - x_3 &= 2 \\ - x_2 + 3x_3 &= 3 \end{aligned}$$

풀이 먼저 주어진 연립방정식을 행렬 형태로 나타내면

$$Ax = \begin{bmatrix} 3 & -2 & 0 \\ -2 & 3 & -1 \\ 0 & -1 & 3 \end{bmatrix} \begin{bmatrix} x_1 \\ x_2 \\ x_3 \end{bmatrix} = \begin{bmatrix} 1 \\ 2 \\ 3 \end{bmatrix} = b$$

와 같다. 행렬 $A = L + D + U$로부터

$$L = \begin{bmatrix} 0 & 0 & 0 \\ -2 & 0 & 0 \\ 0 & -1 & 0 \end{bmatrix}, D = \begin{bmatrix} 3 & 0 & 0 \\ 0 & 3 & 0 \\ 0 & 0 & 3 \end{bmatrix}, U = \begin{bmatrix} 0 & -2 & 0 \\ 0 & 0 & -1 \\ 0 & 0 & 0 \end{bmatrix}$$

을 얻을 수 있다. 행렬 $Q = D^{-1}(L+U)$는

$$Q = D^{-1}(L+U) = \begin{bmatrix} 3 & 0 & 0 \\ 0 & 3 & 0 \\ 0 & 0 & 3 \end{bmatrix}^{-1} \left(\begin{bmatrix} 0 & 0 & 0 \\ -2 & 0 & 0 \\ 0 & -1 & 0 \end{bmatrix} + \begin{bmatrix} 0 & -2 & 0 \\ 0 & 0 & -1 \\ 0 & 0 & 0 \end{bmatrix} \right)$$

$$= \begin{bmatrix} 0 & -2/3 & 0 \\ -2/3 & 0 & -1/3 \\ 0 & -1/3 & 0 \end{bmatrix}$$

이고 행렬 Q의 고유치는 ± 0.7454, 0이므로 $\rho(Q) = 0.7454$가 된다. 따라서 연속적 상이완법에 대하여 최적의 수렴 속도를 갖게 하는 가중치 ω는

$$\omega = \frac{2}{1+\sqrt{1-\rho(Q)^2}} = \frac{2}{1+\sqrt{1-0.7454^2}} = 1.2$$

가 된다.

이를 매트랩 및 파이썬을 이용하여 구하면 [ex4_21] 코드와 같고 실행 결과는 다음과 같다.

% [ex4_21] 매트랩 코드 실행 결과

```
* [예제 4.21] 연속적 상이완법의 최적 수렴 가중치 w 구하기
A =
     3    -2     0
    -2     3    -1
     0    -1     3
Q =
          0   -0.6667         0
    -0.6667         0   -0.3333
          0   -0.3333         0
w =
    1.2000
```

% [ex4_21] 파이썬 코드 실행 결과

```
* [예제 4.21] 연속적 상이완법의 최적 수렴 가중치 w 구하기
A =
 [[ 3 -2  0]
[-2  3 -1]
[ 0 -1  3]]

b =
 [[1]
[2]
[3]]

* 최적 가중치 w =  1.2000000000000004
```

4.5 고유값과 고유벡터

$n \times n$ 정방행렬(square matrix) A에 대하여

$$A\nu = \lambda\nu \tag{4.71}$$

를 만족하는 0이 아닌 스칼라 λ를 고유값(eigenvalue)이라 하고 벡터 ν를 고유값 λ에 대응하는 고유벡터(eigenvector)라 한다. 식(4.71)과 같이 고유벡터는 정방행렬 A에 어떤 선형변환이 이루어지더라도 그 방향이 변하지 않는 0이 아닌 벡터를 의미하고 변환 후에 고유벡터의 크기가 변하는 비율을 그 벡터의 고유값이라 한다. 이러한 고유값과 고유벡터는 자연과학, 공학뿐만 아니라 경제학 등등의 많은 분야와 밀접한 관계를 갖고 있다. 이러한 고유값과 고유벡터를 구하는 방법에 대하여 알아보기로 한다.

식(4.71)에서 $\nu = 0$이면 항상 등식이 성립하므로 자명해(trivial solution)가 되어 의미가 없으므로 $\nu \neq 0$인 비자명해(non trivial solution)를 구하는 것이 중요하다. 이를 위해 식(4.71)을 다음과 같이 다른 형태로 나타내면 다음과 같다.

$$A\nu = \lambda I\nu \tag{4.72}$$

또는

$$(A-\lambda I)\nu = 0 \tag{4.73}$$

여기서 I는 단위행렬(identity matrix)이며 정방행렬 A와 같은 크기를 갖는다. 따라서 식(4.73)이 $\nu \neq 0$인 비자명해(non-trivial solution)를 가지려면

$$|A-\lambda I| = \det(A-\lambda I) = 0 \tag{4.74}$$

를 만족해야 한다. 이때 식(4.74)를 특성방정식(characteristic equation)이라 하며 특성방정식의 근이 바로 고유값이 된다.

예제 4.22 **다음 식으로 정의된 도함수의 정의**

다음 행렬 A의 고유값과 고유벡터를 구하라.

$$A = \begin{bmatrix} 1 & 2 \\ 4 & 3 \end{bmatrix}$$

풀이 식(4.74)로부터

$$\begin{aligned} |A-\lambda I| &= \det(A-\lambda I) \\ &= \det\begin{bmatrix} 1-\lambda & 2 \\ 4 & 3-\lambda \end{bmatrix} = (1-\lambda)(3-\lambda) - 8 \\ &= \lambda^2 - 4\lambda - 5 = 0 \end{aligned}$$

이므로 고유값은 $\lambda_1 = -1, \lambda_2 = 5$이다. $\lambda_1 = -1$인 경우 $(A-\lambda I)\nu = 0$를 풀어 $\lambda_1 = -1$에 대한 고유벡터를 구하면

$$\nu_1 = \alpha\begin{bmatrix} 1 \\ -1 \end{bmatrix}, \alpha \neq 0$$

이다. 같은 방법으로 $\lambda_2 = 5$에 대한 고유벡터를 구하면

$$\nu_2 = \beta\begin{bmatrix} 1 \\ 2 \end{bmatrix}, \beta \neq 0$$

가 된다.

이를 매트랩 및 파이썬으로 구하면 [ex4_22] 코드와 같고 실행 결과는 다음과 같다.

```
% [ex4_22] 매트랩 코드 실행 결과
* [예제 4.22] 특성방정식으로 고유값 구하고 고유벡터 구하기
A =
     1     2
     4     3
* 고유값 : 대각선 요소
    -1     0
     0     5
* 고유벡터 : 위 고유값에 대응한 열 벡터
   -0.7071   -0.4472
    0.7071   -0.8944

 * 특성방정식 계수 행렬
P =
     1    -4    -5

 * 고유값 = 5.000000
 * 고유값 = -1.000000
```

```
# [ex4_22] 파이썬 코드 실행 결과
* [예제 4.22] 특성방정식으로 고유값 구하고 고유벡터 구하기
 A =
  [[1 2]
 [4 3]]

 * 고유값 =  [-1.  5.]

 * 특성방정식 계수 행렬 =  [ 1.  -4.  -5.]

 * 고유값 =  [ 5.  -1.]
```

다음으로 반복법을 이용하여 고유값과 고유벡터를 구하기 위하여 필요한 몇 가지 정의와 정리에 대하여 살펴보기로 한다.

정의 4.4 스펙트럼 반경(spectral radius)

$n\times n$ 정방행렬(square matrix) A의 스펙트럼 반경 $\rho(A)$는

$$\rho(A)=\max_{1\le i\le n}|\lambda_i|$$

로 정의한다. 여기서 λ_i는 행렬 A의 고유값이다.

정의 4.5 수렴행렬(spectrum radius)

$n\times n$ 정방행렬(square matrix) A와 $i=1,2,\cdots,n\quad j=1,2,\cdots,n$에 대하여

$$\lim_{k\to\infty}(A^k)_{ij}=0$$

가 성립하면 행렬 A를 수렴행렬이라 한다.

예제 4.23

다음 행렬 A이 수렴행렬인지 판단하시오.

$$A=\begin{bmatrix}\frac{1}{2} & 0\\ 0 & \frac{1}{4}\end{bmatrix}$$

풀이

$A^k=\begin{bmatrix}(\frac{1}{2})^k & 0\\ 0 & (\frac{1}{4})^k\end{bmatrix}$이므로 $\lim_{k\to\infty}(\frac{1}{2})^k=0$, $\lim_{k\to\infty}(\frac{1}{4})^k=0$이므로 행렬 A는 수렴행렬이다.

정의 4.6

대칭행렬의 고유값은 모두 실수이다.

증명 생략

정의 4.7

서로 다른 고유값 λ에 대응하는 고유벡터 ν는 적어도 하나 이상 존재한다.

증명 생략

정의 4.8

$n \times n$ 정방행렬(square matrix) A의 고유값 $\lambda_i, i=1,2,\cdots,n$가 모두 다르면 그에 대응하는 n개의 고유벡터 $\nu_i, i=1,2,\cdots,n$은 일차독립이다. 따라서 임의의 벡터 $x=[x_1, x_2, \cdots, x_n]^T$는 고유벡터 $\nu_i, i=1,2,\cdots,n$의 일차결합으로 나타내진다. 즉, 임의의 벡터 $x \in R^n$에 대하여 임의의 상수 c_i, $i=1,2,\cdots,n$가 존재하여 다음과 같이 나타내진다.

$$x = c_1\nu_1 + c_2\nu_2 + \cdots + c_n\nu_n \tag{4.76}$$

증명 생략

위 n 개의 일차독립 벡터들의 집합을 R^n에 대한 기저(basis)라 한다.

4.5.1 멱수법

멱수법(power method)은 주어진 행렬의 고유값 중에서 지배적인 고유값이라 불리는 크기가 가장 큰 고유값과 그에 대응하는 고유벡터를 반복법으로 구하는 방법이다. 특히 주어진 행렬의 차원이 매우 큰 경우에는 특성방정식을 이용한 고유값과 고유벡터를 구하기가 매우 어렵기 때문에 이러한 멱수법은 절댓값이 최대인 고유값과 고유벡터를 구하는데 적당한 방법이라 하겠다.

$n \times n$ 정방행렬 A의 고유값 $\lambda_i, i=1,2,\cdots,n$에 대하여

$$|\lambda_1| > |\lambda_2| \geq \cdots \geq |\lambda_n| \tag{4.77}$$

인 관계가 만족한다고 가정하고 이에 대응하는 고유벡터를 $\nu_i, i=1,2,\cdots,n$라 하자. 위의 [정리 4.8]에 의하여 초기 벡터 x_0는 고유벡터 $\nu_i, i=1,2,\cdots,n$의 일차결합

$$x_0 = c_1\nu_1 + c_2\nu_2 + \cdots + c_n\nu_n \tag{4.78}$$

으로 나타내진다. 여기서 초기 벡터 x_0에 행렬 A를 k번 반복하여 곱했을 때의 벡터를 x_k라 하면 다음과 같이 표현된다.

$$x_k = A^k x_0 \tag{4.79}$$

식(4.71)과 같이 고유값과 고유벡터 사이에 $A\nu_i = \lambda_i \nu_i$, $(i = 1, 2, \cdots, n)$가 만족하므로 식(4.79)에 행렬 A를 곱하면 다음과 같다.

$$\begin{aligned} x_k &= A^k x_0 \\ &= c_1 A^k \nu_1 + c_2 A^k \nu_2 + \cdots + c_n A^k \nu_n \\ &= c_1 \lambda_1^k \nu_1 + c_2 \lambda_2^k \nu_2 + \cdots + c_n \lambda_n^k \nu_n \\ &= \lambda_1^k \left\{ c_1 \nu_1 + c_2 \left(\frac{\lambda_2}{\lambda_1}\right)^k \nu_2 + \cdots + c_n \left(\frac{\lambda_n}{\lambda_1}\right)^k \nu_n \right\} \end{aligned} \tag{4.80}$$

식(4.77)로부터 $|\lambda_i / \lambda_1| < 1 \ (i = 2, \cdots, n)$이므로 k가 매우 크게 되면 식(4.80)은

$$x_k \approx \lambda_1^k c_1 \nu_1, \qquad x_{k+1} \approx \lambda_1^{k+1} c_1 \nu_1 \tag{4.81}$$

가 된다. 따라서 최대 고유값 λ_1은

$$\lambda_1 \approx \frac{x_{k+1}}{x_k} = \frac{A^{k+1} x_0}{A^k x_0} \tag{4.82}$$

를 이용하여 구할 수 있다.

예제 4.24

행렬 A의 고유값 중에서 절댓값이 가장 큰 고유값과 그에 해당하는 고유벡터를 멱수법을 이용하여 구하라.

$$A = \begin{bmatrix} -5 & 2 & -2 \\ 2 & -6 & 3 \\ -3 & -2 & 7 \end{bmatrix}, \qquad x_0 = \begin{bmatrix} -1 \\ 0 \\ 1 \end{bmatrix}$$

풀이 행렬 A의 고유값은 $\lambda = 6.9736, -7.6268, -3.3467$이므로 이 중에서 절댓값이 가장 큰 것은 $\lambda = -7.6268$이다. 이를 멱수법을 이용하여 i번째 반복으로 구한 고유값과 그에 대응하는 고유벡터를 각각 λ_i 그리고 x_i $(i = 1, 2, 3)$라 하면 각각의 λ_i과 x_i는 다음과 같이 구해진다.

$$y_1 = Ax_0 = \begin{bmatrix} -5 & 2 & -2 \\ 2 & -6 & 3 \\ -3 & -2 & 7 \end{bmatrix} \begin{bmatrix} -1 \\ 0 \\ 1 \end{bmatrix} = \begin{bmatrix} 5-2 \\ -2+3 \\ 3+7 \end{bmatrix} = \begin{bmatrix} 3 \\ 1 \\ 10 \end{bmatrix} = 10 \begin{bmatrix} \frac{3}{10} \\ \frac{1}{10} \\ 1 \end{bmatrix} = \lambda_1 x_1$$

$$\therefore \lambda_1 = 10,\ x_1 = \begin{bmatrix} \frac{3}{10} & \frac{1}{10} & 1 \end{bmatrix}^T$$

$$y_2 = Ax_1 = \begin{bmatrix} -5 & 2 & -2 \\ 2 & -6 & 3 \\ -3 & -2 & 7 \end{bmatrix} \begin{bmatrix} \frac{3}{10} \\ \frac{1}{10} \\ 1 \end{bmatrix} = \begin{bmatrix} -\frac{33}{10} \\ \frac{3}{59} \\ \frac{59}{10} \end{bmatrix} = \frac{59}{10} \begin{bmatrix} -\frac{33}{59} \\ \frac{30}{59} \\ 1 \end{bmatrix} = \lambda_2 x_2$$

$$\therefore \lambda_2 = \frac{59}{10},\ x_2 = \begin{bmatrix} -\frac{33}{59} & \frac{30}{59} & 1 \end{bmatrix}^T$$

$$y_3 = Ax_3 = \begin{bmatrix} -5 & 2 & -2 \\ 2 & -6 & 3 \\ -3 & -2 & 7 \end{bmatrix} \begin{bmatrix} -\frac{33}{59} \\ \frac{30}{59} \\ 1 \end{bmatrix} = \begin{bmatrix} \frac{107}{59} \\ -\frac{69}{59} \\ \frac{452}{59} \end{bmatrix} = \frac{452}{59} \begin{bmatrix} \frac{107}{452} \\ -\frac{69}{452} \\ 1 \end{bmatrix} = \lambda_3 x_3$$

$$\therefore \lambda_3 = \frac{452}{59},\ x_3 = \begin{bmatrix} \frac{107}{452} & -\frac{69}{452} & 1 \end{bmatrix}^T$$

이를 매트랩 및 파이썬을 이용하여 구하면 [ex4_24] 코드와 같고 실행 결과는 다음과 같다. 실행 결과에 나타낸 그래프는 3회 실행한 결과에 나타나지 않는 고유값 $\lambda = -7.6268$으로 수렴하는지를 확인하기 위하여 멱수법을 100회 시행한 결과를 그래프로 나타낸 것으로 멱수법으로 구한 고유값이 고유값 중에서 절댓값이 가장 큰 고유값에 수렴함을 알 수 있다.

% [ex4_24] 매트랩 코드 실행 결과

```
* [예제 4.24] 멱수법으로 최대 고유값 구하기
A =
    -5     2    -2
     2    -6     3
    -3    -2     7
x0 =
    -1
     0
     1
* 참고유값 =
    6.9736   -7.6268   -3.3467
```

n	최대 고유값		고유벡터	
1	10.0000	0.3000	0.1000	1.0000
2	5.9000	−0.5593	0.5085	1.0000
3	7.6610	0.2367	−0.1527	1.0000

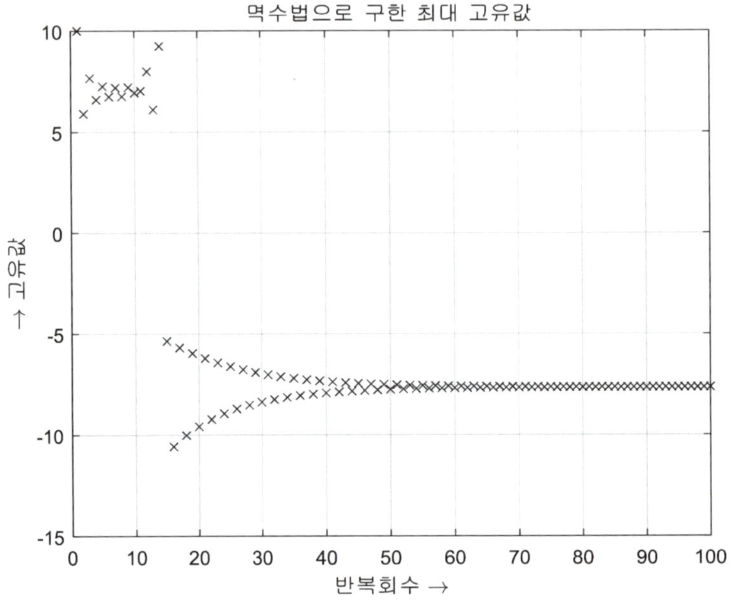

 # [ex4_24] 파이썬 코드 실행 결과

```
* [예제 4.24] 멱수법으로 최대 고유값 구하기

 A =   [[-5  2 -2]
 [ 2 -6  3]
 [-3 -2  7]]

 x0 =   [[-1  0  1]]

* 참고유값 =  [ 6.97356943 -7.62684503 -3.34672441]

*lamda 1  = 10
 x 1  = [[0.3 0.1 1. ]]

*lamda 2  = 5.8999999999999995
 x 2  = [[-0.55932203  0.50847458  1.        ]]

*lamda 3  = 7.661016949152542
 x 3  = [[ 0.23672566 -0.15265487  1.        ]]
```

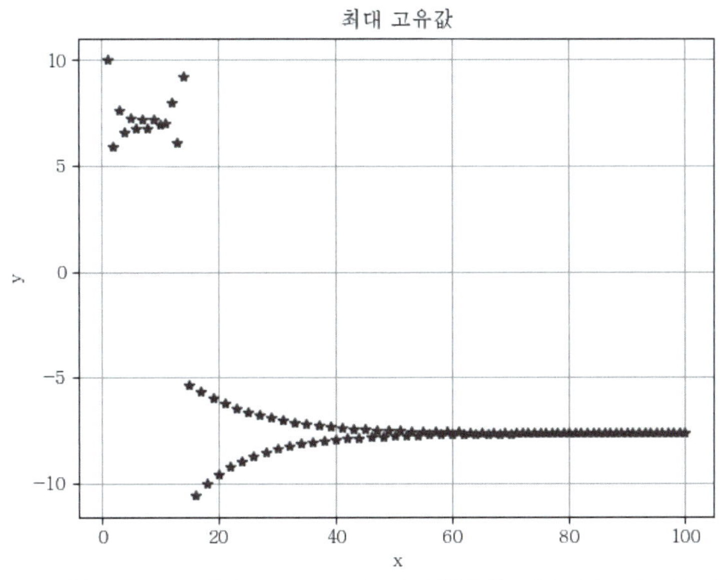

4.5.2 역멱수법

역멱수법(inverse power method)은 주어진 $n \times n$ 정방행렬 A의 고유값 $\lambda_i, i=1,2,\cdots,n$ 중에서 고유값이 아닌 임의의 실수 α에 가장 가까운 고유값을 구하는 반복적 방법이다. 고유값이 아닌 임의의 실수 α와 단위행렬 I에 대하여 행렬 $A-\alpha I$는 가역 행렬이고 $A\nu_i = \lambda_i \nu_i, i=1,2,\cdots,n$이면

$$(A-\alpha I)\nu_i = (\lambda_i - \alpha)\nu_i,\ i=1,2,\ldots,n \tag{4.83}$$

이므로 행렬 $(A-\alpha I)^{-1}$는 고유값 $(\lambda_i-\alpha)^{-1}, i=1,2,\cdots,n$을 갖는다. 행렬 $(A-\alpha I)^{-1}$에 멱수법을 적용하면

$$\left|\frac{1}{\lambda_j-\alpha}\right| > \left|\frac{1}{\lambda_i-\alpha}\right|,\ i=1,2,\cdots,n,\ i \neq j \tag{4.84}$$

을 만족하는 절댓값이 가장 큰 고유값 $|1/(\lambda_j-\alpha)|$을 구할 수 있다. 이렇게 구한 $|1/(\lambda_j-\alpha)|$는 식(4.84)로부터 $|\lambda_j-\alpha| < |\lambda_i-\alpha|, (i=1,2,\cdots,n,\ i \neq j)$가 성립하므로 λ_j는 임의의 실수 α에 가장 가까운 값이 된다. 따라서 고유값이 아닌 임의의 실수 α에 대하여 벡터 수열

$$z_{k+1} = (A-\alpha I)^{-1} z_k,\ (k=0,1,2,\cdots) \tag{4.85}$$

를 만들면 식(4.86)과 같이 정의되는 Rayleigh 몫(* 참고 문헌 [2] 참조)

$$q_{k+1} = \frac{z_{k+1}^T z_k}{z_k^T z_k},\ (k=0,1,2,\cdots) \tag{4.86}$$

는 행렬 $(A-\alpha I)^{-1}$의 고유값 중에서 절댓값이 가장 큰 고유값에 수렴하므로 k번째 반복에서 구해지는 $\lambda_{j(k)}$와 Rayleigh 몫 사이에는 다음 관계

$$\frac{1}{\lambda_{j(k)}-\alpha} = q_{k+1}$$

가 성립하므로 이 식으로부터 λ_j는

$$\lambda_{j(k)} = \alpha + \frac{1}{q_{k+1}} \tag{4.87}$$

과 같이 구해지고 행렬 A의 고유값 중에서 실수 α에 가장 가까운 고유값이 된다. 특히 $\alpha=0$인 경우 이러한 역멱수법으로 구한 고유값은 행렬 A의 고유값 중에서 절댓값이 가장 작은 고유값이 된다.

예제 4.25

아래 행렬 A의 고유값 중에서 $\alpha=1$에 가장 가까운 고유값을 역멱수법을 사용하여 3회 반복하여 구하라.

$$A = \begin{bmatrix} 1 & 2 \\ 3 & 2 \end{bmatrix},\quad z_0 = \begin{bmatrix} 1 \\ 1 \end{bmatrix}$$

풀이

행렬 A의 고유값은 $\lambda = -1,\ 4$이므로 이 중에서 $\alpha=1$에 가장 가까운 고유값은 $\lambda = -1$이다. 이 값을 역멱수법을 이용하여 구하기 위하여 $(A-\alpha I)^{-1}$를 구하면

$$(A-\alpha I)^{-1} = \begin{bmatrix} -\frac{1}{6} & \frac{1}{3} \\ \frac{1}{2} & 0 \end{bmatrix}$$

이므로 식(4.85)의 벡터 수열은

$$z_{k+1} = (A-\alpha I)^{-1} z_k = \begin{bmatrix} -\frac{1}{6} & \frac{1}{3} \\ \frac{1}{2} & 0 \end{bmatrix} z_k,\ k=0,1,\ \cdots$$

과 같다. 초기 벡터 $z_0 = [1,1]^T$를 대입하여 식(4.86)의 Rayleigh 몫을 계산하면 다음과 같다.

$$q_1 = \frac{z_1^T z_0}{z_0^T z_0} = \frac{1}{3}$$

이 결과를 이용하여

$$\lambda_{j(0)} = \alpha + \frac{1}{q_{k+1}} = 1 + \frac{1}{1/3} = 4$$

를 얻을 수 있다. 이와 같은 과정을 반복하면

$$\lambda_{j(1)} = 5.2857,\ \lambda_{j(2)} = 5.0800$$

을 얻을 수 있다. 이를 매트랩 및 파이썬을 이용하여 구하면 [ex4_25] 코드와 같고 실행 결과는 다음과 같다. 실행 결과에 나타낸 그래프는 3회 실행한 결과에 나타나지 않는 $\alpha = 1$에 가장 가까운 고유값 $\lambda = -1$로 수렴하는지를 확인하기 위하여 역멱수법을 30회 시행한 결과를 그래프로 나타낸 것으로 역멱수법으로 구한 고유값이 $\alpha = 1$에 가장 가까운 고유값 $\lambda = -1$에 수렴함을 알 수 있다.

% [ex4_25] 매트랩 코드 실행 결과

```
* [예제 4.25] 역멱수법으로 특정값에 가까운 고유값 구하기

A =
     1     2
     3     2

z0 =
     1
     1

alpha =
     1

* 고유값 =
    -1     4

  n      고유값
  1      4.0000
  2      5.2857
  3      5.0800
```

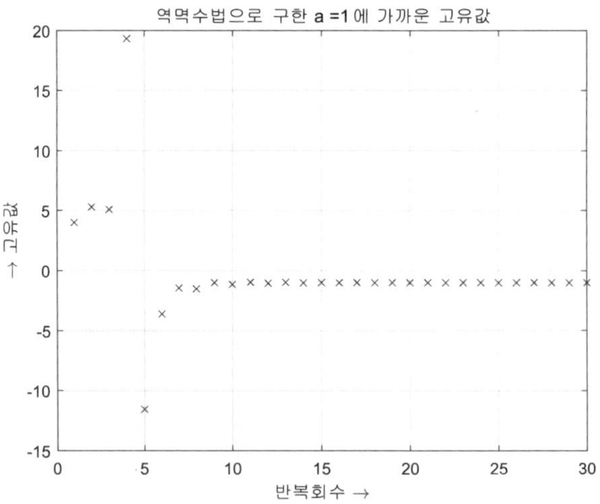

[ex4_25] 파이썬 코드 실행 결과

* [예제 4.25] 역멱수법으로 특정 고유값 구하기

```
A =    [[1 2]
[3 2]]

x0 =    [[1 1]]

* 참고유값 =  [-1.  4.]
 n          고유값
 1          [[4.]]
 2   [[5.28571429]]
 3         [[5.08]]
```

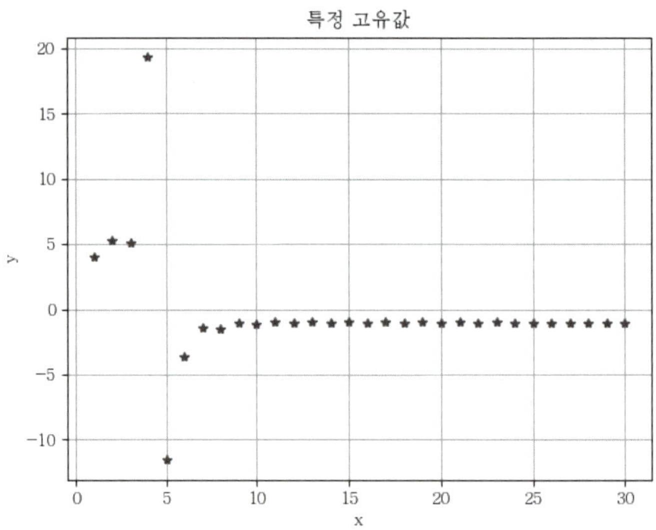

연습문제

크래머 공식

4.1 다음 연립방정식을 행렬 형태 $Ax=b$로 나타내고 행렬 A의 행렬식 값을 구하라.

(1) $\begin{cases} 3x_1+2x_2=10 \\ -x_1-2x_2=1 \end{cases}$

(2) $\begin{cases} -x_1-2x_2=2 \\ -x_1-2x_2=1 \end{cases}$

(3) $\begin{cases} -x_1+2x_2=1 \\ -2x_1+4x_2=2 \end{cases}$

(4) $\begin{cases} -x_1+2x_2=1 \\ -2x_1+4.01x_2=2 \end{cases}$

(5) $\begin{cases} 0.3x_1+0.52x_2+x_3=-0.01 \\ 0.5x_1+x_2+1.9x_3=0.67 \\ 0.1x_1+0.3x_2+0.5x_3=-0.44 \end{cases}$

4.2 다음 행렬 A의 행렬식 값이 0이 아닐 조건을 구하라.

(1) $A=\begin{bmatrix} a & b \\ -c & -d \end{bmatrix}$

(2) $A=\begin{bmatrix} a & 1 & 1 \\ 0.5 & b & 1.9 \\ 0.1 & 0.3 & c \end{bmatrix}$

4.3 다음 연립방정식의 해를 크래머 공식을 사용하여 구하라.

$$\begin{bmatrix} 4 & 1 & 2 \\ 0.6 & 8 & -2 \\ 3 & 0.4 & 10 \end{bmatrix}\begin{bmatrix} x_1 \\ x_2 \\ x_3 \end{bmatrix}=\begin{bmatrix} 6.5 \\ 15.5 \\ 20 \end{bmatrix}$$

가우스 소거법

4.4 단순 가우스 소거법으로 다음의 연립방정식의 해를 구하라.

(1) $\begin{cases} 0.0003x_1 + 3x_2 = 2.0001 \\ x + x_2 = 1 \end{cases}$

(2) $\begin{cases} 2x_1 + 10000x_2 = 10000 \\ \ \ x_1 + \qquad\quad x_2 = 2 \end{cases}$

(3) $\begin{aligned} -4x_1 + 2x_2 + 2x_3 &= 5 \\ 2x_1 + 6x_2 + 2x_3 &= 4 \\ 3x_1 + 3x_2 + 7x_3 &= 6 \end{aligned}$

4.5 축척 부분 기준화 가우스 소거법으로 다음 연립방정식의 해를 구하라.

(1) $\begin{cases} 0.0003x_1 + 3x_2 = 2.0001 \\ x + x_2 = 1 \end{cases}$

(2) $\begin{cases} 2x_1 + 10000x_2 = 10000 \\ \ \ x_1 + \qquad\quad x_2 = 2 \end{cases}$

(3) $\begin{aligned} -4x_1 + 2x_2 + 2x_3 &= 5 \\ 2x_1 + 6x_2 + 2x_3 &= 4 \\ 3x_1 + 3x_2 + 7x_3 &= 6 \end{aligned}$

(4) $\begin{aligned} 3x_1 + \quad x_2 - 2x_3 &= -1.1 \\ x_1 + 0.2x_2 + 4x_3 &= \ \ \ 2.3 \\ 0.3x_1 - \quad 5x_2 - \ \ x_3 &= -0.6 \end{aligned}$

4.5.1 축척 기준화 가우스 소거법으로 다음 연립방정식의 해를 구하라.

(1) $\begin{bmatrix} 5 & 3 & 4 \\ 3 & 7 & 1 \\ 9 & 5 & 5 \end{bmatrix} \begin{bmatrix} x_1 \\ x_2 \\ x_3 \end{bmatrix} = \begin{bmatrix} 32 \\ 42 \\ 45 \end{bmatrix}$

(2) $\begin{bmatrix} 3 & 4 & 6 \\ 1 & -1 & 7 \\ 4 & 2 & -2 \end{bmatrix} \begin{bmatrix} x_1 \\ x_2 \\ x_3 \end{bmatrix} = \begin{bmatrix} 8 \\ 9 \\ 11 \end{bmatrix}$

(3) $\begin{bmatrix} 2 & 4 & 6 \\ 1 & -1 & 5 \\ 4 & 1 & -2 \end{bmatrix} \begin{bmatrix} x_1 \\ x_2 \\ x_3 \end{bmatrix} = \begin{bmatrix} 28 \\ 7 \\ 21 \end{bmatrix}$

(4) $\begin{bmatrix} 1 & 2 & 4 \\ 4 & 3 & 2 \\ 2 & 2 & 3 \end{bmatrix} \begin{bmatrix} x_1 \\ x_2 \\ x_3 \end{bmatrix} = \begin{bmatrix} 12 \\ 16 \\ 10 \end{bmatrix}$

(5) $\begin{bmatrix} 2 & 1 & 3 \\ 4 & 2 & 7 \\ 5 & 3 & 4 \end{bmatrix} \begin{bmatrix} x_1 \\ x_2 \\ x_3 \end{bmatrix} = \begin{bmatrix} 6 \\ 9 \\ 8 \end{bmatrix}$

4.5.2 연립방정식 $Ax=b$의 행렬 A와 b가 다음 $[A|b]$과 같이 나타내질 때 축척 기준화 가우스 소거법으로 다음 연립방정식의 해를 구하라.

(1) $\left[\begin{array}{ccc|c} 21 & 2 & 12 & 4 \\ 1 & 3 & 8 & 17 \\ 6 & 26 & 31 & 9 \end{array}\right]$ (2) $\left[\begin{array}{ccc|c} 1 & 2 & 3 & 7 \\ 2 & 5 & 9 & 21 \\ 3 & 1 & 1 & 14 \end{array}\right]$

(3) $\left[\begin{array}{ccc|c} 1 & 4 & -1 & 15 \\ 3 & 6 & 9 & 5 \\ 2 & 7 & 1 & 20 \end{array}\right]$ (4) $\left[\begin{array}{ccc|c} 3 & 5 & -1 & 15 \\ 2 & 1 & 3 & 1 \\ 2 & -5 & 7 & 9 \end{array}\right]$

(5) $\left[\begin{array}{ccc|c} 1 & 6 & 5 & 15 \\ 2 & 2 & 3 & 5 \\ 3 & 1 & -1 & 10 \end{array}\right]$ (6) $\left[\begin{array}{ccc|c} 1 & 5 & 7 & 30 \\ 3 & -2 & 6 & 8 \\ 4 & 2 & -3 & 20 \end{array}\right]$

(7) $\left[\begin{array}{ccc|c} 4 & 8 & 12 & 56 \\ 1 & -1 & 5 & 7 \\ 2 & 1/2 & -1 & 21/2 \end{array}\right]$ (8) $\left[\begin{array}{ccc|c} 3 & 2 & 9 & 15 \\ 2 & 1 & 3 & 8 \\ 1 & 2 & 3 & 9 \end{array}\right]$

(9) $\left[\begin{array}{ccc|c} 2 & 1 & 8 & 6 \\ 4 & -1 & 4 & 12 \\ 6 & 1 & 12 & 18 \end{array}\right]$ (10) $\left[\begin{array}{ccc|c} 1 & 2 & 3 & 1 \\ 2 & -1 & 3 & 4 \\ 4 & 1 & -2 & -1 \end{array}\right]$

4.6 다음 연립방정식의 해를 가우스–조단법을 사용하여 구하라.

(1) $\begin{cases} 0.0003x_1 + 3x_2 = 2.0001 \\ x + x_2 = 1 \end{cases}$ (2) $\begin{cases} 2x_1 + 10000x_2 = 10000 \\ x_1 + \quad\quad x_2 = 2 \end{cases}$

(3) $\begin{aligned} -4x_1 + 2x_2 + 2x_3 &= 5 \\ 2x_1 + 6x_2 + 2x_3 &= 4 \\ 3x_1 + 3x_2 + 7x_3 &= 6 \end{aligned}$ (4) $\begin{aligned} 3x_1 + \quad x_2 - 2x_3 &= -1.1 \\ x_1 + 0.2x_2 + 4x_3 &= 2.3 \\ 0.3x_1 - \quad 5x_2 - \quad x_3 &= -0.6 \end{aligned}$

LU 분해

4.7 다음 방식으로 LU 분해를 하여 다음의 연립방정식의 해를 구하라.

$$\begin{aligned} 3x + y - 4z &= 8 \\ 2x - 3y - 2z &= -4 \\ 4x - y + z &= 2 \end{aligned}$$

(1) 크라우트법

(2) 두리틀법

(3) 숄레스키법

4.7.1 크라우트법으로 다음 행렬 A를 LU 분해하라.

(1) $A = \begin{bmatrix} 1 & 1 & 2 \\ 3 & 2 & 1 \\ 4 & 1 & 2 \end{bmatrix}$ (2) $A = \begin{bmatrix} 2 & 1 & 4 \\ 1 & 3 & 1 \\ 3 & 5 & 4 \end{bmatrix}$

(3) $A = \begin{bmatrix} 1 & 2 & 3 \\ 2 & 3 & 1 \\ -1 & 0 & 1 \end{bmatrix}$ (4) $A = \begin{bmatrix} 2 & 1 & 1 \\ 3 & 2 & 1 \\ 1 & 1 & 2 \end{bmatrix}$

4.7.2 두리틀법으로 다음 행렬 A를 LU 분해하라.

(1) $A = \begin{bmatrix} 1 & 1 & 2 \\ 3 & 2 & 1 \\ 4 & 1 & 2 \end{bmatrix}$ (2) $A = \begin{bmatrix} 2 & 1 & 4 \\ 1 & 3 & 1 \\ 3 & 5 & 4 \end{bmatrix}$

(3) $A = \begin{bmatrix} 1 & 2 & 3 \\ 2 & 3 & 1 \\ -1 & 0 & 1 \end{bmatrix}$ (4) $A = \begin{bmatrix} 2 & 1 & 1 \\ 3 & 2 & 1 \\ 1 & 1 & 2 \end{bmatrix}$

4.7.3 숄레스키법으로 다음 행렬 A를 LU 분해하라.

(1) $A = \begin{bmatrix} 1 & 1 & 2 \\ 3 & 2 & 1 \\ 4 & 1 & 2 \end{bmatrix}$ (2) $A = \begin{bmatrix} 2 & 1 & 4 \\ 1 & 3 & 1 \\ 3 & 5 & 4 \end{bmatrix}$

(3) $A = \begin{bmatrix} 1 & 2 & 3 \\ 2 & 3 & 1 \\ -1 & 0 & 1 \end{bmatrix}$ (4) $A = \begin{bmatrix} 2 & 1 & 1 \\ 3 & 2 & 1 \\ 1 & 1 & 2 \end{bmatrix}$

4.8 크라우트법에 의한 LU 분해법에 따라 다음의 연립방정식의 해를 구하라.

$$\begin{aligned} 3x_1 \quad - x + 3x_3 &= 1 \\ 2x_1 + 5x_2 - 4x_3 &= 6 \\ x_1 + 2x_2 - 2x_3 &= 4 \end{aligned}$$

4.9 두리틀법에 의한 LU 분해법에 따라 다음의 연립 1차 방정식의 해를 구하라.

$$\begin{aligned} x_1 + 9x_2 + 2x_3 &= 5 \\ 6x_1 + 3x_2 - x_3 &= 11 \\ 2x_1 - 5x_3 + 4x_3 &= 7 \end{aligned}$$

4.10 단순 가우스 소거법으로 다음 행렬 A를 LU 분해하라.

$$A = \begin{bmatrix} 1 & 4 & 6 \\ 2 & 10 & 3 \\ 4 & 12 & 8 \end{bmatrix}$$

4.11 다음 행렬을 숄레스키법을 사용하여 LU 분해하라.

$$A = \begin{bmatrix} 2 & 3 & 1 \\ -1 & -2 & 4 \\ 3 & 1 & 5 \end{bmatrix} = \begin{bmatrix} l_{11} & 0 & 0 \\ l_{21} & l_{22} & 0 \\ l_{31} & l_{32} & l_{33} \end{bmatrix} \begin{bmatrix} l_{11} & l_{21} & l_{31} \\ 0 & l_{22} & l_{32} \\ 0 & 0 & l_{33} \end{bmatrix} = LU$$

4.12 다음 LU 분해법을 사용하여 다음 행렬의 역행렬 A^{-1}를 구하기 위한 D 행렬을 구하라.

$$A = \begin{bmatrix} 2 & 3 & 1 \\ 0 & 1 & 2 \\ 3 & 2 & 1 \end{bmatrix}$$

(1) 두리틀법

(2) 크라우트법

(3) 숄레스키법

4.13 LU 분해법을 사용하여 다음 행렬의 역행렬 A^{-1}를 구하라.

$$A = \begin{bmatrix} 2 & 3 & 1 \\ 0 & 1 & 2 \\ 3 & 2 & 1 \end{bmatrix}$$

(1) 두리틀법

(2) 크라우트법

(3) 숄레스키법

4.13.1 크라우트법으로 다음 행렬 A를 LU 분해하여 역행렬 A^{-1}를 구하라.

(1) $A = \begin{bmatrix} 2 & 2 & 1 \\ -2 & -1 & 4 \\ 3 & 5 & 1 \end{bmatrix}$　　(2) $A = \begin{bmatrix} 2 & 1 & 3 \\ 4 & 1 & 2 \\ 1 & -1 & 2 \end{bmatrix}$

(3) $A = \begin{bmatrix} 2 & 2 & 1 \\ 1 & 3 & 1 \\ 2 & 4 & 5 \end{bmatrix}$　　(4) $A = \begin{bmatrix} 1 & -2 & 2 \\ 2 & 4 & -2 \\ -4 & 2 & 1 \end{bmatrix}$

4.13.2 두리틀법으로 다음 행렬 A를 LU 분해하여 역행렬 A^{-1}를 구하라.

(1) $A = \begin{bmatrix} 2 & -3 & 1 \\ 1 & 2 & 4 \\ 3 & 1 & 5 \end{bmatrix}$　　(2) $A = \begin{bmatrix} 8 & 3 & 4 \\ 1 & 5 & -5 \\ 2 & -1 & 3 \end{bmatrix}$

(3) $A = \begin{bmatrix} 2 & 4 & 6 \\ 1 & 5 & 3 \\ -3 & 0 & 4 \end{bmatrix}$　　(4) $A = \begin{bmatrix} 2 & 1 & 3 \\ 1 & 4 & 3 \\ 2 & 1 & 7 \end{bmatrix}$

4.13.3 숄레스키법으로 다음 행렬 A를 LU 분해하여 역행렬 A^{-1}를 구하라.

(1) $A = \begin{bmatrix} 1 & -1 & 2 \\ 1 & -2 & 4 \\ 3 & 1 & -3 \end{bmatrix}$　　(2) $A = \begin{bmatrix} 1 & 2 & 3 \\ 7 & 3 & 4 \\ -3 & 4 & 1 \end{bmatrix}$

(3) $A = \begin{bmatrix} 1 & 1 & 2 \\ 1 & -2 & 1 \\ 3 & 1 & 1 \end{bmatrix}$　　(4) $A = \begin{bmatrix} 2 & 1 & 4 \\ 1 & 3 & 1 \\ 3 & 5 & 4 \end{bmatrix}$

4.14 다음과 같이 계수가 같은 2 개의 3×3 연립방정식

$$\begin{cases} 2x_1 + 3x_2 + x_3 = -11 \\ -x_1 - 2x_2 + 4x_3 = 11 \\ 3x_1 + x_2 + 5x_3 = -6 \end{cases}, \quad \begin{cases} 2x_1 + 3x_2 + x_3 = 1 \\ -x_1 - 2x_2 + 4x_3 = 3 \\ 3x_1 + x_2 + 5x_3 = -2 \end{cases}$$

을 다음 방법으로 해를 구하고 결과를 비교하라.

(1) 확장 행렬을 사용한 가우스 소거법

$$\left[\begin{array}{ccc|cc} 2 & 3 & 1 & -11 & 1 \\ -1 & -2 & 4 & 11 & 3 \\ 3 & 1 & 5 & -6 & -2 \end{array}\right]$$

(2) 역행렬 이용

반복법

4.15 야코비법에 따라 다음 연립방정식의 해를 구하라. 단, $x_0 = [-1 \quad 0 \; 1]'$

(1) $$\begin{aligned} 3x_1 - 0.1\,x_2 + 0.3x_3 &= 8 \\ x_1 + \quad 6x_2 + \quad 3x_3 &= 2 \\ 2x_1 + \qquad x_2 + \quad 9x_3 &= 6 \end{aligned}$$

(2) $$\begin{aligned} -4x_1 + 2x_2 + 2x_3 &= 5 \\ 2x_1 + 6x_2 + 2x_3 &= 4 \\ 3x_1 + 3x_2 + 7x_3 &= 6 \end{aligned}$$

4.16 가우스-자이델법에 따라 다음 연립방정식의 해를 구하라. 단, $x_0 = [-1 \quad 0 \; 1]'$

(1) $$\begin{aligned} 3x_1 - 0.1\,x_2 + 0.3x_3 &= 8 \\ x_1 + \quad 6x_2 + \quad 3x_3 &= 2 \\ 2x_1 + \qquad x_2 + \quad 9x_3 &= 6 \end{aligned}$$

(2) $$\begin{aligned} -4x_1 + 2x_2 + 2x_3 &= 5 \\ 2x_1 + 6x_2 + 2x_3 &= 4 \\ 3x_1 + 3x_2 + 7x_3 &= 6 \end{aligned}$$

4.17 다음 연립방정식의 해를 초기값 $x = 0,\ y = 0$으로 하여 SOR법으로 구하라.

(1) $$\begin{aligned} 3x_1 - 0.1\,x_2 + 0.3x_3 &= 8 \\ x_1 + \quad 6x_2 + \quad 3x_3 &= 2 \\ 2x_1 + \qquad x_2 + \quad 9x_3 &= 6 \end{aligned}$$

(2) $$\begin{aligned} -4x_1 + 2x_2 + 2x_3 &= 5 \\ 2x_1 + 6x_2 + 2x_3 &= 4 \\ 3x_1 + 3x_2 + 7x_3 &= 6 \end{aligned}$$

4.18 다음 연립방정식에 적용하는 연속적 상이완법에 대하여 최적의 수렴 속도를 갖게 하는 가중치 ω를 구하라.

$$\begin{aligned} 5x_1 - 2x_2 \qquad\quad &= 1 \\ -2x_1 + 5x_2 - x_3 &= 2 \\ -x_2 + 5x_3 &= 3 \end{aligned}$$

고유값과 고유벡터

4.19 행렬 A의 고유값과 고유벡터를 특성방정식을 사용하여 구하라.

(1) $A = \begin{bmatrix} -1 & 2 \\ -2 & 4.01 \end{bmatrix}$

(2) $A = \begin{bmatrix} -4 & 2 & 1 \\ 2 & 6 & 2 \\ 3 & 3 & 7 \end{bmatrix}$

(3) $A = \begin{bmatrix} 2.11 & -4.21 & 0.921 \\ 4.01 & 10.2 & -1.12 \\ 1.09 & 0.987 & 0.832 \end{bmatrix}$

4.20 행렬 A의 고유값 중에서 가장 큰 값과 그에 해당하는 고유벡터를 멱수법을 사용하여 2회 반복한 해를 구하라.

(1) $A = \begin{bmatrix} -1 & 2 \\ -2 & 4.01 \end{bmatrix}, x_0 = \begin{bmatrix} 1 \\ -1 \end{bmatrix}$

(2) $A = \begin{bmatrix} -4 & 2 & 1 \\ 2 & 6 & 2 \\ 3 & 3 & 7 \end{bmatrix}, \ x_0 = \begin{bmatrix} -1 \\ 0 \\ 1 \end{bmatrix}$

4.21 행렬 A의 고유값 중에서 실수 α에 가장 가까운 고유값을 역멱수법을 사용하여 구하라.

(1) $A = \begin{bmatrix} 2 & 1 \\ 3 & 1 \end{bmatrix}, x_0 = \begin{bmatrix} 1 \\ 1 \end{bmatrix}, \ \alpha = 2$

(2) $A = \begin{bmatrix} -4 & 2 & 1 \\ 2 & 6 & 2 \\ 3 & 3 & 7 \end{bmatrix}, \ x_0 = \begin{bmatrix} 1 \\ 1 \\ 1 \end{bmatrix}, \ \alpha = -2$

4.22 역멱수법을 사용하여 행렬 A의 고유값 중에서 가장 작은 고유값을 구하라.

$$A = \begin{bmatrix} -5 & 2 & -2 \\ 2 & -6 & 3 \\ -3 & -2 & 7 \end{bmatrix}, x_0 = \begin{bmatrix} -1 \\ 0 \\ 1 \end{bmatrix}$$

4.23 역멱수법으로 주어진 행렬 A의 고유값 중에서 특정 값 에 가장 가까운 고유값을 구하고 결과를 그래프로 나타내는 매트랩 또는 파이썬 코드를 작성하라.

CHAPTER 05

곡선 접합

5.1 최소 제곱 회귀 분석법

5.2 보간법

5.2.1 라그랑주 보간법

5.2.2 뉴튼 보간법

5.2.3 스플라인 보간법

5.2.3.1 1차 스플라인

5.2.3.2 2차 스플라인

5.2.3.3 3차 스플라인

5.2.4 외삽법

우리가 공학이나 인문 사회 과학 예술 분야 등등에서 다루는 문제는 복잡한 함수나 이산적인 값으로 주어지는 경우가 많다. 이러한 경우 문제는 어떻게 하면 주어진 원래 함수보다 더 간단한 함수 혹은 주어진 데이터를 대표하는 곡선을 구할 수 있을까 하는 것이다. 물론 테일러 급수와 같은 수학적 도구를 이용하여 주어진 함수를 근사화시키는 방법들도 있지만 여기에서는 복잡한 함수로부터 이산적 데이터들을 채집하여 이들을 대표하는 적합한 곡선을 찾는 방법 즉 곡선 접합(curve fitting)에 대하여 알아보기로 한다. 곡선 접합은 주어진 이산적 데이터 사이에 있는 점에서의 값을 추정하는 문제에 응용될 수 있다.

이러한 곡선 접합 문제는 크게 데이터가 갖는 오차의 크기에 따라 다음과 같이 두 가지로 분류된다.

회귀분석(regression analysis)

회귀분석은 그림 5.1(a)와 같이 데이터가 상당한 크기의 오차를 포함하거나 산재되어 있는 경우 각 데이터가 나타내는 점들을 정확히 통과하지는 않지만 데이터의 경향을 나타낼 수 있는 하나의 곡선을 찾아내는 것으로 유도된 곡선은 데이터로 이루어진 집단의 경향을 따르도록 설계된다.

보간(interpolation)

보간은 그림 5.1(b) 및 (c)와 같이 회귀분석과는 달리 데이터가 매우 정확하게 알려져 있는 경우 각 점들을 직접 통과하는 곡선이나 일련의 곡선을 구하는 방법이다.

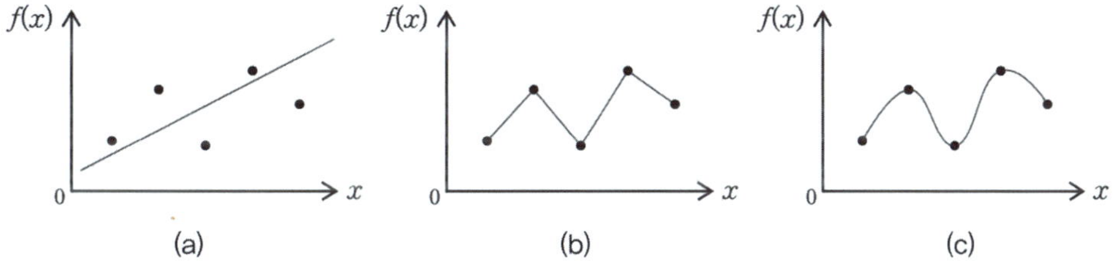

| 그림 5.1 | 곡선 접합 : (a) 회귀분석, (b) 선형 보간, (c) 곡선 보간

아래에서는 이들 각각의 방법들에 대하여 상세히 살펴보기로 한다.

5.1 최소 제곱 회귀분석법

주어진 데이터가 상당한 오차를 포함하고 있는 경우 가장 바람직한 곡선 접합 방식은 이들 데이터 각각을 직접 지나는 곡선으로 접합하는 것보다는 어느 정도의 오차를 허용하며 주어진 데이터의 전체적 경향을 가장 잘 대표하는 곡선으로 근사화하는 것이라 할 수 있다. 이를 위한 하나의 방법으로 주어진 데이터와 접합한 곡선 사이의 차의 제곱 합을 최소화시키는 곡선을 유도하는 것으로 이러한 방법을 최소 제곱 회귀(least-square regression)라 한다. 이러한 최소 제곱 회귀를 적용한 곡선 중에서 가장 간단한 것은 식(5.1)과 같은 직선을 접합하는 것이다.

$$y = ax + b + e \tag{5.1}$$

여기서 a와 b는 접합 직선의 기울기와 절편을 나타내고 e는 주어진 데이터와 접합 직선과의 오차를 나타낸다. 식(5.1)을 오차 e에 대하여 다시 쓰면

$$e = y - ax - b \tag{5.2}$$

가 된다. 따라서 오차가 매우 큰 데이터에 대한 곡선 접합 문제는 식(5.1)로 주어지는 직선 접합식을 위한 계수 a와 b를 결정하는 문제로 귀결된다. 이 때 (5.2)로 주어지는 오차에 대하여 어떤 기준을 적용하여 최소화시키느냐에 따라 식(5.1)의 직선이 유일하게 결정될 수도 있고 그렇지 않을 수도 있다. 예를 들어 n개의 데이터 $(x_i, y_i), i = 1,2,\cdots,n$가 주어진 경우 식(5.3)

$$\min \sum_{i=1}^{n} e_i = \min \sum_{i=1}^{n} (y_i - ax_i - b) \tag{5.3}$$

과 같이 오차의 합을 최소화하는 방식을 사용하면 식(5.3)을 만족하는 접합 직선은 그림 5.2(a)와 같이 주어진 두 점 사이 중간점을 지나는 모든 직선이 접합 직선이 될 수 있다. 그 이유는 그림 5.2(a)에서와 같이 두 점을 최적으로 접합하는 직선은 바로 두 점을 잇는 직선이 됨은 자명하다. 그러나 만약 두 점의 중간점을 설정하고 이 점을 지나는 직선을 접합 직선으로 설정하면 두 점으로부터 설정된 직선까지의 오차($+e$, $-e$)는 부호만 다르지 크기는 같은 것이 되므로 전체 오차의 합은 0이 됨을 알 수 있다. 따라서 두 점 사이의 중점을 지나는 수많은 직선이 접합 직선이 될 수 있으므로 접합 직선이 유일하게 결정되지 않아 접합 직선을 구하는 기준으로는 부적합하다 할 수 있다.

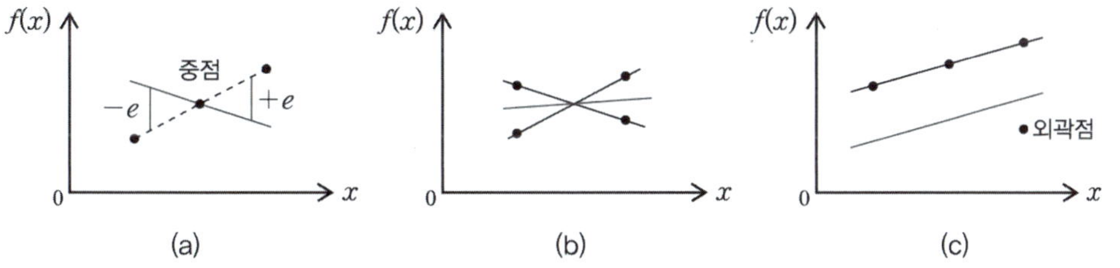

| 그림 5.2 | 곡선 접합 : (a) 오차의 합 최소화, (b) 오차 절대값의 합 최소화, (c) 최대 오차의 합 최소화

이와는 달리 식(5.4)

$$\min \sum_{i=1}^{n} |e_i| = \min \sum_{i=1}^{n} |y_i - ax_i - b| \tag{5.4}$$

와 같이 오차 절대값의 합을 최소화하는 방식을 사용하면 식(5.4)를 만족하는 접합 직선은 그림 5.2(b)와 같이 네 개의 점으로 구성된 두 개의 직선 사이에 들어가는 모든 직선이 오차 절대값의 합을 최소화하므로 접합 직선이 될 수 있다. 그러나 접합 직선이 유일하게 결정되지 않아 접합 직선을 구하는 기준으로는 부적합하다 할 수 있다. 이러한 기준 이외에도 식(5.5)

$$\min \max_i |e_i| = \min \max_i |y_i - ax_i - b| \tag{5.5}$$

와 같은 기준을 사용하는 최소-최대(min-max) 방식이 있다. 이 방식은 그림 5.2(c)와 같이 각각의 점과 접합 직선과의 최대 오차를 최소화하는 방식으로 접합 직선으로부터 멀리 떨어져 있는 외곽 점(outlier)의 영향이 과도한 단점이 있어 접합 직선을 구하는 기준으로는 부적합하다 할 수 있다.

위에서 언급한 단점을 극복하기 위하여 식(5.6)과 같이 오차 제곱의 합을 최소화하는 방식 즉 최소 제곱 회귀(least-square regression) 방식이 널리 사용되고 있다.

$$\min \sum_{i=1}^{n} e_i^2 = \min \sum_{i=1}^{n} (y_i - ax_i - b)^2 \tag{5.6}$$

이 방식은 주어진 데이터에 유일한 직선을 접합한다는 장점 이외에도 많은 장점이 있다. 아래에서는 식(5.6)으로 나타내지는 최소 제곱 접합 방식을 사용하여 식(5.1)로 나타내지는 회귀 직선식의 계수 a와 b를 구하기로 한다. 편의를 위하여 오차 제곱의 합을

$$S_r = \sum_{i=1}^{n} e_i^2 = \sum_{i=1}^{n} (y_i - ax_i - b)^2 \tag{5.7}$$

라 놓고 식(5.7)을 미지의 계수 a와 b에 대하여 편미분하면

$$\frac{\partial S_r}{\partial a} = -2\sum_{i=1}^{n} x_i (y_i - ax_i - b) \qquad (5.8)$$

$$\frac{\partial S_r}{\partial b} = -2\sum_{i=1}^{n} (y_i - ax_i - b) \qquad (5.9)$$

가 된다. 오차 제곱의 합 S_r을 최소화시키는 값을 구하기 위하여 식(5.8) 및 식(5.9)의 편미분 값들이 0이 되도록 하여 정리하면

$$0 = \sum_{i=1}^{n} x_i y_i - a\sum_{i=1}^{n} x_i^2 - b\sum_{i=1}^{n} x_i \qquad (5.10)$$

$$0 = \sum_{i=1}^{n} y_i - a\sum_{i=1}^{n} x_i - nb \qquad (5.11)$$

형태의 정규방정식(normal equations)이 된다. 정규방정식(5.10)과 5.11)을 연립하여 a와 b를 구하면

$$a = \frac{n\sum_{i=1}^{n} x_i y_i - \sum_{i=1}^{n} x_i \sum_{i=1}^{n} y_i}{n\sum_{i=1}^{n} x_i^2 - \left(\sum_{i=1}^{n} x_i\right)^2} \qquad (5.12)$$

$$b = \overline{y} - a\overline{x} \qquad (5.13)$$

가 되며, 여기서 $\overline{x} = \frac{1}{n}\sum_{i=1}^{n} x_i$와 $\overline{y} = \frac{1}{n}\sum_{i=1}^{n} y_i$는 각각 x_i와 y_i, $i = 1, 2, \cdots, n$의 평균이다. 이와 같이 식(5.1), (5.12) 및 (5.13)으로 결정된 회귀 직선식이 주어진 데이터에 얼마나 적합한지 즉 적합한 정도를 측정하는 척도로 결정계수(coefficient of determination) γ^2이 있으며 이는 식(5.14)로 정의된다.

$$\gamma^2 = \frac{S_t - S_r}{S_t} \qquad (5.14)$$

여기서 $0 \le \gamma^2 \le 1$

$$S_t = \sum_{i=1}^{n} (y_i - \overline{y})^2 \qquad (5.15)$$

이고 γ 는 상관계수((correlation coefficient)로 식(5.16)으로 표현된다.

$$\gamma = \frac{n\sum_{i=1}^{n} x_i y_i - \sum_{i=1}^{n} x_i \sum_{i=1}^{n} y_i}{\sqrt{n\sum_{i=1}^{n} x_i^2 - \left(\sum_{i=1}^{n} x_i\right)^2}\sqrt{n\sum_{i=1}^{n} y_i^2 - \left(\sum_{i=1}^{n} y_i\right)^2}} \tag{5.16}$$

결정 계수 γ^2이 1이면 완전 접합이라 하는데 회귀 직선이 데이터를 거의 정확하게 나타냄을 의미하고 γ^2이 0이면 회귀 직선이 데이터를 거의 나타내지 못함을 의미한다. 그림 5.3은 위와 같이 구한 선형 회귀 직선과 상관계수의 예를 나타낸다.

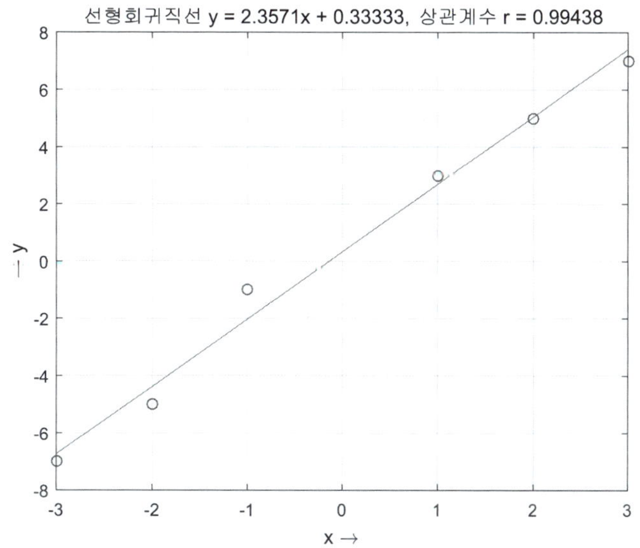

| 그림 5.3 | 선형 회귀 직선과 데이터

예제 5.1 다음 식으로 정의된 도함수의 정의

다음 데이터에 대하여 최소 제곱 직선 회귀식을 구하고 $x=8$일 때의 y값을 구하라.

i	x_i	y_i
1	3	1
2	5	2
3	6	4
4	9	5
5	10	7
6	12	8

풀이 식(5.1)로 주어지는 회귀 직선을 구하기 위하여 미지 계수 a와 b를 식(5.12)와 (5.13)를 이용하여 구하기 위하여 주어진 자료를 표로 정리하면 아래와 같다.

i	x_i	y_i	x_i^2	y_i^2	x_iy_i
1	3	1	9	1	3
2	5	2	25	4	10
3	6	4	36	16	24
4	9	5	81	25	45
5	10	7	100	49	70
6	12	8	144	64	96
합계	45	27	395	159	248
평균	15/2	9/2			

따라서 위의 데이터를 식(5.12)와 (5.13)에 대입하여 미지 계수 a와 b를 구하면

$$a=\frac{n\Sigma x_iy_i-\Sigma x_i\Sigma y_i}{n\Sigma x_i^2-(\Sigma x_i)^2}=\frac{6\times 248-45\times 27}{6\times 395-45^2}=\frac{91}{115}$$

$$b=\bar{y}-a\bar{x}=\frac{9}{2}-\frac{91}{115}\times\frac{15}{2}=-\frac{33}{23}$$

$$\therefore y=\frac{91}{115}x-\frac{33}{23}$$

따라서 $x=8$일 때의 y값은 $y=4.8957$이 된다. 이를 매트랩 및 파이썬으로 구하면 [ex5_1] 코드와 같고 실행 결과는 다음과 같다.

% [ex5_1] 매트랩 코드 실행 결과

```
* [예제 5.1] 선형 회귀 직선

     x         y        x^2       y^2       xy
     3         1         9         1         3
     5         2        25         4        10
     6         4        36        16        24
     9         5        81        25        45
    10         7       100        49        70
    12         8       144        64        96

Sum 45      27     395     159     248
* 선형회귀직선 : y =       0.7913 x     -1.4348
* x =        8.000 에 대한 추정 y =       4.8957
```

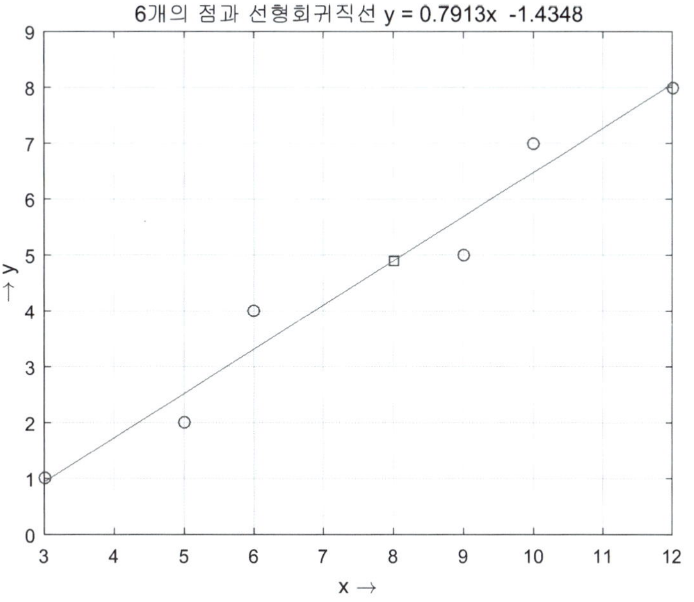

[ex5_1] 파이썬 코드 실행 결과

* [예제 5.1] 선형 회귀 직선

```
* 선형회귀직선 : y = 0.7913043478260869 x -1.4347826086956523

* x =  8 에 대한 추정 y = 4.895652173913043
```

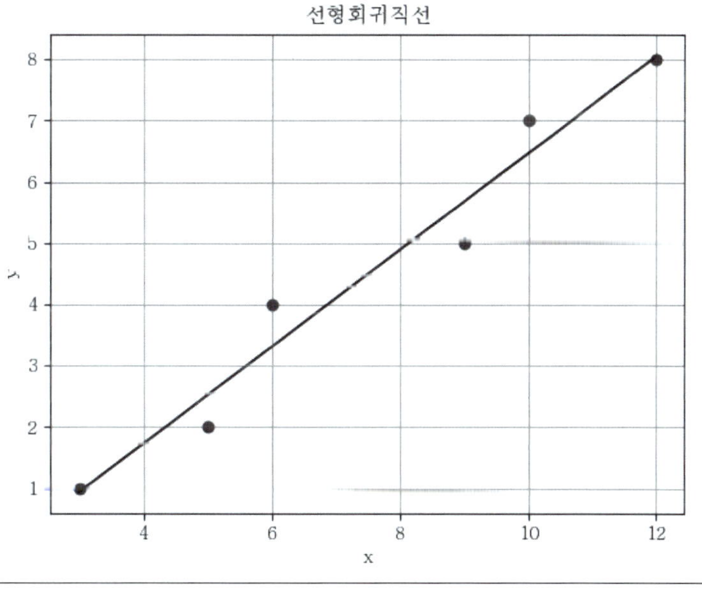

예제 5.2

[예제 5.1]의 데이터에 대하여 결정계수 γ^2 값을 구하라.

풀이 식(5.14)와 (5.16) 그리고 [예제 5.1]의 풀이에 나타낸 데이터를 활용하여 결정계수 γ^2 값을 구하면

$$r^2 = \left[\frac{n\sum x_i y_i - (\sum x_i)(\sum y_i)}{\sqrt{n\sum x_i^2 - (\sum x_i)^2}\sqrt{n\sum y_i^2 - (\sum y_i)^2}}\right]^2$$
$$= \left[\frac{6\times 248 - 45\times 27}{\sqrt{6\times 395 - 45^2}\sqrt{6\times 159 - 27^2}}\right]^2 = 0.9601$$

가 된다. 이와 같이 결정계수가 1에 매우 가깝기 때문에 [예제 5.1]에서 구한 회귀 직선 식 $y = \frac{91}{115}x - \frac{33}{23}$은 주어진 데이터를 잘 나타낸다고 할 수 있다.

이를 매트랩 및 파이썬으로 구하면 [ex5_2] 코드와 같고 실행 결과는 다음과 같다.

% [ex5_2] 매트랩 코드 실행 결과

```
* [예제 5.2] 결정 계수 구하기

    x       y       x^2     y^2     xy
    3       1       9       1       3
    5       2       25      4       10
    6       4       36      16      24
    9       5       81      25      45
    10      7       100     49      70
    12      8       144     64      96

Sum 45      27     395     159     248
* 선형회귀직선 : y =      0.7913 x      -1.4348
* 상관계수 r =      0.9799
* 결정계수 r^2 =    0.9601
```

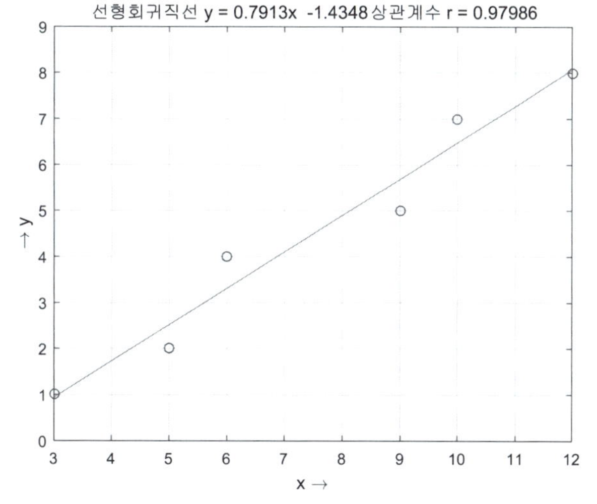

[ex5_2] 파이썬 코드 실행 결과

```
* [예제 5.2] 결정 계수
 * 선형회귀직선 : y = 0.7913043478260869 x -1.4347826086956523

* 상관계수 r =  0.9798550617458612

* 결정계수 r**2 =  0.9601159420289855
```

앞에서는 주어진 n개의 데이터에 대한 적합 곡선으로 회귀 직선을 유도하였다. 그러나 그림 5.4와 같이 주어진 데이터 즉 독립 변수와 종속 변수 사이에 비선형적 관계를 갖는 데이터에 대하여 그림 5.4(a)와 같이 직선 접합을 하면 구해진 회귀 직선이 주어진 데이터를 적절하게 나타내지 못하지만 그림 5.4(b)와 같이 2차 곡선 접합을 하면 구해진 회귀 곡선이 주어진 데이터를 보다 더 적절하게 나타낼 수 있음을 알 수 있다.

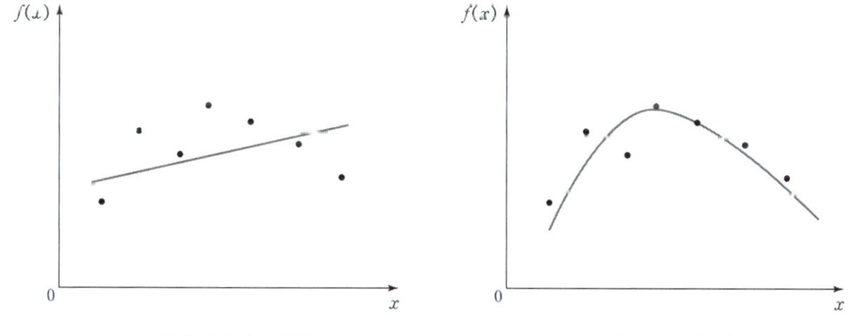

(a) 직선 접합 (b) 곡선 접합

| 그림 5.4 | 곡선 접합

이러한 데이터에 대하여 접합 곡선을 직선에 한정하지 않고 식(5.17)과 같이 m차 다항식 $p_m(x)$로 확장한 회귀분석 즉, 다항식 회귀분석(polynomial regression)을 고려할 필요가 있다.

$$p_m(x) = \sum_{i=0}^{m} a_i x^i \tag{5.17}$$

여기서 $m \le n-1$ 이다.

식(5.17)로 나타내지는 다항식에 대하여 최소 제곱법을 적용하여 $(m+1)$개의 미지의 계수 $a_i, i=0,1,\cdots,m$를 갖는 $(m+1)$차 정규 방정식을 구한 후, 이를 풀어 $(m+1)$개의 미지의 계수 $a_i, i=0,1,\cdots,m$를 구하면 식(5.17)의 최소 제곱 다항식을 구할 수 있다. 여기에서는 이에 관한 자세한 사항은 생략하기로 한다.

이와 같은 최소 제곱 다항식에 의한 곡선 접합 방식은 주어진 데이터의 특성에 대한 정보가 없어도 사용할 수 있어 매우 유용한 방법이라 할 수 있다. 그러나 주어진 데이터가 특수한 형태, 예를 들면 지수 함수 형태나 역함수 형태 (이러한 함수를 추측 함수(guess functions)라 함)를 갖는 경우에 주어진 데이터를 적절하게 변환(transformation)하면 앞에서 다룬 선형 회귀 직선을 적용할 수 있으므로 매우 간단히 곡선 접합을 할 수 있음을 알 수 있다. 이와 같은 방식을 비선형 데이터(nonlinear data)의 선형화(linearization)에 의한 곡선 접합이라 한다. 예를 들어 n개의 주어진 데이터 $(x_i, y_i), i=1,2,\cdots,n$가 식(5.18)과 같은 지수 함수 형태를 갖는다고 가정한다.

$$y = \alpha_1 e^{\beta_1 x} \tag{5.18}$$

여기서 α_1와 β_1은 상수이다. 식(5.18)의 양변에 자연로그를 취하면

$$\ln y = \ln \alpha_1 + \beta_1 x \tag{5.19}$$

과 같이 선형화되어 앞에서 살펴본 선형 회귀 직선식이 적용 가능해진다.

다른 예로 주어진 데이터가 식(5.20)과 같은 멱함수 형태를 갖는다고 가정한다.

$$y = \alpha_2 x^{\beta_2} \tag{5.20}$$

여기서 α_2와 β_2는 상수이다. 식(5.20)의 양변에 상용로그를 취하면

$$\log y = \log \alpha_2 + \beta_2 \log x \tag{5.21}$$

와 같이 선형화된다.

이 외에도 제한된 조건 하에서 인구성장률을 나타내는 데 적합한 식(5.22)

$$y = \frac{\alpha_3 x}{x + \beta_3} \tag{5.22}$$

와 같은 포화 성장률 함수에 역수를 취하면

$$\frac{1}{y} = \frac{1}{\alpha_3} + \frac{\beta_3}{\alpha_3}\frac{1}{x} \tag{5.23}$$

와 같이 선형화된다.

식(5.19), (5.21) 및 식(5.23)과 같이 변환된 데이터에 대하여 선형 회귀 직선식을 구하고 이를 원래의 식으로 역변환하면 원하는 비선형 접합 함수를 구할 수 있다. 그림 5.5는 지수 방정식, 멱방정식 및 포화 성장률 방정식과 각각에 대한 선형화된 직선을 나타낸다.

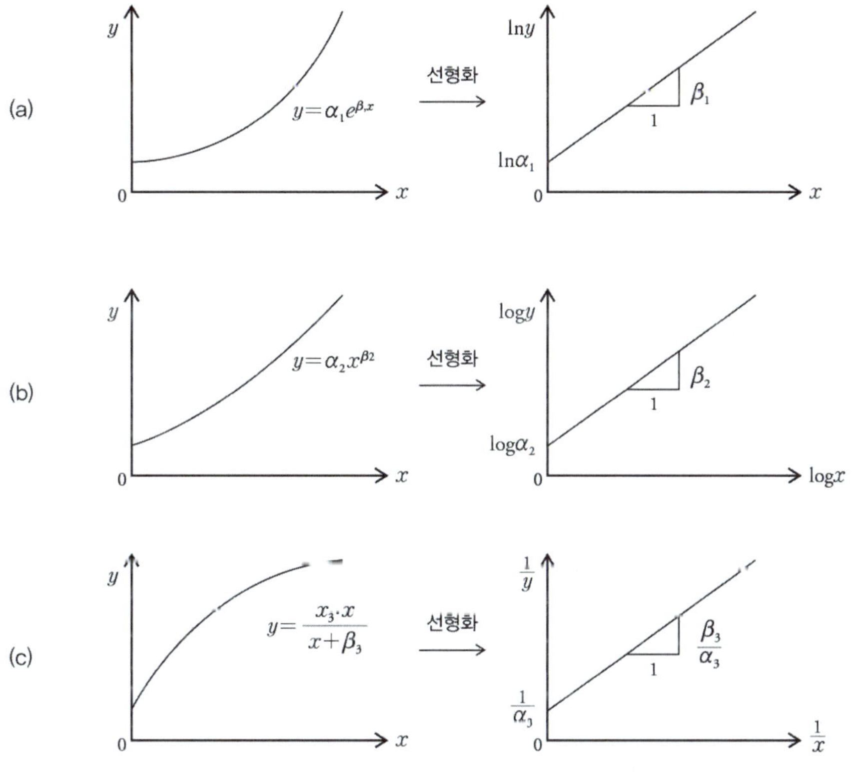

| 그림 5.5 | 비선형 방정식의 선형화

5.2 보간법

많은 공학 문제에 있어서 주어진 이산 데이터 사이의 측정하지 않았거나 측정할 수 없는 중간값을 예측해야 할 경우가 있다. 다음은 1995년부터 2015년까지 우리나라 대학수학능력시험 응시자 수를 나타낸 표이다.

| 표 5.1 | 학년도별 대학수학능력시험 응시자 수

학년도	응시자 수(명)
1995	757,455
2000	868,366
2005	574,218
2010	638,216
2015	640,619

이 데이터를 잘 표현하는 함수를 구함으로써 2002학년도의 대학수학능력시험 응시자 수를 추정하거나 권장할 사항은 아니지만 2020학년도의 대학수학능력시험 응시자 수를 예측할 수도 있다. 예를 들어 2002학년도의 대학수학능력시험 응시자 수를 추정하는 문제를 생각해보면 2000학년도와 2005학년도 두 개의 점을 잇는 직선을 구하고 그 직선상의 2002학년도 값을 구하는 것이라 할 수 있다. 이를 일반화하여 $(n+1)$개의 점$(x_i, y_i), i=0,1,\cdots,n$ (여기서 편의를 위해 $x_0 < x_1 < \cdots < x_n$로 가정함)이 주어진 경우 이 $(n+1)$개의 점 $(x_i, y_i), i=0,1,\cdots,n$ 모두를 지나는 n차 보간다항식 $p_n(x)$를 구하고 보간다항식 $p_n(x)$로부터 구간 $[x_0, x_n]$ 내의 임의의 점 x에서의 함수값을 구하는 방법을 보간(interpolation)이라 한다. 그림 5.6은 $n=1, 2, 3$인 경우 즉 점이 2개, 3개 및 4개가 주어진 경우 각각을 1차 직선, 2차 포물선 및 3차 곡선으로 보간하는 예를 보이고 있다.

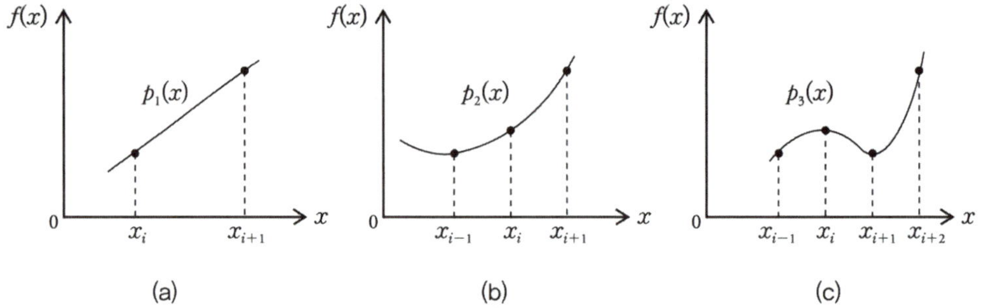

| 그림 5.6 | 보간다항식: (a) 1차 직선, (b) 2차 포물선 및 (c) 3차 보간 곡선

보다 구체적으로 설명하면 주어진 $(n+1)$개의 점 $(x_i, y_i), i=0,1,\cdots,n$에 대하여 식(5.24)의 관계가 만족한다고 가정하자.

$$x_0 < x_1 < \cdots < x_n \tag{5.24}$$

다항식 보간(polynomial interpolation)이란 이러한 주어진 $(n+1)$개의 점 $(x_i, y_i), i=0,1,\cdots,n$ 모두를 통과하는 즉

$$p_n(x_i) = y_i, i=0,1,\cdots,n \tag{5.25}$$

을 만족하는 n차 보간다항식 $p_n(x)$

$$p_n(x) = a_0 + a_1 x + \cdots + a_n x^n \tag{5.26}$$

를 구하는 것을 말한다. 여기서 $(n+1)$개의 점 $x_i, i=0,1,\cdots,n$를 절점(node)이라 하고 n차 다항식 $p_n(x)$를 보간다항식(interpolation polynomial)이라 한다.

이때 n치 다항식 $p_n(x)$의 계수 $a_i, i=0,1,\cdots,n$ 값을 구하기 위해서는 $(n+1)$개의 데이터 $(x_i, y_i), i=0,1,\cdots,n$가 필요하다는 것을 알 수 있다. 그리고 이들 데이터를 이용하여 계수 $a_i, i=0,1,\cdots,n$ 값을 구하는 가장 간단한 방법은 모든 데이터를 식(5.26)에 대입하여 얻어지는 식(5.27)에 나타낸 $(n+1)$개의 연립방정식을 풀어 구할 수 있음을 알 수 있다.

$$\begin{aligned} a_0 + a_1 x_0 + \cdots + a_n x_0^n &= y_0 \\ a_0 + a_1 x_1 + \cdots + a_n x_1^n &= y_1 \\ &\vdots \\ a_0 + a_1 x_n + \cdots + a_n x_n^n &= y_n \end{aligned} \tag{5.27}$$

식(5.27)을 행렬 형태로 다시 쓰면

$$Xa = Y \tag{5.28}$$

여기서

$$\boldsymbol{X} = \begin{bmatrix} 1 & x_0 & x_0^2 & \cdot & \cdot & x_0^n \\ 1 & x_1 & x_1^2 & \cdot & \cdot & x_1^n \\ 1 & x_2 & x_2^2 & \cdot & \cdot & x_2^n \\ \cdot & \cdot & \cdot & \cdot & \cdot & \cdot \\ 1 & x_n & x_n^2 & \cdot & \cdot & x_n^n \end{bmatrix}, \boldsymbol{a} = [a_0, \ldots, a_n]^T,\ \boldsymbol{Y} = [y_0, \ldots, y_n]^T \tag{5.29}$$

가 되며, 행렬 $\boldsymbol{X}$를 방데르몽드 행렬(Vandermonde matrix)이라 한다.

다항식 보간법은 임의의 함수의 근사값을 구하거나 함수의 미분 혹은 적분에 대한 근사값을 구하기 위하여 많이 사용된다. 이때 주로 사용되는 것은 고차 보간법보다는 1차인 선형 보간법 혹은 2차 보간법을 많이 사용하는데 그 이유는 고차 보간다항식의 경우 보간다항식의 차수 n이 증가함에 따라 고차 보간다항식이 매우 심하게 진동하는 경향을 갖기 때문이다. 여기에서는 이러한 보간식을 구하는 방법 중에서 라그랑주 기저함수(Lagrange basis function)을 사용하는 라그랑주 법(Lagrange method)과 분할차분(divided difference)을 사용하는 뉴튼법(Newton's method)에 대하여 살펴본다.

다음 정리는 주어진 $(n+1)$개의 점을 지나는 n차 보간다항식을 구하는 방법은 여러 가지가 있을 수 있지만 그런 보간다항식은 유일하다는 것을 나타낸다.

정의 5.1 보간다항식의 유일성

주어진 $(n+1)$개의 서로 다른 데이터 $x_i, i=0,1,\cdots,n$에 대하여 $(n+1)$개의 서로 점 $(x_i, y_i), i=0,1,\cdots,n$을 지나는 n차 보간다항식 $p_n(x)$은 유일하게 존재한다.

증명 주어진 조건을 만족하는 서로 다른 n차 보간다항식을 $p_n(x)$와 $q_n(x)$라 하면 $p_n(x)$와 $q_n(x)$는 다음 관계

$p_n(x_i) = q_n(x_i) = y_i,\ i=0,1,\cdots,n$

를 만족한다. 여기서 $r_n(x) \equiv p_n(x) - q_n(x)$ 라 놓으면 n차 다항식 $r_n(x)$는

$r_n(x_i) = p_n(x_i) - q_n(x_i) = y_i - y_i = 0,\ i=0,1,\cdots,n$

을 만족하여 $(n+1)$개의 서로 다른 근을 갖는다. 이것은 n차 다항식은 많아야 n개의 근을 갖는다는 대수학의 기본 정리에 의하여 모든 x에 대하여 $r_n(x) \equiv 0$ 이므로 $p_n(x) = q_n(x)$가 된다.

5.2.1 라그랑주 보간법

먼저 주어진 $(n+1)$개의 데이터 쌍$(x_i, y_i), i=0,1,\cdots,n$이 함수 $y=f(x)$에 의하여 만들어진 데이터 쌍이라고 가정하고, 이들 데이터 모든 점을 지나는 고차 다항식 $p_n(x)$를 구해 함수 $f(x)$를 대신하고자 한다. 여기서 $x=x_0$ 에서 $y=y_0$ 이고 그 외의 다른 절점 $x=x_1, x_2, \cdots, x_n$ 에서는 모두 $y=0$ 가 되는 다항식을 $p_n^{(0)}(x)$라 하면 $p_n^{(0)}(x)$는

$$p_n^{(0)}(x) = \alpha(x-x_1)(x-x_2)\cdots(x-x_n) \tag{5.30}$$

와 같이 놓을 수 있다. 여기서 α는 상수이다. 식(5.30)에서 $x=x_0$ 일 때 $y=y_0$가 되려면 다음 식

$$p_n^{(0)}(x) = \alpha(x_0-x_1)(x_0-x_2)\cdots(x_0-x_n) = y_0 \tag{5.31}$$

이 만족되이야 하므로 α는

$$\alpha = \frac{y_0}{(x_0 - x_1)(x_0 - x_2) \cdots (x_0 - x_n)} \tag{5.32}$$

과 같다. 따라서 식(5.32)를 식(5.30)에 대입하면 $p_n^{(0)}(x)$는

$$p_n^{(0)}(x) = \frac{(x - x_1)(x - x_2) \cdots (x - x_n)}{(x_0 - x_1)(x_0 - x_2) \cdots (x_0 - x_n)} y_0 \tag{5.33}$$

가 된다.

이와 같은 방법으로 $x = x_1$ 에서 $y = y_1$ 이고 그 외의 다른 절점 $x = x_0, x_2, \cdots, x_n$ 에서는 $y = 0$가 되는 다항식을 $p_n^{(1)}(x)$라 하면 $p_n^{(1)}(x)$는

$$p_n^{(1)}(x) = \frac{(x - x_0)(x - x_2) \cdots (x - x_n)}{(x_1 - x_0)(x_1 - x_2) \cdots (x_1 - x_n)} y_1 \tag{5.34}$$

가 된다.

위와 같은 과정을 $x = x_n$일 때 까지 반복하여 $x = x_n$ 에서 $y = y_n$이고 그 외의 다른 절점 $x = x_0, x_1, \cdots, x_{n-1}$ 에서는 $y = 0$ 가 되는 다항식을 $p_n^{(n)}(x)$라 하면 $p_n^{(n)}(x)$는

$$p_n^{(n)}(x) = \frac{(x - x_0)(x - x_1) \cdots (x - x_{n-1})}{(x_n - x_0)(x_n - x_1) \cdots (x_n - x_{n-1})} y_n \tag{5.35}$$

가 된다. 위에서 구한 $p_n^{(0)}(x)$, $p_n^{(1)}(x)$, $\cdots$, $p_n^{(n)}(x)$를 모두 합하면 $x = x_0, x_1, \cdots, x_n$에서 각각 $y = y_0, y_1, \cdots, y_n$ 가 되는 n차 라그랑주 보간다항식(Lagrange interpolation polynomial) $p_n(x)$를 다음과 같이 구할 수 있다.

$$\begin{aligned} p_n(x) \; = \; & \frac{(x - x_1)(x - x_2) \cdots (x - x_n)}{(x_0 - x_1)(x_0 - x_2) \cdots (x_0 - x_n)} \cdot y_0 \\ & + \frac{(x - x_0)(x - x_2) \cdots (x - x_n)}{(x_1 - x_0)(x_1 - x_2) \cdots (x_1 - x_n)} \cdot y_1 \\ & + \cdots + \frac{(x - x_0)(x - x_1) \cdots (x - x_{n-1})}{(x_n - x_0)(x_n - x_1) \cdots (x_n - x_{n-1})} \cdot y_n \\ = \; & y_0 L_0(x) + y_1 L_1(x) + \cdots + y_n L_n(x) = \sum_{k=0}^{n} y_k L_k(x) \end{aligned} \tag{5.36}$$

여기서

$$L_k(x) = \frac{(x-x_0)(x-x_1)\cdots(x-x_{k-1})(x-x_{k+1})\cdots(x-x_n)}{(x_k-x_0)(x_k-x_1)\cdots(x_k-x_{k-1})(x_k-x_{k+1})\cdots(x_k-x_n)}$$
$$= \prod_{i=0,\, i\neq k}^{n} \frac{(x-x_i)}{(x_k-x_i)},\ k=0,1,\cdots,n \tag{5.37}$$

이고 이 $L_k(x),\, k=0,1,\cdots,n$를 라그랑주 기저 함수(Lagrange basis function)라 부른다. 식(5.37)의 라그랑주 기저 함수는 식(5.38)과 같이 간단히 표현되기도 한다.

$$L_k(x_j) = \begin{cases} 1, & k=j \\ 0, & k\neq j \end{cases} \tag{5.38}$$

식(5.36)과 (5.37)로 나타내지는 n차 라그랑주 보간다항식에 대하여 $n=1$인 경우 즉 주어진 함수 $y=f(x)$의 서로 다른 두 점 (x_0, y_0)와 (x_1, y_1)을 지나는 라그랑주 선형 보간다항식은

$$p_1(x) = y_0 L_0(x) + y_1 L_1(x) \tag{5.39}$$

가 된다. 여기서

$$L_0(x) = \frac{(x-x_1)}{(x_0-x_1)} \tag{5.40}$$

$$L_1(x) = \frac{(x-x_0)}{(x_1-x_0)} \tag{5.41}$$

이다.

식(5.39)부터 (5.41)까지의 라그랑주 선형 보간다항식 $p_1(x)$를 살펴보면 $p_1(x)$는 그림 5.7과 같이 두 개의 선형 다항식 즉 $x=x_0$에서 1이고 $x=x_1$에서 0인 $L_0(x)$와 $x=x_0$에서 0이고 $x=x_1$에서 1인 $L_1(x)$의 선형 결합으로 이루어졌으며 이들 두 직선의 합은 반드시 두 개의 점을 연결하는 유일한 직선이 됨을 알 수 있다.

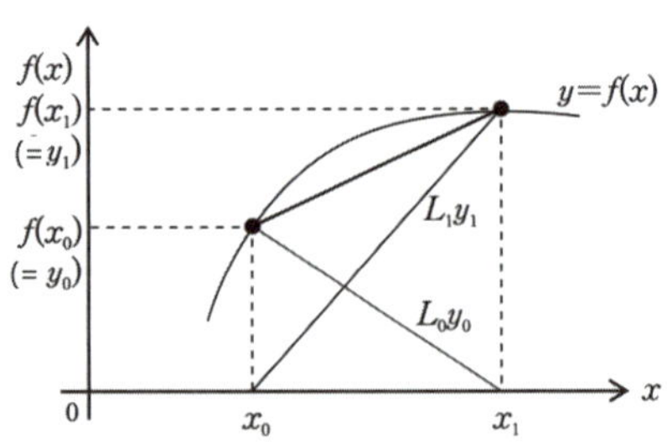

| 그림 5.7 | 라그랑주 선형 보간법

예제 5.2

함수 $f(x) = 3e^x + x^2 + \cos x$와 $x_0 = -1, x_1 = 0$을 이용한 라그랑주 선형 보간다항식을 구하라.

풀이 식(5.39)부터 (5.41)까지를 이용하여 라그랑주 선형 보간다항식 $p_1(x)$를 구하면

$$p_1(x) = \frac{x - x_1}{x_0 - x_1} f(x_0) + \frac{x - x_0}{x_1 - x_0} f(x_1)$$
$$= \frac{x}{-1} 2.6439 + \frac{x+1}{1} 4 = 1.3561x + 4$$

가 된다.

이를 매트랩 및 파이썬으로 구하면 [ex5_3] 코드와 같고 실행 결과는 다음과 같다.

% [ex5_3] 매트랩 코드 실행 결과

```
* [예제 5.3] 라그랑주 1차 및 2차 보간법
 * f(x)= @(x)3*exp(x)+x.^2+cos(x)

X =       -1          0
Y =    2.6439    4.0000
L_P = (381696779762837*x)/281474976710656 + 4
```

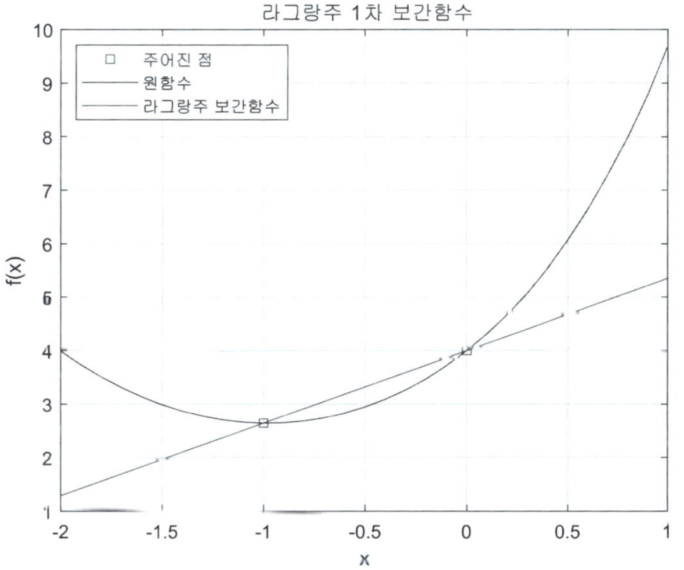

[ex5_3] 파이썬 코드 실행 결과

* [예제 5.3] 라그랑주 보간법

```
라그랑주 다항식 = 1.356 x + 4
```

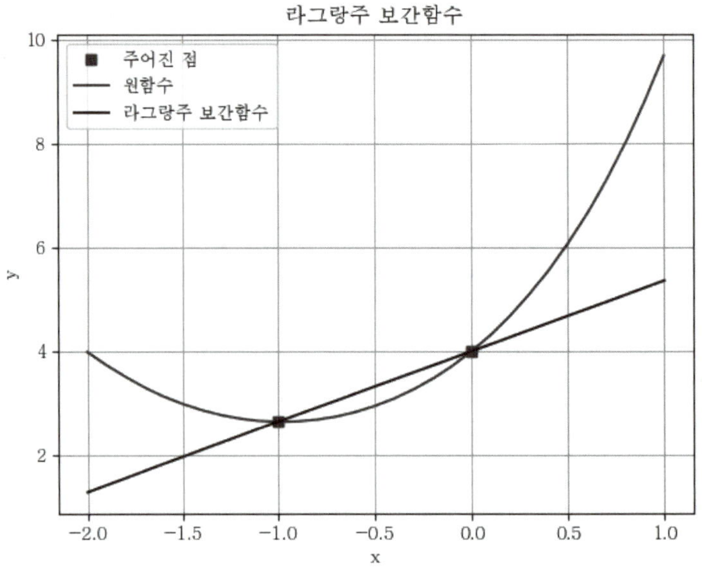

그리고 $n=2$인 경우는

$$p_2(x) = y_0 L_0(x) + y_1 L_1(x) + y_2 L_2(x) \tag{5.42}$$

가 되고

$$L_0(x) = \frac{(x-x_1)(x-x_2)}{(x_0-x_1)(x_0-x_2)} \tag{5.43}$$

$$L_1(x) = \frac{(x-x_0)(x-x_2)}{(x_1-x_0)(x_1-x_2)} \tag{5.44}$$

$$L_2(x) = \frac{(x-x_0)(x-x_1)}{(x_2-x_0)(x_2-x_1)} \tag{5.45}$$

이 되어 라그랑주 2차 보간다항식이 된다.

앞에서 살펴본 라그랑주 선형 보간다항식과 마찬가지로 식(5.42)부터 (5.45)까지의 라그랑주 2차 보간다항식 $p_2(x)$를 살펴보면 $p_2(x)$는 주어진 세 점 중에서 한 점을 지나고 나머지 다른 두 점에서는 0이 되는 세 개의 포물선 $L_0(x)$, $L_1(x)$ 및 $L_2(x)$의 선형 결합으로 이루어졌으며 이들 세 포물선의 합은 반드시 그림 5.8에서와 같이 세 개의 점을 연결하는 유일한 포물선이 된다.

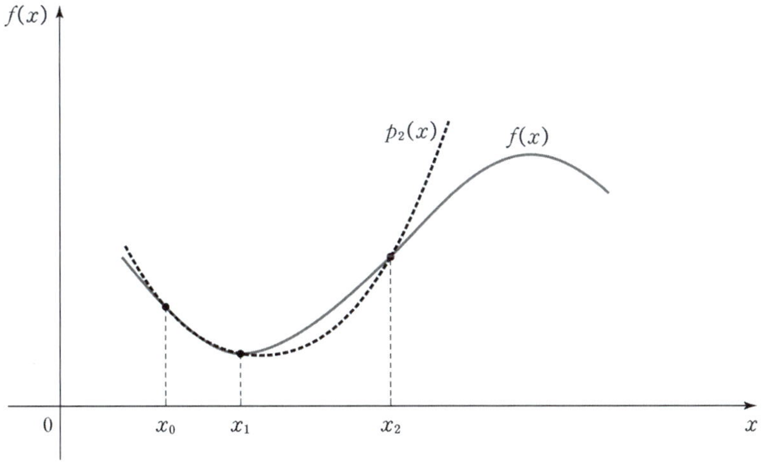

| 그림 5.8 | 라그랑주 포물선 보간법

예제 5.4

함수 $f(x) = 3e^x + x^2 + \cos x$와 $x_0 = -1, x_1 = 0, x_2 = 1$을 이용한 라그랑주 1차 및 2차 보간다항식을 구하라.

풀이 식(5.42)부터 (5.45)까지를 이용하여 라그랑주 1차 및 2차 보간다항식 $p_1(x)$와 $p_2(x)$를 구하면

$$\begin{aligned} p_1(x) &= \frac{x-x_1}{x_0-x_1}f(x_0) + \frac{x-x_0}{x_1-x_0}f(x_1) \\ &= \frac{x}{-1}2.6439 + \frac{x+1}{1}4 = 1.3561x + 4 \end{aligned}$$

과

$$\begin{aligned} p_2(x) &= \frac{x-x_1}{x_0-x_1}\frac{x-x_2}{x_0-x_2}f(x_0) + \frac{x-x_0}{x_1-x_0}\frac{x-x_2}{x_1-x_2}f(x_1) + \frac{x-x_0}{x_2-x_0}\frac{x-x_1}{x_2-x_1}f(x_2) \\ &= \frac{x(x-1)}{2}2.6439 + \frac{(x+1)(x-1)}{-1}4 + \frac{(x+1)x}{2}9.6951 \\ &= 2.1695x^2 + 3.5256x + 4 \end{aligned}$$

가 된다. 이를 매트랩 및 파이썬으로 구하면 [ex5_4] 코드와 같고 실행 결과는 다음과 같다.

% [ex5_4] 매트랩 코드 실행 결과

```
* [예제 5.4] 라그랑주 보간법
 * f(x)= @(x)3*exp(x)+x.^2+cos(x)

X =        -1          0          1

Y =     2.6439     4.0000     9.6951

L_P = (2442689624283343*x^2)/1125899906842624
        + (3969476743334691*x)/1125899906842624 + 4
```

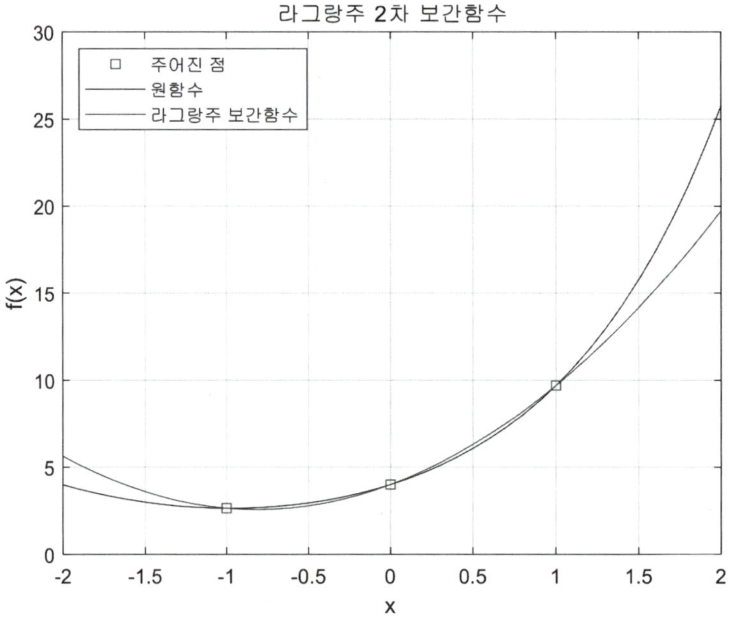

* [예제 5.4] 라그랑주 보간법

```
 라그랑주 다항식 =
        2
2.17 x + 3.526 x + 4
```

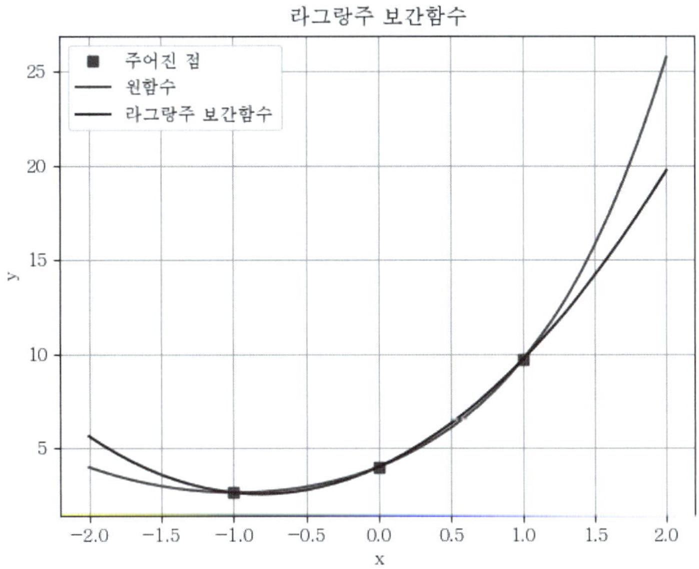

예제 5.5 **다음 식으로 정의된 도함수의 정의**

세 점 $(-1,2)$, $(1,6)$, $(3,34)$가 주어진 경우, 이 세 점을 라그랑주 2차 보간다항식을 구하라.

풀이 [예제 5.4]와 마찬가지로 식(5.42)부터 (5.45)까지를 이용하여 라그랑주 2차 보간다항식 $p_2(x)$를 구하면

$$p_2(x) = y_0L_0(x) + y_1L_1(x) + y_2L_2(x)$$

여기서

$$L_0(x) = \frac{(x-x_1)(x-x_2)}{(x_0-x_1)(x_0-x_2)} = \frac{(x-1)(x-3)}{(-1-1)(-1-3)} = \frac{1}{8}(x-1)(x-3)$$

$$L_1(x) = \frac{(x-x_0)(x-x_2)}{(x_1-x_0)(x_1-x_2)} = \frac{(x+1)(x-3)}{(1+1)(1-3)} = \frac{-1}{4}(x+1)(x-3)$$

$$L_2(x) = \frac{(x-x_0)(x-x_1)}{(x_2-x_0)(x_2-x_1)} = \frac{(x+1)(x-1)}{(3+1)(3-1)} = \frac{1}{8}(x+1)(x-1)$$

이므로

$$\therefore\ p_2(x) = \frac{1}{8}(x-1)(x-3)\cdot 2 + \frac{-1}{4}(x+1)(x-3)\cdot 6 + \frac{1}{8}(x+1)(x-1)\cdot 34$$
$$= 3x^2 + 2x + 1$$

가 된다.

이를 매트랩 및 파이썬으로 구하면 [ex5_5] 코드와 같고 실행 결과는 다음과 같다.

% [ex5_5] 매트랩 코드 실행 결과

* [예제 5.5] 라그랑주 보간법

```
L_P = 3*x^2 + 2*x + 1
```

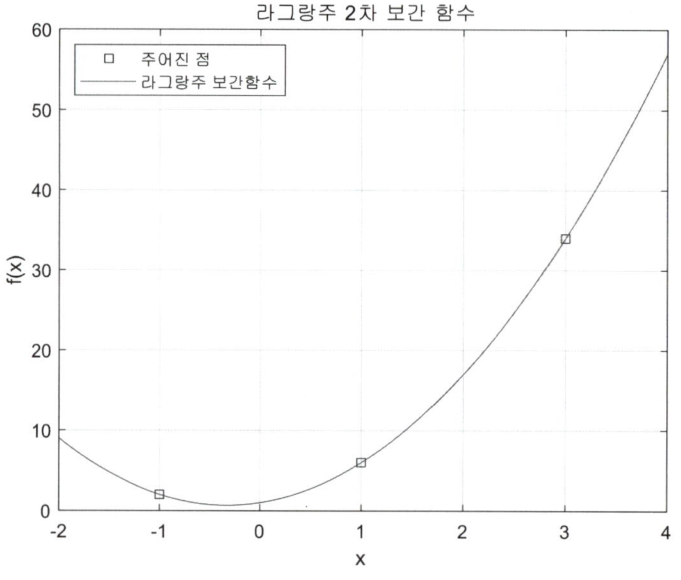

[ex5_5] 파이썬 코드 실행 결과

```
* [예제 5.5] 라그랑주 보간법
 라그랑주 다항식 =
    2
3 x + 2 x + 1
```

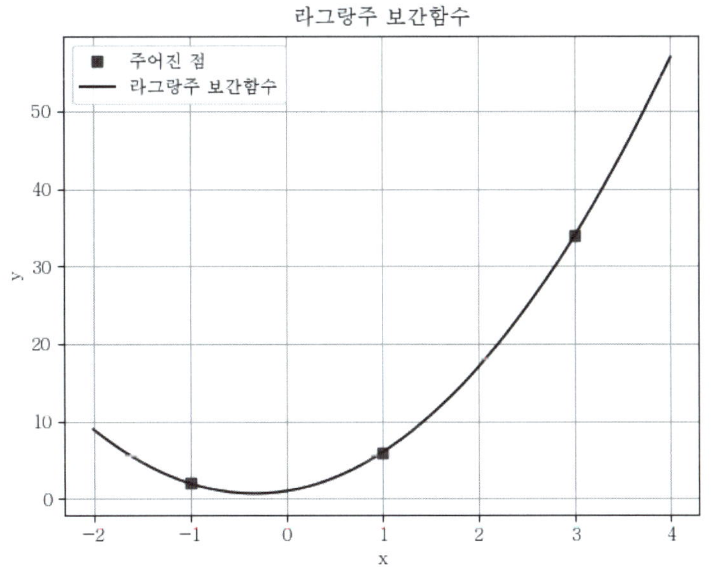

5.2.2 뉴튼 보간법

같은 다항식의 값을 계산할 때도 다항식의 형태에 따라 요구되는 계산 횟수가 다르다. 예를 들어 2차 다항식 $p_2(x) = a_0 + a_1x + a_2x^2$ 의 값을 계산하기 위해서는 곱셈이 a_1x에서 한 번 a_2x^2에서 두 번이 필요하므로 총 3회의 곱셈과 두 번의 덧셈이 필요하다. 2차 다항식 $p_2(x)$를 $p_2^*(x) = a_0 + x(a_1 + a_2x)$와 같이 변형하면 곱셈은 두 번 덧셈도 두 번이 필요하므로 앞에서 구한 방법보다 요구되는 곱셈이 한번 적다는 것을 알 수 있다. 이것을 n차 다항식에 그대로 확장하면

$$p_n(x) = a_0 + a_1x + \cdots + a_nx^n$$

의 계산에

$$1 + 2 + \cdots + n = \frac{n(n+1)}{2}$$

번의 곱셈과 n번의 덧셈이 필요하다. 그러나 이 n차 다항식 $p_n(x)$를

$$p_n^*(x) = a_0 + x(a_1 + x(a_2 + \cdots + x(a_{n-1} + xa_n))$$

와 같이 변형하면 단 n번의 곱셈과 n번의 덧셈이 필요하게 되어 계산량이 많이 줄어든다는 것을 알 수 있다. 이와 같은 관점으로 앞 절에서 살펴본 라그랑주 보간다항식을 계산하기 위해서는 분모를 계산한 뒤에도 $2(n+1)$번의 곱셈과 나눗셈 그리고 $(2n+1)$번의 덧셈과 뺄셈이 필요하다. 이러한 계산량은 이 절에서 다루는 뉴튼 분할차 보간다항식이 n번의 곱셈과 n번의 덧셈만을 요구한다는 것에 비하면 매우 큰 계산량임을 알 수 있다. 그리고 라그랑주 보간법은 데이터가 추가될 때마다 매번 새롭게 계산하지 않으면 안되는 단점을 지니고 있다. 이러한 계산량 및 데이터 추가에 따른 계산 번거로움을 극복하기 위하여 개발된 방법이 뉴튼 보간법이다. 뉴튼 보간법은 주어진 $(n+1)$개의 점에 다른 점 하나가 추가되어 $(n+2)$개가 된 경우, 이미 구해진 n차 다항식 $p_n(x)$을 그대로 사용하고 다른 항 하나만을 추가함으로써 전체 보간다항식을 구할 수 있도록 설계된 알고리즘이다. 아래에서는 뉴튼 보간다항식(Newton's interpolating polynomial)에 대하여 알아보기로 한다.

뉴튼 보간법은 주어진 $(n+1)$개의 점 $(x_i, y_i), i = 0, 1, \cdots, n$을 지나는 n차 뉴튼 보간다항식 $p_n(x)$를 식(5.46)

$$\begin{aligned} p_n(x) = a_0 + a_1(x - x_0) + a_2(x - x_0)(x - x_1) + a_3(x - x_0)(x - x_1)(x - x_2) \\ + \cdots + a_n(x - x_0)(x - x_1)(x - x_2)\cdots(x - x_{n-1}) \end{aligned} \tag{5.46}$$

과 같은 형태를 갖도록 설정하고 계수 $a_i, i = 0, 1, \cdots, n$ 을 구하는 것이다. 이를 위하여 식(5.46)에 주어진 $(n+1)$개의 점 $(x_i, y_i), i = 0, 1, \cdots, n$을 대입하여 정리하면

$$\begin{aligned} p_n(x_0) &= a_0 = y_0 \\ p_n(x_1) &= a_0 + a_1(x_1 - x_0) = y_1 \\ p_n(x_2) &= a_0 + a_1(x_2 - x_0) + a_2(x_2 - x_0)(x_2 - x_1) = y_2 \\ &\vdots \\ p_n(x_n) &= a_0 + a_1(x_n - x_0) + a_2(x_n - x_0)(x_n - x_1) \\ &\quad + \cdots + a_n(x_n - x_0)(x_n - x_1)\cdots(x_n - x_{n-1}) = \end{aligned} \tag{5.47}$$

과 같다. 따라서 계수 $a_i, i = 0, 1, \cdots, n$ 을 구하기 위하여 식(5.47)의 첫 번째 식으로부터 $a_0 = y_0$를 구하고 이 값을 두 번째 식에 대입하여 a_1을 구한다. 이와 같은 과정을 반복하여 마지막 식에서 a_n을 구할 수 있다.

그러나 이와 같은 방법으로 구하는 것은 계산량이 많아 불편하므로 일반적으로는 다음과 같은 차분(difference)법을 사용한다. 차분법은 주어진 데이터의 간격에 따라 크게 두 가지로 나누어진다. 첫 번째는 데이터 간격이 일정하지 않은 경우 주로 사용되는 분할 차분(divided difference)법이고,

두 번째로는 데이터 간격이 등간격일 때 사용되는 전향 차분(forward difference)법과 후향 차분(backward difference)법이 있다.

먼저 분할 차분법은 앞서 설명한 바와 같이 주어진 데이터 $x_0, x_1, \cdots, x_n$이 등간격이 아닌 경우 사용되며 다음 식(5.48)과 같이 정의된다.

$$
\begin{aligned}
f[x_i] &= f(x_i) \\
f[x_i, x_j] &= \frac{f[x_j] - f[x_i]}{x_j - x_i} = \frac{f(x_j) - f(x_i)}{x_j - x_i} \\
f[x_i, x_j, x_k] &= \frac{f[x_j, x_k] - f[x_i, x_j]}{x_k - x_i} = \frac{\dfrac{f(x_k) - f(x_j)}{x_k - x_j} - \dfrac{f(x_j) - f(x_i)}{x_j - x_i}}{x_k - x_i} \\
&\vdots \\
f[x_0, x_1, \cdots, x_n] &= \frac{f[x_1, x_2, \cdots, x_n] - f[x_0, x_1, \cdots, x_{n-1}]}{x_n - x_0}
\end{aligned}
\tag{5.48}
$$

식(5.48)의 마지막 식을 n차분할 차분(n-th order divided difference)이라 한다.

식(5.48)로 나타내지는 분할 차분을 이용하여 식(5.47)에서 구한 n치 뉴튼 보간다항식 $p_n(x)$의 계수 $a_i, i = 0, 1, \cdots, n$을 나타내면 식(5.49)와 같다.

$$
\begin{aligned}
a_0 &= f(x_0) = f[x_0] \\
a_1 &= \frac{f(x_1) - f(x_0)}{x_1 - x_0} = \frac{f[x_1] - f[x_0]}{x_1 - x_0} = f[x_0, x_1] \\
a_2 &= \frac{\dfrac{f(x_2) - f(x_1)}{x_2 - x_1} - \dfrac{f(x_1) - f(x_0)}{x_1 - x_0}}{x_2 - x_0} = \frac{f[x_1, x_2] - f[x_0, x_1]}{x_2 - x_0} = f[x_0, x_1, x_2] \\
&\vdots \\
a_n &= \frac{f[x_1, x_2, \cdots, x_n] - f[x_0, x_1, \cdots, x_{n-1}]}{x_n - x_0} = f[x_0, x_1, \cdots, x_n]
\end{aligned}
\tag{5.49}
$$

식(5.49)를 식(5.46)에 대입하면 식(5.50)이 된다.

$$
\begin{aligned}
p_n(x) &= f[x_0] + f[x_0, x_1](x - x_0) + f[x_0, x_1, x_2](x - x_0)(x - x_1) \\
&\quad + \cdots + f[x_0, x_1, \cdots, x_n](x - x_0)(x - x_1)(x - x_2) \cdots (x - x_{n-1}) \\
&= \sum_{i=0}^{n} f[x_0, x_1, \cdots, x_i] \prod_{j=0}^{i-1} (x - x_j)
\end{aligned}
\tag{5.50}
$$

따라서 뉴튼 보간법을 사용하여 n차 뉴튼 보간다항식 $p_n(x)$를 구하는 경우 표 5.2와 같은 분할 차분표를 작성한 후 가장 윗줄에 나타나는 계수를 n차 뉴튼 보간다항식 $p_n(x)$의 계수로 사용한다.

| 표 5.2 | 분할 차분표

a_0 a_1 a_2 a_3

i	x_i	$f[x_i]$	$f[x_i,x_{i+1}]$	$f[x_i,x_{i+1},x_{i+2}]$	$f[x_i,x_{i+1},x_{i+2},x_{i+3}]$	...
0	x_0	$f[x_0]$	$f[x_0,x_1]$	$f[x_0,x_1,x_2]$	$f[x_0,x_1,x_2,x_3]$	
1	x_1	$f[x_1]$	$f[x_1,x_2]$	$f[x_1,x_2,x_3]$	$f[x_1,x_2,x_3,x_4]$	
2	x_2	$f[x_2]$	$f[x_2,x_3]$	$f[x_2,x_3,x_4]$		
3	x_3	$f[x_3]$	$f[x_3,x_4]$			
4	x_4	$f[x_4]$				
...	...	...	...	...	...	...

이와 같은 n차 뉴튼 보간다항식 $p_n(x)$에 대하여 $n=1$인 경우, 즉 주어진 2개의 점 $(x_0, f(x_0))$, $(x_1, f(x_1))$을 직선으로 연결하는 뉴튼 선형보간식 $p_1(x)$를 구하면 다음과 같다.

$$\frac{p_1(x) - f(x_0)}{x - x_0} = \frac{f(x_1) - f(x_0)}{x_1 - x_0} \tag{5.51}$$

식(5.51)을 정리하면

$$p_1(x) = f(x_0) + \frac{f(x_1) - f(x_0)}{x_1 - x_0}(x - x_0) \tag{5.52}$$

이므로

$$p_1(x) = f[x_0] + f[x_0, x_1](x - x_0) \tag{5.53}$$

가 된다.

다음으로는 세 개의 점 $(x_0, f(x_0))$, $(x_1, f(x_1))$, $(x_2, f(x_2))$이 주어진 경우, 이를 이용한 뉴튼 2차 혹은 포물선 보간(quadratic interpolation)에 대하여 살펴보기로 한다. 먼저 뉴튼 2차 보간다항식 $p_2(x)$를 식(5.54)로 놓는다.

$$p_2(x) = a_0 + a_1(x - x_0) + a_2(x - x_0)(x - x_1) \tag{5.54}$$

여기서 a_0, a_1, a_2는 상수이다. 주어진 세 점을 식(5.54)에 차례대로 대입하여 정리하면

$$
\begin{aligned}
p_2(x_0) &= a_0 = f(x_0) \\
p_2(x_1) &= a_0 + a_1(x_1 - x_0) = f(x_1) \\
p_2(x_2) &= a_0 + a_1(x_2 - x_0) + a_2(x_2 - x_0)(x_2 - x_1) = f(x_2)
\end{aligned} \tag{5.55}
$$

이므로 식(5.55)로부터 뉴튼 2차 보간다항식 $p_2(x)$의 계수 a_0, a_1, a_2를 구하면 다음과 같다.

$$
\begin{aligned}
a_0 &= f(x_0) \\
a_1 &= \frac{f(x_1) - f(x_0)}{x_1 - x_0} \\
a_2 &= \frac{\dfrac{f(x_2) - f(x_1)}{x_2 - x_1} - \dfrac{f(x_1) - f(x_0)}{x_1 - x_0}}{x_2 - x_0} = \frac{f[x_1, x_2] - f[x_0, x_1]}{x_2 - x_0} = f[x_0, x_1, x_2]
\end{aligned} \tag{5.56}
$$

따라서

$$
p_2(x) = f[x_0] + f[x_0, x_1](x - x_0) + f[x_0, x_1, x_2](x - x_0)(x - x_1) \tag{5.57}
$$

가 된다.

예제 5.6 **다음 식으로 정의된 도함수의 정의**

함수 $f(x) = 3e^x + x^2 + \cos x$와 $x_0 = -1, x_1 = 0, x_2 = 1$을 이용한 뉴튼 1차 및 2차 보간다항식을 구하라.

풀이 $f(x_0) = f(-1) = 2.6439$, $f(x_1) = f(0) = 4$, $f(x_2) = f(1) = 9.6951$ 식(5.53)과 (5.57)을 이용하여 뉴튼 1차 및 2차 보간다항식 $p_1(x)$와 $p_2(x)$를 구하면

$$
\begin{array}{lll}
f(x_0) & & \\
 & > f[x_0, x_1] & \\
f(x_1) & & > f[x_0, x_1, x_2] \\
 & > f[x_1, x_2] & \\
f(x_2) & &
\end{array}
$$

을 이용하여 계수를 계산하면

$$
a_0 = f[x_0] = f[-1] = f(-1) = 2.6439
$$

$$
\begin{aligned}
a_1 &= f[x_0, x_1] = \frac{f(x_1) - f(x_0)}{x_1 - x_0} = 1.3561 \\
a_2 &= f[x_0, x_1, x_2] = 2.1695
\end{aligned}
$$

가 된다. 이를 이용하여 먼저 뉴튼 1차 보간다항식 $p_1(x)$를 구하고 이를 이용하여 뉴튼 2차 보간다항식$p_2(x)$를 구하면

$$p_1(x) = 2.6439 + 1.3561(x-(-1)) = 1.3561x + 4$$
$$p_2(x) = 1.3561x + 4 + 2.1695x(x-(-1))$$
$$= 2.1695x^2 + 3.5256x + 4$$

과 같아 [예제 5.4]에서 구한 결과와 일치함을 알 수 있다.

이를 매트랩 및 파이썬으로 구하면 [ex5_6] 코드와 같고 실행 결과는 다음과 같다.

% [ex5_6] 매트랩 코드 실행 결과

```
* [예제 5_6] 뉴튼 보간법
 * f(x)= @(x)3*exp(x)+x.^2+cos(x)

X0 =     -1      0      1

* n차 뉴튼 보간 다항식 계수 행렬
```

차수(n)	2차항 계수	1차항 계수	상수항
0	0	0	2.6439
1.0000	0	1.3561	4.0000
2.0000	2.1695	3.5256	4.0000

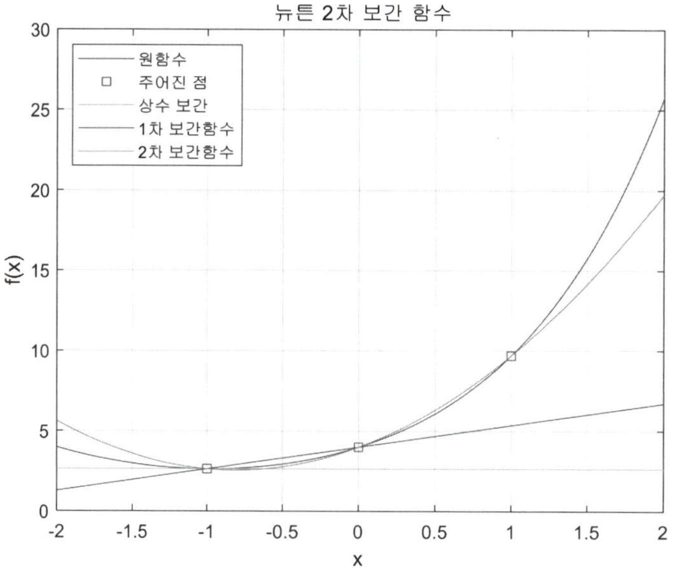

 # [ex5_6] 파이썬 코드 실행 결과

```
* [예제 5.6] 뉴튼 보간법

*  2 차 뉴튼 보간 다항식 차분 행렬 D =
[[2.64394063 1.35605937  2.16954421]
 [4.          5.69514779  0.         ]
 [9.69514779 0.           0.         ]]

 * p 1  = 1.35605937061753*x + 4.0

 * p 2  = 2.16954421031387*x*(x + 1) + 1.35605937061753*x + 4.0
```

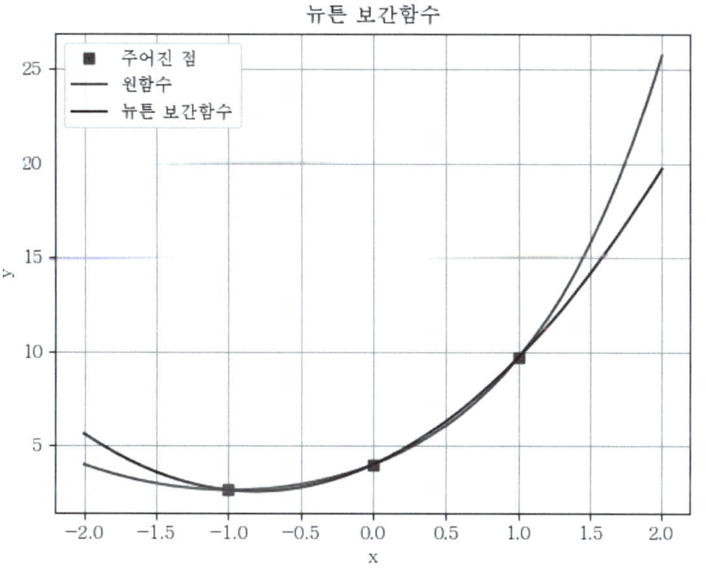

예제 5.7 **다음 식으로 정의된 도함수의 정의**

다음과 같이 주어진 데이터에 대하여 분할 차분표를 이용하여 뉴튼 보간다항식을 구하고 $x=1$ 일 때의 값을 추정하라. 참고로 아래 데이터는 함수 $f(x)=x^3-12x+1$로부터 얻어진 것이다.

x	−1	0	2	4	5
$f(x)$	12	1	−15	17	66

풀이 먼저 분할 차분표를 작성하면

x	$f(x)$	첫번째	두번째	세번째	네번째
−1	12				
		−11			
0	1		1		
		−8		1	
2	−15		6		0
		16		1	
4	17		11		
		49			
5	66				

가 된다. 이 분할 차분표의 4차 항의 계수가 0 이 되므로 결국 주어진 5개의 점으로 이루어진 뉴튼 보간함수 $p_4(x)$는 아래와 같은 3차 함수가 되어 데이터를 형성하는 원함수와 같게 된다.

$$
\begin{aligned}
p_4(x) = & f(x_0) + f[x_0, x_1](x - x_0) + f[x_0, x_1, x_2](x - x_0)(x - x_1) \\
& + f[x_0, x_1, x_2, x_3](x - x_0)(x - x_1)(x - x_2) \\
& + f[x_0, x_1, x_2, x_3, x_4](x - x_0)(x - x_1)(x - x_2)(x - x_3) \\
= & 12 + (-11)(x+1) + (1)(x+1)(x-0) + (1)(x+1)(x)(x-2) \\
& + (0)(x+1)(x)(x-2)(x-4) \\
= & x^3 - 12x + 1 = f(x)
\end{aligned}
$$

따라서 $x = 1$일 때의 값을 추정하면 $p_4(1) = -10$이 된다.

이를 매트랩 및 파이썬으로 구하면 [ex5_7] 코드와 같고 실행 결과는 다음과 같다.

% [ex5_7] 매트랩 코드 실행 결과

```
* [예제 5.7] 뉴튼 보간법
 * f(x)= @(x)x.^3-12*x+1

X0 =    -1     0     2     4     5
Y0 =    12     1   -15    17    66

 차수(n)   4차항   3차항   2차항   1차항   상수항
    0        0       0       0       0      12
    1        0       0       0     -11       1
    2        0       0       1     -10       1
    3        0       1       0     -12       1
    4        0       1       0     -12       1
```

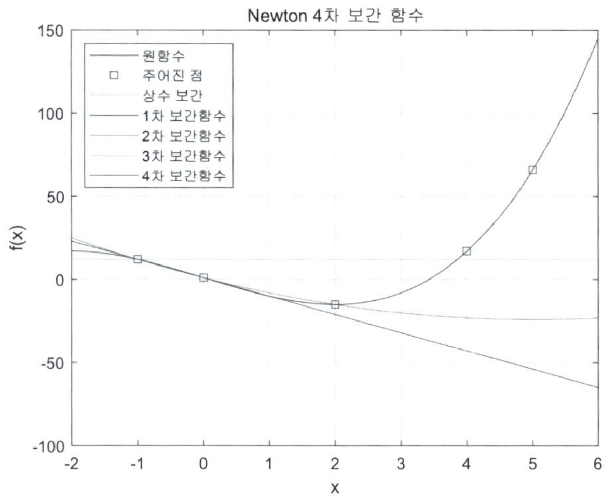

[ex5_7] 파이썬 코드 실행 결과

* [예제 5.7] 뉴튼 보간법

```
 * 4 차 뉴튼 보간 다항식 차분 행렬 D =
[[ 12. -11.  1.  1.  0.]
 [  1.  -8.  6.  1.  0.]
 [-15.  16. 11.  0.  0.]
 [ 17.  49.  0.  0.  0.]
 [ 66.   0.  0.  0.  0.]]

 * p 1  = 1.0 - 11.0*x
 * p 2  = 1.0*x*(x + 1) - 11.0*x + 1.0
 * p 3  = 1.0*x*(x - 2)*(x + 1) + 1.0*x*(x + 1) - 11.0*x + 1.0
 * p 4  = 1.0*x*(x - 2)*(x + 1) + 1.0*x*(x + 1) - 11.0*x + 1.0
```

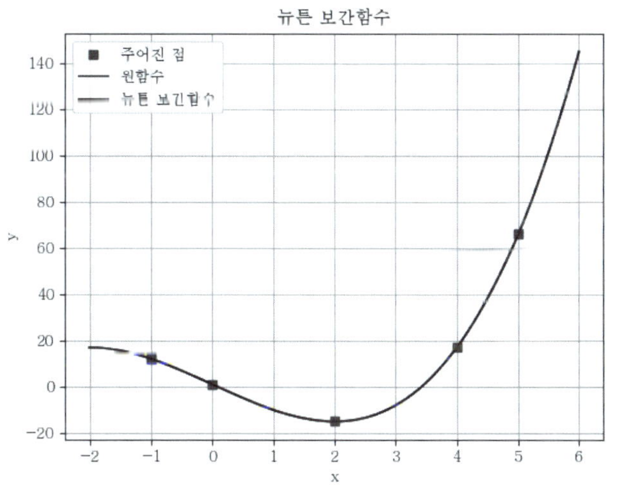

앞에서 살펴본 분할 차분 방식 보간법은 데이터가 등간격이 아닐 때 주로 사용된다. 여기서는 데이터 간격이 등간격일 때 사용되는 전향 차분법(forward difference)과 후향 차분법(backward difference)에 대하여 알아보기로 한다. 그런데 후향 차분법은 전향 차분법과 비슷한 원리로 동작하므로 여기서는 편의상 전향 차분법에 대하여만 알아보기로 한다.

먼저 주어진 $(n+1)$개의 점$(x_i, y_i), i=0,1,\cdots,n$이 함수 $y=f(x)$에 의하여 만들어진 점이라고 가정한다. 주어진 $(n+1)$개의 점 $x_0, x_1, \cdots, x_n$이 이웃하는 점과 점 사이의 간격으로 등간격 h를 갖는다고 하면 이웃하는 점과 점 사이 관계를 다음과 같이 나타낼 수 있다.

$$h = x_{i+1} - x_i, i=0,1, \cdots ,n-1 \tag{5.58}$$

여기서 h는 상수이다.

주어진 $(n+1)$개의 점 $(x_i, y_i), i=0,1,\cdots,n$을 지나는 n차 뉴튼 보간다항식 $p_n(x)$를 식(5.46)과 같은 형태로 나타내기 위하여 구한 식(5.49)의 계수들을 위에서 설정한 등간격 h를 이용하여 나타내면 식(5.59)와 같다.

$$\begin{aligned}
&p_n(x_0) = a_0 = y_0 \\
&p_n(x_1) = a_0 + a_1(x_1 - x_0) = a_0 + a_1 h = y_1 \\
&p_n(x_2) = a_0 + a_1(x_2 - x_0) + a_2(x_2 - x_0)(x_2 - x_1) = a_0 + a_1(2h) + a_2(2h)(h) = y_2 \\
&\qquad\vdots \\
&p_n(x_n) = a_0 + a_1(nh) + a_2(nh)((n-1)h) + \cdots + a_n(nh)((n-1)h)\cdots(h) = y_n
\end{aligned} \tag{5.59}$$

가 된다. 식(5.59)로부터 n차 뉴튼 보간다항식 $p_n(x)$의 계수 $a_i, i=0,1,\cdots,n$ 을 구하면 식(5.60)과 같다.

$$\begin{aligned}
a_0 &= f(x_0) = \frac{\Delta^0 f(x_0)}{h} \\
a_1 &= \frac{f(x_1)-f(x_0)}{h} = \frac{\Delta f(x_0)}{h} \\
a_2 &= \frac{\dfrac{f(x_2)-f(x_1)}{x_2-x_1} - \dfrac{f(x_1)-f(x_0)}{x_1-x_0}}{x_2-x_0} = \frac{\dfrac{f(x_2)-f(x_1)}{h} - \dfrac{f(x_1)-f(x_0)}{h}}{2h} \\
&= \frac{\dfrac{\Delta f(x_1)}{h} - \dfrac{\Delta f(x_0)}{h}}{2h} = \frac{\Delta f(x_1) - \Delta f(x_0)}{2h^2} = \frac{\Delta^2 f(x_0)}{2h^2} \\
&\qquad\vdots \\
a_n &= \frac{f[x_1, x_2, \cdots, x_n] - f[x_0, x_1, \cdots, x_{n-1}]}{x_n - x_0} = \frac{\Delta^n f(x_0)}{n!\,h^n}
\end{aligned} \tag{5.60}$$

여기서 $\Delta^0 f(x_0)$, $\Delta f(x_0)$, $\Delta^2 f(x_0)$, $\cdots$, $\Delta^n f(x_0)$는 각각 0차, 1차, 2차 및 n차 전향 차분 기호를 나타내며 다음과 같이 정의된다.

$$\begin{aligned}\Delta^0 f(x_0) &= f(x_0)\\ \Delta f(x_0) &= f(x_1) - f(x_0)\\ \Delta^2 f(x_0) &= \Delta(\Delta f(x_0)) = \Delta f(x_1) - \Delta f(x_0)\\ &\vdots\\ \Delta^n f(x_0) &= \Delta^{n-1} f(x_1) - \Delta^{n-1} f(x_0)\end{aligned} \tag{5.61}$$

따라서 식(5.60)을 이용하여 식(5.46)을 나타내면 식(5.62)와 같다.

$$\begin{aligned}p_n(x) &= f(x_0) + \frac{\Delta f(x_0)}{h}(x - x_0) + \frac{\Delta^2 f(x_0)}{2!\,h^2}(x - x_0)(x - x_1)\\ &\quad + \cdots + \frac{\Delta^n f(x_0)}{n!\,h^n}(x - x_0)(x - x_1)(x - x_2)\cdots(x - x_{n-1})\\ &= \sum_{i=0}^{n} \frac{\Delta^i f(x_0)}{i!\,h^i} \prod_{j=0}^{i-1}(x - x_j)\end{aligned} \tag{5.62}$$

그러므로 전향 차분 방식으로 뉴튼 보간다항식을 구하고자 할 때 표 5.3과 같은 전향 차분표를 작성한 후 제일 위의 계수(노란색 표시 계수)를 전향 차분 다항식의 계수로 설정하면 된다.

| 표 5.3 | 전향 차분표

x	초기 상태	첫번째	두번째	세번째	$\cdots$
x_0	$f(x_0)$				
		$\Delta f(x_0)$			
x_1	$f(x_1)$		$\Delta^2 f(x_0)$		
		$\Delta f(x_1)$		$\Delta^3 f(x_0)$	
x_2	$f(x_2)$		$\Delta^2 f(x_1)$		$\cdots$
		$\Delta f(x_2)$		$\Delta^3 f(x_1)$	
x_3	$f(x_3)$		$\Delta^2 f(x_2)$	$\vdots$	
		$\Delta f(x_3)$			
x_4	$f(x_4)$		$\vdots$		
		$\vdots$			
$\vdots$	$\vdots$				

예제 5.8 **다음 식으로 정의된 도함수의 정의**

함수 $f(x) = 3e^x + x^2 + \cos x$의 $x_0 = -1, x_1 = 0, x_2 = 1$에서의 값과 전향 차분 방식을 이용한 뉴튼 2차 보간다항식을 구하라.

풀이 $f(x_0)=f(-1)=2.6439$, $f(x_1)=f(0)=4$, $f(x_2)=f(1)=9.6951$을 바탕으로 표 5.3의 전향 차분표를 구성하면

x	초기 상태	첫번째	두번째
−1	2.6439		
		1.3561	
0	4		4.3391
		5.6951	
1	9.6951		

와 같다. 따라서 식(5.62)를 이용하여 전향 차분 방식 뉴튼 2차 보간다항식 $p_2(x)$를 구하면

$$\begin{aligned} p_2(x) &= f(x_0) + \frac{\Delta f(x_0)}{h}(x-x_0) + \frac{\Delta^2 f(x_0)}{2!\,h^2}(x-x_0)(x-x_1) \\ &= 2.6439 + \frac{1.3561}{1}(x+1) + \frac{4.3391}{2!\,1^2}(x+1)(x) \\ &= 2.1695x^2 + 3.5256x + 4 \end{aligned}$$

과 같아 [예제 5.6]에서 구한 분할 차분 방식 뉴튼 보간다항식의 결과와 일치함을 알 수 있다.

이를 매트랩 및 파이썬으로 구하면 [ex5_8] 코드와 같고 실행 결과는 다음과 같다.

% [ex5_8] 매트랩 코드 실행 결과

```
* [예제 5.8] 전향 차분 방식 뉴튼 보간법
 * f(x)= @(x)3*exp(x)+x.^2+cos(x)
X0 =     -1      0      1
* 2차 뉴튼 보간 다항식 계수 행렬
   차수(n)       2차항       1차항       상수항
        0            0           0       2.6439
   1.0000            0      1.3561       4.0000
   2.0000       2.1695      3.5256       4.0000
```

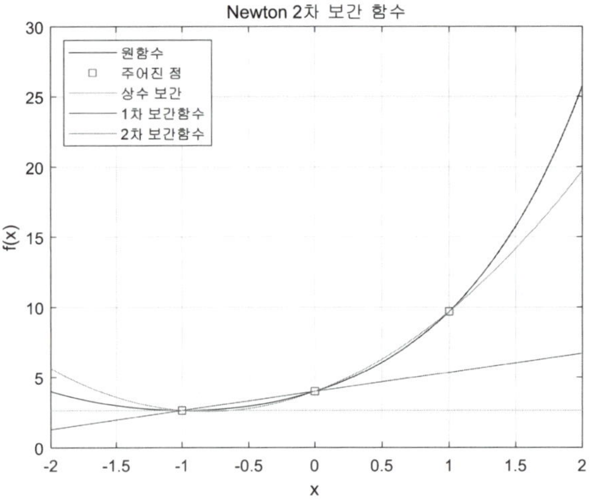

[ex5_8] 파이썬 코드 실행 결과

```
* [예제 5.8] 뉴튼 보간법

 * 2 차 뉴튼 보간 다항식 차분 행렬 D =
 [[2.64394063 1.35605937 4.33908842]
 [ 4.         5.69514779 0.        ]
 [ 9.69514779 0.         0.        ]]

 * p 1  = 1.35605937061753*x + 4.0

 * p 2  = 4.33908842062774*x*(0.5*x + 0.5) + 1.35605937061753*x + 4.0
```

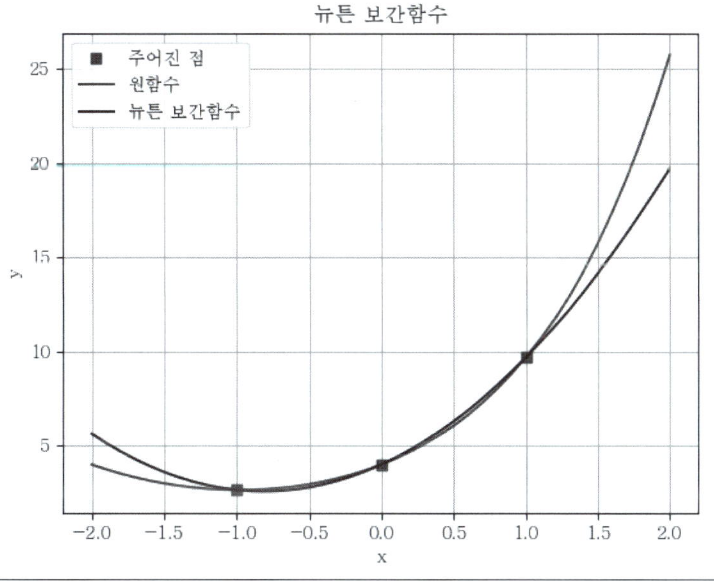

5.2.3 스플라인 보간법

일반적으로 $(n+1)$개의 데이터가 주어진 경우, 이 점들을 보간하기 위하여 그림 5.9(a), 5.9(b) 및 5.9(c)에 보인 바와 같이 모든 점 사이를 하나의 구간으로 간주하고 이 구간을 n차 다항식을 사용하여 보간한다. 즉 그림 5.9(a)에 나타낸 보간 곡선은 주어진 네 개의 점 사이를 하나의 구간으로 보고 이들 네 개의 점을 지나는 3차 곡선을 앞에서 다룬 라그랑주 보간법이나 뉴튼 보간법을 이용하여 구하여 접합시킨 것이다. 마찬가지로 그림 5.9(b)의 보간 곡선은 다섯 개의 점 사이를 하나의 구간으로 보고 이들 다섯 개의 점을 지나는 4차 곡선을 보간법을 이용하여 구해 접합시킨 것이며 그림 5.9(c)의 보간 곡선 또한 여섯 개의 점 사이를 하나의 구간으로 보고 이들 여섯 개의 점을 지나는 5차 곡선을 구해 접합시킨 것이다. 그러나 이러한 보간법은 그림 5.9(a), 5.9(b) 및 5.9(c)에 나타낸 바와 같이 데이터의 수가 증가하면 할수록 보간함수의 차수가 3차, 5차 및 7차로 커지게 되므로 풀기도 어려울 뿐만 아니라 반올림 오차와 보간함수의 차수 증가에 따른 진동 현상으로 인하여 보간값의 오차도 매우 큰 경우가 있어 그 사용이 제한되고 있다.

이러한 문제를 해결하는 하나의 방법으로 앞선 방식과는 다른 방식 즉, 주어진 인접하는 두 점 사이의 소구간을 저차 보간다항식으로 보간하여 차례로 이어나가며 보다 자연스럽게 이어지는 곡선을 얻는 방법이 있다. 예를 들면 그림 5.9(d)에 나타낸 바와 같이 8개의 점이 주어진 경우 전체 구간을 이웃하는 두 점으로 구성되는 7개의 소구간으로 나누고 각각의 소구간을 낮은 차수의 보간다항식으로 보간하여 전체를 7개의 보간함수로 보간하는 방식이다.

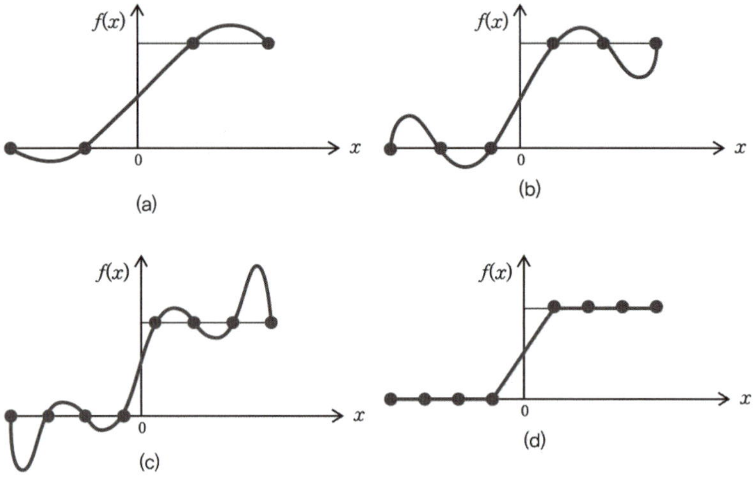

| 그림 5.9 | 고차 보간다항식에 의한 보간과 스플라인 함수 보간

이 방법은 그림 5.10과 같이 제도를 할 때 사용하는 뱀자(flexible strip)를 이용하여 곡선을 그리는 방법과 유사한 방법으로 주어진 전체 구간을 몇 개의 소구간으로 나누고 각 소구간의 양 끝점을 지나는 저차 다항식으로 보간하여 이어나가는 방식이다. 이러한 방식을 구간별 다항식 보간법(piecewise polynomial interpolation)이라 하며 대표적인 것으로 스플라인 보간법(spline interpolation)이 있다. 예를 들면 $(n+1)$개의 점 $(x_i, y_i), i=0,1,\cdots,n$ 이 주어진 경우, 전체 구간을 이웃하는 두 개의 점으로 이루어진 n개의 소구간 즉 구간 0부터 구간 $(n-1)$로 나누고 각각의 소구간 $[x_i, x_{i+1}], i=0,1,\cdots,n-1$을 그림 5.10과 같이 구간 양 끝점 $(x_i, f(x_i))$와 $(x_{i+1}, f(x_{i+1}))$을 지나는 1차, 2차 혹은 3차 다항식과 같은 낮은 차수의 다항식으로 보간하여 이어나가는 방식이다.

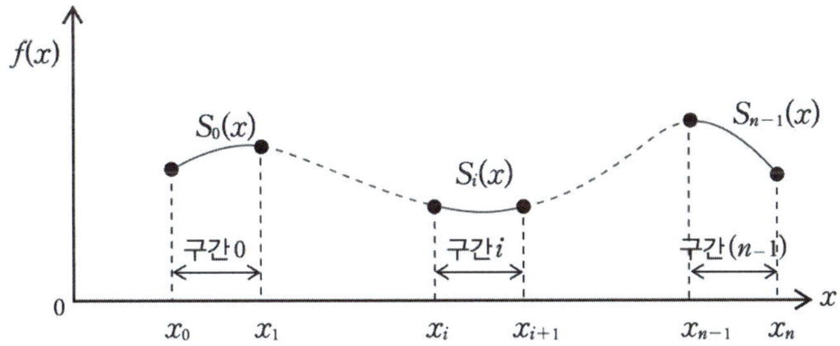

| 그림 5.10 | 스플라인 보간법

스플라인 보간법에서 구간별로 사용되는 보간함수를 스플라인 함수(spline function)라 부르며 이러한 스플라인 함수로는 그림 5.11과 같이 1차, 2차 및 3차 함수 등등을 고려할 수 있으나 실제로는 3차 곡선을 사용하는 3차 스플라인 보간법(cubic spline interpolation)이 다른 차수의 스플라인 함수보다 유용하기에 가장 널리 사용되고 있다.

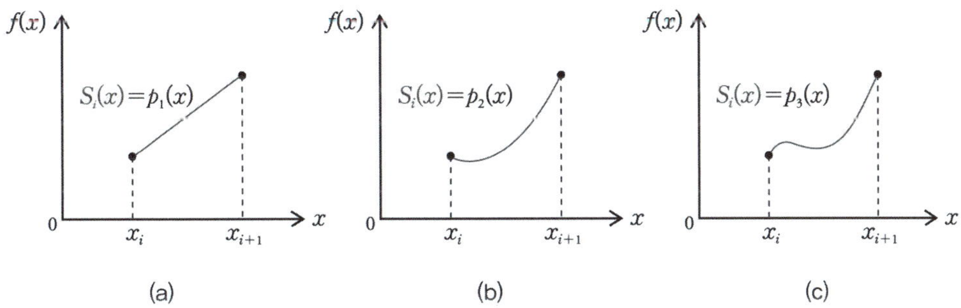

| 그림 5.11 | 스플라인 보간다항식. (a) 1차 (b) 2차 (c) 3차

이러한 스플라인 보간법은 데이터 수가 증가 되도 앞에서 설명한 다른 보간법과 달리 보간다항식의 차수가 증가하는 것이 아니라 나누어진 소구간에 대하여 미리 설정한 보간다항식의 차수를 그대로 유지한다는 것이 다른 보간법과 다르다는 점을 유의해야 한다.

스플라인 보간법에 대하여 알아보기 전에 먼저 스플라인 함수에 대하여 정의하기로 한다. 설명의 편의를 위해 주어진 $(n+1)$개의 점(x_i, y_i), $i=0,1,\cdots,n$이 함수 $y=f(x)$에 의하여 만들어진 점이며

$$a = x_0 < x_1 < \cdot\cdot\cdot < x_n = b$$

를 만족한다고 가정한다. 그리고 i번째 소구간 $[x_i, x_{i+1}]$, $i=0,1,\cdots,n-1$에서의 스플라인 함수를 그림 5.11에서와 같이 $S_i(x)$로 나타내기로 한다.

정의 5.1 스플라인 함수

다음 조건을 만족하는 함수 S는 m차 스플라인 함수이다.

① S는 구간 $[a,b]$에서 정의된다.

② $0 \le r \le m-1$인 r에 대하여 r차 도함수 $S^{(r)}$는 구간 $[a,b]$에서 연속이다.

③ S는 소구간 $[x_i, x_{i+1}]$, $i=0,1,\cdots,n-1$에서 m차 이하의 다항식이다.

앞에서도 설명한 바와 같이 다항식 보간법과는 달리 스플라인 보간법에서는 데이터의 개수가 변하더라도 스플라인 함수의 차수는 미리 정해진 차수를 유지하지만 소구간의 수가 데이터 개수에 따라 변하게 되므로 스플라인 함수의 개수가 변하게 된다. 아래에서는 이러한 스플라인 보간법에 대하여 스플라인 함수의 차수가 1차, 2차 및 3차인 경우에 대하여 상세히 살펴보기로 한다.

5.2.3.1 1차 스플라인

여기서는 그림 5.12와 같이 주어진 $(n+1)$개의 점 (x_i, y_i), $i=0,1,\cdots,n$에 대하여 점과 점 사이를 1차 직선으로 보간하는 1차 스플라인 보간에 대하여 살펴보기로 한다. 즉 $a=x_0<x_1<\cdots<x_n=b$을 만족하는 주어진 $(n+1)$개의 점 (x_i, y_i), $i=0,1,\cdots,n$ 에 대하여 n개의 1차 스플라인 함수로 보간하는 식(5.63)과 같은 1차 스플라인 보간함수 $S(x)$를 구하기로 한다.

$$S(x)=S_i(x) \ on \ [x_i, x_{i+1}] \ \text{for} \ i=0,1,\cdots,n-1 \tag{5.63}$$

여기서 $S_i(x)=a_i+b_i(x-x_i)$, $i=0,1,\cdots,n-1$이고 a_i와 b_i는 상수이다.

이러한 1차 스플라인 보간함수를 그림 5.12를 이용하여 설명하면 전체 4개의 점 x_0, x_1, x_2 그리고 x_3가 주어졌으므로 $n=3$이고 소구간은 세 개 즉 $[x_0, x_1]$, $[x_1, x_2]$, $[x_2, x_3]$로 구성되고 각각의 소구간에 대한 1차 스플라인 보간함수 $S_0(x)$, $S_1(x)$ 및 $S_2(x)$를 구해 이들을 식(5.63)으로 결합하여 1차 스플라인 보간함수 $S(x)$를 구하기로 한다.

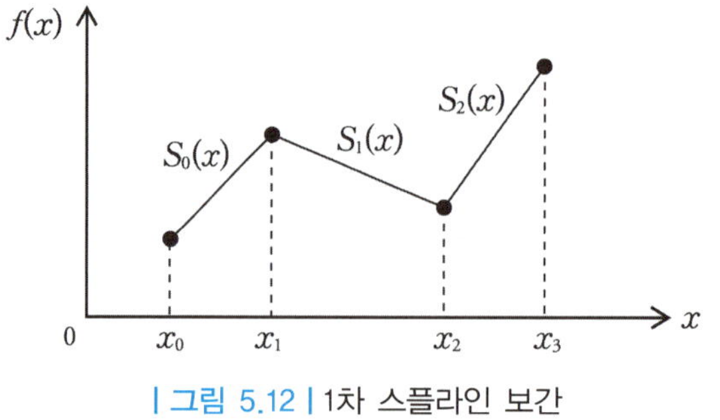

| 그림 5.12 | 1차 스플라인 보간

이를 위하여 전체 구간을 이웃하는 두 개의 점으로 이루어진 n개의 소구간 즉 구간 0부터 구간 $(n-1)$까지로 나누고 각각의 소구간 $[x_i, x_{i+1}], i=0,1,\cdots,n-1$을 그림 5.11(a)와 같이 소구간 양 끝 두 점 $(x_i, f(x_i))$와 $(x_{i+1}, f(x_{i+1}))$을 지나는 식(5.64)와 같은 1차 직선 $S_i(x), i=0,1,\cdots,n-1$로 보간하여 총 n개의 1차 직선을 이어 식(5.63)의 스플라인 함수를 구성하기로 한다.

$$S_i(x) = a_i + b_i(x - x_i),\ i = 0,1,\cdots,n-1 \tag{5.64}$$

식(5.64)의 1차 스플라인 함수는 미지수로 a_i와 b_i 두 개를 가지므로 n개의 소구간 전체에 대하여는 $2n$개의 미지수가 결정되어야만 한다. 이들을 구하기 위하여 다음과 같은 조건을 설정한다.

① 1차 스플라인 함수값은 양 끝 두 점을 제외한 내부 절점 즉 $x_1, x_2, \cdots, x_{n-1}$에서는 서로 같아야 한다.

$$S_i(x_{i+1}) = f(x_{i+1}) = S_{i+1}(x_{i+1}),\ i = 0,1,\cdots,n-2$$

② 첫 번째와 마지막 1차 스플라인 함수는 각각 시작점 x_0과 끝점 x_n을 지나야 한다.

$$S_0(x_0) = f(x_0),\ S_{n-1}(x_n) = f(x_n)$$

내부 절점에 적용되는 위의 조건 ①을 이용하여 $2(n-1)$ 개의 조건식을 세울 수 있고 조건 ②를 이용하여 2개 조건식을 세울 수 있어 총 $2n$개의 조건식을 세울 수 있으므로 $2n$개의 미지수를 결정할 수 있다.

위의 조건 ①과 ②를 이용하여 세운 $2n$개의 조건식을 풀어 $2n$개의 미지수 a_i와 b_i를 구하여 $S_i(x)$에 대하여 정리하면

$$S_i(x) = f(x_i) + \frac{f(x_{i+1}) - f(x_i)}{x_{i+1} - x_i}(x - x_i),\ i = 0,1,\cdots,n-1 \tag{5.65}$$

가 된다. 그리고 구간 $[a, b]$ 밖의 구간에 대한 보간함수 $S(x)$는 식(5.66)과 같이 정의하여 양 끝 구간에서의 1차 스플라인 보간함수가 그대로 적용된다고 가정한다.

$$S(x) = \begin{cases} S_1(x) & \text{if } x < a \\ S_{n-1}(x) & \text{if } x > b \end{cases} \tag{5.66}$$

이러한 1차 스플라인의 단점은 그림 5.13에서 보는 바와 같이 1차 스플라인이 완만한 곡선이 아니라 두 개의 스플라인이 만나는 절점에서 기울기가 급격히 변한다는 것이다. 즉 절점에서 1차 스플라인 함수의 1차 도함수가 불연속이라는 것이다. 이러한 단점은 절점에서 도함수의 값을 일치시킬 수 있는 고차 스플라인 함수를 사용함으로써 해결할 수 있다.

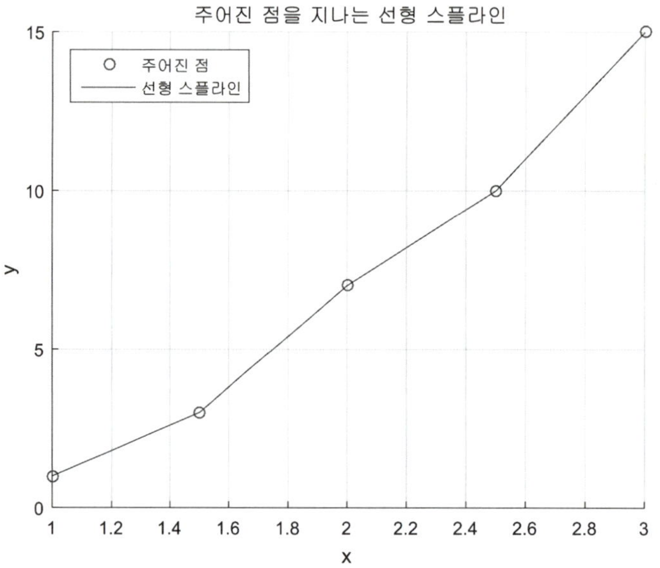

| 그림 5.13 | 주어진 점과 선형 스플라인 보간

예제 5.9

다음과 같이 주어진 데이터를 보간하는 식(5.63) 및 (5.65)와 같은 1차 스플라인 함수 $S(x)$를 구하고 $x=1$일 때의 값을 추정하라. 참고로 아래 데이터는 함수 $f(x) = x^3 - 12x + 1$로부터 얻어진 것이다.

x	−1	0	2	4	5
$f(x)$	12	1	−15	17	66

풀이 식(5.65)로부터

$$S_0(x) = 12 + \frac{1-12}{0-(-1)}(x-(-1)) = 12 - 11(x+1) = -11x+1$$

$$S_1(x) = 1 + \frac{-15-1}{2-0}(x-0) = 1-8x = -8x+1$$

$$S_2(x) = -15 + \frac{17-(-15)}{4-2}(x-2) = -15+16(x-2) = 16x-47$$

$$S_3(x) = 17 + \frac{66-17}{5-4}(x-4) = 17+49(x-4) = 49x-179$$

따라서 전체 구간에 대한 식(5.63)의 1차 스플라인 함수 $S(x)$는

$$S(x) = \begin{cases} -11x+1, & -1 \le x \le 0 \\ -8x+1, & 0 \le x \le 2 \\ 16x-47, & 2 \le x \le 4 \\ 49x-179, & 4 \le x \le 5 \end{cases}$$

가 된다. 그리고 $S(1)$ 값은 $S_1(1) = -8+1 = -7$이 되어 참값 $f(1) = -10$과는 어느 정도 차이를 보여 만족스럽지 못한 결과를 얻었음을 알 수 있다.

이를 매트랩 및 파이썬으로 구하면 [ex5_9] 코드와 같고 실행 결과는 다음과 같다.

% [ex5_9] 매트랩 코드 실행 결과

```
* [예제 5.9] 1차 스플라인 보간

X0 =     -1      0      2      4      5
Y0 =     12      1    -15     17     66

 * 1차 스플라인 보간함수
*  구   간     :  1차 스플라인 보간 다항식
[-1.00  0.00] :     -11.00*x+1.00
[ 0.00  2.00] :      -8.00*x+1.00
[ 2.00  4.00] :      16.00*x-47.00
[ 4.00  5.00] :      49.00*x-179.00
```

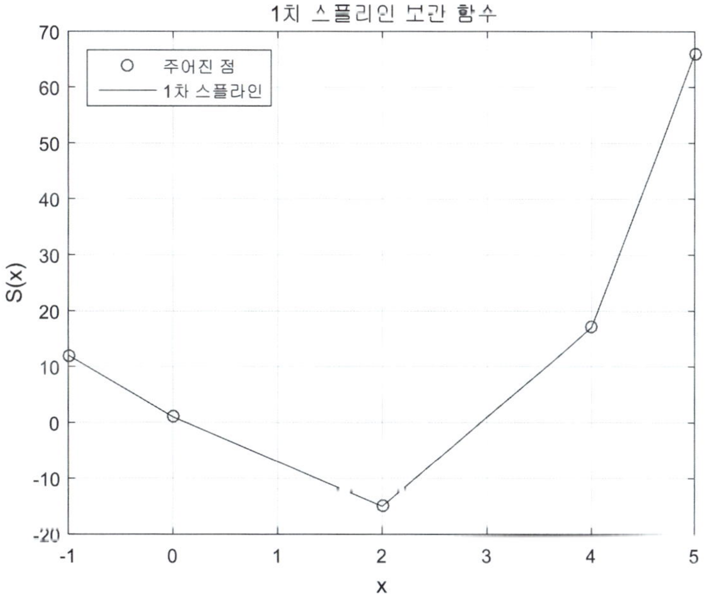

[ex5_9] 파이썬 코드 실행 결과

* [예제 5.9] 1차 스플라인 보간

```
 * 1차 스플라인 보간함수
  spl 0  =   1.0 - 11.0*x     for -1 <= x <= 0
  spl 1  =     1 - 8.0*x      for  0 <= x <= 2
  spl 2  = 16.0*x - 47.0      for  2 <= x <= 4
  spl 3  = 49.0*x - 179.0     for  4 <= x <= 5
```

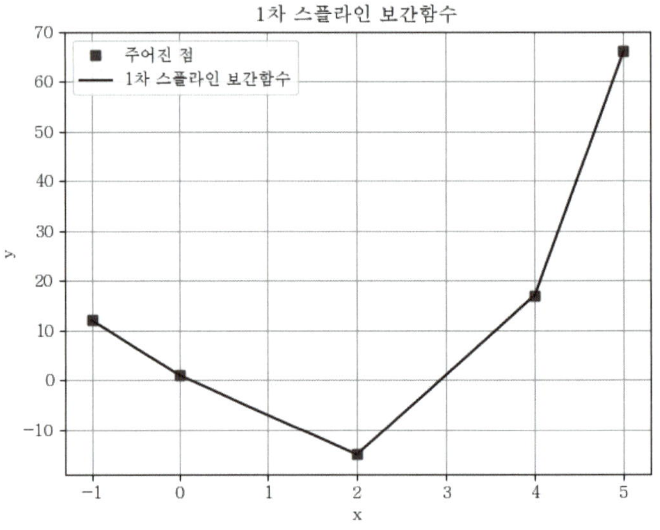

정의 5.2

(1차 스플라인의 정확성) 함수 $f(x)$가 구간 $[a, b]$에서 연속이고 2차 미분 가능하며 함수 $S(x)$가 절점 $a = x_0 < x_1 < \cdots < x_n = b$에서 함수 $f(x)$를 보간하는 1차 스플라인이라 하면 원함수 $f(x)$와 1차 스플라인 $S(x)$ 사이에 다음 관계가 성립한다.

$$|f(x) - S(x)| \le \frac{M}{8} h^2, \quad a \le x \le b$$

여기서

$$h = \max_{i} \, (x_{i+1} - x_i)$$

$$M = \max_{x} \, |f^{(2)}(x)|, \quad a \le x \le b$$

증명 생략 (참고 문헌 [5] 참조).

위의 [정리 5.2]로부터 주어진 함수 $f(x)$가 구간 $[a,b]$에서 연속이고 2차 미분 가능하며 2차 도함수 값이 유한이라면 절점의 수를 증가시키면 보간 오차는 점점 줄어듬을 알 수 있다. 정리 [5.2]를 이용하여 주어진 구간 $[a,b]$를 n개의 절점을 갖는, 즉 $(n-1)$개의 등간격으로 분할하여 1차 스플라인으로 보간하는 경우 1차 스플라인의 오차가 주어진 허용치 ϵ보다 작아지는 n의 최소값은 다음과 같이 구할 수 있다.

$$\frac{M}{8}h^2 \le \epsilon$$

이므로

$$h = \frac{b-a}{n-1} \le \sqrt{\frac{8\epsilon}{M}}$$

이 식을 n에 대하여 풀어 정리하면

$$n = 1 + \left\lceil (b-a)\sqrt{\frac{M}{8\epsilon}} \right\rceil$$

이다. 여기서 $\lceil\,\rceil$는 천장 함수(ceiling function) 즉 $\lceil x \rceil$는 x보다 큰 정수 중의 최소값을 나타낸다.

5.2.3.2 2차 스플라인

앞의 [예제 5.9]에서 살펴본 바와 같이 1차 스플라인을 사용하여 보간하는 경우 만족스럽지 못한 결과를 얻는 것이 일반적이다. 이러한 이유로 보간다항식의 차수를 높여 고차 보간다항식을 사용한다. 여기서는 보간다항식으로 2차 다항식을 사용하는 2차 스플라인에 대하여 알아보기로 한다.

이 절에서는 주어진 $(n+1)$개의 점 $(x_i, y_i), i=0,1,\cdots,n$ 에 대하여 2차 스플라인 함수로 보간하는 식(5.67)과 같은 총 n개의 스플라인 함수 $S_i(x), i=0,1,\cdots,n-1$로 구성된 2차 스플라인 보간함수 $S(x)$를 구하기로 한다.

$$S(x) = S_i(x)\ on\ [x_i, x_{i+1}]\ \text{for}\ i=0,1,\cdots,n-1 \tag{5.67}$$

여기서 $S_i(x) = a_i + b_i(x-x_i) + c_i(x-x_i)^2,\ i=0,1,\cdots,n-1$이고 a_i, b_i 그리고 c_i는 상수이다.

앞 절에서 설명한 바와 같이 데이터 사이의 크기가 $a = x_0 < x_1 < \cdots < x_n = b$을 만족하는 주어진 $(n+1)$개의 점 $(x_i, y_i), i=0,1,\cdots,n$ 에 대하여 전체 구간$[a,b]$를 이웃하는 두 개의 점으로 이루어진 n개의 소구간 $[x_i, x_{i+1}], i=0,1,\cdots,n-1$으로 나누고 아래에 나타낸 그림 5.11(b)와 같이 소구간의 양 끝점 $(x_i, f(x_i))$와 $(x_{i+1}, f(x_{i+1}))$ 사이를 두 점을 지나는 식(5.68)과 같은 2차 포물선

$S_i(x), i = 0, 1, \cdots, n-1$

$$S_i(x) = a_i + b_i(x - x_i) + c_i(x - x_i)^2,\ i = 0, 1, \cdots, n-1 \tag{5.68}$$

으로 보간하여 총 n개의 2차 스플라인 함수로 이어나가는 방식이다.

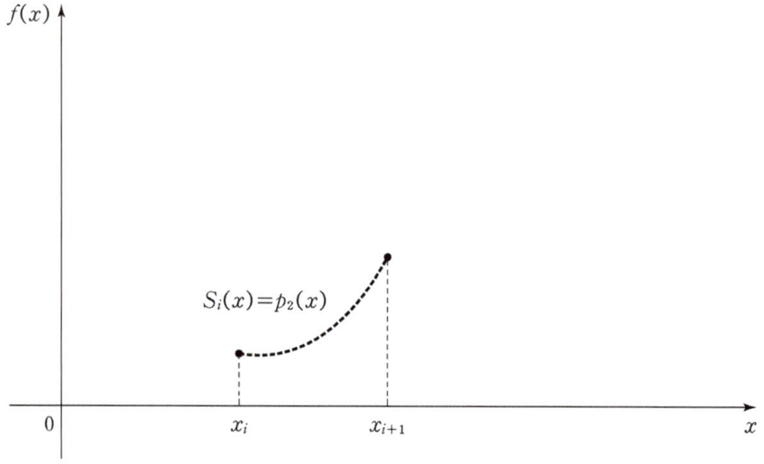

| 그림 5.11(b) |

식(5.68)의 2차 스플라인 함수는 미지수로 a_i, b_i, c_i 세 개를 가지므로 n개의 소구간 전체에 대하여는 $3n$개의 미지수가 결정되어야만 한다. 이들을 구하기 위하여 다음과 같은 조건을 설정한다.

① 함수값은 전체 구간의 양 끝 두 점을 제외한 내부 절점 즉 $x_1, x_2, \cdots, x_{n-1}$에서 서로 같아야 한다.

$$S_i(x_{i+1}) = f(x_{i+1}) = S_{i+1}(x_{i+1}), i = 0, 1, \cdots, n-2$$

② 첫 번째와 마지막 함수는 각각 시작점 x_0과 끝점 x_n을 지나야 한다.

$$S_0(x_0) = f(x_0), S_{n-1}(x_n) = f(x_n)$$

③ 내부 절점 $x_1, x_2, \cdots, x_{n-1}$에서의 1차 도함수는 서로 같아야 한다.

$$S_i^{'}(x_{i+1}) = S_{i+1}^{'}(x_{i+1}), i = 0, 1, \cdots, n-2$$

④ 시작점 x_0에서 1차 도함수는 0 으로 가정한다.

$$S_0^{'}(x_0) = 0$$

내부 절점에 적용되는 위의 조건 ①을 이용하여 $2(n-1)$ 개의 조건식을 세울 수 있고 조건 ②를 이용하여 2개 조건식을 세울 수 있다. 그리고 조건 ③으로 $(n-1)$개의 조건식을 세울 수 있어 $2(n-1)+2+n-1=3n-1$개의 식을 세울 수 있어 다른 하나의 조건이 필요하다.

이를 위한 마지막으로 조건 ④가 일반적으로 사용되며 다른 조건 예를 들면 $S_0'(x_0)=S_{n-1}'(x_n)$과 같은 조건도 사용되기도 한다. 이로부터 하나의 조건식을 세울 수 있으므로 총 $2(n-1)+2+n-1+1=3n$개의 조건식을 세울 수 있으므로 $3n$개의 미지수를 결정할 수 있다. 이와 같은 네 개의 조건으로 구성되는 2차 스플라인을 자연 2차 스플라인(natural quadratic spline)이라 한다.

식(5.67)과 식(5.68)과 같은 스플라인 함수를 유도하기 위하여 먼저 $d_i=S_i'(x_i)$라 놓는다. 그러면 $S_i'(x_i)$는 선형 스플라인이기 때문에 다음과 같은 관계식을 얻을 수 있다.

$$
\begin{aligned}
S_i'(x) &= d_{i+1}\frac{x-x_i}{x_{i+1}-x_i}+d_i\frac{x_{i+1}-x}{x_{i+1}-x_i}=\frac{(d_{i+1}-d_i)x-d_{i+1}x_i+d_ix_{i+1}}{x_{i+1}-x_i} \\
&= \frac{d_{i+1}-d_i}{x_{i+1}-x_i}(x-x_i)+d_i,\ i=0,1,\cdots,n-1
\end{aligned}
$$

이 식의 양변을 x에 대하여 적분한 후 적분 상수를 경계 조건 $S_i(x_i)=y_i$을 사용하여 구하면

$$
S_i(x)=y_i+d_i(x-x_i)+\frac{d_{i+1}-d_i}{2(x_{i+1}-x_i)}(x-x_i)^2,\ i=0,1,\cdots,n-1 \tag{5.69}
$$

를 얻는다. 이 식에 $x=x_{i+1}$ 을 대입하면

$$
\begin{aligned}
S_i(x_{i+1}) &= y_i+d_i(x_{i+1}-x_i)+\frac{d_{i+1}-d_i}{2(x_{i+1}-x_i)}(x_{i+1}-x_i)^2 \\
&= y_{i+1},\ i=0,1,\cdots,n-1
\end{aligned}
$$

이므로 이 식으로부터 d_{i+1}을 구하면

$$
d_{i+1}=-d_i+2\left[\frac{f(x_{i+1})-f(x_i)}{x_{i+1}-x_i}\right],\ i=0,1,\cdots,n-1 \tag{5.70}
$$

가 된다.

재귀적(recursive) 형태로 되어 있는 식(5.70)으로부터 d_0값을 알면 나머지 $d_i,\ i=1,\cdots,n-1$ 값을 구할 수 있다. 이러한 d_0값을 얻기 위하여 다음과 같은 여러 가지 조건들이 제시되고 있다.

(i) 자연 스플라인을 위하여 다음 값으로 설정한다.

$$d_0 = 0 \tag{5.70.a}$$

(ii) $d_0 = d_1$ 이라면 d_0값은 다음과 같이 얻어진다.

$$d_0 = d_1 = -d_0 + 2\left[\frac{f(x_1) - f(x_0)}{x_1 - x_0}\right] \Rightarrow d_0 = \frac{f(x_1) - f(x_0)}{x_1 - x_0} \tag{5.70.b}$$

(iii) $d_0 = d_{n-1}$ 이라면 d_0값은 다음과 같이 얻어진다.

$$\begin{aligned} d_0 = d_{n-1} &= -(-1)^{n-1} d_0 + 2\sum_{i=1}^{n-1}\left[(-1)^{n-i+1}\frac{f(x_{i+1}) - f(x_i)}{x_{i+1} - x_i}\right] \\ \Rightarrow d_0 &= \begin{cases} \displaystyle\sum_{i=1}^{n-1}\left[(-1)^{n-i+1}\frac{f(x_{i+1}) - f(x_i)}{x_{i+1} - x_i}\right], & n\text{이 홀수} \\ \text{해가 없음}, & n\text{이 짝수} \end{cases} \end{aligned} \tag{5.70.c}$$

따라서 주어진 데이터와 임의의 값인 d_0로부터 식(5.67), (5.69), (5.70), (5.70.a), (5.70.b) 및 식(5.70.c)로부터 유일한 함수 $S(x)$를 구할 수 있다.

이렇게 구해진 2차 스플라인을 그리면 $d_0 = 0$인 경우는 그림 5.14(a)와 같이 전 구간에서 2차 스플라인을 구성하고, $d_0 = (y_1 - y_0)/(x_1 - x_0)$인 경우는 그림 5.14(b)와 같이 첫 번째 두 점 사이는 1차 직선으로 보간하고 나머지 소구간은 2차 스플라인으로 보간한다.

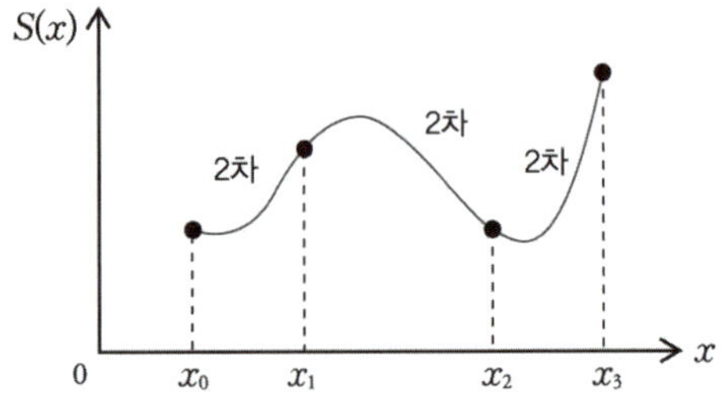

(a) $d_0 = 0$인 경우

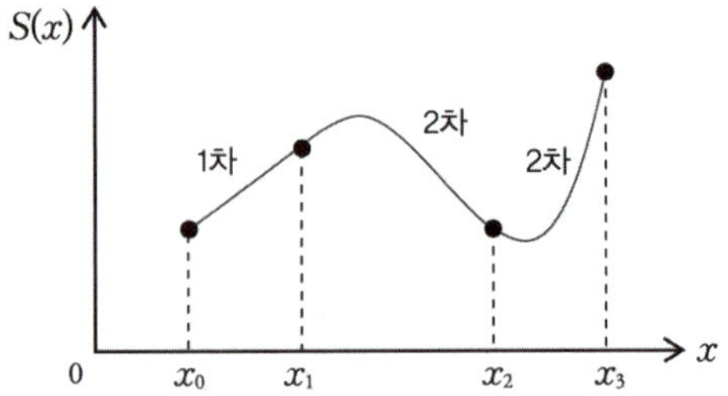

(b) $d_0 = (y_1 - y_0)/(x_1 - x_0)$인 경우

| 그림 5.14 | 2차 스플라인 보간

이와 같은 2차 스플라인의 단점은 처음 두 점을 1차 직선으로 보간한다는 것이나 각 절점에서 곡률이 불연속이라는 점이다. 이러한 이유로 1차 및 2차 스플라인 보다는 다음 절에서 설명할 3차 스플라인이 널리 사용되고 있다.

예제 5.10

다음과 같이 주어진 데이터를 보간하는 2차 스플라인 함수 $S(x)$를 구하라. 단, $d_0 = 0$이다.

x	-1	0	2	4	5
$f(x)$	12	1	-15	17	66

풀이 $d_0 = 0$으로 두고 식(5.70)으로부터 d_1, d_2, d_3, d_4를 구하면

$$d_1 = -d_0 + 2\left[\frac{f(x_1) - f(x_0)}{x_1 - x_0}\right] = -0 + 2\left[\frac{1-12}{0-(-1)}\right] = -22$$

$$d_2 = -d_1 + 2\left[\frac{f(x_2) - f(x_1)}{x_2 - x_1}\right] = 6$$

$$d_3 = -d_2 + 2\left[\frac{f(x_3) - f(x_2)}{x_3 - x_2}\right] = 26$$

$$d_4 = -d_3 + 2\left[\frac{f(x_4) - f(x_3)}{x_4 - x_3}\right] = 72$$

이므로 식(5.69)로부터

$$S_0(x) = 12 + 0(x-(-1)) - 11(x-(-1))^2 = -11x^2 - 22x + 1$$

$$S_1(x) = 1 - 22(x-0) + 7(x-0)^2 = 7x^2 - 22x + 1$$

$$S_2(x) = -15 + 6(x-2) + 5(x-2)^2 = 5x^2 - 14x - 7$$

$$S_3(x) = 17 + 26(x-4) + 23(x-4)^2 = 23x^2 - 158x + 281$$

따라서 전체 구간에 대한 2차 스플라인 함수 $S(x)$는

$$S(x) = \begin{cases} -11x^2 - 22x + 1, & -1 \le x \le 0 \\ 7x^2 - 22x + 1, & 0 \le x \le 2 \\ 5x^2 - 14x - 7, & 2 \le x \le 4 \\ 23x^2 - 158x + 281, & 4 \le x \le 5 \end{cases}$$

가 된다.

이를 매트랩 및 파이썬으로 구하면 [ex5_10] 코드와 같고 실행 결과는 다음과 같다.

% [ex5_10] 매트랩 코드 실행 결과

```
* 2차 스플라인 보간함수

X0 =     -1     0     2     4     5
Y0 =     12     1   -15    17    66

*  구   간    :           2차 스플라인 보간다항식
[-1.00  0.00]  :   12.00+0.00*(x+1.00)-11.00*(x+1.00)^2
[ 0.00  2.00]  :    1.00-22.00*(x-0.00)+7.00*(x-0.00)^2
[ 2.00  4.00]  :  -15.00+6.00*(x-2.00)+5.00*(x-2.00)^2
[ 4.00  5.00]  :   17.00+26.00*(x-4.00)+23.00*(x-4.00)^2

*  구   간    :  정리된 2차 스플라인 보간 다항식
[-1.00  0.00]  :  -11.00*x^2-22.00*x+1.00
[ 0.00  2.00]  :    7.00*x^2-22.00*x+1.00
[ 2.00  4.00]  :    5.00*x^2-14.00*x-7.00
[ 4.00  5.00]  :   23.00*x^2-158.00*x+281.00
```

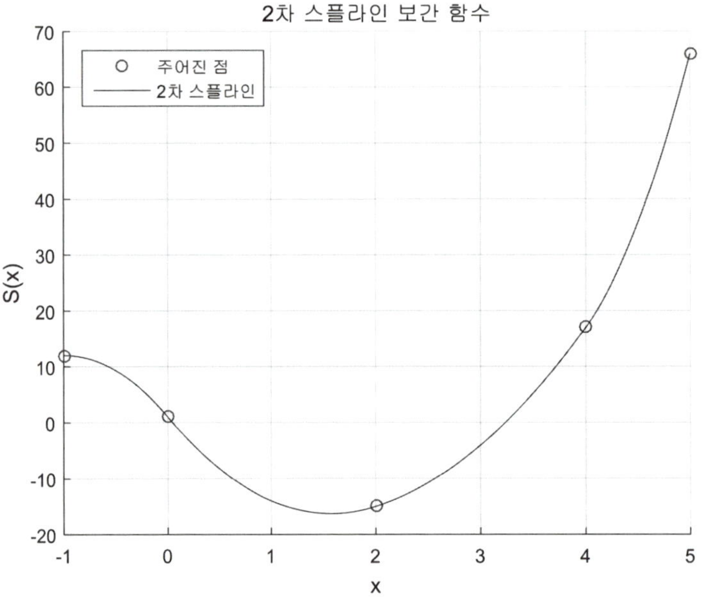

[ex5_10] 파이썬 코드 실행 결과

```
* [예제 5.10] 2차 스플라인 보간

 * 2차 스플라인 보간함수
  spl 0  = 12 - 11.0*(x + 1)**2   for -1 <= x <= 0
  spl 1  = 7.0*x**2 - 22.0*x + 1   for 0 <= x <= 2
  spl 2  = 6.0*x + 5.0*(x - 2)**2 - 27.0   for 2 <= x <= 4
  spl 3  = 26.0*x + 23.0*(x - 4)**2 - 87.0   for 4 <= x <= 5
```

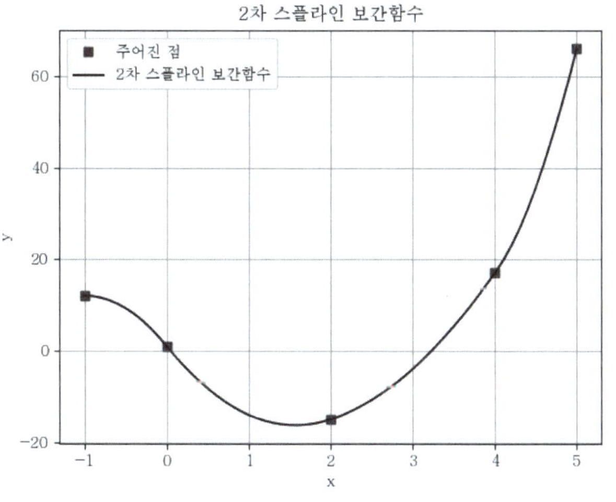

5.2.3.3 3차 스플라인

이 절에서는 스플라인 보간 중에서 가장 널리 사용되고 있는 3차 스플라인 보간법에 대하여 알아보기로 한다. 3차 스플라인 보간법은 앞 절에서 설명한 바와 같이 $a = x_0 < x_1 < \cdots < x_n = b$를 만족하는 주어진 $(n+1)$개의 점 $(x_i, y_i), i = 0, 1, \cdots, n$에 대하여 전체 구간을 이웃하는 두 개의 점으로 이루어진 n개의 소구간 즉 구간 0부터 구간 $(n-1)$까지로 나누고 각각의 소구간 $[x_i, x_{i+1}], i = 0, 1, \cdots, n-1$을 아래에 나타낸 그림 5.11(c)에서와 같이 주어진 $(n+1)$개의 점 중에서 이웃하는 두 개의 점 $(x_i, f(x_i))$과 $(x_{i+1}, f(x_{i+1}))$ 사이를 [정의 5.1]을 만족하는 식(5.71)과 같은 3차 다항식으로 보간하는 방식이다.

$$S(x) = S_i(x) \ on \ [x_i, x_{i+1}] \text{ for } i = 0, 1, \cdots, n-1 \tag{5.71}$$

여기서

$$S_i(x) = a_i + b_i(x - x_i) + c_i(x - x_i)^2 + d_i(x - x_i)^3 \tag{5.72}$$

이고 a_i, b_i, c_i와 d_i는 상수이다.

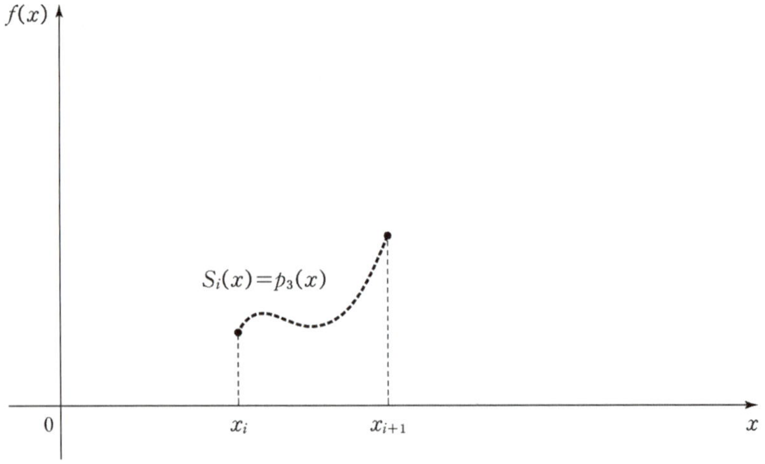

| 그림 5.11(c) |

식(5.71)과 식(5.72)와 같은 3차 스플라인 함수 $S(x)$를 자연 3차 스플라인 함수(natural cubic spline function)라 하며 아래에서 유도하기로 한다. 식(5.72)의 3차 스플라인 함수는 미지수로 a_i, b_i, c_i와 d_i 네 개를 가지므로 n개의 소구간 전체에 대하여는 $4n$개의 미지수가 결정되어야만 한다. 이들을 구하기 위하여 다음과 같은 조건을 설정한다.

① 3차 스플라인 함수값은 전체 구간의 양 끝 두 점을 제외한 내부 절점 즉 $x_1, x_2, \cdots, x_{n-1}$에서 서로 같아야 한다.

$$S_i(x_{i+1}) = f(x_{i+1}) = S_{i+1}(x_{i+1}), i = 0, 1, \cdots, n-2$$

② 첫 번째와 마지막 3차 스플라인 함수는 각각 시작점 x_0과 끝점 x_n을 지나야 한다.

$$S_0(x_0) = f(x_0), S_{n-1}(x_n) = f(x_n)$$

③ 내부 절점 $x_1, x_2, \cdots, x_{n-1}$에서의 1차 도함수는 서로 같아야 한다.

$$S_i^{(1)}(x_{i+1}) = S_{i+1}^{(1)}(x_{i+1}), i = 0, 1, \cdots, n-2$$

④ 내부 절점 $x_1, x_2, \cdots, x_{n-1}$에서의 2차 도함수는 서로 같아야 한다.

$$S_i^{(2)}(x_{i+1}) = S_{i+1}^{(2)}(x_{i+1}), i = 0, 1, \cdots, n-2$$

⑤ 시작점 x_0과 끝점 x_n 즉 양 끝 두 점에서 2차 도함수는 0으로 가정한다.

$$S_0^{(2)}(x_0) = 0, \; S_0^{(2)}(x_n) = 0$$

즉 처음 두 개의 점과 마지막 두 개의 점은 직선으로 연결한다.

내부 절점에 적용되는 위의 조건 ①을 이용하여 $2(n-1)$ 개의 조건식을 세울 수 있고 조건 ②를 이용하여 2개 조건식을 세울 수 있다. 그리고 조건 ③으로 $(n-1)$개의 조건식을 세울 수 있으며 조건 ④에서 $(n-1)$개의 조건식을 세울 수 있으며 마지막으로 조건 ⑤에서 하나의 조건식을 세울 수 있으므로 총 $2(n-1)+2+n-1+n-1+1=4n$ 개의 조건식을 세울 수 있으므로 $4n$개의 미지수를 결정할 수 있다.

식(5.72)로 나타내진 3차 스플라인 함수는 주어진 소구간 $[x_i, x_{i+1}]$의 끝점 $(x_i, f(x_i))$을 지나므로

$$S_i(x_i) = a_i = f(x_i) \tag{5.73}$$

를 만족한다. 그리고 또 다른 끝점 $(x_{i+1}, f(x_{i+1}))$을 지나므로 인접한 두 개의 구간 $[x_i, x_{i+1}]$, $[x_{i+1}, x_{i+2}]$에 대한 스플라인 함수 사이에는 다음과 같은 관계가 만족한다.

$$S_i(x_{i+1}) - S_{i+1}(x_{i+1}) \tag{5.74}$$

즉

$$\begin{aligned} S_i(x_{i+1}) &= a_i + b_i(x_{i+1}-x_i) + c_i(x_{i+1}-x_i)^2 + d_i(x_{i+1}-x_i)^3 \\ &= a_i + b_i h_i + c_i h_i^2 + d_i h_i^3 = a_{i+1} \end{aligned} \tag{5.75}$$

여기서 $h_i = x_{i+1} - x_i$이다.

다음으로는 식(5.72)의 1차 미분 및 2차 미분을 구하면 다음과 같다.

$$S_i^{'}(x) = b_i + 2c_i(x-x_i) + 3d_i(x-x_i)^2 \tag{5.76}$$

$$S_i^{''}(x) = 2c_i + 6d_i(x-x_i) \tag{5.77}$$

식(5.76)을 이용하여 인접한 두 개의 구간 $[x_{i-1}, x_i]$, $[x_i, x_{i+1}]$의 1차 도함수 사이에는 다음과 같은 관계가 만족한다.

$$S_i^{'}(x_i) = S_{i-1}^{'}(x_i) \tag{5.78}$$

즉

$$\begin{aligned} b_i &= b_{i-1} + 2c_{i-1}(x_i - x_{i-1}) + 3d_{i-1}(x_i - x_{i-1})^2 \\ &= b_{i-1} + 2c_{i-1}h_{i-1} + 3d_{i-1}h_{i-1}^2,\ i = 2, 3, \cdots, n \end{aligned} \tag{5.79}$$

이다. 마찬가지로 식(5.77)을 이용하여 인접한 두 개의 구간 $[x_{i-1}, x_i]$, $[x_i, x_{i+1}]$의 2차 도함수 사이에는 다음과 같은 관계가 만족한다.

$$S_i''(x_i) = S_{i-1}''(x_i) \tag{5.80}$$

즉

$$2c_i = 2c_{i-1} + 6d_{i-1}(x_i - x_{i-1})$$

이므로

$$c_i = c_{i-1} + 3d_{i-1}h_{i-1},\ i = 2,3,\cdots,n \tag{5.81}$$

가 된다. 식(5.81)은 i값을 1부터 시작하여 다시 쓰면

$$c_{i+1} = c_i + 3d_ih_i,\ i = 1,2,\cdots,n-1 \tag{5.82}$$

가 된다. 이식(5.82)로부터 d_i

$$d_i = \frac{c_{i+1} - c_i}{3h_i},\ i = 1,2,\cdots,n-1 \tag{5.83}$$

를 구한 후 이를 식(5.75)에 대입하여 b_i에 대하여 정리하면

$$b_i = \frac{1}{h_i}(a_{i+1} - a_i) - \frac{h_i}{3}(c_{i+1} + 2c_i),\ i = 1,2,\cdots,n-1 \tag{5.84}$$

또는

$$b_{i-1} = \frac{1}{h_{i-1}}(a_i - a_{i-1}) - \frac{h_{i-1}}{3}(c_i + 2c_{i-1}),\ i = 2,3,\cdots,n \tag{5.85}$$

과 같다. 그리고 식(5.81)로부터 d_{i-1}을 구한 후 이를 식(5.79)에 대입하여 b_i에 대하여 정리하면

$$b_i = b_{i-1} + h_{i-1}(c_i + c_{i-1}),\ i = 2,3,\cdots,n \tag{5.86}$$

과 같다. 위의 세 식 즉 식(5.84), (5.85) 및 식(5.86)을 결합하면

$$h_{i-1}c_{i-1} + 2(h_i + h_{i-1})c_i + h_i c_{i+1}$$
$$= \frac{3}{h_i}(a_{i+1} - a_i) - \frac{3}{h_{i-1}}(a_i - a_{i-1}), i = 2, 3, \cdots, n-1 \tag{5.87}$$

이 된다. 식(5.87)은 n개의 미지수로 이루어진 $(n-2)$개의 연립방정식이 되므로 해를 구하기 위해서는 두 개의 조건이 더 필요하게 된다. 이를 위하여 양 끝점 x_1, x_n에서의 2차 미분값을 가정하여 사용하게 되는데 그 가정에 자주 사용되는 방법으로 다음과 같은 세 가지가 있다.

① $S''(x_1) = S''(x_n) = 0$; 끝점에서의 함수형이 1차 함수로 가정하는 경우로 자연 경계(natural boundary)라 하며 가장 간단한 형태이다.

② $S''(x_1) = S''(x_2), S''(x_n) = S''(x_{n-1})$; 끝점에서의 함수형이 2차 함수로 가정하는 경우이다.

③ $S''(x_1)$은 $S''(x_2)$와 $S''(x_3)$의 선형 보간으로 $S''(x_n)$은 $S''(x_{n-1})$과 $S''(x_{n-2})$의 외삽(extrapolation)으로 구하는 경우이다.

구간 끝 두 점 x_0와 x_n에 대한 2차 미분값에 대한 조건으로 위의 조건(1)
즉

$$S''(x_1) = S''(x_n) = 0$$

을 사용하면

$$c_1 = 0, c_n = 0 \tag{5.88}$$

이 된다. 식(5.87)과 식(5.88)을 행렬로 나타내면 다음과 같은 삼중대각행렬의 형태를 갖는 선형방정식이 된다.

$$Ac = b \tag{5.89}$$

여기서

$$\boldsymbol{A} = \begin{bmatrix} 1 & 0 & 0 & \cdots & & & 0 \\ h_1 & 2(h_1+h_2) & h_2 & & \cdots & & 0 \\ 0 & h_2 & & & & \vdots & \\ \vdots & \vdots & & & & & \\ 0 & 0 & & & h_{n-2} & 2(h_{n-2}+h_{n-1}) & h_{n-1} \\ 0 & 0 & & \cdots & 0 & 0 & 1 \end{bmatrix}$$

$$c=\begin{bmatrix} c_1 \\ c_2 \\ \vdots \\ c_{n-1} \\ c_n \end{bmatrix},\ b=\begin{bmatrix} 0 \\ \dfrac{3(a_3-a_2)}{h_2}-\dfrac{3(a_2-a_1)}{h_1} \\ \vdots \\ \dfrac{3(a_n-a_{n-1})}{h_{n-1}}-\dfrac{3(a_{n-1}-a_{n-2})}{h_{n-2}} \\ 0 \end{bmatrix}$$

이다. 식(5.89)로 나타내지는 선형 연립방정식은 행렬 A가 대각 지배이므로 쉽게 해 c를 구할 수 있다.

따라서 식(5.71)과 식(5.72)에 나타낸 3차 스플라인 함수 $S(x)$

$$S(x)=S_i(x)\ on\ [x_i,\ x_{i+1}]\ \text{for}\ i=0,1,\cdots,n-1$$

여기서

$$S_i(x)=a_i+b_i(x-x_i)+c_i(x-x_i)^2+d_i(x-x_i)^3$$

의 미지수 중에서 c_i는 위에서 구했으므로 이를 이용하여 너머지 미지수 a_i, b_i, d_i는 위에서 구한 식(5.73), (5.83) 및 (5.84)를 이용하여 식(5.90)과 같이 구할 수 있다.

$$\begin{aligned} a_i &= f(x_i),\ i=0,1,2,\cdots,n-1 \\ b_i &= \frac{1}{h_i}(a_{i+1}-a_i)-\frac{h_i}{3}(c_{i+1}+2c_i),\ i=0,1,2,\cdots,n-1 \\ d_i &= \frac{c_{i+1}-c_i}{3h_i},\ i=0,1,2,\cdots,n-1 \end{aligned} \tag{5.90}$$

예제 5.11 다음 식으로 정의된 도함수의 정의

다음과 같이 주어진 데이터를 보간하는 3차 스플라인 함수 $S(x)$를 구하라.

x	−1	0	2	4	5
$f(x)$	12	1	−15	17	66

풀이

주어진 데이터를 이용하여 식(5.89) $Ac=b$을 완성하면

$$A=\begin{bmatrix} 1&0&0&0&0 \\ 1&6&2&0&0 \\ 0&2&8&2&0 \\ 0&0&2&6&1 \\ 0&0&0&0&1 \end{bmatrix},\ b=\begin{bmatrix} 0 \\ 9 \\ 72 \\ 99 \\ 0 \end{bmatrix}\ \text{로부터}\ c=\begin{bmatrix} 0 \\ -0.3 \\ 5.4 \\ 14.7 \\ 0 \end{bmatrix}$$

이므로 3차 스플라인의 계수 벡터는

$$a^* = \begin{bmatrix} a_0 \\ a_1 \\ a_2 \\ a_3 \end{bmatrix} = \begin{bmatrix} 12 \\ 1 \\ -15 \\ 17 \end{bmatrix},\ b^* = \begin{bmatrix} b_0 \\ b_1 \\ b_2 \\ b_3 \end{bmatrix} = \begin{bmatrix} -10.9 \\ -11.2 \\ -1 \\ 39.2 \end{bmatrix},\ c^* = \begin{bmatrix} c_0 \\ c_1 \\ c_2 \\ c_3 \end{bmatrix} = \begin{bmatrix} 0 \\ -0.3 \\ 5.4 \\ 14.7 \end{bmatrix},\ d^* = \begin{bmatrix} d_0 \\ d_1 \\ d_2 \\ d_3 \end{bmatrix} = \begin{bmatrix} -0.1 \\ 0.95 \\ 1.55 \\ -4.9 \end{bmatrix}$$

가 되므로 전체 구간에 대한 3차 스플라인 함수 $S(x)$는

$$S(x) = \begin{cases} 12 - 10.9(x+1) - 0.1(x+1)^3 & , -1 \le x \le 0 \\ 1 - 11.2x - 0.3x^2 + 0.95x^3 & , \ 0 \le x \le 2 \\ -15 - 1(x-2) + 5.4(x-2)^2 + 1.55(x-2)^3 & , \ 2 \le x \le 4 \\ 17 + 39.2(x-4) + 14.7(x-4)^2 - 4.9(x-4)^3 , & \ 4 \le x \le 5 \end{cases}$$

가 된다.

이를 매트랩 및 파이썬으로 구하면 [ex5_11] 코드와 같고 실행 결과는 다음과 같다.

% [ex5_11] 매트랩 코드 실행 결과

```
* [예제 5.11] 3차 스플라인 보간함수
X0 =     -1     0     2     4     5
Y0 =     12     1   -15    17    66

*  구    간      :               3차 스플라인 보간다항식
[-1.00  0.00]  :  12.00-10.90*(x+1.00)+0.00*(x+1.00)^2-0.10*(x+1.00)^3
[ 0.00  2.00]  :  1.00-11.20*(x-0.00)-0.30*(x-0.00)^2+0.95*(x-0.00)^3
[ 2.00  4.00]  :  -15.00-1.00*(x-2.00)+5.40*(x-2.00)^2+1.55*(x-2.00)^3
[ 4.00  5.00]  :  17.00+39.20*(x-4.00)+14.70*(x-4.00)^2-4.90*(x-4.00)^3

*  구    간      :     정리된 3차 스플라인 보간 다항식
[-1.00  0.00]  :  -0.10*x^3-0.30*x^2-11.20*x+1.00
[ 0.00  2.00]  :  0.95*x^3-0.30*x^2-11.20*x+1.00
[ 2.00  4.00]  :  1.55*x^3-3.90*x^2-4.00*x-3.80
[ 4.00  5.00]  :  -4.90*x^3+73.50*x^2-313.60*x+409.00
```

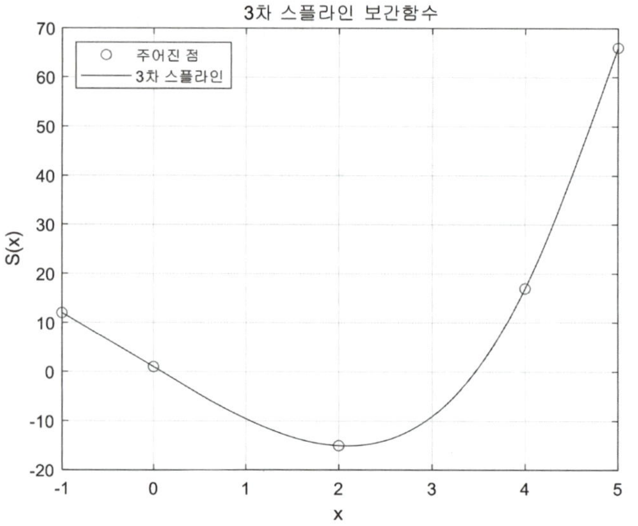

 # [ex5_11] 파이썬 코드 실행 결과

* [예제 5.11] 3차 스플라인 보간

```
 * 3차 스플라인 보간함수
[-1.00  0.00]: 12.00 -10.90*(x+1.00) +0.00*(x+1.00)**2 -0.10*(x+1.00)**3
[ 0.00  2.00]:  1.00 -11.20*(x+0.00) -0.30*(x+0.00)**2 +0.95*(x+0.00)**3
[ 2.00  4.00]: -15.00 -1.00*(x-2.00) +5.40*(x-2.00)**2 +1.55*(x-2.00)**3
[ 4.00  5.00]: 17.00 +39.20*(x-4.00) +14.70*(x-4.00)**2 -4.90*(x-4.00)**3
```

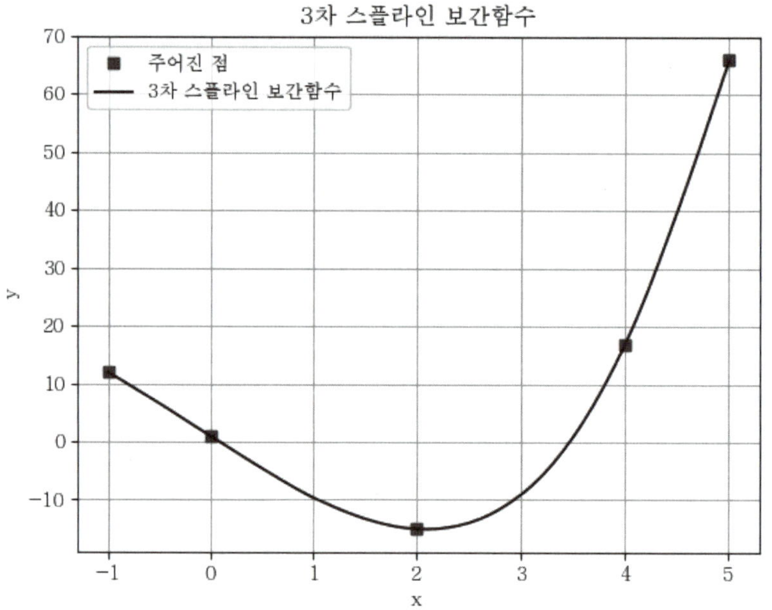

정의 5.3

$(x_i, y_i), i=0,1,\cdots,n$ 을 지나는 임의의 함수 $f(x)$가 구간 $[a,b]$에서 연속이고 2차 미분 가능하면 3차 스플라인 함수 $S(x)$는 다음 관계를 만족한다.

$$\int_a^b \left(S^{(2)}(x)\right)^2 \le \int_a^b \left(f^{(2)}(x)\right)^2$$

증명 생략 (참고 문헌 [2] 참조)

이 [정리 5.3]으로부터 3차 스플라인이 절점 내부에서 진동 현상(oscillation)이 제한되었음을 알 수 있다.

5.2.4 외삽법

외삽법(extrapolation)은 주어진 $(n+1)$개의 서로 점 $(x_i, y_i), i=0,1,\cdots,n$으로부터 보간다항식을 구하고 이를 이용하여 주어진 데이터 구간 밖의 값을 추정하는 방법이다. 예를 들어 그림 5.15와 같이 주어진 원함수 상의 세 점 $(x_i, f(x_i)), i=0,1,2$을 이용하여 2차 보간함수 $p_2(x)$를 구한 후 주어진 구간 밖 x_3에서의 값을 추정하면 전혀 다른 값을 가짐을 알 수 있다. 이와 같이 주어진 데이터에 외삽법을 적용할 때는 함수의 형태에 대하여 세심한 주의가 필요하다.

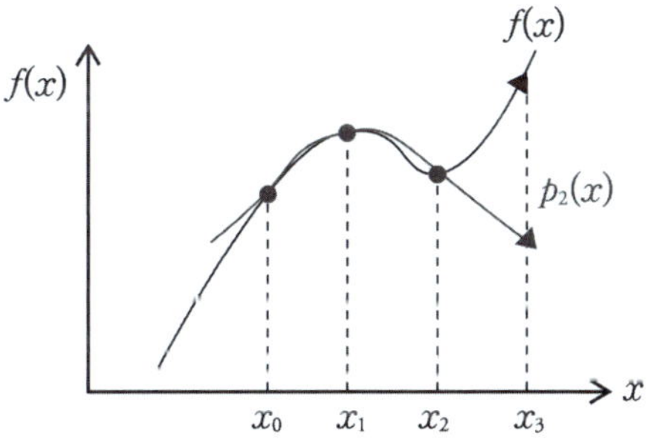

| 그림 5.15 | 외삽법 적용 실패 예

예제 5.12

함수 $f(x)=x^3-12x+1$의 $x_0=-4, x_1=-2, x_2=0$에서의 값을 이용하여 2차 뉴튼 보간다항식을 구하고 이를 이용하여 $x_3=10$에서의 참값과 보간값을 구해 비교하라.

풀이 $f(x_0)=f(-4)=-15$, $f(x_1)=f(-2)=17$, $f(x_2)=f(0)=1$을 바탕으로 2차 뉴튼 보간다항식을 구하면

$$p_2(x)= -6x^2-20x+1$$

이 된다. 원함수 값은 $f(x_3)=f(10)=881$이고 2차 보간함수 $p_2(x)$로 외삽한 값은 $p_2(x_3)=p_2(10)=-799$이므로 두 값이 전혀 다른 값을 보이므로 외삽법의 위험성을 잘 나타냄을 알 수 있다. 그림 5.16은 원함수와 2차 보간함수의 그래프를 나타낸다.

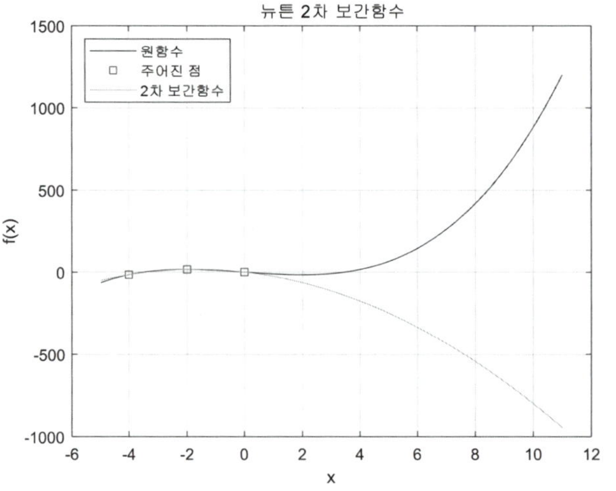

| 그림 5.16 | 외삽법 적용 실패 예

이를 매트랩 및 파이썬으로 구하면 [ex5_12] 코드와 같고 실행 결과는 다음과 같다.

% [ex5_12] 매트랩 코드 실행 결과

```
* [예제 5.12] 외삽법
 * f(x)= @(x)x.^3-12*x+1

X0 =   -4    -2     0
p = - 6*x^2 - 20*x + 1

* 오차 = f(10) - p(10) = 1680
```

 # [ex5_12] 파이썬 코드 실행 결과

```
* [예제 5.12] 외삽법
 *  2 차 뉴튼 보간 다항식 차분 행렬 D =
[[-15.  16.  -6.]
 [ 17.  -8.   0.]
 [  1.   0.   0.]]

 * err = f(10) - p(10) = 1680.0
```

연습문제

회귀분석

5.1 다음과 같이 주어진 데이터의 1차 회귀 직선식과 결정 계수를 구하고 $x=0$ 일 때의 값을 추정하라.

x	−1	1	2	3	7
$f(x)$	2	−1	4	0	6

5.2 다음 표는 1970년부터 2012년 사이의 서울인구(내국인)와 만6~17세 인구를 나타낸다. 주어진 데이터의 1차 회귀 직선식과 결정 계수를 구하라.

년도	x : 서울 인구 (천명)	$f(x)$: 만6~17세 인구(천명)
1970	5,525	1,608
1975	6,879	1,883
1980	8,351	2,148
1985	9,626	2,312
1990	10,603	2,298
1995	10,217	1,852
2000	10,311	1,596
2005	10,167	1,504
2010	10,313	1,329
2012	10,195	1,203

5.3 아래 표에 나타낸 데이터는 함수 $f(x)=e^{-x}$로부터 얻어진 것이다. 이 데이터에 대한 1차 회귀 직선식 $\hat{f}(x)=ax+b$을 구하고, 4개의 x값에 대한 $\hat{f}(x)$ 값을 구하여 참값 $f(x)$값과 비교하라.

x	−1	0	1	2
$f(x)$	e^{-1}	1	e^{1}	e^{2}

5.4 다음과 같이 주어진 데이터를 이용하여 비선형 함수 $f(x) = ae^{bx}$ 형태의 관계를 얻고자 한다. $\ln(f(x)) = \ln(a) + bx$를 이용한 1차 회귀 직선식을 바탕으로 계수 a, b 값을 구하라.

x	1	2	3	4	5
$f(x)$	1.104	0.246	0.149	0.091	0.055

5.5 아래 표에 나타낸 데이터는 함수 $y = f(x) = 2x^3$으로부터 얻어진 것이다. 이 데이터에 대하여 다음 물음에 답하라.

x	−2	−1	0	1	2
$y = f(x)$	−16	−2	0	2	16

(1) 1차 회귀 직선식 $\hat{f}(x) = ax + b$을 구하고, 4개의 x값에 대한 $\hat{f}(x)$ 값을 구하라.

(2) 위 표에 주어진 x 및 y 값에 상용로그를 취해 얻은 데이터에 대하여 1차 회귀 직선식 $\check{f}(x) = cx + d$을 구하고, 4개의 x값에 대한 $\check{f}(x)$ 값을 구하라.

(3) 위의 (1)과 (2)에서 얻어진 결과를 참값과 비교하라.

라그랑주 보간법

5.6 두 점 $(-1, 0)$, $(2, 7)$이 주어진 경우, 이 두 점을 지나는 라그랑주 1차 보간다항식을 구하라.

5.7 세 점 $(-1, 2)$, $(0, 1)$, $(3, 4)$이 주어진 경우, 이 세 점을 지나는 라그랑주 2차 보간다항식을 구하라.

5.8 네 점 $(-\pi/2, -1)$, $(0, 0)$, $(\pi/4, 1/\sqrt{2})$, $(\pi/2, 1)$이 주어진 경우, 이 네 점을 지나는 라그랑주 3차 보간다항식을 구하라

5.9 함수 $f(x) = 2x^3 + 4x^2 + x + 2$일 때 다음 물음에 답하라.

(1) $x_0 = -1, x_1 = 0$에서 $f(x)$ 값을 보간하는 라그랑주 1차 보간다항식을 구하라.

(2) $x_0 = -1, x_1 = 0, x_2 = 1$에서 $f(x)$ 값을 보간하는 라그랑주 2차 보간다항식을 구하라.

(3) $x_0 = -1, x_1 = 0, x_2 = 1, x_3 = 2$에서 $f(x)$ 값을 보간하는 라그랑주 3차 보간다항식을 구하라.

(4) $x_0=-1, x_1=0, x_2=1, x_3=2, x_4=3$에서 $f(x)$ 값을 보간하는 라그랑주 4차 보간다항식을 구하라.

5.10 함수 $f(x)=e^{2x}-x\sin x$일 때 다음 점에서 $f(x)$ 값을 보간하는 라그랑주 1차 보간다항식을 구하고 $f(0.5)$값을 구하여 그 결과를 비교하라.

(1) $x_0=-1, x_1=0$

(2) $x_1=0, x_2=1$

(3) $x_0=-1, x_2=1$

뉴튼 보간법

5.11 두 점 $(-1,0)$, $(2,7)$가 주어진 경우 이 두 점을 지나는 뉴튼 1차 보간다항식을 구하라.

5.12 세 점 $(-1,2)$, $(0,1)$, $(3,4)$가 주어진 경우 이 세 점을 지나는 뉴튼 2차 보간다항식을 구하라.

5.13 네 점 $(-\pi/2,-1)$, $(0,0)$, $(\pi/4, 1/\sqrt{2})$, $(\pi/2,1)$가 주어진 경우 이 네 점을 지나는 뉴튼 3차 보간다항식을 구하라.

5.14 함수 $f(x)=2x^3+4x^2+x+2$일 때 다음 물음에 답하라

(1) $x_0=-1, x_1=0$에서 $f(x)$ 값을 보간하는 뉴튼 1차 보간다항식을 구하라.

(2) $x_0=-1, x_1=0, x_2=1$에서 $f(x)$ 값을 보간하는 뉴튼 2차 보간다항식을 구하라.

(3) $x_0=-1, x_1=0, x_2=1, x_3=2$에서 $f(x)$ 값을 보간하는 뉴튼 3차 보간다항식을 구하라.

(4) $x_0=-1, x_1=0, x_2=1, x_3=2, x_4=3$에서 $f(x)$ 값을 보간하는 뉴튼 4차 보간다항식을 구하라.

5.15 함수 $f(x)=e^{-x}-x^2+\sin x$일 때 다음 점에서 $f(x)$ 값을 보간하는 뉴튼 1차 보간다항식을 구하고 $f(0.5)$값을 구하여 그 결과를 비교하라.

(1) $x_0=-1, x_1=0$

(2) $x_1=0, x_2=1$

(3) $x_0=-1, x_2=1$

5.16 함수 $f(x)$에 대한 다음의 3차 분할 차분을 구하고 그 결과를 비교하라.

(1) $f[x_0, x_1, x_2]$

(2) $f[x_0, x_2, x_1]$

(3) $f[x_1, x_0, x_2]$

(4) $f[x_1, x_2, x_0]$

(5) $f[x_2, x_0, x_1]$

(6) $f[x_2, x_1, x_0]$

5.17 함수 $f(x)$의 3차 분할 차분을 다음과 같은 행렬식 형태로 나타낼 때 행렬 A와 B를 구하라.

$$f[x_0, x_1, x_2] = \frac{|A|}{|B|}$$

5.18 다음 물음에 답하라.

(1) 점 (0, 1)과 (1,3)을 지나는 1차 보간 직선 $f_{L_1}(x)$을 라그랑주 보간법을 이용하여 구하라.

(2) 두 점 (0, 1), (1,3) 및 새로운 점 $(-1, f_{L_1}(-1)+1)$을 뉴튼 보간법을 이용하여 2차 보간 곡선 $f_{N_2}(x)$을 구하라.

5.19 다음 물음에 답하라.

(1) 점 (0, 1)과 (1,3)을 지나는 1차 보간직선 $f_{N_1}(x)$을 뉴튼 보간법을 이용하여 구하라.

(2) 두 점 (0, 1), (1,3) 및 새로운 점 $(-1, f_{L_1}(-1)+1)$과 라그랑주 보간법을 이용하여 2차 보간 곡선 $f_{L_2}(x)$을 구하라.

(3) 문제 5.23에서 구한 $f_{L\_1}(x)$, $f_{N_2}(x)$와 $f_{N\_1}(x)$, $f_{L_2}(x)$를 비교하라.

5.20 곡선 $f(x)$ 상의 두 점 $(a, f(a))$와 $(b, f(b))$를 지나는 1차 보간직선 $f_{L_1}(x)$과 $f_{N_1}(x)$를 각각 라그랑주 보간법과 뉴튼 보간법을 이용하여 구하고 둘 사이의 관계를 밝히라.

5.21 문제 5.220을 확장하여 곡선 $f(x)$ 상의 세 점 $(a, f(a))$, $(b, f(b))$ 및 $(c, f(c))$를 지나는 2차 보간 곡선 $f_{L_2}(x)$과 $f_{N_2}(x)$를 각각 라그랑주 보간법과 뉴튼 보간법을 이용하여 구하고 둘 사이의 관계를 밝히라.

스플라인 보간법

5.22 다음 함수가 스플라인 함수인지 판별하라.

(1) $S(x) = \begin{cases} -x+1, & -1 \le x \le 0 \\ 2x+1, & 0 \le x \le 1 \\ x+2, & 1 \le x \le 2 \end{cases}$

(2) $S(x) = \begin{cases} -11x+1, & -1 \le x \le 0 \\ -8x+1, & 0 \le x \le 2 \\ x-17, & 2 \le x \le 4 \\ 2x-9, & 4 \le x \le 5 \end{cases}$

(3) $S(x) = \begin{cases} -x+1, & -1 \le x \le 1 \\ -0.5x+0.5, & 1 \le x \le 2 \end{cases}$

(4) $S(x) = \begin{cases} -x^3 + 4x - 2, & 0 \le x \le 1 \\ 3x^3 - 12x^2 + 16x - 6, & 1 \le x \le 2 \\ -2x^3 + 18x^2 - 44x + 34, & 2 \le x \le 3 \end{cases}$

5.23 다음과 같이 주어진 데이터를 보간하는 1차 스플라인 함수 $S(x)$를 구하고 $x=0$ 일 때의 값을 추정하라.

x	−1	1	2	3	7
$f(x)$	2	−1	4	0	6

5.24 구간 $[0, \pi/2]$에서 함수 $f(x) = \cos x^2$ 값을 1차 스플라인을 사용하여 보간할 때 1차 스플라인의 오차가 10^{-3} 보다 작게 하기 위한 절점 수 n을 구하라.

5.25 다음과 같이 주어진 데이터를 보간하는 2차 스플라인 함수 $S(x)$를 구하라. 단, $d_0 = 0$이다.

x	0	1	3	4
$f(x)$	3	2	−1	1

5.26 다음과 같이 주어진 데이터를 보간하는 3차 스플라인 함수 $S(x)$를 구하라.

x	-3	-1	2	3	6
$f(x)$	1	0	-1	2	4

CHAPTER

06

최적화

최적화(optimization)란 주어진 제약 조건(constraints)을 만족하면서 주어진 목적함수(objective functions)를 최대화 혹은 최소화 시키는 과정을 말한다. 다시 말하면 주어진 등호 혹은 부등호 제약 조건 하에서 주어진 목적함수 $f(x)$를 최소화 혹은 최대화 시키는 변수값 x^*를 찾는 과정이다. 이러한 최적점은 그림 6.1에서 보는 바와 같이 $f'(x)=0$를 만족하는 x 값 중에서 2차 도함수 $f''(x)>0$이면 최소값을 갖고, 반대로 $f''(x)<0$ 이면 최대값을 갖는다. 최적점 중에는 그림 6.1에 나타낸 바와 같이 주어진 전체 영역에 대하여 최소 혹은 최대가 되는 점 즉 전역 최적점(global optimum)이 있고 이와는 달리 정해진 국소 영역에서 최소 혹은 최대가 되는 점 즉 국소 최적점(local optimum)이 있다. 대부분의 최적화 문제에서는 전역 최적점을 구하게 된다.

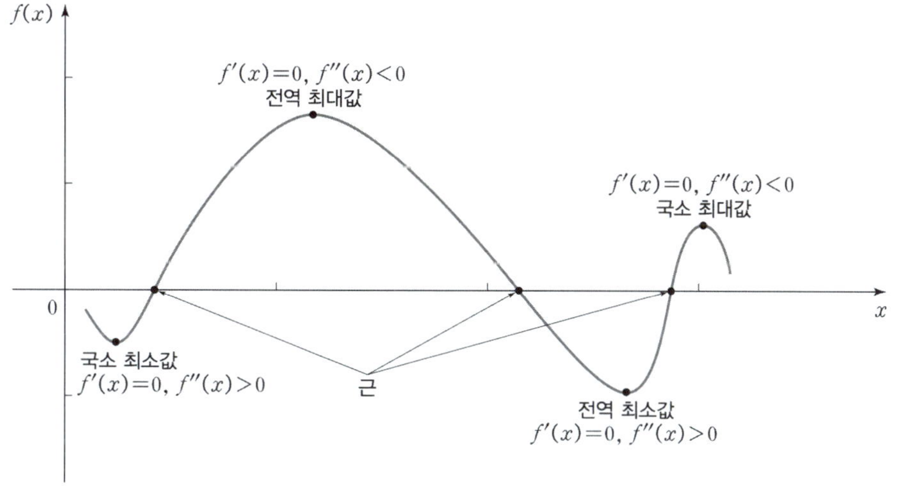

| 그림 6.1 | 근과 최적점

이러한 최적화 문제는 다음과 같이 요약될 수 있다.

[최적화 문제] 목적함수(objective function) $f(x)$가 식(6.1) 및 (6.2)로 주어지는 등호 제약 조건(equality constraints)및 부등호 제약 조건(inequality constraints)을 만족하면서 최소 혹은 최대가 되기 위한 변수값 x^*를 찾는다.

$$p_i(x)=\alpha_i,\ i=1,2,\cdots,m \tag{6.1}$$

$$q_j(x)\le\beta_j,\ j=1,2,\cdots,n \tag{6.2}$$

최적화 문제는 분류 기준에 따라 다양하게 분류될 수 있다. 예를 들면 차원의 수에 따라 1차원 최적화 문제와 다차원 최적화 문제로 분류되고 제약 조건의 유무에 따라 제약 최적화 문제와 비제약 최적화 문제로 분류된다. 이처럼 분류 기준에 따라 여러 가지로 분류되는 최적화 문제는 크게 목적함수 $f(x)$와 제약 조건에 따라 다음과 같이 분류된다.

- 목적함수 $f(x)$가 선형 함수(linear function)이면 선형계획법(linear programming)
- 목적함수 $f(x)$가 2차 함수(quadratic function) 이고 제약 조건이 선형이면 2차 계획법(quadratic programming)
- 목적함수 $f(x)$가 선형 함수나 2차 함수도 아니고 그리고/또는 제약 조건이 비선형인 경우는 비선형계획법(nonlinear programming)

이러한 최적화 문제는 단지 최적값을 구하는 문제에 그치지 않고 다양한 각도에서 응용될 수 있다. 예를 들어 앞의 3장에서 설명한 바와 같이 주어진 방정식 $f(x)=0$ 의 근 x를 구하는 문제는 두 곡선 $y_1=f(x)$와 $y_2=0$의 교점을 찾는 것으로 간주하고 교점을 구해 해를 구할 수 있다. 그러나 이와 달리 방정식 $f(x)=0$의 해를 구하는 문제를 식(6.3)

$$\min_x g(x)=\min_x |y_1-y_2|=\min_x |f(x)-0|=\min_x |f(x)| \tag{6.3}$$

과 같이 최소값을 찾는 문제로 변형하여 목적함수 $|f(x)|$를 최소화시키는 x^*을 찾아 근사해를 구할 수 있다.

그러나 대부분의 공학 문제의 경우 특히 차원이 큰 함수 $f(x)$의 도함수를 구하는 것은 쉬운 문제가 아니므로 이러한 도함수를 전향 차분, 후향 차분 혹은 중앙 차분 방식을 도입한 유한 차분법을 이용하여 근사화하여 계산하기 때문에 최적화 문제가 복잡해지게 된다. 이 장에서는 그림 6.2에서 보인 바와 같이 최대화 문제는 목적함수 $f(x)$의 부호를 $g(x)=-f(x)$와 같이 반전하면 함수 $f(x)$의 최대화 문제는 함수 $g(x)$의 최소화 문제로 변환되기 때문에 설명의 편의를 위하여 주로 최소화 문제를 다루기로 한다.

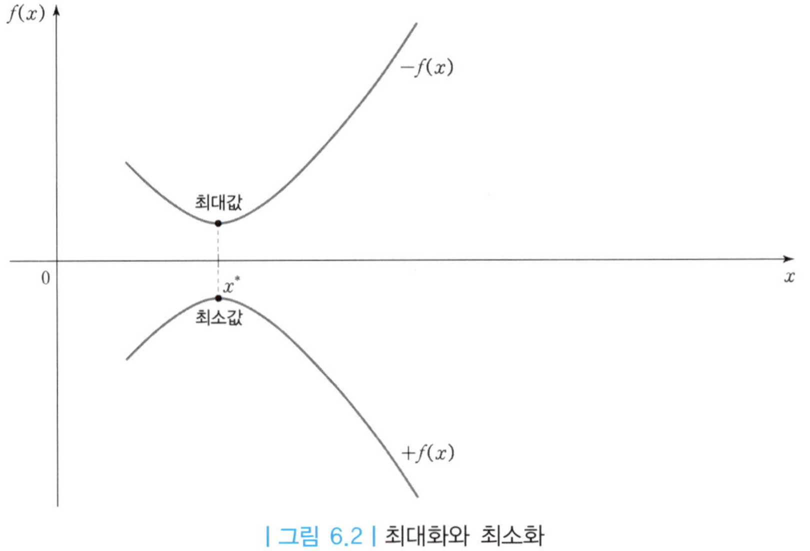

| 그림 6.2 | 최대화와 최소화

6.1 1차원 비제약 최적화

주어진 목적함수의 독립변수가 1차원이고 제약 조건이 없는 1차원 비제약 최적화 문제는 앞의 3장에서 살펴본 방정식의 해를 구하는 방법과 마찬가지로 구간법(bracketing method)과 개구간법(open method)이 있다. 최적값이 존재하는 초기 구간을 가정하고 이를 이용하여 최적값이 존재하는 구간을 좁혀 가는 방법인 구간법의 대표적 방법으로는 황금분할법(golden-section search method)과 2차 보간법(quadratic interpolation method)이 있다. 구간법과는 달리 최적해가 존재할 구간을 가정하지 않고 찾아가는 방법인 개구간법의 대표적 예로는 뉴튼법(Newton's method)이 있다. 이 방법은 최적점에서 주어진 목적함수 $f(x)$의 1차 도함수가 $f'(x) = 0$이 되므로 이를 이용하여 최소값 혹은 최대값을 찾는 방법이다. 이 절에서는 이들 세 가지 방법에 대하여 살펴보기로 한다.

6.1.1 황금분할법

황금분할법은 그림 6.3과 같이 주어진 구간 $[x_l, x_u]$ 내에 오직 하나의 최적값만이 존재하는 단봉형(uninodal) 목적함수 $f(x)$에 대하여 적용 가능한 탐색법이다.

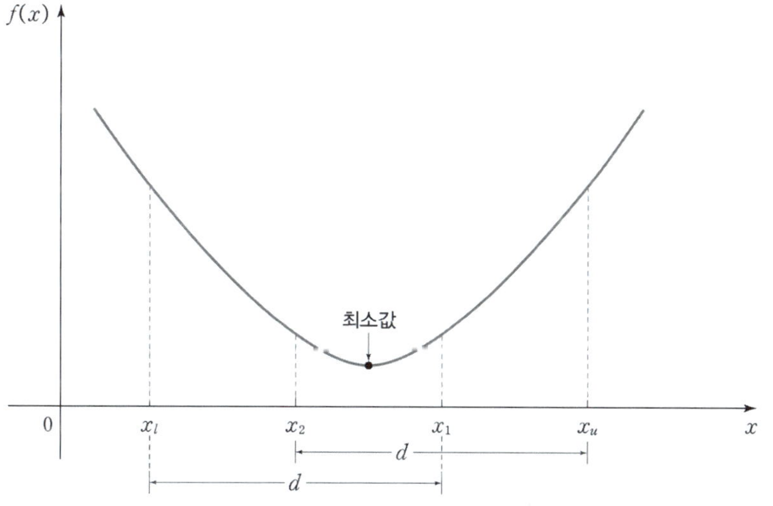

| 그림 6.3 | 황금분할법을 위한 단봉형 목적함수

황금분할법은 3장에서 살펴본 방정식의 해를 구하는 이분법과 유사한 단일 변수 탐색법으로 주어진 구간 $[x_l, x_u]$을 황금분할법에 따라 세 개의 구간 $[x_l, x_2]$, $[x_2, x_1]$ 및 $[x_1, x_u]$로 분할하여 최적점이 존재하지 않는 하나의 구간을 버리고 나머지 두 개의 구간을 다시 황금분할법에 따라 삼 분할 하여

최적점이 존재하는 구간을 찾아가는 탐색법이다. 이분법에서는 해가 존재하는 구간 $[x_l, x_u]$을 설정하고 그 구간을 2등분하여 생긴 좌우 두 개의 구간 $[x_l, x_c = (x_l + x_u)/2]$과 $[x_c, x_u]$의 구간 경계에 대하여 중간값 정리를 이용하여 $f(x_l)f(x_c) < 0$ 혹은 $f(x_c)f(x_u) < 0$를 만족하는 구간을 찾아 해를 찾는 방법이다. 황금분할법은 이러한 이분법과 유사하지만 최적값을 찾기 위하여 구간을 이등분이 아닌 삼 분할 하는 점이 이분법과 다르다. 여기서 그림 6.3에서와 같이 주어진 목적함수의 최소값을 찾는 문제를 고려해 보기 위하여 먼저 그림 6.4와 같이 주어진 구간 $[x_l, x_u]$을 세 개의 구간 $[x_l, x_2]$, $[x_2, x_1]$ 및 $[x_1, x_u]$으로 분할하고 최소값의 세 개의 구간 각각에 존재하는 경우에 대하여 살펴보면 다음과 같다.

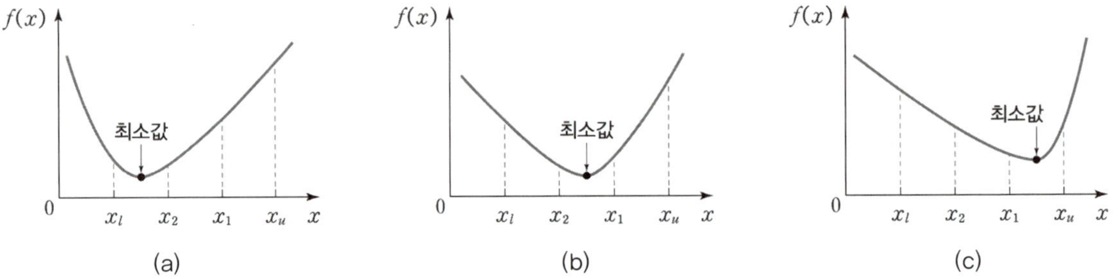

| 그림 6.4 | 구간 별 최소값

먼저 구간 그림 6.4(a)와 같이 최소값이 가장 좌측에 있는 구간 $[x_l, x_2]$에 존재한다고 하면 $f(x_2) < f(x_1)$를 만족하므로 단봉형 목적함수의 특징에 따라 가장 우측에 있는 구간 $[x_1, x_u]$에는 최소값이 존재하지 않는다. 두 번째로 그림 6.4(b)와 같이 최소값이 중간에 있는 구간 $[x_2, x_1]$에 존재한다고 하면 $f(x_2) < f(x_1)$를 만족하는 경우에는 단봉형 목적함수의 특징에 따라 구간 $[x_1, x_u]$에는 최소값이 존재하지 않고 $f(x_2) > f(x_1)$를 만족하는 경우에는 단봉형 목적함수의 특징에 따라 구간 가장 좌측에 있는 구간 $[x_l, x_2]$에는 최소값이 존재하지 않는다. 마지막으로 그림 6.4(c)와 같이 최소값이 가장 우측에 있는 구간 $[x_1, x_u]$에 존재한다고 하면 $f(x_2) > f(x_1)$를 만족하므로 단봉형 목적함수의 특징에 따라 가장 좌측에 있는 구간 $[x_l, x_2]$에는 최소값이 존재하지 않는다. 이를 정리하면 다음과 같다.

- $f(x_2) < f(x_1)$인 경우 단봉형 목적함수의 특징에 따라 가장 우측에 있는 구간 $[x_1, x_u]$에는 최소값이 존재하지 않는다.
- $f(x_2) > f(x_1)$인 경우 단봉형 목적함수의 특징에 따라 가장 좌측에 있는 구간 $[x_l, x_2]$에는 최소값이 존재하지 않는다.

황금분할법은 주어진 목적함수와 구간에 대하여 이와 같은 과정을 반복하여 최적값이 존재하는 구간을 찾아가는 방식이다. 그러면 구간을 삼 분할 한 경우 어떻게 하면 계산량을 줄일 것인가가 문제가 되는데 이 문제는 다음과 같은 유클리드의 황금비율을 사용하게 되면 매번 반복 연산마다 주어진 구간 내의 절점 x_1, x_2 둘 다 구하지 않고 어느 하나만 구하면 되는 장점이 있다.

유클리드(Euclid)의 황금비율 $\varnothing$는 그림 6.5에 나타낸 바와 같이 내부의 긴 선분 길이 l_1과 전체 선분의 길이 l_1+l_2에 대한 비율 $l_1/(l_1+l_2)$이 내부 짧은 선분의 길이 l_2와 긴 선분의 길이 l_1의 비율 l_2/l_1와 같을 때 $\varnothing=l_2/l_1$를 황금비율이라 한다. 즉 식(6.4)의 관계

$$\frac{l_1}{l_1+l_2}=\frac{l_2}{l_1}=\varnothing \tag{6.4}$$

를 만족하는 $\varnothing=l_2/l_1$가 황금비율이며 이 직선은 황금비율로 나누어진다고 한다.

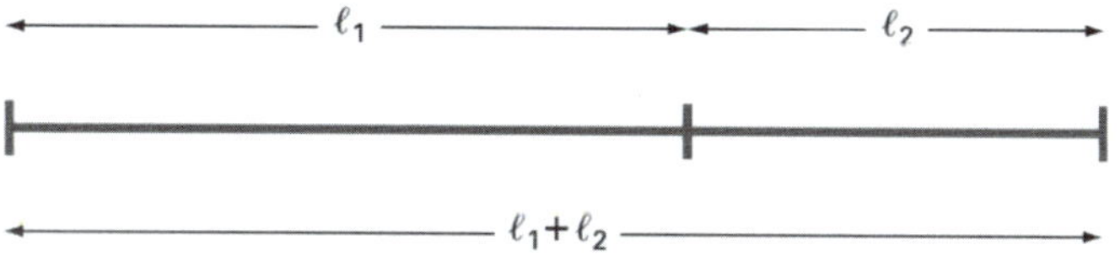

| 그림 6.5 | 황금분할

식(6.4)의 양변을 역수를 취한 뒤 $\varnothing$로 나타내면

$$1+\varnothing=\frac{1}{\varnothing} \tag{6.5}$$

또는

$$\varnothing^2+\varnothing-1=0 \tag{6.6}$$

가 되므로 식(6.6)의 근을 구하여 양의 값을 취하면

$$\varnothing=\frac{-1+\sqrt{5}}{2}\approx 0.6180 \tag{6.7}$$

가 된다. 이 값 $\varnothing$를 황금비율(golden ratio)이라 한다. 이러한 황금비율을 활용한 예로는 그림 6.6과 같은 기원전 5세기경에 축조된 그리스 아테네의 파르테논 신전이 있다.

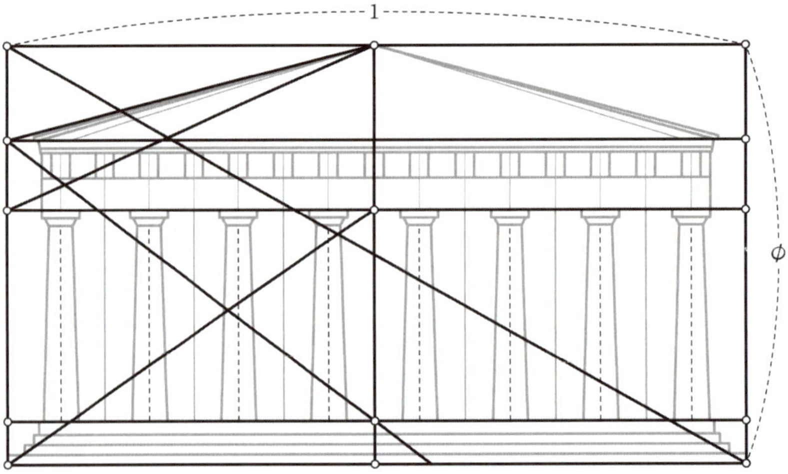

| 그림 6.6 | 그리스 파르테논 신전의 황금비율

다음으로는 이러한 황금비율 ∅를 이용한 황금분할법 살펴보기로 한다. 황금분할법 알고리즘은 앞에서 설명한 바와 같이 주어진 구간 $[x_l, x_u]$을 황금비율로 3 분할한 후 최적값이 존재하지 않는 구간을 찾아 이 구간을 버리고 나머지 두 개의 구간에 대하여 다시 위의 과정을 반복하는 과정을 말한다. 여기서 구간을 삼 분할 하는 과정을 아래 식(6.8)과 식(6.8.a) 및 식(6.8.b)와 같이 설정하게 되면 매 반복시행마다 발생하는 계산량을 줄일 수 있다는 장점이 있다.

$$d = \varnothing (x_u - x_l) = \frac{-1 + \sqrt{5}}{2}(x_u - x_l) \tag{6.8}$$

$$x_1 = x_l + d = (1 - \varnothing)x_l + \varnothing x_u \tag{6.8.a}$$

$$x_2 = x_u - d = \varnothing x_l + (1 - \varnothing)x_u \tag{6.8.b}$$

이러한 황금분할법을 그림 6.7을 이용하여 설명하면 다음과 같다. 즉 그림 6.7에 나타낸 바와 같이 주어진 구간 $[x_l, x_u]$을 식(6.8)과 식(6.8.a) 및 (6.8.b)을 이용하여 세 개의 구간 즉 $[x_l, x_2]$, $[x_2, x_1]$ 및 $[x_1, x_u]$로 분할하고 함수값 $f(x_1)$과 $f(x_2)$를 비교하여 $f(x_2) < f(x_1)$인 경우는 함수 $f(x)$가 단 하나의 최소값을 갖는 형태인 단일봉을 갖는다고 가정하였으므로 구간 $[x_{1(0)}, x_{u(0)}]$에서는 최소값이 존재하지 않으므로 그림 6.7의 첫 번째 구간 $[x_{l(0)}, x_{u(0)}]$에서와 같이 $[x_{1(0)}, x_{u(0)}]$ 구간을 버린다. 반대로 $f(x_2) > f(x_1)$인 경우에는 구간 $[x_{l(0)}, x_{2(0)}]$에서는 최소값이 존재하지 않으므로 그림 6.7의 두 번째 구간 $[x_{l(1)}, x_{u(1)}]$에서와 같이 $[x_{l(1)}, x_{2(1)}]$ 구간을 버린다. 이와 같은 과정을 반복하여 구간 폭이 미리 설정한 한계보다 작거나 같은 경우 계산을 중단하고 출력을 하게 된다.

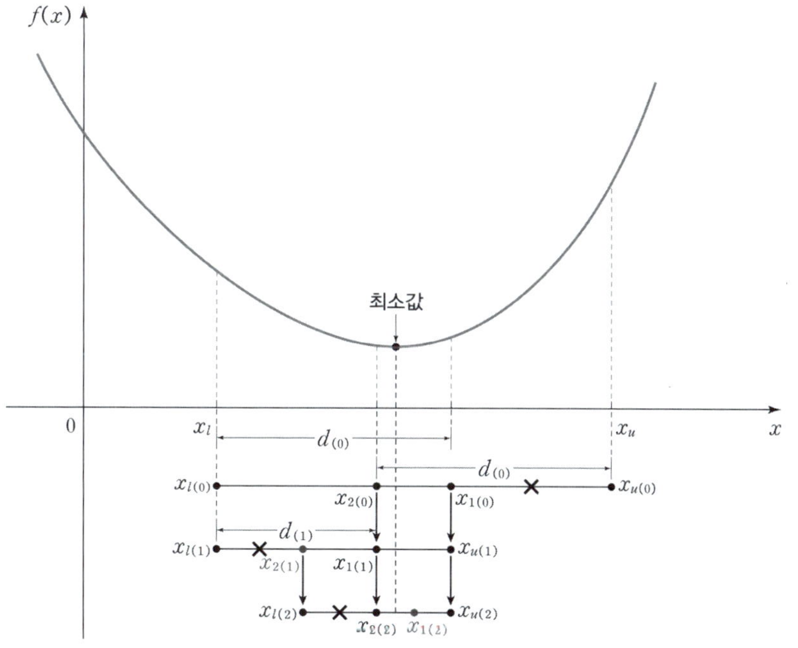

| 그림 6.7 | 황금분할법

이러한 황금분할 탐색법 알고리즘을 최소값을 찾는 문제로 정리하면 다음과 같다. 단, 최대값을 찾는 문제는 앞에서 설명한 바와 같이 목적함수에 -1을 곱하면 최소화 문제로 변환되니 여기서는 최소값 탐색 문제로 정리하기로 한다.

알고리즘 6.1 황금분할법

[단계 1] 주어진 초기구간 $[x_l, x_u]$에 대하여 $|x_l - x_u| < \epsilon$ (ϵ는 허용 오차 한계)이면 계산을 멈춘 후, $f(x_2) < f(x_1)$인 경우는 해로 x_2 혹은 $f(x_2)$를 출력하고 $f(x_2) > f(x_1)$인 경우는 해로 x_1 혹은 $f(x_1)$을 출력하고 종료한다. 그렇지 않으면 (단계 2)로 간다.

[단계 2] 식(6.8)과 식(6.8.a) 및 식(6.8.b)를 이용하여 황금비율과 구간 내의 절점 x_1과 x_2를 구한다. 단, 구간 상한 x_u가 바로 전 반복에서의 x_1 과 같다면 바로 전 반복에서의 x_2는 현 단계에서의 x_1과 같으므로 x_2만 구하면 되고, 구간 하한 x_l이 바로 전 반복에서의 x_2 와 같다면 바로 전 반복에서의 x_1은 현 단계에서의 x_2와 같으므로 x_1만 구하면 된다.

$$d = \varnothing(x_u - x_l) = \frac{-1+\sqrt{5}}{2}(x_u - x_l)$$

$$x_1 = x_l + d = (1-\varnothing)x_l + \varnothing x_u$$

$$x_2 = x_u - d = \varnothing x_l + (1-\varnothing)x_u$$

[단계 3] 절점 x_1과 x_2에서의 목적함수값 $f(x_1)$과 $f(x_2)$의 관계가 $f(x_2) < f(x_1)$ 이면 구간 $[x_1, x_u]$에는 최소값이 존재하지 않으므로 새로운 구간을 $[x_l, x_u] = [x_l, x_1]$으로 두고, 그렇지 않으면 $[x_l, x_u] = [x_2, x_u]$로 두고 [단계 1]로 간다.

예제 6.1

함수 $f(x) = x^3 + 3x^2 - 5x - \cos x + e^{-x} + 1$의 최소값이 존재하는 구간을 황금분할법을 1회 시행하여 구하라. 단, 초기구간은 $[-2, 2]$이고 $\epsilon = 10^{-5}$이다.

풀이 초기 구간과 허용 오차 한계를 이용하여 (단계 1)을 조사하면 $|x_l - x_u| > \epsilon$이므로 (단계 2)로 식(6.8)과 식(6.8.a) 및 (6.8.b)를 이용하여 절점을 구하면

$$
\begin{aligned}
d &= \phi^*(x_u - x_l) = 2.4721 \\
x_1 &= -2 + 2.4721 = 0.4721 \\
x_2 &= 2 - 2.4721 = -0.4721
\end{aligned}
$$

와 같다. (단계 3)으로

$$
\begin{aligned}
f(x_2) &= f(-0.4721) = 4.6367 \\
f(x_1) &= f(0.4721) = -0.8536 \\
& f(x_2) > f(x_1)
\end{aligned}
$$

으로부터 최소값은 구간 $[x_l, x_2]$에는 존재하지 않으므로 다음 구간은 $[x_l, x_u] = [x_2, x_u] = [-0.4721, 2]$가 되고 다음 반복에서의 x_2는 현 단계에서의 x_1과 같으므로 $x_2 = 0.4721$로 설정하고 다음 단계로 가서 x_1을 구한다. 여기서 함수 $f(x)$를 그리면 그림 6.8과 같다.

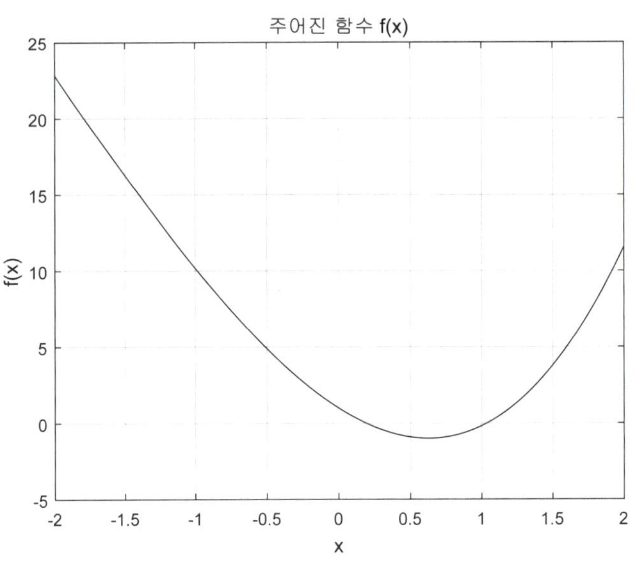

| 그림 6.8 | 함수 $f(x) = x^3 + 3x^2 - 5x - \cos x + e^{-x} + 1$ 그래프

이를 매트랩 및 파이썬으로 구하면 [ex6_1] 코드와 같고 실행 결과는 다음과 같다.

% [ex6_1] 매트랩 코드 실행 결과

```
* [예제 6.1] 황금분할법
 * f(x) = @(x)x.^3+3*x.^2-5*x-cos(x)+exp(-x)+1

최소는 0 최대는 1을 입력 :0

 * 황금분할법 해 존재 구간 = [xl, xu]
  n        xl          xu         x1         x2        f(x1)      f(x2)
  0    -2.0000     2.0000     0.4721    -0.4721    -0.8536     4.6370
  1    -0.4721     2.0000     1.0557     0.4721     0.0971    -0.8536
  2    -0.4721     1.0557     0.4721     0.1115    -0.8536     0.3821
  3     0.1115     1.0557     0.6950     0.4721    -0.9592    -0.8536
  4     0.4721     1.0557     0.8328     0.6950    -0.7437    -0.9592
  5     0.4721     0.8328     0.6950     0.6099    -0.9592     0.9830
  6     0.4721     0.6950     0.6099     0.5573    -0.9830    -0.9576
  7     0.5573     0.6950     0.6424     0.6099    -0.9835    -0.9830
  8     0.6099     0.6950     0.6625     0.6424     0.9779    -0.9835
  9     0.6099     0.6625     0.6424     0.6300    -0.9835    -0.9847
```

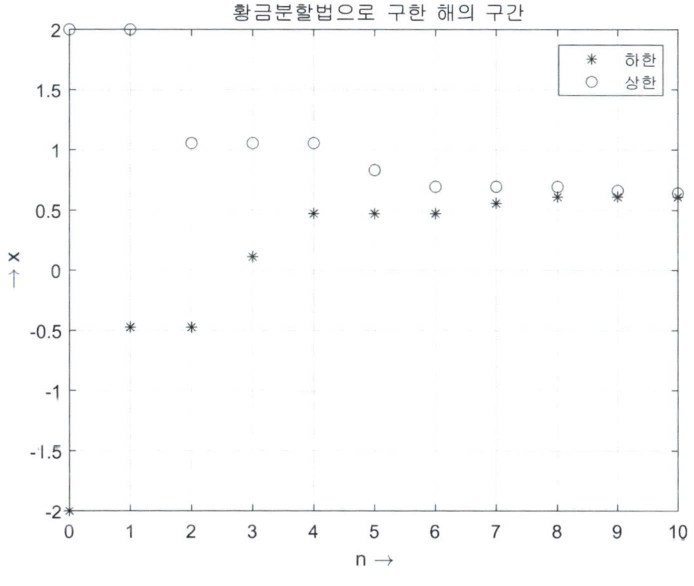

[ex6_1] 파이썬 코드 실행 결과

```
* [예제 6.1] 황금분할법 : 해 존재 구간 = [xl, xu]

최소는 0 최대는 1을 입력 : 0

 n       xl          xu         x1        x2       f(x1)     f(x2)
 1  [-2.0000    2.0000]:   0.4721   -0.4721   -0.8536    4.6370
 2  [-0.4721    2.0000]:   1.0557    0.4721    0.0971   -0.8536
 3  [-0.4721    1.0557]:   0.4721    0.1115   -0.8536    0.3821
 4  [ 0.1115    1.0557]:   0.6950    0.4721   -0.9592   -0.8536
 5  [ 0.4721    1.0557]:   0.8328    0.6950   -0.7437   -0.9592
 6  [ 0.4721    0.8328]:   0.6950    0.6099   -0.9592   -0.9830
 7  [ 0.4721    0.6950]:   0.6099    0.5573   -0.9830   -0.9576
 8  [ 0.5573    0.6950]:   0.6424    0.6099   -0.9835   -0.9830
 9  [ 0.6099    0.6950]:   0.6625    0.6424   -0.9779   -0.9835
```

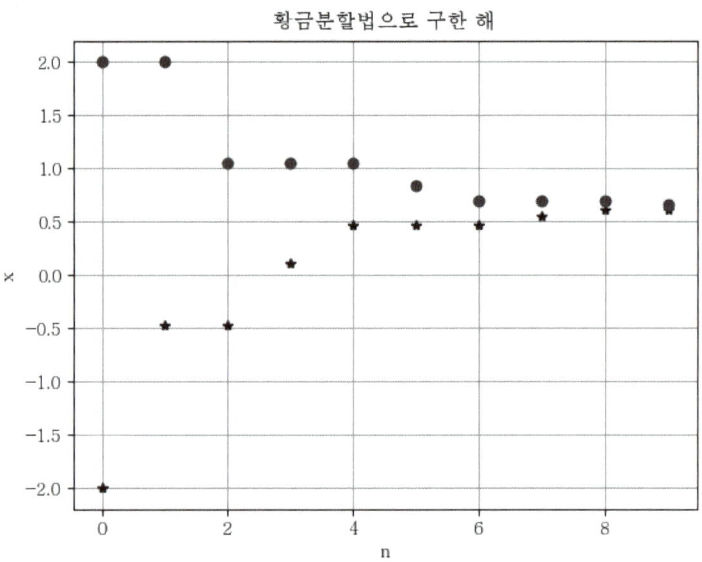

6.1.2 포물선 보간 탐색법

포물선 보간 탐색법은 2차 보간 탐색법이라고도 하는데 이는 그림 6.9와 같이 주어진 목적함수 $f(x)$를 주어진 3개의 점 $(x_0, f(x_0))$, $(x_1, f(x_1))$ 및 $(x_2, f(x_2))$을 이용하여 2차 다항식으로 근사화한 후 근사화된 2차 다항식

$$g(x) = ax^2 + bx + c \tag{6.9}$$

의 최적점을 미분을 이용하여 구하는 방식이기 때문이다.

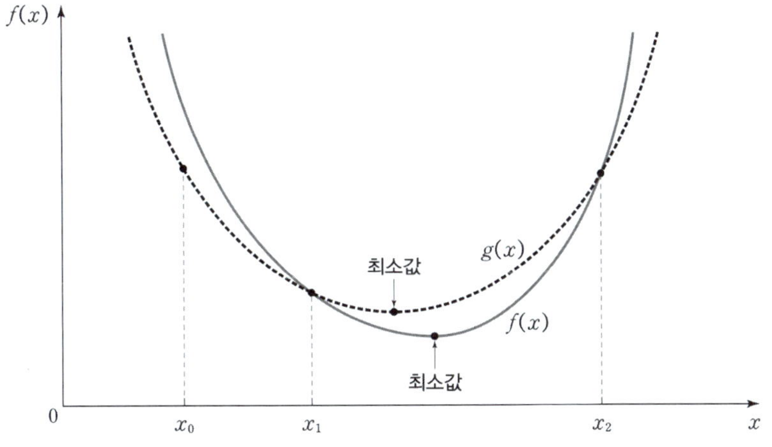

| 그림 6.9 | 포물선 보간

포물선 보간법을 그림 6.9를 바탕으로 설명하면 $x_0 < x_1 < x_2$를 만족하는 세 점 $(x_0, f(x_0))$, $(x_1, f(x_1))$ 및 $(x_2, f(x_2))$가 주어진 경우, 이 세 점과 식(6.9)를 이용하여 2차 보간 다항식 $g(x)$를 구한 후 최저점을 구하기 위하여 $g(x)$의 1차 도함수 $g'(x)=0$을 만족하는 x_3값을 구하면

$$x_3 = x_1 - \frac{1}{2}\frac{(x_1-x_0)^2[f(x_1)-f(x_2)]-(x_1-x_2)^2[f(x_1)-f(x_0)]}{(x_1-x_0)[f(x_1)-f(x_2)]-(x_1-x_2)[f(x_1)-f(x_0)]} \tag{6.10}$$

가 된다. 식(6.10)으로 구한 x_3값과 주어진 x_1값 사이의 다음 관계를 이용하여 최적값이 존재하는 새로운 구간을 찾을 수 있다.

$x_1 < x_3$인 경우

- 그림 6.10의 (a)처럼 $f(x_1) < f(x_3)$이면 최소값이 점 x_3보다 좌측에 존재하므로 다음 반복에 사용되는 세 점은 $x_0 = x_0$, $x_1 = x_1$, $x_2 = x_3$이 된다.
- 그림 6.10의 (b)처럼 $f(x_1) > f(x_3)$이면 최소값이 점 x_1보다 우측에 존재하므로 다음 반복에 사용되는 세 점은 $x_0 = x_1$, $x_1 = x_3$, $x_2 = x_2$ 가 된다.

$x_3 < x_1$인 경우

- 그림 6.10의 (a)처럼 $f(x_3) < f(x_1)$이면 최소값이 점 x_1보다 좌측에 존재하므로 다음 반복에 사용되는 세 점은 $x_0 = x_0$, $x_1 = x_3$, $x_2 = x_1$이 된다.

- 그림 6.10의 (b)처럼 $f(x_3) > f(x_1)$이면 최소값이 점 x_3보다 우측에 존재하므로 다음 반복에 사용되는 세 점은 $x_0 = x_3$, $x_1 = x_1$, $x_2 = x_2$가 된다.

이러한 과정을 정리하여 요약하면 다음 반복에서 사용되는 세 개의 절점은 그림 6.10에서와 같이 식(6.10)으로 구한 절점 x_3과 그 좌우 각각 한 점씩 두 점을 포함한 세 점 즉, $x_0 = x_0$, $x_1 = x_3$, $x_2 = x_1$ 혹은 $x_0 = x_1$, $x_1 = x_3$, $x_2 = x_2$ 가 된다.

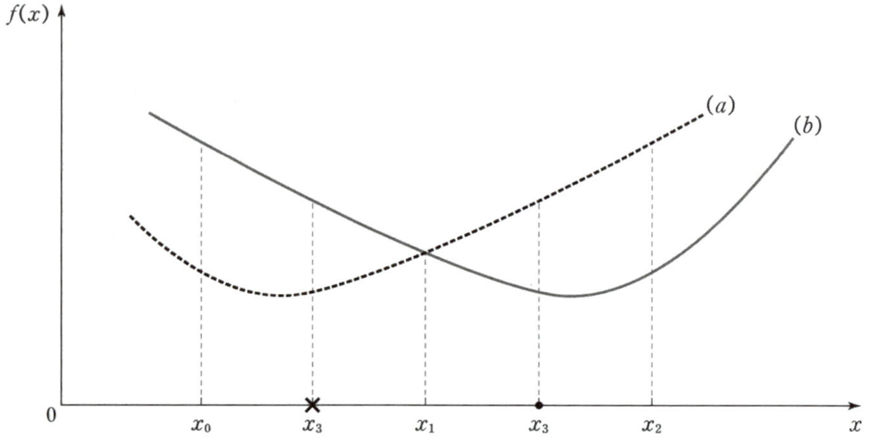

| 그림 6.10 | 포물선 보간 탐색

이러한 포물선 보간 탐색법 알고리즘을 최소값을 찾는 문제에 대하여 정리하면 다음과 같다.

알고리즘 6.2 포물선 보간 탐색법

[단계 1] $x_0 < x_1 < x_2$를 만족하는 주어진 세 점 $(x_0, f(x_0))$, $(x_1, f(x_1))$ 및 $(x_2, f(x_2))$에 대하여 $|x_0 - x_2| < \epsilon$ 이면 계산을 멈추고 최소값을 갖는 해를 x_1 혹은 $f(x_1)$으로 출력하고 종료한다. 그렇지 않으면 (단계 2)로 간다. 여기서 ϵ는 허용 오차 한계이다.

[단계 2] 식(6.10)을 이용하여 보간한 2차 포물선의 최적점 x_3을 구한다.

[단계 3] 최소값이 존재하는 다음 반복 절점 세 개 즉, $x_0 = x_0$, $x_1 = x_3$, $x_2 = x_1$ 혹은 $x_0 = x_1$, $x_1 = x_3$, $x_2 = x_2$를 구하고 [단계 1]로 간다.

예제 6.2

함수 $f(x) = x^3 + 3x^2 - 5x - \cos x + e^{-x} + 1$의 최소값이 존재하는 절점을 포물선 보간 탐색법을 2회 반복 시행하여 구하라. 단, 초기 절점은 $x_0 = -2$, $x_1 = 0$, $x_2 = 2$이고 $\epsilon = 10^{-5}$이다.

풀이

주어진 목적함수의 그래프는 그림 6.8과 같다. 초기 절점과 식(6.10)을 이용하여 x_3를 구하면

$$x_0 = -2 \rightarrow f(x_0) = f(-2) = 22.8052$$
$$x_1 = 0 \rightarrow f(x_1) = f(0) = 1$$
$$x_2 = 2 \rightarrow f(x_2) = f(2) = 11.5515$$
$$x_3 = -\frac{1}{2}\frac{(2)^2(1-11.5515)-(-2)^2(1-22.8052)}{2(1-11.5515)-(-2)(1-22.8052)} = 0.3478$$

가 되고 $x_1 < x_3 < x_2$인 관계가 만족되므로 다음 반복 절점은 $x_0 = x_1$, $x_1 = x_3$, $x_2 = x_2$로부터 $x_0 = 0$, $x_3 = 0.3478$, $x_2 = 2$ 가 된다. 이를 바탕으로 2번째 반복 절점을 구하면

$$x_0 = 0 \rightarrow f(x_0) = f(0) = 1$$
$$x_1 = 0.3478 \rightarrow f(x_1) = f(0.3478) = -0.5679$$
$$x_2 = 2 \rightarrow f(x_2) = f(2) = 11.5515$$

$$x_3 = 0.3478 - \frac{1}{2}\frac{(0.3478)^2(-0.5679-11.5515)-(0.3478-2)^2(-0.5679-1)}{(0.3478)(-0.5679-11.5515)-(0.3478-2)(-0.5679-1)} = 0.5545$$

가 된다.

이를 매트랩 및 파이썬으로 구하면 [ex6_2] 코드와 같고 실행 결과는 다음과 같다.

% [ex6_2] 매트랩 코드 실행 결과

```
* [예제 6.2] 2차보간법으로 최대(소)값 구하기
 * f(x) = @(x)x.^3+3*x.^2-5*x-cos(x)+exp(-x)+1

X =      -2          0          2

 * 2차보간법으로 구한 해 : x3
  n      x0        x1        x2        x3       f(x3)
  1   -2.0000    0.0000    2.0000    0.3478   -0.5679
  2    0.0000    0.3478    2.0000    0.5545   -0.9554
  3    0.3478    0.5545    2.0000    0.5983   -0.9800
  4    0.5545    0.5983    2.0000    0.6191   -0.9843
  5    0.5983    0.6191    2.0000    0.6244   -0.9847
  6    0.6191    0.6244    2.0000    0.6266   -0.9847
  7    0.6244    0.6266    2.0000    0.6272   -0.9847
  8    0.6266    0.6272    2.0000    0.6274   -0.9847
```

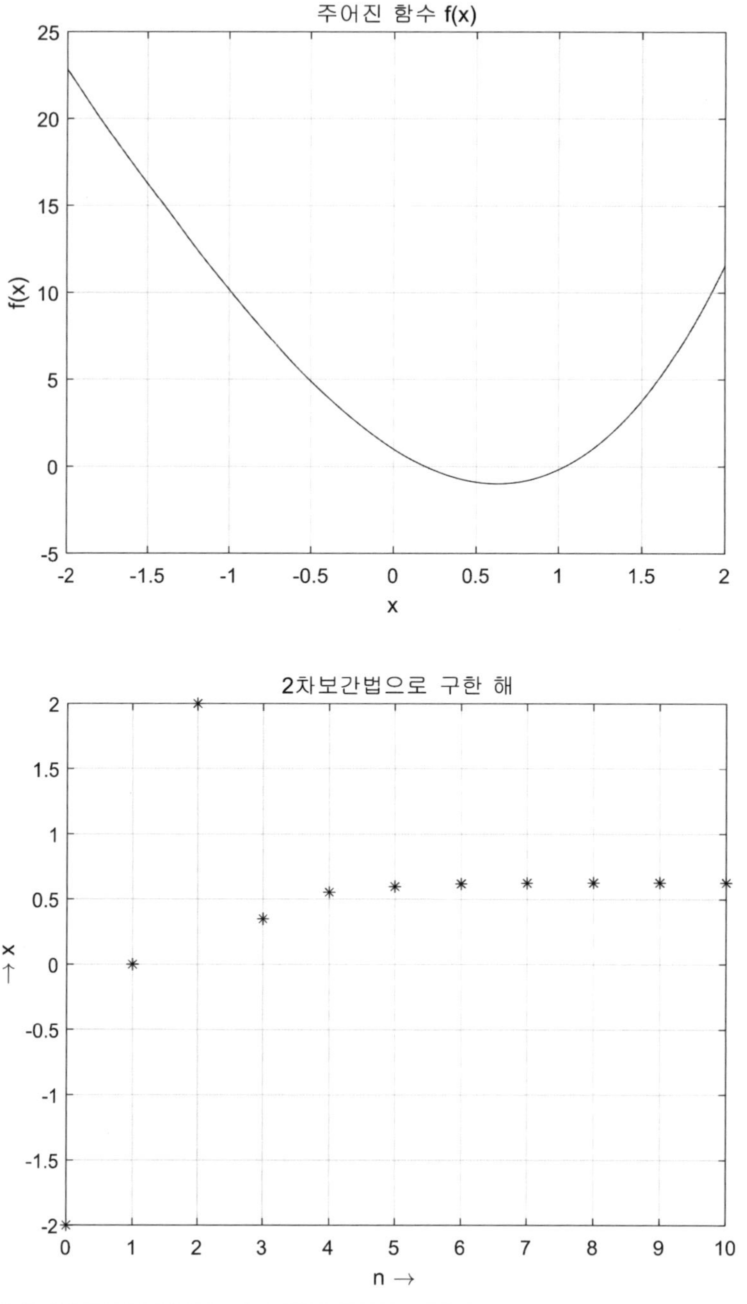

주어진 함수 f(x)
f(x)
x
2차보간법으로 구한 해
→ x
n →

[ex6_2] 파이썬 코드 실행 결과

* [예제 6.2] 2차보간법 : 해 = x3

n	x0	x1	x2	x3	f(x3)
1	-2.0000	0.0000	2.0000	0.3478	-0.5679
2	0.0000	0.3478	2.0000	0.5545	-0.9554
3	0.3478	0.5545	2.0000	0.5983	-0.9800
4	0.5545	0.5983	2.0000	0.6191	-0.9843
5	0.5983	0.6191	2.0000	0.6244	-0.9847
6	0.6191	0.6244	2.0000	0.6266	-0.9847
7	0.6244	0.6266	2.0000	0.6272	-0.9847
8	0.6266	0.6272	2.0000	0.6274	-0.9847

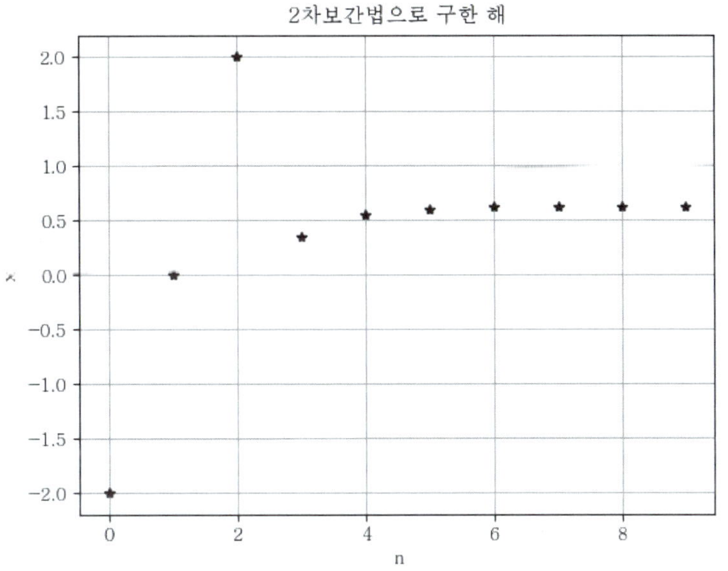

6.1.3 뉴튼 탐색법

3장에서 설명한 뉴튼 랩슨(Newton-Rapson)법은 방정식 $f(x)=0$의 해를 찾기 위하여

$$x_{i+1} = x_i - \frac{f(x_i)}{f'(x_i)}, \quad i = 0,1,2,\cdots \tag{6.11}$$

를 사용하였다. 이러한 개념을 최적점을 찾는 문제에 적용한 것이 뉴튼 탐색법이다. 즉 2차 연속 미분 가능한 함수 $f(x)$가 주어졌을 때, 이 함수의 최대 혹은 최소값을 구하는 문제는 함수 $f(x)$의 1차 미분 함수에 대하여 방정식 $f'(x)=0$의 해를 찾는 문제와 같아지게 된다. 따라서 $f(x)$가 2차 연속 미분 가능하다고 하였으므로 앞에서 다룬 뉴튼-랩슨법을 이용하여 $f'(x)=0$의 해를 구하게 되면 이

값이 바로 함수 $f(x)$가 최대 혹은 최소값을 갖는 x가 된다. 이를 바탕으로 뉴튼 탐색법에 의한 최적점은 다음식으로 구해진다.

$$x_{i+1} = x_i - \frac{f'(x_i)}{f''(x_i)}, \quad i = 0, 1, 2, \cdots \tag{6.12}$$

그러나 이와 같은 뉴튼법을 이용하여 최적값을 구하기 위해서는 주어진 함수의 1차 및 2차 미분이 필요하다는 단점이 있다.

이러한 뉴튼 탬색법 알고리즘을 최소값을 찾는 문제에 대하여 정리하면 다음과 같다.

알고리즘 6.3 뉴튼 탐색법

[단계 1] 식(6.12)를 이용하여 최적점 x_{i+1}를 구한다.

[단계 2] $|x_{i+1} - x_i| < \epsilon$ 이면 계산을 멈추고 최소값을 갖는 해를 x_{i+1} 혹은 $f(x_{i+1})$으로 출력하고 종료한다. 그렇지 않으면 [단계 1]로 간다. 여기서 ϵ는 허용 오차 한계이다.

예제 6.3

함수 $f(x) = x^3 + 3x^2 - 5x - \cos x + e^{-x} + 1$의 최소값이 존재하는 절점을 뉴튼 탐색법을 1회 반복 시행하여 구하라. 단, 초기 절점은 $x_0 = 0$이고 오차 한계는 $\epsilon = 10^{-5}$이다.

풀이

$f(x) = x^3 + 3x^2 - 5x - \cos x + e^{-x} + 1$에 대한 1차 및 2차 도함수를 구하면

$$f'(x) = 3x^2 + 6x - 5 + \sin x - e^{-x}$$

$$f''(x) = 6x + 6 + \cos x + e^{-x}$$

이도 $f'(0) = -6$ 및 $f''(0) = 8$이 되므로 식(6.12)을 이용하여 x_1을 구하면

$$x_1 = x_0 - \frac{f'(x_0)}{f''(x_0)} = -\frac{-6}{8} = \frac{3}{4}$$

가 된다.

이를 매트랩 및 파이썬으로 구하면 [ex6_3] 코드와 같고 실행 결과는 다음과 같다.

% [ex6_3] 매트랩 코드 실행 결과

* [예제 6.3] 뉴튼 탐색법으로 최대(소)값 구하기

```
* f(x) = @(x)x.^3+3*x.^2-5*x-cos(x)+exp(-x)+1

* 뉴튼 탐색법으로 구한 해 : x1
 n      x0        x1        f(x1)
 1    0.0000    0.7500    -0.8999
 2    0.7500    0.6307    -0.9847
 3    0.6307    0.6276    -0.9847
 4    0.6276    0.6275    -0.9847
 5    0.6275    0.6275    -0.9847
 6    0.6275    0.6275    -0.9847
 7    0.6275    0.6275    -0.9847
 8    0.6275    0.6275    -0.9847
 9    0.6275    0.6275    -0.9847
```

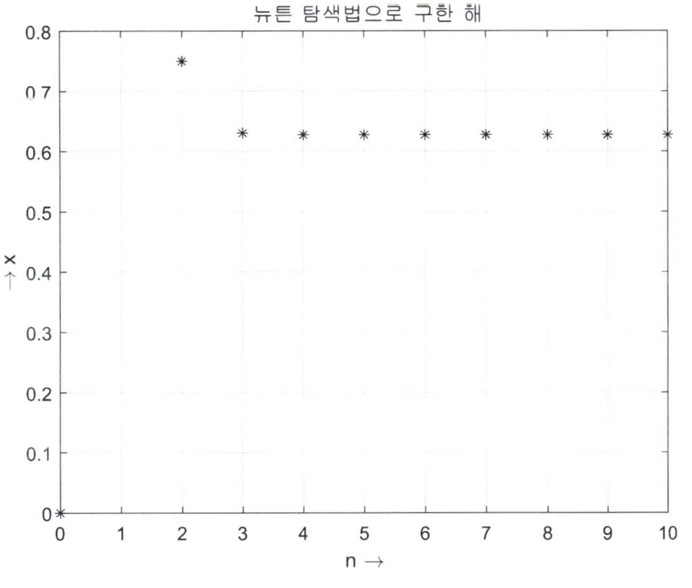

 # [ex6_3] 파이썬 코드 실행 결과

```
* [예제 6.3] 뉴튼 탐색법 : 해 = x1
n     x0       x1       f(x1)
0   0.0000   0.7500   -0.8999
1   0.7500   0.6307   -0.9847
2   0.6307   0.6276   -0.9847
3   0.6276   0.6275   -0.9847
4   0.6275   0.6275   -0.9847
5   0.6275   0.6275   -0.9847
6   0.6275   0.6275   -0.9847
7   0.6275   0.6275   -0.9847
8   0.6275   0.6275   -0.9847
9   0.6275   0.6275   -0.9847
```

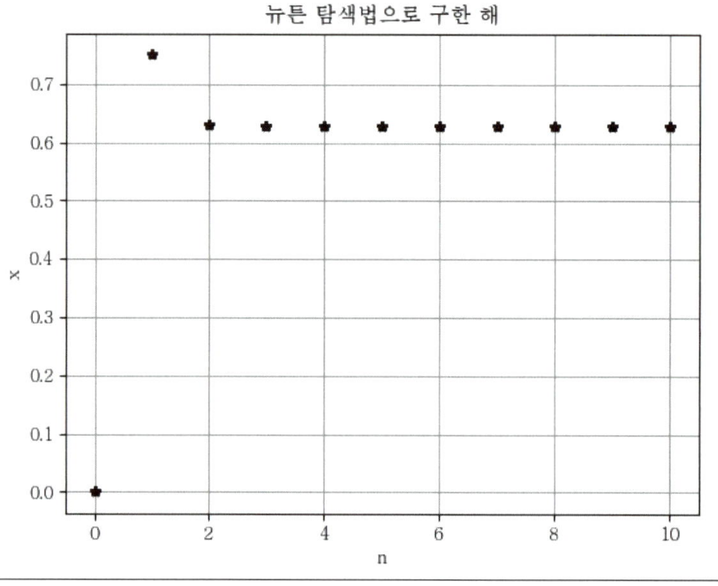

6.2 다차원 비제약 최적화

이 절에서는 여러 개의 변수를 갖는 함수의 최소값 혹은 최대값을 구하는 다차원 비제약 최적화 문제를 다루기로 한다. n개의 변수 $x_1, x_2, \cdots, x_n$으로 이루어진 n차원 비제약 최적화 문제에 대한 최적해를 구하는 기법은 크게 도함수의 계산 필요 여부에 따라 다음 두 가지로 구분된다. 즉, 도함수 계산을 필요로 하지 않는 비구배법(non-gradient method) 또는 직접법(direct method)과 도함수 계산을 필요로 하는 구배법(gradient method) (상향법(ascent method) 또는 하향법(descent method))으로 구분된다. 여기서는 이러한 비구배법의 대표적 방법인 파웰법(Powell's method)과 구배법의 대표적 방법인 켤레 구배법(conjugate gradient method)에 대하여 설명하기로 한다. 그리고 파웰법에 대하여는 설명의 편의를 위해 이차원 함수의 최적화 문제에 국한하기로 한다.

6.2.1 파웰법

목적함수가 다차원 함수로 주어지는 다차원 최적화 문제를 다차원 함수에 대한 도함수를 계산하지 않고 최적점을 구하는 방법이 비구배법이다. 이러한 비구배법으로 최적점을 구하기 위하여 일반적으로 사용되는 기법이 단일 변수 탐색법(univariate search method)이다. 이 기법은 그림 6.11에 나타낸 바와 같이 최적점에 대한 근사값을 구하기 위하여 매번 시행마다 하나의 변수만을 변화시키고 그 이외의 다른 모든 변수들을 고정시켜 최적해를 찾아가는 방식이다. 이 방법을 그림 6.11을 이용하여 설명하기로 한다. 최적해로 가정된 초기점 1에서 출발하여 동심원 중앙의 최적점을 찾고자 할 때 먼저 두 변수 x, y 중에서 y를 특정값으로 고정시키고 변수 x값을 변화시키면서 주어진 목적함수 $f(x,y)$가 최적값을 갖는 점2를 찾는다. 여기서는 등고선이 목적함수값이 같은 점들을 나타내는 것이므로 x축과 수평 방향으로 이동하며 등고선과 만나는 점2가 찾고자 하는 최적점임을 알 수 있다. 다음 단계는 점2에서 x 값을 점2의 x좌표로 고정시키고 y 값을 변화시키면서 목적함수 $f(x,y)$가 최적값을 갖는 점3을 찾는다. 여기서는 등고선이 목적함수값이 같은 점들을 나타내는 것이므로 y축과 평행한 방향으로 이동하며 등고선과 만나는 점3이 찾고자 하는 최적점임을 알 수 있다. 이러한 과정을 반복하면 점4, 5, 6에 도달하게 되어 결국에는 동심원의 중심부에 위치한 최적점을 찾아가게 된다.

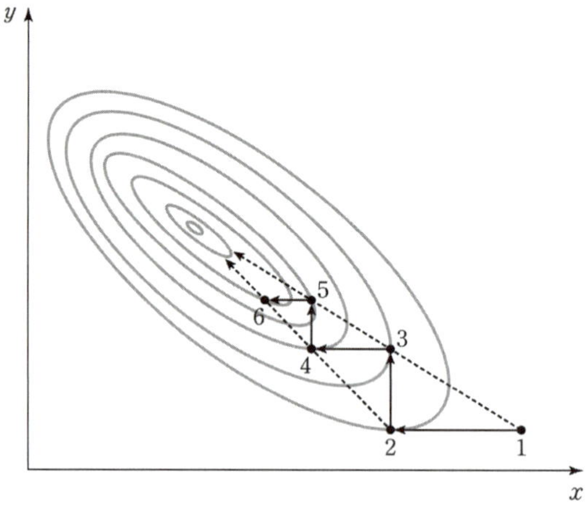

| 그림 6.11 | 단일 변수 탐색법의 그래프적 이해

그림 6.11에서 알 수 있듯이 점1과 점3 그리고 점3과 점5 혹은 점2와 점4 그리고 점4와 점6을 연결하는 선들의 방향은 최적점을 향하고 있다. 이러한 방향을 패턴 방향(pattern direction)이라고 하며 최적값을 효율적으로 구하기 위하여 패턴 방향을 이용하는 알고리즘 중에서 가장 잘 알려진 방법으로 파웰법이 있다. 그림 6.12의 점1과 점2가 방향은 같으나 다른 시작점을 이용한 1차원 탐색 결과로부터 얻어진 점들이라면 점1과 점2를 연결하는 선은 최적값을 향하게 된다. 이러한 선을 공액 방향 (conjugate direction)이라고 부르며 파웰은 이 공액방향을 이용한 최적점을 탐색하는 방법을 제시하였다.

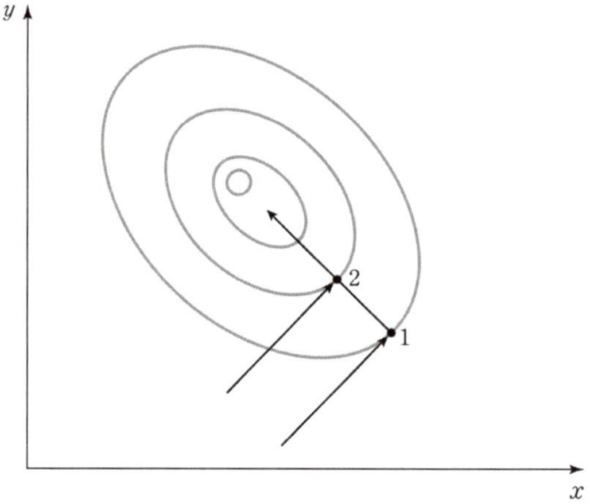

| 그림 6.12 | 공액방향

여기서는 파웰법에 대한 상세한 설명은 생략하고 그림 6.13을 이용하여 알고리즘만 소개하기로 한다.

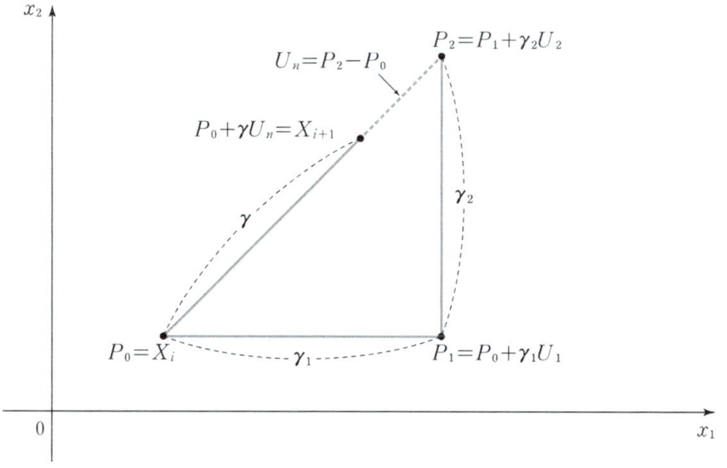

| 그림 6.13 | 파웰법의 그래프적 이해

알고리즘 6.4 파웰법

X_0를 주어진 목적함수 $f(x_1, x_2, \cdots, x_n)$가 최소값을 갖는 초기점이라 하고, $\{E_k = [0\,0 \cdots 0\,1_k 0 \cdots 0]$: $k-1,2,\cdots,n\}$를 표준 기저 벡터라 한다. 그리고 반복회수 $i=0$이고 방향 벡터는 $U=\left[U_1' \; U_2' \cdots U_n'\right]=\left[E_1' \; E_2' \cdots E_n'\right]$라 한다.

[단계 1] $P_0 = X_i$로 놓는다.

[단계 2] $k=1,2,\cdots,n$에 대하여 함수 $f(P_{k-1}+\gamma_k U_k)$를 최소화시키는 γ_k를 찾아 $P_k = P_{k-1}+\gamma_k U_k$로 놓는다.

[단계 3] $i=i+1$ 로 놓는다.

[단계 4] $j=1,2,\cdots,n-1$에 대하여 $U_j = U_{j+1}$로 놓고 $U_n = P_n - P_0$로 놓는다.

[단계 5] 함수 $f(P_0+\gamma U_n)$을 최소화시키는 γ를 찾아 $X_{i+1} = P_0 + \gamma U_n$로 놓는다.

[단계 6] [단계 1]부터 [단계 5]를 수렴 조건 $\| X_{i+1} - X_i \| < \epsilon$을 만족할 때까지 반복한다. 여기서 ϵ는 허용 오차 한계이다.

예제 6.4 다음 식으로 정의된 도함수의 정의

함수 $f(x_1, x_2) = x_1 + 2x_1^2 + 2x_1 x_2 + x_2^2$에 대하여 최소값이 존재하는 점 X_1, X_2을 파웰 탐색법을 2회 반복하여 구하라. 단, 초기점은 $X_0 = (-1,\, 1)$ 이고 초기 방향 벡터는 $U=\begin{bmatrix}1&0\\0&1\end{bmatrix}$이며 오차 한계는 $\epsilon = 10^{-5}$이다.

풀이 위의 [알고리즘 6.4]에 따라 차례로 계산하면 아래와 같다.

$$P_1 = P_0 + r_1(1,0) = (-1,1) + (r_1,0) = (-1+r_1,1)$$

$$f(-1+r_1,1) = (r_1-1) + 2(r_1-1)^2 + 2(r_1-1) + 1^2$$
$$= r_1 - 1 + 2(r_1^2 - 2r_1 + 1) + 2r_1 - 2 + 1 = 2r_1^2 - r_1$$

$$f'(r_1-1,1) = 0 = 4r_1 - 1 \to r_1 = \frac{1}{4}$$
$$f''(r_1-1,1) = 4 > 0$$

$$P_1 = (-\frac{3}{4},1)$$

$$P_2 = P_1 + r_2(0,1) = (-\frac{3}{4},1) + (0,r_2) = (-\frac{3}{4},1+r_2)$$

$$f(-\frac{3}{4},1+r_2) = -\frac{3}{4} + 2(\frac{3}{4})^2 + 2(-\frac{3}{4})(1+r_2) + (1+r_2)^2 = r_2^2 + \frac{1}{2}r_2 - \frac{1}{8}$$

$$f'(-\frac{3}{4},1+r_2) = 2r_2 + \frac{1}{2} = 0 \to r_2 = -\frac{1}{4}$$
$$f''(-\frac{3}{4},1+r_2) = 2 > 0$$

$$P_2 = (-\frac{3}{4},\frac{3}{4})$$

$$P_2 - P_0 = (-\frac{3}{4},\frac{3}{4}) - (-1,1) = (\frac{1}{4},-\frac{1}{4})$$

$$X_1 = X_0 + r(P_2 - P_0) = (-1,1) + r(\frac{1}{4},-\frac{1}{4}) = (-1+\frac{1}{4}r,1-\frac{1}{4}r)$$

$$f(-1+\frac{1}{4}r,1-\frac{1}{4}r) = (-1+\frac{1}{4}r) + 2(-1+\frac{1}{4}r)^2$$
$$+ 2(-1+\frac{1}{4}r)(1-\frac{1}{4}r) + (1-\frac{1}{4}r)^2 = \frac{1}{16}r^2 - \frac{1}{4}r$$

$$f'(-1+\frac{1}{4}r,1-\frac{1}{4}r) = \frac{1}{8}r - \frac{1}{4} = 0 \to r = 2$$
$$f''(-1+\frac{1}{4}r,1-\frac{1}{4}r) = \frac{1}{8} > 0$$

$$\therefore X_1 = (-\frac{1}{2},\frac{1}{2})$$

두 번째 반복으로

$$P_1 \to P_0 = (-\frac{1}{2},\frac{1}{2})$$

$$U_0 = \begin{bmatrix} 0 & \frac{1}{4} \\ 1 & -\frac{1}{4} \end{bmatrix}$$

$$P_1 = P_0 + r_1(0,1) = (-\frac{1}{2},\frac{1}{2}) + (0,r_1) = (-\frac{1}{2},\frac{1}{2}+r_1)$$

$$f(-\frac{1}{2},\frac{1}{2}+r_1)=-\frac{1}{2}+2(-\frac{1}{2})^2+2(-\frac{1}{2})(\frac{1}{2}+r_1)+(\frac{1}{2}+r_1)^2=r_1^2-\frac{1}{2}$$

$$f'(-\frac{1}{2},\frac{1}{2}+r_1)=2r_1=0\rightarrow r_1=0$$

$$f''(-\frac{1}{2},\frac{1}{2}+r_1)=2>0$$

$$P_1=(-\frac{1}{2},\frac{1}{2})$$

$$P_2=P_1+r_2(\frac{1}{4},-\frac{1}{4})=(-\frac{1}{2}+\frac{1}{4}r_2,\frac{1}{2}-\frac{1}{4}r_2)$$

$$f(-\frac{1}{2}+\frac{1}{4}r_2,\frac{1}{2}-\frac{1}{4}r_2)=(-\frac{1}{2}+\frac{1}{4}r_2)+2(-\frac{1}{2}+\frac{1}{4}r_2)^2$$
$$+2(-\frac{1}{2}+\frac{1}{4}r_2)(\frac{1}{2}-\frac{1}{4}r_2)+(\frac{1}{2}-\frac{1}{4}r_2)^2=\frac{1}{16}r_2^2-\frac{1}{2}$$

$$f'(-\frac{1}{2}+\frac{1}{4}r_2,\frac{1}{2}-\frac{1}{4}r_2)=\frac{1}{8}r_2=\rightarrow r_2=0$$

$$f''(-\frac{1}{2}+\frac{1}{4}r_2,\frac{1}{2}-\frac{1}{4}r_2)=\frac{1}{8}>0$$

$$P_2=(-\frac{1}{2},\frac{1}{2})$$

$$P_2-P_0=(-\frac{1}{2},\frac{1}{2})-(-\frac{1}{2},\frac{1}{2})=(0,0)$$

$$X_2=X_1+r(P_2-P_0)=(-\frac{1}{2},\frac{1}{2})+r(0,0)=(-\frac{1}{2},\frac{1}{2})$$

$$\therefore X_2=(-\frac{1}{2},\frac{1}{2})$$

주어진 목적함수의 그래프는 아래 그림과 같다.

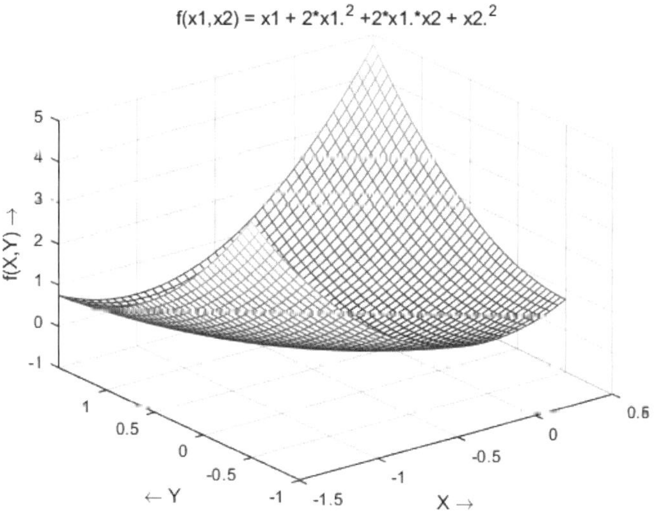

이를 매트랩 및 파이썬으로 구하면 [ex6_4] 코드와 같고 실행 결과는 다음과 같다.

% [ex6_4] 매트랩 코드 실행 결과

```
* f(x) = @(x1,x2)x1+2*x1.^2+2*x1.*x2+x2.^2

* [예제 6.4] Powell 법으로 최소(대)값 구하기
r1 = 0.2500
p1 = (-0.7500, 1.0000)
F1 = -0.1250

r2 = -0.2500
p2 = (-0.7500, 0.7500)
F2 = -0.1875

r = 2.0000
x_1 = (-0.5000, 0.5000)
Opt_1 = -0.2500
*************** End of Iter #1 *******************
r1 = -0.0000
p1 = (-0.5000, 0.5000)
F1 = -0.2500

r2 = 0.0000
p2 = (-0.5000, 0.5000)
F2 = -0.2500

r = 99.9999
x_2 = (-0.5000, 0.5000)
Opt_2 = -0.2500
*************** End of Iter #2 *******************
```

[ex6_4] 파이썬 코드 실행 결과

* [예제 6.4] Powell 법

```
x0 =  [-1, 1]
x2 = [-0.5000 0.5000]
```

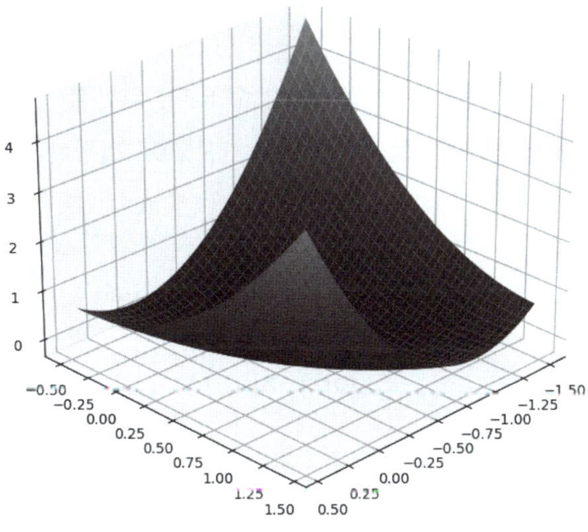

6.2.2 켤레 구배법

켤레 구배법(conjugate gradient method)은 다차원 함수의 최소 혹은 최대값을 구하거나 연립 선형 방정식 $Ax = b$에서 A의 크기가 크거나 희소 행렬일 때 해 x를 구하기 위해 널리 사용되는 최적화 기법이다. 이와 같은 켤레 구배법은 앞에서 서술한 파웰의 탐색법, 즉 다차원 최적화 문제에 대하여 주어진 함수의 기울기(gradient)를 사용하지 않고 미리 설정된 오직 하나의 방향 혹은 업데이트된 방향에 해당하는 변수만을 변화시키고 나머지 변수들은 상수로 고정한 채 최적값을 찾는 파웰의 방법과는 달리 주어진 함수의 기울기를 이용하여 직접 최적값을 찾아가는 알고리즘으로 파웰이 탐색법보다 우수한 성능을 보인다.

여기서는 식(6.13)과 같은 비선형 함수 $f(x)$의 비제약 최적화 문제 중에서 서술을 간략히 하기 위하여 최소화 문제만을 생각해보기로 한다.

$$\text{모든 } x \in R^n \text{에 대해 } f(x)\text{를 최소화한다.} \tag{6.13}$$

여기서 $x = [x_1, x_2, \cdots, x_n]^T$

이와 같은 문제를 푸는 일반적인 방법은 초기값 벡터 $x^{(0)}$를 가정하고 식(6.14)와 같은 반복식을 사용하여 해를 찾아가는 것이다. 즉 주어진 점으로부터 최상의 방향(best direction)을 정하고 그 방향을 따라 최상의 값(best value)만큼 진행하는 방식을 택한다. 이를 수식으로 나타내면 식(6.14)의 형태를 갖는다.

$$x^{(k+1)} = x^{(k)} + s^{(k)}d^{(k)},\ k = 0,1,2,\cdots \tag{6.14}$$

여기서 $s^{(k)}$는 상수로 탐색 방향 $d^{(k)}$에 대한 가중치이다. 식(6.14)로부터 해 $x^{(k+1)}$을 구하기 위해서는 가중치 $s^{(k)}$와 탐색 방향 $d^{(k)}$를 정해야 됨을 알 수 있다. 일반적으로 탐색 방향 $d^{(k)}$의 선택은 $x^{(k)}$에서 기울기의 음(negative) 벡터 즉, $d^{(k)} = -\nabla f(x^{(k)})$로 설정한다. 따라서 식(6.14)를 다시 쓰면 다음과 같다.

$$x^{(k+1)} = x^{(k)} - s^{(k)}\nabla f(x^{(k)}),\ k = 0,1,2,\cdots \tag{6.15}$$

여기서 $\nabla f(x^{(k)}) = (\frac{\partial f}{\partial x_1}, \frac{\partial f}{\partial x_2}, \cdots, \frac{\partial f}{\partial x_n})$이다. 식(6.14)의 해 $x^{(k+1)}$가 최소가 되기 위한 조건은 $f(x^{(k+1)}) = f(x^{(k)} - s^{(k)}\nabla f(x^{(k)}))$값을 최소화시키는 $s^{(k)}$를 찾아야 한다. 켤레 구배법에서는 보다 빨리 최소값을 찾기 위하여 탐색 방향을 다음과 같이 조정한다.

$$d^{(k+1)} = -\nabla f(x^{(k+1)}) + \beta d^{(k)},\ k = 0,1,2,\cdots \tag{6.16}$$

여기서 $\beta = \frac{(\nabla f(x^{(k+1)}))^T \nabla f(x^{(k+1)})}{(\nabla f(x^{(k)}))^T \nabla f(x^{(k)})}$이다.

이러한 켤레 구배법 알고리즘을 요약하면 다음과 같다.

알고리즘 6.5 켤레 구배법

[단계 1] 초기값 x_0와 허용 오차 ϵ을 설정한다. $k = 0$라 두고 $d^{(k)} = -\nabla f(x^{(k)})$를 계산한다.

[단계 2] $f(x^{(k+1)}) = f(x^{(k)} - s^{(k)}\nabla f(x^{(k)}))$값을 최소화시키는 $s^{(k)}$를 찾는다.

이 $s^{(k)}$를 이용하여 $x^{(k+1)} = x^{(k)} - s^{(k)}\nabla f(x^{(k)})$와 $\nabla f(x^{(k+1)})$를 구한다. 만일 $\| \nabla f(x^{(k+1)}) \|$이면 해로서 $x^{(k+1)}$을 취하고 종료한다. 그렇지 않으면 [단계 2]로 간다.

[단계 3] 새로운 켤레 방향 $d^{(k+1)} = -\nabla f(x^{(k+1)}) + \beta d^{(k)}$을 계산한다.

여기서 $\beta = \frac{(\nabla f(x^{(k+1)}))^T \nabla f(x^{(k+1)})}{(\nabla f(x^{(k)}))^T \nabla f(x^{(k)})}$이다.

[단계 4] $k = k + 1$로 하고 [단계 1]로 간다.

예제 6.5

함수 $f(x_1,x_2) = x_1 + 2x_1^2 + 2x_1x_2 + x_2^2$에 대하여 최소값이 존재하는 점 X_1, X_2를 켤레 구배법을 사용하여 구하라. 단, 초기점은 $X_0 = (-1,\ 1)$이고 오차 한계는 $\epsilon = 10^{-5}$이다.

풀이

위의 알고리즘 6.5에 따라 차례로 계산하면 아래와 같다.

$$\nabla f(x_1,x_2) = (1 + 4x_1 + 2x_2, 2x_1 + 2x_2)$$

$X_0 = (-1,1)$ 이므로

$$g_0 = \nabla f(X_0) = (-1,0)$$

$$d_0 = -g_0 = (1,0)$$

$$X_1 = X_o + S_0 d_0 = (-1,1) + S_o(1,0) = (S_0 - 1,1)$$

$$f(X_0 + S_0 d_0) = f(S_0 - 1,1) = S_0 - 1 + 2(S_0 - 1)^2 + 2(S_0 - 1)*1 + 1^2$$
$$= S_0 - 1 + 2S_0^2 - 4S_0 + 2 + 2S_0 - 2 + 1 = 2S_0^2 - S_0$$

$$f'(X_0 + S_0 d_0) = 4S_0 - 1 = 0 \rightarrow S_0 = \frac{1}{4}$$

$$\therefore X_1 = (-\frac{3}{4},1)$$

두 번째 반복으로 $g_1 = \nabla f(X_1) = (0,\frac{1}{2})$

$$|g_1| > 10^{-6}$$

$$d_1 = -g_1 + \beta d_0$$

$$\beta = \frac{\begin{pmatrix} 0 & \frac{1}{2} \end{pmatrix}\begin{pmatrix} 0 \\ \frac{1}{2} \end{pmatrix}}{\begin{pmatrix} -1 & 0 \end{pmatrix}\begin{pmatrix} -1 \\ 0 \end{pmatrix}} = \frac{1}{4}$$

$$d_1 = (0,-\frac{1}{2}) + \frac{1}{4}(1,0) = (\frac{1}{4},-\frac{1}{2})$$

$$X_2 = X_1 + S_1 d_1 = (-\frac{3}{4},1) + S_1(\frac{1}{4},-\frac{1}{2}) = (-\frac{3}{4} + \frac{1}{4}S_1, 1 - \frac{1}{2}S_1)$$

$$f(X_2) = (-\frac{3}{4} + \frac{1}{4}S_1) + 2(-\frac{3}{4} + \frac{1}{4}S_1)^2 + 2(-\frac{3}{4} + \frac{1}{4}S_1)(1 - \frac{1}{2}S_1) + (1 - \frac{1}{2}S_1)^2$$
$$= \frac{1}{8}S_1^2 - \frac{1}{4}S_1 - \frac{1}{8}$$

이므로

$$f'(X_2) = \frac{1}{4}S_1 - \frac{1}{4} = 0 \rightarrow S_1 = 1$$

$$\therefore X_2 = (-\frac{1}{2},\frac{1}{2})$$

이를 매트랩 및 파이썬으로 구하면 [ex6_5] 코드와 같고 실행 결과는 다음과 같다.

% [ex6_5] 매트랩 코드 실행 결과

```
* [예제 6.5] Conjugate gradient 법으로 최소(대)값 구하기
x0 =
    -1
     1

x1 =
  -0.750000000000000
   1.000000000000000

x2 =
  -0.500000000000000
   0.500000000000000
```

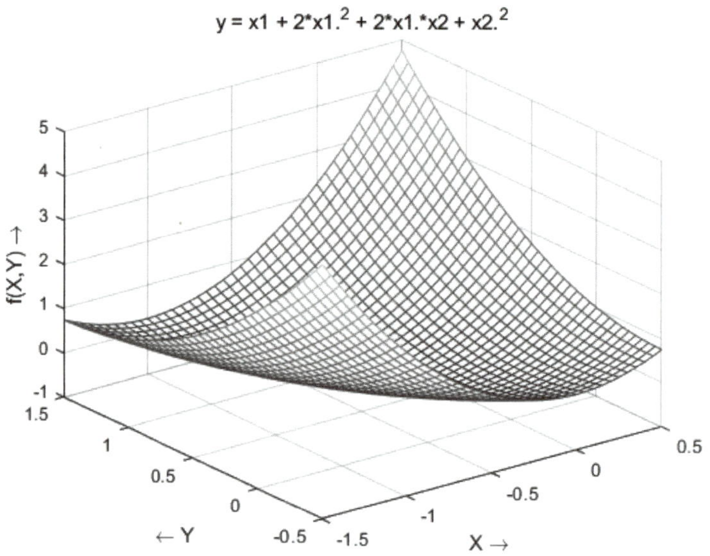

[ex6_5] 파이썬 코드 실행 결과

* [예제 6.5] Conjugate gradient 법

```
Optimization terminated successfully.
         Current function value: -0.250000
         Iterations: 2
         Function evaluations: 4
         Gradient evaluations: 4

 * 최적점 = [-0.5  0.5]
```

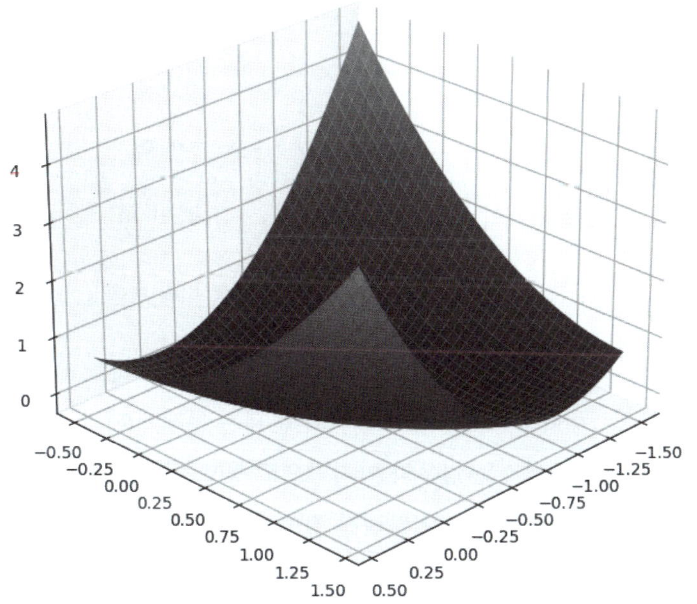

6.3 선형계획법

이 절에서는 제약 조건(constraints)이 등식 혹은 부등식으로 주어진 경우, 목적함수(objective functions 또는 cost functions)의 최소값 혹은 최대값을 구하는 제약 최적화(optimization with constraints) 문제를 다루기로 한다. 목적함수와 제약 조건이 비선형인 경우, 이의 최적해를 구하는 문제는 매우 복잡하므로 여기서는 목적함수와 제약 조건이 1차 선형인 최적화 문제에 국한하여 설명하기로 한다. 여기에서도 앞에서와 같이 최소화 문제는 부호 변환에 의하여 최대화 문제로 언제든지 변환 가능하기 때문에 문제 서술을 간단하게 하기 위하여 최대화 문제만을 다루기로 하며 이를 수식으로 정리하면 다음과 같다:

$$\text{목적함수: } \max_x C(x) = \max_x \{C(x) = a_1x_1 + a_2x_2 + \cdots + a_nx_n\} \tag{6.17}$$

$$\text{등호 제약 조건: } p_i(x) = \alpha_i,\ i = 1,2,\cdots,m \tag{6.18}$$

$$\text{부등호 제약 조건: } q_j(x) \le \beta_j,\ j = 1,2,\cdots,n \tag{6.19}$$

단, $x_i \ge 0, i = 1,2,\cdots,n$

식(6.17)부터 식(6.19)로 주어지는 1차 선형 최적화 문제는 문제에 따라 등호 제약 조건만 주어지는 경우, 부등호 제약 조건만 주어지는 경우와 마지막으로 등호 및 부등호 제약 조건이 주어지는 경우가 있다. 이를 위한 대표적인 해법으로 잘 알려진 것이 선형계획법(linear programming)으로 이에 대하여는 그림을 그려 구하는 방법인 도식 해법(또는 그래프 해법)과 여유 변수(slack variables)를 도입하여 구하는 심플렉스법(혹은 단체법(單體法)이라고도 함, simplex method)이 있으며 이에 대하여는 아래에서 상세히 다루기로 한다. 위의 두 가지 해법을 설명하기 전에 선형계획법으로 풀 수 있는 잘 알려진 문제를 살펴보기로 한다.

보통 휘발유와 고급 휘발유를 정제하는 어느 정유 공장에서 매주 일정량의 원유를 받는다고 가정한다. 두 휘발유의 경우 정제 시간과 이윤이 각각 다르며, 공장 전체에서 주당 정제할 수 있는 시간과 보통 휘발유 및 고급 휘발유의 저장 탱크 용량이 다음 표와 같이 주어졌다고 가정한다.

구분	보통 휘발유	고급 휘발유	가용 자원
소요 원유량	$7m^3$/톤	$11m^3$/톤	$77m^3$/주
정제 시간	10시간/톤	8시간/톤	80시간/주
저장 탱크 용량	9톤	6톤	
이윤	150/톤	175/톤	

이를 바탕으로 최대 이윤을 낼 수 있는 보통 휘발유의 톤 수 x_1과 고급 휘발유의 톤 수 x_2를 구하기로 한다. 이를 구하기 위하여 문제에서 주어진 목적함수 및 제약 조건을 수식화하면 다음과 같다. 먼저 목적함수인 최대 이윤은 다음과 같다.

$$최대이윤 : Z = 150x_1 + 175x_2 \tag{6.20}$$

다음으로 제약 조건은

$$총\ 원유량 : 7x_1 + 11x_2 \leq 77 \tag{6.21}$$

$$총\ 정제\ 시간 : 10x_1 + 8x_2 \leq 80 \tag{6.22}$$

$$보통\ 휘발유\ 저장\ 용량 : x_1 \leq 9 \tag{6.23}$$

$$고급\ 휘발유\ 저장\ 용량 : x_2 \leq 6 \tag{6.24}$$

$$양수\ 조건 : x_1 \geq 0,\ x_2 \geq 0 \tag{6.25}$$

과 같다. 이 문제는 위의 식(6.17)과 (6.19)로 구성된 1차 선형 최적화 문제로 도식 해법 및 심플렉스법으로 구할 수 있다.

6.3.1 도식 해법

식(6.20)부터 (6.25)로 주어지는 1차 선형 최적화 문제의 해를 구하는 방법 중의 하나로 그림을 그려 구하는 방법이 있다. 이를 도식 해법 혹은 그래프 해법이라 한다. 도식을 이용한 방법은 2차원 혹은 3차원까지는 쉽게 적용할 수 있으나 4차원 이상이 되면 그릴 수 없다는 단점이 있지만 고차원 문제를 풀기 위한 기초 개념을 제공하기 때문에 매우 유용하다 할 수 있다.

위의 예와 같이 1차 2차원 선형계획법 문제는 가로축 x_1과 세로축 x_2로 이루어진 평면을 구성하면 선형 목적함수 및 제약 조건을 하나의 평면에 그릴 수 있다. 이 평면상에 먼저 식(6.21)부터 식(6.25)까지의 제약 조건을 만족하는 가용해 공간(feasible solution space)을 그린 후 이 공간상에 존재하는 모든 극점, 즉, A, B, C, D, E에 해당하는 점을 이윤 직선이 지나도록 목적함수 식(6.20)을 Z값을 변화시켜 가며 이동시키면 Z =1400 정도인 최대점 C를 만나게 되며, 그 점 C ≈ (4.9, 3.9)가 바로 최적해임을 알 수 있다. 이를 그림으로 나타내면 그림 6.14와 같다.

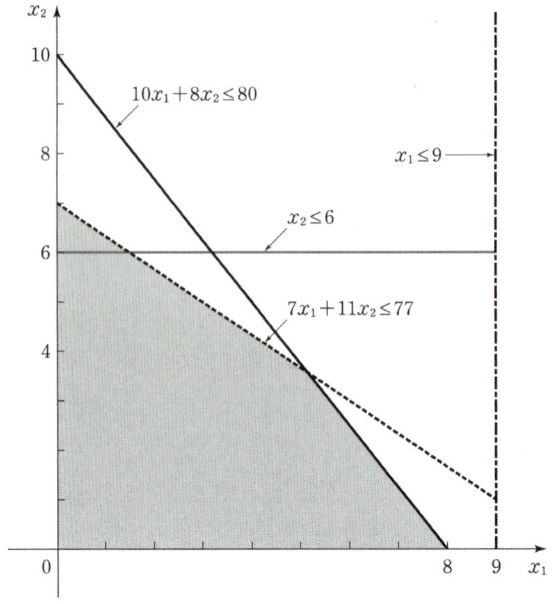

(a) 제약 조건을 모두 만족하는 가용해 공간

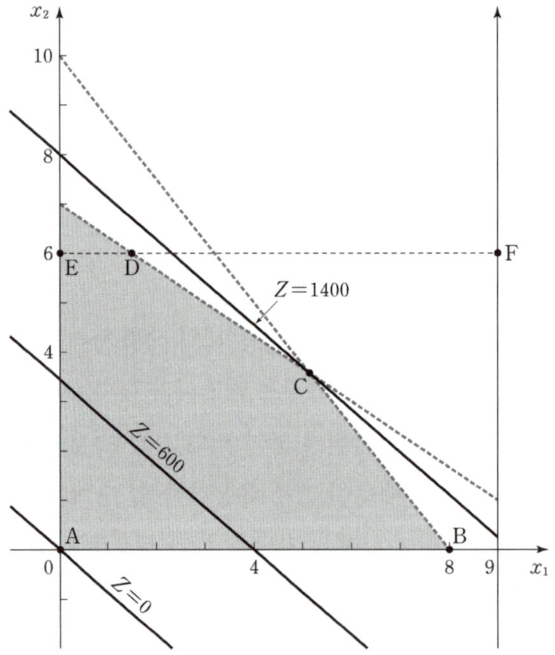

(b) 최대 이윤 직선과 최적해

| 그림 6.14 | 선형계획법의 그래프 해법

그러나 이 방법은 위에 알 수 있듯이 개략적인 해를 구하기 위한 방법이므로 그림의 정확도에 따라 해의 정확도가 달라질 수 있는 단점이 있다. 이를 해결하기 위하여 고안된 방법이 아래의 심플렉스법이다.

참고로 위의 그림 6.14(b)에서 알 수 있듯이 최적해는 식(6.21)의 총원유량과 식(6.22)의 총정제 시간에 의하여 결정되게 된다. 이러한 제약 조건을 결합 조건(binding constraints) 이라 하고, 식 (6.23)과 (6.24)의 제약 조건식은 최적해를 구함에 있어서 제한 조건으로 작용하지 않고 있다. 이러한 제약 조건을 비결합 조건(non-binding constraints)이라 한다. 따라서 위의 결합 및 비결합 제약 조건으로부터 추론할 수 있듯이 이익을 극대화하기 위해서는 저장 탱크 용량을 늘이는 것이 아니라 원유량과 정제 시간을 늘려야 한다는 결론을 얻을 수 있다.

위의 예는 1차 선형계획법으로 풀어 나타나는 여러 가지 해 중에서 해가 유일하게 존재하는 특수한 경우라 할 수 있다. 이 이외에 그림 6.15와 같은 경우가 존재한다.

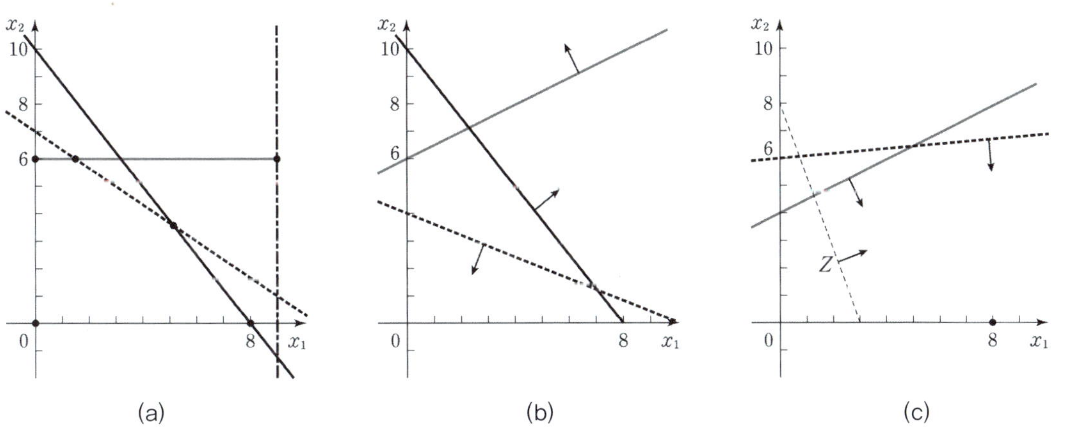

| 그림 6.15 | 선형계획법의 해 (a) 다수 해, (b) 비가용 해, (c) 부정 해

즉 그림 6.15(a)와 같이 대체 가능한 다수의 해(alternate solutions)가 존재하는 경우, 문제가 그림 6.15(b)와 같이 해가 존재할 수 없는 조건으로 만들어진 경우로 해를 구할 수 없는 경우를 말하며 비가용해(non feasible solution)라 말한다. 그리고 마지막으로 그림 6.15(c)와 같이 제약 조건이 부족하여 해를 특정할 수 없는 경우가 있다.

6.3.2 심플렉스법

앞 절의 그래프를 이용한 선형계획 문제의 해법에서 알 수 있는 바와 같이 최적해는 극점에서 존재하게 된다. 따라서 그래프 해법은 모든 극점에 대한 조사를 해야 하는 난점을 지니고 있다. 이에 반하여 모든 변수가 양수(음수인 경우는 적절한 변환을 하여 양수화시킴)라는 가정을 갖는 심플렉스법(혹은 단체법이라고도 함)은 최적의 해에 이르기 위해 순차적인 과정을 따라 극점이 최적인지를 조사함으로써 가능한 극점들의 경로를 선택적으로 찾는 장점이 있어 많이 사용되고 있다. 심플렉스법은 1947년 George B. Dantzig가 고안하였으며 최대화 문제는 최소화 문제로 변형해야 하고 제약 조건의 우변에 음수가 있다면 이를 양수로 변환해야 한다.

심플렉스법은 최적해가 극점에 존재한다는 가정하에서 '느슨한' 의미를 갖는 여유 변수(slack variable) S_i를 도입하여 부등식을 등식으로 변환 시킨 후 연립방정식의 해를 구해 최적해를 순차적으로 구하는 알고리즘이다. 여기서 여유 변수 S_i의 의미는 부등식의 부등호에 따라 다르지만 $S_i > 0$, $S_i = 0$ 및 $S_i < 0$로 구분되며 부등식이 $\leq$ 형태이면 여유 변수가 되고 반대로 부등식이 $\geq$ 형태면 잉여 변수가 된다. 여유 변수 $S_i = 0$은 제약 조건을 정확하게 맞춘다는 것을 의미하므로 제약 조건들이 교차하는 극점을 의미하게 된다.

심플렉스법을 체계적으로 설명하기 위하여 식(6.20)부터 식(6.25)까지의 식을 여유 변수를 이용하여 표준형(standard form)으로 변형하면 다음과 같다.

$$\text{최대이윤}: Z - 150x_1 - 175x_2 = 0 \tag{6.26}$$

다음으로 제약 조건은

$$\text{총 원유량}: 7x_1 + 11x_2 + S_1 = 77 \tag{6.27}$$

$$\text{총 정제 시간}: 10x_1 + 8x_2 + S_2 = 80 \tag{6.28}$$

$$\text{보통 휘발유 저장 용량}: x_1 + S_3 = 9 \tag{6.29}$$

$$\text{고급 휘발유 저장 용량}: x_2 + S_4 = 6 \tag{6.30}$$

$$\text{양수 조건}: x_1, x_2, S_1, S_2, S_3, S_4 \geq 0 \tag{6.31}$$

이는 6개의 미지수와 4개의 방정식을 갖는 연립방정식임을 알 수 있다. 일반적으로 n개의 미지수를 갖는 m개의 1차 선형 방정식의 기본해는 $n-m$ 개의 변수들을 0으로 설정함으로써 남은 m개의 방정식을 풀어 해를 구할 수 있다. 이때 0 값으로 설정하는 변수들을 비기저 변수(non-basic variables)라 하고, 남은 m개의 변수들은 기저 변수(basic variables)라 한다. 이때 모든 기저 변수값이 음수가 아니면 그 결과값을 기저 가능해(basic feasible solution)라 하며 최적값은 이들 중 어느 하나가 된다. 따라서 최적해를 구하기 위해서는 모든 기저해를 구하고 이들 중에서 최적인 것을 찾는 것이라 할 수 있다. 그러나 이 방법은 많은 방정식을 풀어야 하므로 비효율적이라 할 있다. 심플렉스법은 이러한 비효율적 문제를 해결하기 위하여 하나의 기저 가능해로부터 출발하여 목적함수 값이 최적화되도록 반복적으로 기저 가능해를 적용하는 방법으로 알고리즘을 흐름선도로 그리면 그림 6.16과 같다.

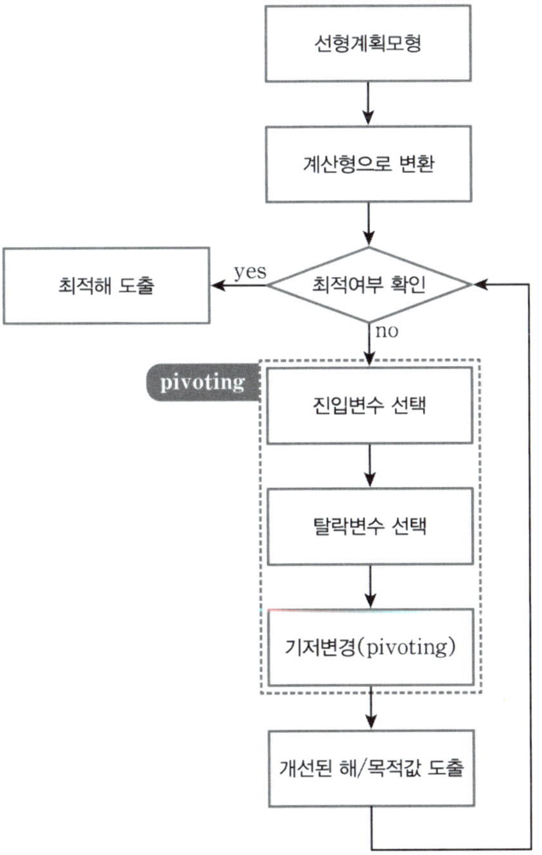

| 그림 6.16 | 심플렉스법 알고리즘 흐름선도

이러한 심플렉스법 알고리즘을 상세하게 설명하기 전에 설명에 필요한 몇 가지 용어를 먼저 설명하기로 한다. 일반적인 선형계획 문제는 다음과 같은 형태를 가지며 이를 정규형이라 부른다.

$$Maximize\ c_1x_1 + c_2x_2 + c_3x_3 + \cdots + c_nx_n$$

제약 조건

$$\begin{aligned} a_{11}x_1 + a_{12}x_2 + a_{13}x_3 + \cdots + a_{1n}x_n &\le b_1 \\ a_{21}x_1 + a_{22}x_2 + a_{23}x_3 + \cdots + a_{2n}x_n &\le b_2 \\ &\vdots \\ a_{m1}x_1 + a_{m2}x_2 + a_{m3}x_3 + \cdots + a_{mn}x_n &\le b_m \\ x_1, x_2, \cdots, x_n &\ge 0 \end{aligned}$$

또는

$$Minimize\ c_1x_1 + c_2x_2 + c_3x_3 + \cdots + c_nx_n$$

제약 조건

$$\begin{aligned}
&a_{11}x_1 + a_{12}x_2 + a_{13}x_3 + \cdots + a_{1n}x_n \le b_1 \\
&a_{21}x_1 + a_{22}x_2 + a_{23}x_3 + \cdots + a_{2n}x_n \le b_2 \\
&\qquad\qquad\qquad\vdots \\
&a_{m1}x_1 + a_{m2}x_2 + a_{m3}x_3 + \cdots + a_{mn}x_n \le b_m \\
&x_1, x_2, \cdots, x_n \ge 0
\end{aligned}$$

위의 정규형에서 제약 조건 부등식을 등식화하기 위해서는 여유변수(slack variable) 혹은 잉여변수(surplus variable)를 다음과 같이 추가해야 한다. 부등식이
다음과 같이 $\le$ 형태

$$a_{i1}x_1 + a_{i2}x_2 + a_{i3}x_3 + \cdots + a_{in}x_n \le b_i$$

이면 여유 변수 $S_i(\ge 0)$를 추가하여

$$a_{i1}x_1 + a_{i2}x_2 + a_{i3}x_3 + \cdots + a_{in}x_n + S_i = b_i$$

와 같이 변환하고, 반대로 부등식이 $\ge$ 형태

$$a_{i1}x_1 + a_{i2}x_2 + a_{i3}x_3 + \cdots + a_{in}x_n \ge b_i$$

이면 잉여변수 $T_i(\ge 0)$를 추가하여

$$a_{i1}x_1 + a_{i2}x_2 + a_{i3}x_3 + \cdots + a_{in}x_n - T_i = b_i$$

와 같이 변환한다. 이렇게 변환된 최적화 문제 형태를 표준형이라 하며 다음과 같다.

$$Maximize\ c_1x_1 + c_2x_2 + c_3x_3 + \cdots + c_nx_n$$

제약 조건

$$\begin{aligned}
&a_{11}x_1 + a_{12}x_2 + a_{13}x_3 + \cdots + a_{1n}x_n + S_1 = b_1 \\
&a_{21}x_1 + a_{22}x_2 + a_{23}x_3 + \cdots + a_{2n}x_n + S_2 = b_2 \\
&\qquad\qquad\qquad\vdots \\
&a_{m1}x_1 + a_{m2}x_2 + a_{m3}x_3 + \cdots + a_{mn}x_n + S_m = b_m \\
&x_1, x_2, \cdots, x_n \ge 0
\end{aligned}$$

또는

$$Minimize\ \ c_1x_1 + c_2x_2 + c_3x_3 + \cdots + c_nx_n$$

제약 조건

$$\begin{aligned}
&a_{11}x_1 + a_{12}x_2 + a_{13}x_3 + \cdots + a_{1n}x_n + S_1 = b_1 \\
&a_{21}x_1 + a_{22}x_2 + a_{23}x_3 + \cdots + a_{2n}x_n + S_2 = b_2 \\
&\qquad\qquad\qquad\qquad \vdots \\
&a_{m1}x_1 + a_{m2}x_2 + a_{m3}x_3 + \cdots + a_{mn}x_n + S_m = b_m \\
&x_1, x_2, \cdots, x_n \geq 0
\end{aligned}$$

다음으로는 목적함수를 등식화하는 문제를 살펴보기로 한다. 먼저 최대화 문제

$$Maximize\ \ c_1x_1 + c_2x_2 + c_3x_3 + \cdots + c_nx_n$$

는

$$Maximize\ \ Z = c_1x_1 + c_2x_2 + c_3x_3 + \cdots + c_nx_n$$

로 쓸 수 있고 이를 등식화하면

$$Z - c_1x_1 - c_2x_2 - c_3x_3 - \cdots - c_nx_n = 0$$

가 된다. 다음으로 최소화 문제

$$Minimize\ \ c_1x_1 + c_2x_2 + c_3x_3 + \cdots + c_nx_n$$

는

$$Minimize\ \ -Z = c_1x_1 + c_2x_2 + c_3x_3 + \cdots + c_nx_n$$

로 쓸 수 있고 이를 등식화하면

$$Z + c_1x_1 + c_2x_2 + c_3x_3 + \cdots + c_nx_n = 0$$

으로 쓸 수 있다. 이를 바탕으로 표준형 선형계획 문제를 계산형 문제 나타내면 다음과 같다.

$$
\begin{aligned}
&Z - c_1x_1 - c_2x_2 - c_3x_3 - \cdots - c_nx_n = 0 \\
&a_{11}x_1 + a_{12}x_2 + a_{13}x_3 + \cdots + a_{1n}x_n + S_1 = b_1 \\
&a_{21}x_1 + a_{22}x_2 + a_{23}x_3 + \cdots + a_{2n}x_n + S_2 = b_2 \\
&\qquad\qquad\qquad\qquad\vdots \\
&a_{m1}x_1 + a_{m2}x_2 + a_{m3}x_3 + \cdots + a_{mn}x_n + S_m = b_m \\
&x_1, x_2, \cdots, x_n \geq 0
\end{aligned}
$$

또는

$$
\begin{aligned}
&Z - c^Tx = 0 \\
&Ax = b \\
&x \geq 0
\end{aligned}
$$

여기서

$$
\begin{aligned}
&A = \begin{bmatrix} a_{11} & a_{12} & \cdots & a_{1n} \\ a_{21} & a_{22} & \cdots & a_{2n} \\ \vdots & \vdots & & \vdots \\ a_{m1} & a_{m2} & \cdots & a_{mn} \end{bmatrix} = (a_{ij}) \\
&b = (b_1, b_2, \cdots, b_m)^T \\
&c = (c_1, c_2, \cdots, c_n)^T \\
&x = (x_1, x_2, \cdots, x_n)^T
\end{aligned}
$$

이다. 그리고

$$
\begin{aligned}
&Z + c_1x_1 + c_2x_2 + c_3x_3 + \cdots + c_nx_n = 0 \\
&a_{11}x_1 + a_{12}x_2 + a_{13}x_3 + \cdots + a_{1n}x_n + S_1 = b_1 \\
&a_{21}x_1 + a_{22}x_2 + a_{23}x_3 + \cdots + a_{2n}x_n + S_2 = b_2 \\
&\qquad\qquad\qquad\qquad\vdots \\
&a_{m1}x_1 + a_{m2}x_2 + a_{m3}x_3 + \cdots + a_{mn}x_n + S_m = b_m \\
&x_1, x_2, \cdots, x_n \geq 0
\end{aligned}
$$

또는

$$
\begin{aligned}
&Z + c^Tx = 0 \\
&Ax = b \\
&x \geq 0
\end{aligned}
$$

여기서

$$A = \begin{bmatrix} a_{11} & a_{12} & \cdots & a_{1n} \\ a_{21} & a_{22} & \cdots & a_{2n} \\ \vdots & \vdots & & \vdots \\ a_{m1} & a_{m2} & \cdots & a_{mn} \end{bmatrix} = (a_{ij})$$

$$b = (b_1, b_2, \cdots, b_m)^T$$

$$c = (c_1, c_2, \cdots, c_n)^T$$

$$x = (x_1, x_2, \cdots, x_n)^T$$

이다.

심플렉스법 알고리즘 요약

[단계 1] 초기화

1차 신형 최적화 문제를 표준형으로 변형한 후, 초기 기저 가능해를 선정한다. ≤ 형태의 부등호 제약 조건인 경우는 원래의 변수를 비기저 변수로 설정하고, 여유 변수를 기저 변수로 가정하여 초기 기저 가능해를 결정한다. ≥ 형태의 부등호 제약 조건 또는 등호 제약 조건인 경우 잉여변수(surplus variable) 및 인위변수(artificial variable)을 도입하여 초기 기저 가능해를 선정하고 다음으로 목적함수를 비기저 변수로만 표현한다.

[단계 2] 최적성 검사

현재의 기저 가능해가 최적해인지 판단한다. 최적성은 목적함수 식의 모든 계수가 음이 아니면 현재의 해가 최적해이다. 최적이 아니면 다음 단계로 간다.

[단계 3] 기준 열과 기준 행 결정

피봇(pivot)은 가우스-조단(Gauss-Jordan) 소거법과 같은 개념으로 선택된 변수를 하나의 행 하나의 열에만 남기고 다른 행과 열에서는 모두 소거하는 것을 의미한다. 이때 결정된 기준 열에 해당하는 비기저 변수가 새로운 기저 변수가 되고, 기준 행에 해당하는 기저 변수가 비기저 변수로 된다. 기준 열과 기준 행을 결정하는 방법은 다음과 같다.

목적함수를 가장 빠르게 개선시키는 변수를 비기저 변수로 진입시킨다는 원칙하에 진입 변수(entering variable)를 선정한다. 이 진입 변수가 속한 열을 기준 열이라 한다. 다음은 기준 행의 결정으로 기저 변수 중에서 어느 하나의 변수를 비기저 변수로 보내야 하는데 이 변수를 탈락 변수(leaving variable)라 한다. 우변 상수가 음수가 되면 비가능해가 되므로 이를 고려하여 다음 비율을 계산하여 그중에 최소인 값을 갖는 행을 기준 행으로 정한다. 즉

비율 = 우변 상수(=해) / 기준 열의 계수

값을 계산하여 최소 비율이 나온 행을 기준 행으로 설정하고, 기준 행의 기저변수를 탈락 변수 즉 비기저 변수로 설정한다. 단, 기준 열의 원소가 '0'이거나 음수이면 계산하지 않고 넘어간다.

[단계 4] 피봇 연산

4장에서 다룬 가우스-조단 소거법을 이용하여 피봇 연산을 수행한다. 즉, 기준 열과 기준 행을 바탕으로 기준 열 기준 행의 요소 계수를 1로 맞추고 나머지 행의 요소를 0이 되도록 연산을 한다.

[단계 5] 개선된 해 및 목적함수 값 도출 및 반복

개선된 비기저 변수값, 기저 변수값 및 목적함수 값을 구하고 **[단계 2]**로 간다.

이를 다시 요약하면 심플렉스법은 임의의 가능해(초다면체의 정점)로부터 탐색을 시작한다. 가능해라면 어떤 해이든 상관없으며 현재의 가능해와 인접하면서 더욱 최적에 가까운 가능해로 옮겨가며 더 이상 옮겨갈 해가 없을 때까지 탐색을 진행하다가 더 이상 옮겨갈 수 없으면 최적해를 찾은 것이다.

해가 존재할 수 없는 경우는 앞 절에서 설명한 바와 같이 여러 가지인데, 목적함수가 발산하는 경우와 순환하는 경우 및 퇴행성으로 동일한 목적값을 갖는 다수의 해가 존재할 수도 있다.

다음으로는 위의 심플렉스법 알고리즘을 풀어 표로 정리해 가며 풀어 보기로 한다. 먼저 선형 최적화 문제는 다음과 같다.

$$Maximize\ 4x_1 + 5x_2 + 8x_3 + 11x_4$$

제약 조건

$$\begin{aligned} &x_1 + x_2 + x_3 + x_4 \le 15 \\ &3x_1 + 5x_2 + 10x_3 + 15x_4 \le 105 \\ &7x_1 + 5x_2 + 3x_3 + 2x_4 \le 120 \\ &x_1, x_2, x_3, x_4 \ge 0 \end{aligned}$$

[단계 1] 초기화

여유 변수를 도입하여 표준형으로 변환한 후, 계산형으로 나타내면

$$Z - 4x_1 - 5x_2 - 8x_3 - 11x_4 = 0$$

제약 조건

$$x_1 + x_2 + x_3 + x_4 + S_1 = 15$$
$$3x_1 + 5x_2 + 10x_3 + 15x_4 + S_2 = 105$$
$$7x_1 + 5x_2 + 3x_3 + 2x_4 + S_3 = 120$$
$$x_1, x_2, x_3, x_4 \geq 0$$

과 같다. 이를 표를 이용하여 나타내면 다음과 같다. 여기서 비기저 변수는 x_1, x_2, x_3, x_4 이고 기저 변수는 S_1, S_2, S_3가 된다.

기저 변수	Z	x_1	x_2	x_3	x_4	S_1	S_2	S_3	해	비율
Z	1	−4	−5	−8	−11	0	0	0	0	
S_1	0	0	1	1	1	1	0	0	15	15/1=15
S_2	0	3	5	10	15	0	1	0	105	105/15=7
S_3	0	7	5	3	2	0	0	1	120	120/2=60

[단계 2] 최적성 검사

비기저 변수의 계수가 모두 음이므로 해=(0, 0, 0, 0, 15, 105, 120) 및 Z = 0은 최적해가 될 수 없으므로 다음 단계로 간다.

[단계 3] 기준 열과 기준 행 결정

기준 열은 기저 변수 Z행의 비기저 변수의 계수 중 x_4의 계수가 −11로 가장 작으로 이를 기준 열로 선정한다. 다음으로 기준 행은

비율 = 해/기준 열의 계수

을 계산하면 위의 표와 같으므로 이 중에서 가장 작은 값 7을 갖는 비기저 변수 S_2의 행을 기준 행으로 선정한다.

[단계 4] 피봇 연산

기준 열 x_4와 기준 행 S_2가 교차하는 항이 계수 15를 1로 정규화한 후 그 항을 기준으로 x_4열의 나머지 항을 모두 0으로 만들기 위한 피봇 연산을 수행하면 다음 표와 같은 결과를 얻을 수 있다.

기저 변수	Z	x_1	x_2	x_3	x_4	S_1	S_2	S_3	해	비율
Z	1	−9/5	−4/3	−2/3	0	0	11/15	0	77	
S_1	0	4/5	2/3	1/3	0	1	−1/15	0	8	
x_4	0	1/5	1/3	2/3	1	0	1/15	0	7	
S_3	0	33/5	13/3	5/3	0	0	−2/15	1	106	

[단계 5] 개선된 해 및 목적함수 값 도출 및 반복

비기저 변수의 계수가 모두 0 또는 양이 아니므로 해=(0, 0, 0, 7, 8, 0, 106) 및 Z = 77은 최적해가 될 수 없으므로 기저 변수를 위의 표와 같이 변경하고 **[단계 2]**로 간다.

[단계 2] 최적성 검사

비기저 변수의 계수가 모두 음이므로 해=(0, 0, 0, 0, 15, 105, 120) 및 Z = 0은 최적해가 될 수 없으므로 다음 단계로 간다.

[단계 3] 기준 열과 기준 행 결정

기준 열은 기저 변수 Z행의 비기저 변수의 계수 중 x_4의 계수가 −11로 가장 작으로 이를 기준 열로 선정한다. 다음으로 기준 행은

$$비율 = 해/기준\ 열의\ 계수$$

을 계산하면 위의 표와 같으므로 이 중에서 가장 작은 값 7을 갖는 비기저 변수 S_2의 행을 기준 행으로 선정한다.

[단계 4] 피봇 연산

기준 열 x_4와 기준 행 S_2가 교차하는 항의 계수 15를 1로 정규화한 후 그 항을 기준으로 x_4열의 나머지 항을 모두 0으로 만들기 위한 피봇 연산을 수행하면 다음 표와 같은 결과를 얻을 수 있다.

기저 변수	Z	x_1	x_2	x_3	x_4	S_1	S_2	S_3	해	비율
Z	1	−9/5	−4/3	−2/3	0	0	11/15	0	77	
S_1	0	4/5	2/3	1/3	0	1	−1/15	0	8	
x_4	0	1/5	1/3	2/3	1	0	1/15	0	7	
S_3	0	33/5	13/3	5/3	0	0	−2/15	1	106	

[단계 5] 개선된 해 및 목적함수 값 도출 및 반복

개선된 해는 (0, 0, 0, 7, 8, 0, 106) 이고 목적함수 값은 Z = 77이다. 그리고 기저 변수를 위의 표와 같이 변경하고 [단계 2]로 간다.

[단계 2] 최적성 검사

기저 변수	Z	x_1	x_2	x_3	x_4	S_1	S_2	S_3	해	비율
Z	1	−9/5	−4/3	−2/3	0	0	11/15	0	77	
S_1	0	4/5	2/3	1/3	0	1	−1/15	0	8	8*5/4=10
x_4	0	1/5	1/3	2/3	1	0	1/15	0	7	7*5=35
S_3	0	33/5	13/3	5/3	0	0	−2/15	1	106	106*5/33

위의 표에서 알 수 있듯이 비기저 변수의 계수가 모두 0이거나 양수가 아니므로 해=(0, 0, 0, 7, 8, 0, 106) 및 Z = 77은 최적해가 될 수 없으므로 다음 단계로 간다.

[단계 3] 기준 열과 기준 행 결정

기준 열은 기저 변수 Z행의 비기저 변수의 계수 중 x_1의 계수가 −9/5로 가장 작으로 이를 기준 열로 선정한다. 다음으로 기준 행은

비율 = 해/기준 열의 계수

을 계산하면 위의 표와 같으므로 이 중에서 가장 작은 값 10을 갖는 비기저 변수 S_1의 행을 기준 행으로 선정한다.

[단계 4] 피봇 연산

기준 열 x_1와 기준 행 S_1가 교차하는 항의 계수 4/5를 1로 정규화한 후 그 항을 기준으로 x_1열의 나머지 항을 모두 0으로 만들기 위한 피봇 연산을 수행하면 다음 표와 같은 결과를 얻을 수 있다.

기저 변수	Z	x_1	x_2	x_3	x_4	S_1	S_2	S_3	해	비율
Z	1	0	1/6	1/12	0	9/4	7/12	0	95	
x_1	0	1	5/6	5/12	0	5/4	−1/12	0	10	
x_4	0	0	1/6	7/12	1	−1/4	1/12	0	5	
S_3	0	0	−7/6	−13/12	0	−33/4	5/12	1	40	

[단계 5] 개선된 해 및 목적함수 값 도출 및 반복

개선된 해는 (10, 0, 0, 5, 0, 0, 40)이고 목적함수 값은 Z = 95이다. 그리고 기저 변수를 위의 표와 같이 변경하고 **[단계 2]**로 간다.

[단계 2] 최적성 검사

기저 변수	Z	x_1	x_2	x_3	x_4	S_1	S_2	S_3	해	비율
Z	1	0	1/6	1/12	0	9/4	7/12	0	95	
x_1	0	1	5/6	5/12	0	5/4	−1/12	0	10	
x_4	0	0	1/6	7/12	1	−1/4	1/12	0	5	
S_3	0	0	−7/6	−13/12	0	−33/4	5/12	1	40	

위의 표에서 알 수 있듯이 비기저 변수의 계수가 모두 0이거나 양수가 이므로 해=(10, 0, 0, 5, 0, 0, 40) 및 Z = 95는 최적해가 될 수 있으므로 종료한다.

진입 변수와 탈락 변수의 선택에 있어서 약간의 융통성이 필요함을 다음 예제를 통해 살펴보기로 한다. 목적함수로

$$Z - 150x_1 - 175x_2 + 0S_1 + 0S_2 + 0S_3 + 0S_4 = 0$$

이 사용되므로 진입 변수는 목적함수에서 음의 계수를 갖는 어떤 변수도 될 수 있으나 일반적으로 목적함수 Z의 변화를 가장 크게 하기 위하여 가장 작은 값 -175를 갖는 x_2를 진입 변수로 선정한다. 이것을 그림으로 살펴보면 그림 6.17과 같다. 즉, 앞 절에서 살펴본 바와 같이 최적해는 점 C에 존재하므로 초기 기저 가상해 A에서 출발하여 E로 간 후 D를 거쳐 최적해 C로 가야 하므로 계산상으로 복잡하게 된다. 이것을 진입 변수로 x_2 대신에 그림 6.17과 같이 x_1을 택하게 되면 점 B를 거쳐 바로 최적해 C로 가게 되기 때문에 계산상으로 매우 유리하다 할 수 있다.

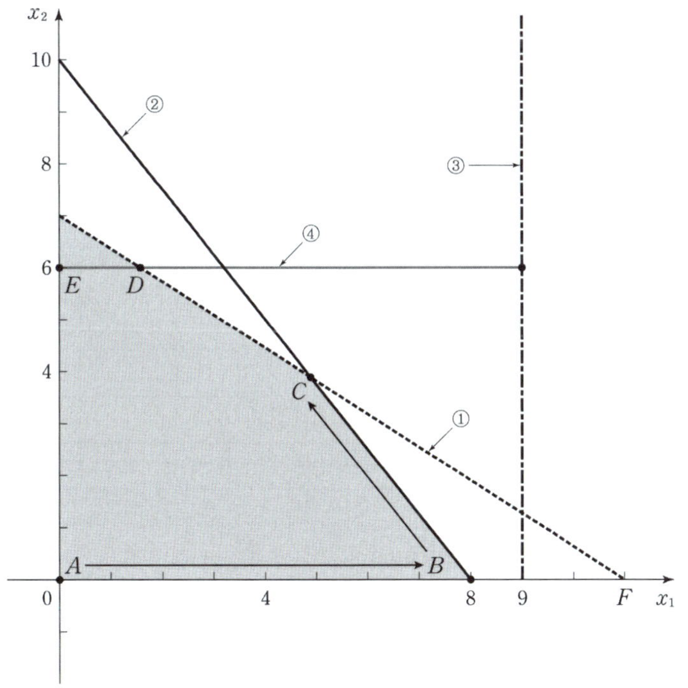

| 그림 6.17 | 심플렉스법에서 기저 변수 선정 예

다음 예제에서는 위와 같은 방법을 이용하여 최적해를 구하는 과정을 나타내기로 한다.

예제 6.6 **심플렉스법으로 6.3.1절에서 나타낸 휘발유 정제 과정에 관한 예**

$$\text{최대 이윤: } Z = 150x_1 + 175x_2 \tag{6.20}$$

다음으로 제약 조건은

$$\text{총 원유량: } 7x_1 + 11x_2 \leq 77 \tag{6.21}$$

$$\text{총 정제 시간: } 10x_1 + 8x_2 \leq 80 \tag{6.22}$$

$$\text{보통 휘발유 저장 용량 : } x_1 \leq 9 \tag{6.23}$$

$$\text{고급 휘발유 저장 용량 : } x_2 \leq 6 \tag{6.24}$$

$$\text{양수조건 : } x_1, x_2 \geq 0 \tag{6.25}$$

를 심플렉스법을 이용하여 해를 구하는 과정을 표를 이용하여 나타내 보라.

풀이

[단계 1] 초기화

먼저 기저 가능해를 $x_1 = x_2 = 0$라 두고 [단계 1] 초기화를 수행하여 등호로 나타낸 식의 각 변수에 대한 계수만을 표로 정리하면 다음과 같다. 이때 비기저 변수는 x_1, x_2 이고 기저 변수는 S_1, S_2, S_3, S_4 이다.

기저 변수	Z	x_1	x_2	S_1	S_2	S_3	S_4	해	비율
Z	1	−150	−175	0	0	0	0	0	
S_1	0	7	11	1	0	0	0	77	
S_2	0	10	8	0	1	0	0	80	
S_3	0	1	0	0	0	1	0	9	
S_4	0	0	1	0	0	0	1	6	

[단계 2] 최적성 검사

위의 표에서 최적성 검사를 해보면 목적함수 Z의 계수가 모두 음이 아닌 수를 갖지 않으므로 최적해가 아님을 알 수 있다. 따라서 다음 단계로 진행한다. 이 때 초기해 $x = (0, 0, 77, 80, 9, 6)$이고 목적함수값은 $Z = 0$ 이다.

[단계 3] 기준 열과 기준 행 결정

기준 열은 목적함수 Z 값을 가장 빠르게 향상시키는 변수를 비기저 변수로 진입시킨다는 원칙이므로 표에서 알 수 있듯이 x_2열의 계수가 −175이므로 이 열을 기준 열로 선정해야 하지만 x_1을 선택하기로 한다. 다음으로 기준 행을 선택하기 위하여 비율을 계산한 결과가 다음 표에 나타나 있다. 이를 바탕으로 가장 작은 값 8을 갖는 S_2행을 기준 행으로 선정한다.

기저 변수	Z	x_1	x_2	S_1	S_2	S_3	S_4	해	비율
Z	1	−150	−175	0	0	0	0	0	
S_1	0	7	11	1	0	0	0	77	77/7=11
S_2	0	10	8	0	1	0	0	80	80/10=8
S_3	0	1	0	0	0	1	0	9	9/1=9
S_4	0	0	1	0	0	0	1	6	∞

계산상의 편의를 위하여 피봇 연산을 하기 전에 위의 표를 기준 열 기준 행의 원소를 기준으로 정규화하면 다음과 같다.

기저 변수	Z	x_1	x_2	S_1	S_2	S_3	S_4	해	비율
Z ①	1	−150	−175	0	0	0	0	0	
S_1 ②	0	7	11	1	0	0	0	77	
x_1 ③	0	1	0.8	0	0.1	0	0	8	
S_3 ④	0	1	0	0	0	1	0	9	
S_4 ⑤	0	0	1	0	0	0	1	6	

[단계 4] 피봇 연산

기준 열과 기준 행을 기준으로 다음

① +150*③ --> ①

② − 7*③ --> ②

④ − 1*③ --> ③

⑤ 식은 계수가 0이므로 건너뜀

과 같은 피봇 연산을 수행하면 다음과 같은 표를 얻을 수 있다.

기저 변수	Z	x_1	x_2	S_1	S_2	S_3	S_4	해	비율
Z ①	1	0	−55	0	15	0	0	1200	
S_1 ②	0	0	5.4	1	−0.7	0	0	21	
x_1 ③	0	1	0.8	0	0.1	0	0	8	
S_3 ④	0	0	−0.8	0	−0.1	1	0	1	
S_4 ⑤	0	0	1	0	0	0	1	6	

[단계 5] 반복

이때 새로운 비기저 변수는 x_1, S_2이고 기저 변수는 x_2, S_1, S_3, S_4 이다. 개선된 해는 x=(8, 0, 21, 0, 1, 6)이고 목적함수 값은 Z =1200이다. 그리고 [단계 2]로 간다.

[단계 2] 최적성 검사

기저 변수	Z	x_1	x_2	S_1	S_2	S_3	S_4	해	비율
Z ①	1	0	−55	0	15	0	0	1200	
S_1 ②	0	0	5.4	1	−0.7	0	0	21	
x_1 ③	0	1	0.8	0	0.1	0	0	8	
S_3 ④	0	0	−0.8	0	−0.1	1	0	1	
S_4 ⑤	0	0	1	0	0	0	1	6	

위의 표에서 최적성 검사를 해보면 목적함수 Z의 계수가 모두 음이 아닌 수를 갖지 않으므로 최적해가 아님을 알 수 있다. 따라서 다음 단계로 진행한다.

[단계 3] 기준 열과 기준 행 결정

기준 열은 목적함수 Z 값을 가장 빠르게 향상시키는 변수를 비기저 변수로 진입시킨다는 원칙이므로 표에서 알 수 있듯이 x_2열의 계수가 −55이므로 이 열을 기준 열로 선정한다. 다음으로 기준 행을 선택하기 위하여 비율을 계산한 결과가 다음 표에 나타나 있다.

기저 변수	Z	x_1	x_2	S_1	S_2	S_3	S_4	해	비율
Z ①	1	0	−55	0	15	0	0	1200	
S_1 ②	0	0	5.4	1	−0.7	0	0	21	3.889
x_1 ③	0	1	0.8	0	0.1	0	0	8	10
S_3 ④	0	0	−0.8	0	−0.1	1	0	1	−1.25
S_4 ⑤	0	0	1	0	0	0	1	6	6

이를 바탕으로 가장 작은 값 3.889 갖는 S_1 ②행을 기준 행으로 선정한다. 먼저 ②행을 1/5.4 곱하여 정리하면

기저 변수	Z	x_1	x_2	S_1	S_2	S_3	S_4	해	비율
Z ①	1	0	−55	0	15	0	0	1200	
x_2 ②	0	0	1	0.1852	−0.1296	0	0	3.889	
x_1 ③	0	1	0.8	0	0.1	0	0	8	
S_3 ④	0	0	−0.8	0	−0.1	1	0	1	
S_4 ⑤	0	0	1	0	0	0	1	6	

와 같다.

[단계 4] 피봇 연산

기준 열과 기준 행을 기준으로 피봇 연산을 수행하면 다음과 같은 표를 얻을 수 있다.

기저 변수	Z	x_1	x_2	S_1	S_2	S_3	S_4	해	비율
Z ①	1	0	0	10.1852	7.8704	0	0	1413.889	
x_2 ②	0	0	1	0.1852	−0.1296	0	0	3.889	
x_1 ③	0	1	0	−0.1481	0.2037	0	0	4.889	
S_3 ④	0	0	0	0.1481	−0.2037	1	0	4.111	
S_4 ⑤	0	0	0	0.1852	0.1296	0	1	2.111	

[단계 5] 반복

이때 새로운 비기저 변수는 S_1, S_2이고 기저 변수는 x_1, x_2, S_3, S_4 이다. 개선된 해는 x=(4.889, 3.889, 0, 0, 4.111, 2.111)이고 목적함수 값은 Z =1413.889이다. 그리고 [단계 2]로 간다.

[단계 2] 최적성 검사

기저 변수	Z	x_1	x_2	S_1	S_2	S_3	S_4	해	비율
Z ①	1	0	0	10.1852	7.8704	0	0	1413.889	
x_2 ②	0	0	1	0.1852	−0.1296	0	0	3.889	
x_1 ③	0	1	0	−0.1481	0.2037	0	0	4.889	
S_3 ④	0	0	0	0.1481	−0.2037	1	0	4.111	
S_4 ⑤	0	0	0	0.1852	0.1296	0	1	2.111	

위의 표에서 알 수 있듯이 비기저 변수의 계수가 모두 0이거나 양수가 이므로 해 x=(4.889, 3.889, 0, 0, 4.111, 2.111)이고 목적함수 값 Z =1413.889는 최적해가 될 수 있으므로 종료한다.

이를 매트랩 및 파이썬으로 구하면 [ex6_6] 코드와 같고 실행 결과는 다음과 같다.

```
% [ex6_6] 매트랩 코드 실행 결과
```

```
* [예제 6.6] Simplex 법으로 최소(대)값 구하기
최적해를 구했습니다.

 * 최적점 =
 x = 4.8889
     3.8889

 * 최대값 = 1.4139e+03
```

```
# [ex6_6] 파이썬 코드 실행 결과
```

```
* [예제 6.6] Simplex 법
Optimization terminated successfully.
         Current function value: -1413.888889
         Iterations: 4

 * 최대값을 구하는 경우, 최적해 x_opt.fun의 부호를 반대로 해야 함!!!

 * 최적해 : 목적함수 값 = 1413.888888888889

         최적점    X = [4.88888889 3.88888889]
```

연습문제

황금분할법

6.1 황금분할법을 2회 시행하여 함수 $f(x) = x^9 - x^6 + 500\cos x$의 최대값이 존재하는 구간 $X_2 = [a,b]$를 구하라. 단, $X_0 = [-2,2]$임.

6.2 구간 $[0,2]$에서의 함수 $f(x) = \cos 2x - \sin x$를 그리고 황금분할법을 2회 시행하여 함수 $f(x)$의 최소값이 존재하는 구간 $X_2 = [a,b]$를 구하라. 단, $X_0 = [0,2]$임.

6.3 구간 $[-1,2]$에서의 함수 $f(x) = \cos x + \sin x$를 그리고 황금분할법을 2회 시행하여 함수 $f(x)$의 최대값이 존재하는 구간 $X_2 = [a,b]$를 구하라. 단, $X_0 = [-1,2]$임.

6.4 위 문제 6.3에 대하여 초기구간이 $X_0 = [0,1]$라 하면 함수 $f(x) = \cos x + \sin x$의 최대값이 존재하는 구간폭이 0.5보다 작거나 같게 되려면 몇 회의 황금분할법을 시행해야 하는지 가장 작은 반복 횟수를 구하라.

포물선 보간 탐색법

6.5 2차 보간 탐색법을 1회 시행하여 함수 $f(x) = x^9 - x^6 + 500\cos x$의 최대값이 존재하는 점 x_3를 구하라. 단, $x_0 = -2$, $x_1 = 0$, $x_2 = 2$ 임.

6.6 포물선 보간 탐색법을 2회 시행하여 함수 $f(x) = \cos x + \sin x - 1$의 최대값이 존재하는 점 x_4를 구하라. 단, $x_0 = -1$, $x_1 = 0$, $x_2 = 1$ 임.

6.7 2차 보간 탐색법을 1회 시행하여 함수 $f(x) = \cos 2x - \sin x$의 최소값이 존재하는 점 x_3를 구하라. 단, $x_0 = 0$, $x_1 = 1$, $x_2 = 2$ 임.

6.8 2차 보간 탐색법을 1회 시행하여 함수 $f(x) = |x^2 - 1| + |x - 1|$의 최소값이 존재하는 점 x_3를 구하라. 단, $x_0 = -2$, $x_1 = 0$, $x_2 = 2$ 임.

뉴튼 탐색법

6.9 뉴튼 탐색법을 1회 시행하여 함수 $f(x) = x^9 - x^6 + 500\cos x$의 최대값이 존재하는 점 x_1을 구하라. 단, $x_0 = -2$임.

6.10 뉴튼 탐색법을 1회 시행하여 함수 $f(x) = x^2\cos x - \sin x$의 최소값이 존재하는 점 x_1을 구하라. 단, $x_0 = 1$임.

6.11 뉴튼 탐색법을 1회 시행하여 함수 $f(x) = \cos x + \sin 2x$의 최대값이 존재하는 점 x_1을 구하라. 단, $x_0 = 0$임.

6.12 뉴튼 탐색법을 1회 시행하여 함수 $f(x) = e^{-\frac{x}{3}}\cos x$의 최대값이 존재하는 점 x_1을 구하라. 단, $x_0 = 0$임.

파웰법

6.13 파웰법을 2회 시행하여 함수 $f(x_1, x_2) = x_1^2 - 2x_1x_2 + 3x_2^2$ 의 최소값이 존재하는 좌표값 $X_2 = (x_1, x_2)$를 구하라.

단, $X_0 = (x_1, x_2) = (-1, 1)$, $U_0 = \begin{bmatrix} 1 & 0 \\ 0 & 1 \end{bmatrix}$임.

6.14 파웰법을 1회 시행하여 함수 $f(x_1, x_2) = (x_1 + 1)^2 + (x_2 - 1)^2 + x_1x_2$의 최소값이 존재하는 좌표값 $X_1 = (x_1, x_2)$을 구하라.

단, $X_1 = (x_1, x_2) = (-\frac{12}{7}, \frac{29}{14})$, $U_1 = \begin{bmatrix} 0 & -1/2 \\ 1 & 3/4 \end{bmatrix}$임.

6.15 파웰법을 1회 시행하여 함수 $f(x_1, x_2) = -4x_1^2 + x_1^2x_2^2 - 2x_2^2 + 2x_1 + x_2 + 5$의 최대값이 존재하는 좌표값 $X_1 = (x_1, x_2)$을 구하라.

단, $X_0 = (x_1, x_2) = (-1, 1)$, $U_0 - \begin{bmatrix} 1 & 0 \\ 0 & 1 \end{bmatrix}$임.

6.16 파웰법을 1회 시행하여 함수 $f(x_1, x_2) = \cos x_1 + \sin x_2 + 31$의 최대값이 존재하는 좌표값 $X_1 = (x_1, x_2)$을 구하라.

단, $X_0 = (x_1, x_2) = (-1, 1)$, $U_0 = \begin{bmatrix} 1 & 0 \\ 0 & 1 \end{bmatrix}$임.

켤레 구배법

6.17 켤레 구배법을 1회 시행하여 함수 $f(x_1, x_2) = x_1^2 + x_1 x_2 - x_1 + 2x_2^2$ 의 최소값이 존재하는 좌표값 $X_2 = (x_1, x_2)$을 분수로 구하라. 단, $X_1 = (x_1, x_2) = (-1, 1)$임.

6.18 켤레 구배법을 2회 반복 시행하여 함수 $f(x_1, x_2) = \cos x_1 + \sin x_2 + 31$ 의 최대값이 존재하는 좌표값 $X_2 = (x_1, x_2)$을 구하라. 단, $X_0 = (x_1, x_2) = (-1, 1)$임.

선형계획법

6.19 선형계획 문제가 다음과 같은 식으로 주어졌다고 가정한다.

$$Maximize\ 3x_1 + 4x_2$$

제약 조건

$x_1 + 2x_2 \leq 15$

$3x_1 + 5x_2 \leq 85$

$7x_1 + 5x_2 \leq 100$

$x_1, x_2 \geq 0$

다음 방법을 이용하여 해를 구하라.

(1) 도식 해법

(2) 심플렉스법

6.20 선형계획 문제가 다음과 같은 식으로 주어졌다고 가정한다.

$$Minimize \ -3x_1 - 5x_2$$

제약 조건

$x_1 + 2x_2 \leq 22$

$3x_1 + 5x_2 \leq 34$

$7x_1 + 5x_2 \leq 45$

$x_1, x_2 \geq 0$

다음 방법을 이용하여 해를 구하라.

(1) 도식 해법

(2) 심플렉스법 (답: $(x_1, x_2) = (2.75, 5.15)$, $Z = -34$)

6.21 어느 음식점에서 점심 식사 메뉴로 제공할 메뉴 A와 B에 대한 새료 N1, N2에 대한 정보, 재료의 최대 공급량 및 단위당 가격에 대한 정보가 다음 분석표와 같다고 할 때 조건을 만족시키면서 이익을 최대화하는 선형계획 문제에 대하여 다음에 답하라. 단, A 메뉴는 1/3 단위 판매가 가능하다고 가정한다.

재료 /제품	A	B	최대공급량
N1	15	5	400
N2	9	4	250
단위당 이익	400원	250원	

(1) 선형계획 모델을 작성하라

(2) 도식 해법으로 해를 구하라

(3) 심플렉스법으로 해를 구하라 (답: $(x_1, x_2) = (23\frac{1}{3}, 10)$, $Z = 27,333$원)

6.22 비상사태에 대비하여 일정량의 식용품을 저장하고자 한다. 저장하고자 하는 식용품에 대한 정보는 다음 표와 같고 저장고 최대 용량이 100kg까지만 가능하다고 할 때 조건을 만족시키면서 만족도를 최대화하는 선형계획 문제에 대하여 다음에 답하라.

재료 /제품	고기	쌀	라면	과자	식수	저장고 최대 저장량
만족도	16	20	10	3	25	100kg
단위당 무게(kg)	0.4	0.5	0.25	0.2	1	

(1) 선형계획 모델을 작성하라

(2) 도식 해법으로 해를 구하라

(3) 심플렉스법으로 해를 구하라 (답: $x = (0, 0, 400, 0, 0)$, $Z = 4{,}000$)

CHAPTER 07

수치 미분과 적분

이 장에서는 주어진 함수 $f(x)$의 n차 미분값 $f^{(n)}(x)$이나 적분값 $F=\int_a^b f(x)dx$를 주어진 함수 $f(x)$의 근사 함수를 이용하여 구하는 방법에 대하여 알아본다. 특히 함수 $f(x)$에 대한 정보가 주어지지 않고 함수 $f(x)$ 위의 점이 주어진 경우 앞에서 다룬 보간법을 이용하여 미분값 및 적분값을 구하는 방법에 대하여 알아본다.

7.1 수치 미분

7.1.1 테일러급수를 이용한 미분

앞에서 설명한 바와 같이 함수 $f(x)$가 $f(x)=e^{-x}+x^2-x+2$와 같이 주어진 경우는 해석적으로 쉽게 미분값을 구할 수 있으나 그렇지 않고 함수 $f(x)$ 위의 점으로 주어진 경우는 미분값을 구하려면 함수 $f(x)$를 근사화 하는 식으로부터 구해야만 한다. 이 절에서는 테일러급수를 이용하여 n차 미분값 $f^{(n)}(x)$을 근사적으로 구하는 방법에 대하여 알아본다.

먼저 함수 $f(x)$가 필요한 만큼의 연속 도함수를 갖는다고 가정한다. 그러면 아주 작은 값 h에 대하여 함수 $f(x)$의 x에 대한 테일러 전개는 다음과 같다.

$$f(x+h)=f(x)+hf'(x)+\frac{h^2}{2!}f''(x)+\frac{h^3}{3!}f^{(3)}(x)+\cdots \tag{7.1}$$

식(7.1)에서 1차항 까지만 고려하여 다시 쓰면 다음과 같다.

$$f(x+h)=f(x)+hf'(x)+R_1 \tag{7.2}$$

여기서 R_1은 나머지를 나타낸다. 식(7.2)를 $f'(x)$에 대하여 정리하면 다음과 같다.

$$f'(x)=\frac{f(x+h)-f(x)}{h}+O(h)\approx\frac{f(x+h)-f(x)}{h} \tag{7.3}$$

여기서 $O(h)$는 1차 미분식의 오차이며 h에 비례함을 알 수 있다. 이것은 두 점 $(x, f(x))$와 $(x+h, f(x+h))$을 지나는 기울기라 할 수 있다. 이와 같이 어느 한 점 x에서의 미분값을 구함에 있어서 그 값보다 앞에 있는 값으로부터 그 값을 빼는 형식으로 근사화 하는 방식을 전향 차분 근사(forward difference approximation)라 한다. 이와 반대로 두 점 $(x, f(x))$와 $(x-h, f(x-h))$를

지나는 기울기 즉

$$f'(x) \approx \frac{f(x)-f(x-h)}{h} \tag{7.4}$$

로 근사화 할 수 있는데 이와 같은 방식은 후향 차분 근사(backward difference approximation)라 한다. 이와는 달리 식(7.1)의 h 대신에 $-h$를 대입하면

$$f(x-h)=f(x)-hf'(x)+\frac{h^2}{2!}f''(x)-\frac{h^3}{3!}f^{(3)}(x)+\cdots \tag{7.5}$$

가 되는데 식(7.1)로부터 식(7.5)를 뺀 후 $f'(x)$에 대하여 정리하면

$$f'(x)=\frac{f(x+h)-f(x-h)}{2h}-\frac{f^{(3)}(x)}{3!}h^2-\frac{f^{(5)}(x)}{5!}h^4-\cdots \tag{7.6}$$

즉

$$f'(x)=\frac{f(x+h)-f(x-h)}{2h}+O(h^2)\approx\frac{f(x+h)-f(x-h)}{2h} \tag{7.7}$$

와 같다. 이와 같은 $f'(x)$의 근사를 중앙 차분 근사(central difference approximation)라 한다. 식(7.7)에서 알 수 있듯이 중앙 차분 근사의 오차는 h^2에 비례하므로 h에 비례하는 전향 차분 근사 혹은 후향 차분 근사에 비하여 오차가 적어 보다 정확한 값을 구할 수 있다. 그림 7.1은 이러한 1차 미분의 전향 차분 , 후향 차분 및 중앙 차분 근사를 나타내고 $x_{i-1}=x-h$, $x_i=x$, $x_{i+1}=x+h$ 이다.

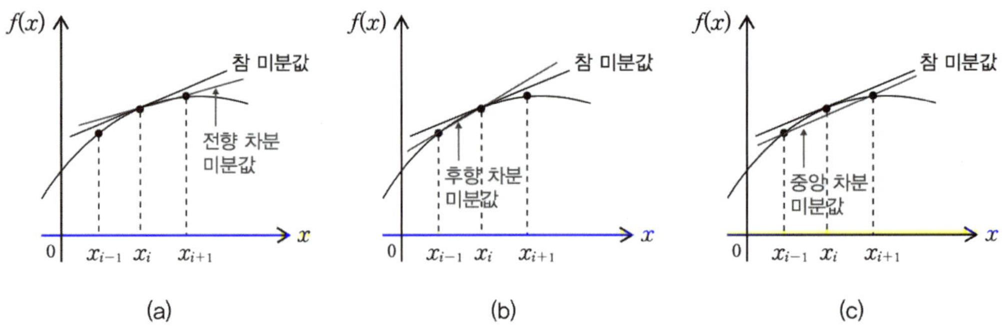

| 그림 7.4 | 미분의 차분 근사 (a) 전향 차분 (b) 후향 차분 (c) 중앙 차분

다음으로는 2차 미분값을 구하기 위하여 식(7.1)과 식(7.5)를 더하면 식(7.8)

$$f(x+h)+f(x-h)=2f(x)+\frac{h^2}{2!}f''(x)+\frac{h^4}{4!}f^{(4)}(x)+\cdots \tag{7.8}$$

과 같다. 식(7.8)에서 2차항 까지만 고려하고 $f''(x)$에 대하여 정리하면

$$f''(x)=\frac{f(x+h)-2f(x)+f(x-h)}{h^2}+O(h^2) \tag{7.9}$$

와 같이 되어 2차 미분값 $f''(x)$에 대한 근사값의 오차는 h^2에 비례하게 된다. 식(7.9)와 같은 중앙 차분 2차 차분식을 이용하여 2차 미분값을 근사적으로 구할 수 있다.

예제 7.1

함수 $f(x)=e^x$에 대하여 $h=0.1$일 때 $f'(1)$을 식(7.3), 식(7.4) 및 식(7.7)을 이용한 전향 차분, 후향 차분 및 중앙 차분 방식으로 구하라. 그리고 식(7.9)를 이용하여 2차 도함수 $f''(1)$를 구하라. 참값은 $f'(1)=f''(1)=e=2.7183$이다.

풀이

식(7.3), (7.4), (7.7) 그리고 식(7.9)로부터 전향 차분 근사값은

$$f'(x)\approx\frac{f(x+h)-f(x)}{h}=\frac{e^{1.1}-e}{0.1}=2.8588$$

이고 오차의 절대값은 $e=|2.7183-2.8588|=0.1405$이다. 후향 차분 근사값은

$$f'(x)\approx\frac{f(x)-f(x-h)}{h}=\frac{e-e^{0.9}}{0.1}=2.5868$$

이고 오차의 절대값은 $e=|2.7183-2.5868|=0.1315$이다. 중앙 차분 근사값은

$$f'(x)\approx\frac{f(x+h)-f(x-h)}{2h}=\frac{e^{1.1}-e^{0.9}}{2\times0.1}=2.7228$$

이고 오차의 절대값은 $e=|2.7183-2.7228|=0.0045$이다. 2차 미분 근사값은

$$f''(x)\approx\frac{f(x+h)-2f(x)+f(x-h)}{h^2}=\frac{e^{1.1}-2e+e^{0.9}}{0.1^2}=2.7205$$

이고 오차의 절대값은 $e=|2.7183-2.7206|=0.0023$이다. 이 계산 결과로부터 1차 미분값의 경우 중앙 차분 방식이 전향 차분 방식이나 후향 차분 방식에 비하여 보다 정확한 값을 나타냄을 알 수 있다.

이를 매트랩 및 파이썬으로 구하면 [ex7_1] 코드와 같고 실행 결과는 다음과 같다.

% [ex7_1] 매트랩 코드 실행 결과

```
* [예제 7.1] 차분법
 * f(x) = @(x)exp(x)

 * 1차 미분 참값 =  2.7183
  전향 차분 근사값 =  2.8588,   오차 =  0.14056
  후향 차분 근사값 =  2.5868,   오차 =  0.13149
  중앙 차분 근사값 =  2.7228,   오차 =  0.0045327
 * 2차 미분 참값 =  2.7183
  2차 미분 근사값 =  2.7205,   오차 =  0.002266
```

 # [ex7_1] 파이썬 코드 실행 결과

```
* [예제 7.1] 차분법

['* 1차 미분 참값 =  ', 2.718281828459045]
['  전향 차분 근사값 =  ', 2.858841954873883, ',   오차 =  ', 0.14056012641483795]
['  후향 차분 근사값 =  ', 2.5867871730209524, ',   오차 =  ', 0.1314946554380927]
['  중앙 차분 근사값 =  ', 2.7228145639474177, ',   오차 =  ', 0.004532735488837263]
['* 2차 미분 참값 =  ', 2.718281828459045]
['  2차 미분 근사값 =  ', 2.720547818529306, ',   오차 =  ', 0.002265990070260848]_
____________________862936639 9
```

7.1.2 리차드슨 외삽법

앞에서 설명한 1차 혹은 2차 미분의 근사화 방식은 많은 오차를 발생하는 문제점을 지니고 있다. 이러한 문제점을 해결하고자 두 개의 비교적 덜 정확한 미분 근사값을 이용하여 보다 정확한 미분 근사값을 구하는 방법이 리차드슨의 외삽법(Richardson extrapolation)이며 이 절에서는 이 방법을 소개하기로 한다.

먼저 편의를 위해 식(7.6)을 다음과 같이 다시 쓰기로 한다.

$$f'(x) = \alpha(h) + \beta_2 h^2 + \beta_4 h^4 + \cdots \tag{7.10}$$

여기서 $\alpha(h) = \dfrac{f(x+h) - f(x-h)}{2h}$ 이고 $\beta_{2k} = -\dfrac{f^{(2k+1)}(x)}{(2k+1)!}, k = 1, 2, 3, \cdots$ 이다. 식(7.10)으로부터 오차를 줄이기 위해서는 h^2에 비례하는 오차항 즉 $\beta_2 h^2$을 제거할 필요가 있다. 이를 위하

여 식(7.10)에 h 내신에 $\frac{h}{2}$를 대입하변 다음과 같다.

$$f'(x) = \alpha(\frac{h}{2}) + \beta_2 \frac{h^2}{2^2} + \beta_4 \frac{h^4}{2^4} + \cdots \tag{7.11}$$

식(7.11) 양변에 4를 곱한 후 식(7.10)을 빼고 $f'(x)$에 대하여 정리하면

$$\begin{aligned} f'(x) &= \frac{4}{3}\alpha(\frac{h}{2}) - \frac{1}{3}\alpha(h) - \frac{\beta_4}{4}h^4 + \cdots \equiv \frac{4}{3}\alpha(\frac{h}{2}) - \frac{1}{3}\alpha(h) + O(h^4) \\ &\approx \frac{4}{3}\alpha(\frac{h}{2}) - \frac{1}{3}\alpha(h) \end{aligned} \tag{7.12}$$

가 된다. 식(7.12)에서 알 수 있듯이 h^2에 비례하는 두 개의 1차 도함수의 근사값을 사용하여 오차가 h^4에 비례하는 보다 더 정확한 미분 근사값을 구할 수 있음을 알 수 있다. 식(7.12)는 오차가 h^2에 비례하는 어떠한 차분식에도 적용 가능하며 오차 $O(h^4)$을 갖는 두 개의 미분값을 이용하면 오차 $O(h^6)$을 갖는 미분 근사값을 얻을 수 있다.

이 과정을 일반화하기 위하여 구간 h를 2^{n-1} $(n = 1,2,\cdots,N)$개로 나눈 소구간에 대하여 구한 미분값의 근사값을 다음과 같이 나타내고 표 7.1의 제1열에 나타내기로 한다.

$$D_{n,1} = \alpha(\frac{h}{2^{n-1}}), \quad n = 1,2,\cdots,N \tag{7.13}$$

식(7.12)에 $D_{k-1,1}$와 $D_{k,1}, k = 2,3,\cdots N$값을 적용하여 구한 값을 $D_{k,2}, k = 2,3,\cdots N$라 하고 표 7.1의 제2열에 나타낸다. 이와 같은 과정을 반복하여 구해지는 $D_{n,m}$은 식(7.14)와 같고 이를 표에 나타내어 완성하면 표 7.1과 같다.

$$D_{n,m+1} = \frac{4^m}{4^m - 1}D_{n,m} - \frac{1}{4^m - 1}D_{n-1,m}, n = 2,3,\cdots,N, \ m = 1,2,\cdots,N-1 \tag{7.14}$$

이때 $D_{n,m+1}$ 의 오차는 $O(h^{2m+2}), m = 1,2,\cdots, N-1$ 이다. 이러한 리차드슨 외삽법은 구간 h 값이 작아야 되겠지만 알고리즘의 안정성을 위하여 너무 작지 않은 적당한 값을 취해야 하는데 최적의 구간값 h를 정하는 방법은 아직 알려져 있지 않다.

| 표 7.1 | $D_{n,m}$의 2차원 배열

$O(h^2)$	$O(h^4)$	$O(h^6)$		$O(h^{2N})$
$D_{1,1}$				
$D_{2,1}$	$D_{2,2}$			
$D_{3,1}$	$D_{3,2}$	$D_{3,3}$		
$\vdots$	$\vdots$	$\vdots$	$\ddots$	
$D_{N,1}$	$D_{N,2}$	$D_{N,3}$	$\cdots$	$D_{N,N}$

예제 7.2

함수 $f(x)=e^x$에 대하여 $h=0.1$일 때 $f'(1)$을 리차드슨 외삽법으로 $D_{4,4}$를 구하여 구하라. 참값은 $f'(1)=e$이다.

풀이 리차드슨 외삽법으로 $D_{4,4}$를 구하기 위하여 식(7.13)으로부터 $D_{1,1}$, $D_{2,1}$, $D_{3,1}$, $D_{4,1}$을 구하면 다음과 같다.

$$D_{1,1}=\frac{f(x+h)-f(x-h)}{2h}=\frac{e^{1.1}-e^{0.9}}{2\times 0.1}=2.722814563947418$$

$$D_{2,1}=\frac{f(x+h/2)-f(x-h/2)}{2h/2}=\frac{e^{1.05}-e^{0.95}}{2\times 0.05}=2.719414587473179$$

$$D_{3,1}=\frac{f(x+h/4)-f(x-h/4)}{2h/4}=\frac{e^{1.025}-e^{0.975}}{2\times 0.025}=2.718564991664882$$

$$D_{4,1}=\frac{f(x+h/8)-f(x-h/8)}{2h/8}=\frac{e^{1.0125}-e^{0.9875}}{2\times 0.1/8}=2.718352617601347$$

이 값을 바탕으로 식(7.14)를 이용하여 표 7.1을 완성하기 위한 계산 과정을 아래

$D_{1,1}$

$> \frac{4}{3}D_{2,1}-\frac{1}{3}D_{1,1}=D_{2,2}$

$D_{2,1}$ $\quad > \frac{16}{15}D_{3,2}-\frac{1}{15}D_{2,2}=D_{3,3}$

$> \frac{4}{3}D_{3,1}-\frac{1}{3}D_{2,1}=D_{3,2}$ $\quad > \frac{64}{63}D_{4,3}-\frac{1}{63}D_{3,3}=D_{4,4}$

$D_{3,1}$ $\quad > \frac{16}{15}D_{4,2}-\frac{1}{15}D_{3,2}=D_{4,3}$

$> \frac{4}{3}D_{4,1}-\frac{1}{3}D_{3,1}=D_{4,2}$

$D_{4,1}$

와 같이 수행하여 표를 완성하면 표 7.2와 같다.

| 표 7.2 | 7.2 $D_{n,m}$의 2차원 배열

$O(h^2)$	$O(h^4)$	$O(h^6)$	$O(h^8)$
$D_{1,1}$=2.722814563947418			
$D_{2,1}$=2.719414587473179	2.718281261981766		
$D_{3,1}$=2.718564991664882	2.718281793062117	2.718281828467474	
$D_{4,1}$=2.718352617601347	2.718281826246836	2.718281828459150	2.718281828459018

표 7.2로부터 오차는 0 임을 알 수 있다. 이를 매트랩 및 파이썬으로 구하면 [ex7_2] 코드와 같고 실행 결과는 다음과 같다.

% [ex7_2] 매트랩 코드 실행 결과

```
* [예제 7.2] 리차드슨 외삽법
 * f(x) = @(x)exp(x)
 * 리차드슨 외삽법 행렬 =
 2.722814563947418                    0                    0                    0
 2.719414587473179    2.718281261981766                    0                    0
 2.718564991664882    2.718281793062117    2.718281828467474                    0
 2.718352617601347    2.718281826246836    2.718281828459150    2.718281828459018

* 오차 = 참값 - 외삽법 근사값 =  2.7533531010704E-14
```

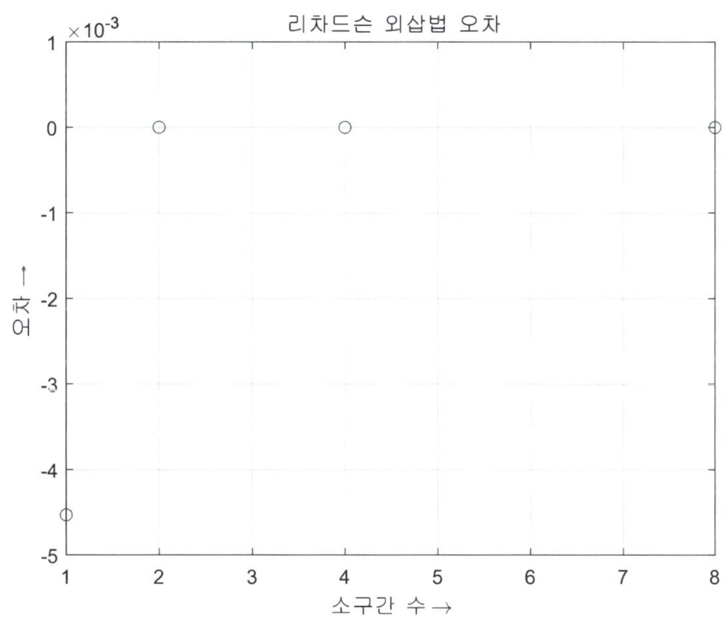

 # [ex7_2] 파이썬 코드 실행 결과

```
* [예제 7.2] 리차드슨 외삽법


 * 리차드슨 외삽법 행렬 =
[[2.72281456  0.          0.          0.        ]
 [2.71941459  2.71828126  0.          0.        ]
 [2.71856499  2.71828179  2.71828183  0.        ]
 [2.71835262  2.71828183  2.71828183  2.71828183]]

 * 오차 = 참값 - 외삽법 근사값 =  2.708944180085382e-14
```

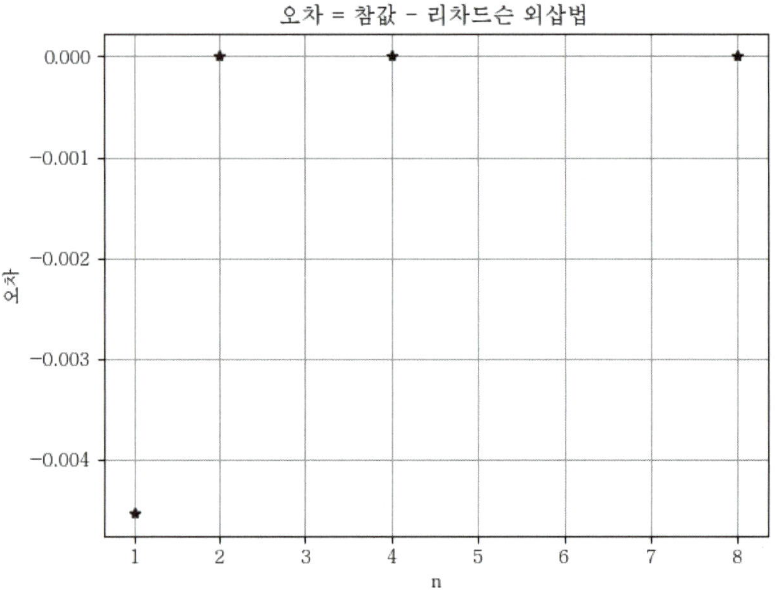

7.2 수치 적분

7.2.1 직사각형 적분법

직사각형 적분법(rectangle method)은 주어진 함수 $f(x)$의 적분값 $F=\int_a^b f(x)dx$을 근사적으로 구하는 가장 간단한 방법으로 함수 $f(x)$를 상수로 근사화 하여 구하는 방법이다. 즉 그림 7.2에서와 같이 구간 $[a, b]$에서의 함수 $f(x)$의 근사 다항식 $p_0(x)$를 적분 구간의 시작점인 $x=a$에서의 함수값 즉, 상수 $f(a)$로 근사화 하여 적분값을 구한다. 여기서 직사각형 적분법으로 구한 적분값을 I_0이라 하면

$$I_0 = \int_a^b f(x)dx \simeq \int_a^b p_0(x)dx = \int_a^b f(a)dx = (b-a)f(a) \tag{7.15}$$

가 된다.

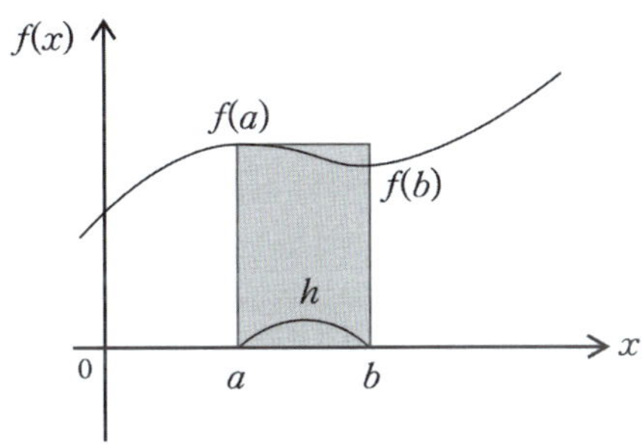

| 그림 7.2 | 직사각형 적분법

이것을 확장하여 구간 $[a, b]$를 n개의 소구간 즉, $[x_0=a, x_1, x_2, \cdots, x_n=b]$로 분할하여 적분하면

$$\begin{aligned} I_0 &= \int_a^b f(x)dx \simeq \int_{x_0}^{x_1} f(x_0)dx + \int_{x_1}^{x_2} f(x_1)dx + \cdots + \int_{x_{n-1}}^{x_n} f(x_{n-1})dx \\ &= \sum_{i=0}^{n-1} f(x_i)h_i, \quad h_i = x_{i+1}-x_i,\ i=0,1,\cdots,n-1 \end{aligned} \tag{7.16}$$

가 된다. 이러한 직사각형 적분법을 이용하여 구한 적분값을 앞에서 테일러급수에 서 알아본 바와 같이 많은 오차를 내포하고 있다. 따라서 오차를 줄이기 위해서는 h_i 값을 작게 하는 것이 중요하지만 작게 하면 할수록 계산 부담이 늘어나는 단점이 있다.

예제 7.3

구간 $[0,1]$에서 함수 $f(x)=x^2+e^x+3x$의 적분값 $I_*=\int_0^1 f(x)dx=\int_0^1 (x^2+e^x+3x)dx$를 직사각형 적분법을 이용하여 구하라. 단 $h=1/8$로 균등하다고 가정한다.

풀이 주어진 함수에 대한 참적분값 I_*값을 구하면

$$
\begin{aligned}
I_* &= \int_0^1 f(x)dx = \int_0^1 (x^2+e^x+3x)\,dx \\
&= \left[\frac{1}{3}x^3+e^x+\frac{3}{2}x^2\right]\Big|_0^1 = 3.5516
\end{aligned}
$$

가 된다. 이것을 직사각형 적분법으로 구하면

$$
\begin{aligned}
I_0 &= h\sum_{i=0}^{7} f(x_i) \\
&= \frac{1}{8}[1+1.5238+2.0965+2.7206+3.3399 \\
&\quad +4.1339+4.9295+5.7895] \\
&= 3.1991
\end{aligned}
$$

가 되어 오차의 절대값은 $|3.5516-3.1991|=0.3525$가 된다.

이를 매트랩 및 파이썬으로 구하면 [ex7_3] 코드와 같고 실행 결과는 다음과 같다.

% [ex7_3] 매트랩 코드 실행 결과

```
* [예제 7.3] 직사각형 적분법

 * f(x) = @(x)x.^2+3*x+exp(x)
 * F(x) = @(x)exp(x)+(3*x.^2)/2+x.^3/3

      x        참적분값      직사각형 적분법
        0          0               0
   0.1250     0.1572          0.1250
   0.2500     0.3830          0.3155
   0.3750     0.6835          0.5775
   0.5000     1.0654          0.9176
   0.6250     1.5356          1.3425
   0.7500     2.1014          1.8592
   0.8750     2.7706          2.4754
   1.0000     3.5516          3.1991
```

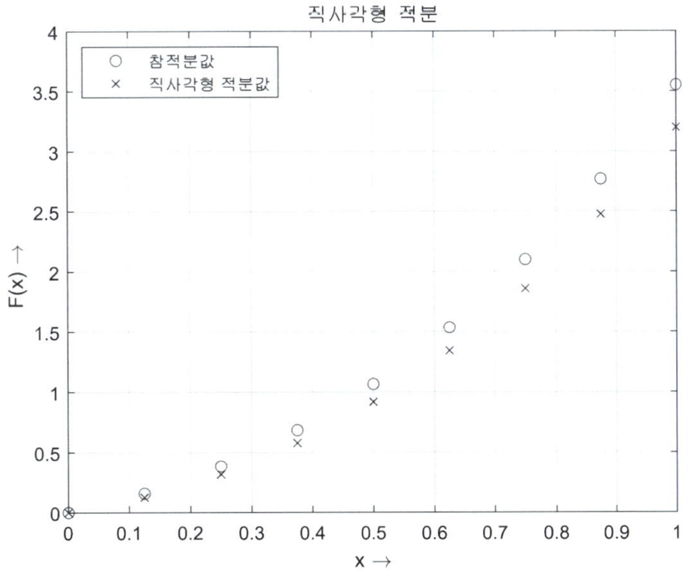

[ex7_3] 파이썬 코드 실행 결과

* [예제 7.3] 직사각형 적분법

구간	참적분값	직사각형적분	오차
0.0000	0.0000	0.0000	0.0000
0.1250	0.1572	0.1250	0.0322
0.2500	0.3830	0.3155	0.0675
0.3750	0.6835	0.5775	0.1060
0.5000	1.0654	0.9176	0.1478
0.6250	1.5356	1.3425	0.1931
0.7500	2.1014	1.8592	0.2422
0.8750	2.7706	2.4754	0.2952
1.0000	3.5516	3.1991	0.3526

7.2.2 사다리꼴 적분법

사다리꼴 적분법(trapezoidal method)은 주어진 함수 $f(x)$의 적분값 $F=\int_a^b f(x)dx$을 구할 때 그림 7.3과 같이 함수 $f(x)$를 두 점 $(a, f(a)), (b, f(b))$ 을 잇는 1차 직선 $p_1(x)=\alpha x+\beta$로 근사화하여 적분값을 구하는 방식이다.

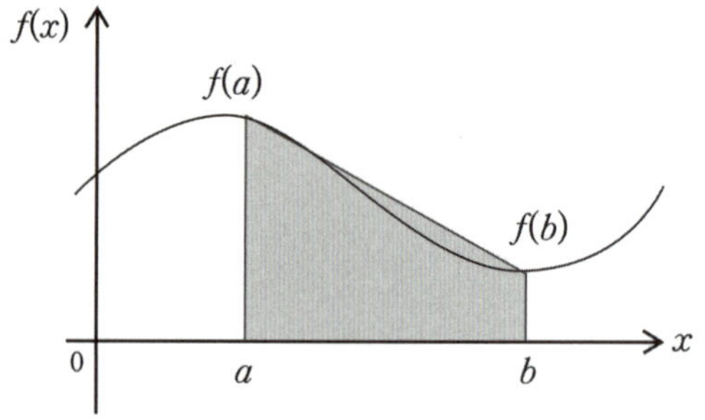

| 그림 7.3 | 사다리꼴 적분법

1차 직선 $p_1(x)$는 5장에서 살펴본 여러 가지 보간법으로 구할 수 있다. 여기서는 라그랑주 보간법을 사용하여 구하기로 한다. 주어진 두 점 $x_0 = a, x_1 = b$라 하면 라그랑주 1차 보간 다항식 $p_1(x)$는 다음과 같다.

$$\begin{aligned} p_1(x) &= L_0(x_0)f(x_0) + L_1(x_1)f(x_1) \\ &= \frac{x - x_1}{x_0 - x_1}f(x_0) + \frac{x - x_0}{x_1 - x_0}f(x_1) \end{aligned} \tag{7.17}$$

이 식(7.17)을 소구간 $[x_0, x_1]$에 대하여 적분하면

$$I_1 = \int_{x_0}^{x_1}\left(\frac{x - x_1}{x_0 - x_1}f(x_0) + \frac{x - x_0}{x_1 - x_0}f(x_1)\right)dx = \frac{x_1 - x_0}{2}[f(x_0) + f(x_1)]$$

가 된다. 여기서 $h = x_1 - x_0$라 하면

$$I_1 = \frac{h}{2}[f(x_0) + f(x_1)] \tag{7.18}$$

가 된다. 따라서 이것을 확장하여 구간 $[a, b]$를 n개의 소구간 즉, $[x_0 = a, x_1, x_2, \cdots, x_n = b]$로 분할하여 적분하면

$$\begin{aligned} I_1 &= \int_{x_0}^{x_1} p_{01}(x)dx + \int_{x_1}^{x_2} p_{12}(x)dx + \cdots + \int_{x_{n-2}}^{x_n} p_{(n-1)n}(x)dx \\ &= \frac{x_1 - x_0}{2}[f(x_0) + f(x_1)] + \frac{x_2 - x_1}{2}[f(x_1) + f(x_2)] \\ &\quad + \cdots + \frac{x_n - x_{n-1}}{2}[f(x_{n-1}) + f(x_n)] \end{aligned} \tag{7.19}$$

가 된다. 여기서 $h = x_i - x_{i-1}$, $i = 1, 2, \cdots, n$라 하면

$$I_1 = \frac{h}{2}\left[f(x_0) + 2\sum_{i=1}^{n-1} f(x_i) + f(x_n)\right] \tag{7.20}$$

가 되며 이를 합성 사다리꼴 공식(composite trapezoidal rule)이라 한다. 이러한 사다리꼴 적분법도 n이 클수록 즉 h가 작을수록 보다 정확한 적분값을 구할 수 있다.

예제 1.2 **다음 식으로 정의된 도함수의 정의**

구간 $[0, 1]$에서 함수 $f(x) = x^2 + e^x + 3x$의 적분값 $I_* = \int_0^1 f(x)dx = \int_0^1 (x^2 + e^x + 3x)dx$을 사다리꼴 적분법을 이용하여 구하라. 단 $h = 1/8$로 균등하다고 가정한다.

풀이

주어진 함수에 대한 참적분값 I_*값을 구하면

$$\begin{aligned} I_* &= \int_0^1 f(x)dx = \int_0^1 (x^2 + e^x + 3x)\,dx \\ &= \left[\frac{1}{3}x^3 + e^x + \frac{3}{2}x^2\right]\Big|_0^1 = 3.5516 \end{aligned}$$

가 된다. 이것을 사다리꼴 적분법으로 구하면

$$\begin{aligned} I_1 &= \frac{1}{2}h[f(x_0) + f(x_8) + 2\sum_{i=1}^{7} f(x_i)] \\ &= \frac{1}{2} \cdot \frac{1}{8}[1 + 6.7183 + 2(1.5238 + 2.0965 + 2.7206 \\ &\qquad + 3.3987 + 4.1339 + 4.9295 + 5.7895)] \\ &= 3.5564 \end{aligned}$$

가 되어 오차는 $|3.5516 - 3.5564| = 0.0048$가 된다.

이를 매트랩 및 파이썬으로 구하면 [ex7_4] 코드와 같고 실행 결과는 다음과 같다.

% [ex7_4] 매트랩 코드 실행 결과

* [예제 7.4] 사다리꼴 적분법

```
* f(x) = @(x)x.^2+3*x+exp(x)
* F(x) = @(x)exp(x)+(3*x.^2)/2+x.^3/3
```

x	참적분값	사다리꼴 적분법
0	0	0
0.1250	0.1572	0.1577
0.2500	0.3830	0.3840
0.3750	0.6835	0.6851
0.5000	1.0654	1.0675
0.6250	1.5356	1.5383
0.7500	2.1014	2.1048
0.8750	2.7706	2.7747
1.0000	3.5516	3.5565

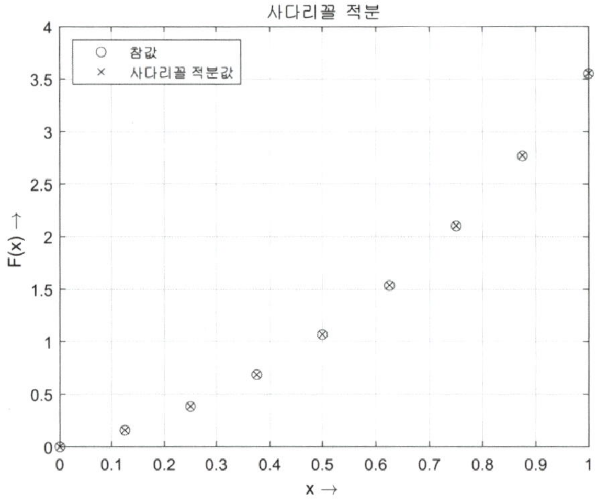

[ex7_4] 파이썬 코드 실행 결과

* [예제 7.4] 사다리꼴 적분법

구간	참적분값	사다리꼴적분	오차
0.0000	0.0000	0.0000	0.0000
0.1250	0.1572	0.1577	−0.0005
0.2500	0.3830	0.3840	−0.0010
0.3750	0.6835	0.6851	−0.0016
0.5000	1.0654	1.0675	−0.0021
0.6250	1.5356	1.5383	−0.0028
0.7500	2.1014	2.1048	−0.0034
0.8750	2.7706	2.7747	−0.0041
1.0000	3.5516	3.5565	−0.0048

정리 7.1 **(사다리꼴 적분법의 오차)**

함수 $f(x)$가 구간 $[a, b]$에서 연속이고 2차 도함수 $f''(x)$가 구간 (a, b)에서 연속이면 사다리꼴 적분법의 오차는 다음과 같다.

$$E_T = \int_a^b f(x)dx - I_1 = -\frac{h^2(b-a)}{12} f''(\xi),\ a < \xi < b \tag{7.21}$$

여기서 $I_1 = \dfrac{h}{2}\left[f(x_0) + 2\sum_{i=1}^{n-1} f(x_i) + f(x_n)\right]$

증명 생략

7.2.3 심슨의 1/3 및 3/8 적분법

앞에서 살펴본 직사각형 적분법이나 사다리꼴 적분법은 오차가 커 실제 사용하기에는 부적절한 적분법임을 알 수 있다. 여기서는 이들보다 작은 오차를 갖는 심슨 적분법에 대하여 알아보기로 한다. 심슨(Simpson)의 1/3 적분법은 주어진 세 점 $(x_0, f(x_0)), (x_1, f(x_1)), (x_2, f(x_2))$을 지나는 원함수 $f(x)$를 2차 곡선 $p_2(x)$로 근사화하여 적분하는 방법이다. 즉 주어진 세 점 $(x_0, f(x_0)), (x_1, f(x_1)), (x_2, f(x_2))$을 지나는 2차 라그랑주 보간 다항식을 구하면 다음 식

$$\begin{aligned} p_2(x) &= L_0(x_0)f(x_0) + L_1(x_1)f(x_1) + L_2(x_2)f(x_2) \\ &= \frac{(x-x_1)(x-x_2)}{(x_0-x_1)(x_0-x_2)} f(x_0) + \frac{(x-x_0)(x-x_2)}{(x_1-x_0)(x_1-x_2)} f(x_1) \\ &\quad + \frac{(x-x_0)(x-x_1)}{(x_2-x_0)(x_2-x_1)} f(x_2) \end{aligned} \tag{7.22}$$

과 같다. 이 식(7.22)를 세 점을 포함하는 소구간 $[x_0, x_2]$에 대하여 적분하면

$$I_2 = \int_{x_0}^{x_2} \left(\frac{(x-x_1)(x-x_2)}{(x_0-x_1)(x_0-x_2)} f(x_0) + \frac{(x-x_0)(x-x_2)}{(x_1-x_0)(x_1-x_2)} f(x_1) + \frac{(x-x_0)(x-x_1)}{(x_2-x_0)(x_2-x_1)} f(x_2) \right) dx$$

가 되는데 여기서 $h = x_1 - x_0 = x_2 - x_1$라 하면

$$
\begin{aligned}
I_2 = & \frac{f(x_0)}{2h^2}\int_{x_0}^{x_2}(x-x_1)(x-x_2)dx - \frac{f(x_1)}{h^2}\int_{x_0}^{x_2}(x-x_0)(x-x_2)dx \\
& \qquad + \frac{f(x_2)}{2h^2}\int_{x_0}^{x_2}(x-x_0)(x-x_1)dx \\
= & \frac{h}{3}[f(x_0)+4f(x_1)+f(x_2)]
\end{aligned} \tag{7.23}
$$

가 된다. 따라서 이를 전체 구간 $[x_0, x_n]$에 대하여 적분값을 구하면 다음과 같다.

$$
\begin{aligned}
I_2 = & \int_{x_0}^{x_2} p_{02}(x)dx + \int_{x_2}^{x_4} p_{24}(x)dx + \cdots + \int_{x_{n-2}}^{x_n} p_{(n-2)n}(x)dx \\
= & \frac{h}{3}[f(x_0)+4f(x_1)+f(x_2)] + \frac{h}{3}[f(x_2)+4f(x_3)+f(x_4)] \\
& + \cdots + \frac{h}{3}[f(x_{n-2})+4f(x_{n-1})+f(x_n)] \\
= & \frac{h}{3}\left[f(x_0)+4\sum_{i=1}^{n/2} f(x_{2i-1}) + 2\sum_{i=2}^{n/2} f(x_{2i-2}) + f(x_n)\right]
\end{aligned} \tag{7.24}
$$

식(7.24)에서 알 수 있듯이 기본적인 알고리즘은 사다리꼴 적분 방식과 유사하나 심슨의 1/3 방식에서는 n이 반드시 2의 배수이어야 한다.

정리 7.2 **심슨의 1/3 적분법의 오차**

함수 $f(x)$가 구간 $[a, b]$에서 연속이고 4차 도함수 $f^{(4)}(x)$가 구간 (a, b)에서 연속이면 심슨의 1/3 적분법의 오차 $E_{1/3}$는 다음과 같다.

$$
E_{1/3} = \int_a^b f(x)dx - I_2 = -\frac{h^4(b-a)}{180} f^{(4)}(\xi),\ a < \xi < b \tag{7.25}
$$

여기서 $I_2 = \frac{h}{3}\left[f(x_0)+4\sum_{i=1}^{n/2} f(x_{2i-1}) + 2\sum_{i=2}^{n/2} f(x_{2i-2}) + f(x_n)\right]$

증명 생략

예제 7.5

구간 [0, 1]에서 함수 $f(x) = x^2 + e^x + 3x$의 적분값 $I_* = \int_0^1 f(x)dx = \int_0^1 (x^2 + e^x + 3x)dx$을 심슨의 1/3 적분법으로 구하라. 단 $h = 1/8$로 균등하다고 한다.

풀이

주어진 구간은 $[0 = x_0, 1 = x_8]$로 나타내 질 수 있으므로 심슨의 1/3 적분법을 적용하면 다음과 같다.

$$
\begin{aligned}
I_2 &= \frac{1}{3}h[f(x_0) + 4f(x_1) + 2f(x_2) + 4f(x_3) + 2f(x_4) \\
&\qquad + 4f(x_5) + 2f(x_6) + 4f(x_7) + f(x_8)] \\
&= \frac{1}{24}[1 + 4(1.5238) + 2(2.0965) + 4(2.7206) + 2(2.7206) \\
&\qquad + 4(3.3987) + 2(4.1339) + 4(4.9295) + 5.7895] \\
&= 3.5516
\end{aligned}
$$

가 되어 오차는 $|3.5516 - 3.5516| = 0.0000$가 되어 사다리꼴 방식으로 구한 오차보다 훨씬 석음을 알 수 있다.

이를 매트랩 및 파이썬으로 구하면 [ex7_5] 코드와 같고 실행 결과는 다음과 같다.

% [ex7_5] 매트랩 코드 실행 결과

```
* [예제 7.5] 심슨 1/3 방식 적분
  * f(x) = @(x)x.^2+3*x+exp(x)
  * F(x) = @(x)exp(x)+(3*x.^2)/2+x.^3/3

      x          참적분값      심슨 1/3 방식
      0             0              0
   0.2500        0.3830         0.3830
   0.5000        1.0654         1.0654
   0.7500        2.1014         2.1014
   1.0000        3.5516         3.5516
```

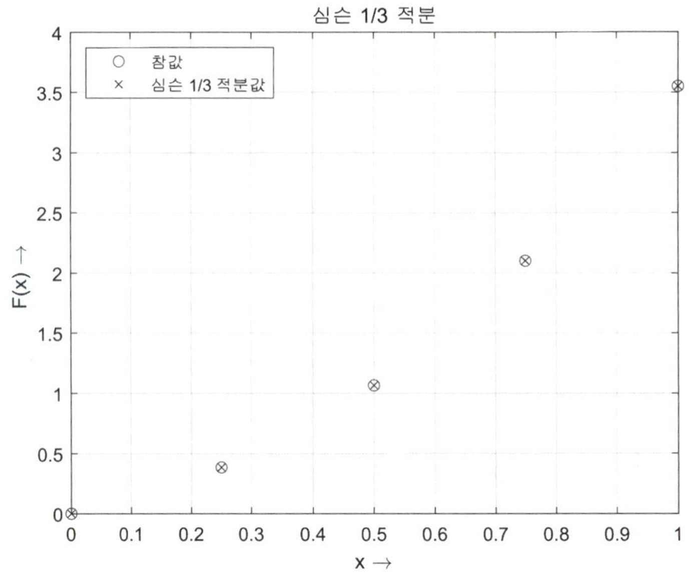

[ex7_5] 파이썬 코드 실행 결과

* [예제 7.5] 심슨 1/3 방식 적분법

구간	참적분값	심슨1/3적분	오차
0.0000	0.0000	0.0000	0.00000000
0.2500	0.3830	0.3830	-0.00000038
0.5000	1.0654	1.0654	-0.00000088
0.7500	2.1014	2.1014	-0.00000151
1.0000	3.5516	3.5516	-0.00000233
0.0000	0.0000	0.0000	0.00000000
0.0000	0.0000	0.0000	0.00000000
0.0000	0.0000	0.0000	0.00000000
0.0000	0.0000	0.0000	0.00000000

앞에서 살펴본 직사각형 방식 적분법이나 사다리꼴 방식 적분법 그리고 심슨의 1/3 방식 적분법은 각각 주어진 한 점, 두 점 및 세 점 사이를 각각 0차, 1차 및 2차 직선 및 곡선으로 근사화하여 근사화된 함수를 적분하는 방식이다. 이와 같이 피적분함수 $f(x)$를 다항식으로 근사화한 후 적분하는 방식을 뉴튼-코츠(Newton-Cotes) 적분법이라 한다. 여기서는 보간함수의 차수를 하나 더 늘린, 즉, 3차 보간함수를 사용하는 심슨의 3/8 적분법에 대하여 알아보기로 한다.

심슨의 3/8 적분법은 뉴튼-코츠 적분법의 하나로 심슨의 1/3 적분법과 유사하게 주어진 네 점 $(x_0, f(x_0))$, $(x_1, f(x_1))$, $(x_2, f(x_2)$, $(x_3, f(x_3))$을 지나는 원함수 $f(x)$를 3차 곡선 $p_3(x)$로 근사화하여 적분하는 방식이다. 즉 주어진 네 점 $(x_0, f(x_0))$, $(x_1, f(x_1))$, $(x_2, f(x_2)$, $(x_3, f(x_3))$을 지나는 3차

라그랑주 보간 다항식을 구하면 다음 식

$$\begin{aligned} p_3(x) &= L_0(x_0)f(x_0) + L_1(x_1)f(x_1) + L_2(x_2)f(x_2) + L_3(x_3)f(x_3) \\ &= \frac{(x-x_1)(x-x_2)(x-x_3)}{(x_0-x_1)(x_0-x_2)(x_0-x_3)}f(x_0) + \frac{(x-x_0)(x-x_2)(x-x_3)}{(x_1-x_0)(x_1-x_2)(x_1-x_3)}f(x_1) \\ &+ \frac{(x-x_0)(x-x_1)(x-x_3)}{(x_2-x_0)(x_2-x_1)(x_2-x_3)}f(x_2) + \frac{(x-x_0)(x-x_1)(x-x_2)}{(x_3-x_0)(x_3-x_1)(x_3-x_2)}f(x_3) \end{aligned} \tag{7.26}$$

과 같다. 이 식(7.26)을 네 점을 포함하는 소구간 $[x_0, x_3]$에 대하여 적분하면

$$\begin{aligned} I_3 &= \int_{x_0}^{x_3} p_3(x)dx \\ &= \frac{3h}{8}[f(x_0) + 3f(x_1) + 3f(x_2) + f(x_3)] \end{aligned} \tag{7.27}$$

이 된다. 여기서 $h = x_1 - x_0 = x_2 - x_1 = x_3 - x_2$ 이다. 이것을 전체 구간 $[x_0, x_n]$에 대하여 적분값을 구하면 다음과 같다.

$$\begin{aligned} I_3 &= \int_{x_0}^{x_3} p_{03}(x)dx + \int_{x_3}^{x_6} p_{36}(x)dx + \cdots + \int_{x_{n-3}}^{x_n} p_{(n-3)n}(x)dx \\ &= \frac{3h}{8}[f(x_0) + 3f(x_1) + 3f(x_2) + f(x_3)] \\ &\quad + \frac{3h}{8}[f(x_3) + 3f(x_4) + 3f(x_5) + f(x_6)] \\ &\quad + \cdots + \frac{3h}{8}[f(x_{n-3}) + 3f(x_{n-2}) + 3f(x_{n-1}) + f(x_n)] \\ &= \frac{3h}{8}\sum_{i=1}^{n/3}[f(x_{3i-3}) + 3f(x_{3i-2}) + 3f(x_{3i-1}) + f(x_{3i})] \end{aligned} \tag{7.28}$$

식(7.28)에서 알 수 있듯이 기본적인 알고리즘은 심슨의 1/3 적분 방식과 유사하나 심슨의 3/8 방식에서는 n이 반드시 3의 배수이어야 한다.

예제 7.6

구간 $[0, 1]$에서 함수 $f(x) = x^2 + e^x + 3x$의 적분값 $I_* = \int_0^1 f(x)dx = \int_0^1 (x^2 + e^x + 3x)dx$을 가장 오차가 적도록 심슨의 3/8 적분법으로 구하라. 단 $h = 1/6$로 균등하다고 가정한다.

풀이 주어진 구간은 $[0 = x_0, 1 = x_6]$로 나타내 질 수 있으므로 심슨의 3/8 적분법을 적용하면 다음과 같다.

$$\begin{aligned} I_3 = & \frac{3}{8}h[f(x_0) + 3f(x_1) + 3f(x_2) + f(x_3)] \\ & + \frac{3}{8}h[f(x_3) + 3f(x_4) + 3f(x_5) + f(x_6)] \\ = & \frac{3}{48}[1 + 3(1.7091) + 3(2.5067) + 3.3987] \\ & + \frac{3}{48}[3.3987 + 3(4.3922) + 3(5.4954) + 6.7183] \\ = & 3.5516 \end{aligned}$$

가 되어 오차는 $|3.5516 - 3.5516| = 0.0000$가 되어 사다리꼴 방식으로 구한 오차보다 훨씬 적음을 알 수 있다.

이를 매트랩 및 파이썬으로 구하면 [ex7_6] 코드와 같고 실행 결과는 다음과 같다.

% [ex7_6] 매트랩 코드 실행 결과

```
* [예제 7.6] 심슨 3/8 방식 적분
  * f(x) = @(x)x.^2+3*x+exp(x)
  * F(x) = @(x)exp(x)+(3*x.^2)/2+x.^3/3

       x        참적분값   심슨 3/8 방식
         0          0          0
    0.5000     1.0654     1.0654
    1.0000     3.5516     3.5516
```

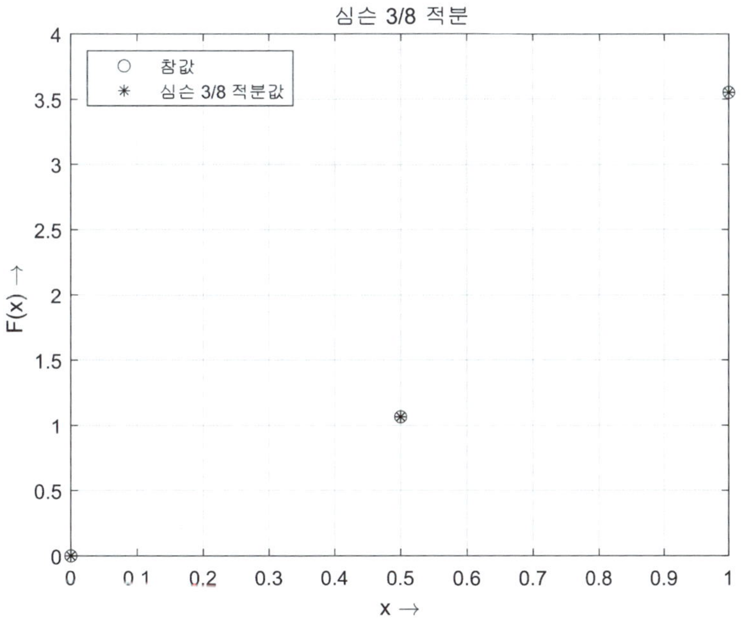

[ex7_6] 파이썬 코드 실행 결과

* [예제 7.6] 심슨 3/8 방식 적분법

구간	참적분값	심슨3/8적분	오차
0.0000	0.0000	0.0000	0.00000000
0.5000	1.0654	1.0654	-0.00000622
1.0000	3.5516	3.5516	-0.00001646
0.0000	0.0000	0.0000	0.00000000
0.0000	0.0000	0.0000	0.00000000
0.0000	0.0000	0.0000	0.00000000
0.0000	0.0000	0.0000	0.00000000

예제 7.7

구간 $[0, 1]$에서 함수 $f(x) = x^2 + e^x + 3x$의 적분값 $I_* = \int_0^1 f(x)dx = \int_0^1 (x^2 + e^x + 3x)dx$을 가장 오차가 적도록 심슨의 1/3 적분법 및 3/8 적분법을 조합하여 구하라. 단 $h = 1/8$로 균등하다고 한다.

풀이 주어진 구간은 $[0 = x_0, 1 = x_8]$로 나타내 질 수 있으므로 가장 오차가 작도록 하기 위해서는 심슨의 3/8 적분법 두 번에 심슨의 1/3 적분법 한번을 적용하면 됨을 알 수 있다. 이렇게 하여 계산을 하면 다음과 같다.

$$\begin{aligned} I_{3\cdot 2} &= \frac{3}{8}h(f(x_0) + 3f(x_1) + 3f(x_2) + f(x_3)) \\ &\quad + \frac{3}{8}h(f(x_3) + 3f(x_4) + 3f(x_5) + f(x_6)) + \frac{h}{3}(f(x_6) + 4f(x_7) + f(x_8)) \\ &= \frac{3}{8}\cdot\frac{1}{8}(1 + 3(1.5238) + 3(2.0966) + 2.7207) \\ &\quad + \frac{3}{8}\cdot\frac{1}{8}(2.7207 + 3(3.3988) + 3(4.1339) + 4.9296)) \\ &\quad + \frac{1}{3}\cdot\frac{1}{8}(4.9296 + 4(5.7896) + 6.7183) = 3.5516 \end{aligned}$$

가 된다. 이 방식의 오차는 $|3.5516 - 3.5516| = 0.0000$이 되어 사다리꼴 방식으로 구한 오차보다 훨씬 적음을 알 수 있다.

이를 매트랩 및 파이썬으로 구하면 [ex7_7] 코드와 같고 실행 결과는 다음과 같다.

% [ex7_7] 매트랩 코드 실행 결과

```
* [예제 7.7] 심슨  1/3 + 3/8 방식

 * f(x)  =  @(x)x^2+3*x+exp(x)
 * F(x)  =  @(x)exp(x)+(3*x.^2)/2+x.^3/3

       x          참적분값      심슨 1/3+3/8 방식
       0             0                0
    0.3750        0.6835           0.6835
    0.7500        2.1014           2.1014
    1.0000        3.5516           3.5516
```

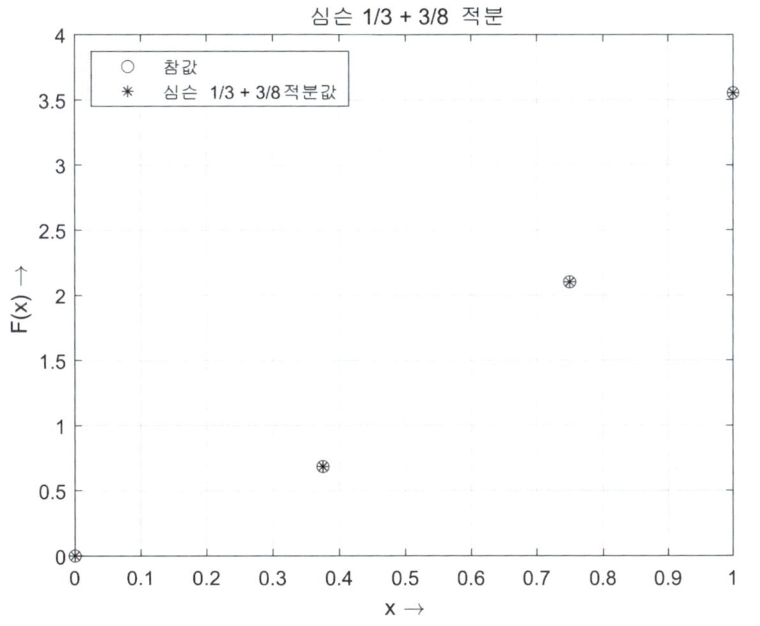

 # [ex7_7] 파이썬 코드 실행 결과

* [예제 7.7] 심슨 1/3 + 3/8 방식 적분법

구간	참적분값	심슨1/3+3/8적분	오차
0.0000	0.00000000	0.00000000	0.00000000
0.3750	0.68350704	0.68350842	−0.00000138
0.7500	2.10137502	2.10137841	−0.00000340
1.0000	3.55161516	3.55161937	−0.00000421

정리 7.3 **심슨의 3/8 적분법의 오차**

함수 $f(x)$가 구간 $[a, b]$에서 연속이고 4차 도함수 $f^{(4)}(x)$가 구간 (a, b)에서 연속이면 심슨의 3/8 적분법의 오차 $E_{3/8}$ 는 다음과 같다.

$$E_{3/8} = \int_a^b f(x)dx - I_3 = -\frac{h^4(b-a)}{240} f^{(4)}(\xi),\ a < \xi < b \tag{7.29}$$

여기서 $I_3 = \frac{3h}{8}\sum_{i=1}^{n/3}[f(x_{3i-3}) + 3f(x_{3i-2}) + 3f(x_{3i-1}) + f(x_{3i})]$

증명 생략

7.2.4 롬베르크 적분법

앞에서 살펴본 적분법은 비교적 간단하게 적분값을 구할 수 있으나 오차가 작지 않다는 단점을 지니고 있다. 이러한 문제점을 보완하면서 효율적으로 수치해석적 적분값을 구하기 위하여 제안된 방법이 롬베르크(Romberg) 적분법이다. 롬베르크 적분법은 $O(h^2)$의 오차를 갖는 사다리꼴 적분법과 리차드슨 외삽법(Richardson extrapolation)을 결합한 것으로 오차를 $O(h^{2k+2}), k=1,2,\cdots$ 크기로 줄일 수 있는 적분 알고리즘이다. 아래에서는 이러한 롬베르크 적분법에 대하여 상세히 알아보기로 한다.

주어진 함수 $f(x)$의 구간 $[a,b]$에서 참적분값 $I=\int_a^b f(x)dx$은 사다리꼴 방식 적분값 $I_1(h)$과 오차 $E(h)$로 다음과 같이 표현될 수 있다.

$$I=I_1(h)+E(h) \tag{7.30}$$

여기서 $h=(b-a)/n$ 이고 n은 구간 $[a,b]$에 대한 소구간 수를 나타낸다. 서로 다른 두 개의 구간폭 h_1, h_2에 대하여 식(7.30)을 적용하면 다음과 같은 관계를 만족한다.

$$I=I_1(h_1)+E(h_1)=I_2(h_2)+E(h_2) \tag{7.31}$$

그런데 사다리꼴 적분법의 오차는 앞에서 살펴본 바와 같이

$$E(h)=-\frac{h^2(b-a)}{12}f''(\xi),\ a<\xi<b$$

가 되어 오차는 h^2 에 비례 즉, $E(h)\propto h^2$ 를 만족하므로 두 오차 $E(h_1)$과 $E(h_2)$ 의 비는 다음과 같이 나타내진다.

$$\frac{E(h_1)}{E(h_2)}\approx\frac{h_1^2}{h_2^2} \tag{7.32}$$

식(7.32)는 오차가 h_1, h_2에 의하여 결정됨을 알려주고 있다. 이 식을 다시 정리하면

$$E(h_1)\approx\frac{h_1^2}{h_2^2}E(h_2) \tag{7.33}$$

가 되므로 식(7.33)을 식(7.31)에 대입하면 다음과 같다.

$$I_1(h_1) + \left(\frac{h_1}{h_2}\right)^2 E(h_2) = I_2(h_2) + E(h_2) \tag{7.34}$$

이 식으로부터 $E(h_2)$ 를 구하면

$$E(h_2) = \frac{I_2(h_2) - I_1(h_1)}{\left(\frac{h_1}{h_2}\right)^2 - 1} \tag{7.35}$$

가 되므로 식(7.35)을 식(7.34)에 대입하여 정리하면

$$I = I_2(h_2) + \frac{I_2(h_2) - I_1(h_1)}{\left(\frac{h_1}{h_2}\right)^2 - 1} = \frac{\alpha+1}{\alpha} I_2(h_2) - \frac{1}{\alpha} I_1(h_1) \tag{7.36}$$

여기서 $\alpha = \left(\frac{h_1}{h_2}\right)^2 - 1$ 이다.

이 적분값의 오차는 $O(h^4)$ 임이 알려져 있으므로 $O(h^2)$의 오차를 갖는 사다리꼴 적분 방식 적분값을 식(7.36)과 같은 연산을 통하여 오차값을 $O(h^4)$ 수준으로 대폭 줄 일 수 있음을 알 수 있다.

이와 같은 과정을 앞 절에서 살펴본 리차드슨 외삽법에 대하여 적용하여 롬베르크 적분식을 구하면 다음과 같다.

$$I_{n,m+1} = \frac{4^m}{4^m - 1} I_{n,m} - \frac{1}{4^m - 1} I_{n-1,m},\ n = 2, 3, \cdots, N,\ m = 1, 2, \cdots, N-1 \tag{7.37}$$

여기서 $I_{n,1} = \alpha\left(\frac{h}{2^{n-1}}\right)$, $n = 1, 2, \cdots, N$는 사다리꼴 방식으로 구한 적분값을 나타낸다.

예제 7.8

구간 $[0,1]$에서 함수 $f(x) = x^2 + e^x + 3x$의 적분값 $I_1 = \int_0^1 f(x)dx = \int_0^1 (x^2 + e^x + 3x)dx$을 오차가 $O(h^8)$가 되도록 롬베르크 적분법을 이용하여 구하라.

풀이 주어진 함수에 대하여 소구간의 폭을 변화시켜 구한 사다리꼴 적분 방식 적분값 $I_{1,1}$, $I_{2,1}$, $I_{3,1}$, $I_{4,1}$을 아래 표에 정리하였다.

소구간 수 n	간격 크기 h	적분값
1	1	$I_{1,1} = \frac{1}{2} * 1(f(x_0) + f(x_8)) = 3.859140914229523$
2	1/2	$I_{2,1} = \frac{1}{2} * \frac{1}{2}(f(x_0) + f(x_8) + 2f(x_4)) = 3.628931092464826$
4	1/4	$I_{3,1} = \frac{1}{2} * \frac{1}{4}(f(x_0) + f(x_8)$ $+ 2(f(x_2) + f(x_4) + f(x_6))) = 3.570971904557517$
8	1/8	$I_{4,1} = \frac{1}{2} * \frac{1}{8}(f(x_0) + f(x_8)$ $+ 2(f(x_1) + f(x_2) + f(x_3)$ $+ f(x_4) + f(x_5) + f(x_6) + f(x_7)) = 3.556456092164302$

위에서 구한 값을 바탕으로 롬베르크 적분 과정을 도식으로 나타내면 아래와 같다.

$$I_{1,1}$$

$$> \frac{4}{3} I_{2,1} - \frac{1}{3} I_{1,1} = I_{2,2}$$

$$I_{2,1} \qquad > \frac{16}{15} I_{3,2} - \frac{1}{15} I_{2,2} = I_{3,3}$$

$$> \frac{4}{3} I_{3,1} - \frac{1}{3} I_{2,1} = I_{3,2} \qquad > \frac{64}{63} I_{4,3} - \frac{1}{63} I_{3,3} = I_{4,4}$$

$$I_{3,1} \qquad > \frac{16}{15} I_{4,2} - \frac{1}{15} I_{3,2} = I_{4,3}$$

$$> \frac{4}{3} I_{4,1} - \frac{1}{3} I_{3,1} = I_{4,2}$$

$$I_{4,1}$$

이렇게 구한 값들을 표로 정리한 것이 표 7.3이다.

| 표 7.3 | $I_{n,m}$의 2차원 배열

$O(h^2)$	$O(h^4)$	$O(h^6)$	$O(h^8)$
3.859140914229523			
3.628931092464826	3.552194485209927		
3.570971904557517	3.551652175255080	3.551616021258091	
3.556456092164302	3.551617488033231	3.551615175551774	3.551615162127864

즉 함수 $f(x)=x^2+e^x+3x$의 적분값 $I_*=\int_0^1 f(x)dx=\int_0^1 (x^2+e^x+3x)dx$ 값을 롬베르크 적분을 사용하여 구한 값은 3.551615162127864로 오차는 거의 0가 됨을 알 수 있다. 이를 매트랩 및 파이썬으로 구하면 [ex7_8] 코드와 같고 실행 결과는 다음과 같다.

% [ex7_8] 매트랩 코드 실행 결과

```
* [예제 7.8] 롬베르크 적분
 * f(x) = @(x)x.^2+3*x+exp(x)

* 롬베르크 적분 행렬 =
   3.859140914229523  0                  0                  0
   3.628931092464826  3.552194485209927  0                  0
   3.570971904557517  3.551652175255080  3.551616021258091  0
   3.556456092164302  3.551617488033231  3.551615175551774  3.551615162127864
```

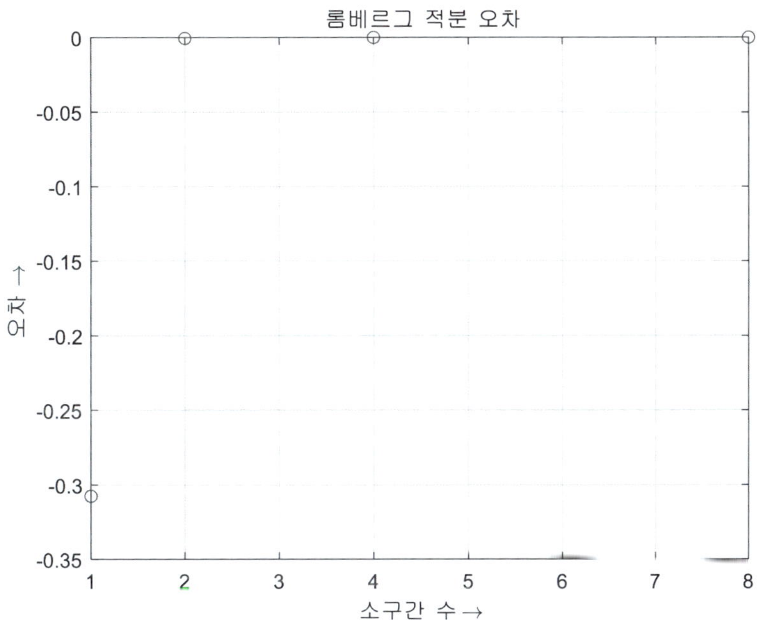

[ex7_8] 파이썬 코드 실행 결과

```
* [예제 7.8] 롬베르크 적분

 * 롬베르크 적분 행렬 =
[[3.85914091  0.          0.          0.        ]
 [3.62893109  3.55219449  0.          0.        ]
 [3.5709719   3.55165218  3.55161602  0.        ]
 [3.55645609  3.55161749  3.55161518  3.55161516]]

 * 참 적분값 =  3.5516151617923777
 * 롬베르크 적분값 =  3.551615162127862
 * 오차 = -3.354845290459707e-10
```

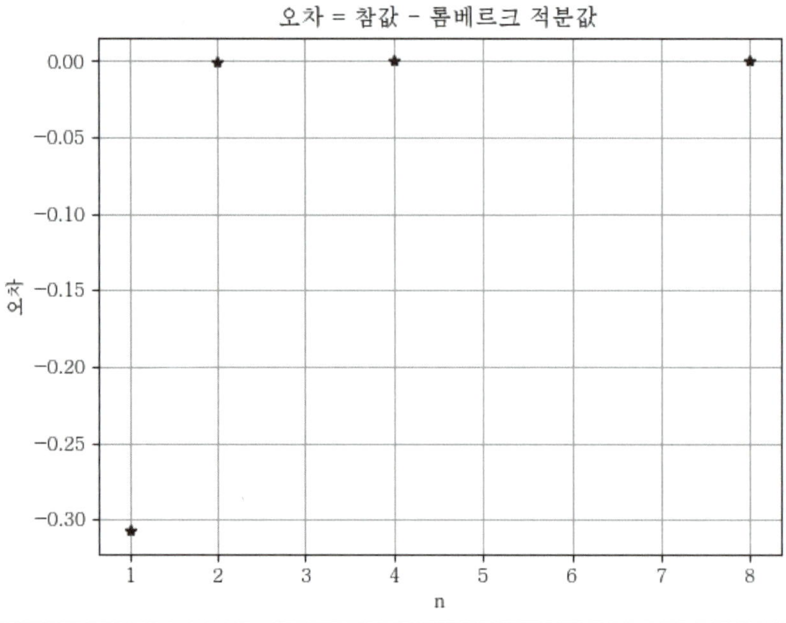

7.2.5 가우스 구적법

앞에서 알아본 뉴튼-코츠(Newton-Cotes) 방식의 적분법 즉, 직사각형 적분법, 사다리꼴 적분법 및 심슨의 적분법은 주어진 함수 $f(x)$ 혹은 점과 점 사이가 등간격인 점들을 n차 다항식으로 근사화하여 적분값을 구하는 방식으로 다음과 같은 형태를 갖고 있다.

$$\int_a^b f(x)dx \approx \sum_{i=0}^{n-1} c_i f(x_i) = c_0 f(x_0) + c_1 f(x_1) + \cdots + c_{n-1} f(x_{n-1}) \tag{7.38}$$

여기서 $c_i, i=0,1,\cdots,n-1$는 n개의 함수값 $f(x_i), i=0,1,\cdots,n-1$에 대한 가중치(weight)이고 $x_i, i=0,1,\cdots,n-1$는 점과 점 사이 등간격을 갖는 n개의 점이다. 예를 들면 그림 7.4(a)와 같은 사다리꼴 적분법의 경우 $n=2$이고 식(7.38)은 식(7.39)와 같게 된다.

$$\int_a^b f(x)dx \approx \sum_{i=0}^{1} c_i f(x_i) = c_0 f(x_0) + c_1 f(x_1) \tag{7.39}$$

여기서 $x_0 = a$, $x_1 = b$ 이고 $c_0 = h/2$, $c_1 = h/2$ 이며 $h = b-a$이다. 다시 말하면 적분 구간의 끝점 a와 b를 $x_0 = a$, $x_1 = b$로 정하여 적분값을 구하는 방식이다.

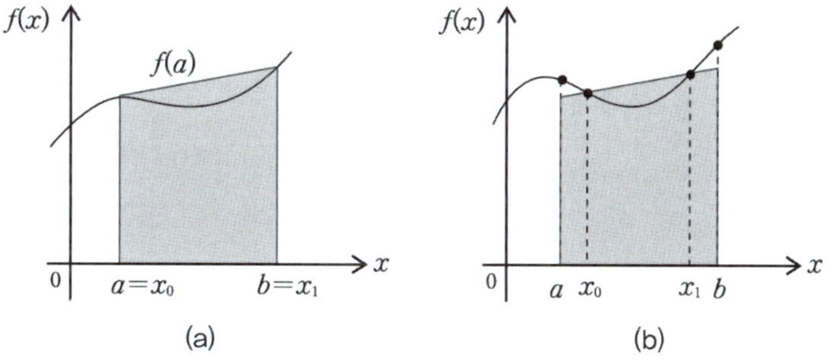

| 그림 7.4 | (a) 뉴튼-코츠 적분법과 (b) 가우스 구적법

심슨의 1/3 방식 적분값은

$$\int_a^b f(x)dx \approx \sum_{i=0}^{2} c_i f(x_i) = c_0 f(x_0) + c_1 f(x_1) + c_2 f(x_2) \tag{7.40}$$

와 같다. 여기서 $x_0 = a$, $x_1 = (a+b)/2$, $x_2 = b$이고 $c_0 = c_2 = h/3$, $c_1 = 4h/3$이며 $h = b-a$로 적분 구간 $[a,b]$의 양 끝점을 $x_0 = a$, $x_2 = b$로 정한 후, 그 사이의 적당한 한 점 $x_1 = (a+b)/2$을 정해 그에 해당하는 가중치를 정하는 방식이다. 이와 같은 뉴튼-코츠(Newton-Cotes) 방식의 적분법은 식(7.38)과 그림 7.4(a)에서 알 수 있듯이 근사화된 함수의 차수에 따라 적분할 점의 위치가 결정되어 오차가 크게 발생하는 문제와 주어져야 하는 점들이 등간격이어야 하는 단점을 지니고 있다.

가우스 구적법(Gauss quadrature)은 카를 프리드리히 가우스가 발표한 근사적 수치적분법으로 뉴튼-코츠(Newton-Cotes) 방식처럼 근사화를 적분할 함수 $f(x)$에 대하여 근사화한 후 적분하는 방식이 아니고 관점을 바꿔 적분값에 대하여 근사화하는 방식으로 그림 7.4(b)와 같이 구간을 대표하는 적절한 점 $(t_i, g(t_i)), i=1,\cdots,n$과 이에 해당하는 가중치 $c_i, i=1,\cdots,n$를 구하여 적분값을 구하는 방식이다. 예를 들면, 7.4(b)와 같이 구간을 대표하는 곡선상의 두 점 $(t_0, g(t_0)), (t_1, g(t_1))$을 정해 두 점을 연결하는 직선 아래의 면적으로 적분값을 구할 때 적분에 대한 양의 오차 e_+의 합과 음의 오차 e_- 가 균형을 이룰 수 있도록 두 점을 적절하게 위치시켜 적분값을 구하는 방식이다. 이와 같은 가우스 구적법으로 적분값을 계산하기 위해서는 우선 그림 7.4(b) 및 식(7.41)과 같이 적분 구간을 $[a,b]$가 아닌 $[-1,1]$로 선형 변환한 후 변수 x를 다른 변수 t로 변환하여 적분값에 대한 오차가 최소화되도록 하는 가우스 점(Gauss points) 즉, 그림 7.4(b)의 점 x_0와 x_1을 정하고 그에 상응하는 계수 즉 가중치(weights)를 정하는 방식이다. 따라서 가우스 적분법의 경우 적분하고자 하는 점들 사이의 간격이 반드시 등간격일 필요는 없다.

$$\int_a^b f(x)dx = \frac{b-a}{2}\int_{-1}^{1} g(t)dt \approx \frac{b-a}{2}\left[c_0 g(t_0) + c_1 g(t_1) + \cdots + c_{n-1} g(t_{n-1})\right] \quad (7.41)$$

이를 위하여 우선 다음과 같은 선형변환을 통하여 적분 구간을 $[a,b]$에서 $[-1,1]$로 변환하기로 한다. 먼저 두 적분 구간이 선형 관계에 있다고 하면

$$x = a_1 t + a_0, \quad a \le x \le b$$

로 놓을 수 있고 적분 구간 $[a,b]$와 $[-1,1]$의 양 끝으로부터

$$a = a_1 \cdot (-1) + a_0$$
$$b = a_1 \cdot 1 + a_0$$

이므로

$$a_1 = \frac{b-a}{2}, \; a_0 = \frac{a+b}{2}$$

가 되어 변수 x는

$$x = \frac{b-a}{2}t + \frac{a+b}{2}, \; -1 \le t \le 1 \quad (7.42)$$

가 되고 $dx = \frac{b-a}{2}dt$ 이므로 식(7.41)은 다음과 같이 변형된다.

$$\int_a^b f(x)dx = \frac{b-a}{2}\int_{-1}^{1} f\left(\frac{b-a}{2}t + \frac{a+b}{2}\right)dt = \frac{b-a}{2}\int_{-1}^{1} g(t)dt \quad (7.43)$$

여기서 $g(t) = f\left(\frac{b-a}{2}t + \frac{a+b}{2}\right)$이다.

다음으로 식(7.43)의 $\int_{-1}^{1} g(t)dt$에 대한 가우스 적분식을 유도하기 위하여 $g(t)$를 $(n-1)$차 보간 다항식 $p_{n-1}(t)$로 근사화하여 계산하면 다음과 같다.

$$\int_{-1}^{1} g(t)dt \approx \int_{-1}^{1} p_{n-1}(t)dt = \sum_{i=0}^{n-1} c_i g(t_i) \tag{7.44}$$

식(7.44)을 보면 $c_i, i=0,1,\cdots,n-1$라는 n개의 가중치가 있고 $t_i, i=0,1,\cdots,n-1$라는 적분하고자 하는 구간 내의 적분값이 존재하는 n개의 점이 있어 전체 $2n$개의 미지수가 존재하므로 위와 같은 방식으로 적분값을 구하는 문제는 $2n-1$차의 다항식에 대하여 오차가 최소화되는 미지수 $c_i, i=0,1,\cdots,n-1$ 및 구간 점 $t_i, i=0,1,\cdots,n-1$를 구할 수 있도록 정하면 된다. 이러한 가우스 구적법을 n개의 점에 대하여 유도하는 것은 매우 힘든 일이므로 여기서 $n=1,2,3$에 대하여만 알아보기로 한다.

먼저 $n=1$인 경우를 생각해보기로 한다. 식(7.44)로부터

$$\int_{-1}^{1} g(t)dt \approx \int_{-1}^{1} p_0(t)dt = c_0 g(t_0) \tag{7.45}$$

이므로 2개의 미지수 c_0, t_0를 구해야 한다. 이를 위하여 그림 7.5와 같이 식(7.45)의 적분값을 정확하게 구할 수 있는 함수로 $g(t)=1$, $g(t)=t$ 라 놓고 c_0, t_0를 구하면

$$\begin{aligned} g(t)=1\text{일 때} \int_{-1}^{1} 1dt = 2 = c_0 \\ g(t)=t\text{일 때} \int_{-1}^{1} tdt = 0 = c_0 t_0 \end{aligned} \tag{7.46}$$

이므로 $c_0=2, t_0=0$가 되며 적분값은

$$I_1 = \int_a^b f(x)dx = \frac{b-a}{2}\int_{-1}^{1} g(t)dt \approx \frac{b-a}{2}\cdot 2g(0) = (b-a)g(0) \tag{7.47}$$

가 된다.

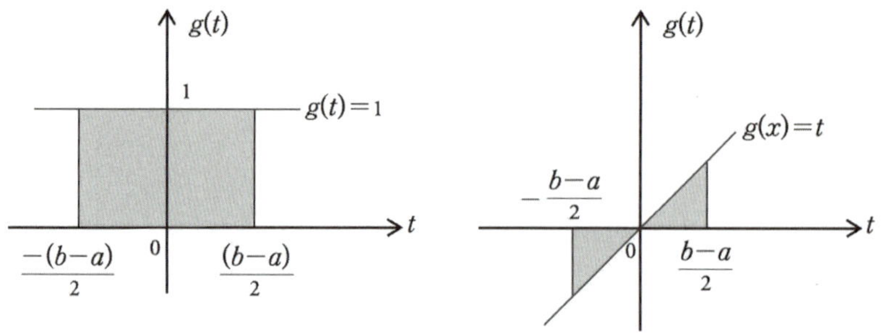

| 그림 7.5 | 사다리꼴 방식으로 정확하게 적분값을 구할 수 있는 두 함수

예제 7.9

구간 $[0, \pi/2]$에서 함수 $f(x) = \sin x$의 적분값 $I_* = \int_0^{\frac{\pi}{2}} f(x)dx = \int_0^{\frac{\pi}{2}} \sin x dx$을 1점 가우스 구적법을 이용하여 구하라. 참값은 1이다.

풀이

주어진 적분 구간 $[0, \pi/2]$과 식(7.42.a)로부터

$$t = \frac{2x - 0 - \frac{\pi}{2}}{\frac{\pi}{2}} = \frac{4x - \pi}{\pi},\ 0 \le x \le \frac{\pi}{2}$$라 놓고 변수 x에 대하여 정리하면

$$x = \frac{\pi}{4}t + \frac{\pi}{4},\ -1 \le t \le 1 \tag{7.48}$$

가 되므로 $g(t) = f(\frac{\pi}{4}t + \frac{\pi}{4}) = \sin(\frac{\pi}{4}t + \frac{\pi}{4})$이다. 따라서 1점 가우스 구적법에 의한 적분값은 식(7.47)로부터

$$I_1 \approx \frac{\pi}{2}g(0) = \frac{\pi}{2}sin(\frac{\pi}{4}\times 0 + \frac{\pi}{4}) = \frac{\pi}{2}sin(\frac{\pi}{4}) = \frac{\sqrt{2}\pi}{4} = 1.1107$$

가 되어 약 11.07%의 백분율 상대 오차를 나타낸다.

이를 매트랩 및 파이썬으로 구하면 [ex7_9] 코드와 같고 실행 결과는 다음과 같다.

% [ex7_9] 매트랩 코드 실행 결과

```
* [예제 7.9] : 1점 가우스 구적법
 * f(x) = @(x)sin(x)

 번호     가중치       점의 위치       g           c*g
  1      0.000000    2.000000    0.707107    1.414214

 * f(x)의 가우스 구적법 적분값 =   1.11072073
```

[ex7_9] 파이썬 코드 실행 결과

```
* [예제 7.9] 1점 가우스 구적법

     번호      가중치     점의 위치       g          c*g
  * 0.0000    0.0000      2.0000      0.7071      1.4142

  * f(x)의 가우스 구적법 적분값 =  1.1107207345395915
```

다음으로는 $n=2$인 경우 즉, 2점 가우스 구적법을 유도해 보기로 한다. 식(7.44)로부터

$$\int_{-1}^{1} g(t)dt \approx \int_{-1}^{1} p_1(t)dt = c_0 g(t_0) + c_1 g(t_1) \tag{7.49}$$

이므로 4개의 미지수 c_0, c_1, t_0, t_1을 구해야 한다. 이를 위하여 앞에서와 같이 식(7.49)의 적분값을 정확하게 구할 수 있는 함수로 $g(t)=1$, $g(t)=t$, $g(t)=t^2$, $g(t)=t^3$라 놓고 식을 구하면

$$\begin{aligned} c_0 + c_1 &= \int_{-1}^{1} 1dt = 2 \\ c_0 t_0 + c_1 t_1 &= \int_{-1}^{1} tdt = 0 \\ c_0 t_0^2 + c_1 t_1^2 &= \int_{-1}^{1} t^2 dt = \frac{2}{3} \\ c_0 t_0^3 + c_1 t_1^3 &= \int_{-1}^{1} t^3 dt = 0 \end{aligned} \tag{7.50}$$

가 된다. 식(7.50)의 두 번째 식에 t_0^2을 곱하고 마지막 식에서 빼면 다음과 같다.

$$0 = c_1\left(t_1^3 - t_1 t_0^2\right) = c_1(t_1)(t_1 - t_0)(t_1 + t_0) \tag{7.51}$$

식(7.51)이 만족 되려면 $c_1 = t_1 = 0$, $t_0 = t_1$ 또는 $t_1 = -t_0$가 되어야 하지만 $c_1 = 0$이면 식(7.51)의 우변이 하나의 항만 남게 되므로 안되며 $t_1 = 0$와 $t_0 = t_1$는 적분 구간이 틀리게 되므로 $t_1 = -t_0$만이 식(7.51)이 성립하게 된다. 이것을 이용하여 c_0, c_1, t_0, t_1을 구하면

$$\begin{aligned} c_0 &= c_1 = 1 \\ t_0 &= -\frac{1}{\sqrt{3}} = -0.5773\cdots \\ t_1 &= \frac{1}{\sqrt{3}} = 0.5773\cdots \end{aligned} \tag{7.52}$$

가 된다. 따라서 적분값은

$$I_2 = \int_a^b f(x)dx = \frac{b-a}{2}\int_{-1}^{1} g(t)dt \approx \frac{b-a}{2} \cdot \left[g(-\frac{1}{\sqrt{3}}) + g(\frac{1}{\sqrt{3}})\right] \tag{7.53}$$

가 된다.

예제 7.10

구간 $[0, \pi/2]$에서 함수 $f(x) = \sin x$의 적분값 $I_* = \int_0^{\frac{\pi}{2}} f(x)dx = \int_0^{\frac{\pi}{2}} \sin x dx$을 2점 가우스 구적법을 이용하여 구하라. 참값은 1이다.

풀이

주어진 적분 구간 $[0, \pi/2]$과 식(7.42.a)로부터 $t = \dfrac{2x - 0 - \frac{\pi}{2}}{\frac{\pi}{2}} = \dfrac{4x-\pi}{\pi}$, $0 \le x \le \dfrac{\pi}{2}$라 놓고 변수 x에 대하여 정리하면

$$x = \frac{\pi}{4}t + \frac{\pi}{4}, \quad -1 \le t \le 1$$

가 되므로 $g(t) = f(\frac{\pi}{4}t + \frac{\pi}{4}) = \sin(\frac{\pi}{4}t + \frac{\pi}{4})$이다. 따라서 2점 가우스 구적법에 의한 적분값은 식(7.53)으로부터

$$I_* \approx \frac{\pi}{4}\left[g(-\frac{1}{\sqrt{3}}) + g(\frac{1}{\sqrt{3}})\right]$$

$$= \frac{\pi}{4}\left[\sin(-\frac{\pi}{4} \times \frac{1}{\sqrt{3}} + \frac{\pi}{4}) + \sin(\frac{\pi}{4} \times \frac{1}{\sqrt{3}} + \frac{\pi}{4})\right] = 0.9985$$

가 되어 약 0.153%의 백분율 상대 오차를 나타낸다. 이와 같이 적분을 직접 계산하지 않고 단지 변환된 함수에 대한 특정한 점에서의 값을 조합하여 얻어진 가우스 구적법에 의한 적분값이 사다리꼴 방식으로는 주어진 구간을 4 등분하여 얻어진 값과 유사하고 단일 구간으로 계산한 심슨의 1/3 및 3/8 방식 적분값과 유사하므로 그 효용성을 바로 알 수 있다. 바로 앞의 [예제 7.9]에서 제시한 매트랩 및 파이썬 코드를 이용하여(단, $n = 2$로 설정) 구한 결과는 [ex7_10] 코드와 같고 실행 결과는 다음과 같다.

% [ex7_10] 매트랩 코드 실행 결과

```
* [예제 7.10] 2 점 가우스 구적법
 * f(x) = @(x)sin(x)

 번호    가중치     점의 위치      g        c*g
  1     -0.5774    1.0000     0.3259    0.3259
  2      0.5774    1.0000     0.9454    0.9454

 * f(x)의 가우스 구적법 적분값 =   0.99847261
```

 # [ex7_10] 파이썬 코드 실행 결과

```
* [예제 7.10] 2점 가우스 구적법
 * f(x)의 2점 가우스 구적법 적분값 =  [0.99847261]
```

마지막으로 $n=3$인 경우 즉, 3점 가우스 구적법을 유도해 보기로 한다. 식(7.44)로부터

$$\int_{-1}^{1} g(t)dt \approx \int_{-1}^{1} p_1(t)dt = c_0 g(t_0) + c_1 g(t_1) + c_2 g(t_2) \tag{7.54}$$

이므로 6개의 미지수 $c_0, c_1, c_2, t_0, t_1, t_2$를 구해야 한다. 이를 위하여 앞에서와 같이 식(7.54)의 적분값을 정확하게 구할 수 있는 함수로 $g(t)=1$, $g(t)=t$, $g(t)=t^2$, $g(t)=t^3$, $g(t)=t^4$, $g(t)=t^5$라 놓고 식을 구하면

$$\begin{aligned}
c_0 + c_1 + c_2 &= \int_{-1}^{1} 1dt = 2 \\
c_0 t_0 + c_1 t_1 + c_2 t_2 &= \int_{-1}^{1} tdt = 0 \\
c_0 t_0^2 + c_1 t_1^2 + c_2 t_2^2 &= \int_{-1}^{1} t^2 dt = \frac{2}{3} \\
c_0 t_0^3 + c_1 t_1^3 + c_2 t_2^3 &= \int_{-1}^{1} t^3 dt = 0 \\
c_0 t_0^4 + c_1 t_1^4 + c_2 t_2^4 &= \int_{-1}^{1} t^4 dt = \frac{2}{5} \\
c_0 t_0^5 + c_1 t_1^5 + c_2 t_2^5 &= \int_{-1}^{1} t^5 dt = 0
\end{aligned} \tag{7.55}$$

가 된다. 가우스(Gauss)의 증명으로부터 식(7.55)는 다음과 같은 유일한 해를 갖는다.

$$
\begin{aligned}
c_0 &= c_2 = \frac{5}{9}, c_1 = \frac{8}{9} \\
t_0 &= -\sqrt{\frac{3}{5}} \\
t_1 &= 0 \\
t_2 &= \sqrt{\frac{3}{5}}
\end{aligned} \tag{7.56}
$$

따라서 식(7.54)의 적분값은

$$
\begin{aligned}
I_3 &= \int_a^b f(x)dx = \frac{b-a}{2}\int_{-1}^{1} g(t)dt \\
&\approx \frac{b-a}{2}\left[\frac{5}{9}g\left(-\sqrt{\frac{3}{5}}\right) + \frac{8}{9}g(0) + \frac{5}{9}g\left(\sqrt{\frac{3}{5}}\right)\right]
\end{aligned} \tag{7.57}
$$

가 된다.

표 7.4는 가우스 구적법에서 사용되는 점의 수에 따른 가중치와 가우스 점의 위치를 나타낸다.

| 표 7.4 | 가우스 구적법에서 사용되는 점의 수에 따른 가중치와 가우스 점 위치

점의 수 n	가중치 c_i	점의 위치 t_i
1	$c_0 = 2.0000000$	$t_0 = 0.000000000$
2	$c_0 = 1.0000000$ $c_1 = 1.0000000$	$t_0 = -0.577350269$ $t_1 = 0.577350269$
3	$c_0 = 0.5555556$ $c_1 = 0.8888889$ $c_2 = 0.5555556$	$t_0 = -0.774596669$ $t_1 = 0.000000000$ $t_2 = 0.774596669$
4	$c_0 = 0.3478548$ $c_1 = 0.6521452$ $c_2 = 0.6521452$ $c_3 = 0.3478548$	$t_0 = -0.861136312$ $t_1 = -0.339981044$ $t_2 = 0.339981044$ $t_3 = 0.861136312$
5	$c_0 = 0.2369269$ $c_1 = 0.4786287$ $c_2 = 0.5688889$ $c_3 = 0.4786287$ $c_4 = 0.2369269$	$t_0 = -0.906179846$ $t_1 = -0.538469310$ $t_2 = 0.300000000$ $t_3 = 0.538469310$ $t_4 = 0.906179846$

표 7.4에 나타낸 것과 같은 가우스 구적법에서 사용되는 가중치와 가우스 점 위치를 생성하는 프로그램을 매트랩 및 파이썬으로 구성하면 [table7_4] 코드와 같고 실행 결과는 다음과 같다. 아래 프로그램을 이용하면 점의 수가 위에 나타난 것보다 큰 경우에도 가우스 구적법을 위한 가중치와 점의 위

치를 쉽게 구할 수 있다.

% [table7_4] 매트랩 코드 실행 결과

```
* 가우스 구적법 가중치 및 점의 위치 *
* [점의 수, 가중치,  점의 위치] =
    1     2     0

* [점의 수, 가중치,  점의 위치] =
   2.000000000000000    1.000000000000000    -0.577350269189626
   2.000000000000000    1.000000000000000     0.577350269189626

* [점의 수, 가중치,  점의 위치] =
   3.000000000000000    0.555555555555556    -0.774596669241484
   3.000000000000000    0.888888888888889     0
   3.000000000000000    0.555555555555556     0.774596669241483

* [점의 수, 가중치,  점의 위치] =
   4.000000000000000    0.347854845137454    -0.861136311594053
   4.000000000000000    0.652145154862546    -0.339981043584856
   4.000000000000000    0.652145154862546     0.339981043584856
   4.000000000000000    0.347854845137454     0.861136311594053

* [점의 수, 가중치,  점의 위치] =
   5.000000000000000    0.236926885056189    -0.906179845938664
   5.000000000000000    0.478628670499367    -0.538469310105683
   5.000000000000000    0.568888888888888     0.000000000000000
   5.000000000000000    0.478628670499367     0.538469310105683
   5.000000000000000    0.236926885056189     0.906179845938664

* [점의 수, 가중치,  점의 위치] =
   6.000000000000000    0.171324492379171    -0.932469514203152
   6.000000000000000    0.360761573048138    -0.661209386466264
   6.000000000000000    0.467913934572691    -0.238619186083197
   6.000000000000000    0.467913934572692     0.238619186083197
   6.000000000000000    0.360761573048138     0.661209386466264
   6.000000000000000    0.171324492379170     0.932469514203152
```

예제 7.11

구간 $[0, \pi/2]$에서 함수 $f(x) = \sin x$의 적분값 $I_* = \int_0^{\frac{\pi}{2}} f(x)dx = \int_0^{\frac{\pi}{2}} \sin x dx$을 3점 가우스 구적법을 이용하여 구하라. 참값은 1이다.

풀이

주어진 적분 구간 $[0, \pi/2]$과 식(7.42)로부터 $t = \dfrac{2x - 0 - \frac{\pi}{2}}{\frac{\pi}{2}} = \dfrac{4x - \pi}{\pi}$, $0 \le x \le \dfrac{\pi}{2}$라 놓고 변수 x에 대하여 정리하면

$$x = \frac{\pi}{4}t + \frac{\pi}{4}, \quad -1 \le t \le 1$$

가 되므로 $g(t) = f(\frac{\pi}{4}t + \frac{\pi}{4}) = \sin(\frac{\pi}{4}t + \frac{\pi}{4})$이다. 따라서 3점 가우스 구적법에 의한 적분값은 식(7.57)로부터

$$\begin{aligned} I_* &\approx \frac{\pi}{4}\left[\frac{5}{9}g(-\sqrt{\frac{3}{5}}) + \frac{8}{9}g(0) + \frac{5}{9}g(\sqrt{\frac{3}{5}})\right] \\ &= \frac{\pi}{4}\left[\frac{5}{9}sin(-\frac{\pi}{4}\times\sqrt{\frac{3}{5}} + \frac{\pi}{4}) + \frac{8}{9}sin(\frac{\pi}{4}) + \frac{5}{9}sin(\frac{\pi}{4}\times\sqrt{\frac{3}{5}} + \frac{\pi}{4})\right] = 1.0000 \end{aligned}$$

가 되어 참값과 거의 일치함을 나타낸다.

이를 매트랩 및 파이썬으로 구하면 [ex7_11] 코드와 같고 실행 결과는 다음과 같다.

% [ex7_11] 매트랩 코드 실행 결과

```
* [예제 7.11] 3 점 가우스 구적법

 * f(x) = @(x)sin(x)
 번호      가중치       점의 위치        g          c*g
  1     -0.774597    0.555556    0.176108    0.097838
  2      0.000000    0.888889    0.707107    0.628539
  3      0.774597    0.555556    0.984371    0.546873

 * f(x)의 가우스 구적법 적분값 =   1.00000812
```

 # [ex7_11] 파이썬 코드 실행 결과

```
* [예제 7.11] 3점 가우스 구적법

 * f(x)의 가우스 구적법 적분값 =  [1.00000812]
```

연습문제

수치 미분

7.1 함수 $f(x) = \cos x$에 대하여 $h = 0.1$ 및 $h = 0.01$일 때 1차 도함수 $f^{'}(0.1)$ 값을 다음 방식으로 구하라.

(1) 전향 차분

(2) 후향 차분

(3) 중앙 차분

7.2 함수 $f(x) = e^x$에 대하여 다음과 같은 h값에 대한 2차 도함수 $f^{''}(0)$ 값을 구하고 오차를 비교하라.

(1) $h = 0.1$

(2) $h = 0.01$

(3) $h = 0.001$

7.3 함수 $f(x) = x^2 + \cos x - 1$에 대하여 $h = 0.1$일 때 1차 도함수 $f^{'}(1)$ 값을 다음 방법으로 구하라.

(1) 중앙 차분

(2) 리차드슨 외삽법으로 $D_{4,4}$를 구하여 구함

7.4 함수 $f(x) = e^{2x} - 3x sin x$에 대하여 $h = 0.1$일 때 1차 도함수 $f^{'}(0)$ 값을 리차드슨 외삽법으로 $D_{4,4}$를 구하여 구하라.

7.5 함수 $f(x) = 2x^3 + x + \cos x + e^x$에 대하여 h 값이 아래와 같을 때 1차 도함수 $f^{'}(0)$ 값을 리차드슨 외삽법으로 $D_{4,4}$를 구하여 구하고 참값과의 오차를 비교하라.

(1) $h = 1/2$

(2) $h = 1/4$

(3) $h = 1/8$

7.6 함수 $f(x) = e^x + 5x^2$에 대하여 $h = 0.1$ 일 때 1차 도함수 $f'(1)$ 값을 리차드슨 외삽법으로 다음을 구하여 구하고 참값과의 오차를 비교하라.

(1) $D_{2,2}$

(2) $D_{3,3}$

(3) $D_{4,4}$

수치 적분

7.7 함수 $f(x) = 20x^3 + 91x^2 + 16x + 44$의 적분값 $I_* = \int_0^1 f(x)dx$을 다음과 같은 h값에 대하여 직사각형 적분법으로 구하고 참값과의 오차를 비교하라.

(1) $h = 1/2$

(2) $h = 1/4$

(3) $h = 1/8$

7.8 함수 $f(x) = \cos x$의 적분값 $I_* = \int_0^1 f(x)dx$을 다음과 같은 h값에 대하여 사다리꼴 방식으로 구하고 참값과의 오차를 비교하라.

(1) $h = 1/2$

(2) $h = 1/4$

(3) $h = 1/8$

7.9 함수 $f(x) = \cos x - 2x$의 적분값 $I_* = \int_0^1 f(x)dx$을 다음과 같은 h값에 대하여 심슨의 1/3 방식으로 구하고 참값과의 오차를 비교하라.

(1) $h = 1/2$

(2) $h = 1/4$

(3) $h = 1/8$

7.10 함수 $f(x)=3x^2-x+2e^x+6$의 적분값 $I_*=\int_0^1 f(x)dx$을 다음과 같은 h값에 대하여 심슨의 3/8 방식으로 구하고 참값과의 오차를 비교하라.

(1) $h=1/2$

(2) $h=1/4$

(3) $h=1/8$

7.11 함수 $f(x)=e^x$의 적분값 $I_*=\int_0^1 f(x)dx$을 다음 방식으로 구하라. 단 $h=1/8$로 균등하다고 한다.

(1) 직사각형 방식

(2) 사다리꼴 방식

(3) 심슨의 1/3 방식

(4) 심슨의 3/8 방식

7.12 구간 $[0,1]$에서 함수 $f(x)=2x^2-e^{-x}+3\cos x$의 적분값 $I_*=\int_0^1 f(x)dx$을 가장 오차가 적도록 심슨의 1/3 적분법 및 3/8 적분법을 조합하여 구하라. 단 $h=1/8$로 균등하다.

7.13 함수 $f(x)=e^x+5x^2$의 적분값 $I_*=\int_0^1 f(x)dx$을 가장 오차가 적도록 사다리꼴 방식, 심슨의 1/3 적분법 및 3/8 적분법을 조합하여 구하라. 단 $h=1/11$로 균등하다.

7.14 함수 $f(x)=x^2-2x$의 적분값 $I_*=\int_0^1 f(x)dx$을 다음 방식으로 구할 때 참 적분값과의 오차 e가 $|e|\le 10^{-3}$를 만족하도록 하는 가장 큰 h값을 구하라.

(1) 사다리꼴 방식

(2) 심슨의 1/3 방식

(3) 심슨의 3/8 방식

7.15 문제 7.12의 함수에 대하여 적분값 $I_* = \int_0^1 f(x)dx$ 을 사다리꼴 방식 적분값을 이용한 롬베르크 3차($h = 1/8$) 적분 방식을 이용하여 구하고 문제 7.12의 결과와 비교하라.

7.16 함수 $f(x) = e^{2x} - 3x\sin x$의 적분값 $I_* = \int_0^1 f(x)dx$ 을 사다리꼴 방식 적분값을 이용한 롬베르크 3차($h = 1/8$) 적분 방식을 이용하여 구하라.

7.17 함수 $f(x) = 3x^3 + 27$의 적분값 $I_* = \int_0^1 f(x)dx$ 을 사다리꼴 방식 적분값을 이용한 롬베르크 3차($h = 1/8$) 적분 방식과 4차($h = 1/16$) 적분 방식을 이용하여 구하고 오차를 비교하라.

7.18 1점 가우스 구적법으로 구간 0에서 1까지 $f(x) = e^{2x} - 3x\sin x$의 적분값 $I_* = \int_0^1 f(x)dx$ 을 구하라.

7.19 2점 가우스 구적법으로 구간 0에서 1까지 $f(x) = \cos x - 2x$의 적분값 $I_* = \int_0^1 f(x)dx$ 을 구하라.

7.20 3점 가우스 구적법으로 구간 0에서 1까지 $f(x) = x^2 - 2x + 1$의 적분값 $I_* = \int_0^1 f(x)dx$ 을 구하라.

7.21 함수 $f(x) = e^x - 2x$의 적분값 $I_* = \int_0^1 f(x)dx$ 을 다음 방식으로 구하고 참값과의 오차를 비교하라.

(1) 1점 가우스 구적법

(2) 2점 가우스 구적법

(3) 3점 가우스 구적법

7.22 함수 $f(x) = 5x^4 + 2(x-1)^2 + 2^x - 5$의 $I_* = \int_0^1 f(x)dx$ 값을 롬베르크 적분 방식과 2점 가우스 구적법으로 각각 구해 오차를 비교하라.

CHAPTER 08

미분방정식

이 장에서는 앞에서 다룬 수치해석 방법 즉 방정식의 해법, 보간법, 최적화법 및 미분법과 적분법을 종합 및 융합한다는 관점에서 이들을 이용하여 미분방정식의 해를 구하는 문제를 다루기로 한다. 자연계 현상 중에는 뉴튼과 라이프니츠에 의하여 발견된 미분과 적분을 기반으로 하여 미분방정식으로 나타낼 수 있는 현상들이 무수히 많다. 이러한 현상들을 나타내는 미분방정식은 분류 관점에 따라 크게 상미분방정식과 편미분방정식으로 나눌 수 있으며 이장에서는 이들에 대한 수치해석적 해법에 대하여 알아보기로 한다.

8.1 상미분방정식

미분방정식은 하나 이상의 독립변수 x에 관한 종속변수 y와 그 도함수 $\frac{dy}{dx}$, $\frac{d^2y}{dx^2}$, $\cdots$를 포함하는 방정식을 말한다. 이러한 미분방정식 중에서 오직 하나의 독립변수를 가지며 이 독립변수에 관한 적어도 하나 이상의 종속변수의 도함수를 포함한다면 이를 상미분방정식(ODE: Ordinary Differential Equation)이라 한다. 이와 달리 두 개 이상의 독립변수를 갖는 함수와 그 함수의 편미분으로 구성된 미분방정식은 편미분방정식(PDE: Partial Differential Equation)이라 한다. 그리고 미분방정식에 포함된 최고차의 도함수 차수를 그 미분방정식의 차수 또는 계(order)라 한다. 이러한 미분방정식의 문제는 크게 두 가지로 분류되며 그 첫째는 초기값이 주어진 미분방정식의 해를 구하는 문제인 초기값 문제(initial value problem)이고 두 번째는 부가적으로 주어진 경계값 조건들을 갖는 미분방정식의 해를 구하는 경계값 문제(boundary value problem)이다. 여기서는 초기값 문제에 제한하여 다음과 같은 식

$$\frac{dy}{dt} = f(t,y),\ a \le t \le b,\ y(a) = y_0 \tag{8.1}$$

으로 주어지는 상미분방정식의 해를 수치해석법으로 구하는 방법에 대하여 알아보기로 한다. 식(8.1)로 주어진 미분방정식에 대한 수치해의 일반형은 다음과 같다.

$$y_{i+1} = y_i + \psi h \tag{8.2}$$

여기서 ψ는 기울기를 h는 간격 크기를 나타낸다. 즉, 식(8.1)과 같은 상미분방정식의 수치해를 식(8.2)와 같은 형태로 구하기 위해서는 기울기 ψ값을 어떻게 정하느냐의 문제로 귀결됨을 알 수 있다. 이 기울기를 구하는 방법에 따라 다양한 방법이 있으며 그 방법에 따라서 오차 및 계산 부담이 다르게 되므로 적당한 방법의 선택이 필요하다.

8.1.1 오일러법

식(8.1)과 같은 상미분방정식을 식(8.2)와 같은 형태를 바탕으로 수치적으로 구하는 방법 중에서 가장 간단한 방법이 오일러(Euler)법이다. 오일러법은 오차가 매우 크므로 잘 사용되지는 않지만 다른 방법을 유도하는데 있어서 기초 개념을 제공하기에 자주 소개되고 있다. 주어진 미분방정식

$$\frac{dy}{dt}=f(t,y),\ a\le t\le b,\ y(a)=y_0$$

과 주어진 구간 $[a,b]$에 대하여 오일러법으로 상미분방정식의 해를 구하기 위하여 먼저 구간 $[a,b]$를 구간 폭이 $h=(b-a)/n$인 n개의 소구간으로 나누고 구간 $[a,b]$ 내에서의 $t_i, i=0,1,2,\cdots,n$ 값을 다음과 같이 정의한다.

$$t_i=a+ih, i=0,1,2,\cdots,n \tag{8.3}$$

그리고 $y(t)$의 t_i에서의 근사값을 $y_i\approx y(t_i), i=0,1,2,\cdots,n$ 로 나타내기로 한다. $y(t)$가 구간 $[a,b]$에서 연속이고 2차 도함수를 갖는다고 하면 $y(t)$의 t_i에서의 테일러 전개식은 다음과 같이 근사화될 수 있다.

$$y(t_{i+1})=y(t_i)+y'(t_i)h+O(h^2)\approx y(t_i)+y'(t_i)h \tag{8.4}$$

따라서 식(8.4)는 다음과 같이 근사화된 표현으로 나타내진다.

$$y_{i+1}\approx y_i+f(t_i,y_i)h, i=0,1,2,\cdots,n-1 \tag{8.5}$$

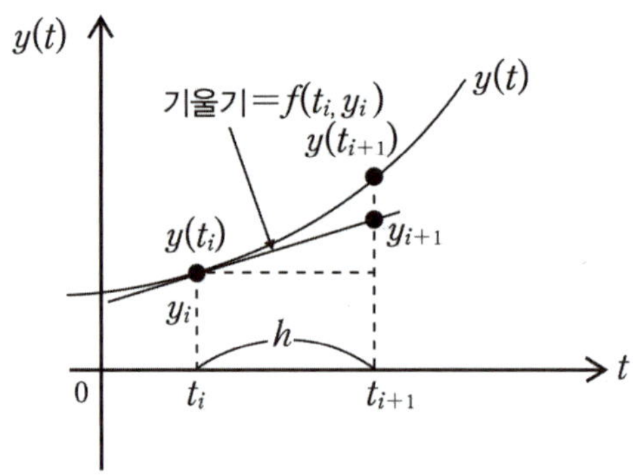

| 그림 8.1 | 오일러법의 기하학적 이해

식(8.1)과 같은 상미분방정식의 해 y를 식(8.5)로 구하는 방법을 오일러법(또는 오일러-코시(Euler-Caucy)법 또는 점-기울기법)이라 한다. 이러한 오일러법의 국부오차는 $O(h^2)$로 표시되어

h^2에 비례하고 전체 오차는 $O(h)$로 표시되어 간격 h에 비례한다. 오일러법을 기하학적으로 나타내면 그림 8.1과 같다.

식(8.5)로 나타내지는 오일러법은 그림 8.1에 나타난 바와 같이 소구간 전체에서의 기울기를 소구간의 시작점 t_i에서의 기울기 $f(t_i, y_i)$로 나타낸 후 미분방정식의 다음 해를 구하는 방식으로 이는 오일러법의 오차 발생의 주요 원인이기도 하다. 이러한 오일러법을 알고리즘으로 정리하면 다음과 같다.

알고리즘 8.1 오일러(Euler)법

[단계 1] 점 (t_i, y_i)에서의 기울기 $k_1 = f(t_i, y_i)$를 구한다.

[단계 2] 점 (t_i, y_i)를 지나고 기울기로 k_1을 갖는 직선의 t_{i+1}에서의 값 $y_{i+1} = y_i + f(t_i, y_i)h$을 구한다.

예제 8.1

미분방정식 $\dfrac{dy(t)}{dt} = -y(t)+1,\ y(0)=0=y_0$에 대하여 $h=0.1$ 일 때 오일러법을 사용하여 해 $y(0.1) \approx y_1$을 구하고 참값 $y(t=0.1) = -e^{-t}+1$과 비교하라.

풀이

식(8.5)로부터

$$y_1 \approx y_0 + f(t_i, y_i)h = 0 + (1) \times 0.1 = 0.1$$

을 얻을 수 있고 참값은 $y(0.1) = -e^{-t}+1 = 0.09516258$ 이므로 오차는 0.00483742가 된다.

이를 매트랩 및 파이썬을 이용하여 구하면 [ex8_1] 코드와 같고 실행 결과는 다음과 같다.

% [ex8_1] 매트랩 코드 실행 결과

```
* [예제 8.1] 오일러(Euler)법
 * f(t,x) = @(t,x)-x+1
    시간              계산값            참값
  0.00000000        0.00000000        0.00000000
  0.10000000        0.10000000        0.09516258
```

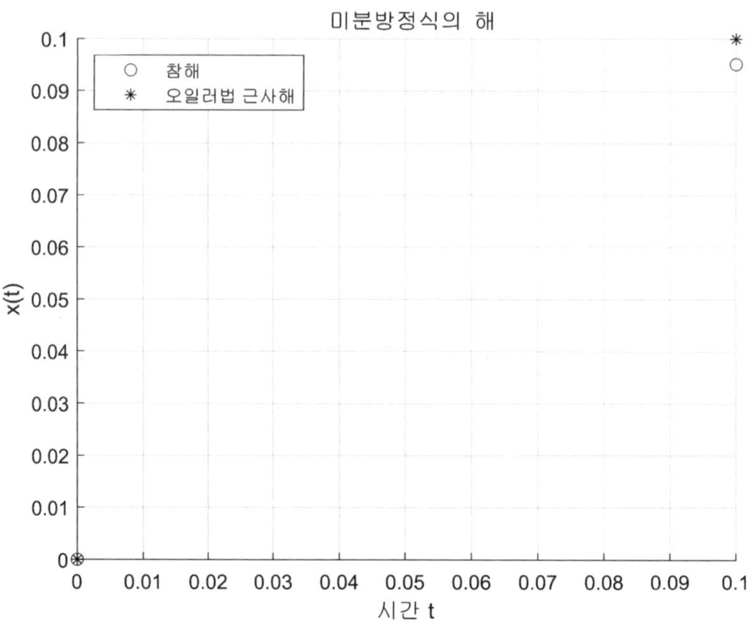

 # [ex8_1] 파이썬 코드 실행 결과

```
* [예제 8.1] 오일러(Euler)법
      시간        계산값          참값

 * 0.0000    0.00000000    0.00000000
 * 0.1000    0.10000000    0.09516258
```

8.1.2 훈법

앞 절에서 설명한 바와 같이 오일러법은 소구간 전체에서의 기울기를 소구간 시작점 t_i에서의 기울기 $f(t_i, y_i)$로 나타낸 후 미분방정식의 다음 해를 구하는 방식으로 이는 오일러법의 오차 발생의 주요 원인이기도 하다. 따라서 이러한 오차 원인이 되는 기울기의 계산에 있어서 구간 시작과 끝점의 기울기 또는 중간점에서의 기울기를 이용한 방법이 알려져 있다. 그중 하나는 훈(Heun)법이고 또 다른 하나는 훈의 중점법이다. 아래에서는 이들 각각에 대하여 살펴보기로 한다.

훈법은 식(8.2)로 주어지는 미분방정식의 해를 구함에 있어서 요구되는 기울기 ψ값을 그림 8.2와 같이 소구간의 시작점과 끝점에서의 기울기를 구해 이를 평균하여 사용하는 방법이다.

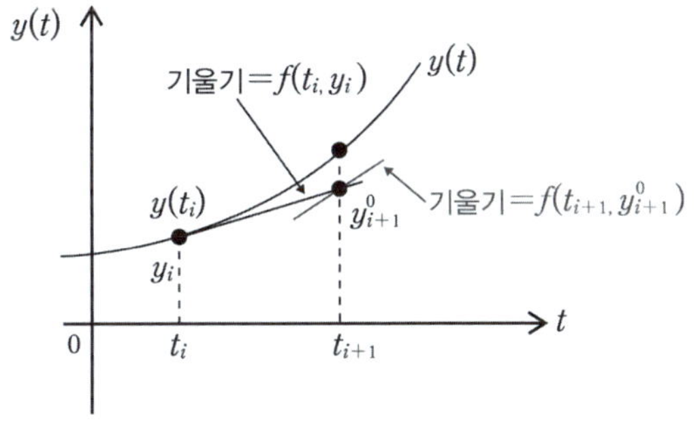

| 그림 8.2 | 훈법의 기하학적 이해

즉, 시작점 (t_i, y_i)에서의 기울기 $k_1 = f(t_i, y_i)$를 바탕으로 잠정적 끝점 (t_{i+1}, y^o_{i+1})을 구하고 이 점에서의 기울기 $k_2 = f(t_{i+1}, y^o_{i+1})$를 구한다. 다음으로 두 기울기 k_1, k_2의 평균 기울기 $\bar{k}$를 구한 후 시작점 (t_i, y_i)를 지나고 기울기로 $\bar{k}$을 갖는 직선의 t_{i+1}에서의 값 $y_{i+1} = y_i + \bar{k}h$를 구하는 방식이 훈법이다. 이를 정리하면 다음과 같다.

알고리즘 훈(Heun)법

[단계 1] 점 (t_i, y_i)에서의 기울기 $k_1 = f(t_i, y_i)$를 구한다.

[단계 2] 점 (t_i, y_i)를 지나고 기울기로 k_1을 갖는 직선의 t_{i+1}에서의 값

$y^o_{i+1} = y_i + f(t_i, y_i)h$를 구한다. 이 값은 오일러법에서 구한 y_{i+1}값과 같은 값이다.

[단계 3] 점 (t_{i+1}, y^o_{i+1})에서의 기울기 $k_2 = f(t_{i+1}, y^o_{i+1})$를 구한다.

[단계 4] 두 기울기 k_1, k_2의 평균 기울기 $\bar{k} = (k_1 + k_2)/2$를 구한다.

[단계 5] 점 (t_i, y_i)를 지나고 기울기로 $\bar{k}$을 갖는 직선의 t_{i+1}에서의 값

$$y_{i+1} = y_i + \bar{k}h = y_i + \frac{f(t_i, y_i) + f(t_{i+1}, y^o_{i+1})}{2}h$$ 를 구한다.

이러한 훈법의 국부오차는 $O(h^3)$로 표시되어 h^3에 비례하고 전체 오차는 $O(h^2)$로 표시되어 h^2에 비례한다.

예제 8.2

미분방정식 $\frac{dy(t)}{dt} = -y(t) + 1,\ y(0) = 0 = y_0$에 대하여 $h = 0.1$일 때 훈법을 사용하여 해 $y(0.1) \approx y_1$를 구하고 참값 $y(t = 0.1) = -e^{-t} + 1$과 비교하라.

풀이 위에 나타낸 훈법 알고리즘에 따라 계산하면 다음과 같다.

[단계 1] 점 $(0, 0)$에서의 기울기 $k_1 = 1$을 구한다.

[단계 2] 점 $(0, 0)$을 지나고 기울기로 $k_1 = 1$을 갖는 직선의 $t_{i+1} = 0.1$에서의 값

$y^o_{i+1} = y_i + f(t_i, y_i)h = 0 + 1 \times 0.1 = 0.1$을 구한다.

[단계 3] 점 $(t_{i+1}, y^o_{i+1}) = (0.1, 0.1)$에서의 기울기 $k_2 = f(t_{i+1}, y^o_{i+1}) = -0.1 + 1 = 0.9$를 구한다.

[단계 4] 두 기울기 k_1, k_2의 평균 기울기 $\bar{k} = (k_1 + k_2)/2 = 0.95$를 구한다.

[단계 5] 점 $(t_i, y_i) = (0,0)$을 지나고 기울기로 $\bar{k} = 0.95$을 갖는 직선의 $t_{i+1} = 0.1$에서의 값

$y_1 = y_0 + \bar{k}h = 0 + 0.95 \times 0.1 = 0.095$을 구한다.

참값은 $y(0.1) = -e^{-t} + 1 = 0.09516258$ 이므로 오차는 0.00016258이 된다. 오차로부터 훈법의 오차가 오일러법의 오차보다 훨씬 작음을 알 수 있다.

이를 매트랩 및 파이썬을 이용하여 구하면 [ex8_2] 코드와 같고 실행 결과는 다음과 같다.

% [ex8_2] 매트랩 코드 실행 결과

```
* [예제 8.2] 훈(Heun)법
 * f(t,x) = @(t,x)-x+1

    시간           계산값          참값
 0.00000000     0.00000000     0.00000000
 0.10000000     0.09500000     0.09516258
```

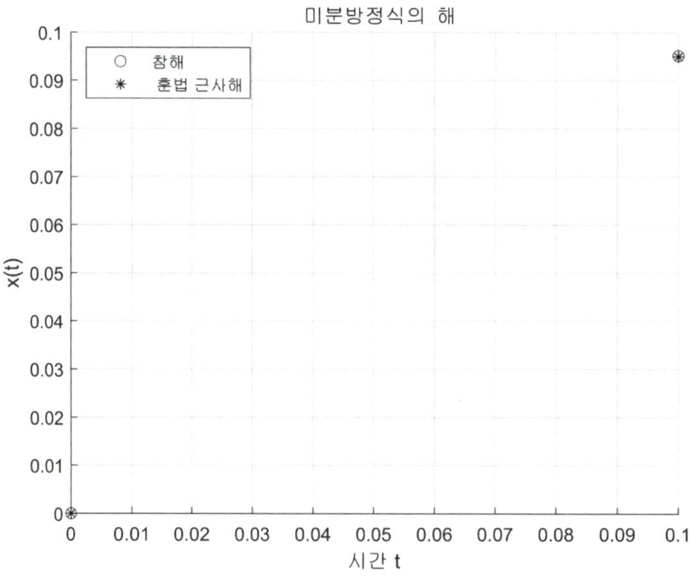

[ex8_2] 파이썬 코드 실행 결과

* [예제 8.2] 훈(Heun)법

	시간	계산값	참값
*	0.0000	0.00000000	0.00000000
*	0.1000	0.09500000	0.09516258

다음은 훈의 중점법에 대하여 알아보기로 한다. 훈의 중점법은 식(8.2)로 주어지는 미분방정식의 해를 구함에 있어서 요구되는 기울기 ψ값을 그림 8.3과 같이 소구간의 중앙점에서의 기울기를 사용하는 방법이다. 이러한 훈의 중점법의 국부오차는 $O(h^3)$로 표시되어 h^3에 비례하고 전체 오차는 $O(h^2)$로 표시되어 h^2에 비례한다.

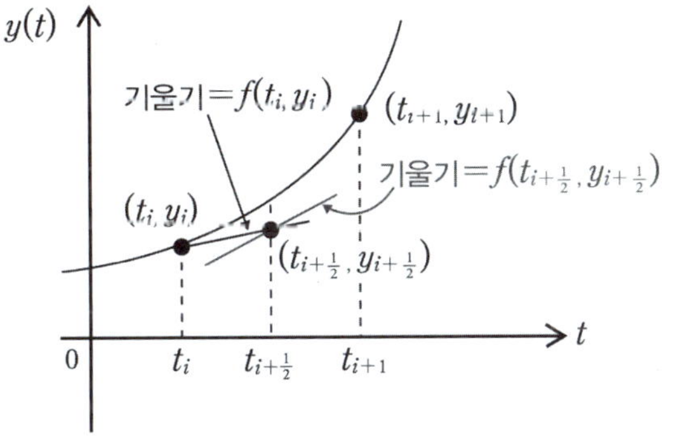

| 그림 8.3 | 훈의 중점법의 기하학적 이해

알고리즘 훈(Heun)의 중점법

[단계 1] 점 (t_i, y_i)에서의 기울기 $k_1 = f(t_i, y_i)$을 구한다.

[단계 2] 점 (t_i, y_i)를 지나고 기울기로 k_1을 갖는 직선의 $t_{i+1/2} = t_i + h/2$에서의 값 $y_{i+1/2} = y_i + f(t_i, y_i)h/2$을 구한다.

[단계 3] 점 $(t_{i+1/2}, y_{i+1/2})$에서의 기울기 $k_2 = f(t_{i+1/2}, y_{i+1/2})$를 구한다.

[단계 4] 점 (t_i, y_i)를 지나고 기울기로 k_2를 갖는 직선의 t_{i+1}에서의 값 $y_{i+1} = y_i + k_2 h = y_i + f(t_{i+1/2}, y_{i+1/2})h$을 구한다.

예제 8.3

미분방정식 구간 $\frac{dy(t)}{dt} = -y(t)+1,\ y(0)=0=y_0$에 대하여 $h=0.1$일 때 훈의 중점법을 사용하여 해 $y(0.1) \approx y_1$를 구하고 참값 $y(t=0.1) = -e^{-t}+1$과 비교하라.

풀이 위에 나타낸 훈의 중점법 알고리즘에 따라 계산하면 다음과 같다.

[단계 1] 점 $(0, 0)$에서의 기울기 $k_1 = 1$를 구한다.

[단계 2] 점 $(0, 0)$을 지나고 기울기로 $k_1 = 1$을 갖는 직선의 $t_{i+1/2} = 0.05$에서의 값 $y_{i+1/2} = y_i + f(t_i, y_i)h/2 = 0 + 1 \times 0.1/2 = 0.05$을 구한다.

[단계 3] 점 $(t_{i+1/2}, y_{i+1/2}) = (0.05, 0.05)$에서의 기울기 $k_2 = -0.05 + 1 = 0.95$를 구한다.

[단계 4] 점 $(0, 0)$을 지나고 기울기로 $k_2 = 0.95$을 갖는 직선의 $t_{i+1} = 0.1$에서의 값 $y_1 = y_0 + k_2 h = 0 + 0.95 \times 0.1 = 0.095$을 구한다.

참값은 $y(0.1) = -e^{-t}+1 = 0.09516258$ 이므로 오차는 0.00016258이 된다. 오차로부터 훈의 중점법의 오차가 오일러법의 오차보다 훨씬 작음을 알 수 있다.

이를 매트랩 및 파이썬을 이용하여 구하면 [ex8_3] 코드와 같고 실행 결과는 다음과 같다.

% [ex8_3] 매트랩 코드 실행 결과

```
* [예제 8.3] 훈(Heun)의 중점법
 * f(t,x) = @(t,x)-x+1

   시간         계산값        참값
 0.00000000   0.00000000   0.00000000
 0.10000000   0.09500000   0.09516258
```

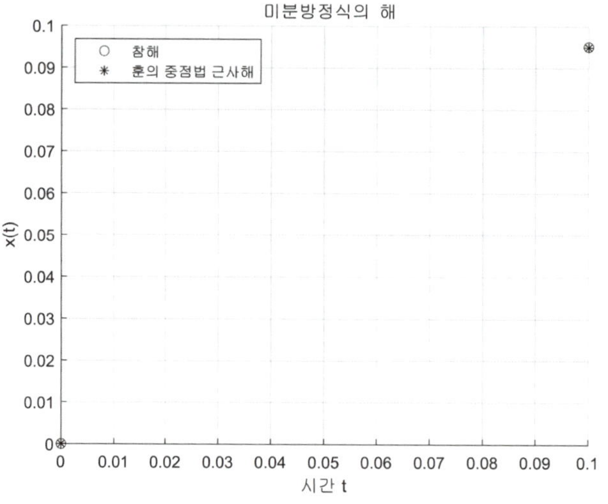

[ex8_3] 파이썬 코드 실행 결과

```
* [예제 8.3] 훈(Heun)의 중점법
     시간        계산값          참값
  * 0.0000   0.00000000   0.00000000
  * 0.1000   0.09500000   0.09516258
```

8.1.3 고차 테일러급수법

이 절에서는 다음과 같은 식

$$\frac{dy}{dt} = f(t,y),\ a \le t \le b,\ y(a) = y_0$$

로 주어지는 상미분방정식의 해를 고차 테일러급수를 사용하여 구하기로 한다. $y(t)$가 구간 $[a,b]$에서 연속이고 $(n+1)$차 도함수를 갖는다고 하면 $y(t)$의 t_i에서의 테일러 전개식은 다음과 같이 근사화될 수 있다.

$$y(t_{i+1}) = y(t_i) + y'(t_i)h + \cdots + \frac{y^{(n)}(t_i)}{n!}h^n + O(h^{n+1}) \tag{8.6}$$

따라서 식(8.6)은 다음과 같이 근사화된 표현으로 나타내진다.

$$y(t_{i+1}) \approx y_{i+1} = y_i + f(t_i,y_i)h + \frac{f'(t_i,y_i)}{2}h^2 + \cdots + \frac{f^{(n-1)}(t_i,y_i)}{n!}h^n \tag{8.7}$$

식(8.7)로 나타내지는 고차 테일러급수법은 전체 오차가 $O(h^n)$로 표시되어 h^n에 비례하므로 적절한 차수의 선정에 따라 오차가 매우 작은 장점을 지니고 있으나 $f(t,y)$에 대한 고차 미분이 필요하다는 단점으로 인하여 잘 사용되지는 않는 방법이다.

예제 8.4

미분방정식 구간 $\frac{dy(t)}{dt} = -y(t)+1, y(0)=0=y_0$에 대하여 $h=0.1$일 때 2차 테일러급수법을 사용하여 해 $y(0.1) \approx y_1$를 구하고 참값 $y(t) = -e^{-t}+1$과 비교하라.

풀이 식(8.7)로부터 2차 테일러급수법으로 근사화한 해는 다음

$$y_{i+1} = y_i + f(t_i, y_i)h + \frac{f'(t_i, y_i)}{2}h^2$$

과 같이 됨을 알 수 있다. 여기서

$$f(t) = -y(t)+1$$
$$f'(t) = -y'(t) = -f(t) = y(t)-1$$

이므로 이 두 식을 위 y_{i+1} 식에 대입하여 정리하면

$$y_{i+1} = y_i + f(t_i, y_i)h + \frac{f'(t_i, y_i)}{2}h^2 = y_i + [-y_i+1]h + [y_i-1]\frac{h^2}{2}$$

이 되므로 이 식에 문제 조건을 대입하여 y_1을 구하면

$$y_1 = y_0 + [-y_0+1]h + [y_0-1]\frac{h^2}{2} = 0.1 - \frac{0.1^2}{2} = 0.0950$$

이 된다. 그런데 참값은 식 $y(t) = -e^{-t}+1$ 로부터

$$y(0.1) = -e^{-0.1}+1 = 0.09516258$$

가 되므로 오차는

$$e = |\text{참값} - \text{2차 테일러급수 근사값}| = |0.09516258 - 0.0950| = 0.00016258$$

로 매우 작음을 알 수 있다.

이를 매트랩 및 파이썬을 이용하여 구하면 [ex8_4] 코드와 같고 실행 결과는 다음과 같다.

% [ex8_4] 매트랩 코드 실행 결과

* [예제 8.4] 고차(2차) 테일러급수법

```
* f(t,x) = @(x,t)-x+1

     시간            계산값            참값
  0.00000000      0.00000000      0.00000000
  0.10000000      0.09500000      0.09516258
```

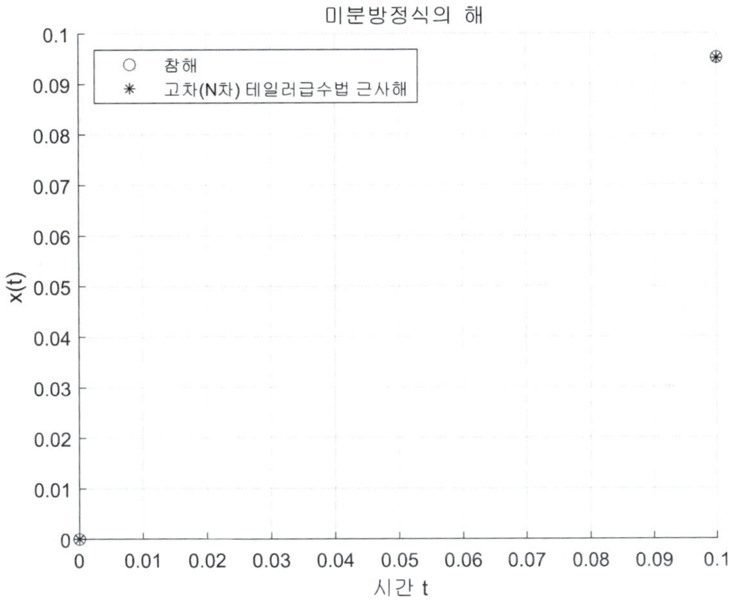

 # [ex8_4] 파이썬 코드 실행 결과

* [예제 8.4] 고차 테일러급수법

```
     시간        계산값          참값
* 0.0000    0.00000000    0.00000000
* 0.1000    0.09500000    0.09516258
```

8.1.4 룽게-쿠타법

앞 절에서 언급한 바와 같이 고차 테일러급수 법은 $f(t,y)$에 대한 고차 도함수가 요구되어 비효율적이므로 거의 사용되지 않고 있다. 이와 달리 고차 도함수가 요구되지 않으면서 고차 테일러급수법과 유사한 정도의 정확도를 갖는 방법으로 룽게-쿠타(Runge-Kutta)법이 있다. 룽게-쿠타법은 식 (8.5)의 오일러 공식을 일반화한 형태로 다음과 같은 식으로 표현된다.

$$y_{i+1} = y_i + \psi h \tag{8.8}$$

여기서 증분 함수 ψ는 $f(t,y)$의 구간 $[t_i, t_{i+1}]$에서의 대푯값이라 할 수 있으며 다음과 같다.

$$\psi = a_1 k_1 + a_2 k_2 + \cdots + a_n k_n \tag{8.9}$$

여기서 $a_i, i = 1,2,\cdots,n$는 상수이고 $k_i, i = 1,2,\cdots,n$는 다음과 같다.

$$k_1 = f(t_i, y_i) \tag{8.10.a}$$

$$k_2 = f(t_i + p_1 h, y_i + q_{11} k_1 h) \tag{8.10.b}$$

$$k_3 = f(t_i + p_2 h, y_i + q_{21} k_1 h + q_{22} k_2 h) \tag{8.10.c}$$

$$\vdots$$

$$k_n = f(t_i + p_{n-1} h, y_i + q_{(n-1)1} k_1 h + q_{(n-1)2} k_2 h + \cdots + q_{(n-1)(n-1)} k_{n-1} h) \tag{8.10.d}$$

여기서 $p_i, i = 1,2,\cdots,n-1$과 $q_{ij}, i = 1,2,\cdots,n-1, , j = 1,2,\cdots,n-1$는 상수이다.

룽게-쿠타법은 테일러급수를 몇 번째 항까지 사용하느냐에 따라 2차, 3차, 4차 등등이 룽게-쿠타법 앞에 붙어 2차 룽게-쿠타법 혹은 4차 룽게-쿠타법이라 불린다. 여기서는 그중 가장 간단한 2차 룽게-쿠타법을 소개한다. 먼저 식(8.8), (8.9) 및 식(8.10.a)부터 식(8.10.d)까지를 사용하여 2차 룽게-쿠타 식을 다시 쓰면 다음과 같다.

$$y_{i+1} = y_i + [a_1 f(t_i, y_i) + a_2 f(t_i + p_1 h, y_i + q_{11} k_1 h)] h \tag{8.11}$$

따라서 식(8.11)이 가능한 한 정확한 값을 갖도록 상수 a_1, a_2, p_1, q_{11}값을 식(8.7)을 이용하여 2차 테일러 다항식과 같도록 상수값을 결정하면 된다. 식(8.7)로부터 구한 2차 테일러 다항식은 다음과 같다.

$$y(t_{i+1}) = y(t_i) + f(t_i, y(t_i))h + \frac{f'(t_i, y(t_i))}{2} h^2 + O(h^3) \tag{8.12}$$

이 식(8.12)는 다음과 같이 다시 쓸 수 있다.

$$y(t_{i+1}) = y(t_i) + f(t_i, y(t_i))h + \left[\frac{\partial f(t_i, y(t_i))}{\partial t} + \frac{\partial f(t_i, y(t_i))}{\partial y}\frac{dy}{dt}\right]\frac{h^2}{2} \tag{8.13}$$

식(8.11)의 2차 룽게-쿠타 식의 $f(t_i + p_1 h, y_i + q_{11} k_1 h)$는 다음과 같이 다시 쓸 수 있다.

$$f(t_i+p_1h, y_i+q_{11}k_1h) = f(t_i, y_i) + p_1h\frac{\partial f(t_i, y_i)}{\partial t} + q_{11}k_1h\frac{\partial f(t_i, y_i)}{\partial y}\frac{dy}{dt} \tag{8.14}$$

따라서 식(8.11)은

$$y_{i+1} = y_i + [a_1+a_2]f(t_i, y_i)h + \left[a_2p_1\frac{\partial f(t_i, y_i)}{\partial t} + a_2q_{11}k_1\frac{\partial f(t_i, y_i)}{\partial y}\frac{dy}{dt}\right]h^2 \tag{8.15}$$

와 같게 된다. 식(8.13)과 식(8.15)가 서로 같다는 조건으로부터

$$a_1 + a_2 = 1 \tag{8.16.a}$$

$$a_2p_1 = 1/2 \tag{8.16.b}$$

$$a_2q_{11} = 1/2 \tag{8.16.c}$$

을 얻을 수 있다. 그런데 식(8.16.a)부터 식(8.16.c)에는 4개의 미지수 a_1, a_2, p_1, q_{11}이 존재하지만 3개의 식밖에 없어 하나의 미지수 값은 임의로 결정해야만 한다. 예를 들어, $a_2 = 1/2$이면 $a_1 = 1/2$ $p_1 = q_{11} = 1$이 되므로 식(8.11)은 아래와 같이 되어 훈법이 된다.

$$y_{i+1} = y_i + [f(t_i, y_i) + f(t_i+h, y_i+k_1h)]h/2$$

그리고 $a_2 = 1$이면 $a_1 = 0$ $p_1 = q_{11} = 1/2$이 되므로 식(8.11)은 아래와 같이 되어 훈의 중점법이 된다.

$$y_{i+1} = y_i + f(t_i+h/2, y_i+k_1h/2)h$$

또한 $a_2 = 2/3$이면 $a_1 = 1/3$ $p_1 = q_{11} = 3/4$이 되므로 식(8.11)은 아래와 같이 되어 랄스톤(Ralston)법이 된다. 랄스톤법은 2차 룽게-쿠타법 중에서 가장 작은 오차를 보이는 것으로 알려져 있다.

$$y_{i+1} = y_i + \left[\frac{1}{3}f(t_i, y_i) + \frac{2}{3}f(t_i+3h/4, y_i+3k_1h/4)\right]h$$

이 결과로부터 2차 룽게-쿠타법의 오차는 국부오차가 $O(h^3)$ 이고 전역 오차는 $O(h^2)$임을 알 수 있다.

이와 같은 과정을 거쳐 고차 룽게-쿠타법을 유도할 수 있으나 일반적으로 가장 널리 사용되는 것이 4차 룽게-쿠타(RK4)법이므로 아래에서는 이에 대하여 살펴보기로 한다. 먼저 4차 룽게-쿠타법

을 정리하면 식(8.17)과 같다.

$$y_{i+1} = y_i + \frac{h}{6}[k_1 + 2k_2 + 2k_3 + k_4],\ i = 0, 1, \cdots, n-1 \tag{8.17}$$

여기서

$$k_1 = f(t_i, y_i)$$

$$k_2 = f(t_i + \frac{h}{2}, y_i + \frac{h}{2}k_1)$$

$$k_3 = f(t_i + \frac{h}{2}, y_i + \frac{h}{2}k_2)$$

$$k_4 = f(t_i + h, y_i + hk_3)$$

그림 8.4는 4차 룽게–쿠타법의 기울기를 구성하는 성분들을 그래프로 나타낸 것이다.

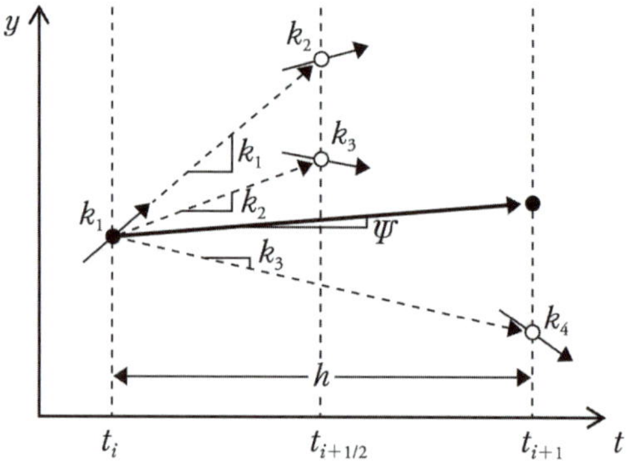

| 그림 8.4 | 4차 룽게–쿠타법의 기울기 성분

4차 룽게–쿠타법의 국부오차가 $O(h^5)$ 이고 전역 오차는 $O(h^4)$임을 알 수 있다. 이와 같이 4차 룽게–쿠타법은 4차 도함수를 구할 필요 없이 4차 테일러 방식과 유사한 정확도로 해를 구할 수 있는 장점을 지니고 있어 가장 널리 사용되고 있다.

예제 8.5

다음 초기값 문제를 4차 룽게-쿠타법으로 $y(1)$의 근사해를 구하라.

$$\frac{dy}{dt} = t + y, \quad 0 \le t \le 1, y(0) = -1$$

풀이

주어진 문제 조건 $n = 1$로부터 $h = 1$이 되고 $\frac{dy}{dt} = f(t, y) = t + y$ 가 된다. 이를 바탕으로 식 (8.17) 값을 구하면 아래와 같다.

$$y_1 = -1 + \frac{1}{6}[k_1 + 2k_2 + 2k_3 + k_4]$$

여기서

$$k_1 = f(t_i, y_i) = -1$$
$$k_2 = f(\frac{1}{2}, -1 - \frac{1}{2}) = \frac{1}{2} - \frac{3}{2} = -1$$
$$k_3 = f(\frac{1}{2}, -1 - \frac{1}{2}) = \frac{1}{2} - \frac{3}{2} = -1$$
$$k_4 = f(1, -1 - 1) = 1 - 2 = -1$$

따라서 $y_1 = -1 + \frac{1}{6}[k_1 + 2k_2 + 2k_3 + k_4] = -1 + \frac{1}{6}[-1 - 2 - 2 - 1] = -2$가 된다.

이를 매트랩 및 파이썬을 이용하여 구하면 [ex8_5] 코드와 같고 실행 결과는 다음과 같다.

% [ex8_5] 매트랩 코드 실행 결과

* [예제 8.5] 4차 Runge–Kutta법으로 미분방정식 풀기

```
* f(t,x) = @(t,x)x+t

      시간                    계산값
   0.00000000          -1.00000000
   1.00000000          -2.00000000
```

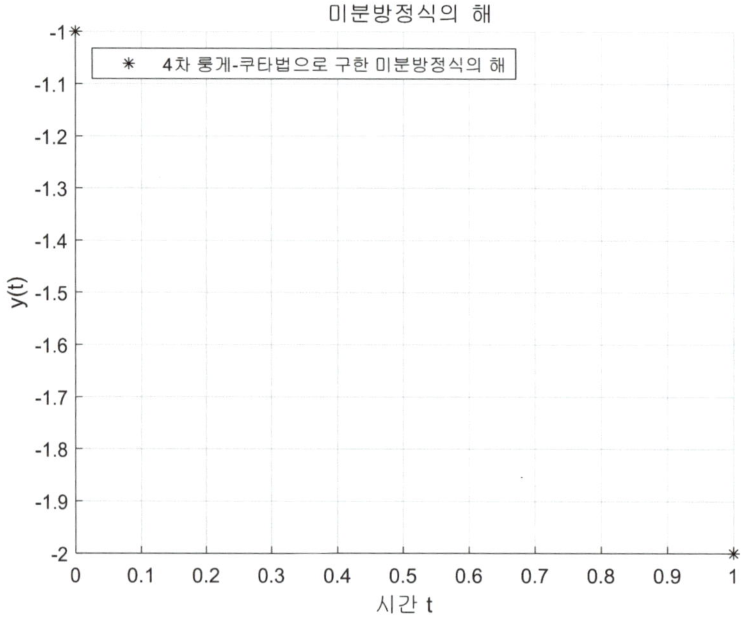

 # [ex8_5] 파이썬 코드 실행 결과

* [예제 8.5] 4차 Runge–Kutta법

```
    시간          계산값
* 0.0000    -1.00000000
* 1.0000    -2.00000000
```

8.1.5 애덤스-배쉬포드법과 애덤스-몰튼법

앞 절에서 지금까지 살펴 본 주어진 상미분방정식

$$\frac{dy}{dt} = f(t,y),\ a \le t \le b,\ y(a) = y_a \tag{8.18}$$

의 해를 구하는 풀이법은 그림 8.5(a)에 보인 바와 같이 $t = t_{i+1}$에서의 해 y_{i+1}을 구하기 위하여 단일점 $t = t_i$에서 주어진 y_i 값이나 $f(t_i, y_i)$ 값 및 그 미분값을 이용하여 구한다는 공통점을 지니고 있다. 이러한 방법들을 통칭하여 일 단계(single-step) 법이라 한다.

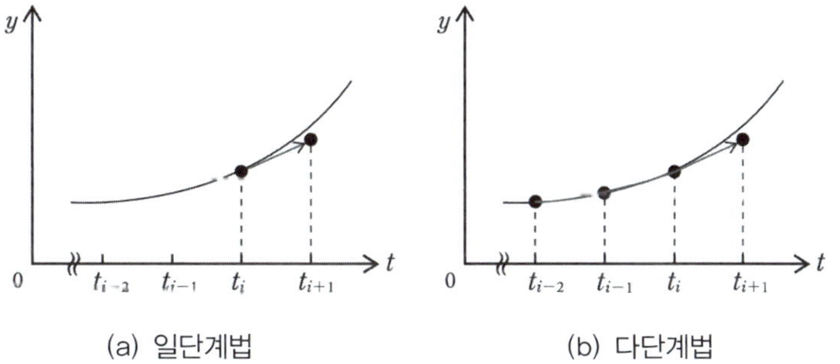

| 그림 8.5 | 상미분방정식 풀이법의 단계 개념적 이해

이와는 달리 그림 8.5(b)에서와 같이 $t = t_{i+1}$에서의 해 y_{i+1}을 구하기 위하여 여러 단계에 걸쳐 계산된 값들, 예를 들면 주어지거나 앞에서 구한 여러 개의 값$y_i, y_{i-1}, \cdots, y_{i-m+1}$ 을 이용하여 다음 단계의 수치 해를 구하는 다단계(multistep)법이 있다. 여기서는 다단계법 중에서 대표적 방법인 애덤스-배쉬포드(Adams-Bashforth)법과 애덤스-몰튼(Adams-Moulton)법에 대하여 알아보기로 한다.

주어진 식(8.18)과 같은 미분방정식의 해를 다단계법으로 구하기 위하여 고려할 수 있는 방법 중의 하나는 다음 식

$$y(t_{i+1}) - y(t_i) = \int_{t_i}^{t_{i+1}} y'(t)dt = \int_{t_i}^{t_{i+1}} f(t, y(t))dt \tag{8.19}$$

와 같이 수치 적분의 개념을 도입하는 것과 피적분 함수 $f(t, y(t))$의 유한 차분으로의 근사화를 들 수 있다. 즉 식(8.19)의 우변에 나타나는 적분을 수행하기 위하여 $t_0, t_1, \cdots, t_i$ 중에서 몇 개의 점을 택해 $f(t, y(t))$를 근사화 시키는 보간 다항식을 구성할 것인가 하는 문제인 것이다. 다시 말하면 어떤 보간 다항식을 구성하여 식(8.20)의 적분값 A를 어떻게 구하느냐 하는 것이다.

$$A = \int_{t_i}^{t_{i+1}} y'(t)dt = \int_{t_i}^{t_{i+1}} f(t, y(t))dt \tag{8.20}$$

여기서는 이와 같은 다단계법 중에서 가장 널리 사용되고 있는 두 가지 방법 즉 애덤스-배쉬포드(Adams-Bashforth)법과 애덤스-몰튼(Adams-Moulton)법에 대하여 설명한다.

m단계 애덤스-배쉬포드법은 그림 8.6(a)에서와 같이 m 개의 마디 점 $t_i, t_{i-1}, \cdots, t_{i-m+1}$에서 함수 $f(t, y(t))$의 $(m-1)$차 보간 다항식 $p_{m-1}(t)$을 구해 구간 $[t_i, t_{i+1}]$에서 적분값 A를 식(8.21)과 같이 구하는 방식이다.

$$A = \int_{t_i}^{t_{i+1}} p_{m-1}(t)dt \tag{8.21}$$

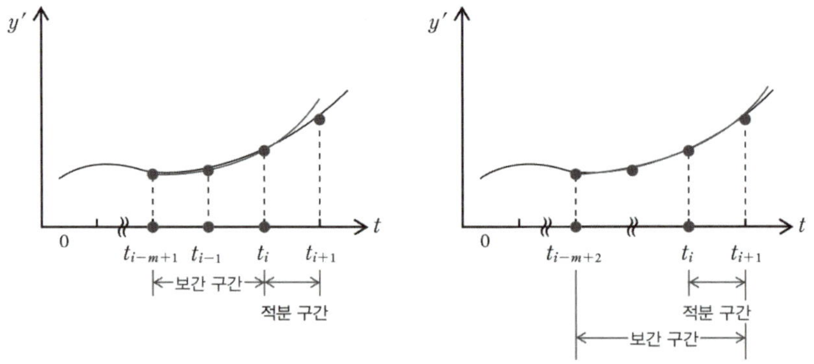

(a) 애덤스-배쉬포드법 (b) 애덤스-몰튼법

| 그림 8.6 | 4차 다단계법의 개념적 이해

m 단계 애덤스-몰튼법은 그림 8.6(b)에서와 같이 적분 구간 $[t_i, t_{i+1}]$을 포함하는 m 개의 마디 점 $t_{i+1}, t_i, \cdots, t_{i-m+2}$에서 함수 $f(t, y(t))$의 $(m-1)$차 보간 다항식 $p_{m-1}(t)$을 구해 구간 $[t_i, t_{i+1}]$에서 적분값 A를 식(8.21)과 같이 구하는 방식이다.

여기서는 두 가지 방법에 대한 유도 과정은 생략하고 일반적으로 많이 사용되는 결과만을 소개하기로 한다. m 단계 애덤스-배쉬포드법에서 $m=1$ 인 경우 즉 1단계 애덤스-배쉬포드법은 오일러법이 된다. 편의를 위해 $y_i \approx y(t_i)$라 한다. $m = 2,3,4$ 인 경우에 대하여 정리하면 다음과 같다.

$m=2$인 경우, 즉 2단계 애덤스-배쉬포드법

$$y_{i+1} = y_i + \frac{h}{2}[3f(t_i, y_i) - f(t_{i-1}, y_{i-1})] \tag{8.22}$$

단, 초기값은 y_0, y_1, $i = 1,2,\cdots,N-1$이고 이 방법의 국소 오차는 $O(h^3)$이다.

$m=3$인 경우, 즉 3단계 애덤스-배쉬포드법

$$y_{i+1}=y_i+\frac{h}{12}\left[23f(t_i,y_i)-16f(t_{i-1},y_{i-1})+5f(t_{i-2},y_{i-2})\right] \tag{8.23}$$

단, 초기값은 y_0, y_1, y_2, $i=2,\cdots,N-1$이고 이 방법의 국소 오차는 $O(h^4)$이다.

$m=4$인 경우, 즉 4단계 애덤스-배쉬포드법

$$y_{i+1}=y_i+\frac{h}{24}\left[55f(t_i,y_i)-59f(t_{i-1},y_{i-1})+37f(t_{i-2},y_{i-2})-9f(t_{i-3},y_{i-3})\right] \tag{8.24}$$

초기값은 y_0, y_1, y_2, y_3, $i=3,4,\cdots,N-1$이고 이 방법의 국소 오차는 $O(h^5)$이다.

애덤스-몰튼법에 대하여는 가장 널리 사용되고 있는 $m=3$인 경우에 대하여 소개하기로 한다. 3단계 애덤스-몰튼법은 나음과 같이 나타내진다.

$$y_{i+1}=y_i+\frac{h}{24}\left[9f(t_{i+1},y_{i+1})+19f(t_i,y_i)-5f(t_{i-1},y_{i-1})+f(t_{i-2},y_{i-2})\right] \tag{8.25}$$

단, 초기값은 y_0, y_1, y_2, $i=2,\cdots,N-1$이고 이 방법의 국소 오차는 $O(h^5)$이다.

예제 8.6

다음 초기값 문제를 3단계 애덤스-배쉬포드법과 애덤스-몰튼법으로 근사해를 구하라. 단 $i=2$

$$\frac{dy}{dt}=t+y,\quad 0\le t\le 1,\ y(0)=-1$$

풀이 식(8.23)과 (8.25)에 주어진 초기값을 대입하여 계산하면 y_3를 쉽게 구할 수 있으므로 계산 과정을 포함한 풀이는 생략한다.

8.2 고차 미분방정식과 연립미분방정식

연립미분방정식의 해를 구하는 것은 앞에서 살펴본 방법 중 어느 하나를 적용하여 이루어질 수 있다. 여기서는 설명을 쉽게 하기 위하여 아래와 같은 두 개의 1차 연립미분방정식을 설정하고 이들의 해를 4차 룽게-쿠타법을 사용하여 구하는 문제를 고려하기로 한다.

$$\begin{aligned} \frac{dx}{dt} &= f(t,x,y),\ a \le t \le b,\ x(a) = x_a \\ \frac{dy}{dt} &= g(t,x,y),\ a \le t \le b,\ y(a) = y_a \end{aligned} \tag{8.26}$$

이 문제는 그림 8.7과 같이 각각의 변수에 대하여 4차 룽게-쿠타법을 적용하면 된다.

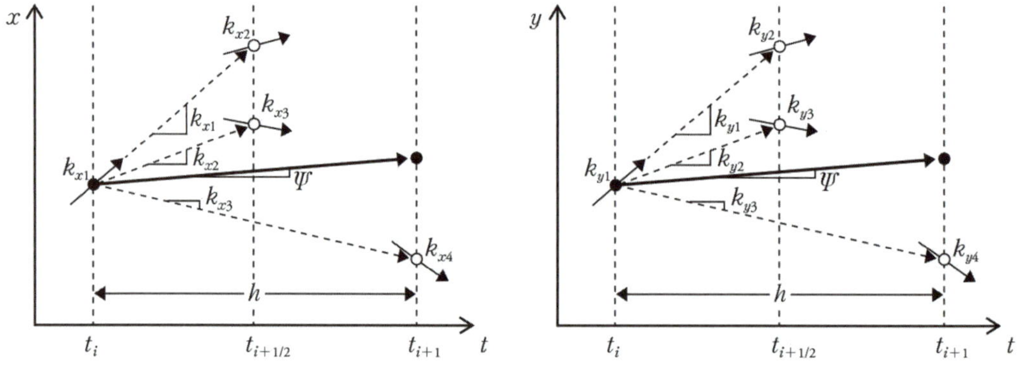

(a) 변수 x (b) 변수 y

| 그림 8.7 | 4차 룽게-쿠타법으로 연립미분방정식 풀기

식(8.17)의 4차 룽게-쿠타 식으로부터 두 개의 변수 x와 y에 대한 4차 룽게-쿠타 식을 다음과 같이 얻을 수 있다.

$$\begin{aligned} x_{i+1} &= x_i + \frac{h}{6}\left[k_{x1} + 2k_{x2} + 2k_{x3} + k_{x4}\right], i = 0,1,\cdots,n-1 \\ y_{i+1} &= y_i + \frac{h}{6}\left[k_{y1} + 2k_{y2} + 2k_{y3} + k_{y4}\right], i = 0,1,\cdots,n-1 \end{aligned} \tag{8.27}$$

여기서

$$
\begin{aligned}
k_{x1} &= f(t_i, x_i, y_i) \\
k_{y1} &= g(t_i, x_i, y_i) \\
k_{x2} &= f(t_i + \frac{h}{2}, x_i + \frac{h}{2}k_{x1}, y_i + \frac{h}{2}k_{y1}) \\
k_{y2} &= g(t_i + \frac{h}{2}, x_i + \frac{h}{2}k_{x1}, y_i + \frac{h}{2}k_{y1}) \\
k_{x3} &= f(t_i + \frac{h}{2}, x_i + \frac{h}{2}k_{x2}, y_i + \frac{h}{2}k_{y2}) \\
k_{y3} &= g(t_i + \frac{h}{2}, x_i + \frac{h}{2}k_{x2}, y_i + \frac{h}{2}k_{y2}) \\
k_{x4} &= f(t_i + h, x_i + hk_{x3}, y_i + hk_{y3}) \\
k_{y4} &= g(t_i + h, x_i + hk_{x3}, y_i + hk_{y3})
\end{aligned}
$$

이다.

예제 8.7

다음 초기값 문제를 4차 룽게-쿠타법으로 근사해 $x(1), y(1)$를 구하라. 단 $h = 1$임.

$$
\begin{aligned}
\frac{dx(t)}{dt} &= t + x(t), \qquad && -1 \le t \le 1 \\
\frac{dy(t)}{dt} &= x(t) + 2y(t) + 1, \qquad && x(-1) = y(-1) = 0
\end{aligned}
$$

풀이 계산상의 편의를 위해 4차 룽게-쿠타법에서 구하는 4개의 점을 각각 다음과 같이 나타내기로 한다.

$$
\begin{aligned}
P_1 &= (t_0, x_0, y_0) = (-1, 0, 0) \\
P_2 &= (t_0 + \frac{1}{2}h,\ x_0 + \frac{1}{2}hk_{x1},\ y_0 + \frac{h}{2}k_{y1}) \\
P_3 &= (t_0 + \frac{1}{2}h,\ x_0 + \frac{1}{2}hk_{x2},\ y_0 + \frac{h}{2}k_{y2}) \\
P_4 &= (t_0 + h,\ x_0 + hk_{x3},\ y_0 + hk_{y3})
\end{aligned}
\tag{8.28}
$$

다음으로 식(8.27)과 식(8.28)로부터 필요한 4개의 점과 기울기를 구하면 나음과 같다.

$$
\begin{aligned}
k_{x1} &= f(t_i, x_i, y_i) \qquad k_{y1} = g(t_i, x_i, y_i) \\
k_{x2} &= f(t_i + \frac{h}{2}, x_i + \frac{h}{2}k_{x1}, y_i + \frac{h}{2}k_{y1}) \\
k_{y2} &= g(t_i + \frac{h}{2}, x_i + \frac{h}{2}k_{x1}, y_i + \frac{h}{2}k_{y1})
\end{aligned}
$$

$$k_{x3} = f(t_i + \frac{h}{2}, x_i + \frac{h}{2}k_{x2}, y_i + \frac{h}{2}k_{y2})$$

$$k_{y3} = g(t_i + \frac{h}{2}, x_i + \frac{h}{2}k_{x2}, y_i + \frac{h}{2}k_{y2})$$

$$k_{x4} = f(t_i + h, x_i + hk_{x3}, y_i + hk_{y3})$$

$$k_{y4} = g(t_i + h, x_i + hk_{x3}, y_i + hk_{y3})$$

점(t, x, y)		기울기		기울기	
P_1	$(-1, 0, 0)$	k_{x1}	$-1+0= -1$	k_{y1}	$0+0+1=1$
P_2	$(-0.5, -0.5, 0.5)$	k_{x2}	$-0.5-0.5=-1$	k_{y2}	$-0.5+1+1=1.5$
P_3	$(-0.5, -0.5, 0.75)$	k_{x3}	$-0.5-0.5=-1$	k_{y3}	$-0.5+2(0.75)+1=2$
P_4	$(0, -1, 2)$	k_{x4}	$0-1=-1$	k_{y4}	$-1+4+1=4$

따라서

$$x(0) = x(-1) + \frac{1}{6}(k_{x1} + 2k_{x2} + 2k_{x3} + k_{x4})h = 0 + \frac{1}{6}(-1-2-2-1)1 = -1$$

$$y(0) = y(-1) + \frac{1}{6}(k_{y1} + 2k_{y2} + 2k_{y3} + k_{y4})h = 0 + \frac{1}{6}(1+3+4+4)1 = 2$$

가 된다.

위와 같은 방법으로 $t = 1$에 대하여 계산하여 정리하면 다음과 같다.

점(t, x, y)		기울기		기울기	
P_1	$(0, -1, 2)$	k_{x1}	$0-1=-1$	k_{y1}	$-1+4+1=4$
P_2	$(0.5, -1.5, 4)$	k_{x2}	$0.5-1.5=-1$	k_{y2}	$-1.5+8+1=7.5$
P_3	$(0.5, -1.5, 5.75)$	k_{x3}	$0.5-1.5=-1$	k_{y3}	$-1.5+2(5.75)+1=11$
P_4	$(1, -2, 13)$	k_{x4}	$1-2=-1$	k_{y4}	$-2+26+1=25$

$$x(1) = x(0) + \frac{1}{6}(k_{x1} + 2k_{x2} + 2k_{x3} + k_{x4})h = -1 + \frac{1}{6}(-1-2-2-1)1 = -2$$

$$y(1) = y(0) + \frac{1}{6}(k_{y1} + 2k_{y2} + 2k_{y3} + k_{y4})h = 2 + \frac{1}{6}(4+15+22+25)1 = 13$$

가 된다.

이를 매트랩 및 파이썬을 이용하여 구하면 [ex8_7] 코드와 같고 실행 결과는 다음과 같다.

% [ex8_7] 매트랩 코드 실행 결과

```
* [예제 8.7] 4차 Runge-Kutta법
 * D1 = @(t,u)t+u(1)
 * D2 = @(t,u)u(1)+2*u(2)+1

t = -1.0000000; z1 =  0.0000000; z2 =  0.0000000;
t = 0.00000000; z1 = -1.00000000; z2 = 2.00000000;
t = 1.00000000; z1 = -2.00000000; z2 = 13.00000000;
```

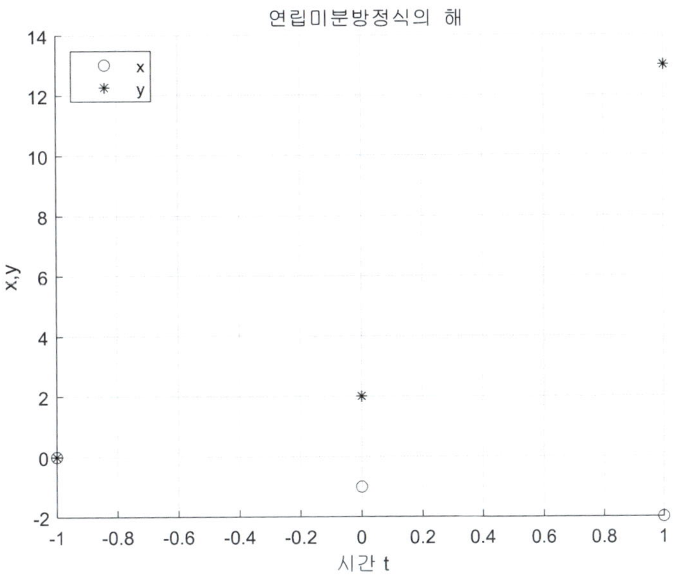

 # [ex8_7] 파이썬 코드 실행 결과

```
* [예제 8.7] RK4법으로 연립 미분방정식 풀기
        t            x             y
 * -1.0000     0.00000000     0.00000000
 *  0.0000    -1.00000000     2.00000000
 *  1.0000    -2.00000000    13.00000000
```

8.3 편미분방정식

편미분방정식은 두 개 이상의 독립변수로 구성된 함수와 한 개 이상 그 함수의 편미분으로 이루어진 방정식을 말하며 가장 높은 편미분의 차수를 그 편미분방정식의 차수 또는 계(order)라 한다. 공학에서 다루는 많은 문제는 2계 편미분방정식으로 나타낼 수 있는데 두 개의 독립변수로 이루어진 2차원 2계 편미분방정식의 일반적인 형태는 다음 식(8.29)와 같다. 많은 응용문제에서 변수 y는 시간에 해당하는 경우가 많으며 이 경우에는 변수 y대신에 변수 t를 사용한다.

$$A\frac{\partial^2 u(x,y)}{\partial x^2}+B\frac{\partial^2 u(x,y)}{\partial x\partial y}+C\frac{\partial^2 u(x,y)}{\partial y^2}+f(x,y,u,\frac{\partial u}{\partial x},\frac{\partial u}{\partial y})=0 \tag{8.29}$$

식(8.29) 형태의 편미분방정식은 계수 A, B와 C의 값에 따라 다음과 같은 세 종류로 분류된다.

$B^2-4AC>0$: 쌍곡선형(hyperbolic) 편미분방정식

$B^2-4AC=0$: 포물선형(parabolic) 편미분방정식

$B^2-4AC<0$: 타원형(elliptic) 편미분방정식

쌍곡선형 편미분방정식은 식(8.30)의 형태를 가지며 예로는 파동 방정식(wave equation)이 있다.

$$\alpha^2\frac{\partial^2 u(x,t)}{\partial x^2}-\frac{\partial^2 u(x,t)}{\partial t^2}=0 \tag{8.30}$$

포물선형 편미분방정식은 식(8.31)의 형태를 가지며 예로는 열전도 방정식(heat conduction equation)과 확산 방정식(diffusion equation)이 있다.

$$\alpha\frac{\partial^2 u(x,t)}{\partial x^2}-\frac{\partial u(x,t)}{\partial t}=0,\ \alpha>0 \tag{8.31}$$

타원형 편미분방정식은 식(8.32)와 같은 형태를 가지며 예로는 라플라스(Laplace) 방정식과 포아송(Poisson) 방정식이 있다.

$$\frac{\partial^2 u(x,y)}{\partial x^2}+\frac{\partial^2 u(x,y)}{\partial y^2}=0 \tag{8.32}$$

이러한 편미분방정식의 일반해는 매우 광범위하게 존재하므로 특수해를 구하는 것이 보다 더 의미가 있다 할 수 있다. 특수해를 구하기 위해서는 초기 조건(initial conditions) 및 경계 조건(boundary conditions)이 필요하며 이러한 해를 구하는 방법에는 변수 분리법이나 퓨리에 급수를 이용하는 방법 등등 여러 가지가 있지만, 이들 해법은 우리의 관심 범위를 벗어나기에 여기서는 수치해석적 방법으로 근사해를 구하는 방법에만 주목하기로 한다.

편미분방정식의 근사해를 구하는 방법 중의 하나는 주어진 편미분방정식을 유한 차분 방정식 형태로 변환한 후 얻어지는 상미분방정식을 푸는 것이다. 여기서는 위에서 설명한 세 가지 형태의 편미분방정식에 대한 근사해를 구하는 방법에 대하여 설명하기 전에 두 개의 독립변수를 갖는 2차 편미분방정식에 대하여 차분법을 이용하여 상미분방정식으로 변환하는 과정을 설명하기로 한다.

두 개의 독립변수 x와 t를 갖는 2차원 2계 편미분방정식에 대한 초기 조건 및 경계 조건에 의하여 형성되는 식(8.33)과 같은 직사각형 영역에 대하여 그림 8.8과 같은 격자점(mesh points) 혹은 망점(grid points)을 구성하기로 한다.

$$R = \{(x,t) | 0 \le x \le L, 0 \le t \le T\} \tag{8.33}$$

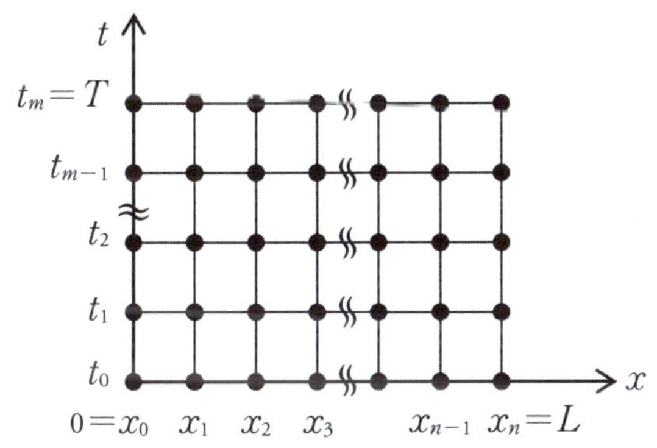

| 그림 8.8 | 영역 R과 유한 차분 격자점

즉 구간 $[0, L]$을 등간격 $h_x = L/n$인 n개의 소구간으로 나누어 얻어진 소구간의 점들을 $x_i, i = 0, 1, \cdots, n$로 나타낸다. 같은 방법으로 구간 $[0, T]$를 등간격 $h_t = T/m$인 m개의 소구간으로 나누어 얻어진 소구간의 점들을 $t_j, j = 0, 1, \cdots, m$으로 나타내면 $(n+1) \times (m+1)$ 개의 격자점 $(x_i, t_j), i = 0, 1, \cdots, n\ j = 0, 1, \cdots, m$ 을 얻을 수 있다. 격자점 (x_i, t_j)에서 편미분방정식의 해 $u(x, t)$에 대한 참해를 $u(x_i, t_j)$로 근사해를 $u_{i,j}$로 나타내기로 한다. 오차가 작은 중앙 차분 방식을 사용하여 2계 편미분을 근사화하면 다음과 같다.

$$u_{xx}(x_i, t_j) = \frac{\partial^2 u(x_i, t_j)}{\partial x^2} = \frac{u(x_{i+1}, t_j) - 2u(x_i, t_j) + u(x_{i-1}, t_j)}{h_x^2} + O(h_x^2) \tag{8.34}$$

또한 1계 편미분을 전향 차분 방식을 사용하여 근사화하면

$$u_t(x_i, t_j) = \frac{\partial u(x_i, t_j)}{\partial t} = \frac{u(x_i, t_{j+1}) - u(x_i, t_j)}{h_t} + O(h_t) \tag{8.35}$$

가 되고 후향 차분 방식을 사용하여 근사화하면

$$u_t(x_i, t_j) = \frac{\partial u(x_i, t_j)}{\partial t} = \frac{u(x_i, t_j) - u(x_i, t_{j-1})}{h_t} + O(h_t) \tag{8.36}$$

가 된다.

8.3.1 포물선형 편미분방정식

포물선형 편미분방정식은 식(8.29)에서 $B^2 - 4AC = 0$의 조건을 만족하는 편미분방정식을 말한다. 특히 독립변수에 대하여 공간 변수를 x라 두고 시간 변수를 t라 한 경우 이 방정식을 열전도 방정식(heat conduction equation)이라 하며 식(8.37)과 같은 형태를 갖는다.

$$\alpha \frac{\partial^2 u(x,t)}{\partial x^2} - \frac{\partial u(x,t)}{\partial t} = 0,\ 0 < x < L,\ 0 < t \le T \tag{8.37}$$

여기서 $u(x,t)$는 그림 8.9에 보인 것처럼 시간 t에서 길이 L인 막대의 공간 x에서의 온도를 나타내며 상수 α는 막대의 재질에 따른 열전도 특성을 나타낸다. 여기서 막대는 균일(열전도, 밀도 등)하다고 가정하고 일정 단면적 A를 가지며 열은 막대 표면으로 열이 빠져나가지 않고 단면을 통해서만 전달된다고 가정한다. 이때 $u(x,t)$는 공간에 대한 경계 조건

$$u(0,t) = 0,\ u(L,t) = 0,\ 0 \le t \le T \tag{8.38}$$

을 만족하고 시간에 대한 초기 조건

$$u(x,0) = f(x),\ 0 \le x \le L \tag{8.39}$$

이다.

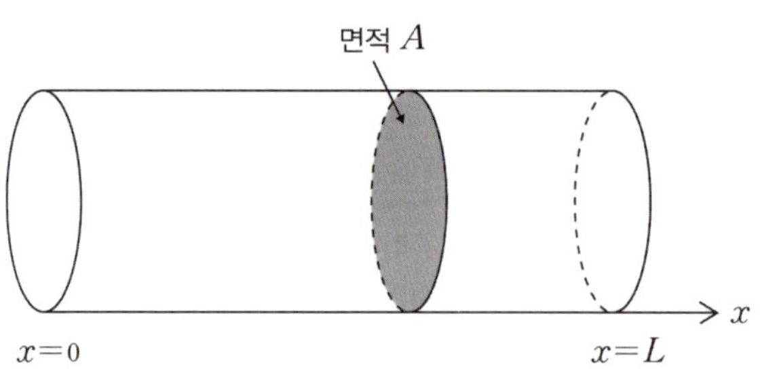

| 그림 8.9 | 길이 L인 1차원 막대

식(8.37), (8.38) 및 식(8.39)로 주어지는 포물선형 편미분방정식의 근사해를 구하는 방법 중의 하나는 편미분을 유한차분법을 이용하여 근사화하는 것이다. 이를 위하여 먼저 경계 조건을 바탕으로 직사각형 영역

$$R=\{(x,t)|0\le x\le L,\ 0\le t\le T\}$$

에 대하여 그림 8.10과 같은 격자점들의 망을 구성한다. 그림 8.10의 영역 R의 구간 $[0,\ L]$을 간격이 $h_x=L/n$인 n개의 소구간으로 나누고 구간 $[0,\ T]$을 간격이 $h_t=T/m$인 m개의 소구간으로 나눈다. 그리고 구간 $[0,\ L]$과 $[0,\ T]$에 대응하는 점들을 각각 $x_i, i=0,1,\cdots,n$와 $t_j, j=0,1,\cdots,m$로 나타낸다. 격자점 $(x_i,t_j), i=0,1,\cdots,n\ j=0,1,\cdots,m$ 에서 편미분방정식의 해 $u(x,t)$에 대한 참해를 $u(x_i,t_j)$로 나타내고 근사해를 $u_{i,j}$로 나타낸다.

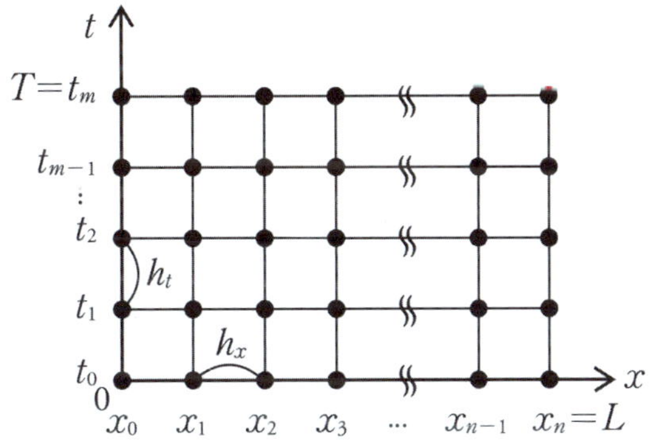

| 그림 8.10 | 영역 R과 격자점

$t=t_{j+1}$에서 근사해 $u_{i,j+1}$를 구하기 위하여 편미분 $\frac{\partial^2 u(x,t)}{\partial x^2}$에 대하여 $t=t_j$에서 식(8.34)의 중앙차분 근사식을 사용하여 근사화하고 편미분 $\frac{\partial u(x,t)}{\partial t}$에 대하여는 식(8.35)의 전향 차분 근사식을 사용하여 근사화한 후 각각의 오차 $O(h_x^2)$ 및 $O(h_t)$를 무시하고 식(8.37)에 대입하여 정리하면 식(8.40)과 같다.

$$\alpha\frac{u_{i+1,j}-2u_{i,j}+u_{i-1,j}}{h_x^2}-\frac{u_{i,j+1}-u_{i,j}}{h_t}=0 \tag{8.40}$$

식(8.40)을 $u_{i,j+1}$에 대하여 다시 정리하면 다음과 같다.

$$u_{i,j+1}=(1-2\lambda)u_{i,j}+\lambda(u_{i+1,j}+u_{i-1,j}) \tag{8.41}$$

여기서 $\lambda = \alpha h_t / h_x^2$ 이다. 식(8.41)을 살펴보면 점 (x_i, t_{j+1})에서의 해 $u_{i,j+1}$는 그림 8.11에서와 같이 점 (x_{i+1}, y_j), (x_i, y_j)와 (x_{i-1}, y_j)에서의 해 $u_{i+1,j}, u_{i,j}, u_{i-1,j}$ 의 조합으로 결정됨을 알 수 있다.

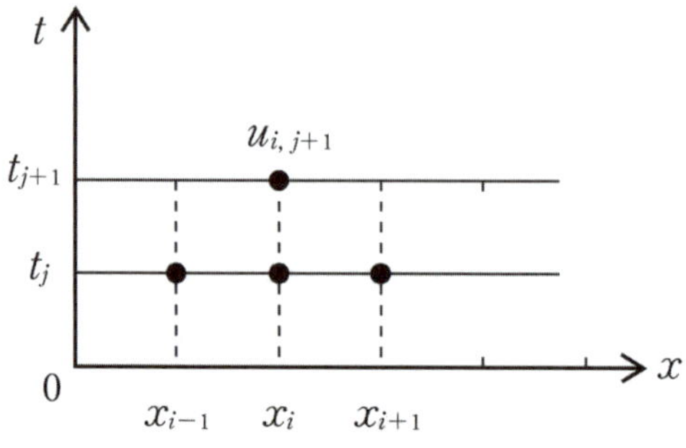

| 그림 8.11 | 양해법 해의 구성 개념도

이와 같이 편미분방정식의 근사해를 식(8.41)과 같은 형태로 구하는 방법을 양해법(explicit method)이라 한다. 그러나 이 양해법은 $0 < \lambda \le 1/2$인 경우에만 안정적(자세한 사항은 참고 문헌 [5]와 [12] 참조)이라는 단점을 지니고 있어 시간 간격 $h_t = T/m$의 설정에 제한을 준다.

예제 8.8

식(8.37)로 주어지는 열전도 방정식을 이용하여 벽 두께가 $0.3m$이고 열확산 계수 $\alpha = 6 \times 10^{-7} m^2/s$ 인 벽의 300초 동안 60초 간격으로 벽의 온도 분포를 조사하고자 한다. 단 벽의 양쪽 표면은 초기에 60°C로 일정하다가 갑자기 20°C로 떨어져 유지되고 있다고 가정할 때 $h_x = 0.1m$, $h_t = 60s$ 간격으로 벽의 온도 변화를 양해법을 이용하여 구하라.

$$6 \times 10^{-7} \frac{\partial^2 u(x,t)}{\partial x^2} - \frac{\partial u(x,t)}{\partial t} = 0$$

풀이 먼저 주어진 조건과 $\lambda = \alpha h_t / h_x^2$을 이용하여 λ값을 계산하면 $\lambda = 0.0036$이 되므로 양해법을 적용할 수 있다. 이를 바탕으로 문제에서 주어진 조건을 이용하여 아래 그림 8.12와 같은 격자점을 만든다.

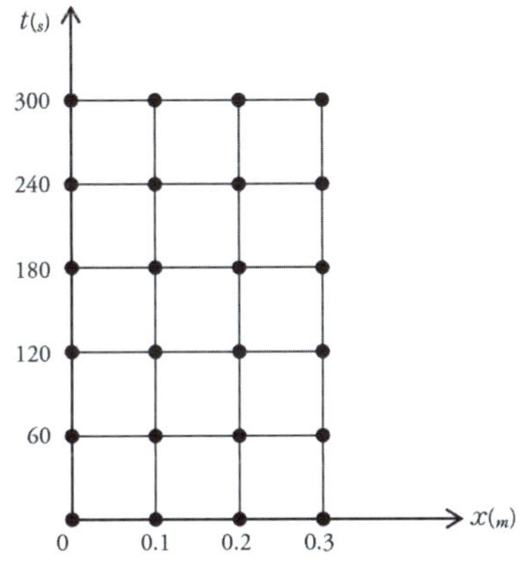

| 그림 8.12 | 영역 R과 격자점

각각의 격자점에 대하여 주어진 조건들을 식(8.41)에 대입하여 해를 구하면 다음과 같다.

t	$x=0.0$	0.1	0.2	0.3
0.0000	60.0000	60.0000	60.0000	60.0000
60.0000	20.0000	60.0000	60.0000	20.0000
120.0000	20.0000	59.8560	59.8560	20.0000
180.0000	20.0000	59.7125	59.7125	20.0000
240.0000	20.0000	59.5696	59.5696	20.0000
300.0000	20.0000	59.4271	59.4271	20.0000

그림 8.13은 위의 결과 즉 양해법에 의한 열전도 방정식의 해를 3차원 그래프로 나타낸 것이다.

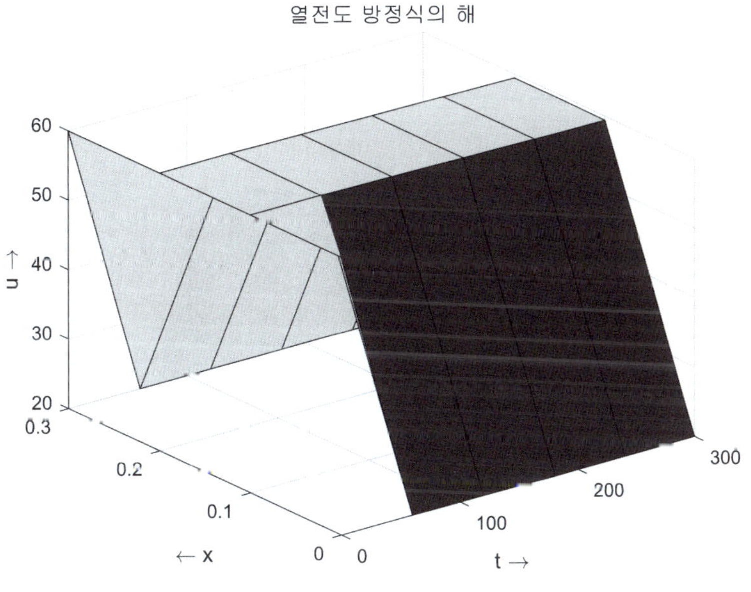

| 그림 8.13 | 양해법에 의한 열전도 방정식의 해

이를 매트랩 및 파이썬으로 구하면 [ex8_8] 코드와 같고 실행 결과는 다음과 같다.

% [ex8_8] 매트랩 코드 실행 결과

```
* [예제 8.8] 중앙차분 및 전향 차분을 이용한 열전도 방정식 풀기
 * f(x) = @(x)60
 * 램다 = 0.0036
        t          x = 0       0.1         0.2         0.3
              0   60.0000     60.0000     60.0000     60.0000
        60.0000   20.0000     60.0000     60.0000     20.0000
       120.0000   20.0000     59.8560     59.8560     20.0000
       180.0000   20.0000     59.7125     59.7125     20.0000
       240.0000   20.0000     59.5696     59.5696     20.0000
       300.0000   20.0000     59.4271     59.4271     20.0000
```

 # [ex8_8] 파이썬 코드 실행 결과

```
* [예제 8.8] 중앙차분 및 전향 차분을 이용한 열전도 편미분방정식 풀기
 * 램다 =  0.0036000000000000008

 * t        x = 0.0000    0.1000      0.2000      0.3000

 [[  0.        60.        60.          60.          60.        ]
  [ 60.        20.        60.          60.          20.        ]
  [120.        20.        59.856       59.856       20.        ]
  [180.        20.        59.7125184   59.7125184   20.        ]
  [240.        20.        59.56955333  59.56955333  20.        ]
  [300.        20.        59.42710294  59.42710294  20.        ]]
```

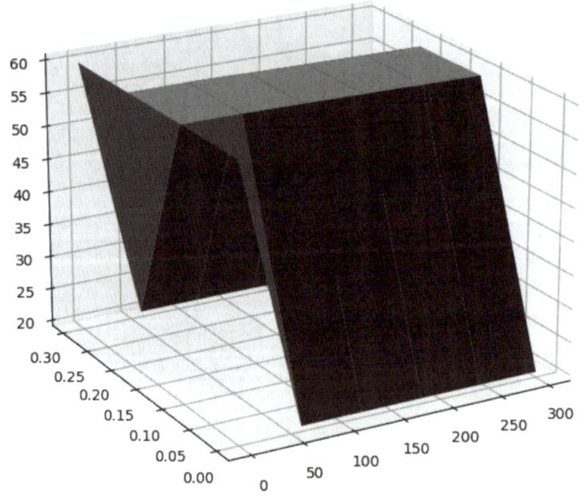

앞에서 살펴본 양해법은 온도 $u_{i,j+1}$이 시간 $t=t_j$에서 공간 x_{i+1}, x_i, x_{i-1}에서의 온도 $u_{i+1,j}, u_{i,j}, u_{i-1,j}$의 조합으로 결정되며 안정적인 해를 구하기 위해서는 $\lambda=\alpha h_t/h_x^2$가 $0<\lambda\le 1/2$ 이어야만 하므로 시간 간격 $h_t = T/m$의 설정에 제한을 주는 단점이 있다.

양해법이 갖는 단점을 극복하고 무조건 안정적이 되는 해를 구하는 방법으로 크랭크-니컬슨(Crank-Nicholson)법이 있다. 이 방법은 $t=t_{j+1}$에서 근사해 $u_{i,j+1}$를 구하기 위하여 편미분 $\frac{\partial^2 u(x,t)}{\partial x^2}$에 대하여 $t=t_{j+1}$와 $t=t_j$에서 계산한 중앙차분의 평균을 사용하여 근사화하고 편미분 $\frac{\partial u(x,t)}{\partial t}$에 대하여는 식(8.35)의 전향 차분 근사식을 사용하여 근사하는 방식이다. 이렇게 얻어진 근사식을 식(8.37)에 대입하여 정리하면 다음 식과 같다.

$$\frac{\alpha}{2}\left[\frac{u_{i+1,j+1}-2u_{i,j+1}+u_{i-1,j+1}}{h_x^2}+\frac{u_{i+1,j}-2u_{i,j}+u_{i-1,j}}{h_x^2}\right]-\frac{u_{i,j+1}-u_{i,j}}{h_t}=0$$

위 식을 $u_{i,j+1}$에 대하여 다시 정리하면 다음과 같다.

$$2(1+\lambda)u_{i,j+1}=\lambda(u_{i+1,j+1}+u_{i-1,j+1})+2(1-\lambda)u_{i,j}+\lambda(u_{i+1,j}+u_{i-1,j}) \quad (8.42.a)$$

여기서 $\lambda=\alpha h_t/h_x^2$ 이다. 식(8.42.a)를 살펴보면 점 (x_i, t_{j+1})에서의 해 $u_{i,j+1}$는 그림 8.14에서와 같이 점 (x_{i+1}, y_{j+1})와 점 (x_{i-1}, y_{j+1})에서의 해 $u_{i+1,j+1}, u_{i-1,j+1}$와 점 (x_{i+1}, y_j), (x_i, y_j)와 점 (x_{i-1}, y_j)에서의 해 $u_{i+1,j}, u_{i,j}, u_{i-1,j}$ 의 조합으로 결정됨을 알 수 있다.

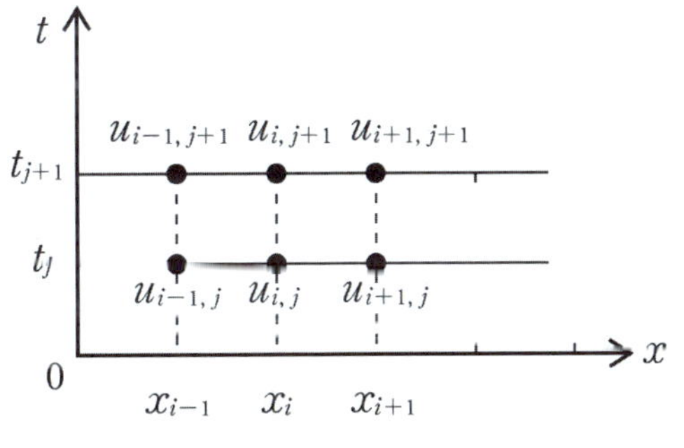

| 그림 8.14 | 크랭크-니컬슨법 해의 구성 개념도

이와 같이 시간 $t=t_{j+1}$에서의 값들은 음해(implicit solution) 형태로 주어지기 때문에 이 방법을 음해법(implicit method)이라 한다. 이러한 크랭크-니컬슨법을 행렬 형태로 나타내면 다음과 같다.

$$A\,U_{j+1}=BU_j,\ j=0,1,2,\cdots \quad (8.42.b)$$

여기서 $U_{j+1} = [u_{1,j+1}, u_{2,j+1}, \cdots, u_{n-1,j+1}]^T$

$$A = \begin{bmatrix} 2(1+\lambda) & -\lambda & 0 & \cdots & 0 \\ -\lambda & 2(1+\lambda) & -\lambda & \cdots & 0 \\ 0 & -\lambda & 2(1+\lambda) & \cdots & 0 \\ \vdots & \vdots & \vdots & & \vdots \\ 0 & 0 & -\lambda & \cdots & 2(1+\lambda) \end{bmatrix}$$

$$B = \begin{bmatrix} 2(1-\lambda) & \lambda & 0 & \cdots & 0 \\ \lambda & 2(1-\lambda) & \lambda & \cdots & 0 \\ 0 & \lambda & 2(1-\lambda) & \cdots & 0 \\ \vdots & \vdots & \vdots & & \vdots \\ 0 & 0 & \lambda & \cdots & 2(1-\lambda) \end{bmatrix}$$

이다. 식(8.42.b)에서 행렬 A는 요소 사이에 $|a_{ii}| > \sum_{\substack{k=1 \\ k \neq i}}^{n-1} |a_{ik}|,\ i = 1, 2, \cdots, n-1$를 만족하는 대각지배적이면서 양의 정부호 행렬(positive definite matrix)이므로 앞의 4장에서 소개한 연립방정식의 해를 구하는 방법으로 해 U_{j+1}를 구할 수 있다.

예제 8.9 **다음 식으로 정의된 도함수의 정의**

아래와 같이 주어지는 열전도 방정식을 이용하여 벽 두께가 $0.3m$이고 열확산 계수 $\alpha = 6 \times 10^{-7} m^2/s$인 벽의 300초 동안 100초 간격으로 벽의 온도 분포를 조사하고자 한다. 단 벽의 양쪽 표면은 초기에 60°C로 일정하다가 갑자기 20°C로 떨어져 유지되고 있다고 가정할 때 $h_x = 0.01m$, $h_t = 100s$ 간격으로 벽의 온도 변화를 크랭크-니컬슨법을 이용하여 구하라.

$$6 \times 10^{-7} \frac{\partial^2 u(x,t)}{\partial x^2} - \frac{\partial u(x,t)}{\partial t} = 0$$

풀이

먼저 주어진 조건과 $\lambda = \alpha h_t / h_x^2$을 이용하여 λ값을 계산하면 $\lambda = 0.6$이 되므로 양해법은 적용할 수 없음을 알 수 있다. 식(8.42.b)의 크랭크-니컬슨법을 적용하여 풀기로 하고 문제에서 주어진 조건을 이용하여 격자점을 만든다. 만들어진 각각의 점에 대하여 주어진 조건들을 식(8.42.b)에 대입하여 구한 해를 나타내면 다음과 같다.

x	$t = 0.0$	100	200	300
x:t =	0	100	200	300
0	60.0000	20.0000	20.0000	20.0000
0.0100	60.0000	48.3240	36.4720	31.5072
0.0200	60.0000	57.7278	52.3577	47.0515
0.0400	60.0000	59.9140	59.4785	58.4796
0.0300	60.0000	59.5578	57.9166	55.2355

0.0500	60.0000	59.9833	59.8759	59.5582
0.0600	60.0000	59.9967	59.9715	59.8797
0.0700	60.0000	59.9994	59.9936	59.9688
0.0800	60.0000	59.9999	59.9986	59.9922
0.0900	60.0000	60.0000	59.9997	59.9981
0.1000	60.0000	60.0000	59.9999	59.9995
0.1100	60.0000	60.0000	60.0000	59.9999
0.1200	60.0000	60.0000	60.0000	60.0000
0.1300	60.0000	60.0000	60.0000	60.0000
0.1400	60.0000	60.0000	60.0000	60.0000
0.1500	60.0000	60.0000	60.0000	60.0000
0.1600	60.0000	60.0000	60.0000	60.0000
0.1700	60.0000	60.0000	60.0000	60.0000
0.1800	60.0000	60.0000	60.0000	60.0000
0.1900	60.0000	60.0000	60.0000	59.9999
0.2000	60.0000	60.0000	59.9999	59.9995
0.2100	60.0000	60.0000	59.9997	59.9981
0.2200	60.0000	59.9999	59.9986	59.9922
0.2300	60.0000	59.9994	59.9936	59.9688
0.2400	60.0000	59.9967	59.9715	59.8797
0.2500	60.0000	59.9833	59.8759	59.5582
0.2600	60.0000	59.9140	59.4785	58.4796
0.2700	60.0000	59.5578	57.9166	55.2355
0.2800	60.0000	57.7278	52.3577	47.0515
0.2900	60.0000	48.3240	36.4720	31.5072
0.3000	60.0000	20.0000	20.0000	20.0000

그림 8.15는 위의 결과를 3차원 그래프로 나타낸 것이다.

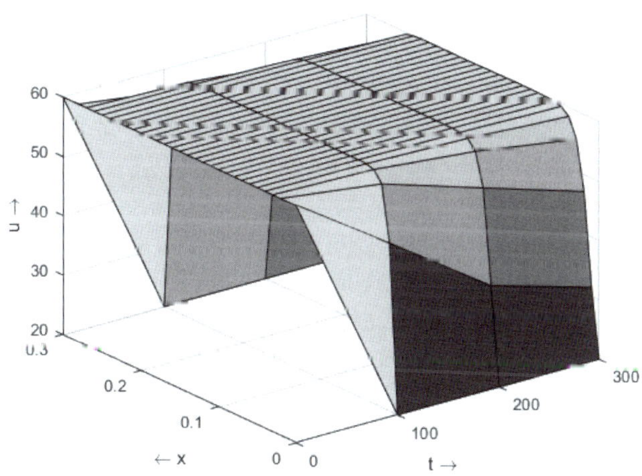

| 그림 8.15 | 크랭크-니컬슨법에 의한 열전도 방정식의 해

이를 매트랩 및 파이썬으로 구하면 [ex8_9] 코드와 같고 실행 결과는 다음과 같다.

% [ex8_9] 매트랩 코드 실행 결과

```
* [예제 8.9] 크랭크-니컬슨법을 이용한 열전도 방정식 풀기
 * f(t,x) = @(x)60
 * 램다 = 0.6
   x:t =  0   100   200   300
          0   60.0000   20.0000   20.0000   20.0000
     0.0100   60.0000   48.3240   36.4720   31.5072
     0.0200   60.0000   57.7278   52.3577   47.0515
     0.0300   60.0000   59.5578   57.9166   55.2355
     0.0400   60.0000   59.9140   59.4785   58.4796
     0.0500   60.0000   59.9833   59.8759   59.5582
     0.0600   60.0000   59.9967   59.9715   59.8797
     0.0700   60.0000   59.9994   59.9936   59.9688
     0.0800   60.0000   59.9999   59.9986   59.9922
     0.0900   60.0000   60.0000   59.9997   59.9981
     0.1000   60.0000   60.0000   59.9999   59.9995
     0.1100   60.0000   60.0000   60.0000   59.9999
     0.1200   60.0000   60.0000   60.0000   60.0000
     0.1300   60.0000   60.0000   60.0000   60.0000
     0.1400   60.0000   60.0000   60.0000   60.0000
     0.1500   60.0000   60.0000   60.0000   60.0000
     0.1600   60.0000   60.0000   60.0000   60.0000
     0.1700   60.0000   60.0000   60.0000   60.0000
     0.1800   60.0000   60.0000   60.0000   60.0000
     0.1900   60.0000   60.0000   60.0000   59.9999
     0.2000   60.0000   60.0000   59.9999   59.9995
     0.2100   60.0000   60.0000   59.9997   59.9981
     0.2200   60.0000   59.9999   59.9986   59.9922
     0.2300   60.0000   59.9994   59.9936   59.9688
     0.2400   60.0000   59.9967   59.9715   59.8797
     0.2500   60.0000   59.9833   59.8759   59.5582
     0.2600   60.0000   59.9140   59.4785   58.4796
     0.2700   60.0000   59.5578   57.9166   55.2355
     0.2800   60.0000   57.7278   52.3577   47.0515
     0.2900   60.0000   48.3240   36.4720   31.5072
     0.3000   60.0000   20.0000   20.0000   20.0000
```

[ex8_9] 파이썬 코드 실행 결과

```
* [예제 8.9] 크랭크-니컬슨법을 이용한 열전도 방정식 풀기
 * 람다 =  0.5999999999999999

 * x       t = 0.0000     100.0000      200.0000      300.0000
 0.0000       60.0000      20.0000       20.0000       20.0000
 0.0100       60.0000      48.3240       36.4720       31.5072
 0.0200       60.0000      57.7278       52.3577       47.0515
 0.0300       60.0000      59.5578       57.9166       55.2355
 0.0400       60.0000      59.9140       59.4785       58.4796
 0.0500       60.0000      59.9833       59.8759       59.5582
 0.0600       60.0000      59.9967       59.9715       59.8797
 0.0700       60.0000      59.9994       59.9936       59.9688
 0.0800       60.0000      59.9999       59.9986       59.9922
 0.0900       60.0000      60.0000       59.9997       59.9981
 0.1000       60.0000      60.0000       59.9999       59.9995
 0.1100       60.0000      60.0000       60.0000       59.9999
 0.1200       60.0000      60.0000       60.0000       60.0000
 0.1300       60.0000      60.0000       60.0000       60.0000
 0.1400       60.0000      60.0000       60.0000       60.0000
 0.1500       60.0000      60.0000       60.0000       60.0000
 0.1600       60.0000      60.0000       60.0000       60.0000
 0.1700       60.0000      60.0000       60.0000       60.0000
 0.1800       60.0000      60.0000       60.0000       60.0000
 0.1900       60.0000      60.0000       60.0000       59.9999
 0.2000       60.0000      60.0000       59.9999       59.9995
 0.2100       60.0000      60.0000       59.9997       59.9981
 0.2200       60.0000      59.9999       59.9986       59.9922
 0.2300       60.0000      59.9994       59.9936       59.9688
 0.2400       60.0000      59.9967       59.9715       59.8797
 0.2500       60.0000      59.9833       59.8759       59.5582
 0.2600       60.0000      59.9140       59.4785       58.4796
 0.2700       60.0000      59.5578       57.9166       55.2355
 0.2800       60.0000      57.7278       52.3577       47.0515
 0.2900       60.0000      48.3240       36.4720       31.5072
 0.3000       60.0000      20.0000       20.0000       20.0000
```

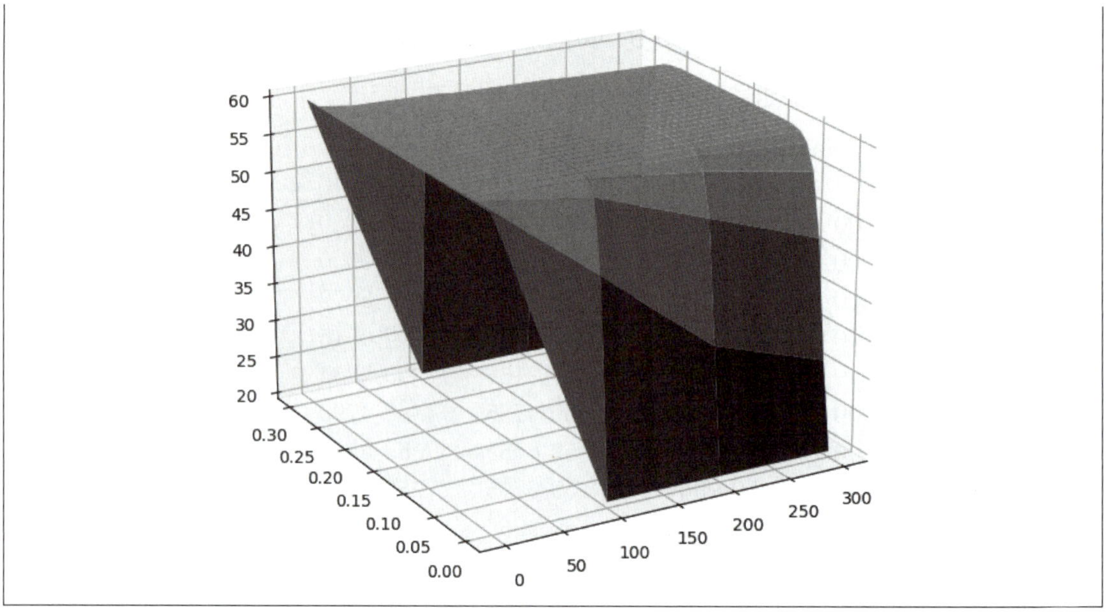

8.3.2 타원형 편미분방정식

타원형 편미분방정식은 식(8.29)에서 $B^2 - 4AC < 0$의 조건을 만족하는 편미분방정식을 말한다. 특히 $A = B = 1$, $C = 0$이고 $f(x,y,u,\frac{\partial u}{\partial x},\frac{\partial u}{\partial y}) = 0$인 경우, 즉 다음 식

$$\frac{\partial^2 u(x,y)}{\partial x^2} + \frac{\partial^2 u(x,y)}{\partial y^2} = 0 \tag{8.43}$$

과 같은 경우를 라플라스(Laplace) 방정식이라 하고 $f(x,y,u,\frac{\partial u}{\partial x},\frac{\partial u}{\partial y}) \neq 0$ 인 경우, 즉 다음 식

$$\frac{\partial^2 u(x,y)}{\partial x^2} + \frac{\partial^2 u(x,y)}{\partial y^2} + f(x,y,u,\frac{\partial u}{\partial x},\frac{\partial u}{\partial y}) = 0 \tag{8.44}$$

과 같은 경우를 포아송(Poisson) 방정식이라 한다. 식(8.43)과 식(8.44)로부터 식(8.43)의 라플라스 방정식은 식(8.44)의 포아송 방정식의 특수한 형태임을 알 수 있다. 여기서는 2차원 라플라스 방정식의 근사해를 구하는 문제에 초점을 맞춰 살펴보기로 한다.

식(8.43)의 라플라스 방정식은 열전도 방정식의 정상 상태처럼 시간에 의존하지 않는 형태이므로 초기 조건은 필요 없게 되고 오로지 경계 조건만 있으면 된다. 이러한 경계 조건으로 주어지는 디리클레 경계 조건(Dirichlet boundary condition)은

$$u(x,c)=f_1(x),\, u(x,d)=f_2(x),\;\; a \le x \le b$$
$$u(a,y)=g_1(y),\, u(b,y)=g_2(y),\;\; c \le y \le d \qquad (8.45)$$

과 같다. 이러한 라플라스 방정식의 근사해를 구하기 위하여 그림 8.16과 같은 격자점을 만든다.

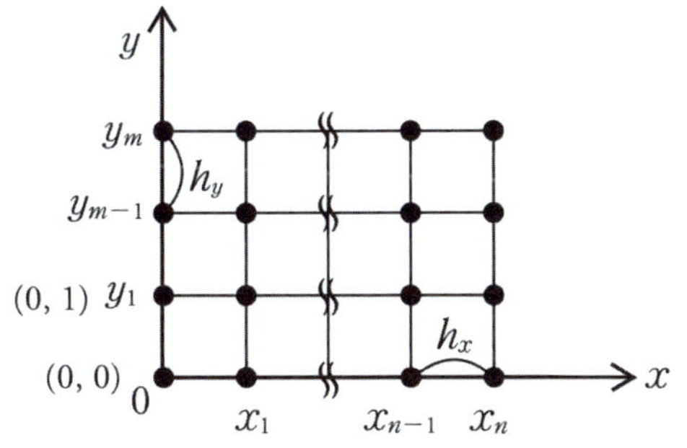

| 그림 8.16 | 영역 R과 격자점

격자점 $(x_i, y_j), i=0,1,\cdots,n\ j=0,1,\cdots,m$ 에서 편미분방정식의 해 $u(x,y)$에 대한 참해를 $u(x_i, y_j)$로 나타내고 근사해를 $u_{i,j}$로 나타낸다. 근사해 $u_{i,j}$를 구하기 위하여 $\dfrac{\partial^2 u(x,y)}{\partial x^2}$와 $\dfrac{\partial^2 u(x,y)}{\partial y^2}$에 대하여 식(8.34)의 중앙차분 근사식을 사용하여 근사화한 후 오차 $O(h_x^2)$ 및 $O(h_y^2)$을 무시하고 대입하면 다음 식과 같다.

$$\frac{u_{i+1,j}-2u_{i,j}+u_{i-1,j}}{h_x^2}+\frac{u_{i+1,j}-2u_{i,j}+u_{i-1,j}}{h_y^2}=0$$

위 식)을 $u_{i,j}$에 대하여 다시 정리하면 다음과 같다.

$$u_{i,j}=\frac{1}{2\left(h_x^2+h_y^2\right)}\left[h_y^2\{u_{i+1,j}+u_{i-1,j}\}+h_x^2\{u_{i,j+1}+u_{i,j-1}\}\right] \qquad (8.46)$$

이다. 여기서 경계 조건은

$$u(x_i,y_0)=f_1(x_i), i=1,\cdots,n-1 \qquad (8.47.a)$$

$$u(x_i,y_m)=f_2(x_i), i=1,\cdots,n-1 \qquad (8.47.b)$$

$$u(x_0,y_j)=g_1(y_j), j=1,\cdots,m-1 \qquad (8.47.c)$$

$$u(x_n,y_j)=g_2(y_j), j=1,\cdots,m-1 \qquad (8.47.d)$$

이다.

식(8.46)을 살펴보면 점 (x_i, y_j)에서의 해 $u_{i,j}$는 그림 8.17에서와 같이 점 (x_i, y_{j+1})에서의 해 $u_{i,j+1}$와 점 (x_{i+1}, y_j)과 (x_{i-1}, y_j)에서의 해 $u_{i+1,j}$, $u_{i-1,j}$ 그리고 점 (x_i, y_{j-1})에서의 해 $u_{i,j-1}$의 조합으로 결정됨을 알 수 있다.

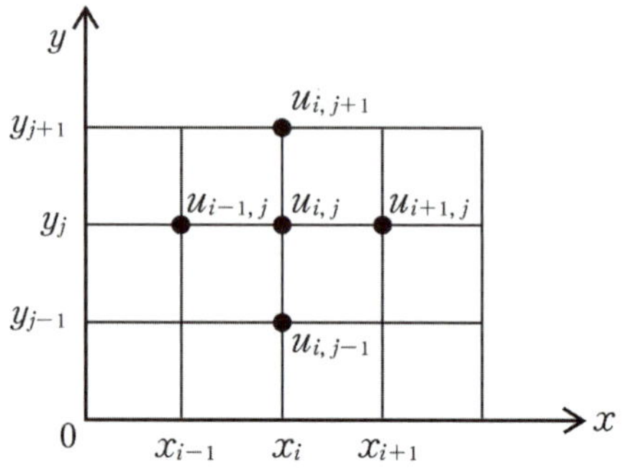

| 그림 8.17 | 라플라스 방정식 해의 구성 개념도

예제 8.10

다음 그림 8.17과 같이 크기가 $1m \times 2m$인 사각형 단면의 온도 분포는 좌측이 22℃, 우측이 20℃, 아래가 18℃, 위가 24℃이다. 라플라스 방정식을 이용하여 점(1,1), 점(1,2) 및 점(1,3)의 온도를 구하라. 단, $h_x = h_y = 0.5$임.

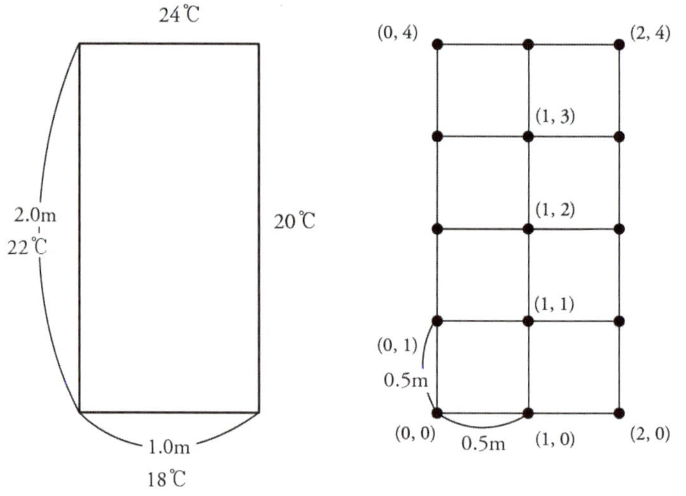

| 그림 8.17 | 영역의 온도 분포 및 격자점

풀이 식(8.46)과 경계 조건을 이용하여 점(1,1), 점(1,2) 및 점(1,3)에 대하여 라플라스 방정식을 세우면 아래와 같은 세 개의 방정식

$$u(x_1,y_1)=\frac{1}{2(0.5^2+0.5^2)}\left[0.5^2\{u_{2,1}+u_{0,1}\}+0.5^2\{u_{1,2}+u_{1,0}\}\right]$$

$$=0.25\left[u_{2,1}+u_{0,1}+u_{1,2}+u_{1,0}\right]$$

$$u(x_1,y_2)=\frac{1}{2(0.5^2+0.5^2)}\left[0.5^2\{u_{2,2}+u_{0,2}\}+0.5^2\{u_{1,3}+u_{1,1}\}\right]$$

$$=0.25\left[u_{2,2}+u_{0,2}+u_{1,3}+u_{1,1}\right]$$

$$u(x_1,y_3)=\frac{1}{2(0.5^2+0.5^2)}\left[0.5^2\{u_{2,3}+u_{0,3}\}+0.5^2\{u_{1,4}+u_{1,2}\}\right]$$

$$=0.25\left[u_{2,3}+u_{0,3}+u_{1,4}+u_{1,2}\right]$$

을 얻을 수 있다. 이 세 방정식의 해를 반복법을 이용하여 구하면

$$u_{1,1}=20.25,\ u_{1,2}=21,\ u_{1,3}=21.75$$

를 얻는다. 전체 점들에 대한 온도 분포는 아래와 같다.

(0,4)	24.0000	24.0000	24.0000
(0,3)	22.0000	21.7500	20.0000
(0,2)	22.0000	21.0000	20.0000
(0,1)	22.0000	20.2500	20.0000
(0,0)	18.0000	18.0000	18.0000
(x,y)	(0,0)	(1,0)	(2,0)

그림 8.18은 위의 데이터를 그린 3차원 그래프이다.

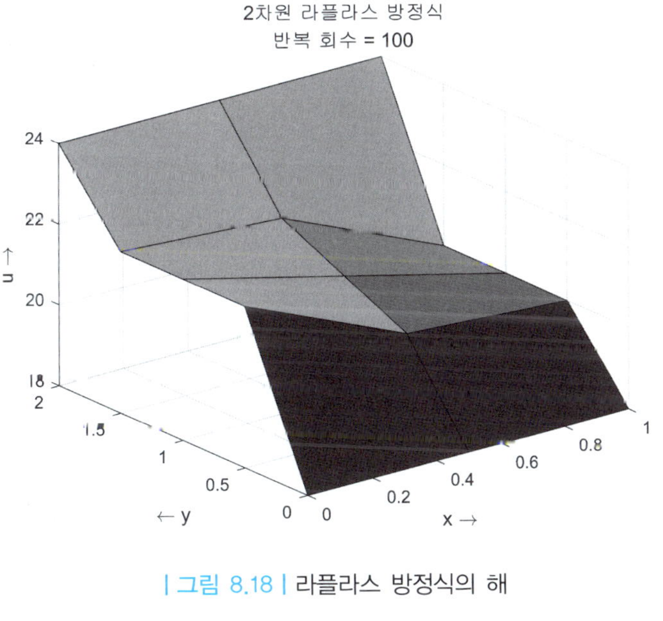

| 그림 8.18 | 라플라스 방정식의 해

이를 구하는 매트랩 및 파이썬 코드는 [ex8_10] 코드와 같고 파이썬 코드 실행 결과는 다음과 같다.

 # [ex8_10] 파이썬 코드 실행 결과

* [예제 8.10] 유한차분법을 이용한 2-D 라플라스 방정식 풀기

```
p = [[18.   18.   18.  ]
 [22.   20.25 20.  ]
 [22.   21.   20.  ]
 [22.   21.75 20.  ]
 [24.   24.   24.  ]]
```

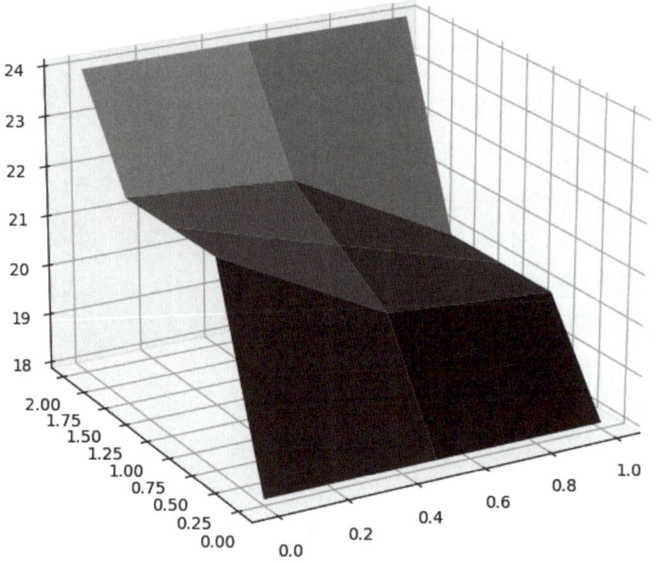

8.3.3 쌍곡선형 편미분방정식

쌍곡선형 편미분방정식은 식(8.29)에서 $B^2-4AC>0$의 조건을 만족하는 편미분방정식을 말하는 것으로 현의 진동이나 파동 역학 등에서 자주 나타난다. 특히 1차원 파동 방정식은 독립변수에 대하여 공간 변수를 x라 가정하고 시간 변수를 t라 할 때 식(8.48)과 같은 형태

$$\alpha^2\frac{\partial^2 u(x,t)}{\partial x^2}-\frac{\partial^2 u(x,t)}{\partial t^2}=0,\ \ 0<x<L,\ t>0 \tag{8.48}$$

를 갖는다. 여기서 $u(x,t)$는 그림 8.19에 보인 것처럼 공간 $x=0$와 $x=L$ 사이에서 진동하는 현의 수직 변위를 나타낸다. 이때 현은 특성은 균일하고 완전히 유연하며 현의 평형 위치는 x 축과 같은 방향인 수평이라고 가정한다. 그리고 현의 수평 변위는 수직 변위에 비하여 매우 작고 또한 수직 변

위도 길이 L에 비하여 매우 작다고 가정한다. 경계 조건은

$$u(0,t) = 0,\ u(L,t) = 0,\ t > 0 \tag{8.49}$$

이고 $u(x,t)$의 초기값과 미분값으로 주어진 초기 조건은

$$u(x,0) = f(x),\ 0 \le x \le L \tag{8.50}$$

$$\frac{du(x,0)}{dt} = u_t(x,0) = g(x),\ 0 \le x \le L$$

이므로 식(8.48)을 만족하는 해는 공간에 대한 경계 조건인 식(8.49)와 시간에 대한 초기 조건인 식(8.50)이 주어지면 구할 수 있다.

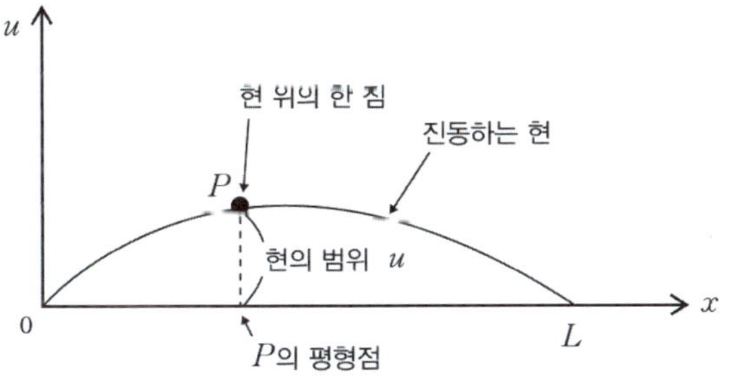

| 그림 8.19 | 진동하는 현

식(8.48)로 주어지는 쌍곡선형 편미분방정식의 근사해를 구하기 위하여 격자점 $(x_i, t_j), i = 0,1, \cdots, n\ j = 0,1,\cdots,m$에서 편미분방정식의 해 $u(x,t)$에 대한 참해를 $u(x_i, t_j)$로 나타내고 근사해를 $u_{i,j}$로 나타낸다. 근사해 $u_{i,j}$를 구하기 위하여 $\dfrac{\partial^2 u(x,t)}{\partial x^2}$와 $\dfrac{\partial^2 u(x,t)}{\partial t^2}$를 식(8.34)의 중앙차분 근사식을 사용하여 근사화한 후 오차 $O(h_x^2)$ 및 $O(h_t^2)$를 무시하고 대입하면 식(8.51)과 같다.

$$\alpha^2 \frac{u_{i+1,j} - 2u_{i,j} + u_{i-1,j}}{h_x^2} - \frac{u_{i,j+1} - 2u_{i,j} + u_{i,j-1}}{h_t^2} = 0 \tag{8.51}$$

식(8.51)을 $u_{i,j+1}$에 대하여 다시 정리하면 다음과 같다.

$$u_{i,j+1} = 2(1-\lambda^2)u_{i,j} + \lambda^2[u_{i+1,j} + u_{i-1,j}] - u_{i,j-1} \tag{8.52}$$

여기서 $\lambda = \alpha h_t / h_x$이다. 양해적 형태(explicit form)로 주어진 식(8.52)의 해를 안정적으로 구하기 위해서는 $0 < \lambda \le 1$를 만족해야 한다고 알려져 있다[참고 문헌 5, 12].

식(8.52)를 살펴보면 점(x_i, t_{j+1})에서의 해 $u_{i,j+1}$는 그림 8.20에서와 같이 점(x_{i+1}, y_j), (x_i, y_j)와 점(x_{i-1}, y_j)에서의 해 $u_{i+1,j}, u_{i,j}, u_{i-1,j}$와 점$(x_i, y_{j-1})$에서의 해 $u_{i,j-1}$의 조합으로 결정됨을 알 수 있다.

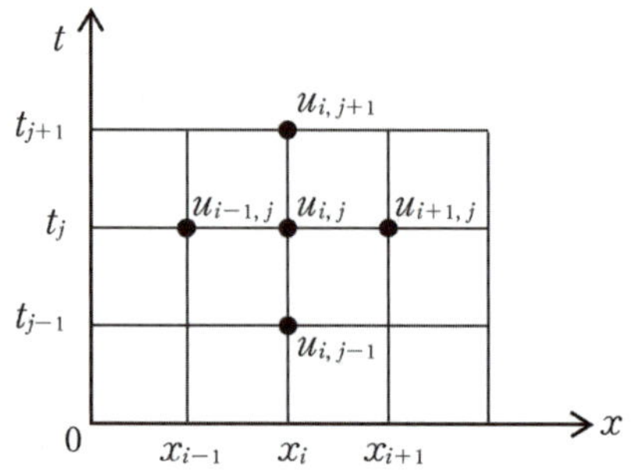

| 그림 8.20 | 쌍곡선형 방정식 해의 구성 개념도

$u_{i,j-1}$ 값을 구하기 위하여 식(8.50)의 두 번째 초기 조건을 전향 차분 근사화한

$$u_t(x_i, 0) = \frac{u(x_i, t_1) - u(x_i, 0)}{h_t} + O(h_t) \tag{8.53}$$

를 이용하여 $u_{i,1}$을 구해도 되지만 보다 나은 근사값을 구하기 위하여 $u(x,t)$의 점 $(x_i, 0)$에 대한 테일러 전개

$$u(x_i, h_t) = u(x_i, 0) + h_t u_t(x_i, 0) + \frac{h_t^2}{2} u_{tt}(x_i, 0) + O(h_t^3) \tag{8.54}$$

를 이용하여 보다 정확한 근사값을 구할 수 있다. 식(8.50)의 초기 조건에 주어진 함수 $f(x)$의 2계 도함수 $f''(x)$가 존재한다고 가정하면 식(8.48)과 식(8.50)으로부터

$$u_{tt}(x_i, 0) = \alpha^2 u_{xx}(x_i, 0) = \alpha^2 f''(x_i) \tag{8.55}$$

를 얻는다. 식(8.55)를 식(8.54)에 대입하고 초기 조건 $u(x_i, 0) = f(x_i)$, $u_t(x_i, 0) = g(x_i)$를 이용하여 정리하면

$$u(x_i, h_t) = f(x_i) + h_t g(x_i) + \frac{h_t^2}{2} \alpha^2 f''(x_i) + O(h_t^3) \tag{8.56}$$

를 얻는다. 식(8.56)의 $f''(x_i)$를 중앙차분 형식으로 근사화하여 식(8.56)에 대입한 후 오차를 무시하고 정리하면

$$u(x_i,t_1) = f(x_i) + h_t g(x_i) + \frac{\alpha^2 h_t^2}{2h_x^2}\left[f(x_{i+1}) - 2f(x_i) + f(x_{i-1})\right] \tag{8.57}$$

가 되고, $\lambda = \alpha h_t / h_x$라 두고 다시 정리하면

$$u_{i,1} = (1-\lambda^2)f(x_i) + h_t g(x_i) + \frac{\lambda^2}{2}\left[f(x_{i+1}) + f(x_{i-1})\right], i = 1, \cdots, n-1 \tag{8.58}$$

를 얻을 수 있으므로 식(8.52)와 초기 조건 및 식(8.58)로부터 모든 $u_{i,j+1}$를 구할 수 있다.

예제 8.11

다음 파동방정식의 해를 시간 $0 < t \leq 0.4$에 대하여 구하라.

$$25\frac{\partial^2 u(x,t)}{\partial x^2} - \frac{\partial^2 u(x,t)}{\partial t^2} = 0,\ \ 0 < x < 1,\ t > 0$$

단, 경계 조건은

$$u(0,t) = 0,\ u(1,t) = 0,\ t > 0$$

이고 초기 조건은

$$u(x,0) = \sin(\pi x),\ 0 \leq x \leq 1$$

$$\frac{du(x,0)}{dt} = u_t(x,0) = 0,\ 0 \leq x \leq 1$$

이다.

풀이

$\lambda = \alpha h_t / h_x = 1$이 되도록 하면 문제로부터 $\alpha = 5$이므로 $h_x = 0.2$라 가정하면 $h_t = 0.04$가 된다. 따라서 식(8.52)는

$$\begin{aligned} u_{i,j+1} &= 2(1-\lambda^2)u_{i,j} + \lambda^2\left[u_{i+1,j} + u_{i-1,j}\right] - u_{i,j-1} \\ &= u_{i+1,j} + u_{i-1,j} - u_{i,j-1} \end{aligned} \tag{8.59}$$

로 간략화된다.

경계 조건으로부터

$$u_{0,j} = 0, u_{5,j} = 0,\ j = 1, \cdots, 10$$

이고 초기 조건으로부터

$$u_{i,0} = \sin(0.2\pi i),\ i = 1,\cdots,5$$

이며 식(8.58)로부터

$$\begin{aligned} u_{i,1} &= (1-\lambda^2)f(x_i) + h_t g(x_i) + \frac{\lambda^2}{2}[f(x_{i+1}) + f(x_{i-1})], i = 1,\cdots,4 \\ &= 0.05g(0.2i) + \frac{1}{2}[\sin(0.2\pi(i+1)) + \sin(0.2\pi(i-1))], i = 1,\cdots,4 \end{aligned}$$

가 된다. 따라서

$$u_{1,1} = 0.475528$$
$$u_{2,1} = 0.769421$$
$$u_{3,1} = 0.769421$$
$$u_{4,1} = 0.475528$$

를 얻을 수 있다. 이 결과를 식(8.59)에 대입하여 해를 구하면 다음과 같다.

t	x = 0.00	0.20	0.40	0.60	0.80	1.00
0.00	0.0000	0.5878	0.9511	0.9511	0.5878	0.0000
0.04	0.0000	0.4755	0.7694	0.7694	0.4755	0.0000
0.08	0.0000	0.1816	0.2939	0.2939	0.1816	0.0000
0.12	0.0000	−0.1816	−0.2939	−0.2939	−0.1816	0.0000
0.16	0.0000	−0.4755	−0.7694	−0.7694	−0.4755	0.0000
0.20	0.0000	−0.5878	−0.9511	−0.9511	−0.5878	0.0000
0.24	0.0000	−0.4755	−0.7694	−0.7694	−0.4755	0.0000
0.28	0.0000	−0.1816	−0.2939	−0.2939	−0.1816	0.0000
0.32	0.0000	0.1816	0.2939	0.2939	0.1816	0.0000
0.36	0.0000	0.4755	0.7694	0.7694	0.4755	0.0000
0.40	0.0000	0.5878	0.9511	0.9511	0.5878	0.0000

그림 8.21은 위의 데이터를 그린 3차원 그래프이다.

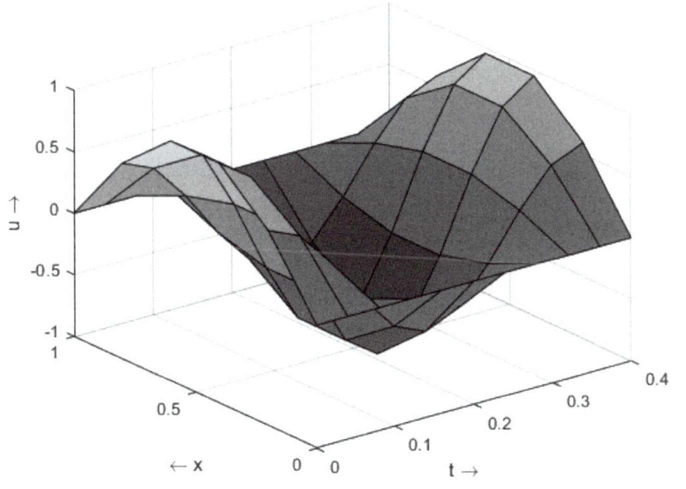

| 그림 5.6 | 쌍곡선형 편미분방정식의 해

이를 구하는 매트랩 및 파이썬 코드는 [ex8_11] 코드와 같고 실행 결과는 다음과 같다.

% [ex8_11] 매트랩 코드 실행 결과

* [예제 8.11] 쌍곡선형 편미분 방정식 풀기

* f(x) = @(x)sin(pi*x)

* g(x) = @(x)0

t	x = 0	0.2	0.4	0.6	0.8	1
0	0	0.5878	0.9511	0.9511	0.5878	0.0000
0.0400	0	0.4755	0.7694	0.7694	0.4755	0
0.0800	0	0.1816	0.2939	0.2939	0.1816	0
0.1200	0	−0.1816	−0.2939	−0.2939	−0.1816	0
0.1600	0	−0.4755	−0.7694	−0.7694	−0.4755	0
0.2000	0	−0.5878	−0.9511	0.9511	−0.5878	0
0.2400	0	−0.4755	−0.7694	−0.7694	−0.4755	0
0.2800	0	−0.1816	−0.2939	−0.2939	−0.1816	0
0.3200	0	0.1816	0.2939	0.2939	0.1816	0
0.3600	0	0.4755	0.7694	0.7694	0.4755	0
0.4000	0	0.5878	0.9511	0.9511	0.5878	0

[ex8_11] 파이썬 코드 실행 결과

* [예제 8.11] 쌍곡선형 편미분방정식 풀기

* 람다 = 1.0

* t x =	0.0000	0.2000	0.4000	0.6000	0.8000	1.0000
0.0000	0.0000	0.5878	0.9511	0.9511	0.5878	0.0000
0.0400	0.0000	0.4755	0.7694	0.7694	0.4755	0.0000
0.0800	0.0000	0.1816	0.2939	0.2939	0.1816	0.0000
0.1200	0.0000	−0.1816	−0.2939	−0.2939	−0.1816	0.0000
0.1600	0.0000	−0.4755	−0.7694	−0.7694	−0.4755	0.0000
0.2000	0.0000	−0.5878	−0.9511	−0.9511	−0.5878	0.0000
0.2400	0.0000	−0.4755	−0.7694	−0.7694	−0.4755	0.0000
0.2800	0.0000	−0.1816	−0.2939	−0.2939	−0.1816	0.0000
0.3200	0.0000	0.1816	0.2939	0.2939	0.1816	0.0000
0.3600	0.0000	0.4755	0.7694	0.7694	0.4755	0.0000
0.4000	0.0000	0.5878	0.9511	0.9511	0.5878	0.0000

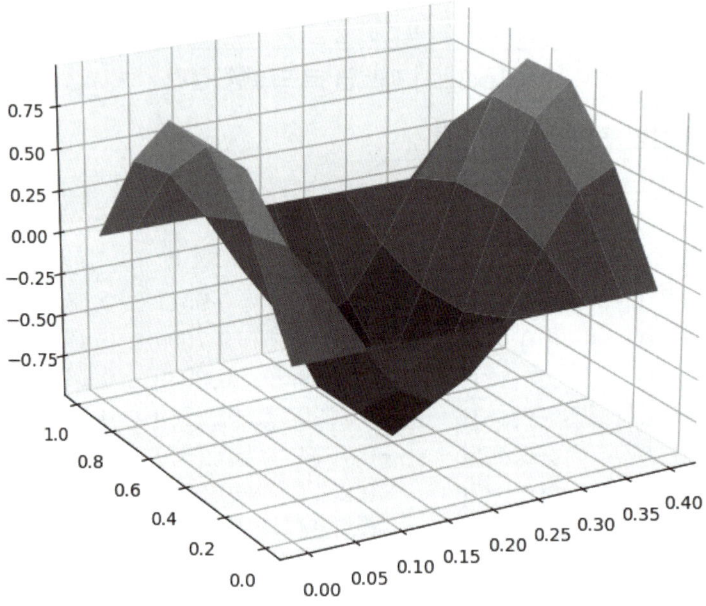

연습문제

상미분방정식

8.1 미분방정식 $\dfrac{dy}{dt} = 3y + 8$의 해를 구간 $0 \le t \le 1$과 초기값 $y(0) = y_0 = 0$에 대하여 $h = 0.1$일 때 오일러법을 사용하여 구하라.

8.2 미분방정식 $\dfrac{dx}{dt} = -t + e^x$의 해를 구간 $0 \le t \le 1$과 초기값 $x(0) = x_0 = 0$에 대하여 $h = 0.1$일 때 훈법을 사용하여 구하라.

8.3 미분방정식 $\dfrac{dy}{dt} = 5y + 5t + 5$의 해를 구간 $0 \le t \le 1$과 초기값 $y(0) = y_0 = 0$에 대하여 $h = 0.1$일 때 훈의 중점법을 사용하여 구하라.

8.4 미분방정식 $\dfrac{dy}{dx} = 10e^{0.9x} - 3y$의 해를 구간 $0 \le x \le 1$에 대하여 구하라. 단, $y(0) = y_0 = 0$, $h = 1/2$임.

(1) 오일러법

(2) 훈법

(3) 훈의 중점법

8.5 미분방정식 $C\dfrac{dv(t)}{dt} + Gv(t) = 1$, 여기서 $C = 3.3 \times 10^{-4}$ 그리고 $G = \dfrac{1}{4.7 \times 10^3}$의 해를 구간 $0 \le x \le 1$에 대하여 구하라. 단, $v(0) = v_0 = 0$, $h = 1/4$임.

(1) 오일러법

(2) 훈법

(3) 훈의 중점법

8.6 미분방정식 $\frac{dv(t)}{dt}+v(t)^2=0$의 해를 구간 $0 \le x \le 1$에 대하여 구하라.

단, $v(0)=v_0=1$, $h=1/8$임.

(1) 오일러법

(2) 훈법

(3) 훈의 중점법

8.7 미분방정식 $\frac{dv(t)}{dt}+(1+0.5\cos t)v(t)=0$의 해를 구간 $0 \le x \le 1$에 대하여 구하고 그 결과를 비교하라. 단 $v(0)=v_0=1$, $h=1/2$임.

(1) 훈법

(2) 훈의 중점법

8.8 미분방정식 $\frac{dx(t)}{dt}=2x(t)$, $x(0)=0$에 대하여 $h=0.1$일 때 2차 테일러급수 법을 사용하여 해 $x(1)\approx x_1$를 구하라.

8.9 미분방정식 $y'=f(t,y)=2t^2-3y$, $y(0)=0$에 대하여 $h=0.5$일 때 2차 테일러급수 법을 사용하여 해 $y(1)\approx y_1$을 구하라.

8.10 미분방정식 $\frac{dy}{dx}=e^x+\cos y-3$, $y(0)=0$에 대하여 $h=0.5$일 때 2차 테일러급수 법을 사용하여 해 $y(1)\approx y_1$를 구하라.

8.11 미분방정식 $x'=10e^{2.5t}-5x$, $x(0)=0$에 대하여 $h=0.5$일 때 2차 테일러급수 법을 사용하여 해 $y(1)\approx y_1$를 구하라.

8.12 미분방정식 $\frac{dy}{dt}=t+y+1$의 해를 $y(0)=1$에 대하여 $h=0.2$일 때 2차 테일러급수 법을 사용하여 구하라.

8.13 미분방정식 $y'=e^{1.2t}-4y$, $y(0)=0$에 대하여 $h=0.5$일 때 4차 룽게–쿠타법을 사용하여 해 $y(1)\approx y_1$를 구하라.

8.14 미분방정식 $\frac{dy}{dx} = e^x + \cos y - 3$, $y(0) = 0$에 대하여 $h = 0.5$일 때 4차 룽게-쿠타법을 사용하여 해 $y(1) \approx y_1$를 구하고 문제 8.10의 결과와 비교하라.

8.15 미분방정식 $y' = -3e^{2t} + 4y$, $y(0) = 0$에 대하여 $h = 0.5$일 때 4차 룽게-쿠타법을 사용하여 해 $y(1) \approx y_1$를 구하라.

8.16 미분방정식 $x' = 2^t - 3x$, $x(0) = 0$에 대하여 $h = 0.5$일 때 4차 룽게-쿠타법을 사용하여 해 $x(1) \approx x_1$를 구하라.

8.17 다음 초기값 문제를 4차 룽게-쿠타법으로 $y(1)$의 근사해를 구하라.

$$\frac{dy}{dt} = t + y, \quad 0 \le t \le 1, y(0) = -1$$

8.18 다음 초기값 문제를 3 단계 애덤스-배쉬포드 법과 애덤스-몰튼 법으로 근사해$y(2)$를 구하라.

$$\frac{dy}{dt} = t - y, \quad 0 \le t \le 1, y(0) = 0$$

연립 미분방정식

8.19 다음 미분방정식을 1차 연립 미분방정식 형태로 나타내라.

(1) $\frac{d^2y}{dt^2} - 2\frac{dy}{dt} - 3y = 0$

(2) $\frac{d^2x}{dt^2} + 2\frac{dx}{dt} - x + 1 = 0$

(3) $\frac{d^2x}{dt^2} = -\frac{dx}{dt} + t\cos(-2x)$

8.20 다음 초기값 문제를 4차 룽게-쿠타법으로 근사해 $x(2), y(2)$를 구하라. 단 $h=1$임.
단, $x(0)=0$, $y(0)=0$임.

(1) $\dfrac{dx}{dt}=5x+10y+1$

(2) $\dfrac{dy}{dt}=8x-4y+3$

8.21 다음 초기값 문제를 4차 룽게-쿠타법으로 근사해 $x_1(2), x_2(2)$를 구하라. 단 $h=1$임.
단, $x_1(0)=0$, $x_2(0)=0$ 임.

$$\begin{cases} \dfrac{dx_1}{dt} = 6x_1 - t + 2 \\ \dfrac{dx_2}{dt} = 2x_1 + 4x_2 - 1 \end{cases}$$

8.22 다음 미분방정식 $\dfrac{d^2x}{dt^2}+2\dfrac{dx}{dt}+3x+4=0$에 대하여 $x_1=x$, $x_1{}'=x_2$라 두어 연립미분방정식 형태로 변환한 후 4차 룽게-쿠타법으로 근사해 $x_1(2), x_2(2)$를 구하라.
단, $h=1$, $x_1(0)=0$, $x_2(0)=0$임.

편미분방정식

8.23 다음과 같은 열전도 방정식의 해를 양해법을 이용하여 구하라. 단, 간격은 $h_x=0.1$, $h_t=0.1$이고 초기 조건 및 경계 조건은 다음과 같다.

$$\frac{\partial^2 u(x,t)}{\partial x^2}-\frac{\partial u(x,t)}{\partial t}=0,\ 0\le x\le 1,\ 0\le t\le 1$$

$u(x,0)=\sin(2\pi x)$, $0\le x\le 1$ 그리고 $u(0,t)=u(1,t)=0$, $t>0$ 이다.

8.24 다음과 같은 열전도 방정식의 해를 양해법 알고리즘을 이용하여 구하려 할 때 양해법이 적용 가능한 h_t값의 범위를 구하라. 단, 간격은 $h_x=0.1$이고 초기 조건 및 경계 조건은 다음과 같다.

$$\frac{\partial^2 u(x,t)}{\partial x^2}-\frac{\partial u(x,t)}{\partial t}=0,\ 0\le x\le 1,\ 0\le t\le 1$$

$u(x,0)=\sin(2\pi x)$, $0\le x\le 1$ 그리고 $u(0,t)=u(1,t)=0$, $t>0$이다.

8.25 다음 그림과 같이 크기가 $5m \times 3m$인 사각형 단면의 온도 분포는 우측이 100℃, 좌측 및 위아래가 20℃이다. 라플라스 방정식을 이용하여 내부 점에서의 온도를 구하라. 단, $h_x = h_y = 0.5$임.

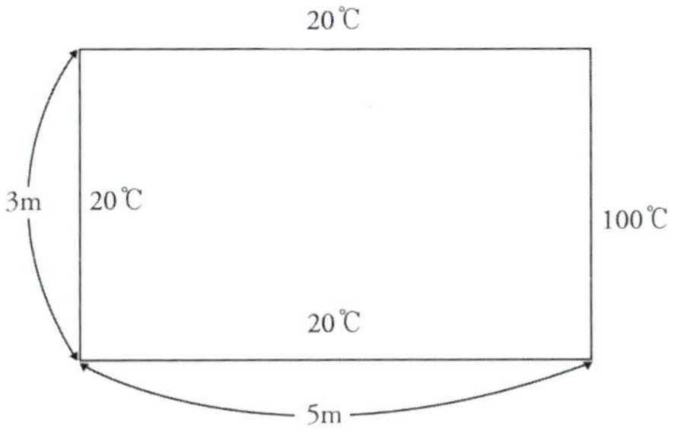

8.26 다음 파동 방정식의 해를 시간 $0 < t \leq 0.5$에 대하여 구하라.

$$4\frac{\partial^2 u(x,t)}{\partial x^2} - \frac{\partial^2 u(x,t)}{\partial t^2} = 0, \quad 0 < x < 2, \ t > 0$$

단, 경계 조건은

$u(0,t) = 0, \ u(1,t) = 0, \ t > 0$

이고 초기 조건은

$u(x,0) = \sin(2\pi x), \ 0 \leq x \leq 1$

$\dfrac{du(x,0)}{dt} = u_t(x,0) = 0, \ 0 \leq x \leq 1$

이다. 단, $\lambda = \alpha h_t / h_x = 1$이 되도록 $\alpha = 2$이므로 $h_x = 0.2$라 가정하여 h_t를 설정하라.

부록

부록 A. 매트랩 내장 함수 및 연산자

부록 B. 미분과 적분

A 매트랩 내장 함수 및 연산자

여기서는 매트랩을 활용에 있어서 자주 사용하는 명령어들을 주요 기능을 중심으로 정리하였으며 각 명령어에 대한 자세한 사항은 매트랩 윈도우 창에 '>> help 명령어'와 같은 양식으로 입력하면 상세한 설명을 볼 수 있다.

행렬

명령어	기능
'	전치 행렬 구하기
inv	역행렬 구하기
det	행렬식 구하기
ones	일(one) 행렬 구하기
zeros	영(zero) 행렬 구하기
eye	단위 행렬 구하기
eig	고유값과 고유벡터 구하기
rand	균일 분포 난수 행렬 구하기
randn	정규 분포 난수 행렬 구하기
diag	대각선 행렬 구하기
trace	행렬의 대각선 성분 합 구하기
norm	행렬과 백터의 놈(norm) 구하기
lu	삼각 행렬로 분해하기
qr	직교 행렬로 분해하기
pascal	파스칼 행렬
pinv	행렬의 Moore-Penrose pseudoinverse 구하기
rank	행렬의 계수(rank) 구하기
vander	반데르몽 행렬
magic	1~n^2의 수로 구성된 매직 행렬 구하기
length	행렬 A의 가장 큰 차원을 리턴한다
size	행렬 A의 크기 m과 n을 리턴한다
rot90	행렬 A를 반시계 방향으로 90도 회전시킨다
reshape	행렬 A를 m x n 행렬로 변환시킨다

연산

명령어	기능
+	더하기
−	빼기
*	곱하기
/	좌측 나누기
₩	우측 나누기
^	지수승
.*	요소별 곱하기
./	요소별 좌측 나누기
.₩	요소별 우측 나누기
.^	요소별 지수승
〈	작다
〈=	작거나 같다
〉	크다
〉=	크거나 같다
==	같다
~=	같지 않다
&	논리곱(AND)
|	논리합(OR)
~	부정(NOT)
xor	배타적 논리합(XOR)

제어 흐름

명령어	기능
if	조건을 만족하면 지정된 명령 실행
elseif	가지 조건문으로 조건을 만족하면 지정된 명령 실행
else	기타 조건을 만족하면 지정된 명령 실행
end	if, for, while 문의 끝을 지정
for	지정된 횟수만큼 반복
while	조건 만족시 무한 반복

명령어	기능
switch	경우에 따라 그 곳 명령 실행
case	switch의 경우를 나타냄
break	for, while 반복을 벗어나게 함
continue	for, while 반복을 계속 실행하게 함
return	함수로부터 돌아옴
pause	키 입력을 기다림

입출력

명령어	기능
input	사용자의 데이터 입력 요구
fprintf	데이터 출력
disp	텍스트나 배열을 변수 이름을 쓰지 않고 내용만을 표시
load	파일로부터 작업 공간 변수로 데이터 받기
save	작업 공간의 변수 값들을 파일로 저장하기
format	데이터 형식 지정하기
sprintf	데이터를 스트링으로 포맷

문자와 문자열

명령어	기능
num2str	숫자를 문자열로 변환
int2str	정수를 문자열로 변환
upper	대문자로 만들기
lower	소문자로 만들기
strrep	특정 문자 찾아 바꾸기
strcmp	두 문자열을 비교

수학

명령어	기능
pi	π 값
i, j	허수 나타내는 기호 $\sqrt{-1}$
abs	절대값
sqrt	제곱근
exp	지수 e
sin	삼각함수
cos	삼각함수
tan	삼각함수
log	자연 로그
log10	밑이 10인 로그
conj	켤레 복소수
real	실수부
imag	허수부
rem	나머지
round	반올림
fix	소수 아래 버림으로 정수 만들기
angle	각 구하기
sign	부호 찾기
floor	음의 무한대를 향하여 정수로 만들기
ceil	양의 무한대를 향하여 정수로 만들기

다항식, 방정식, 보간, 미분과 적분

명령어	기능
roots	다항식의 근 구하기
fzero	단일 변수 방정식의 해 구하기
fsolve	최소 제곱법에 의한 연립방정식 해 구하기
feval	함수 다루기
poly	행렬에 대한 특성다항식 구하기
polyval	특정 변수값에 대한 함수값 구하기

명령어	기능
polyfit	곡선 접합
spline	삼차 스플라인 함수
interp1	1차원 보간
ode23	2차, 3차 룽게-쿠타법으로 미분방정식 풀기
ode45	4차, 5차 룽게-쿠타법으로 미분방정식 풀기
residue	부분 분수화
diff	미분값 구하기
int	적분값 구하기
trapz	사다리꼴 방식으로 적분값 구하기
quad	가우스 구적법으로 적분값 구하기

데이터 분석

명령어	기능
sum	합 구하기
min	최소값 구하기
max	최대값 구하기
mean	평균값 구하기
std	표준편차 값 구하기
var	분산 구하기
sort	크기 순서로 정렬하기
prod	곱 구하기
median	중간값 구하기
cumsum	누적 합 구하기
sumprod	누적 곱 구하기

그래프

명령어	기능
plot	2차원 선 그래프
bar	2차원 막대 그래프
histogram	2차원 히스토그램 그래프
pie	2차원 파이 그래프
stairs	2차원 계단 그래프
stem	2차원 줄기 그래프
contour	2차원 윤곽선 그래프
polar	극좌표 그래프
loglog	로그 그래프
semilogx	x축 로그 그래프
semilogy	y축 로그 그래프
hold	새 그림 그리기 위해 그림 창을 잠시 유지하기
legend	그림에 설명 넣기
title	그림에 제목 넣기
xlabel	x축 이름 넣기
ylabel	y축 이름 넣기
linspace	그래프의 시작과 끝 사이 분할을 지정
axis	축 범위 지정
legend	범례 표시
grid	격자선 넣기
subplot	타일 그래프
figure	그림 창 생성
text	텍스트 넣기
gtext	마우스 사용하여 그림에 텍스트 넣기
line	선 생성
clf	현재 그림 삭제
cla	현재 축 삭제
plot3	3차원 선 그래프
bar3	3차원 막대 그래프
pie3	3차원 파이 그래프

명령어	기능
mesh	3차원 면 그래프
contour3	3차원 윤곽선 그래프
histogram2	2변수 히스토그램 그래프
meshgrid	2,3 차원 공간에 그리드 넣기
surf	3차원 그림자 진 그래프
colormap	3차원 그래프에 색상 넣기
view	관찰점 지정
meshc	윤곽선 그리기가 포함된 3-차원 면 그래프 그리기
surfc	윤곽선 그리기가 포함된 3-차원 그림자 진 면 그래프

기타

명령어	기능
help	명령창에서 명령어에 대한 노움말 제공
function	함수를 선언 함
lookfor	help 로 볼 수 있는 모든 명령어 찾음
what	폴더에 있는 매트랩 파일 목록 제공
which	명령어가 매트랩 함수의 위치를 알려줌
who	작업 공간에 있는 변수들을 나타냄
computer	매트랩이 실행되는 컴퓨터에 관한 정보 제공
global	전역 변수로 선언함
clear	작업 공간에서 아이템을 지움
clc	명령창을 깨끗이 지움
close	지정된 그림을 지움
clf	현재의 그림창을 지움
home	커서를 홈으로 보냄
path	경로를 지정
NaN	숫자가 아님
eps	매트랩이 수치 계산 시 발생하는 허용오차
realmax(realmin)	나타낼 수 있는 가장 큰(작은) 부동소수점 수
flops	부동소수점의 연산 횟수
inf	무한대
version	매트랩 버전

B 미분과 적분

여기서는 수치해석에서 자주 등장하는 미분과 적분에 대한 기본 공식 및 함수들에 대하여 간략히 정리하기로 한다. 변수 x의 함수 f와 g는 변수 x에 대하여 미분 가능한 함수이고 a, c 및 n은 상수이다. 그리고 C는 적분상수이며 기호 $'$는 $\frac{d}{dx}$를 나타낸다.

미분의 기본 공식

공식	설명
$(cf(x))' = cf'(x)$	동차성
$(f(x) \pm g(x))' = f'(x) \pm g'(x)$	가법성
$(f(x)g(x))' = f'(x)g(x) + f(x)g'(x)$	곱 법칙
$(f(x) \circ g(x))' = (f'(x) \circ g(x))g'(x)$	연쇄 법칙
$\left(\frac{1}{f(x)}\right)' = -\frac{f'(x)}{f^2(x)}$	역수 법칙
$\left(\frac{f(x)}{g(x)}\right)' = \frac{f'(x)g(x) - f(x)g'(x)}{g^2(x)}$, 단 $g(x) \neq 0$	몫 법칙
$f(g(y)) = y$ 이면 $g'(y) = \frac{1}{f' \circ f^{-1}}$	역함수 법칙

적분의 기본 공식

공식	설명
$\int af(x)dx = a\int f(x)dx$	동차성
$\int [f(x) + g(x)]dx = \int f(x)dx + \int g(x)dx$	가법성
$\int f(x)\, g(x)dx = f(x)\int g(x)dx - \int \left[f'(x)\left(\int g(x)dx\right)\right]dx$	곱 법칙
$\int [f(x)]^n f'(x)dx = \frac{\lvert f(x)\rvert^{n+1}}{n+1} + C,\ n \neq -1$	
$\int \frac{f'(x)}{f(x)}dx = \ln \lvert f(x)\rvert + C$	
$\int f'(x)f(x)dx = \frac{1}{2}\lvert f(x)\rvert^2 + C$	

주요 함수의 미분과 적분

미분 $\frac{df(x)}{dx}$	함수 $f(x)$	적분 $\int f(x)dx$
0	c	$cx + C$
nx^{n-1}	x^n	$\frac{x^{n+1}}{n+1} + C$
$\frac{x}{\lvert x\rvert} = sgn\,x,\ x \neq 0$	$\lvert x\rvert$	$\frac{sign(x)x^2}{2} + C$
$a^x \ln a$	$a^x,\ a > 0$	$\frac{a^x}{\ln a} + C$
e^x	e^x	$e^x + C$
$\frac{1}{x \ln a}$	$\log_a x,\ a > 0, a \neq 1$	$x\log_a x - \frac{x}{\ln a} + C$
$\frac{1}{x}$	$\ln x$	$x \ln x - x + C$
$\cos x$	$\sin x$	$-\cos x + C$
$-\sin x$	$\cos x$	$\sin x + C$
$\sec^2 x$	$\tan x$	$-\ln\lvert\cos x\rvert + C$
$\frac{1}{\sqrt{1-x^2}}$	$\sin^{-1} x = \csc x$	$\ln\lvert\csc x - \cot x\rvert + C$
$\frac{-1}{\sqrt{1-x^2}}$	$\cos^{-1} x = \sec x$	$\ln\lvert\sec x + \tan x\rvert + C$
$\frac{1}{1+x^2}$	$\tan^{-1} x = \cot x$	$\ln\lvert\sin x\rvert + C$
$\cosh x$	$\sinh x$	$\cosh x$
$\sinh x$	$\cosh x$	$\sinh x + C$
$\text{sech}^2\, x$	$\tanh x$	$\ln(\cosh x) + C$

참고문헌

[1] A. Gilat and V. Subramaniam, Numerical Methods for Engineers and Scientists: An Introduction with Applications Using MATLAB, John Wiley & Sons, Inc., Singapore, 2008.

[2] 김창근, MATLAB을 이용한 수치해석, 제2판, 교우사, 서울, 2005.

[3] 손권, 최윤호, 김철 공역, 응용 수치해석, 제2판, McGraw-Hill Korea, 서울, 2008.

[4] 박태희, MATLAB을 이용한 수치해석, 사이텍미디어, 파주, 2008.

[5] 백태현, 박시현, 박태선, 우경식, 유은종, 이광훈, 이주성, 최덕기 공역, 이공학도를 위한 수치해석, 제3판, 학산미디어, 서울, 2013.

[6] 백태현, 장세명, MATLAB을 활용한 알기 쉬운 수치해석, McGraw-Hill Korea, 서울, 2015.

[7] 임종수, MATLAB 완벽 가이드 2(응용편), 아진, 서울, 1999.

[8] http://kr.mathworks.com/help/matlab/functionlist.html

[9] https://dafeda.wordpress.com/2010/11/28/cubic-spline-interpolation-code/

[10] R. Butt, Introduction to Numerical Analysis Using MATLAB, Jones and Bartlett Publishers, USA, 2010.

[11] S. C. Chapra and R. P. Canale, Numerical Methods for Engineers, 7th Ed., McGraw-Hill, Inc., 2014.

[12] E. Isaacson and H. B. Keller, Analysis of Numerical Methods, 2nd Ed., Wiley, N.Y., 1990.

[13] https://ko.wikipedia.org/wiki/미분표

[14] https://ko.wikipedia.org/wiki/적분표

[15] 권순학, 수치해석 기초 - MATLAB 활용, 영남대학교 출판부 PEGASUS, 2016.

[16] 파이썬 자습서 https://docs.python.org/ko/3/tutorial/index.html

[17] https://www.python.org/downloads/

[18] https://www.anaconda.com/